Ullstein Sachbuch

ÜBER DAS BUCH:

»Dies ist der Bericht über Andrej Dimitrijewitsch Sacharow, den führenden Mann der Reiter der Apokalypse.
Mir geht es vor allem darum, Sacharows Rolle in der Geschichte der Wissenschaft zu verdeutlichen. Sacharow ist das Produkt widerstreitender Kräfte der allgemeinen Konfrontation, die so viele Namen wie Aspekte hat: Ost/West, Nord/Süd, Sowjet/Amerikaner, Kommunismus/Kapitalismus, Humanismus/Technologie, Umwelteinfluß/Vererbung etc. Sacharow, der konfessionslose Christ, der weltliche Erlöser all derer, die in seine Moskauer Wohnung kommen, wo sie Rat und Trost suchen; der erste Bürger der noch ungegründeten Vereinigten Staaten der Welt.«
Bailey rekonstruiert die Lebensgeschichte Sacharows, die Wurzeln seines Denkens und seiner politischen Auffassung und die radikale Entwicklung, die ihn zu einer der außergewöhnlichsten Gestalten unserer Zeit werden ließ. Die Parallelen, die Bailey zu den Vorbildern Galilei und Oppenheimer zieht, vertiefen die Einsicht in Sacharows Grundkonflikt und seinen Weg, den er schließlich einschlug.

DER AUTOR:

George Bailey, Jahrgang 1919, graduierte am Columbia College, New York und am Magdalen College, Oxford. Den Zweiten Weltkrieg machte er zuerst als Soldat und später als Verbindungsoffizier zur Roten Armee mit. Nach dem Krieg arbeitete er als Korrespondent in Europa für amerikanische Zeitungen, Fernseh- und Radiostationen. Schließlich war er Direktor von Radio Liberty, München. Bailey ist erfolgreicher Sachbuchautor.

Weitere Veröffentlichungen:
Die Deutschen; Künstler im Exil.

George Bailey

SACHAROW

Der Weg zur Perestroika

Ullstein Sachbuch

Ullstein Sachbuch
Ullstein Buch Nr. 34791
im Verlag Ullstein GmbH,
Frankfurt/M – Berlin
Titel der amerikanischen
Ausgabe:
Galileo's Children.
Science, Sakharov, and the power of state
Einzig autorisierte Übersetzung aus dem
amerikanischen Englisch von
Regina Huber und Silvia Kaiser
Das letzte Kapitel »Befreiung und
Moskauer Frühling« wurde vollständig
vom Autor überarbeitet und ergänzt und
von Ina Neuner ins Deutsche übertragen

Aktualisierte, erweiterte Ausgabe

Umschlagentwurf:
Hansbernd Lindemann
Unter Verwendung einer Abbildung von
Ullstein Bilderdienst, Berlin
(Porträt: Andrej Sacharow, um 1980,
Photo: Lothar Kucharz)

Printed in Germany 1991
Druck und Verarbeitung:
Ebner Ulm
ISBN 3 548 34791 6

September 1991

Die Deutsche Bibliothek –
CIP-Einheitsaufnahme

Bailey, George:
Sacharow: der Weg zur Perestroika / George
Bailey. [Einzig autoris. Übers. aus dem
amerikan. Engl. von Regina Huber und Silvia
Kaiser]. – Aktualisierte, erw. Ausg. –
Frankfurt/M; Berlin: Ullstein, 1991
(Ullstein-Buch; Nr. 34791:
Ullstein-Sachbuch)
Einheitssacht.: Galileo's children <dt.>
ISBN 3-548-34791-6
NE: GT

Dem Gedenken
Anatoli Martschenkos
gewidmet

Inhalt

»Quid si nunc coelum ruat?« 9
Am Anfang war Galileo 30
Rollentausch: Der Mensch ist Gott 72
Wenn die Revolution kommt 109
Zwei würdevolle Häuser 159
Lyssenko I: »Das war das schrecklichste Jahr« . . . 189
Oppenheimer: Der Aufstieg 206
Oppenheimer: Der Fall 227
Lyssenko II: »Ein gewisser Ingenieur namens Sacharow« 273
Metamorphose – vom Konformisten zum Dissidenten 304
Glasnost und Perestroika – kleingeschrieben 326
Interviews und Verhöre: Vorstoß 365
Interviews und Verhöre: Abwehr 409
Die Sacharow-Hearings 448
Vor dem Fall: Parerga und Paralipomena 471
Tschernobyl! 489
Glasnost und Perestroika – großgeschrieben 510
Befreiung und Moskauer Frühling 527

Anhang
Bibliographie 587
Personenregister 591

»Quid si nunc coelum ruat?«

An ihrem Anfang stellte die Menschheit dieselben Fragen wie ein kleines Kind. Jedes Kind ist sein eigener Kosmologe. Es entdeckt die Welt Schritt für Schritt, während es vom Jüngling zum Manne reift. Jede Betrachtung der Welt beginnt mit der Genesis, der Schöpfungsgeschichte. Man konzentriert sich auf die Ordnung der Dinge. Das Kind, von dem hier in erster Linie die Rede ist, bildete keine Ausnahme. Als Sohn eines Moskauer Physikers und Urenkel eines orthodoxen Priesters war dieses Kind geradezu prädestiniert, wißbegierig zu sein.
Aber dieser Wissensdrang ist eine zwangsläufige Erscheinung, weil die Sonne, der Mond und die Sterne mit ihrer Bewegung den Takt angeben – für den Wechsel vom Tag zur Nacht, von der Nacht zum Tag, für Sonnenaufgang, Sonnenuntergang, Mondaufgang, Monduntergang; für den Rhythmus der aufeinanderfolgenden Jahreszeiten, das Säen und Ernten, für den Einbruch des Winters, für sein Ausklingen und das Ausbrechen des Frühjahrs.

> »Das Jahr verflieht auf leiser Sohle,
> der Sommer liegt in Fetzen, –
> Junker Schmidt will mit Pistole
> sich ein Ende setzen.
>
> Du Narr! Wart' ab! In seinem Hort
> lauert schon der Flieder;
> Junker Schmidt, mein Ehrenwort, –
> der Sommer kommt doch wieder!«

Diese Verse waren mit dem Namen »Kosma Prutkow« unterschrieben. Dahinter verbarg sich ein Autorenkollektiv, bestehend aus Graf Aleksej Tolstoi (nicht verwandt mit dem bekannten Dichter!) und den Brüdern Schemtschuschnikow, Alexej und Wladimir Michailowitsch. Sie schrieben satirische Verse im alten Rußland (Mitte des 19. Jahrhunderts). Diese Kostprobe wurde relativ schnell veröffentlicht, nämlich schon vierunddreißig Jahre später. Auch damals hat es schon mit der Schnelligkeit der Veröffentlichung gehapert.
Es ist schon rührend, sich die ersten Versuche der Menschheit anzuschauen, die scheinbare Ordnung der Dinge zu erklären. Warum kommt der Sommer immer wieder? Wodurch wird die Welt gestützt? Was hält sie davon ab, endlos durch den Weltraum zu stürzen? Nach dem Mythos der Hindus ruht die Welt auf dem Rücken eines Elefanten, der selbst auf einer Schildkröte steht, und diese wiederum auf einer Lotusblume. Die Frage, was sich unter der Lotusblume befand, war tabu.
Aber immer kehrte die Frage wieder: Würde die Welt halten? Würde sie fortbestehen? Es gibt eine Legende über den Ursprung des Ausdrucks »quidnunc« (»was nun«). Man erzählt sich, daß in der Antike eine Gruppe von Gesandten eines persischen Satrapen einen griechischen Königshof besuchte. Die Besucher hatten die eigentümliche Angewohnheit, fortwährend in den Himmel zu blicken und zu fragen: »Quid si nunc coelum ruat?« (»Was nun, wenn uns der Himmel auf den Kopf fällt?«)
In jener Zeit wurde diese Frage aus einer Unwissenheit heraus gestellt, die uns heute seltsam erscheint. Heute jedoch stellt man dieselbe Frage aufgrund des erschreckenden Wissens, daß so etwas in unserer Zeit durchaus möglich wäre – dank einer Gattung von Menschen, die unter der Bezeichnung Physiker bekannt ist und eine infernali-

sche Maschine entwickelte, mit der man die Welt vernichten, vielleicht auch das Universum sprengen – und somit die Schöpfung zerstören kann. Diese Menschen – die Physiker – könnte man als Reiter der Apokalypse bezeichnen. Sie verliehen den Überlegungen des sterblichen Menschen und der Welt, wie er sie kennt, eine Endgültigkeit – die Aussicht auf eine Verbrennung der ganzen Welt in einem einzigen Augenblick. Während der Mensch der Antike den Fluch der Götter fürchtete, fürchtet der neuzeitliche Mensch den Fluch der Menschen, die die Macht von Göttern besitzen; die alles zerstören können und mindestens so unberechenbar sind wie die Götter, deren Stelle sie einnahmen.
Dies ist der Bericht über Andrej Dimitrijewitsch Sacharow, den führenden Mann der Reiter der Apokalypse. Eine derartige Aussage bedarf einer Ausführung über die Geschichte der Wissenschaften im allgemeinen und die Geschichte der Physik im besonderen. Das Studium der Physik beginnt mit der Schöpfung, ebenso wie die Religion. Daher sollte man da beginnen, wo die Konfrontation zwischen Religion und Wissenschaft ihren Anfang nahm. Mir geht es hier vor allem darum, Sacharows Rolle in der Geschichte der Wissenschaft zu verdeutlichen. Sacharow ist das Produkt der widerstreitenden Kräfte der allgemeinen Konfrontation, die so viele Namen wie Aspekte hat: Ost/West, Nord/Süd, Sowjet/Amerikaner, Kommunismus/Kapitalismus, Humanismus/Technologie, Umwelteinfluß/Vererbung etc. Sacharow, der konfessionslose Christ, der weltliche Erlöser all derer, die in seine Moskauer Wohnung kommen, wo sie Rat und Trost suchen; der erste Bürger der noch ungegründeten Vereinigten Staaten der Welt.
Andrej Sacharows offizielle Konfrontation mit dem sowjetischen Staatsapparat erfolgte im Jahre 1973, als er vorgeladen wurde, vor dem Stellvertretenden Generalstaatsan-

walt der UdSSR zu erscheinen. Dieses Ereignis, seine Vorgeschichte und seine Folgen zeigen auffallende Parallelen mit dem Auftritt Galileos vor dem Gericht der Inquisition in Rom 1633 und mit dem Oppenheimer-Hearing vor der Atomenergiekommission in Washington, D.C. im Jahre 1954. Galileos kosmologische Entdeckungen verlangten eine weltweite Revision der Philosophie, ja sogar der Theologie. Auf ähnliche Weise beschäftigte sich Oppenheimer in apokalyptischen Dimensionen mit Außenpolitik und militärischer Strategie, nachdem er maßgebend an der Erfindung der Atombombe beteiligt gewesen war. Sacharow dagegen mußte ein anderes und strengeres Gericht über sich ergehen lassen.

Es gibt eine gerade Linie, die von Galileo zur nuklearen Bombe und weiter führt: zur Verpestung der Luft, des Wassers und des Erdreichs in den Industrienationen dieser Welt. Und somit ist Sacharow, der Erfinder der Wasserstoffbombe, der »Superbombe«, der Entdecker des Geheimnisses der »Solar Phoenix« – der perpetuellen Verbrennung der Sonne –, der Hauptvollstrecker des Testaments von Galileo. Aber er ist noch mehr als das: Die verhängnisvolle Arbeit, die er als Wissenschaftler leistete, war auch die Chrysalis, aus der er als Verfechter der Menschenrechte und Friedensnobelpreisträger hervorging. Menschenrechte, wohlgemerkt, schließen die Konservierung der Schätze sowohl der Erde als auch jene der Kultur ein.

Sowohl Galileo als auch Oppenheimer versuchten verzweifelt, ihre Stellung in ihrem Land aufrechtzuerhalten. Nicht jedoch Sacharow. Er widersetzte sich seinem Staat und seiner Heimat ganz offen – ein Mann gegen das gesamte totalitäre Reich der Sowjets – in der dramatischsten Konfrontation seit Galileo. Denn Sacharows Verhandlung war im Gegensatz zu Oppenheimers demütigender »Untersuchung« eine harte Prüfung. Und im Gegensatz zu Galileo und Oppenheimer ging Sacharow aus ihr als Sieger hervor.

Die Griechen hatten ein Wort für die Ordnung der Dinge: Κόσμος = Kosmos. Ursprünglich bedeutete das Wort einfach »Ordnung«. Später wandelte sich die Bedeutung von »gute Ordnung«, »gutes Verhalten«, »Regierung« und »schöne Ordnung« zu »Welt« oder »Universum« (aufgrund seiner perfekten Ordnung). Die Griechen hatten auch ein Wort für die Gewohnheit der frühen Menschheit, in jeder Erscheinung der Natur die Hand Gottes zu sehen und jedem Bestandteil des Lebens eine religiöse oder mythische Bedeutung zu geben. Das Wort hieß δεισιδαιμονία = deisidaimonia, wörtlich übersetzt »Angst vor Dämonen«, aber Angst eher im Sinne des deutschen Wortes »Furcht«, wie in »Gottesfurcht«, was Verehrung und Ehrfurcht einschließt. Es war auch das Wort für »Glauben«, bevor dieser in seine zwei Bestandteile »Religion« (im positiven Sinn) und »Aberglaube« (im negativen Sinn) gespalten wurde. Diese Spaltung vollzog sich, als griechische Siedler im Nahen Osten (Kleinasien) im 8. Jahrhundert v. Chr. mit einer verwirrenden Vielzahl von Völkern, Sitten und Religionen dieses Gebietes in Berührung kamen. Dort entdeckten sie so viele von Grund auf verschiedene Religionen und Mythologien, jede mit einer anderen Erklärung für die Entstehung der Welt und ihrer Ordnung, daß diejenigen unter ihnen, die sich ernsthaft mit dieser Thematik auseinandersetzten, sich gezwungen sahen, religiöse und mythologische Ansätze zur Ergründung des Problems ganz und gar außer acht zu lassen. Damit tat sich vielleicht die große Kluft zwischen Religion und Vernunft auf, aus der sich der »ionische« Atheismus entwickelte.

Die einzig vernünftige Erklärung für das Phänomen »Kosmos«, die den alten Griechen zu Ohren kam, war die der Babylonier. Aufgrund ihrer Beobachtung und Aufzeichnung der Bewegung der Sterne und Planeten über Jahre hinweg teilten sie Tag und Nacht in jeweils zwölf Abschnitte und das Jahr in zwölf Monate ein – entsprechend den zwölf Monden des Jahres. Das Wort »Mond« ist mit dem Wort »Monat« verwandt. In der russischen Sprache verwendet man für »Mond« und »Monat« dasselbe Wort: »mesjaz«. Es war dem Monarchen überlassen, die kleine Ungenauigkeit bei dieser Einteilung durch die Festlegung eines Schaltjahres auszugleichen, wann immer er wollte. Die Ägypter ihrerseits teilten einen Kreis, der offensichtlich den jährlichen Umlauf der Sonne darstellen sollte, in dreihundertsechzig Grad ein. Gleichermaßen unterteilten sie das Jahr in dreihundertsechzig Tage, wobei jedem der zwölf Monate dreißig Tage zugewiesen wurden. Offensichtlich wurde erst im 13. Jahrhundert – mit der Erfindung der mechanischen Uhr – die Minute als Unterteilung der Stunde festgelegt (die Babylonier benutzten die Minute als ein Sechzigstel einer Einheit – »pars minuta prima« in mittelalterlichem Latein –, entsprechend ihrem Sexagesimalsystem, und die Sekunde – »partes minutae secundae« – als eine Unterteilung der Minute). Weitere dreihundert Jahre vergingen, bevor die Sekunde auf den höherentwickelten Uhren des 16. Jahrhunderts erschien. Die Griechen in ihrer grenzenlosen Neugier hatten geradezu eine ganze Einkaufsliste voller Fragen. Sie übernahmen eine Reihe von babylonischen Erfindungen, weil diese sozusagen schon auf dem »Markt« waren, wie den Kalender und die Grundbegriffe der Geometrie und Mathematik, welche sie dann weiterentwickelten und ihren Zwecken anpaßten. Sie waren die ersten, die die Geometrie auf die Geographie anwandten, indem sie Dreiecke,

Quadrate und Kreise auf Behelfslandkarten (oft genug in den Sand) legten und sie als geographische Orientierungshilfen benutzten, Punkte innerhalb der Figuren koordinierten und Kurse errechneten. Das bedeutete eine erhebliche Erleichterung, da die Beschreibungen von Küstenlinien zu dieser Zeit nur die Entfernungen zwischen den Orten, Angaben über Küstenvorberge und Veränderungen des Küstenverlaufs aufzeigten, ohne jedoch die Richtungen genau anzugeben.

Die Griechen versuchten alles, und oft genug waren ihre eigenen Erfindungen und auch solche, die sie übernahmen, sehr unzulänglich. Aber auch wenn sie auf dem Irrweg waren, konnten sie doch häufig aus ihren Fehlern lernen, da diese immerhin Ansatzpunkte zeigten, wenn auch nicht immer die genialsten. Die Griechen waren in dieser Beziehung schon immer berühmt-berüchtigt. Rund fünfzig Jahre nach dem Erscheinen der ersten Landkarte und einer Beschreibung der Erde durch Heketaios beklagte sich Herodot über die »Vergewaltigung der Realität durch geometrische Schemata«. Er machte sich über die Ionier lustig, die glaubten, die Erde sei rund – »als wenn sie auf einer Töpferscheibe gedreht worden wäre« – und sie sei von einem Meer umgeben, das den Rest des Globus einhülle. Etwa zur gleichen Zeit (in der ersten Hälfte des 4. Jahrhunderts v. Chr.) entwarf Euxodos von Knidos (es ist zumindest wahrscheinlich, daß er es war) das Netz von Längen- und Breitengraden, wie wir es heute kennen. Um dem Problem der Orientierung, das auf Zeit und Raum in gleichem Maße zutraf, beizukommen, mußte man Bezugspunkte und -systeme erstellen. Nur so konnte man die Geschichte wahrheitsgetreu aufzeichnen. Dafür war es natürlich nötig, einige Ereignisse der Vergangenheit als Fixpunkte auszuwählen, um dann die Ereignisse vorwärts und rückwärts von diesen Punkten aus aufzulisten. Die

Gegenwart war hierbei offensichtlich ungeeignet, da sie sich ständig verändert. Die Christen benützten das Geburtsjahr Christi als ihren Bezugspunkt (»vor Christus« und »nach Christus«). Die alten Römer gebrauchten für diesen Zweck »p. u. c.« (post urbem conditam – nach dem Bau der Stadt, gemeint war Rom). Der klassische Philologe Kurt von Fritz bezeichnet all diejenigen, die sich weigern, das gebräuchliche »vor Christus« und »nach Christus« anzuwenden, als pedantisch konsequente Nicht-Christen, die dadurch gezwungen sind, Ausdrücke wie »vor unserer Zeit« und »nach unserer Zeit« zu gebrauchen.

Die Griechen hatten jedoch Schwierigkeiten bei der Einordnung der geschichtlichen Vorgänge. Heketaios nahm als Bezugssystem die Liste der spartanischen Könige und teilte jedem König eine durchschnittliche Herrschaftszeit von vierzig Jahren zu. Dann fügte er alle bekannten Ereignisse mit Querbezügen in diese Liste ein. Unglücklicherweise war der legendärste Begründer der spartanischen Dynastien, Herakles, zwar nicht der einzige, aber doch der am offensichtlichsten fiktive Monarch der spartanischen Thronfolge. Den Griechen fiel es schwer, historische Fakten von den Sagen ihrer Anfänge zu trennen. Ihre zahlreichen Versuche, eine einheitliche Chronologie zu erstellen, waren lange nicht so erfolgreich wie die Anwendung von geometrischen Schemata auf die Geographie.

Die wirklich revolutionäre Entdeckung der Griechen wurde jedoch auf dem Gebiet der Theologie und Philosophie gemacht. Oder sie nahm vielmehr hier ihren Anfang. In den Werken von Xenophanes von Kolophon (570–470 v. Chr.) kommt der folgende bedeutsame Satz vor: »Wenn jemand etwas sehr Wahres (etwas sehr Zutreffendes) über die Götter sagt, so kommt er nicht durch direkte Beobachtung zu diesem Wissen, sondern nur dadurch, daß es ihm so erscheint.« Das war das erste Mal, daß jemand etwas sehr Wichtiges erkannte: Wissen ist nicht unmittelbar durch die Sinneswahrnehmung zu erlangen, sondern vielmehr dadurch, daß man Schlüsse aus der Sinneswahrnehmung zieht. Dies war ein Prozeß, der eine Menge Überlegung und Nachdenken erforderte. Hier kam offenbar zum ersten Mal der Gedanke auf, daß das Verstehen der Welt nicht nur darin bestand, sich der Dinge und ihrer Relationen bewußt zu sein, sondern zu erkennen, daß etwas dahintersteckte, was nur durch angestrengtes Nachdenken entdeckt werden konnte. Mehr als zweitausend Jahre später fand diese Erkenntnis in der Kunst Ausdruck, in der halb ironisch, halb ernst gemeinten Aussage: »Ich male, was ich nicht sehe.« Xenophanes' Folgerung daraus war die Vermutung, daß man sich, um die Dinge zu begreifen, notgedrungen mit den Bedingungen der menschlichen Wahrnehmung beschäftigen müsse, die sich aus der Beschaffenheit des menschlichen Gehirns ergeben.

Etwa zur gleichen Zeit entwickelte Pythagoras seine Lehre der Zahlen. Kurz zuvor schon hatten die Griechen eine Verbindung zwischen der Mathematik und der Musik festgestellt. Sie entdeckten, daß bestimmte angenehme und harmonische Töne durch Saiten erzeugt werden konnten, die in einfachen numerischen Relationen zueinander standen und daß dieselben Kläge und Klangkombinationen auch mit anderen Instrumenten erzeugt werden konnten, wenn dieselben Relationen gegeben waren. Diese und ähnliche Entdeckungen bezüglich der Frequenzen und des Stimmens von Instrumenten brachten Pythagoras zu seinem berühmten Schluß, daß »alle Dinge Zahlen« oder »alle Dinge auf Zahlen aufgebaut« oder aber »Zahlen das Wesen aller Dinge« seien. Von der Musik gingen Pythagoras und seine Schüler zur Geometrie über. So entdeckten sie, daß drei Stöcke mit Längen der Relation 3, 4 und 5 zueinander ein Dreieck mit einem rechten Winkel bildeten und daß sich, unabhängig von der Größe der Stöcke, dasselbe Dreieck ergeben würde, sobald nur die Proportionen 3, 4 und 5 erhalten blieben. Schließlich machten die Pythagoreer die Beobachtung, daß die Umlaufbewegung der Planeten gleichmäßig war und die Beziehung dieser Planetenbahnen zueinander bis zu einem gewissen Maß numerisch erfaßt werden konnte – eine Entdeckung, die rasch zu dem geistreichen Ausdruck »die Musik der Sphären« führte. Aber in der Lehre Pythagoras' war sehr viel Mystizismus enthalten. Die Anmaßung der Allgemeingültigkeit seiner Behauptung (mathemasis universalis) war so groß, daß er forderte, die Eigenschaften des Rechtswesens, der Institution der Ehe, verschiedener Tiere und einer ganzen Reihe anderer Dinge in Zahlen auszudrücken.

Eine der immerwährenden Bestrebungen in der griechischen Geschichte der Wissenschaften war der Versuch, die Natur der Materie zu bestimmen, vor allem, ob es so etwas wie leeren Raum gab, das heißt einen Raum ohne jede Materie. Wenn man annehmen konnte, daß es so etwas oder ein solches Nichts, wo »das Vorhandensein des Nichts« nicht nur ein begrifflicher Widerspruch ist, gab, dann mußte das wahre Sein in eine große Menge vielfältiger Bestandteile aufteilbar sein, die in das Nichts eindringen und einigen Abstand voneinander halten konnten – ein »Etwas«, durchsetzt von »Nichts«. Wenn das der Fall wäre, müßte es eine Art kleinste Teilchen geben, die unteilbar wären. Die Vorstellung dieser Unteilbarkeit gab dem Atom seinen Namen: άτομος = a-tom (vom griechischen Verb άτομάω = nicht zu schneiden, unteilbar). Die Griechen nahmen außerdem an, daß das Atom Gewicht habe, und damit auch die »Kraft des Gewichts«, die Schwerkraft. Die Vorstellung eines physischen Körpers war für das Erfassen

jedes Kausalzusammenhangs zwischen physischen Körpern und ihren Bestandteilen erforderlich; eine »doppelte Bedingung«, wie Kurt Lasswitz es nannte, nämlich die der Möglichkeit von Veränderungen im Weltraum sowie der Möglichkeit, etwas zum Objekt dieser Veränderungen zu machen, womit sie bewiesen werden können.
Die anscheinende Realität und Wechselwirkung von Körpern muß in Zusammenhang mit dem Begriff der Stofflichkeit gebracht werden; andernfalls entgehen Natur und Materie der Wahrnehmung, und es wird unmöglich, eine Objektivierung des subjektiven Erlebens mit Hilfe der Sinne zu erreichen. Der Begriff des Atoms hat sich als unerläßlich für die Gewährleistung der Objektivität sinnlicher Wahrnehmung der Umwelt als dynamische Wechselwirkung von Substanzen erwiesen. Aber seit Ende des 19. Jahrhunderts erleben der Begriff und die Theorie des Atoms eine turbulente und stürmische Entwicklung. Atome sind nicht mehr unspaltbar – es wird eine immer größere Anzahl von Bestandteilen des Atoms entdeckt oder vermutet. Viele dieser Teilchen sind außerordentlich schwer faßbar. Sie werden als »etwas Vorhandenes« oder »Gegenständliches« bezeichnet. Man kann kaum behaupten, daß sie in Form einer Substanz existieren; manchmal werden sie vielmehr als »Wellen« oder »sich fortbewegende Kräftefelder« beschrieben. Während es schwer zu verstehen ist, wie die These des Atoms, nachdem sie etwa zweitausendfünfhundert Jahre gute Dienste getan hatte, verschwinden konnte, geht doch die Veränderung in der Physik so schnell voran (und das wird höchstwahrscheinlich auch weiterhin der Fall sein), daß jegliche Voraussagen tollkühn wären.

Die Griechen hatten ein anderes Wort dafür: μηκάνή, was soviel heißt wie »Mechaniker« oder »Mechanik«. Ursprünglich bedeutete dieses Wort »Kniff« oder »Trick« oder »Kunst«. In der griechischen Sagenwelt ist Dädalus der Begründer der Mechanik, der Vater der Maschine. Er floh aus seiner Verbannung, indem er sich und seinen Sohn Ikarus mit Flügeln aus Wachs und Federn ausstattete. Während des Fluges kam der neugierige Ikarus der Sonne zu nahe. Das Wachs seiner Flügel schmolz, und er stürzte in den Tod. Dies ist die berühmte und klassische Lektion der Hybris. Dennoch kann man die Bedeutung der Rolle, die der Erfinder der Mechanik in der griechischen Geschichte spielte, gar nicht genug hervorheben. Griechische Mechaniker machten gewaltige Fortschritte zur Zeit Archimedes' (287–212 v. Chr.), der die Gesetze des Zentrums der Schwerkraft, der Hebelwirkung (von ihm stammt der Ausspruch: »Man zeige mir den richtigen Platz, wo ich stehen muß, und ich werde die Erde bewegen«), der Schraube, der schiefen Ebene und des Auftriebs (bestimmte Schwerkraft und Hydraulik) erfand. Er war es auch, der die Erfindung des Flaschenzugs verbesserte. Die Griechen vollbrachten architektonische Wunderwerke; sie bauten Brücken und bohrten Tunnels, wobei sie von zwei Seiten eines Berges anfingen und sich genau in der Mitte trafen. Es wird für den Leser nicht überraschend sein, daß die meisten, wenn nicht alle griechischen Errungenschaften in der Mechanik mit militärischen Feldzügen verbunden waren beziehungsweise aus militärischen Überlegungen heraus zustande kamen. Aber das Eigenartige war, daß die Naturwissenschaft von der ganzen Bandbreite der mechanischen Innovation und Entwicklung praktisch unberührt blieb. Die Griechen hatten von jeher eine hohe Achtung vor der Natur, der sie den Namen »physis« gaben, wovon wir wiederum die Wörter »physisch« und »Physik« ableiteten. Die Griechen betrachteten alles Mechanische nicht nur als unnatürlich,

sondern sogar als wider die Natur. Die Verehrung der Natur ist das Leitmotiv im Leben der Griechen.
Aristoteles drückt dies sehr treffend im Vorwort zu seinem Buch *Mathematische Probleme* aus, das Teil seines Werkes *Mechanik* ist. »Man ist erstaunt, was alles in Einklang mit der Natur geschieht, wofür wir keine Erklärung haben, und was aufgrund des technischen Eingriffs zum Vorteil der Menschheit wider die Natur passiert. Denn bei vielen Dingen verhält sich die Natur zu unseren Ungunsten. Die Natur unterliegt nämlich immer denselben einfachen Gesetzen. Was uns nützlich erscheint, wird durch alle möglichen Veränderungen bewirkt.
Sollte es dabei nötig sein, wider die Natur zu handeln, so ist man mit Schwierigkeiten konfrontiert und muß deshalb auf die Erfindung (τεχυη) zurückgreifen. So nennen wir diesen Teil der Erfindung, der uns bei derartigen Schwierigkeiten dienlich ist, ›Mechanik‹. Denn es ist tatsächlich so, wie der Dichter Antiphon es beschrieben hat: Mit Hilfe der Technik gewinnen wir die Oberhand, während wir ohne sie von der Natur überwältigt würden. Das Dilemma ist hiermit klar ausgedrückt.«
Was ein herausragendes Kapitel der Geschichte der angewandten Naturwissenschaften durch die Erfindung und Entwicklung von Präzisionsinstrumenten hätte sein können, blieb ganze tausend Jahre unberücksichtigt. Denn was die Frage betraf, ob man in Einklang mit der Natur leben oder die Natur erobern sollte, ob man die Welt so akzeptieren sollte, wie sie war, oder sie durch Tricks und Kniffe der Erfindung verändern und ihr damit Gewalt antun sollte, so war für die Griechen die Antwort ganz klar. Mit angeborener Achtung davor, was ihnen gegeben war, war es für sie selbstverständlich, die Welt so zu nehmen, wie sie war, und sich dementsprechend zu verhalten.

Was die Astronomie betraf, so akzeptierten die Griechen keine der ursprünglichen Mythologien, die ihnen zu Ohren kamen, nicht einmal ihre eigenen. Die Weigerung, mythologische Erklärungen für natürliche Phänomene zu akzeptieren, zwang die Griechen, den anfänglich anerkannten Beweis der Erscheinungen durch die Sinneswahrnehmung, das heißt den Beweis des äußeren Anscheins, unberücksichtigt zu lassen. Sie fanden den Weg aus der Sackgasse, die sich durch den Eindruck ergab, daß Auf und Ab die absoluten Richtungen seien und deshalb die Erde der Mittelpunkt des Universums sei. Mitte des 4. Jahrhunderts v. Chr. erkannte man bereits, daß sich die Erde und andere sichtbare Planeten im Kreis und auf andere Art bewegen und die Sonne das unbewegliche Zentrum des Universums ist. Somit war ein gigantischer erster Schritt in Richtung kopernikanisches Weltbild gemacht. In der Kosmologie von Philolaos (die erste überlieferte vorkopernikanische Version) gibt es einige heute merkwürdig anmutende Aspekte, wie die Behauptung, daß alle Formen des Lebens auf dem Mond fünfzehnmal größer seien als die auf der Erde. Der Autor hatte nämlich festgelegt, daß der »Mondtag« fünfzehnmal so lang war wie unser Tag (das heißt ein halber Monat).

Es ist in diesem Zusammenhang interessant, daß die Griechen – diesmal in Form von Pythagoras' und Platons Überzeugung der Harmonie und Göttlichkeit des Kosmos – bremsend auf die Entwicklung eines exakt angeordneten heliozentrischen Systems wirkten, insbesondere hinsichtlich der idealistischen Forderung, daß alle Planetenumlaufbahnen konzentrische (perfekte) Kreise seien und sich alle Planeten mit derselben Geschwindigkeit oder mit Geschwindigkeiten, die in einem ganz bestimmten Zahlenverhältnis zueinander stehen, fortbewegten. Gleichzeitig war es genau dieses Bestehen auf strenger Konformität und perfekten Kreisen, das die Griechen in erster Linie auf dem Weg zum kopernikanischen System weiterbrachte (ebenso wie es Kopernikus zweitausend Jahre später voranbrachte). Und doch: Der Astronom Aristarchos von Samos (320–250 v. Chr.), der Begründer des weitestentwickelten Modells des heliozentrischen Systems bei den Griechen, entging gerade noch der Anschuldigung der Respektlosigkeit (ἀδέβεια) durch die Griechen, als er versuchte, das »Zentrum des Universums« zu verrücken, da er annahm, der Himmel stehe still und die Erde bewege sich in einem abgeflachten Kreis um die Sonne und drehe sich dabei um ihre eigene Achse. Aber wie großartig die heliozentrische Konstruktion von Aristarchos auch war, sie wurde vom aufmerksamsten Beobachter unter den griechischen Astronomen, Hipparchos von Nicaea, übergangen; dieser entschied sich für das geozentrische Modell von Apollonios von Perga, das schließlich noch von Ptolemäus verfeinert wurde.

Für diese schicksalhafte Wende der Dinge gibt es keine sehr überzeugende Erklärung. Sicherlich waren die arithmetischen Erklärungen der Umlaufbahnen des geozentrischen Systems einfacher und anpassungsfähiger als die des heliozentrischen Systems. Ebenso fiel es Ptolemäus schwer zu glauben, daß sich etwas offensichtlich so Massives und Schweres wie die Erde so schnell im Weltraum bewegen und um die eigene Achse drehen konnte, wie es das heliozentrische System von Aristarchos verlangte. Der vielleicht wichtigste Gesichtspunkt ist, daß es einfacher ist, konstruktive mathematische Berechnungen durchzuführen, wenn man die unveränderliche Fixposition des Beobachters einnehmen kann – ob man nun zeitliche oder räumliche Zusammenhänge berechnet. Fest steht, daß das traditionelle Beharren der Griechen auf Konformität von geometrischen Figuren und auf Verhältnismäßigkeit bis weit ins Mittelalter und noch länger nachwirkte. Sogar als die Astronomen gezwungen waren, ihre Vorstellung vom »perfekten Kreis« aufzugeben, blieb die der allgegenwärtigen konzentrischen Kreisbewegung der Planeten bestehen. Johannes Kepler (1571–1630) fand schließlich heraus, daß die Bewegung der Planeten aufgrund einfacher Beobachtung durch Ellipsen erklärt werden konnte. Sichtlich schockiert darüber, die vielgeliebte »perfekte und äußerst angemessen erscheinende Vorstellung vom Kreis« aufgeben zu müssen, fand er schließlich Trost in der Entdeckung, daß die neuen Figuren »perfekte« Ellipsen waren (figura perfecta elliptica). So hartnäckig können sich fixe Ideen behaupten.

Das waren also die zwei bedeutendsten Errungenschaften der griechischen Forschung in der heliozentrischen und geozentrischen Theorie. Die eine, welche die Griechen selbst frühzeitig fallenließen und welche in späteren Generationen fast gänzlich in Vergessenheit geriet, war richtig; die andere, die ptolemäische, welche begeistert aufgenommen und zweitausend Jahre lang respektiert wurde, war falsch. Ein altes Sprichwort heißt: »Meinen zu wissen ist schlimmer als nicht zu wissen.«

Das ptolemäische System war ein fruchtloses Ablenkungsmanöver, durch das der wissenschaftliche Fortschritt aufgehalten wurde, eine labyrinthähnliche Umleitung, die die genialsten Anstrengungen der gescheitesten Köpfe beanspruchte und bei der nichts herauskam. Für die Theologie und die Politik war das ptolemäisch-geozentrische System buchstäblich maßgeschneidert. Ptolemäus zu diesem Thema: »Wir, die wir es uns zur Aufgabe gemacht haben, zu beweisen, daß alle scheinbaren Unregelmäßigkeiten der fünf Planeten, der Sonne und des Mondes durch einheitliche Kreisbewegungen ausgedrückt werden können, *weil ihrer göttlichen Natur nur eine derartige Bewegungs-*

weise angemessen ist (Hervorhebung durch den Autor), sehen uns berechtigt, die Erfüllung dieser Aufgabe als das Endziel der Mathematikwissenschaft, die auf der Grundlage der Philosophie beruht, zu betrachten.« Im Grunde war der ptolemäische Ansatz unwissenschaftlich; die Anregung dazu war theologischer Natur. »Im Jahre 1500«, schrieb Professor Whitehead, »wußte man in Europa weniger als Archimedes, der im Jahre 212 v. Chr. starb.« Die entscheidende Wende hin zur modernen Physik wurde eingeleitet, als René Descartes (1596–1650) ein Koordinatennetz erstellte, in dem die Koordinaten völlig unabhängig von den Objekten waren, auf die das System angewendet werden sollte; zu dieser Wende trug außerdem die Entwicklung der analytischen Geometrie, das heißt die Arithmetisierung der Geometrie, bei sowie auch die Erfindung der Infinitesimalrechnung durch Isaac Newton (1643–1727) und Gottfried Wilhelm Leibniz (1646–1716), die die Mathematisierung der Physik ermöglichte. Dies waren die entscheidenden Durchbrüche, die die Basis für die spektakulären Fortschritte in der Physik von Newton bis zum heutigen Tage bildeten. Doch keiner dieser Durchbrüche hätte erreicht werden können, ja, sie wären unvorstellbar gewesen, wenn ihnen nicht revolutionäre Anschauungen und eine förderliche Atmosphäre für eine von Grund auf neue Denkweise vorausgegangen wären – oder vielmehr eine bereits so alte Denkweise, daß sie von Grund auf neu erschien. Erasmus (Gerhard Gerhards), Kopernikus (Nikolaus Koppernigk) und Martin Luther stammten alle aus derselben Generation der zweiten Hälfte des 15. Jahrhunderts. Erasmus veröffentlichte die erste Ausgabe des im Original griechischen Neuen Testaments und übersetzte es ins Lateinische; dadurch brachte er die Korruption der römischen Vulgata ans Tageslicht. Alle drei – Erasmus,

Kopernikus und Luther – griffen auf griechische Texte zurück; die zwei Theologen auf die Bibel, der Astronom auf Pythagoras und Archimedes. Hier, bei den alten Griechen, stieß Kopernikus auf das Werk Aristarchos' von Samos und sein fortschrittliches Modell des heliozentrischen Systems. (In seinem eigenen Manuskript strich Kopernikus seinen Bezug auf Aristarchos aus und ersetzte ihn durch einen etwas obskuren Vorläufer, Hicetas von Syrakus. Man kann nur Spekulationen darüber anstellen, warum er das tat.)
Wenn es Erasmus war, der den Weg für die Reformation bereitete, so war es Luther, der ihr Gestalt verlieh und der katholischen Kirche das Rückgrat brach, indem er den Glauben an Autorität durch die Autorität des Glaubens ersetzte, wie in den Schriften der Originalbibeltexte zu lesen ist, die jedermann so auslegen kann, wie er es mit seinem Gewissen vereinbaren kann. Doch es war das Werk von Kopernikus, das eine Revolution, die eng mit der Reformation verbunden, aber von weitaus größerer Tragweite war, ankündigte und den Maßstab für sie setzte. In einem Kapitel seines Buches *Geschichte der Farbenlehre* mit der Überschrift *Veränderung von der alten zur neuen Welt* beschrieb Goethe den Einfluß von Kopernikus auf das Bewußtsein der zivilisierten Welt:
»Doch unter allen Entdeckungen und Überzeugungen möchte nichts eine größere Wirkung auf den menschlichen Geist hervorgebracht haben, als die Lehre des Kopernikus. Kaum war die Welt als rund anerkannt und in sich selbst abgeschlossen, so sollte sie auf das ungeheure Vorrecht Verzicht tun, der Mittelpunkt des Weltalls zu sein. Vielleicht ist noch nie eine größere Forderung an die Menschheit geschehen: denn was ging nicht alles durch diese Anerkennung in Dunst und Rauch auf: ein zweites Paradies, eine Welt der Unschuld, Dichtkunst und Fröm-

migkeit, das Zeugnis der Sinne, die Überzeugung eines poetisch-religiösen Glaubens; kein Wunder, daß man dies alles nicht wollte fahren lassen, daß man sich auf alle Weise einer solchen Lehre entgegensetzte, die denjenigen, der sie annahm, zu einer bisher unbekannten, ja ungeahnten Denkfreiheit und Großheit der Gesinnungen berechtigte und aufforderte.«
Zu diesem Zeitpunkt, als der historische Fortschritt unterbrochen wurde, andererseits jedoch außerordentliche Triebkräfte zusammenströmten, als verlorene Vermächtnisse und Erfindungen wiederentdeckt wurden, war die Zeit reif für den Auftritt Galileo Galileis.

Das Feuer, das Prometheus den Göttern stahl und den Menschen brachte, benützten diese, um Geräte zu schmieden – Waffen und Werkzeuge. Mit der Herstellung von immer mehr Geräten kam die Leidenschaft für mechanistische Abstraktion. Der große und faszinierende, aber auch täuschende Zauber der mechanistischen Abstraktion liegt im ewigen Versprechen der Perfektion. Trotz all der Einsprüche, die die Technologen, Techniker und Ingenieure vorbringen mögen, ist dieses Versprechen immer gegenwärtig. Und dieses Versprechen erzeugt den Irrglauben – die Pseudopistis –, daß der Mensch alles kann. In diesem Sinne war es geradezu eine Laune des Schicksals, daß René Descartes Galileo nacheifern und ergänzen sollte. Jeder von beiden läßt Dr. Faustus wie einen Stümper banaler Magie erscheinen. Descartes war so fasziniert von der neuen Methode der mechanistischen Abstraktion in der Wissenschaft, daß er ausrief: »Man gebe mir Materie und Bewegung, und ich schaffe die Welt.« Er wurde die Hybris der neuen Wissenschaft in Person. Insgesamt gesehen vertrat Descartes eine seltsame Auffassung: er begründete seinen Anspruch auf die Fähigkeit, die Welt zu schaffen – das gesamte organische Leben –, auf Galileos Prinzip, alles Leben auf das Meßbare zu reduzieren. Alles, was nicht meßbar war, überließ er jedoch der Kirche – das Geistige, das Sinnliche, das heißt, alle »sekundären Eigenschaften« wie Farbe, Geschmack, Klang und Sinneswahrnehmung ganz allgemein; das alles analysierte er nicht. Ebenso schrieb Descartes praktisch alle politischen Rechte dem Staat, dem König, dem Kaiser, dem Tyrannen und dem Despoten zu: »der einzelne vereinende Geist als Quelle der absoluten Ordnung«. Descartes war Absolutist. Als solcher war er in hohem Maße für die Rolle verantwortlich, in die der moderne Wissenschaftler gezwängt wurde – die eines verläßlichen, willigen und völlig fügsamen Dieners des Staates. Es ist kein weiter Weg vom Versuch, die Maschine dem Menschen anzugleichen, zum Versuch, den Menschen der Maschine anzugleichen. Alles um der Ordnung willen – die, soweit der menschliche Geist sie erfassen kann, selbst mechanisch ist. Nach Auffassung Philos ist das der Grund, warum es sechs Tage dauerte, die Welt zu erschaffen: »... denn für die Entstehung der Dinge war Ordnung nötig. Ordnung impliziert Zahlen ...«

Hier wurde die Frage aufgeworfen, ob man Menschen in einen Zustand absoluten Gehorsams versetzen kann. Und es ist genau diese Frage, die der Rolle Sacharows viel mehr Gewicht verleiht, als es den Anschein hat. Ebenso ist der Kampf, den er auf sich nahm, bei weitem größer und bedeutsamer als »nur« eine Konfrontation zwischen zwei »Supermächten«, ein Kampf, der auf die verschiedenste Weise, abgesehen von gegenseitiger oder alternativer Vernichtung, gelöst werden kann und wird. Es ist eine Konfrontation des Menschen mit sich selbst. Und da der blaue Planet – so weit es irgend jemand je feststellen konnte – das einzige Gebiet des Universums mit Leben ist, ist es eine Frage von Leben und Tod, oder wenn es den Konformisten gelingen sollte, einen Zustand absoluten Gehorsams unter den Menschen herzustellen, eine Frage eines Lebens wie der Tod, der Ausschaltung des Individuums als Persönlichkeit.

Am Anfang war Galileo

»Then felt I like some watcher of the skies
When a new planet swims into his ken;
Or like stout Cortez when with eagle eyes
He stared at the Pacific – and all his men
Look'd at each other with a wild surmise –
Silent, upon a peak in Darien.«

John Keats

Eppure si muove.

Galileo

Iwan Nikolajewitsch Sacharow, von Beruf Anwalt, heiratete Ende 1880 die Erbin Maria Petrowna Domuchowskaja. Ihre Erbschaft, ein kleines Anwesen namens »Budjaewo«, lag in der Smolensker Gegend. Iwan Nikolajewitsch verkaufte 1899 »Budjaewo« und zog nach Moskau, wo er 1901 ein großes Haus erstand. Denn Iwan Nikolajewitsch brauchte ein großes Haus: Maria Petrowna gebar ihm sechs Kinder, fünf Jungen und ein Mädchen – Sergej, Iwan, Dimitri, Nikolaj, Juri und Tanja. Von den sechs Kindern wiederum hatte nur Dimitri Söhne: Andrej, geboren 1921, und Georgi, geboren 1926. Dimitri war auch der einzige, der später Wissenschaftler wurde. Er war bereits vor der Geburt seines ersten Sohnes ein anerkannter Physiker. Und dies, obwohl er und seine Braut zu einem zweijährigen Aufenthalt im Kaukasus gezwungen waren – von der Außenwelt und allen Ereignissen völlig abgeschnitten – und er seinen Lebensunterhalt mit Klavierspielen in einem Stummfilm-Theater verdiente. Seine Braut war Jekaterina Alexejewna Sofiano, deren Vorfahren – wie ihr Familienname bereits andeutet – seit undenklichen Zeiten in der griechischen Kolonie an der Nordküste des Schwarzen Meeres lebten. Jekaterinas Vater aber stammte aus Moskau, der Stadt, in der sich das Paar kennenlernte und 1918 heiratete – sie mit fünfundzwanzig, er mit neunundzwanzig. Beide waren an einer Privatschule gewesen, Dimitri als Mathematiklehrer, seine Braut als Gymnastiklehrerin.

Dimitri Iwanowitsch erkannte sehr bald das intellektuelle Potential bei seinem älteren Sohn und widmete sich fortan dessen mathematischer und naturwissenschaftlicher Ausbildung. Da sein Sohn schon sehr früh Interesse für die Physik zeigte, war für beide von Anfang an klar, welchem Gebiet sich Andrej künftig zuwenden würde. Andrej Dimitrijewitsch sagte später einmal: »Ich wollte nie etwas anderes werden als Physiker.« Das Niveau seiner Ausbildung war von Beginn an festgelegt: Sein Vater und dessen Kollegen unterrichteten ihn in den Naturwissenschaften (wobei er bis zu seinem zwölften Lebensjahr keinen normalen Schulunterricht besuchte), und seine Großmutter, Maria Petrowna, las ihm aus den russischen Klassikern vor. Diese beiden Arten des Unterrichts sollten den Jungen prägen. Durch den Privatunterricht wurde der künftige Physiker bereits in jungen Jahren zur Disziplin erzogen (was seine Kindheit verkürzte und aus einem Schuljungen einen akademischen Einsiedler machte, der aber in Wirklichkeit die Wärme und Unterstützung einer großen, sich nahestehenden Familie erfuhr). Durch Maria Petrownas Vorlesestunden lernte er die Literatur kennen und schätzen, was ihn mit einer lebenslangen Dankbarkeit und Bewunderung für seine Wohltäterin erfüllte sowie mit Liebe zu seiner Familie als Ort der Geborgenheit.

Dimitri Iwanowitsch schrieb das erste Physikbuch in russischer Sprache. Durch das Unterrichten seines Sohnes wurde er unweigerlich an den Mann erinnert, der das allererste Buch über Physik geschrieben hatte und damit verantwortlich dafür war, daß sich die Physik zur modernen Naturwissenschaft entwickelte. Schon in jungen Jahren impfte Dimitri Iwanowitsch seinem Sohn eine gesunde Ehrfurcht vor diesem außergewöhnlichen Wissenschaftler ein. Hinzu kam die Tatsache, daß sich die Umwandlung, die sich in dieser historischen Gestalt darstellt – die Entwicklung vom Priester zum Wissenschaftler –, auch in Sacharows Familie innerhalb von drei Generationen vollzogen hat: vom Großvater Nikolaj bis zum Enkel Dimitri Iwanowitsch.

Dieser hatte allen Grund, sich an Galileo zu erinnern. Deshalb also, mit der Absicht einerseits, etwas über Andrej Dimitrijewitschs intellektuellen Hintergrund mitzuteilen, andererseits, das Studium der Naturwissenschaften – vor allem der Physik – in einen allgemeinen Zusammenhang zu setzen, ist dieses Kapitel dem Vater der modernen Physik, Galileo Galilei, gewidmet. Denn er verdeutlicht den ewigen Kampf der Wissenschaft gegen die etablierte Meinung, die durch die jeweiligen Mächtigen repräsentiert wird.

Galileo Galilei wurde am 15. Februar 1564, dem Geburtsjahr William Shakespeares, in Pisa geboren. Er war der Sohn des Florentiners Vincenzo Galilei, dessen Familie zweihundert Jahre lang zu den angesehensten Bürgern der Stadt zählte. Galileo ist in der Geschichte Europas eine Zentralfigur:

Drei Tage nach seiner Geburt starb Michelangelo in Rom; knapp ein Jahr nach Galileos Tod im Jahre 1642 wurde Isaac Newton geboren. Galileos Leben erstreckte sich also vom Ende der italienischen Hochrenaissance bis zum Anfang des Jahrhunderts der Aufklärung. Aber als Mitbegründer kennzeichnete er auch den Beginn eines neuen Zeitalters in der Geschichte der gesamten Menschheit: Er war der Vater der modernen Naturwissenschaft.

Doch das Zeitalter formt den Menschen mehr, als der Mensch das Zeitalter. Es schien tatsächlich, als hätten sich alle Ereignisse verschworen, um so einen Menschen wie Galileo hervorzubringen. Es war eine Zeit der Kriege zwischen den italienischen Stadtstaaten und seinen habgierigen Nachbarn wie Frankreich, Spanien, dem Heiligen Römischen Reich Deutscher Nation und dem Osmanischen Reich. Es war kurz nachdem man das Schießpulver von China nach Europa importierte und fast hundert Jahre, nachdem in Frankreich zum ersten Mal mobile Feldartillerie eingesetzt wurde. Das Phänomen der Artillerie an sich war schon Anreiz genug, um die Bewegung von Körpern zu studieren – in diesem Fall Kanonenkugeln und ihre Flugbahnen. Allein aus dieser Tatsache entwickelte sich eine besondere Gattung von Ballistik-Experten, Ingenieuren, Artillerie-Experten und Spezialisten für Mechanik und Dynamik. Die Ad-hoc-Bezeichnung für diese Fachleute, unter der sie damals allgemein bekannt waren, hieß »virtuosi«.

Der Mensch erfindet, um ein Bedürfnis zu befriedigen.

Das Bedürfnis war vorhanden, und die Zeit drängte; denn dort, wo gerade kein Krieg geführt wurde, drohte ständig die Gefahr eines Krieges. Man konnte es fast als einen modernen, kontinuierlichen und allgemein verbreiteten Rüstungswettlauf bezeichnen.

Immer, wenn irgend jemand etwas erfand, betrachtete dieser es als seine erste Aufgabe, die Nutzbarkeit seiner Erfindung für bewaffnete Auseinandersetzungen zu demonstrieren. Alles, was die militärische Überlegenheit gegenüber einem wirklichen oder potentiellen Feind sicherte, stand hoch im Kurs.

Galileo war solch ein »virtuoso«. Aber er war auch im wahrsten Sinne des Wortes ein Virtuose (Künstler); ein Humanist par excellence. Er war Philosoph, begnadeter Musiker und Literat in einer Person. Er kannte fast alles von Vergil, Ovid, Horaz und Seneca und konnte sie aus dem Gedächtnis rezitieren. Dies galt auch für die Gedichte von Petrarca. Darüber hinaus konnte er das Epos *L'Orlando Furioso* (Der rasende Roland) auswendig; Ariost war sein Lieblingsschriftsteller. Schon früh beherrschte er die neue Landessprache Italienisch meisterlich und benutzte sie dann in wirkungsvoller Weise, wenn er seine Ansichten und Theorien vor der breiten Masse zum besten gab. Bis zu dem Zeitpunkt, als Galileo mit dieser Tradition brach, waren durch den Gebrauch der lateinischen Sprache bei philosophischen und fachlichen Diskussionen diese der gebildeten Elite vorbehalten.
Auch hier zeigt es sich wieder – die Tatsache, daß Galileo in den florentinischen Adel geboren wurde, war ein glücklicher Umstand; denn der florentinische Dialekt sollte dank Dante Alighieri später zur italienischen Landessprache werden.
Aber Galileos Hauptinteresse galt der Geometrie, und sein erster Lehrer im wörtlichen Sinne war Ostilio Ricci, selbst einer der »virtuosi«. Ricci hatte den Titel inne, den Galileo ungefähr dreißig Jahre später bekommen sollte: »Erster Hofmathematiker des Erzherzogs der Toskana«. Ricci war auch Professor für die klassische Geometrie Euklids. Es ist eines der Wunder dieser Welt, daß die dreizehn Geometriebücher Euklids heutzutage noch weltweit in allen Klassenzimmern verwendet werden – und zwar unverändert.

Galileo ging von Euklid allmählich zu Archimedes über, dem ersten Konstrukteur und gleichsam der treibenden Kraft der alten Welt. So also kam Galileo durch Zufall oder Vorsehung als Student zu den vernachlässigten griechischen Naturwissenschaftlern. Er maß dem nutzlosen, abstrakten Theoretisieren der Gelehrten wenig Bedeutung bei und widmete sich mehr der praktischen und mechanischen Seite, das heißt dem Erfinden und der Anwendung von Präzisionsinstrumenten für die Forschung. Dies stand in großem Gegensatz zur üblichen Vorgehensweise dieser Zeit, die ganz unter dem Zeichen der Hingabe an die traditionellen Lehren des Aristoteles stand – so falsch diese Tradition auch war.

Die Entscheidung des jungen Galileo, Euklid und Archimedes zu studieren, war, als hätte er den Hauptgedanken einer Entwicklung, die fast zweitausend Jahre lang begraben war, wieder aufgegriffen. Darüber hinaus paßte das Studium der Artillerie, mit dem er sich als »virtuoso« beschäftigt hatte, ausgesprochen gut zum Studium der Himmelsordnung. Die Kenntnisse aus der Ballistik stellten eine ausgezeichnete Grundlage für die Beobachtung der Bewegung von Himmelskörpern dar, während wiederum die Bewegung der Planeten einen exzellenten Beweis für bereits beobachtete ballistische Prinzipien erbrachte. Mit dieser praktischen Erfahrung schien es leichter zu glauben, daß die Erde sich im Laufe eines Jahres um die Sonne drehe, als daß die Sonne und die Planeten innerhalb von vierundzwanzig Stunden die Erde umkreisten. Galileo fand sich an der Schwelle zu Kopernikus und seinem Hauptwerk *De revolutionibus orbium coelestium libri VI* (Sechs Bücher über die Umläufe der Himmelskörper). Noch vor Ende des Jahrhunderts war Galileo ein heimlicher Anhänger Kopernikus' geworden, voller Begeisterung, aber hinter verschlossenen Türen. In Anbetracht des

Tadels und des Spottes, den Kopernikus noch nach seinem Tode geerntet hatte (sein Hauptwerk wurde erst kurz vor seinem Tod 1543 veröffentlicht), war Galileo weise genug, weitere Beweise, einschließlich seines eigenen, abzuwarten. Von Keplers Werk *Mysterium Cosmographicum* (Das Weltgeheimnis), das die Theorie von Kopernikus beweisen sollte, war Galileo jedoch nicht beeindruckt, sondern eher abgestoßen. Er hielt es für zu mystisch und fand, daß es zu sehr präziser Messungen und mathematischer Erkenntnisse entbehrte. Galileos Leidenschaft, alles zu messen, offenbarte sich in seiner Gewohnheit, seinen eigenen Puls als Meßinstrument zu benutzen – zum Beispiel als er die Pendelschwingung auf diese Weise maß. Er fuhr mit seinen Experimenten fort, vor allem mit jenen, bei denen er eine Kupferkugel eine Ebene mit verschiedenen Neigungswinkeln hinunterrollen ließ. Dann kam mit der Erfindung des Fernrohres der große Durchbruch in der Astronomie.

Galileo hat zwar das Fernrohr nicht erfunden, aber man kann ihn als Miterfinder oder Wiederentdecker bezeichnen. In dem Augenblick, in dem er von der holländischen Erfindung eines Linsensystems erfuhr, mit dem man weit entfernte Gegenstände vergrößern konnte, erahnte er das Prinzip und machte sich daran, sein eigenes Fernrohr zu bauen. Als ihm das gelang, wurde er über Nacht berühmt. Die Ratsherren der Stadt Venedig, in deren Republik Galileo den Lehrstuhl für Mathematik innehatte, schrieben ihm die Erfindung zu, belohnten ihn mit einer Beförderung und verdoppelten sein Gehalt auf eintausend Gulden pro Jahr. Das war nicht das Ergebnis spontaner Dankbarkeit, sondern Galileos hervorragendes Verkaufsgeschick. Ein Auszug aus dem Brief, der seine Erfindung begleitete, bestätigt dies: »Wir haben unermeßliche Vorteile dadurch, daß wir uns mit Hilfe dieses Instrumentes weit

entfernte Gegenstände sowohl zu Wasser als auch zu Land ganz nahe heranholen können; ... auf dem Meer werden wir die Schiffe und Segel unserer Feinde bereits zwei Stunden, bevor sie uns wahrnehmen, entdecken; dadurch, daß wir die Anzahl und Art der feindlichen Schiffe ausmachen können, sind wir in der Lage, ihre Stärke einzuschätzen, und können daraufhin entscheiden, ob wir sie verfolgen, sie angreifen oder vor ihnen fliehen. Gleichermaßen können wir die feindlichen Lager und Verschanzungen innerhalb ihrer befestigten Gebiete und auf dem offenen Feld von einem günstigen Aussichtspunkt aus beobachten und die Feindbewegungen sowie die Vorbereitungen, die sie treffen, erkennen und daraus den Vorteil ziehen.«
Die ersten Fernrohre waren nicht sehr präzise, sie vergrößerten in einem Verhältnis von 2:1. Galileo gelang es schon beim ersten Mal, ein Fernrohr mit einer Vergrößerung von 10:1 herzustellen. Er verbesserte nachfolgende Modelle innerhalb kurzer Zeit und erreichte dabei Vergrößerungen von 20:1 und schließlich 30:1. Jahrzehntelang stellte Galileo weltweit die besten Fernrohre her. Mit dem Linsenschleifer Alessandro Piersanti stellte Galileo einen meisterlichen Handwerker als Leiter seiner Werkstatt in Venedig ein. Sein Glas bezog er aus den berühmten Glasbläsereien Muranos, die damals wie heute in der Herstellung hochwertigen Glases unübertroffen waren. Hier zeigte sich, daß Galileos Wohnsitz in Venedig ein weiterer glücklicher Umstand war. Hinsichtlich der Qualität des benötigten Materials hätte er sich an keinem besseren Ort befinden können. Außerdem war die Republik Venedig die liberalste, aufgeschlossenste und unabhängigste Regierung in ganz Italien, wenn nicht sogar auf der ganzen Welt. Galileo wurde mit der Nachfrage nach Fernrohren geradezu überflutet. Er beschränkte sich jedoch darauf, die Wünsche von Königen und Prinzen zu erfüllen.

Am 13. März 1610 erschien Galileos erstes Buch in einer Auflage von fünfhundertfünfzig Exemplaren. Es umfaßte dreißig Seiten und trug den Titel *Nuntius Sidereus* (Sternenbotschaft). Er beschreibt darin seine Entdeckung der vier Satelliten des Jupiter und stellt fest, daß der Mond kein Licht ausstrahlt, sondern nur das Licht der Sonne reflektiert. Darüber hinaus gibt er eine Anleitung für den Gebrauch des Fernrohres, wobei er fordert, daß man zur Beobachtung von Himmelskörpern Linsen mit einer Vergrößerung von 20:1 verwenden solle. So kurz und nüchtern das Büchlein *Nuntius Sidereus* auch gewesen sein mag, es gab den Philosophen und Theologen genügend Denkanstöße. Was die Milchstraße betraf, so machte Galileo in geübter Weise eine Aussage von überragender Bedeutsamkeit: »Egal, auf welchen Abschnitt der Milchstraße man sein Fernrohr richtet, man sieht immer, daß ihr Schleier von einer riesigen Vielzahl von Sternen durchsetzt ist; manche sind ziemlich groß und deutlich sichtbar, die Anzahl der kleinen Sterne jedoch ist unermeßlich.« Seit der Zeit Hipparchos' von Nicaea (190–120 v. Chr.), dem Astronomen, der eintausend Sterne katalogisierte, hat sich die Menschheit mit dieser runden Zahl zufriedengegeben. Diese Thematik war auch Gegenstand der Häresie des Giordano Bruno, der glaubte, daß es außerhalb dieser Welt noch zahllose andere Welten gebe, und der deshalb zehn Jahre zuvor in Rom auf dem Scheiterhaufen verbrannt wurde, weil er auch in der Öffentlichkeit hartnäkkig an seinem Glauben festhielt, obwohl Kardinal Bellarmin mit ihm die ganze Nacht vor seiner Hinrichtung verbracht und versucht hatte, ihn zum Abschwören zu überreden. Aber Galileo zog keine Schlußfolgerungen aus seinen Ergebnissen. Im letzten Absatz jedoch machte er folgende Absichtserklärung: »Ich selbst werde beweisen, daß sie (die Erde) sich dreht, daß sie den Mond in seiner

Großartigkeit übertrifft und nicht ein Abfallhaufen ist, der aus dem Dreck und Müll des Universums besteht; und ich werde dies auch mit Hunderten anderen Beweisen aus der Natur belegen.« Aber es dauerte weitere zwanzig Jahre, bis schließlich das Buch erschien, das Galileo in seinen Schlußworten bereits unter dem Titel »Das Weltsystem« angekündigt hatte.

Das Erscheinen des Buches *Nuntius Sidereus* kennzeichnete den Beginn einer Auseinandersetzung zwischen der unsterblichen Orthodoxie (welche ungefähr vierhundert Jahre alt war) und der neuen Orthodoxie. Aber es war keinesfalls nur ein Kampf innerhalb der Grenzen eines wissenschaftlichen Gebietes. Es war eine direkte Konfrontation auf einer Linie, die sich ins Unendliche erstreckte, und als solche beispielhaft für den jahrhundertealten Kampf, der dem Paradoxon in der Natur des Menschen entspricht. Die Welt des Mittelalters bildete noch eine Gesamtheit. Diese Welt war bereits von der Reformation erschüttert worden und wurde gerade wieder von der Gegenreformation erschüttert. Im Mittelalter waren die Kirchenmänner die Nachfolger der Philosophen der Antike geworden. Die katholische Kirche hatte die Akademie und das Lyceum abgelöst. Sie legte die Wertmaßstäbe fest und gab die Richtung der Kultur und der Ausbildung vor. Nun begann eine neue Zivilisation zu entstehen. Eine Weltanschauung, ein ganzes theologisches und philosophisches System standen auf dem Spiel. Bisher war der Mensch der Mittelpunkt der Schöpfung Gottes gewesen. Die Heimat des Menschen – die Erde – war das Zentrum des Universums gewesen. Aber es stand nicht nur die Anordnung der Gestirne auf dem Spiel, sondern jede Art von Ordnung, vor allem die soziale Ordnung, unter dem ständigen Einfluß der Philosophie. Das war es, worum es der katholischen Kirche ging.

Galileo sah den Zusammenbruch dieser grundlegenden Ordnung deutlich voraus, als er erfuhr, daß Cosimo Boscaglia, Professor der Philosophie, auf einer Gesellschaft am florentinischen Hof in Pisa gesagt hatte, die Bewegung der Erde sei etwas Unglaubliches an sich und sie könne aus dem besonderen Grund, daß die Heilige Schrift dieser Interpretation einer natürlichen Erscheinung ausdrücklich und unzweifelhaft widerspreche, nicht möglich sein.
Das war die Kampfansage. In einem Brief an den Benediktinermönch Benedetto Castelli verwies Galileo darauf, daß es gefährlich und unschicklich zugleich sei, die Bibel bei wissenschaftlichen Diskussionen ins Spiel zu bringen. »Falls die ursprünglichen heiligen Autoren die Absicht gehabt hätten, die Leute über die Konstellationen und Bewegungen der Himmelskörper zu belehren, hätten sie diese nicht so spärlich behandelt, daß es nichts ist im Vergleich mit den unendlich vielen erhabenen und wunderbaren Schlußfolgerungen, die diese Wissenschaft ausmachen.«
An anderer Stelle des Briefes führte er ein noch wichtigeres Argument an: »Wieviel größere Unordnung würde entstehen, wenn man Dinge hinzufügen würde, entsprechend der Forderung von Leuten, die, abgesehen davon, daß wir nicht wissen, ob sie durch die göttliche Macht inspiriert reden, deutlich zu erkennen geben, daß es ihnen völlig an der Kenntnis fehlt, die erforderlich wäre, ich will nicht sagen, um zu widerlegen, sondern um die Verfahren überhaupt zu verstehen, mit der die scharfsinnigsten Wissenschaften bei der Bestätigung einiger ihrer Schlußfolgerungen vorgehen.«
Chronisten und Gelehrte betonen, daß Galileo seine öffentlichen und privaten Diskussionen sehr unglücklich führte, vor allem die mit den Jesuiten. Es stimmt wahrlich, daß Galileo ein Meister der Diktion war – er war vom

Stil her wahrscheinlich der beste Literat in ganz Italien –, der großen Scharfsinn und ein außerordentliches Gedächtnis besaß; er verfügte über sehr viel praktische und theoretische Erfahrung. Außerdem war er ein überaus geselliger Mensch, der Bankette und geistvolle Diskussionen liebte. Was seine Gegner jedoch am meisten erzürnte und erbitterte Feinde aus ihnen machte, war Galileos unerschöpflicher Erfindungsgeist. Es machte den Eindruck, als schüttelte er die Erfindungen wie ein Zauberer nur so aus dem Ärmel. Seine Erfindungen waren wichtige, ja sogar revolutionäre Erfindungen, nicht nur gewöhnliche Kuriositäten. Es gelang ihm ständig, die breite Masse sowie die wachsende Klasse der Unternehmer zu entzükken und in Erstaunen zu versetzen. Dabei bediente er sich der italienischen Sprache und nicht der lateinischen. Das bedeutete, daß seine Bücher außerhalb Italiens nicht verstanden wurden, was der Fall gewesen wäre, hätte er auf lateinisch geschrieben. Aber es bedeutete auch, daß seine Bücher in ganz Italien verstanden wurden, was nicht möglich gewesen wäre, hätte er Latein verwendet.

Vor dem Fernrohr erfand Galileo ein Thermoskop, den Vorläufer des Thermometers. Ungefähr drei Jahre nach der Erfindung des Fernrohres erfand er ein Mikrometer für seine Laborarbeit, das alles, was bis dahin erhältlich war, in den Schatten stellte. Nicht viel später erfand er einen schwimmenden Vorläufer des Chronometers, um die gefährliche Messung der Längengrade, auch Koppelung genannt, zu umgehen. Im Jahre 1624 überraschte er dann die Welt mit seinem »ochialino« – das Mikroskop als logische Umkehrung des Fernrohrs. Auch hier ist Galileos Anspruch auf das Urheberrecht umstritten. Aber er war auch hier zumindest Miterfinder, und die Instrumente, die er in seiner Werkstatt herstellte, waren bei weitem die besten. Der Brief, den er seinem Geschenk, einem Mikroskop, für Prinz Cesi beilegte, ist typisch für Galileos Begeisterung für das Unbekannte: »Ich habe mit grenzenloser Bewunderung eine Vielzahl von Tieren beobachtet und fand, daß der Floh das häßlichste darunter ist, die Mücke und die Motte andererseits sehr schön sind. Ich habe mit großer Befriedigung beobachtet, wie Fliegen und andere kleine Tierchen imstande sind, auf der Oberfläche von Spiegeln zu laufen, und zwar mit dem Kopf nach unten. Aber Eure Exzellenz wird selbst Gelegenheit haben, Tausende und Abertausende von Details zu beobachten, wobei ich Sie bitte, mir die bemerkenswertesten mitzuteilen.«

Obgleich Galileo mit sehr wenig Schlaf auskam – er verbrachte mehrere Stunden in der Nacht damit, die Sterne zu beobachten –, war ihm die Zeit zu kurz. Er beschloß, das Große und weit Entfernte intensiver zu erforschen als das Kleine und Nahe, sich also mehr dem Makrokosmos als dem Mikrokosmos zu widmen.

Es war aber vor allem diese endlose Reihe von Erfindungen sowie deren technische und theoretische Anwendung (1594 veröffentlichte Galileo *Die goldene Regel der Mechanik,* ein Buch, das von der Erhaltung mechanischer Energie handelte), welche immer wieder schockierten, bestürzten und erzürnten – seine Gegner und Feinde im besonderen und den geistlichen und akademischen Stand im allgemeinen. Mit Hilfe der neuen Beobachtungsmethoden machte Galileo immer wieder neue Entdeckungen. Er konnte bei seinen Argumentationen ständig beispiellose, ungeahnte Beweise anführen, die er aus seinen neuen Informationsquellen schöpfte. Selbstverständlich hatte die absolute Neuheit von Galileos Methoden auch ihre Nachteile. Ein Großteil der italienischen Oberschicht widersetzte sich Galileos Erkenntnissen, indem sie sie einfach ignorierten. Sehr viele Gelehrte und andere Würdenträger weigerten sich einfach, durch Galileos Fernrohr zu schauen. Es kam auch oft genug vor, daß diejenigen, die durchschauten, vorgaben, nichts von dem zu sehen, was Galileo und seine Freunde eindeutig erkannten. Aber die breite Öffentlichkeit ignorierte sie nicht.

Das wirkliche Problem hingegen lag viel tiefer. Der wahre Grund, warum es nicht gelang, den Disput über das Weltsystem des Ptolemäus, des Tycho Brahe und des Kopernikus beizulegen, war die Tatsache, daß sich die Erkenntnistheorie der Gelehrten grundlegend von der neuen Wissenschaft unterschied, in der Tat so grundlegend, daß die Gelehrten sich weigerten, die Lehrsätze der neuen Theorie anzuerkennen. (Die Gelehrten waren nicht an der Wahrheit über die Natur interessiert, sondern an der Natur der Wahrheit).

In einem Brief an den Karmelitermönch Foscarini wies Kardinal Bellarmin darauf hin, daß man im Falle eines »endgültigen Beweises« des Gegenteils den Absatz in der Bibel, in dem es heißt, die Sonne drehe sich um die Erde, in Frage stellen könnte, aber dann nur derart, daß »wir sagen, wir verstehen den Absatz nicht, aber nicht, indem wir zugeben, daß das Gegenteil bewiesen wurde«. Weiter schrieb Bellarmin, er bezweifle sehr, daß der »endgültige Beweis« je erbracht werde. Er wußte, wovon er sprach; denn während Galileo versprach, »tausend Beweise« zu erbringen, gelang es ihm nicht, den einen »endgültigen Beweis« zu erbringen, der dem Disput ein Ende bereitet hätte. Galileo konnte zwar beweisen, daß der Planet Venus in verschiedenen Phasen Hörner zu haben schien. Und es gab auch genügend Mönche, die durch sein Fernrohr schauten und ehrlich zugaben, was sie sahen. Es ist aber eine Sache, zu behaupten, »wenn unserem Planetensystem das kopernikanische Weltbild zugrunde liegt, hat die Venus Phasen«, und eine völlig andere, zu sagen, »wenn die Venus Phasen hat, ist unser Planetensystem das kopernikanische System«.

Womit Galileo konfrontiert wurde, wenn er versuchte, sich mit den Gelehrten in ihrer Sprache auseinanderzusetzen, war das schier unüberwindliche Problem, einen negativen Beweis liefern zu müssen.

Dies wurde ihm bei einem Gespräch in Rom im Jahre 1615 von Kardinal Barberini nahegelegt, als dieser Galileo fragte: »Glauben Sie, daß Gott die Gestirne anders angeordnet und bewegt haben könnte als im Sinne der kopernikanischen Theorie oder daß Gott die Dinge so angeordnet haben könnte, daß alles, was am Himmel offenbar ist oder hinsichtlich der Bewegung, der Stellung, der Entfernung und der Anordnung der Gestirne behauptet wird, auf zufriedenstellende Weise erklärt werden könnte? Wenn Sie ›nein‹ sagen, so müssen Sie beweisen, daß jede andere Anordnung der Gestirne als die, die Sie vertreten, in sich widersprüchlich ist. Denn Gott hat in seiner unendlichen Macht so viele Möglichkeiten, etwas zu schaffen, was nicht in sich widersprüchlich ist ...« Hierzu konnte Galileo angeblich nur schweigen, denn was hätte er in Anbetracht dieser Argumentation auch antworten sollen?

Wenn Galileo zur Sicherheit jedem Planeten Hörner und einen Schwanz verpaßt hätte, hätte er immer noch nicht den Beweis dafür geliefert, daß Gott in seiner unendlichen Macht dies nicht auch auf eine Art und Weise geschaffen haben könnte, die nicht in sich widersprüchlich ist.

Aber es steckte mehr dahinter, als Galileo mit logischer Argumentation in die Enge zu treiben. Zu erklären, daß die kopernikanische Vorstellung des Universums die einzig mögliche und wahre ist, wäre gleichbedeutend mit der Verleugnung der Allmacht Gottes gewesen und hätte ihm den Vorwurf der Ketzerei eingebracht. Barberinis Argumentation war keineswegs neu. An der Pariser Universität ließen im Jahre 1277 Theologen mit der Hilfe des zuständigen Bischofs und der nachträglichen Zustimmung des Papstes zweihundertneunzehn philosophische Thesen für ketzerisch erklären. Damit waren die Naturwissenschaften ebenso wie die Philosophie an die Kirche gebunden. Eigentlich war dies die Antwort der Kirche auf die neuentdeckte Freiheit, die sich aus der Wiederentdeckung des Aristoteles und der Forderung der Gelehrten nach unabhängiger Forschung und Reflexion ergab. Innerhalb von zweihundert Jahren blies der frische Wind, der sich mit der Einführung des Aristoteles erhoben hatte, so kalt, daß das Werk des Meisters zu einem eisigen Dogma erstarrte. Das Vertrauen der Akademiker des Mittelalters in die Buchstaben des aristotelischen Textes war allmählich untergraben worden und hatte in Aberglauben geendet. Dadurch kam es zur zwangsläufigen Konfrontation zwischen dem alten Glauben und der neuen Wissenschaft, wodurch die Ränge der Gelehrten gespalten wurden: In der Wissenschaft bleibt Aberglaube nicht lange unangefochten.

Innerhalb eines Jahres, nachdem Galileo den Brief an Castelli geschrieben hatte, tauchten Abschriften davon auf, wobei einige absichtlich verfälscht waren. Zwei dieser Fälschungen sind uns erhalten geblieben. Galileo schrieb in seinem Brief zum Beispiel, daß es in der Bibel Stellen gebe, die »von der Wahrheit abzuweichen scheinen, wenn man sie ganz wörtlich nimmt«; in einer der Abschriften aber heißt es: »... die im wörtlichen Sinne falsch sind«. Gleichermaßen wurde Galileos ursprüngliche Aussage, daß die Heilige Schrift ihre eigene Bedeutung manchmal »überschattet«, zu »pervertiert ihre eigene Bedeutung« verändert. Noch im selben Jahr hatte ein Dominikanermönch Galileo in einer Predigt in Florenz als Ketzer bezeichnet und denunzierte ihn auch weiterhin uneinge-

schüchtert bei der Inquisition, obwohl er auf Galileos Drängen von seinen Vorgesetzten gemaßregelt worden war.
Die Inquisitoren gingen nicht weiter auf die Denunziation ein. Galileos Brief an Castelli sowie sein darauffolgender Brief an die Großherzogin Christina wurden ad acta gelegt, aber nicht vergessen.
Die Katze in Gestalt eines Kätzchens war aus dem Sack. Die Absicht der beiden Briefe war klar; Galileos Versprechen vor fünf Jahren in seinem ersten Buch *Nuntius Sidereus,* den Beweis dafür zu erbringen, daß die Erde sich dreht, war eine Herausforderung, der man sich früher oder später stellen mußte. Zu dieser Zeit, im März 1616, veröffentlichte Foscarini, ein Karmelitermönch aus Neapel, ein Buch, in dem er Galileo und Kopernikus verteidigte. Während Foscarini in Rom predigte, forderte er alle Zuhörer zu einer öffentlichen Diskussion über sein Buch heraus und ließ auch Kardinal Bellarmin ein Exemplar zukommen, was zu der bereits erwähnten Antwort führte. Zu diesem Zeitpunkt wurden hinter den Kulissen bereits die ersten Kämpfe ausgetragen.
Galileo setzte seine zahlreichen Beziehungen zum Adel ein, um seinen Fall im Vatikan, an den Universitäten und in der Gesellschaft im allgemeinen zu fördern. In Wirklichkeit machte er zuviel Werbung für seinen Fall. Der Papst, Paul V., entschied bei einer Unterredung mit Bellarmin, daß es unumgänglich sei, Stellung zu beziehen; er ließ deshalb die Theologen des Heiligen Offiziums herbeizitieren, damit sie eine formelle Stellungnahme zur kopernikanischen Theorie abgaben. Das Dekret der theologischen Experten (Kommissare) des Heiligen Offiziums erklärte die erste These (nämlich, daß »die Sonne das Zentrum der Welt ist und sich nicht von der Stelle bewegt«) offiziell für ketzerisch. Die zweite These (daß »die Erde nicht das Zen-

trum der Welt ist und sich bewegt ...«) befand es gleichermaßen als falsch, aber nicht als ketzerisch. Einige der Kardinäle jedoch erachteten diesen Erlaß für zu hart, weshalb er ganze siebzehn Jahre lang nicht veröffentlicht wurde. Statt dessen erließ die Heilige Kongregation des Index ein Dekret, in dem das Wort »Ketzerei« völlig fehlte. Die Heilige Kongregation beschloß, daß das Werk des Kopernikus »bis zu seiner Korrektur eingezogen werde«. Das Buch von Pater Foscarini jedoch wurde verboten und auf den Index gesetzt.

Der Vatikan versuchte offensichtlich, Kopernikus bis zu einem gewissen Grad zu schützen. Sein Buch stand nur vier Jahre lang auf dem Index. Die Korrekturen, die 1620 vorgenommen wurden, bestanden lediglich darin, daß neun Sätze, in denen das heliozentrische System als das richtige bezeichnet wird, ausgelassen beziehungsweise verändert wurden. Galileo wurde an keiner Stelle erwähnt. Dies gab den Anschein, daß sich in Wirklichkeit nichts verändert hatte; solange wissenschaftliche Diskussionen rein theoretischer Art waren und nicht zu sehr in die Tiefe gingen, gab es keinerlei Beschränkungen. Galileo glaubte, daß er diese Runde nach Punkten gewonnen hatte, obwohl er zu einer Unterredung mit dem Papst aufgefordert wurde. Dieser ermahnte ihn, die soeben aufgestellten Regeln des Anstandes zu wahren. Zwei Tage später bat Kardinal Bellarmin ihn zu einem Gespräch. Auch dieser ermahnte ihn, seine Überzeugung, daß die Sonne das unbewegliche Zentrum des Universums sei und die Erde sich bewege, aufzugeben. Die Ermahnung beinhaltete auch folgende Bedingung: »Sollte er sich weigern zu gehorchen, so soll ein Kommissar ihm – vor einem Notar und einem Zeugen – die Aufforderung deutlich vor Augen halten, künftig seine Überzeugung und Doktrin nicht mehr zu lehren, zu verteidigen oder zu diskutieren ...«

Um Gerüchte, daß er erniedrigt und bestraft worden sei, aus der Welt zu schaffen, bat Galileo Bellarmin um eine Bestätigung, daß nichts dergleichen je stattgefunden habe. Bellarmin kam dieser Bitte nach und schrieb: »... daß der besagte Galileo keiner von ihm behaupteten Lehre abgeschworen hat, weder in Unsere Hände noch in die von irgend jemand anderem hier in Rom oder anderswo, soweit Wir wissen; auch wurde ihm keine heilsame Buße auferlegt; lediglich die vom Heiligen Vater abgegebene Erklärung wurde ihm bekanntgemacht, der zufolge die Lehre des Kopernikus, daß die Erde sich um die Sonne bewege und diese im Mittelpunkt der Welt stillstehe und sich nicht von Ost nach West bewege, im Widerspruch zur Heiligen Schrift stehe und weder verteidigt noch behauptet werden kann«.

Die Veröffentlichung von Galileos berühmtem Buch *Il Saggiatore* (Prüfer mit der Goldwaage), 1623, traf mit einem vielverheißenden Ereignis zusammen. Der argwöhnische und beleidigte Papst Paul V. wurde von Galileos Freund und Bewunderer Maffeo Barberini, der als Urban VIII. im Jahre 1623 das Oberhaupt der katholischen Kirche wurde, abgelöst. Barberini war ein Mann von weltlicher Gesinnung (er hatte sich mit Gustav Adolf, dem Anführer der Protestanten und Generalissimus, zusammengetan, um gegen das Heilige Römische Reich vorzugehen), er war ein Literat (er schrieb Abschnitte aus der Bibel in Hexameter um) und ein geistreicher Kopf (als er vom Tode Kardinal Richelieus erfuhr, soll er gesagt haben: »Wenn es einen Gott gibt, wird Kardinal Richelieu nun Rede und Antwort stehen müssen; wenn es keinen gibt, so war er sehr erfolgreich.«).

Galileo hatte allen Grund zur Annahme, daß sich durch den neuen Papst das Blatt für ihn zum Guten wenden würde.

Barberini hatte 1620 eine Ode zu Ehren Galileos verfaßt; sie trug den Titel *Adulatio Perniciosa,* was soviel heißt wie »verhängnisvolle Verherrlichung« – fürwahr ein unheilverkündender Titel. Barberini hatte jedoch noch ein zweites Gesicht, das weniger ermutigend war: Er besaß ein ungeheures Geltungsbedürfnis. Er war der erste Papst, der es gestattete, daß man ihm zu Lebzeiten ein Monument errichtete (eine Tatsache, die Arthur Koestler zu der Aussage verleitete, Barberinis Eitelkeit sei monumental). Auch sein Ausspruch, daß er »es besser wisse als alle Kardinäle zusammen«, machte ihn berühmt. Als Papst Urban VIII. die Bronzeteile des Pantheon abnehmen ließ, um daraus den Baldachin in der Peterskirche und Kanonen für die Engelsburg gießen zu lassen, lieferte er den Stoff für das Epigramm: »Quod non fecerunt barbari, fecerunt Barberini« (Was die Barbaren nicht getan, taten die Barberini).

Wenn man bedenkt, daß auch Galileo keineswegs ein bescheidener Charakter war (bei jeder Gelegenheit bestand er darauf, daß »er allein alles Neue am Himmel entdeckt hatte«), könnte man diese gegenseitige Verherrlichung auch als »verhängnisvoll« einstufen. In jedem Fall machte Galileo das Beste aus diesem Zusammentreffen, indem er *Il Saggiatore* Papst Urban VIII. widmete. Außerdem enthielt das Buch eine Laudatio, in der Urban VIII. als Mäzen und Protektor der Künste und Wissenschaften gepriesen wird. Der Papst war entsprechend beeindruckt und ließ sich das Buch bei den Mahlzeiten vorlesen, wobei er immer wieder sein Entzücken beteuerte. *Il Saggiatore* befaßt sich mit dem Wesen und dem Ursprung von drei Kometen, die im Herbst 1618 auftauchten; es ist eine polemische Abhandlung, gerichtet an den Jesuitenpater Horatio Grassi, der 1619 seiner Meinung zu den Kometen über Dritte und Pseudonyme Ausdruck gab – eine Art und

Weise, die charakteristisch für die damalige Zeit war. Obgleich Galileos Werk auch einige wertvolle Erkenntnisse, wie zum Beispiel die Unterscheidung zwischen primären Eigenschaften (Stellung, Anzahl, Form und Bewegung) und sekundären Eigenschaften (Farben, Duft und Geschmack) der Natur liefert, ist es doch hauptsächlich deshalb so bemerkenswert, weil es das erste bekannte Beispiel für die Perfektion von Galileos Stil in der neuen Volkssprache, Italienisch, ist. Als solches betrachtet, ist es ein Meisterwerk und aufgrund dessen als Schmährede noch wirkungsvoller. Wieder einmal hatte Galileo sich einen Jesuitenpater zum erbitterten Feind gemacht. Es erhebt sich aber trotz allem die Frage, ob dieses ständige Polemisieren irgendeinen bedeutenden Unterschied bei der Art und Endgültigkeit des Urteils und der Strafe bei Galileos Verhandlung machte. Als Galileo im Zuge der Kontroverse mit Pater Grassi versuchte, die Thematik der Kometen an sich zu erforschen, wollte er Johannes Keplers Werk über Kometen, *Epitome Astronomiae Copernicanae* (Abriß der kopernikanischen Astronomie), konsultieren und mußte feststellen, daß dieses Buch im Zusammenhang mit dem Dekret von 1616 verboten worden war (obwohl es mit der kopernikanischen Lehre an sich nichts zu tun hatte).

Es gibt für einen Wissenschaftler oder Künstler nichts Schlimmeres, als ihm die Informationen vorzuenthalten: Er kann in einer derartigen Atmosphäre nicht arbeiten. Die Gegner hatten ihre Fronten gebildet und wollten es darauf ankommen lassen.

Galileo hatte viele mächtige und einflußreiche Freunde, die ihn nicht nur drängten, sondern regelrecht Druck auf ihn ausübten. Er hatte vor gut einem Jahrzehnt in seinem ersten Buch feierlich versprochen, »zu beweisen, daß sie (die Erde) sich dreht, und dies mit Hunderten von Gründen aus der Natur zu belegen«. Er war jetzt über sechzig Jahre alt, und es war allmählich an der Zeit, in dieser Angelegenheit zu einer Entscheidung zu kommen. Galileo startete einen Versuch, indem er eine Widerlegung der kopernikanischen Theorie, die Francesco Ignoli, mittlerweile Sekretär der päpstlichen Gesellschaft zur Verbreitung des Glaubens, acht Jahre zuvor veröffentlicht hatte, widerlegte. Wie Galileo erklärte, tat er dies unter dem Vorwand, den Protestanten zeigen zu wollen, daß die katholische Kirche die Lehre des Kopernikus nicht aufgrund ihrer Unwissenheit verbot, sondern aufgrund ihrer Ehrfurcht vor der Autorität und der Großartigkeit der Heiligen Schrift.

Der Inhalt des langversprochenen Buches war Galileo schon seit langem klar; er hatte ihn über die Jahre hin mit Freunden und Feinden unzählige Male diskutiert. Er hatte dieses Thema in seinen Büchern oft genug angeschnitten, und auch ein Großteil seiner Korrespondenz befaßte sich damit. Es stand auch außer Frage, was der Hauptpunkt sein würde – das Beispiel für den erforderlichen »endgültigen Beweis« dafür, daß die Erde sich bewegte. Dieses Beispiel sollte Galileos Theorie über Ebbe und Flut sein, welche er für die überzeugendste Darstellung hielt, da rein mechanische Faktoren angeführt wurden (im Gegensatz dazu stellte Kepler die Hypothese auf, daß der Mond einen geheimnisvollen Einfluß auf die regelmäßigen Gezeiten der Meere habe). Ein weiterer attraktiver Aspekt für die Wahl dieser Thematik war die Tatsache, daß Aristoteles keinerlei Erklärung für das Phänomen der Gezeiten hatte. Galileo äußerte sogar die Absicht, seinem zukünftigen Werk den Titel »Eine Studie über die Gezeiten« zu geben. Der Papst selbst überredete ihn dazu, dies nicht zu tun.

Die letzten zwanzig Jahre seines Lebens war Galileo in

schlechter gesundheitlicher Verfassung. Er hatte ständig Grippe und Fieber, litt an Rheuma und hatte überempfindliche Augen, die häufig entzündet waren. Das Werk, das den Lauf der Welt verändern sollte, war deshalb ganze sechs Jahre in Arbeit. Es erschien als Dialog zwischen Salviati (Galileo) – dem Kopernikaner –, Sagredo – dem Ptolemäer – und Simplicio – dem Aristoteliker. Der Titel entsprach der Form des Buches: *Dialog über die beiden hauptsächlichsten Weltsysteme, das ptolemäische und das kopernikanische.*

Die besondere Form und der Stil des Werkes waren sorgfältig ausgewählt worden. Die Dialogform war nach der Wiederentdeckung Platos besonders beliebt, und die gespreizte, extravagante Sprache der Höflinge war immer noch groß in Mode. Am Ende des Buches fügte Galileo vorsichtshalber die Lieblingsargumentation von Urban VIII. ein.

Simplicio gibt zu, daß Salviatis Theorie (die kopernikanische) die überzeugendere zu sein scheint, aber nichtsdestoweniger nicht als endgültiger Beweis akzeptiert werden könne: »Meinem geistigen Auge schwebt vielmehr stets eine unerschütterlich feststehende Lehre vor, die mir einst eine hochgestellte Persönlichkeit gegeben hat. Ich weiß, daß ihr beide auf die Frage: Kann Gott vermöge seiner unendlichen Macht und Weisheit dem Elemente des Wassers die abwechselnde Bewegung, die wir an ihm beobachten, nicht auch auf andere Weise mitteilen, als indem er das Meeresbecken bewegt? – ich weiß, sage ich, daß ihr auf diese Frage antworten werdet, er vermöge und wisse das auf vielfache, unserem Verstande unerfindliche Weise zu tun. Dies zugegeben, ziehe ich aber sofort den Schluß, daß es eine unerlaubte Kühnheit wäre, die göttliche Macht und Weisheit begrenzen und einengen zu wollen in die Schranken einer einzelnen menschlichen Laune.«

Dies war Barberinis Argumentation von 1615, welche Galileo zum Schweigen gebracht haben soll. Dieses Mal jedoch hat Galileo das letzte Wort. Vierzehn Jahre hatte er für seine Antwort gebraucht und ließ Salviati sagen: »Eine bewundernswerte, wahrhaft engelgleiche Lehre! Mit ihr stimmt jene andere göttliche Satzung vortrefflich zusammen, die uns wohl gestattet, den Bau des Weltalls forschend zu suchen, die uns jedoch für immer versagt, das Werk seiner Hände wirklich zu durchschauen, in der Absicht vielleicht, daß die Tätigkeit des Menschengeistes nicht abgestumpft und ertötet werde. Laßt uns daher die von Gott gestattete und von ihm gewollte Geistesbetätigung benutzen, um seine Größe zu erkennen, um uns mit desto größerer Bewunderung für sie zu erfüllen, je weniger wir uns imstande fühlen, in die unergründlichen Tiefen Seiner unendlichen Weisheit einzudringen.«

Moderne Kritiker finden diese Sprache – vor allem den Ausdruck »engelgleich« – ironisch, ja fast skurril. Dabei schätzen sie den Umgangston und die Konventionen in diesem Jahrhundert falsch ein.

Viele Zensoren konnten an dieser Sprache nichts Falsches entdecken – obwohl die Erteilung der Druckerlaubnis sich zu einer »Komödie der Irrungen« entwickelte. Und dies nicht zuletzt aufgrund zweier Tragödien: dem Dreißigjährigen Krieg und dem Ausbruch der Pest in Florenz im Jahre 1630. Als Galileo mit seinem Manuskript nach Rom kam, hatte Papst Urban VIII. keine Zeit, es zu lesen oder es sich vorlesen zu lassen. Unter dem Druck, die Führung in dem zu bestreitenden Kampf übernehmen zu müssen, hatte Urban VIII. gerade genug Zeit, Galileo einmal zu empfangen. Letzterer, der oft prahlte, daß seine Zunge mächtiger sei als seine Feder, hatte keine Gelegenheit, seine florentinische Eloquenz wirksam werden zu lassen. Darüber hinaus war bereits kurz nach Jahresanfang der größte Teil Italiens wegen der Pest unter Quarantäne gestellt worden. Dadurch waren Reisen fast unmöglich, was dazu führte, daß die Erteilung der Druckerlaubnis nun je zwei Zensoren in zwei Städten, Rom und Florenz, zufiel. Erschwerend kam noch hinzu, daß keiner der Zensoren im entferntesten für seine Aufgabe qualifiziert war. Der oberste Zensor, der »Maestro del Sacro Palazzo«, ein Dominikanermönch, der wegen seiner Beleibtheit auch unter dem Namen »Pater Monstrum« bekannt war, glaubte, daß die Planeten von Engelshand bewegt würden. Er war Galileo wohlgesonnen und hatte sechs Jahre zuvor, als *Il Saggiatore* erschien, seine begeisterte Zustimmung gegeben. Nun folgte ein Hin und Her zwischen diesen beiden Städten. Es wurden nur einige Änderungen vorgenommen, aber keine Kürzungen. Offensichtlich verließ sich jeder der vier Zensoren darauf, daß die anderen den nötigen Scharfsinn walten ließen. Das Buch erschien im Februar 1632, zwei Jahre nachdem es den Behörden zur Prüfung übergeben worden war. Auf der Titelseite prangten die vier offiziellen Stempel der Zensoren, die es gutheißen mußten.

Die ersten Reaktionen auf den »Dialog« waren insgesamt gesehen ekstatisch. Tommasso Campanella pries das Werk als »philosophische Komödie«. Er schrieb dazu: »Wir brauchen Platon nicht zu beneiden. Salviati ist ein großartiger Sokrates, der eher die Hebamme für die Gedanken anderer darstellt als eigene auf die Welt bringt, und Sagredi ist ein wirklich freier Geist, der, ohne durch die Schulen verstümmelt zu sein, alles mit großer Weisheit beurteilt ... Diese Wahrheiten von alten Problemen, von neuen Welten, neuen Sternen und neuen Systemen sind der Anbruch eines neuen Zeitalters.«

So ging es sechs Monate lang. Galileo, der gerade mit einer hartnäckigen Augenentzündung zu kämpfen hatte

(er mußte sich alle Briefe vorlesen lassen), sonnte sich im Lob, das von allen Seiten zu kommen schien.
Dann, Mitte August, kam der harte Schlag: Der Drucker und Herausgeber Landini erhielt Anweisung vom Vatikan, den Verkauf des Buches einzustellen. Was während der sechs Monate von Februar bis August in Rom geschehen war, wissen wir nicht. Aber aus den Berichten Niccolinis, dem florentinischen Gesandten in Rom, können wir entnehmen, daß der Papst »derart erzürnt war, daß er die Angelegenheit persönlich nahm«, einschließlich Urbans »verbitterter Bermerkung«, daß Galileo ihn getäuscht hatte, geht klar hervor, daß im Vatikan eine verschärfte Kampagne im Gange war, um Urban gegen Galileo aufzuhetzen. Galileos Feinde nützten eine noch nie dagewesene Gelegenheit zu ihrem Vorteil. Es war verhältnismäßig leicht, mit Urbans Eitelkeit zu spielen und ihn davon zu überzeugen, daß die Darstellung seines Standpunkts und der Haltung der Kirche im »Dialog« durch den Einfaltspinsel Simplicio eine unverzeihliche Beleidigung sowohl seiner Person als auch seiner Position sei.
Ebenso war Galileo davon überzeugt, daß er die Angelegenheit richtigstellen könnte, falls ihm eine Chance gegeben würde, sich und sein Werk zu verteidigen; denn – wie er selbst häufig sagte – seine Zunge war mächtiger als seine Feder. Trotz der anfänglichen Strenge des Verfahrens, der Vorladungen und Androhungen von Strafen, falls er die Bedingungen nicht erfülle, wurde Galileo aus gesundheitlichen Gründen ein viermonatiger Aufschub gewährt, nachdem Ärzte des Vatikans ihn untersucht hatten. Galileo traf schließlich im Februar 1633 in Rom ein, wo er wie immer im Palast des florentinischen Gesandten in Rom wohnte. Es vergingen jedoch drei Monate, bevor er zum ersten Verhör ins Heilige Offizium geladen wurde.
Als Galileo nach Rom kam, wurde er auch dort mit einer

Reihe unangenehmer Entdeckungen konfrontiert. Die erste war die grundlegende Verfahrensregel der Inquisition, den Angeklagten in Unkenntnis darüber, was ihm zur Last gelegt wurde, zu belassen. Statt dessen wurde er gefragt, ob er wisse oder sich denken könne, warum man ihn vorgeladen habe. Denjenigen, die bereits Gelegenheit hatten, die üblichen Verfahrensmethoden mit den Beschuldigten bei Gerichtsverhören unter kommunistischen Regimes kennenzulernen oder zu studieren, wird dies bekannt vorkommen. In seinem Buch *Die Nachtwandler* bringt der verstorbene Arthur Koestler, der bei den Nachforschungen zu seinem Roman *Sonnenfinsternis* eine gründliche Untersuchung der offiziellen Verfahrenstechniken bei Verhören in der Sowjetunion anstellte, folgende Fußnote an, als er auf diesen Aspekt von Galileos Prozeß eingeht: »Dies ist auch das Standardverfahren bei Verhören des sowjetischen Staatssicherheitsdienstes. Der inquisitorische Charakter der GPU (später NKWD, MWD und KGB)-Methoden ist mehr als nur ein Begriff des politischen Jargons. Die absolute Geheimhaltung gegenüber dem Angeklagten, was das Vorgehen und den Grund für die Ermittlung betrifft; das Fehlen von Anwälten für die Verteidigung und die Annahme, daß er (der Angeklagte) schuldig sei, solange das Gegenteil nicht bewiesen wird; das Ausüben psychischen Drucks, das Wechselspiel von Drohung und väterlicher Beruhigung, und darüber hinaus die Wiederherstellung der metaphysischen Gemeinsamkeit der Seelen zwischen Kirche und Büßer: dies sind nur die hervorstechendsten Grundzüge, die die GPU nach einer gründlichen Studie der Methoden und Vorgehensweise der Inquisition nachahmte.« Aber es gab eine weitere, noch niederschmetterndere Entdeckung, die Galileo bei seinem ersten Verhör erwartete. Wie er erfahren mußte, gestattete die Inquisition keinerlei Diskussion:

Der Angeklagte hatte sich darauf zu beschränken, die ihm gestellten Fragen zu beantworten. Damit also wurde Galileo seiner wirksamsten Waffe – seiner Eloquenz – beraubt. Außerdem wurde ihm mitgeteilt, daß er mit Beginn des Prozesses automatisch zum Gefangenen der Inquisition und daher bis zum Abschluß des Verfahrens in Haft genommen würde. Als sein Gastgeber, der florentinische Gesandte Niccolini, beim Papst intervenierte, wurde es Galileo gestattet, in einem eigens für ihn vorbereiteten Raum im Palazzo del Sant'Uffizio zu bleiben, mit einem großherzoglichen Lakai als Diener, der ihm die Mahlzeiten brachte. Dadurch blieb ihm das Unbehagen und die Schmach, in einem Kerker der Inquisition gefangengehalten zu werden, erspart. Zweifellos verwirrte diese bevorzugte Behandlung Galileo, der inzwischen zum alten Mann geworden war. Zumindest schien er die wahre Natur und Bedeutung der Verfahren gegen ihn nicht richtig zu deuten.
Ein Sonderausschuß, der bei der Veröffentlichung von Galileos Buch gebildet worden war, war bei der Untersuchung des Falles Galileo zu folgendem Ergebnis gekommen: Erstens hatte Galileo gegen den päpstlichen Erlaß verstoßen, als er von der rein hypothetischen Behandlung der kopernikanischen Theorie abwich; zweitens hatte er das Phänomen der Gezeiten fälschlicherweise der kopernikanischen Theorie zugeschrieben; drittens hatte er gegen die Verfügung, die ihm 1616 vom Heiligen Offizium auferlegt worden war, »besagte Meinung völlig aufzugeben ... und sie künftig weder aufrechtzuerhalten noch zu lehren oder in irgendeiner Weise – mündlich oder schriftlich – zu verteidigen«, gehandelt.
Der letzte Punkt basiert auf einem Protokoll, das als Beweis dafür dienen sollte, daß über Galileo 1616 in Zusammenhang mit dem Erlaß, der die kopernikanische Theorie

ächtete, eine Verfügung verhängt worden sei. Galileo jedoch hatte auf sein Ersuchen hin eine schriftliche Zusicherung von Kardinal Bellarmin erhalten, daß Derartiges nie stattgefunden habe. Hierdurch wurde die Sache beigelegt.

Diese beiden Dokumente schließen sich gegenseitig aus; eines muß eine Fälschung sein. Bellarmins Schreiben kann nicht in Frage gestellt werden: Es wurde unterzeichnet, versiegelt und überbracht.

»Wenn Galileo nur gewußt hätte, wie er sich die Gunst der Jesuiten hätte erhalten können«, sagte Pater Grienberger, der führende Astronom bei den Jesuiten zu jener Zeit, »wäre er mit hohem Ansehen vor der Welt gestanden, all sein Unglück wäre ihm erspart geblieben, und er hätte über alles Beliebige schreiben können, sogar über die Bewegung der Erde«. Das stimmt. Aber man kann diese Aussage auch umdrehen, wodurch sie wesentlich zutreffender wird: Wenn die Astronomen der Jesuiten in ihrem Haß gegenüber Galileo und ihrer Angst vor der neuen Wissenschaft nicht zu weit gegangen wären, hätten sie der Kirche und der gesamten Menschheit unschätzbare Dienste erweisen können. Sie hätten – in Zusammenarbeit mit Galileo – die neue Wissenschaft Schritt für Schritt in die Doktrin der Kirche aufnehmen können. Das war letztendlich die Hauptaufgabe der Jesuiten. Sie wachten über die Bildung sowie die ganze »humanistische« Lehre, nach deren Grundsätzen die herrschende Klasse erzogen wurde. Und so kam es dann auch, daß alles, was Galileo vorgeschlagen und gefördert hatte – sowohl theologischer als auch wissenschaftlicher Natur –, später von der Kirche anerkannt wurde, wobei sich dieser Prozeß über zweihundert Jahre hinzog; dies wirkte sich hauptsächlich auf die Kirche und die Geisteswissenschaften nachteilig aus, aber auch ganz allgemein gesehen wurde durch diese Verzögerung unsag-

barer Schaden angerichtet. Die Ursache für die Tragödie Galileos, die gleichzeitig die Tragödie der Menschheit ist, war das Versagen der Jesuiten, ihre erzieherische Funktion im politischen Sinne auszuüben: Es war ihre Aufgabe, den Papst davor zu bewahren, sich lächerlich zu machen. Die Jesuiten versagten, weil sie in Panik gerieten. Sie gerieten in Panik, weil sie den Präzedenzfall Martin Luther ständig vor Augen hatten. Ebenso wie Galileo hatte auch Luther die Landessprache meisterhaft beherrscht, war zum Volk gegangen und hatte zu ihm in seiner Sprache gesprochen. Außerdem hatte er ein Kommunikationsmittel erfunden – er benützte die Druckerpresse zum ersten Mal zur Massenherstellung von Pamphleten mit sechs bis acht Seiten – zu einem Preis, der für jeden erschwinglich war.
Die drei Experten, die von der Inquisition dazu bestimmt worden waren, den Inhalt von Galileos Buch zu untersuchen, hatten keinerlei Schwierigkeiten, anhand von Zitaten aus dem Buch Beweise dafür zu liefern, daß Galileo das kopernikanische Weltbild als Hypothese diskutiert, verteidigt und unterstützt hatte; außerdem hatte er sein Werk damit ausgeschmückt, daß er diejenigen, die das kopernikanische Weltbild nicht vertraten, als »Idioten«, »geistige Zwerge« und »Menschen, die es nicht verdienten, so genannt zu werden«, bezeichnete. Koestler nennt Galileos »Ausflüchte« angesichts des Beweismaterials: »selbstmörderische Torheit«.
Die Inquisition überwand die festgefahrene Situation, die sich zwangsläufig aus Galileos unnachgiebigem Beharren auf seiner Unschuld ergab, indem sie Zuflucht in einer List suchte, die uns im 20. Jahrhundert nur allzu vertraut geworden ist.
Der Kommissar der Inquisition, Firenzuola, schrieb einen Brief an Kardinal Francesco Barberini, den Bruder des Papstes und einen der Richter beim Prozeß. In diesem

Brief machte Firenzuola folgenden Vorschlag: »... da Galileo bei seiner Befragung bisher alles, was ganz deutlich aus seinem Buch hervorgeht, geleugnet hat und da es aufgrund dessen erforderlich wäre, beim weiteren Verfahren mehr Strenge walten und andere Erwägungen in Zusammenhang mit dieser Sache außer acht zu lassen, ... schlage ich vor, daß die Heilige Kongregation mir gestattet, mit Galileo außergerichtlich zu verhandeln, um ihn auf seinen Irrtum aufmerksam zu machen und ihn – falls er ihn erkennt – dazu zu bringen, ein Geständnis abzulegen.« Er bekam die Erlaubnis. Bei einem Überraschungsbesuch bei Galileo erreichte Firenzuola schnell sein Ziel und brachte Galileo dazu, »seinen Irrtum vollkommen einzusehen, so daß er deutlich erkannte, daß ...er in seinem Buch zu weit gegangen war«. Galileo zeigte dabei so viel Gefühl, »wie jemand, der es als großen Trost empfand, seinen Irrtum zu erkennen«. Galileo war bereit zu gestehen, bat sich aber etwas Zeit für die Formulierung seines Geständnisses aus. Die Zeit wurde ihm gewährt.

Firenzuola schließt seinen Brief mit den Worten: »... Ich glaube, daß Seine Heiligkeit und Eure Eminenz zufrieden sein werden, daß die Angelegenheit auf diese Weise soweit vorangetrieben wurde, so daß sie bald ohne weitere Probleme entschieden werden kann. Das Gericht hat somit seinen Ruf gewahrt; es wird auch möglich sein, den Schuldigen mit Milde zu behandeln; und gleichgültig, welche Entscheidung gefällt wird, er wird das Wohlwollen, das ihm entgegengebracht wurde, erkennen, zusammen mit all den anderen erfreulichen Konsequenzen, die sich daraus ergeben.«

Zwei Tage nach dem erwähnten Besuch erschien Galileo zum zweiten Verhör – mit seinem erwarteten Geständnis. Galileo erklärte, daß er sein Buch (es war ihm gestattet

worden, seinen Diener loszuschicken, um eine Ausgabe zu besorgen), welches er lange Zeit nicht mehr in Händen hatte, noch einmal gelesen hatte und daß es ihm wie eine andere Schrift von einem fremden Autor erschien. Er fügte hinzu: »Dieselbe hat mir, ich gestehe es offen, an mehreren Stellen den Eindruck gemacht, als sei sie derart abgefaßt, daß der mit meiner Denkungsweise nicht vertraute Leser Ursache gehabt hätte, sich die Meinung zu bilden, die für den falschen Teil (den ich zu widerlegen beabsichtigte) vorgebrachten Beweise wären in einer solchen Weise demonstriert, daß sie vermöge ihrer Kraft eher geeignet erschienen, denselben zu verstärken als seine Widerlegung zu erleichtern.«
Galileo führte im besonderen zwei Argumente an: »... das eine von den Sonnenflecken und das andere von der Ebbe und der Flut des Meeres, gelangen in der Tat mit weitaus beweiskräftigeren und überzeugenderen Eigenschaften an das Ohr des Lesers, als ihnen von jemandem verliehen werden sollte, der sie nicht für schlüssig hält und sie zu widerlegen beabsichtigt, wie ich sie in meinem Innersten und wahrhaftig für nicht schlüssig und der Widerlegung wert gehalten habe und halte.«
Er hatte den Fehler begangen, in »prahlerischem Ehrgeiz, völliger Unkenntnis und Unachtsamkeit« gehandelt zu haben. Galileo wurde daraufhin gebeten, das Zimmer zu verlassen. Als er zurückkam, machte er folgendes Angebot. Er sagte, die Gesprächspartner in seinem bereits veröffentlichten Buch hätten vereinbart, sich nach einer gewissen Zeit wieder zu treffen, um Fragen der Natur zu besprechen. Dies gäbe ihm die Gelegenheit, weitere »Tage« oder Kapitel hinzuzufügen. »Indem ich demnach bei dieser Gelegenheit einen oder zwei ›Tage‹ werde hinzufügen müssen«, schloß Galileo, »so verspreche ich, die zugunsten der besagten falschen und verdammten Meinung an-

geführten Gründe nochmals aufzunehmen und sie auf die wirksamste Weise, die mir der barmherzige Gott schon eingeben wird, zu widerlegen«.
Bei einem rein formellen Verhör zehn Tage später reichte Galileo seine schriftliche Verteidigung ein, in der er jegliche betrügerische Absicht zurückwies und behauptete, daß er sich einer »besonderen, absoluten Verfügung von 1616« nicht bewußt sei. Dann wiederholte er seine Aussage, daß er versuchen werde, allen Schaden wiedergutzumachen, indem er eine Fortsetzung des verurteilten Buches schreibe. Schließlich brachte er noch eine persönliche Bitte vor: »Zum Schluß bleibt mir nur noch, Sie zu bitten, meine jämmerliche gesundheitliche Verfassung zu berücksichtigen. Zehn Monate ständiger geistiger Qual und die Strapazen einer langen, mühsamen Reise in der unwirtlichsten Zeit des Jahres haben mich – einen Mann von siebzig Jahren – zu einem kranken Mann gemacht. Dazu habe ich einen Großteil der Jahre (von meinem damaligen gesundheitlichen Standpunkt gesehen), als die Zukunft noch vor mir lag, verloren ... Gleichermaßen bitte ich Euch (die hohen Geistlichen), meine Ehre und mein Ansehen gegen Schmähungen von Neidern hochzuhalten. Nur die Beharrlichkeit, mit der diese Menschen meinen guten Namen verunglimpft haben, hat mich dazu gezwungen, die Bestätigung von Kardinal Bellarmin überbringen zu lassen und meiner Verteidigung beizulegen.«
Sechs Wochen später, am 16. Juni, wurde das Urteil gegen Galileo verkündet. Koestler zitiert die Entscheidung, wie sie in die Akten eingegangen ist: »... Seine Heiligkeit der Papst erließ, daß besagter Galileo über seine Absicht (was sein Werk ›Dialog‹ betrifft) und unter Androhung von Folter zu verhören ist; falls er kein Geständnis ablegt, ist er dazu aufzufordern, vor der Vollversammlung der Kongregation des Heiligen Offiziums abzuschwören, und ist von

der Heiligen Kongregation nach deren Ermessen in Haft zu nehmen. Weiterhin ist ihm zu befehlen, künftig die Bewegung der Erde und die Stabilität der Sonne weder in Wort noch in Schrift zu diskutieren; sollte er rückfällig werden, so ist er zu bestrafen.«
Drei Tage später wurde Galileo zum dritten und letzten Verhör vorgeladen. Er wurde unter Eid über seine wirkliche Überzeugung hinsichtlich der Weltsysteme befragt. Galileo antwortete, er sei bis zum Dekret von 1616 der Meinung gewesen, daß beide Meinungen vertretbar seien. Er fuhr fort: »– nach besagter Entscheidung hatte ich – der Weisheit der kirchlichen Behörde sicher – keine Zweifel mehr, und ich hielt und halte noch immer das ptolemäische Weltbild, das heißt die Stabilität der Erde, für das einzig wahre und unbestreitbare.« Ihm wurde daraufhin die Art und Weise, wie er diese Thematik im »Dialog« behandelt hatte, vor Augen gehalten, und es wurde ihm mitgeteilt, daß bereits die bloße Tatsache, daß er das Buch geschrieben hatte, zur Annahme führe, daß er die kopernikanische Auffassung vertrete. Galileo erwiderte darauf, daß seine einzige Absicht beim Schreiben seines Buches darin bestanden habe, die Argumente beider Seiten aufzuzeigen. Er wiederholte: »Ich vertrete die verurteilte Auffassung nicht und habe sie in der Zeit seit dem Erlaß der Kirche nicht vertreten.« Galileo wurde die Frage ein drittes Mal gestellt: Aufgrund des Inhalts seines Buches nehme man an, daß er das kopernikanische Weltbild unterstütze – oder zumindest zu dem Zeitpunkt, als er das Buch schrieb, unterstützt habe. Deshalb »würden entsprechende rechtliche Maßnahmen gegen ihn ergriffen werden, falls er sich nicht dazu entschließen könne, die Wahrheit zu sagen«. Galileo gab zur Antwort: »Ich vertrete das kopernikanische System nicht und habe es nicht mehr vertreten von dem Zeitpunkt an, als mir nahegelegt wurde,

es aufzugeben; im übrigen bin ich hier in Euren Händen – macht mit mir, was Ihr wollt.«
So blieb Galileo »vehementer suspectus«. Denn, es war eine Strafe über ihn verhängt worden, und als er starb, wurde ihm deshalb ein Begräbnis in geweihter Erde versagt – er blieb ein ewiger »vehementer suspecuts«.
Das offizielle Urteil lautete folgendermaßen:
»Wir sprechen und verkünden das Urteil und erklären, daß er, besagter Galileo, aufgrund der im Prozeß erbrachten Beweise und seines Geständnisses sich nach Beurteilung dieses Heiligen Offiziums der Ketzerei verstärkt verdächtig gemacht hat, und zwar dahingehend, daß er die Doktrin – welche falsch ist und der Heiligen Schrift widerspricht –, daß die Sonne das Zentrum der Welt sei und sich nicht von Ost nach West bewege und daß die Erde sich bewege und nicht das Zentrum der Welt sei, unterstützt und vertreten hat; er hat weiterhin ketzerisch gehandelt, indem er eine Auffassung vertreten und als wahrscheinlich verteidigt hat, auch nachdem sie als widersprüchlich zur Heiligen Schrift erklärt worden war; und deshalb wurden ihm die Verbote und Strafen auferlegt, die im kanonischen Recht und in anderen Verfassungen im allgemeinen und besonderen für solche Täter vorgesehen sind.«

Die Abgrenzung ist eindeutig. Es ist eine harte Konfrontation zweier Erkenntnistheorien und Systeme, mit der Theologie auf der einen, und der Wissenschaft auf der anderen Seite: die Natur des Wissens gegen das Wissen über die Natur. Offiziell kann Galileo aufrichtig und ruhigen Gewissens behaupten, er habe seit dem Dekret von 1616 die verurteilte kopernikanische Theorie nicht mehr vertreten. Das war reine Formsache. Öffentlich aber darf er bestimmte Theorien nicht vertreten. Das ist richtig. Wie aber steht es mit Galileos wirklicher Meinung in dieser Angele-

genheit? Nun ja, wer sollte Galileo auf seinem eigenen Gebiet, der Wissenschaft, davon überzeugen, daß er die eine Meinung und nicht die andere vertreten solle?
Er hatte auch in einem Brief an den Anwalt Francesco Ignoli seinen Standpunkt klar dargelegt: »In Sachen, die die Natur betreffen, gilt die Autorität des Menschen nichts. Sie als Rechtsgelehrter scheinen großen Wert darauf zu legen, aber die Natur, mein sehr verehrter Herr, kümmert sich nicht um Weisungen und Anordnungen von Prinzen, Kaisern und Monarchen und würde auf ihr Geheiß kein Jota von ihrem Lauf abweichen. Aristoteles war ein Mensch, sah mit den Augen, hörte mit den Ohren und dachte mit dem Gehirn eines Menschen. Ich bin ein Mensch, auch ich sehe mit den Augen, und eigentlich viel mehr als er; was das Denken betrifft, so glaube ich, daß er über mehr Dinge nachdachte als ich; ob er aber mehr und richtiger über Dinge dachte, die Gegenstände unser beider Betrachtungen waren, wird von den Gründen, die wir anführen, entschieden und nicht von einer autoritären Obrigkeit.«
Es war schwer, eine Demarkationslinie zwischen den beiden Interessengebieten zu ziehen, ohne vom anderen beschuldigt zu werden, seinen Bereich zu verletzen. Bei den Theologen war die Luft in den höheren Gefilden ebenso dünn wie bei den Naturwissenschaftlern. Galileo war in jedem Fall schlecht beraten, sich auf theologisches Gebiet vorzuwagen. Trotz alledem überstand sein Werk – ob verbrannt, verboten oder ständig auf dem Index (es dauerte fast zweihundert Jahre, bis der Vatikan Galileos Werk vom Index nahm) – alle Versuche der Unterdrückung. »Manuskripte verbrennen nicht«, wie Michail Bulgakow einmal sagte. Es war dieser maßgebende Umstand, der zu dem Mythos führte, daß Galileo bei seinem letzten Verhör mit zusammengebissenen Zähnen gemurmelt haben soll:

»Und sie bewegt sich doch.« Es war nicht er, sondern sein Werk, das sprach.
Galileo war bis zu seinem Tod ein Gefangener mit vielen Privilegien. Er residierte in Gesandtschaften, Palästen und Villen. Sein letzter Aufenthaltsort war sein Haus in Arcetri in der Nähe von Florenz. Er hatte keinen einzigen Tag und keine einzige Minute in einem Gefängnis zugebracht. Es war ihm gestattet, zu arbeiten und zu schreiben. Und tatsächlich entstand in dieser Zeit (im Jahre 1638) sein wichtigstes Werk, die *Discorsi e demonstrazioni matematiche* oder »Unterredungen und mathematische Demonstrationen über zwei neue Wissenszweige, die Mechanik und die Lehre von den örtlichen Bewegungen (die Lehre von Fall und Wurf)«. Ein Buch, das schon früh gepriesen wurde und noch heute als das »erste moderne Lehrbuch der Physik« gilt.
Die letzten sieben Jahre seines Lebens war Galileo völlig blind. Diese Blindheit war für ihn genauso schwer zu ertragen wie die Taubheit für Beethoven. In einem Brief an seinen Freund Diodati beschreibt er seinen traurigen Zustand: »Leider ist Dein Freund und Diener seit den letzten paar Monaten hoffnungslos blind; so daß dieser Himmel, diese Erde, dieses Universum, welche ich durch wunderbare Entdeckungen und eindeutige Demonstrationen um ein Hunderttausendfaches vergrößert und damit das Vorstellungsvermögen weiser Männer aus vergangenen Zeiten überschritten habe, für mich fortan zu einem solch kleinen Raum geschrumpft ist, daß er von meinen körperlichen Empfindungen allein ausgefüllt werden kann.«
Die Konfrontation der beiden Erkenntnistheorien – die Besorgnis der Theologen um die Natur des Wissens und die der Wissenschaftler um das Wissen über die Natur – ist nicht nur eine reine Umkehrung der Begriffe. Lewis Mumford weist in seinem Buch *The Pentagon of Power* auf

eine tiefere Bedeutung von Galileo Galileis Prozeß hin: »Galileo hat eigentlich ein viel schwerwiegenderes Verbrechen begangen, als ihm von irgendeinem der kirchlichen Würdenträger vorgeworfen wird. Denn sein wirkliches Verbrechen bestand darin, daß er die Gesamtheit der menschlichen Erfahrungen, nicht nur die Vielzahl von Dogmen und Lehrsätzen der Kirche, gegen einen winzigen Bruchteil, den man in einem begrenzten Zeitraum wahrnehmen und unter dem Gesichtspunkt von Masse und Menge interpretieren kann, eingetauscht hat. Gleichzeitig damit leugnete er die Bedeutung der unmittelbaren Wirklichkeit der menschlichen Erfahrung, von der die Wissenschaft selbst nur eine verfeinerte ideologische Abteilung ist. Als Galileo die erfahrene Wirklichkeit in zwei Bereiche teilte, nämlich den subjektiven Bereich, der seiner Meinung nach außerhalb der Wissenschaft lag, und den objektiven Bereich, der völlig frei war von der sichtbaren Existenz des Menschen, aber nur durch strenge mathematische Analyse zu erfassen war, tat er die kulturellen Überlagerungen der Bildung, die die Mathematik – selbst ein rein subjektives Destillat – erst ermöglicht hatte, als unwesentlich und unwirklich ab.«

Während dieser Kommentar an die wissenschaftliche Bemerkung erinnert, »immer mehr lernen über immer weniger«, sind der Schlüsselsatz »die kulturellen Überlagerungen der Bildung?« und die Forderung, sie als unwesentlich und unwirklich aufzugeben, die Hintergrundmelodie zu einem sich ständig wiederholenden Refrain von Beschwerden, Sorgen und Vorbehalten moderner Kritiker und Beobachter.

T. S. Eliot geht in seinen Essays *The Use of Poetry* and *The Use of Criticism* (Die Funktion der Dichtung und Die Funktion der Kritik) näher auf dieses Thema ein:

»... wenn die Moralvorstellungen nicht länger durch Tradition und Orthodoxie bestimmt werden – das heißt, durch die Gewohnheiten der Gemeinschaft festgelegt und durch das Gedankengut und die Richtung der Kirche berichtigt und erhöht werden –, wenn ein Mensch allein sich seine eigenen Moralvorstellungen bildet, dann wird *Persönlichkeit* zu etwas von erschreckender Bedeutung.«

Eliot schreibt weiter: »Die Anzahl der Menschen, die im Besitz von Kriterien sind, anhand derer sie zwischen Gut und Böse unterscheiden können, ist sehr klein.«

Harry Levin gestattet uns in seinem bemerkenswerten Buch *The Gates of Horn* in Zusammenhang mit einer Schlußfolgerung, zu der er gekommen ist, einen Einblick in die Anliegen des Vatikans damals wie heute: »Was also zählt, sind nicht die Glaubensartikel, sondern prinzipientreue Verhaltensmuster: nicht die Kontroversen innerhalb der Theologie oder Ausschweifungen in der Art Chateaubriands, sondern eine Methode, den Mächten des Eigeninteresses zu begegnen.«

Zwischen Galileo und der Kirche kam es zu einer Auseinandersetzung darüber, wie George Santayana es ausdrückt, »wer denn hier das Denken übernehme«. (Galileo wurde gezwungen, unter Eid und »sub poenis« zu versprechen: »Sollte ich einen Ketzer oder einen Menschen, der sich der Ketzerei verdächtig gemacht hat, kennen, so werde ich ihn bei diesem Heiligen Offizium denunzieren.«) Es ist merkwürdig, wie oft dieses Schema auftaucht: »Kepler beklagte sich in einem glühenden Gesuch beim Kirchenrat von Württemberg; der Kirchenrat antwortete in einem langen, geduldigen und väterlich zurechtweisenden Brief, daß Kepler bei seiner Mathematik bleiben und die Theologie den Theologen überlassen solle.« Wer aber sollte bestimmen, was Ketzerei genau war? Galileo wollte der herrschenden Klasse, die sich immer noch aus Theologen zusammensetzte, angehören;

er wollte sie führen und beraten wie ein loyaler Berater, der er nun einmal war.
Die ganze Auseinandersetzung, in die Galileo verwickelt war, sollte jedoch auf der Grundlage seiner Entdeckung oder seiner Vorahnung, daß auf die eine oder andere Weise alles meßbar sei, untersucht werden. »Man muß alles messen, was meßbar ist, und alles, was nicht meßbar ist, meßbar machen«, soll Galileo gesagt haben. Und wieder einmal mag es sein, daß nicht Galileo es war, der diese Worte äußerte, sondern daß man sie aus seinem Werk und seiner Lehre herauslas. Es war aber in jedem Fall Galileo, der schrieb: »La natura e scritta in lingua matematica« (Die Natur ist in der Sprache der Mathematik geschrieben). Er glaubte an das Messen dessen, was vernünftigerweise gemessen werden konnte; wie jeder andere Wissenschaftler glaubte er aber auch, daß man versuchen müsse, all das, was angeblich nicht meßbar sei, auf irgendeine Weise sinnvoll zu messen. Das ist das grundlegende Vermächtnis, das »Sesam öffne dich« für den Kult der menschlichen Allmacht. Prometheus war an einen Fels geschmiedet, wo ihm zur Strafe dafür, daß er Zeus das Feuer entwendet und es den Menschen gegeben hatte, ein Adler täglich die Leber abfraß. Prometheus, der Feuerbringer, und Luzifer, der Lichtbringer. Für die Kirche lag in den Entdeckungen Galileos etwas Prometheisches und gleichzeitig Luziferhaftes. Denn mit Galileo war man wieder an den Ausgangspunkt einer Entwicklung zurückgekehrt, die mit der Trennung von olympischer Religion und ionischer Philosophie begonnen hatte.
Die Entstehung des ionischen Atheismus war nur die Reaktion auf den Verfall der Staatsreligion der Griechen, welche letztendlich nur noch aus Ritual und Routine bestand und dadurch zwangsläufig das kosmische Bewußtsein – die anfängliche Triebkraft jeder Religion – verloren

hatte. Durch Galileo wurden endgültige Wahrheiten zu reinem Aberglauben; durch Galileo wurde der ehrfurchtgebietende Zauber, den die Natur auf die Menschheit ausübte, gebrochen, und die unerschütterliche Ehrfurcht der Griechen vor der Natur wurde ersetzt durch den Drang, in die Tiefe der Naturgeheimnisse vorzudringen – ohne Rücksicht auf die Folgen. Was wir hier miterleben ist die Geburt der Idee des »faustischen Menschen«. Die überirdische Gerechtigkeit sowie die moralischen Werte waren jedoch untrennbar von der instinktiven Ehrfurcht vor der Natur und der natürlichen Ordnung, die als gottgegeben verstanden wurden. Nichts im Leben, ob Pflanze, Insekt, Metall oder Engel, war außerhalb der göttlichen Ordnung. »Dieser kleine Stein«, sagte Richard Basehart in dem Film »La Strada«, »wenn der keinen Zweck erfüllt, dann ist alles sinnlos – auch die Sterne.« Nichts lag außerhalb dieser Werteskala. Wie lange hatte es gedauert, um das Gefüge, das jetzt zerstört wurde, aufzubauen? Niemand wußte es. Eintausend Jahre? Zweitausend Jahre? Hunderttausend Jahre? Wer konnte das schon sagen? Wie bedeutend war dieser »kulturelle Zuwachs«? Lewis Mumford geht noch einen ganzen Schritt weiter. In seinem Buch »Mythos der Maschine« behauptet er, daß der Mensch das Ergebnis einer Milliarde von Jahren der Evolution sei. Sein Stammbaum, das heißt seine kulturelle, physische und biologische Herkunft, sei daher einfach unergründlich.

Die Explosion der ersten Atombombe in Alamogordo im Jahre 1945 und das, was seither passiert ist, hat ein neues Interesse an der Geschichte der Naturwissenschaften geweckt. Während die Interpretationen über die Bedeutung der Entwicklung der Kernphysik und anderer Aspekte der mechanistischen Besessenheit der Menschen weit auseinandergehen und sich sogar ganz grundlegend voneinander unterscheiden, vertreten kompetente Beobachter im allgemeinen dieselbe Meinung, nämlich daß die Entwicklung der Naturwissenschaften und besonders die der Physik den falschen Weg eingeschlagen hat und daß der Hauptgrund für diese Fehlentwicklung in der Loslösung der Menschheit von der Natur zu sehen ist, welche mit der Entstehung der Naturwissenschaften begann und mit der zunehmenden Säkularisierung des Christentums einherging. Verfolgt man diesen Prozeß, so stößt man unweigerlich auf die Quantifizierung, den Hauptfaktor für diese Entwicklung, und auf Galileo, den Urheber und ursprünglichen »Schuldigen«. Somit nimmt Galileos »Verbrechen« Ausmaße an, von denen bis Mitte des 20. Jahrhunderts niemand auch nur träumte. Im Rahmen dieser Studien wurde auch dem Rollentausch auf verschiedenen Ebenen Bedeutung zugemessen: der Verdrängung des Christentums als der unbestrittenen Autorität durch die sich allmählich durchsetzende Wissenschaft – in letzter Zeit in Form von High-Tech; dem Abtreten der alten Priesterschaft (die Theologen), um Platz zu machen für die neue Priesterschaft (die Wissenschaftler), und dem Leitmotiv, das in beiden Fällen – aber vor allem bei der neuen Autorität und der neuen Priesterschaft – von Anfang an eine enge Verbindung zwischen Mechanik, später Physik, und Kriegführung war, besonders, was Festungsanlagen (Tunnel, Wassergräben, Schützengräben, Schanzwerk, Wälle und Türme) und die Herstellung von Waffen betraf. Die militärische Anwendung der Technologie und ihrer Produkte haben immer schon oberste Priorität genossen. In Deutschland gibt es fast zwangsläufig ein Sprichwort: »Der Krieg ist der Vater aller Dinge.«

Rollentausch: Der Mensch ist Gott

Der stärkste Drang in der menschlichen Natur ist der Drang nach Entfaltung der Persönlichkeit. Gerade die Tatsache, daß am Anfang dem Individuum im Christentum sehr große Bedeutung zugemessen wurde, war für die meisten Menschen der attraktivste Gesichtspunkt dieser neuen Religion. Die Lossprechung von den Sünden durch die Beichte Anfang des 11. Jahrhunderts bewirkte, daß die Sünde privatisiert, die zwei Arten von Reue, die entweder der Angst oder der Liebe entsprang, getrennt und der psychologische Zustand des einzelnen untersucht wurde, um festzustellen, welche Art von Reue vorherrschte. Die Institution der privaten Beichte, die nach und nach die öffentliche Buße ersetzte, machte die Gottheit zum Partner, wenn es darum ging, bei der Beichte aufrichtig Reue zu zeigen. Dies war ein gewaltiger Durchbruch in der Entwicklung des Christentums; ein Durchbruch, bei dem bereits eine deutliche Ähnlichkeit mit Luthers Reform zu erkennen war.

Gegen Ende des 18. Jahrhunderts wurden die Zügel des traditionellen religiösen Dogmas durch das Zeitalter der Aufklärung und die rationalistische Auffassung von Religion gelockert. Luther hatte das Gewissen des Menschen von den zwei großen traditionellen Autoritäten befreit – der christlichen und der jüdischen. Als Luther erklärte, der Ort, wo wir lernen müßten, mit Gott wie Mann und Frau zusammenzuleben, sei das Gewissen, machte er das Gewissen – und das Bewußtsein – zum Zentrum des Universums. Er sprach auch von einer direkten Beziehung zwischen Gott und dem Individuum, die aus Intimität und Konfrontation bestand, und propagierte damit die Gleichberechtigung in der Beziehung zwischen Menschlichem und Göttlichem. Mit seiner Rückkehr zur Heiligen Schrift, zum Wort Gottes als einzige Autorität in allen Glaubensfragen, nahm Luther die Exegese (durch welche die Kirche die Heilige Schrift so interpretieren konnte, daß sie ihren hierarchischen Zielen entsprach) der Hierarchie aus den Händen und legte sie in die Hände des Individuums. Kurz gesagt, er ersetzte den Glauben an die Autorität durch die Autorität des Glaubens. Dies war eine Tat, die den Ausdruck »prometheisch« fast unbedeutend erscheinen läßt; Moses empfing die Botschaft, aber Luther setzte sie ins rechte Licht. So rückte er die Probleme des Gewissens in den Bereich der Vernunft. Dies war eine völlige Abwendung von Thomas von Aquins kirchlicher Lehre, die Vernunft dem Glauben unterzuordnen. Es war eine Revolution ohnegleichen, und der Einfluß Luthers auf den Verlauf der Geschichte kann kaum hoch genug eingeschätzt werden, vor allem, weil Luthers Lehre den Beginn der Entwicklung des philosophischen und wissenschaftlichen Denkens in Europa und auf der ganzen Welt kennzeichnete (nach einer Unterbrechung von etwa zweitausend Jahren).

Aber die Luthersche Revolution war auch insofern von Bedeutung, als sie der Entwicklung der menschlichen Persönlichkeit Tür und Tor öffnete. Es ist wohl klar, daß philosophische und wissenschaftliche Entwicklungen miteinander verbunden und sich gegenseitig von Nutzen sind. »Als Gott ihm (Adam) die Vernunft verlieh, gab er ihm die Freiheit zu wählen, denn Vernunft bedeutet Wahl«, schrieb John Milton in der *Areopagitica.* Das Dürsten nach der Entwicklung eines eigenen Stils kann als Versuch, die äußeren Grenzen der Persönlichkeit zu bestimmen, gewertet werden – als ein Ansatz zur Entdeckung des Kosmos im Mikrokosmos des Individuums. Edmund Kean sagte einmal: »Ich denke manchmal, daß die Zurschaustellung einer extremen Gefühlswallung nur schlechte Schauspielerei ist.« Aber alle Schauspielerei, ob gut oder schlecht, setzt voraus, daß man eine Wahl getroffen hat. Die Möglichkeiten der Auswahl, die der bewußten oder unbewußten Entwicklung der Persönlichkeit zugrunde liegen, bestimmen den Spielraum und damit die Qualität des Schauspiels. Wo nur wenige Möglichkeiten der Wahl gegeben sind, ist das Ergebnis schlechte Schauspielerei oder ein sinnloses Unterfangen. Es besteht kein Zweifel, daß der Aspekt der Persönlichkeit im Christentum als Glaube an die Person Gottes und die Person der von ihm geschaffenen Wesen die Suche nach der Persönlichkeit des Individuums verstärkt hat. Ebenso verfeinerte und erweiterte der Fortschritt bei der Entdeckung und Entwicklung der Persönlichkeit die christlich-religiöse Denkweise derart, daß das Leben Christi an sich als der Beginn des Säkularisierungsprozesses betrachtet werden kann. In jedem Fall ist die Reichweite der Theologie viel zu beeindruckend – besonders in ihren zahllosen kulturellen Auswirkungen –, als daß man nur zwei Möglichkeiten betrachten könnte, nämlich entweder sie so zu akzeptieren, wie sie war, oder von ihr abzulassen. Das war auch Galileos Standpunkt in seiner Überzeugung, daß sein Glaube mit der Entdeckung jedes beliebigen Systems jederzeit problemlos vereinbar sei. In diesem Punkt ist er als unmittelbarer Nachfolger Luthers anzusehen. Aber obwohl das Thema des Lutheranismus auch weiterhin aktuell bleibt, kann man unmöglich die zentrale Figur der modernen Geschichte übergehen, die für den Stand der Dinge und den Zustand des Staates, für das Regierungssystem und die gesamte Lebensqualität verantwortlich ist, in die Andrej Dimitrijewitsch Sacharow noch in den ersten fünfundzwanzig Jahren des 20. Jahrhunderts hineingeboren wurde. Die Rede ist hier von Karl Heinrich Marx. Er war das Produkt zweier Revolutionen, deren aufklärender Einfluß die Familie seines Vaters in der umgekehrten Reihenfolge ihrer historischen Aufeinanderfolge berührte. Die Französische Revolution – verkörpert durch Napoleon – befreite die deutschen Juden aus ihren Gettos. Die Reformation – in Form der Bekehrung zur preußischen Staatsreligion des Lutheranismus – bot eine zweite, definitive Fluchtmöglichkeit, als die Juden erneut in ihre Gettos verdrängt wurden. Herschel Levi wurde Heinrich Marx und ein erfolgreicher preußischer Anwalt. Sein erster Sohn hieß Karl Marx. Reformation und Revolution gaben Europas Juden ein Freiheitsgefühl, das sie nicht so schnell wieder vergessen konnten und nicht leichtfertig aufs Spiel setzen wollten. Marx schrieb sich 1835 an der Universität Bonn im Rheinland, wo er geboren war, für ein Jurastudium ein. Ein Jahr später wechselte er nach Berlin und wurde in dieser Geburtsstätte des Hegelianismus (erst fünf Jahre nach Hegels Tod) zum Hegelianer. Er promovierte schließlich an der Universität von Jena im Jahre 1841. Der Titel seiner Doktorarbeit war: *Die Unterschiede zwischen der Naturphilosophie von Demokrit und Epikur.* So hatte er eine gutfundierte akademische Bildung, er hatte an Universitäten Philosophie studiert, die zu den besten der Welt zählten. Die Anfänge des Systems, das Marx später entwikkeln sollte, sind in dieser Dissertation bereits deutlich zu erkennen. Sie stimmte völlig mit der hegelianischen Auffassung überein, daß der Weltgeist einen günstigen Ausgangspunkt für einen kritischen Angriff auf die Irrationalität der empirischen Welt darstellte. Was die Identifizierung des Selbstbewußtseins (des Bewußtseins des eigenen Daseins) mit dem historischen Prozeß betraf, so stimmte

Marx den Jung-Hegelianern allerdings nicht zu. Wenn es wirklich irgendeine Aussicht auf solch eine Identifizierung gäbe, schrieb Marx, dann müßte sie schon von den immanenten Kräften der Geschichte selbst kommen, und nicht von einer rationalen Theorie, die ihr von außen auferlegt wird. Die Aufgabe muß somit darin liegen, die Voraussetzungen herauszufinden, unter denen man die Geschichte rational machen und auf das Bewußtsein derer, die in ihrem Verlauf mitwirken, abstimmen kann, während jenes falsche Bewußtsein auszuschließen ist, das die Welt zwar miteinschließt, aber noch lange nicht das Selbstverständnis der Welt ist. Hier liegt bereits der Keim des Marxismus begraben. »Epikur versuchte, die Menschheit von ihrer Abhängigkeit von der Natur zu befreien, indem er im wesentlichen den reinen Aspekt des Bewußtseins, sein isoliertes Dasein, in eine Form der Natur umwandelte. Aber in Wirklichkeit können wir nur unabhängig von der Natur werden, wenn wir sie der Vernunft unterwerfen, und dazu wiederum müssen wir die Rationalität der Natur in sich selbst erkennen«, so Kolakowski. Es überrascht wohl niemanden, daß Marx zu den alten Griechen zurückkehrte, um den Fels zu finden, auf den er seine Kirche bauen wollte. Die Jung-Hegelianer kannten die griechische Philosophie, vor allem weil sich Hegel eingehend mit ihr beschäftigt hatte.

Marx hatte den Grundstein für sein Werk bereits im Alter von fünfunddreißig Jahren (1848) gelegt, als er im Pariser Exil lebte, bis er im Jahre 1849 dann endgültig nach London zog. Er hatte zu diesem Zeitpunkt auch schon den Grundriß seines Systems erstellt. Marx war ein Theoretiker. Er setzte nicht auf Beobachtung; den größeren Teil seiner Arbeitszeit verbrachte er an seinem Schreibtisch und im Lesesaal des Britischen Museums. Das hatte zwei Gründe. Marx fühlte sich in seinem Innern als Deutscher (eben wegen seiner jüdischen Abstammung), und überall außerhalb Deutschlands kam er sich fehl am Platze vor. Er verstand die Engländer und ihre Lebensweise nicht. Er mochte sie nicht und hatte keinen erwähnenswerten Kontakt zu ihnen. So war er sowohl durch seine Herkunft als auch durch seine politische Gesinnung isoliert. Das war jedoch kein großes Problem für ihn; er lebte von Natur aus gerne zurückgezogen, und er benützte ohnehin überwiegend akademisches Quellenmaterial. Es war ihm so gut wie gleichgültig, wo er lebte, solange er seine Bücher und Zeitschriften bekam. Einer der Gründe für diese Zufriedenheit war, daß Marx, wie auch Bismarck, mit einem sehr glücklichen und harmonischen Familienleben gesegnet war. Es stand ihm deshalb so eine große Fülle von Quellenmaterial zur Verfügung, weil er zu einer Zeit lebte, als die Kräfte, die durch die Reformation und die Französische Revolution freigesetzt worden waren, in der Philosophie, der Theologie und der Soziologie vereint wurden. Er war in der Lage, eine Vielfalt von Theorien und empirischen Daten, die sich angehäuft hatten, zu sammeln und miteinander zu verbinden. Dieser Aufgabe gab er sich mit Leib und Seele hin: »Das 19. Jahrhundert«, so schreibt sein Biograph Isaiah Berlin, »hat viele bemerkenswerte Sozialkritiker und Revolutionäre hervorgebracht, die nicht weniger erfinderisch, leidenschaftlich und dogmatisch waren als Marx, aber keinen, der so pedantisch war, mit solcher Hingabe darauf hinarbeitete, jedes Wort und jede Tat seines Lebens zum Mittel zu einem einzigen, unmittelbaren und praktischen Zweck zu machen, für den nichts zu heilig war, es zu opfern.« Das Ergebnis dieser aufrichtigen, völligen Hingabe ließ lange auf sich warten, war aber dafür dementsprechend außergewöhnlich. Es war, um noch einmal Isaiah Berlin zu zitieren, »die gewaltigste, am besten begründete und ausgefeilteste Anklage, die je gegen eine gesamte Gesellschaftsordnung, ihre Herrschaft, ihre Anhänger, ihre Ideologen, ihre willigen Sklaven und all jene, deren Leben mit ihrer Aufrechterhaltung in Verbindung stand, gerichtet wurde«. Des weiteren kam diese Anklage, wie Berlin hinzufügt, zu einer Zeit, als die Bourgeoisie den Höhepunkt ihres materiellen Wohlstands erreicht hatte, als Gladstone in einer Rede über den Staatshaushalt seine Landsleute zur »berauschenden Anhäufung ihres Reichtums und Vergrößerung ihrer Macht« beglückwünschte. Diese Leistung von Marx soll hier untersucht werden.

Marx sammelte und verband nicht nur die einzelnen Theorien und Erkenntnisse, die ihm durch ein fruchtbares Zusammentreffen von Ereignissen beschert wurden. Er schuf eine revolutionäre Theorie, wobei er die Theorie seines Meisters Hegel in einer philosophischen Glanzleistung auf den Kopf stellte (Marx behauptete, er stelle Hegel auf die Füße – hier spielte er auf Hegels Ausspruch an, daß »Philosophen auf dem Kopf gehen«).

An dieser Stelle kurz eine allgemeine Bemerkung: Wenn auch die Vorstellung der deutschen idealistischen Philosophen weit hergeholt scheint, nämlich daß der Mensch die Natur gewissermaßen durch oder über ihre Wahrnehmung geschaffen hat; wenn man dann in der Geschichte zurückblättert und die Entwicklung des Menschen betrachtet – besonders, wenn man die wissenschaftliche Theorie seiner Entstehung aus dem Urschlamm und seiner Entwicklung durch Evolution über Jahrmillionen hin zu dem, was er heute ist, ernst nimmt –, dann hat der Mensch die Welt wirklich geschaffen, weil er das einzige Wesen ist, welches das Wahrgenommene aufzeichnen kann, der einzige Übermittler der Geschichte und damit eines Zusammenhangs der Welt, der nicht nur ein Bewußtsein darstellt, sondern auch ein Bewußtsein des Bewußtseins der Welt, und damit

die Welt selbst. Denn ohne dieses Bewußtsein wäre die Welt nur Materie. Und das ist natürlich auch die Ansicht der idealistischen Philosophen. Wie Descartes sagte: »Man gebe mir Materie, und ich schaffe die Welt.«
Wenn man die Welt einmal wahrgenommen hat, dann geht es darum, was man aus dieser Wahrnehmung macht. Dies freilich stellt die Bedeutung der Geschichte im weitesten Sinne in den Vordergrund. Die Geschichte formt den Menschen, und der Mensch formt die Geschichte; diese Überlegung führt zur verstärkten Frage nach den unmittelbaren und mittelbaren Vorgängern jedes Menschen. Im Falle von Marx, der Theorien und Daten sammelte und für seine Zwecke anpaßte und der alle bedeutenden Denkanstrengungen seiner Zeit auf einen gemeinsamen Nenner zu bringen suchte, ist diese Frage von entscheidender Bedeutung. Wer waren die Denker, die hinter Marx standen? Wessen geistiges Eigentum plünderte er bei der Synthese seiner Doktrin? Der erste unter ihnen, sowohl vom Format her als auch zeitlich gesehen, war Kant.

Ohne Luther wäre Immanuel Kant (1724–1804) nicht auf seine wichtigsten Thesen gekommen. Die *Kritik der reinen Vernunft* ist eine Niederschrift des wesentlichen Ergebnisses von Luthers Revolution. Aber Kant wurde auch, und vielleicht war er sich dessen mehr bewußt, von Galileo beeinflußt. Kant begann seine Laufbahn als ein sehr an der Physik interessierter Mathematiker; sein erstes größeres Werk hatte den Titel *Allgemeine Naturgeschichte und Theorie des Himmels.* In diesem Buch entwickelte er die Idee mehrerer rotierender Galaxien am Firmament. Kant stand auf der Seite der Vernunft, aber er definierte auch ihre natürlichen Grenzen, indem er den verschiedenen Arten der Wahrnehmung auf den Grund ging. Zeit und

Raum fungierten dabei als Koordinatennetz für den menschlichen Apperzeptionsapparat, wobei das Vorhandensein zweier verschiedener Objekte am selben Ort die Zeit darstellte und das Vorhandensein zweier Objekte zur selben Zeit den Raum. Ausgehend von der Einschränkung der natürlichen Begabung des Menschen, Sinneswahrnehmungen aufzunehmen und zu verwerten, zog Kant den Schluß, daß der Mensch die absolute Wirklichkeit, »das Ding an sich«, in keinem Fall kennen könne. Kants *Kritik der reinen Vernunft* zeigt auf, wozu die Vernunft fähig beziehungsweise nicht fähig ist – angesichts der kategorischen Grenzen der Wahrnehmung, die von der Natur gesetzt werden, zu der auch der Mensch gehört. Aber die Kritik ist gleichzeitig eine Studie über den Prozeß des Erkennens. Zu Beginn unterscheidet Kant zwischen Materie und Form:

»In der Erscheinung nenne ich das, was der Empfindung korrespondiert, die Materie derselben – das Wenige aber, welches macht, daß das Mannigfaltige der Erscheinung in gewissen Verhältnissen geordnet werden kann, nenne ich die Form der Erscheinung.«

Die Materie ist uns a posteriori (als Ergebnis einer Ursache) gegeben, die Form jedoch wird der Materie vom menschlichen Geist verliehen, Form ist also schon im Geist vorhanden – muß »a priori bereitliegen und daher abgesondert von aller Empfindung betrachtet werden können«.

Diese Unterscheidung ist vergleichbar mit Kants Unterscheidung zwischen Wahrnehmung und Beurteilung, wobei die Wahrnehmung einfach die sinnliche Registrierung von Dingen ist, so wie sie sind, während die Beurteilung die Tätigkeit ist, die der Geist bei der Wahrnehmung ausübt. Im ersten Fall ist der Geist lediglich der passive Empfänger eines Eindrucks; im zweiten Fall ist der Geist

insofern der »Gesetzgeber« der Natur, als er ihr Recht und Ordnung aufzwingt. Kant schreibt:
»Die Zeit ist nichts anderes als die Form des inneren Sinnes, das ist des Anschauens unseres selbst und unseres inneren Zustandes.« Raum ist die Ergänzung der Zeit.
Kant war der Begründer der folgenden Dualität: Der Mensch ist gleichzeitig das passive Opfer der Zufälligkeit und der Gesetzgeber, der der Natur die Ordnung auferlegt, das heißt sowohl Sklave der Natur als auch Herr über sie. Bei Kant trifft dieser Zwiespalt zwischen dem Passiven und dem Aktiven im Menschen auf eine ganze Reihe von Zusammenhängen zu: die Einteilung der Welt in das, was wahrgenommen und was gedacht wird, in das Zufällige und das vom Verstand her Notwendige, in Glück und Pflicht, in freien Willen und Gesetz, in die Scheinwelt der Kausalität und die Welt der Dinge an sich, das absolute Ideal, die Freiheit und Unabhängigkeit des Geistes. Aber es muß einen Weg geben, um diesen wesentlichen Zwiespalt zu überwinden; einen Weg, um Subjekt und Objekt, freien Willen und Gesetz, Glück und Tugend zu vereinen. In der empirischen Welt sind solche Dinge Gegenpole, die sich gegenseitig einschränken: das Recht, seine Fäuste bis dahin zu schwingen, wo die Nase deines Nachbarn beginnt. In westlichen Demokratien hat man – wie schon zu Kants Zeit – die verschiedenen Polaritäten beibehalten. Dies ist aus der Gewaltenteilung und dem Staatssystem, in dem die Organe gegenseitige Kontrolle ausüben, ersichtlich. Aber die Gründerväter der amerikanischen Republik waren keine deutschen idealistischen Philosophen. Sie hatten kein philosophisches Neuland betreten, sondern geographisches. Das Problem auf dem europäischen Kontinent war ein anderes: Wie erreicht man das höchste Gut in einem neuen Aufbruch angesichts all der alten Übel selbst oder ihrer Überbleibsel, in denen sie sich noch

manifestieren? Die Lösung hierzu erforderte offenbar einen gewaltigen Kraftaufwand. Und Kant nahm diese Anstrengung in seiner *Kritik der reinen Vernunft* auf sich: Das Ergebnis war erstaunlich, aber noch nicht ausreichend.

Seine Schlußfolgerung war, daß das Absolute unerreichbar für den menschlichen Geist sei. Es ist der Leitstern für den Fortschritt des Wissens – und der Weg dahin ist endlos. Die Aussicht des Menschen war also die einer nie endenden Entwicklung in Richtung Selbstvergöttlichung im Sinne des Erlangens von Perfektion. Wenn die Perfektion einmal erreicht wäre, würde sie die Macht der Einschränkung der Freiheit ablehnen. Das Problem, das sich aus Galileos Entdeckung und Erfindung der modernen wissenschaftlichen Methodenlehre ergab, war von vornherein klar. Der menschliche Geist schematisiert die Natur (indem er der Materie die Form aufzwingt) mit dem Ziel, sie mengenmäßig erfaßbar und meßbar zu machen und Berechnungen auf der Basis der Messung anzustellen. Dies hatte eine Spaltung zwischen dem Bewußtsein und der Außenwelt zur Folge. Descartes gab Galileos Methodologie eine unheilvolle Wende, als er die Manipulation der Natur als das Ziel der Wissenschaft erklärte. Er änderte Archimedes' »Man zeige mir den richtigen Platz, wo ich stehen muß, und ich werde die Welt bewegen« in »Man gebe mir Materie, und ich werde die Welt schaffen« um. Aus diesem Satz klingt äußerste Arroganz und Anmaßung. Genau betrachtet, war dies natürlich nur der Ausdruck dessen, was in Galileos Methodenlehre enthalten war. Aber Descartes war in erster Linie Philosoph, Galileo jedoch nicht, mit dem Ergebnis, daß das Thema in cartesianischer Ausdrucksweise verblieben ist und sich die Philosophie seitdem weitgehend an den von Descartes gesetzten Rahmen angepaßt hat; nämlich, wie man die Lücke zwischen Bewußtsein und Außenwelt schließt, ebenso wie zwischen Natur und Freiheit, zwischen Verlangen und Pflicht, zwischen passiver Existenz, die vom Zufall abhängt, und aktiver Existenz, die den Zufall (die Möglichkeit von Unglücksfällen, das heißt das Übel) ausschließt. Kant demonstrierte die Art, die Beschaffenheit und die Grenzen der Mittel, die dem Menschen zur Erfüllung der »cartesianischen« Aufgabe zur Verfügung stehen. Diese Demonstration war eine Glanzleistung, aber sie war keineswegs ermutigend für die Gläubigen. Dabei hatte Kant alles versucht, gerade das zu sein. Etwa einhundertfünfzig Jahre später las ein junger Mann, der in einem katholischen Priesterseminar in Deutschland studierte, Kants *Kritik der reinen Vernunft.* Kants Argumente dafür, daß die Beweise der Existenz Gottes nicht stichhaltig seien, überzeugten ihn, und er verließ das Seminar. Der Name des Novizen war Martin Heidegger.

Die Enthüllung der Dualität von Mensch und Natur war keine Offenbarung. Ein Sterblicher, nämlich Galileo, entdeckte diese großartige und verwirrende Wahrheit. Galileo agierte als »wissenschaftlicher Testamentsvollstrekker« für Martin Luther. Luthers Erben waren Kant und Hegel. Es war Georg Wilhelm Friedrich Hegel, der die Entwicklung des Bewußtseins zum Absoluten beschrieb. Was Hegel in seinem gesamten Werk beschrieb, war, nach den Worten von Leszek Kolakowski, die Autobiographie des Geistes. Die *Phänomenologie des Geistes* ist das wichtigste seiner Werke, weil es die Entwicklung des Geistes durch den anhaltenden Beschuß mit den »Steinschleudern und Pfeilen des grausamen Schicksals« in Richtung Perfektion und Absolutheit im Detail schildert. Genauer gesagt beschreibt Hegel die Entwicklung des Bewußtseins durch das Selbstbewußtsein (das Bewußtsein seiner selbst) und dessen Auswirkungen und Konsequenzen.

Sein Buch ist ein Handbuch darüber, wie der Geist funktioniert. Der Geist selbst ist die einzige Realität. Er ist das Subjekt, welches das Objekt in der Außenwelt wahrnimmt. Ein Objekt ist etwas Fremdes für das Subjekt, etwas, das sich vom Subjekt unterscheidet, etwas Feindliches. Das Objekt ist der natürliche Feind des Subjekts. Das kommt in dem englischen Wort »objection« (Einwand, Einspruch) zum Ausdruck. Etymologisch stammt das Wort »Objekt« vom lateinischen Wort »obiectus«, dem Partizip Perfekt des Verbs »obicere« (ob + iacere = werfen) ab, was soviel bedeutet wie »etwas, das gegen oder vor den ›Beobachter‹ geworfen wird«. Die Feindlichkeit ist etymologischer Natur. Das Subjekt behandelt das Objekt freundlicher, sobald sich der Geist seines Wissens um das Objekt bewußt ist. Was vorher ein Objekt war, wird zum Wissen um ein Objekt, das Sein wird zum Sein an sich um des Bewußtseins willen. Dadurch negiert der Geist die Negation, die durch das Objekt verkörpert wird, und legt sie durch diese Assimilation ab. Der Geist überwindet den Konflikt zwischen Vernunft und Realität nicht dadurch, daß er das Objekt verleugnet oder zerstört, sondern dadurch, daß er es in sich aufnimmt; das bedeutet eine Bereicherung für den Geist. Dies ist die hegelianische Dialektik von These (Subjekt), Antithese (Objekt) und Synthese (Verschmelzung und Bereicherung). Natürlich findet die daraus resultierende Synthese auf einer höheren Ebene des Verstehens statt als der ursprüngliche Konflikt zwischen These und Antithese. So ist die Dialektik der Motor des Fortschritts. Folglich ist auch die Entwicklung des Geistes (Bewußtseins) die einzige Realität, insofern gleichzusetzen mit der Geschichte der Welt, als sich der Geist durch immer mehr harte Prüfungen im Kampf mit der Zufälligkeit entwickelt. Daraus ergibt sich der rationalistische Determinismus des historischen Prozesses. Es ist eine Entwicklung durch aufeinanderfolgende Negationen. Anstelle von Kants Fortschritt in Richtung Unendlichkeit, der Vorstellung von unbegrenzter Selbstvervollkommnung, postuliert Hegel: Die wirkliche Unendlichkeit »als die vollendete Rückkehr zum Selbst, die Beziehung des Selbst zum Selbst, ist das Sein, aber nicht das unbestimmte oder abstrakte Sein, denn es negiert die Negation, ... das Bild echter Unendlichkeit, die in sich selbst zurückgebogen wird, wird zum Kreis, einer Linie, die sich selbst wiedergefunden hat, die geschlossen und als Ganzes vorhanden ist, ohne Anfang und Ende«. Die Bedeutung wahrer Unendlichkeit bei Hegel ist das Selbst, das – mit der fortschreitenden Entwicklung des Bewußtseins – schließlich sein Selbst entdeckt – durch das Erreichen des völligen Bewußtseins seiner selbst. Das ist sowohl eine Rückkehr als auch ein Schritt nach vorne zu etwas Absolutem, das für Freiheit steht – daher auch der perfekte Kreis als symbolische Metapher; indem sich der Geist vom Zufall befreit, befreit er sich ganz und gar. Die Geschichte wird in ihrer Gesamtheit verständlich, wenn man sie als allmähliche Entwicklung des Bewußtseins der Freiheit bis zum Erreichen der am Ende stehenden Rettung betrachtet, die in der Rückkehr des Selbst zu sich selbst besteht – bis zum Punkt der Perfektion. Nur der wirkliche historische Prozeß schafft Werte. »Das Tun«, schrieb Hegel, »ist nämlich nur reines Übersetzen aus der Form des noch nicht dargestellten (Möglichkeit) in die des dargestellten Seins (Wirklichkeit) ... Das Individuum kann daher nicht wissen, was es ist, eh es sich durch das Tun zur Wirklichkeit gebracht hat ... Das Talent ist gleichfalls nichts anderes als die bestimmte ursprüngliche Individualität, betrachtet als inneres Mittel, oder Übergang des Zwecks zur Wirklichkeit.«

Der Wert des Individuums liegt nur in dem ihm innewohnenden »Element der Göttlichkeit«, und es verwirklicht sich als Wert des Absoluten. Im übrigen hat der rationalistische Determinismus des historischen Prozesses rein gar nichts mit dem Streben nach Glück zu tun: »Die Geschichte der Welt ist kein Schauplatz des Glücks. Zeiten des Glücks sind unbeschriebene Seiten darin, denn es sind Zeiten der Harmonie – Zeiten, in denen die Antithese noch in der Schwebe ist.« Der Großteil des menschlichen Daseins besteht in Kampf und Antagonismus, Leiden und Unterdrückung, um seiner Bestimmung nachzukommen, die auch die Bestimmung des Weltgeistes ist: »Der Mensch ist in sich selbst nur aufgrund des Göttlichen, das in ihm steckt, ein Objekt des Seins – aufgrund dessen, was zu Beginn als Vernunft bezeichnet und angesichts seines Wirkens und seines Selbstbestimmungsvermögens Freiheit genannt wurde.« Hegel statuierte ein »Gericht der Vernunft«, das unterscheidet zwischen dem, was tatsächlich wirklich ist, und dem, was als wirklich erscheint, aber nur die leere Hülse einer vergangenen Wirklichkeit ist. Das Gericht der Vernunft ist der Staat. Die systematische Nötigung der Individuen ist das Kennzeichen einer unreifen Gesellschaft; der Fortschritt führt zu einer Situation, in der der subjektive und der allgemeine Wille als Ergebnis des Verstehens der Welt zwanglos harmonieren. Aber wer soll, solange es keine vollständige und freiwillige Übereinstimmung zwischen subjektivem Willen und allgemeiner Vernunft gibt, entscheiden, worin der allgemeine Wille besteht? Da es keine andere Institution gibt, die diese Rolle übernehmen könnte, und da der Staat per Definition die Verkörperung der Vernunft ist, muß er in Streitfällen die Rolle der mittelalterlichen Kirche spielen, das heißt die Rolle desjenigen, der als einziger dazu ermächtigt ist, die göttliche Botschaft zu interpretieren. Die Perfektion des

Staates als Institution würde den Zwang überflüssig machen.

Aber neben Philosophen und Theologen gab es noch die ersten Anhänger der sozialistischen Bewegung, die gewissermaßen den Platz dazwischen einnahmen. Die meisten von ihnen waren Franzosen, obwohl der Anstoß für die sozialistische Bewegung, die während der industriellen Revolution entstand, seinen Ursprung in England hatte. Im Jahre 1767 erfand James Hargreaves das Spinnrad, die Maschine, die die Textilindustrie von Grund auf veränderte. 1790 erfand James Watt die Dampfmaschine; nur zwölf Jahre später wurde das erste von Dampfmaschinen angetriebene Stahlwalzwerk in Betrieb genommen. 1814 baute George Stephenson die erste Lokomotive. Kaum sechs Jahre später baute er die erste Eisenbahnlinie, die zwischen den englischen Städten Stockton und Darlington verkehrte, und nur zwei Jahre später gründete er die erste Lokomotivenbaugesellschaft mit eigener Fabrik. Die Deutschen folgten seinem Beispiel und bauten 1835 die erste Eisenbahnlinie auf dem Kontinent – zwischen Nürnberg und Fürth.
Damit begann die Verstädterung; genau diese Massenabwanderung vom Land in die Städte war Gegenstand der neuen Denkrichtung, denn sie stellte ganz neue Probleme angesichts des Zusammenlebens und -arbeitens in der Masse auf engem Raum. Der Beginn der industriellen Revolution fiel zeitlich mit dem Ende der Feudalherrschaft zusammen, die von den Säulen der mittelalterlichen Kirche gestützt worden war. Not macht erfinderisch: Das Ende des einen und der Beginn des anderen förderte die Geburt des Sozialismus.
Ein nie dagewesener gesellschaftlicher Umsturz vor der Geburt des Sozialismus sollte seinen Verlauf in der nach-

folgenden Zeit in großem Maße, wenn nicht sogar entscheidend beeinflussen. Die Rede ist hier von der Französischen Revolution. Im Zuge dieser Revolution fand das statt, was als »die erste Manifestation des Sozialismus« gefeiert wurde. Dies bezieht sich auf die Verschwörung von Graccus Babeuf (die »Verschwörung der Gleichen«). Er und seine Anhänger, die Babouvisten, gründeten ihre Philosophie auf Rousseau und die Utopisten der Aufklärungszeit. Die Babouvisten betrachteten sich als die Nachfolger Robespierres, und nach dessen Hinrichtung im Jahre 1794 organisierten sie eine Verschwörung, um die revolutionäre Regierung zu stürzen. Angesichts der Tatsache, daß die Massen noch nicht fähig waren, Macht auszuüben, erklärten sich die Babouvisten freiwillig dazu bereit. Politisch gesehen waren sie radikale Gleichheitskämpfer und die ersten, die das Privateigentum als Quelle der Ungleichheit ansahen und wirtschaftliche Argumente gegen das Privateigentum als Grundlage der Gesellschaft formulierten.

1796 wurde die Verschwörung aufgedeckt, und Babeuf wurde hingerichtet. Aber die geplante Rolle der Babouvisten nach der Französischen Revolution ist der tatsächlichen Rolle der Bolschewiken nach der russischen Revolution sehr ähnlich.

Die ersten »sozialistischen« Philosophen waren Amateure, und das aus gutem Grund: Die Studien, die sie anstellten, waren etwas völlig Neues; es existierte noch keine derartige akademische Disziplin (manche behaupten, die gebe es auch heute noch nicht). Aber ob sie zögernd oder überstürzt begannen, sie bewegten sich auf eine neue Einschätzung der Kirche oder zumindest ihrer Funktion in der Gesellschaft zu. Als Modell für ihre Bemühungen diente ihnen jedoch ein anderes Fach. Claude Henri, Graf von Saint-Simon, verlangte nach einer Politikwissenschaft, die so genau und verläßlich wie die Physik sein sollte. Seiner Ansicht nach brauchte man wieder einen Newton, um das ganze Wissen, das sich seit dessen Tod angesammelt hatte, auf einen gemeinsamen Nenner zu bringen. Es war die große Aufgabe der Gelehrten, ihre Völker zur Glückseligkeit zu führen. Von 1814 bis 1818 erstellte Saint-Simon Pläne für die politische und soziale Umorganisierung Europas, in die er die parlamentarische Regierung nach dem britischen Modell und sogar einen übernationalen europäischen Rat für die Erhaltung des Friedens und die Zusammenarbeit der Staaten einbezog, aber eher auf der Basis des Liberalismus als der Theokratie. In seinem Werk *Industrie* (1817) folgerte Saint-Simon, die Aufgabe des Staates sei es, sich um die Produktivität zu kümmern und die Methoden der Betriebsführung auf gesellschaftliche Probleme anzuwenden. Nach den Regeln des historischen Materialismus kam er weiterhin zu dem Ergebnis, daß sich politische Veränderungen aufgrund der Produktionsmittel ergäben und daß Armut durch freien Wettbewerb und die daraus folgende »Produktions- und Austauschanarchie« entstehe. Saint-Simon unterschied zwischen denen, die produzierten, und denen, die sich nur am Produktionsprozeß bereicherten. In seiner künftigen Gesellschaft würde die Industrie durch diejenigen, die für den Wohlstand verantwortlich waren, geleitet, und die Produktion sollte geplant werden, damit die Bedürfnisse der Gesellschaft befriedigt werden könnten. Die Art und die Funktion des Privateigentums würden verändert, wobei seine Verwendung dem Gemeinwohl untergeordnet wäre und nicht der Willkür des Eigentümers; die Erbschaft würde abgeschafft; nur denjenigen, die es von ihren Fähigkeiten und ihrer Umgangsweise her verdient hätten, Eigentum zu besitzen, würde dieses Privileg zuerkannt. Saint-Simons letztes großes Werk handelte vom Christentum. Es hieß *Nouveau Christianisme* (1825). In diesem Buch nahm Saint-Simon den Standpunkt ein, die Politikwissenschaft müsse auf religiösen Prinzipien beruhen. Die Industriegesellschaft müsse so gestaltet werden, daß sie die zentrale Lehre des Christentums beachte, die die Liebe zum Thema hatte – »Liebe deinen Nächsten wie dich selbst«. Eigeninteresse könne nicht als Grundlage der Gesellschaftsorganisation dienen, religiöses Fühlen gehöre stets zum menschlichen Dasein.

Saint-Simons Anhängerschaft betonte das religiöse Element in seinen Werken. Der Staat sollte mehr oder weniger so weiterbestehen, wie er war, aber mit abgeänderten Funktionen. Das neue Christentum sollte mit dem Geist der Wissenschaft und des technischen Fortschritts erfüllt werden. Was den Rest betraf, so entwickelte sich der Saint-Simonismus – wie alle Lehren – in einander entgegengesetzte Richtungen. Wenn auch die meisten seiner Anhänger vom Grundsatz her Traditionalisten waren, so hatte er doch auch Schüler wie Louis Blanc – und durch ihn Ferdinand Lassalle, den Gründer der deutschen sozialdemokratischen Partei. Blanc war es, der Saint-Simons Doktrin mit seiner Umformulierung »jeder nach seinen Fähigkeiten, jedem nach seinen Bedürfnissen« modifizierte.

Der Saint-Simonismus wies natürlich ein starkes romantisches Element auf, das vorwiegend, jedoch nicht ausschließlich französischer Herkunft war. In Frankreich war der Beginn der industriellen Revolution von starken romantischen Einflüssen begleitet. Die Techniker und Geschäftsleute wurden als »fahrende Ritter« der neuen Welt der angewandten Wissenschaft angesehen. Dasselbe war in Deutschland zu beobachten, was insbesondere in den Werken des Dichters Novalis zum Ausdruck kam. Aber im

Sozialismus hatte die Romantik schon immer eine Rolle gespielt, einmal mehr, einmal weniger. Die Theorie des Sozialismus teilt sich von Natur aus in einen pragmatischen (reformistischen) und einen utopistischen (revolutionären) Flügel. Und sogar der nüchterne Aufsteiger Robert Owen (1771–1858), der aus kleinbürgerlichen Verhältnissen stammte, aber schon mit neunundzwanzig Jahren als Mitbesitzer eines größeren Industrieunternehmens ein Vermögen gemacht hatte, war überzeugt, daß der Sozialismus eine einzigartige, vom Himmel geschickte Entdeckung war. Ein Extrem folgte dem anderen. Zu Owens Zeit arbeiteten in England sechsjährige Kinder vierzehn bis sechzehn Stunden täglich in den Spinnereien. Erst ab 1819 schränkte der »Factory Act«, dessen Verabschiedung überwiegend auf Owens Einsatz zurückzuführen war, die Arbeitszeit der Kinder in der Textilindustrie ein. In seinen eigenen Fabriken begrenzte Owen die Arbeitszeit auf zehneinhalb Stunden; er weigerte sich außerdem, Kinder unter zehn Jahren einzustellen. Er sorgte für kostenlosen Grundschulunterricht und vergleichsweise humane Arbeitsbedingungen. Als Figur des öffentlichen Lebens griff Owen die Kirche an, weil sie die Massen in Armut und Unwissenheit hielt. Seiner Meinung nach bestand die unheilvollste Irrlehre der Kirche darin, das Individuum für seinen Charakter und seine Handlungen verantwortlich zu machen. Er organisierte Gewerkschaften und Genossenschaften und plante eine neue Art der Gesellschaft. Seine Angriffe auf Religion und Privateigentum riefen heftige Reaktionen hervor. So ging er 1824 unter Druck nach Amerika. Dort versuchte er seine kommunistische Idealgesellschaft aufzubauen. Die vom Raum her neue Welt (Amerika) erschien ihm jedoch noch weniger aufgeschlossen, als es die von der Zeit her neue Welt (Europa nach der Industriellen Revolution) gewesen war. Bereits nach fünf Jahren kehrte er nach England zurück, wo er sich der Organisation des britischen Proletariats durch die Förderung von Gewerkschaften und Genossenschaften widmete. Seine vielleicht interessanteste Idee war die einer »Arbeitswährung«, durch die der Preis eines Produktes in Höhe seines wirklichen Wertes, der sich aus der Durchschnittsarbeitszeit für seine Herstellung ergab, errechnet werden sollte. Außerdem organisierte er eine »Arbeitsbörse«, um die »Zwischenhändler« auszuschließen. Owens Versuch, einen neuen Währungsbegriff einzuführen, schlug fehl, weil er einem Versuch, den Markt auszuschalten, gleichkam. Owen übernahm die Ansicht der Utilitaristen des 18. Jahrhunderts, daß der Mensch nicht für seinen Charakter und sein Verhalten verantwortlich sei, da diese ausschließlich das Produkt seiner Erziehung und der äußeren Umstände, also seiner Umwelt seien. Die Theorie, daß ein Mensch sich nicht selbst ändern kann, widerspricht in eigenartiger Weise der Theorie, daß jemand anders ihn ändern kann. Nach Owen sind Wissen und Überzeugungen eines Menschen das Ergebnis der Erziehung. »Die Vorstellung, daß der Mensch beliebig geformt werden kann«, so schreibt Kolakowski, »und daß es eine gesellschaftliche Harmonie gibt, die die Privatinteressen nicht verdrängt, sondern durch Erziehung in sich vereint, ist ein Teil des Überrestes der Aufklärungszeit.« Owen zog aus dieser Denkweise praktische Schlüsse, mit denen er das Gesellschaftssystem durch eine Reform auf dem Bildungs- und Arbeitssektor von Grund auf umgestalten wollte. Reform braucht Zeit. Owen kam schließlich zu dem Ergebnis, daß die Arbeiter sich selbst um eine Verbesserung ihres Schicksals kümmern müßten.

Pierre Joseph Proudhon (1809–1865) stammte aus Besançon. Er war der Sohn eines Brauereiarbeiters. Seine

Schulbildung war nicht umfangreich. Sein erstes Pamphlet (1840) mit dem Titel *Qu'est-ce que la propriété?* wurde teils bewundernd, teils wütend aufgenommen. Danach wurde Proudhon stets mit dem Motto »Eigentum ist Diebstahl« in Verbindung gebracht, obwohl der Satz eigentlich schon vor der Revolution von Brissot ausgesprochen worden war. Proudhon prägte seinerseits den Ausdruck »wissenschaftlicher Sozialismus«.

Der Ausspruch »Eigentum ist Diebstahl« birgt mehr Fragen als Antworten in sich. Als Proudhon diesen Ausspruch Brissots mit neuem Leben erfüllte, war er sich noch nicht bewußt, welchen Stein er damit ins Rollen brachte.

Proudhon empfahl nicht die Abschaffung des Eigentums, aber er war in seiner Art zu schreiben zu impulsiv, als daß er das Klischeehafte seiner unzusammenhängenden Botschaft je hätte vermeiden können. Und doch war seine Vorstellung des Kommunismus wahrscheinlich prophetisch. Er nannte die Kommunisten machthungrige Fanatiker, deren Ziel es sei, einen allmächtigen Staat auf der Grundlage des Kollektiveigentums aufzubauen. In ihrem System dürfte das Individuum kein Eigentum haben. Statt dessen würde die »ganze Gesetzlosigkeit seiner Verwendung« auf den Staat übertragen. Dem Staat würde alles gehören, die Rohstoffe und die gesamten Reichtümer des Landes »sowie auch die Körper seiner Bürger«. Alles – das Leben, die Begabungen und Bestrebungen der Menschen – würde Staatseigentum werden, und somit würde die Quelle allen gesellschaftlichen Übels, nämlich das Monopolprinzip, auf die Spitze getrieben. Alles, was der Kommunismus bieten könne, folgerte er, sei der Polizeistaat.

Proudhon wußte, was er nicht mochte. Er war für das Mitbestimmungsrecht der Arbeiter und für ihre Kontrolle über die Produktionsmittel. Die Gesellschaft sollte ein

Verband von Produzenten sein, sowohl in der Landwirtschaft als auch in der Industrie. Dies erschien ihm als die einzige Möglichkeit, das knifflige Problem der Maschine zu lösen, die aufgrund ihrer allmählichen Perfektion als Produktionsmittel zwar ein Segen für die Menschheit war, andererseits jedoch auch ein Fluch, da sie die Arbeitslosigkeit förderte. Da war auch noch die Problematik der Arbeitsteilung; die Tatsache, daß die industrielle Produktion den Arbeitsprozeß in mehrere anspruchslose Tätigkeiten zerteilte und so den einzelnen zu einem Bruchteil seiner selbst herabsetzte. Der ganze Mensch in seiner Eigenschaft als Handwerker und als Meister seines Faches war für immer abgeschrieben. Hier kommt eine fast überwältigende Nostalgie zum Ausdruck. Proudhon konnte sich nie mit dem Gedanken anfreunden, daß Eigentum in den Händen von Menschen war, die es nicht verdient hatten. Alles, was über das hinausging, was jemand wirklich braucht, bedeutete für ihn, daß anderen Arbeitern etwas weggenommen wurde. Das traf vor allem auf unverdientes Einkommen wie Zinserträge aus Kapital, Mieteinkünfte und Dividenden zu.

In der Geschichte des Sozialismus kommen zwei Personen vor, die nicht nur aus dem Grunde bedeutend waren, weil sie den zwei Hauptrichtungen der Bewegung ihren Namen gaben. Louis-Auguste Blanqui (1805–1881) übertrug das Vermächtnis des Babouvismus auf die revolutionäre Generation des Jahres 1848, wodurch er eine Verbindung zwischen der jakobinischen Linken und den Radikalen des 19. Jahrhunderts herstellte und den Begriff der revolutionären Verschwörung in die Arbeiterbewegung aufnahm. Blanqui prägte auch den Ausdruck »Diktatur des Proletariats«, die seiner Vorstellung nach nicht vom Proletariat selbst ausgeübt werden sollte, sondern von einer gutorganisierten Elite professioneller Revolutionäre, die im Namen des Proletariats wirken sollten. Louis Blanc (1811–1882) war ein gemäßigter sozialistischer Theoretiker, der ein umfangreiches Programm von Reformen für Arbeiterproduktionsgenossenschaften vorschlug, als er Mitglied der Interimsregierung von 1848 war. Er gehörte von 1876 bis zu seinem Tode der gemäßigten republikanischen Linken an. 1879 wurde auf seinen Drängen hin das Gesetz verabschiedet, das den Kommunarden Amnestie gewährte. Blanc war ein praktischer Reformist, der keinen gewaltsamen Aufstand provozieren, sondern ihn verhindern wollte. Blanquis Ideen wurden von Tkatschew und Lenin übernommen, Blancs Ideen von Ferdinand Lassalle und den modernen Sozialdemokraten.

Unmittelbar nach Hegels Tod, 1831, wurde der Hegelianismus so etwas wie die offizielle Doktrin des preußischen Staates. Für seine Rechtfertigung stellten die zwanzig Bände der Gesammelten Werke eine unerhörte Fülle an Theorie dar. Die Behörden besetzten die Lehrstühle der Universitäten mit Hegelianern, besonders in Berlin. Nach wenigen Jahren schon mußten dieselben Behörden jedoch entdecken, daß sich etwas zusammenbraute. Die Jung-Hegelianer, wie sie genannt wurden, zeigten schon bald, daß sie geneigt waren, die radikaleren Ideen in Hegels Werk zu übernehmen und weiterzuentwickeln. Der gefeierte Aphorismus »was wirklich ist, ist rational«, der scheinbar jede wirkliche Situation billigte, stellte sich als nur die halbe Wahrheit des Aphorismus heraus, dessen Fortsetzung lautete: »und was rational ist, ist wirklich«. Dies deutete an, daß eine empirische Tatsache es nur verdiente, als »wirklich« bezeichnet zu werden, wenn sie den Ansprüchen der historischen Vernunft genügte. Höchst alarmierend für die Behörden war auch, daß die Jung-Hegelianer eine Neigung zeigten, die etablierte Religion an-

zugreifen. Für sie war das entscheidende Thema in Hegels Werk der Grundsatz der permanenten Negation als unausweichliches Gesetz der geistigen Entwicklung.
Die Philosophie der Jung-Hegelianer war auch die der republikanischen, bürgerlich-demokratischen Opposition im preußischen Staat, die das preußische Feudalsystem kritisierte und in Frankreich nach Anregungen suchte (Hegel nannte Napoleon »den Weltgeist zu Pferde«). Die westlichen Provinzen Preußens, das Rheinland und Westfalen, waren etwa zwei Jahrzehnte unter französischer Herrschaft gewesen und hatten daher vom Code Napoleon profitiert, der das Lehnswesen abschaffte und Gleichheit vor dem Gesetz festlegte. Als diese Gebiete 1815 annektiert wurden und wieder unter preußische Herrschaft gelangten, wurden sie zur Hochburg der Opposition der preußischen Monarchie. Aus dieser radikalen Ecke Preußens kamen der Dichter Heinrich Heine und andere Größen der Literatur wie Ludwig Börne (eigentlich Löb Baruch), Anführer einer Gruppe, die unter dem Namen »Junges Deutschland« bekannt war. Diese wurden schon bald von den hegelianischen Radikalen abgelöst (die meisten lebten in Berlin), zu denen ein Philosophen- und Theologenkreis gehörte, der sich damit befaßte, das Christentum im hegelianischen Sinne zu interpretieren. Herausragend unter ihnen war David Friedrich Strauß, dessen Buch *Das Leben Jesu* ein Verkaufsschlager wurde. *Das Leben Jesu* übte nach seiner Veröffentlichung im Jahre 1835 noch jahrzehntelang einen enormen Einfluß aus (Friedrich Engels schwor seinem christlichen Glauben ab, nachdem er es gelesen hatte) und wurde in die meisten europäischen Sprachen übersetzt. Ins Englische wurde es von George Eliot unter ihrem richtigen Namen Mary Ann Evans übersetzt, obwohl ihr Name nicht in der englischen Originalausgabe erschien. Eliot,

die sich durch das Buch tief beleidigt fühlte – besonders durch die Art, wie die Kreuzigung behandelt wurde –, fand das Buch langatmig; das deutsche Original erschien in drei Bänden und umfaßte zirka neunhundert Seiten. Eliot bekam das fürstliche Honorar von zwanzig Pfund Sterling für ihre Arbeit. Zweifellos trug auch die Tatsache, daß Eliot die Tochter eines Geistlichen war, dazu bei, daß sie sich bei der Übersetzung dieses Buches unbehaglich fühlte. Das Meisterwerk von Strauß war das beinahe zwangsläufige Ergebnis der Entwicklung der hegelianischen Vernunft. Was könnte vernünftiger sein, als dieses feingeschliffene Skalpell an den Begründer der christlichen Religion, den Eckpfeiler des ganzen Bauwerks der Zivilisation anzulegen? Strauß tat das Evangelium als einen jüdischen Mythos ab; er sah darin keine philosophischen Symbole. Außerdem stellte er die Existenz eines historischen Jesus in Frage, wie es Voltaire schon viele Jahre zuvor getan hatte. Was Strauß in diesem Zusammenhang besonders reizte, war der begriffliche Aufbau des hegelianischen Hintergrundes, der im Gegensatz zu dem Mythos einer einzigen Inkarnation des Absoluten in einer historischen Person stand. Er blieb seiner Überzeugung von der vollendeten immanenten Gegenwart Gottes in der Geschichte treu, lehnte jdoch die Vorstellung eines personifizierten Gottes ab.

Ein weitaus bedeutenderes Buch eines viel wichtigeren Autors war *Das Wesen des Christentums* von Ludwig Feuerbach. Feuerbach hatte bereits *Eine Geschichte der modernen Philosophie von Bacon bis Spinoza* und Studien über Bayle und Leibniz geschrieben. Als Schriftsteller verlangte er die philosophische Rehabilitation der Natur und kritisierte Hegel, daß er die Natur vernachlässige, indem er sich auf den Geist konzentriere. In *Das Wesen des Christentums* behauptete Feuerbach, das Geheimnis der Theologie sei die Anthropologie; mit anderen Worten, das Wissen der Menschen um Gott sei in Wahrheit nur die Mythifizierung des Wissens der Menschen um sich selbst. Dafür seien unter anderem die griechischen Mythen ein Beweis. Dies war eigentlich nichts anderes als eine logische Weiterentwicklung von Luthers Umkehrung der Theologie und Philosophie (Feuerbach nannte sich selbst oft »Luther II«). Die griechische Eigenart, die Götter als Menschen oder Schwäne darzustellen, die auf die Erde herabkommen, war nur die Umkehrung dessen, was sie vorgab zu sein. Es war das Wissen des Menschen um den Menschen (oder das Tier oder den Baum), das hier in zweifacher Maske zum Ausdruck kam. Im Gott als Mensch steckte eigentlich der Mensch als Gott. Daher, folgerte Feuerbach, ist die tatsächliche Wahrheit der Religion die Verleugnung von Gott und die Bestätigung des Menschen, kurz gesagt: Atheismus. Im Grunde ist dies die uns vertraute Vorstellung der gegenseitigen Abhängigkeit von Subjekt und Objekt: Das Subjekt begründet sich durch das Wissen um sich selbst, weil es sich dadurch vom Objekt abgrenzt; das Objekt wird durch die Projektion dieses Wissens des Subjekts begründet. Folglich ist Gott die imaginäre Projektion des Wesens des Menschen (der menschlichen Gattung), wobei die Fähigkeiten und Eigenschaften des Menschen der Gottheit zugeschrieben werden. Aber das führte wiederum zur Entfremdung: Die Übertragung der besten Qualitäten des Menschen auf eine imaginäre Gottheit hat zur Folge, daß der Mensch von einer fiktiven Gestalt, die er selbst geschaffen hat, tyrannisiert wird. Je mehr eine Religion ein imaginäres Gotteswesen bereichert, so wird argumentiert, um so ärmer macht sie den Menschen. In den primitiven Anfängen des Juden- und Christentums und in anderen primitiven Religionen war das Ritual des Blutopfers ein Symbol, mit dem die Erniedrigung des

Menschen vor Gott deutlich zum Ausdruck gebracht werden sollte. Aber sogar heute noch, im modernen Christentum, muß der Mensch erniedrigt und herabgesetzt werden, damit die Gottheit noch majestätischer erscheinen kann – ad maioram dei gloriam. Der Mensch bestätigt in Gott, was er sich selbst verleugnet. Um sich selbst ad nominem zu bestätigen, muß der Mensch sich bewußt werden, daß die Religion furchterregend ist. Feuerbach schreibt hierzu, um die wahren Werte der Religion zu retten, die die Werte der Menschheit seien, müsse sich der Mensch der Religion entledigen. In der Polarisierung von Gott und Mensch bedeute eine Entfernung von Gott zwangsläufig eine Annäherung an den Menschen und umgekehrt.

Erst wenn die Menschen sich von Gott abgewandt und dem Menschen zugewandt hätten, würden sie eine wahrhaft humanistische Gesellschaft schaffen; und an dieser Stelle taucht Spinozas Prinzip »homo dei homini« (der Mensch ist der Gott für den Menschen) auf. »Wenn das Wesen des Menschen das höchste Wesen für den Menschen ist, dann muß das erste und oberste Gebot des Tuns die Liebe des Menschen zum Menschen sein.«

Mit der Zeit wurde Feuerbach immer anthropozentrischer in seinen Ansichten: Der Mensch sei der einzige Wert, alle anderen Werte nur Ableitungen von dieser zentralen, lebenden, endlichen, konkreten Gesamtheit. In seinen *Vorlesungen über das Wesen der Religion,* die 1851 erschienen, behauptete er, religiöse Gefühle ergäben sich aus der Unfähigkeit des Menschen, seinen eigenen Platz in der Natur richtig zu interpretieren. Das Gefühl der Abhängigkeit von der Natur löse religiöse Phantasien aus (ein Gedanke, den er als Schuljunge in fast jedem griechischen Text hätte finden können). Schließlich lehnte Feuerbach den gesamten Hegelianismus ab, denn er betrachtete den Idealismus Hegels nur als eine Fortsetzung der religiösen Fiktion. Damals war Feuerbach bereits so weit, daß er die Religion als Ursache allen gesellschaftlichen Übels ansah. Die Zeit war reif für den großen Materialisten.

Das Wesen des Christentums war ein außerordentlich einflußreiches Buch. Feuerbach fuhr darin schwere Geschütze auf, die die philosophische Landschaft für immer veränderten; vor allem radikalisierte das Buch den antireligiösen Flügel der Jung-Hegelianer. Einer von ihnen war ein junger Akademiker und Journalist aus Trier an der Mosel, ungefähr zehn Kilometer von der französischen Grenze entfernt. Sein Name war Karl Marx.

Karl Marx lehnte »die Annahme reinen Selbstbewußtseins« als Ausgangspunkt für eine Dialektik ab, da sie ein Wesen voraussetzte, das fähig war, sich in völliger Isolation zu sehen – unabhängig von seiner Umwelt in Natur und Gesellschaft. Nach Marx' Vorstellung ist die Natur weder eine Realität, die *von vornherein gegeben war,* noch ist der Mensch ihr Produkt. Es sei unmöglich, die Natur allein, ohne den aktiven Kontakt des Menschen mit ihr, zu betrachten. So legte Marx »den wahren Ausgangspunkt« in Millionen von Jahren der Entwicklungsgeschichte des Menschen – dieses Wesens mit einem unvorstellbar großen und verwickelten Komplex von Abhängigkeiten – von neuem fest. Er rückte ihn vom Bewußtsein, wo Hegel ihn angesetzt hatte, zum »physischen Handel des Menschen mit der Natur«, wie er es an anderer Stelle nennt.

Dies ist die Übertragung des Aktes der Schöpfung von Gott (»nur eine Projektion des Menschen von außen – eine eschatologische Projektion«) auf den Menschen selbst, aber nur durch das Mittel der Arbeit. So wird die Arbeit in der marxistischen Theogonie und Kosmogonie im abstrakten und konkreten Sinn zum Allerheiligsten, und der Mensch wird eine Art geringer Gott. Die Größenordnung dieser Übertragung ist beinahe vergleichbar mit der der Übertragung von Gott auf das Bewußtsein, die Luther propagierte, und sie ist eine Progression (oder eine Regression) davon.

In einer Hinsicht enthält diese Übertragung eine außerordentliche Vereinfachung: Marx faßt die gesamte menschliche Tätigkeit in der Bezeichnung »Arbeit« zusammen; alles ist für ihn Arbeit – Galileos Beobachtungen durch sein Fernrohr, John Keats' Dichten eines Sonetts, Alexanders Aufbruch aus Pela, um die Welt zu erobern. Arbeit ist für Marx das Mittel, mit dem der Mensch sich und die Welt um ihn selbst schafft. Sie ist das größte Heiligtum. Erst nach dem Abstraktionsprozeß existierte das Bewußtsein, das Selbstbewußtsein. Mit anderen Worten: Am Anfang war die Arbeit. Und es war diese Arbeit, die die bedeutungslose Materie zu Menschen formte: »Arbeit ist die Verwirklichung des Wesens des Menschen.« Daraus wird völlig klar, warum das Proletariat das auserwählte Volk oder vielmehr die auserwählte Klasse sein muß. Gerade die Tatsache, daß es die Arbeiterklasse darstellt, trägt zu seiner hohen Stellung bei Marx bei. Aber nicht nur das. Marx entwickelte geradezu eine vollständige Soteriologie – vom Sündenfall bis zur Erlösung. Es war der Fluch der Maschine, der den Menschen aus seinem Paradies vor der Erfindung der Maschine vertrieb. Die Verbesserung der Arbeitsgeräte brachte zwangsläufig die Arbeitsteilung mit sich, die die erste Quelle des Entfremdungsprozesses ist. Dieser Entfremdungsprozeß ist die Ursache für das Entstehen von Privateigentum; denn die Arbeitsteilung führt automatisch zum Handel, d. h. zu der »Umwandlung der Dinge, die der Mensch produziert, in Mittel mit abstraktem Austauschwert«. Wenn die Dinge einmal zu Waren geworden sind, ist die Grundlage für die Entfremdung bereits gegeben. Hierin liegt der wahre Ruin für das menschliche Individuum, verursacht durch die Maschine. Denn aufgrund der Maschine kommt es dazu, daß Reichtümer angehäuft werden. »Privateigentum« wird als Synonym für angehäuften Reichtum verwendet, der dem Gemeinwohl entwendet wurde. Marx nennt dies »Entpersonifizierung«. »Es ist die Unterwerfung der Individuen hinsichtlich der Arbeit durch ihre eigenen Hände und ihres eigenen Gehirns.« Die einzig mögliche Rettung besteht darin, die Kontrolle über die leblosen Kräfte, die die Oberhand über ihre Schöpfer gewonnen haben, zurückzuerlangen. Der Retter in diesem Passionsspiel ist in erster Linie das Proletariat und die Arbeiterklasse, die den Wohlstand durch ihre »Arbeitskraft« produziert. Dazu war das Proletariat von vornherein durch die Art und den Verlauf des Kampfes bestimmt. An dieser Stelle kommt der Begriff des historischen Materialismus ins Spiel. »Die Geschichte der Gesellschaft ist die Geschichte von Kämpfen zwischen entgegengesetzten Klassen, aus denen eine von ihnen als Sieger hervorgehen muß, wenn auch in einer komplett veränderten Form: Der Fortschritt ergibt sich aus einer Reihe von Siegen der einen Klasse über die andere, und nur der Mensch denkt rational, der sich mit der progressiven Klasse seiner Gesellschaft identifiziert.« Das ist die marxistische Dialektik, die die Gesellschaft in Wohlhabende und Habenichtse einteilt und die Revolution als unumgänglich darstellt. Die Kapitalisten werden versuchen, die Produktion zu erhöhen und die Kosten aus reiner Habgier niedrig zu halten (dadurch, daß sie den Arbeitern Hungerlöhne zahlen), um noch mehr Kapital anzuhäufen. Hier kommt die magische Maschine wieder ins Spiel. Technischer Fortschritt ist für den Kapitalismus von existenzieller Bedeutung, weil er nicht gedeihen kann, ohne die Produktionsmittel ständig zu modernisieren; das heißt, der Kapitalismus ist die historische Voraussetzung für technischen Fortschritt. Für Marx ist die gesellschaftliche Bewegung nicht ein Prozeß, sondern *der* Prozeß in der Naturgeschichte. Hier stellt er die engstmögliche Verbindung zwischen Sozialismus und Naturwissenschaft her. »Das menschliche Bewußtsein ist lediglich der gedankliche Ausdruck der gesellschaftlichen Beziehung zur Natur und muß als ein Produkt der gemeinsamen Anstrengung der Gattung betrachtet werden.« Bei Marx ist alles auf den praktischen Bereich reduziert – natürlich ist es der Materialismus, der die wissenschaftliche Annäherung, wie sie in den Naturwissenschaften praktiziert wird und von der Philosophie, der Soziologie und der Politikwissenschaft übernommen wurde, ausmacht. Also simplifiziert Marx im Namen der Wissenschaft – auch im Namen des Menschen: »Für den Menschen«, so schreibt er, »ist der Mensch selbst die Wurzel.« In *Die deutsche Ideologie* schreibt er: »Wir verneinen die Gültigkeit metaphysischer und epistemologischer Probleme, die von der falschen Hoffnung auf das Erreichen einer absoluten Realität jenseits des praktischen Horizonts der Menschen hervorgerufen werden.« Kurz gesagt, Marx verwendet die Methode der Abstraktion, die Hegel so wirkungsvoll eingesetzt hat, gegen Hegel, indem er die Abstraktion allgemein für untauglich erklärt. Es geht nicht darum, neue Antworten auf Fragen der Metaphysik oder Epistemologie zu finden, sondern darum, ihre Gültigkeit zu verneinen. Es kann keine Abhilfe für die Entfremdung geschaffen werden, wenn man über sie nachdenkt; man muß ihre Ursachen beseitigen; dies ist eine Überlegung, die auf logische Weise zum berühmtesten Zitat von Marx geführt hat: »Die Philosophen haben die Welt nur verschieden *interpretiert;* es kommt aber darauf an, sie zu *verändern.*« (Die elfte und letzte These über Feuerbach.) Das Problem dabei war, eine Form der gesellschaftlichen Organisation auszuklügeln, in der die Eigeninteressen jedes einzelnen mit den Bedürfnissen aller vereinbar sind. Das hat Marx nie getan. Er war viel mehr daran interessiert, die Revolution zu organisieren, als zu versuchen, die Gesellschaft, die auf sie folgen würde, zu entwerfen. 1844 hatte Marx im Pariser Magazin »Vorwärts« bereits die Idee formuliert, daß der Sozialismus nicht nur die Ablösung einer politischen Struktur durch eine andere sein sollte. Er sollte vielmehr als Abschaffung der Politik überhaupt verstanden werden. Das war das Ziel der messianischen oder apokalyptischen Natur des Sozialismus – alle Brücken abzubrechen, um so die Möglichkeit auszuschließen, daß irgendeine nachfolgende Regierung den alten Zustand wiederherstellte. In diesem Sinne ist eine kommunistische Partei keine politische Partei; sie ist eine religiöse Partei, die die chiliastische Absolutheit predigt. Ihr Einsatz ist also eigentlich antipolitisch. Hier wirft die NSDAP ihren Schatten voraus, die, ebenso wie die Sowjetische Kommunistische Partei, auf einem Einparteienstaat bestand. In einem Einparteienstaat ist die Partei nicht politischer, sondern religiöser Natur, weil sie bei ihrer eschatologischen Zielsetzung von einer jahrtausendelangen Herrschaft ausgeht, ob das Ziel nun der Kommunismus oder das »Tausendjährige Reich« ist. Marx war klug genug zu erkennen, daß er, falls er sich in seinen Büchern näher mit der Natur des Endziels befassen würde, beweisen müßte, daß es utopisch ist. Aber auch so wirft die Annahme, daß es eine »perfekte Übereinstimmung zwischen kollektiven und individuellen Interessen« gibt, »... daß private, egoistische Motive zugunsten eines Gefühls der absoluten Gemeinschaft mit dem Ganzen zurückgesteckt werden«, Fragen auf. Wie weiß man überhaupt, ob die »absolute Gemeinschaft« erreicht ist, ohne daß man das je genau überprüft? »Vertrauen ist gut, Kontrolle ist besser.« Und so mußte das Kollektiv selbst ein Kontrollmechanismus, eine Vereinigung von Spitzeln werden. Aber das ist noch nicht alles. Das marxistische Ideal einer perfekten Übereinstimmung von kollektiven und individuellen Interessen ist ein Oxymoron. Marx versucht, beides unterzubringen. Wenn die privaten, »egoistischen« Ideen im Sinne einer absoluten Gemeinschaft ausgeschaltet werden, dann wird das Individuum als Individuum mit ebenso großer Gewißheit ausgeschaltet wie in jeder philosophischen Absolutheit. »Erfolgreiche Ideen müssen der Ausdruck eines gewissen Masseninteresses sein«, so zitiert Kolakowski Marx. »Die ›Idee‹ war immer schon ein Fiasko, wenn sie vom ›Interesse‹ abgeschnitten war, aber wann immer ›Interesse‹ die Form einer Idee annimmt, verliert es seine wahre Bedeutung und erzeugt den irreführenden Eindruck, ein Gemeininteresse zu sein und kein Einzelinteresse.« In diesem Zusammenhang ist es bemerkenswert, wie sehr die Öffentlichkeit ein Unternehmen herabsetzen kann, wenn sie ihm ein Privatinteresse unterstellt, und wie sehr man andererseits als einzelner das Ansehen eines Unternehmens steigern kann, wenn man ihm ein öffentliches Interesse nachsagt. Ein politisches Interesse kann die übelste Tat nobel erscheinen lassen, auch Mord und Massaker – siehe internationaler Terrorismus (der Mörder als Held) –, während ein privates Motiv, sobald es öffentlich als solches bezeichnet wurde, die nobelste Sache zur schlimmsten Schandtat degradieren kann. Privateigentum impliziert, daß das Individuum einen Namen trägt, weil sein Name das Zeichen seiner Identität ist. Wenn man öffentlich private Motive unterstellt, dann steht das Einzelinteresse gegen das Gemeininteresse, weil Identität ein »Selbst« (idem) beinhaltet, und wenn die individuelle Identität der allgemeinen gegenübergestellt wird, erscheint sie immer »selbstsüchtig«. Das private Individuum wird zum Freibeuter, das Private wird mit Freibeuterei gleichgesetzt, und die Freundschaft, die eine Privatangelegenheit ist, mit Verschwörung. Marx ächtete mit seiner Theorie die Privatsphäre. Er verbannte die Privatperson aus der Gesellschaft. Aber ohne Privatsphäre gibt es auch keine Freiheit. Ohne Privatsphäre ist die »Versammlungsfreiheit« bedeutungslos. Der Kommunismus ist die Heiligung des Allgemeinen auf Kosten des einzelnen, des Individuums, des Privaten. Um erfolgreich zu sein, »muß sich die Idee irreführenderweise als das Gemeininteresse darstellen, und nicht als Einzelinteresse«. Kurz gesagt, die Konsequenz der ganzen Theorie ist schließlich die Polarisierung von Gemeinwohl und Freiheit. Marx schuf eine weltliche Religion mit all den erforderlichen Elementen, einschließlich einem neuen Wertesystem: Der Kommunismus, der alle Probleme der Menschheit lösen und den Weg in das verlorene Paradies bereiten würde, ersetzte die Kirchengemeinde im allgemeinen, während das Kollektiv die Kirche im speziellen in all ihren seelsorgerischen Funktionen ersetzte. Die kommunistische Partei ersetzte die Geistlichkeit. Marx, der Prophet des Sozialismus, schrieb die Bibel der Bewegung, das zweifellos maßgebliche Werk, das die Arbeit und die Revolution heiligsprach und über die Bourgeoisie den Bann verhängte – über die Privatpersonen, die in privaten Unternehmen tätig waren, wo mit Privatkapital gearbeitet wurde: drei grundsätzliche Übel in einem Wort. Aber was am wichtigsten war: Der Kommunismus hatte die Ausflucht bereit, die unerläßlich für seine Glaubwürdigkeit als Religion war: Er schwor jeder Religion offiziell und feierlich ab und erklärte sich selbst zur Wissenschaft – zur elementaren Wissenschaft der Menschheit. So hatte das Proletariat seinen

Glauben, seine Bibel und sein Schwert. Unglücklicherweise war Marx kein Wissenschaftler. Er war ein messianischer Ideologe mit all dem Fanatismus, der typisch für diesen Menschenschlag ist. Die von ihm gepredigte säkularisierte Erlösung übernahm er direkt aus *De optime statu rei publicae deque nova insula Utopia,* einem Buch von Thomas Morus, in dem dieser die Welt in Zusammenhang mit dem Begriff der Utopie – wörtlich »kein Platz« (aus dem Griechischen ὀν = nicht, und τόπος = Platz), im übertragenen Sinne »zu schön, um wahr zu sein« – behandelte. Morus' *Utopia* war eine Schilderung des perfekten politischen, gesellschaftlichen und rechtlichen Systems nach dem Modell von Platos Republik. Bedauerlicherweise war das Allheilmittel, auf das Morus bei der Schaffung seines Paradieses auf Erden stieß, die Abschaffung des Geldes. In der Schlußpassage von *Utopia* schreibt Morus:

»Aber wie weit sind diese boshaften und lasterhaften Menschen vom Reichtum und der Glückseligkeit des utopischen Gemeinwesens entfernt, da sie aufgrund ihrer unersättlichen Gier all die Dinge unter sich aufgeteilt haben, die für alle Menschen ausgereicht hätten. Welch große Last wird den Menschen doch abgenommen, wenn all die Geldgier und das Geld als Zahlungsmittel völlig ausgeschlossen und verbannt werden. Welch große Quelle des Übels und der Boshaftigkeit wird dadurch an den Wurzeln gepackt. Denn wer wüßte nicht, daß Betrug, Diebstahl, Raub, Zank, Streit, Kampf, Hader, Mord und Verrat, für die die tagtägliche Bestrafung eher als Rache denn als Abschreckung dient, aussterben, wenn das Geld verschwindet, und daß Angst, Kummer, Sorgen, Mühsal und die Notwendigkeit der Überwachung sogleich ein Ende haben. Ja, sogar die Armut selbst, die nur ein Mangel an Geld zu sein scheint, würde sich verringern und schließlich ganz verschwinden, wenn es kein Geld mehr gäbe.«

Marx' Entfremdungstheorie beruht genau auf dieser Grundlage. Das Übel stecke im Geld:

»Da da Geld als der existierende und sich betätigende Begriff des Wertes alle Dinge verwechselt, vertauscht, so ist es die allgemeine Verwechslung und Vertauschung aller Dinge, also die verkehrte Welt, die Verwechslung und Vertauschung aller natürlichen und menschlichen Qualitäten.«

Marx, wie auch Morus, hielt das Geld für die Ursache der Arbeitsteilung. Seiner Ansicht nach bestand eine Wechselwirkung zwischen den beiden Phänomenen. Dadurch, daß er die konventionellen Wirtschaftswissenschaftler ablehnte (er nannte sie *»vulgär«*), lehnte er auch die Idee des Geldes als unerläßliches Mittel für die Regulierung wirtschaftlicher Beziehungen ab (für ihn war das Geld die »Verkörperung des Kapitals«). Er übersah dabei völlig, daß Geld (für die Begriffe Gewinn, Verlust, Kredit, Kostenrechnung, Kostenvoranschlag etc.) die Conditio sine qua non für den Handel in der Industriegesellschaft ist. Nur durch die Verwendung von Geld ist es möglich, Handelsgeschäfte zu quantifizieren (verstanden als grundlegende wissenschaftliche Methode). Geld ist ein Wertmesser. Anstatt den Begriff zu analysieren (was natürlich schon einige konventionelle Wirtschaftswissenschaftler vor ihm getan hatten), verteufelte ihn Marx als der fanatische Ideologe, der er war. Bei Marx war die Dämonisierung eine Gewohnheit, eine einstudierte Denkweise. In diesem Fall sollte diese Gewohnheit unbeschreibliche Konsequenzen nach sich ziehen.

Wenn die Revolution kommt …

1831 kam Alexis de Tocqueville nach Amerika. Vier Jahre später, mit neunundzwanzig Jahren, veröffentlichte er die ersten beiden Bände seines Werkes *La Démocratie en Amérique* (Die Demokratie in Amerika). Am Ende des zweiten Bandes stand die folgende, heute vielzitierte Passage:

»Es gibt heute zwei große Völker auf der Welt, die, von verschiedenen Ausgangspunkten ausgehend, dem gleichen Ziele zuzustreben scheinen: die Russen und die Anglo-Amerikaner.

Beide sind im verborgenen groß geworden. Während die Blicke der Menschen mit anderem beschäftigt waren, haben sie sich mit einem Schlag in die vorderste Reihe der Nationen gestellt, und die Welt hat fast gleichzeitig von ihrer Entstehung erfahren und von ihrer Größe.

Alle anderen Völker scheinen nahezu die Grenzen, die die Natur ihnen gesetzt hat, erreicht und nur noch die Aufgabe zu haben, das, was schon ist, zu erhalten. Doch diese beiden Nationen sind erst im Werden; alle anderen Völker stehen still oder machen nur mit tausenderlei Anstrengungen noch Fortschritte: Nur diese beiden dringen mit leichtem, schnellem Schritt auf einem Weg vor, dessen Ende das Auge noch nicht abzusehen vermag.

Der Amerikaner geht gegen Hindernisse an, die die Natur ihm setzt, der Russe ficht gegen Menschen. Der eine ringt mit dem Urwald und den Kräften der Natur, der andere kämpft gegen die Kultur mit all ihren Waffen. Daher macht der Amerikaner seine Eroberungen mit Pflug-

schar und Werkzeug, der Russe mit dem Schwert des Soldaten.
Um sein Ziel zu erreichen, stützt sich der Amerikaner auf das Interesse des einzelnen, er läßt die Kraft und die Vernunft der Individuen walten, ohne sie zu lenken.
Der Russe hingegen faßt gewissermassen in einer Person die ganze Macht der Gemeinschaft zusammen.
Der eine bedient sich als vornehmstes Mittel für sein Wirken der Freiheit, der andere der Knechtung.
Ihre Ausgangspunkte sind verschieden, ihre Wege gegensätzlich; und trotzdem scheint durch einen geheimen Plan der Vorsehung jede dieser Nationen berufen, eines Tages das Schicksal einer Hälfte der Erde in Händen zu halten.«

Diese Darlegung und Prophezeiung stellt die zwei auffälligen Faktoren in der Entwicklung des Russischen Reiches heraus: die Tradition der Knechtschaft und die Tatsache einer vier Jahrhunderte andauernden Welle der Fruchtbarkeit mit der höchsten Geburtenrate in der Alten Welt. Natürlich spielte noch viel mehr – und viel weniger – als diese beiden Faktoren eine Rolle in dem bis heute flächenmäßig größten Reich auf der ganzen Erde. Die Christianisierung Rußlands (vor etwa tausend Jahren) war und ist ein Ereignis und ein Umstand von hoher und beinahe unermeßlicher Bedeutung. Diese Christianisierung schuf die traditionelle Knechtschaft der Russen nicht direkt, aber sie verstärkte, billigte und heiligte diese Knechtschaft als Institution. Daraus ergab sich ein schicksalhaftes und höchst unglückliches Zusammenspiel von Umständen bei der Entwicklung von Verantwortung seitens der Bürger – von Zivilcourage.
Aber es paßte den Söhnen von Rurik und ihren Waffenbrüdern nach der normannischen Eroberung Nowgorods und Kiews sehr wohl, den christlichen Glauben gemäß

dem östlichen Ritus anzunehmen, als sie kamen, sahen und von Byzanz besiegt wurden. Der byzantinische Glaube, der mit Rom wegen der Frage der Unteilbarkeit der Gottheit gebrochen hatte, war der ideale Glaube für Rurik und seine Mannen. Das Mystische, geistig Nach-innen-Gekehrte des griechisch-orthodoxen Glaubens deutete bereits die zurückgezogene Natur des Geistes der russisch-orthodoxen Tradition an. Aber diese brachte auch die »große Idee« mit sich – die Vision des Reiches, der Weltherrschaft. Nach dem Untergang Konstantinopels wurde Moskau als Neues Rom betrachtet, als der Sitz einer neueren, reineren Ökumene. Hier gibt es eine auffallende Parallele zwischen der Übertragung des Heiligen Römischen Reiches auf die deutsche Nation (nach dem Fall Roms) und des Byzantinischen Reiches auf die russische Nation. »Die große Idee« des Römischen Reiches mit ihrem allumfassenden und ewigen Ordnungsfaktor verfolgte die Deutschen bis vor sehr kurzer Zeit. (Hitler selbst war eine verzerrte Version des Heiligen Römischen Kaisers der deutschen Nation, und viel von seiner Anziehungskraft auf das deutsche Volk war auf seine instinktive Achtung und Wertschätzung der größten religiösen und politischen Tradition, die die Welt je gesehen hat, zurückzuführen.) So ist auch Rußland für sehr viele Russen nicht nur ein Staat; ihre instinktive Ehrfurcht und Wertschätzung ist vielleicht noch tiefer, sicherlich aber mystischer. Für sie ist es eine Welt, ein *religiöses* Reich – der wahre Weg (nach dem ursprünglich christlichen Ausdruck »der Weg«). Der orthodoxe Patriarch wurde zum Nachfolger des verdrängten christlichen Kaisers, und die russische Nation erbte die »mission civilisatrice« des Oströmischen Reiches, die darin bestand, die Welt neu zu ordnen. Aber diese orthodoxe Version hatte etwas Besonderes an sich: Die Welt sollte in Übereinstimmung mit den ausschließlich geistigen Werten umgeordnet werden, die von der östlichen Kirche proklamiert und gelehrt wurden und im besonderen gegen den Materialismus und die Weltlichkeit des Westens gerichtet waren, gegen die energische Einmischung in weltliche Angelegenheiten, die charakteristisch für die römisch-katholische Kirche war, und später, in noch größerem Ausmaß, gegen den Protestantismus (siehe Max Webers These, die schon seit langem weitgehend akzeptiert wird, daß der Protestantismus die entscheidende Rolle bei der Schaffung und Etablierung der Werte und Anschauungen – kurz der Psychologie – einer Industriegesellschaft gespielt hatte). Genau diese *geistige* Zurückgezogenheit oder »Andersweltlichkeit« des russisch-orthodoxen Glaubens scheint Teil »eines heimlichen Planes der Vorsehung« gewesen zu sein, um den Weg für eine weitere *geistige* Disziplin zu bereiten, die viele Jahrhunderte später kommen sollte, um sich mit einem verdrängten Puritanismus zu vermischen, der sich für immer gegen die Oberflächlichkeit und Geschmacklosigkeit der Bourgeoisie wendete. Die starke orthodoxe Tendenz in Rußland mußte die weltlichen Angelegenheiten den zuständigen Befehlshabern überlassen.

De Tocqueville fühlte das, wie in einer bemerkenswerten Passage in *Démocratie en Amérique* (Die Demokratie in Amerika) deutlich wird, die ebenfalls eine zweifache Prophezeiung enthält: »Aber ich denke, wenn man es nicht schafft, nach und nach demokratische Einrichtungen einzuführen und sie schließlich unter uns zu etablieren, und wenn man darauf verzichtet, sich zu bemühen, allen Bürgern die Vorstellungen und Gefühle zu vermitteln, die sie zuerst auf die Freiheit vorbereiten und sie später mit ihr umgehen lassen, wird es weder für die Bourgeoisie noch für den Adel, weder für die Armen, noch für die Reichen

Unabhängigkeit geben, sondern nur eine gleiche Tyrannei für alle; und ich sehe voraus, daß, falls wir es nicht schaffen, für uns ein friedliches Reich aufzubauen, das von vielen angeführt wird, wir früher oder später sehen müssen, daß ein einziger Mensch grenzenlose Macht hat.«

In der russischen Geschichte gab es zu verschiedenen Zeiten mehrere Männer mit grenzenloser Macht. »Die Herrscher Rußlands«, so sagte Iwan der Schreckliche, »mußten nie jemandem Rechenschaft ablegen, sondern konnten ihre Untergebenen nach freiem Willen belohnen oder züchtigen.« Peter der Große, um ein typisches Beispiel zu nennen, war ein revolutionärer Autokrat. Vergleiche sind einfach, und sie wurden oft zwischen Peter dem Großen und Lenin gezogen, und in letzter Zeit auch zwischen den beiden Herrschern und Michail Gorbatschow. Es ist interessant, wie sich diese Muster wiederholen: Die westliche Bildung in den oberen Schichten der russischen Gesellschaft im 18. und 19. Jahrhundert »war der breiten Masse Rußlands fremd« (Berdjajew) – die Lehren von Voltaire auf der einen Seite und die mystische Freimaurerloge auf der anderen –, während die Menschen weiterhin nach dem alten religiösen Glauben lebten und den Adel als fremde Rasse betrachteten. Letzteres stimmte auch zum Teil: Russische Aristokraten behaupteten und behaupten noch heute gerne, sie stammten von Rurik ab; sie seien die »Hidalgos« – »jemands Söhne«, und dieser Jemand waren die Wikinger, die Rußland erobert hatten. Sie sprachen Französisch, und nicht alle sprachen gutes Russisch, wenn überhaupt. In Puschkins *Eugen Onegin* ist der ganze Absatz, der die Morgentoilette der Heldin beschreibt, in Französisch. Der Autor erklärt, es gebe keine russischen Wörter für die Dinge, die er in dieser Szene beschreiben muß. Heute genießen die Nomenklatura und vorrangig das KGB etwa dieselben Privilegien wie der Adel im 18.

und 19. Jahrhundert. Während der westliche Einfluß die privilegierte Klasse stärkte, schwächte er die breite Masse in Rußland. Das hinterließ beim Volk das tiefe innere Gefühl, daß der westliche Einfluß an sich gegen das Volk und für eine Elite bestimmt war, die vom Volk und seinen wahren Interessen weit entfernt war. So begann dieser Kampf zwischen Ost und West in der Sowjetunion nicht erst bei den Slawophilen und den Anhängern des Westens. Er begann bereits, als die wikingischen Herren des russischen Volkes das östliche Christentum annahmen – notgedrungen durch die geographische Lage also nicht Rom, sondern Byzanz wählten. Derselbe Fluß, der sie nach Kiew geführt hatte, brachte sie noch weiter zum Schwarzen Meer und nach Byzanz. Rußland ist das östliche Christentum. Die Doktrin von Moskau als »Drittem Rom« wurde von Mönch Filofej ausführlich in seinem Brief an Zar Iwan III. dargelegt: »Von allen Königreichen der Welt scheint nur in Eurem Hoheitsgebiet die heilige apostolische Kirche heller als die Sonne. Und Eure Majestät sollen wissen, oh religiöser und gütiger Zar, daß alle christlichen Königreiche nur in Eurem Königreich verschmolzen sind, daß die zwei Rom gefallen sind, aber das dritte steht, und daß es kein viertes geben wird. Euer christliches Königreich wird keinem anderen anheimfallen.«

Es wurde viel über die Inkonsequenz des russischen Geistes und die anorganische Verworrenheit der russischen Geschichte geschrieben. Jegliche organische Einheit war unmöglich, weil das Land einfach zu groß war. Es hatte keine Grenzen und keine Ordnung. Und das ganze Land war, wie auch Amerika, sehr dünn besiedelt, hauptsächlich von Nomadenstämmen. Im Vordergrund stand eine Sache: die Weite – *»prostranstvo«*. Es war schwer, solch ein riesiges Land unter Kontrolle zu halten. Einige der Nomaden waren nicht so nomadenhaft – wie zum Beispiel die *Tataren-Khans,* welche die Russen unterjochten und dreihundert Jahre lang unter diesem Joch hielten. Es gab zahlreiche sehr blutige Auseinandersetzungen, spontane Aufstände, die oftmals den Ort für mehrere Jahre in den Zustand des Aufruhrs versetzten, wie es jahrelang unter der Anführung Pugatschows geschah. Schließlich eroberten die Russen den weiten Raum, aber sie hatten große Schwierigkeiten, ihn zu halten, und noch mehr Schwierigkeiten, seiner Herr zu bleiben.

Wegen dieser Weite waren die Russen jahrhundertelang abgeschnitten. Sie hatten keine Renaissance, keine Reformation und kein Zeitalter der Aufklärung. »Wir haben außerhalb der Geschichte gelebt«, schrieb Tschaadajew 1829, »und blieben unberührt von der Allgemeinbildung der Menschen. Von der Welt abgeschnitten, haben wir der Welt nichts gegeben und haben sie nichts gelehrt.« Sicherlich spornte gerade die russische Realität zum Phantasieren an. Ein religiöser Geist paßte gut zu dem Glauben, der jeden Tag von neuem bestärkt wurde, daß es einen Weg aus der schwierigen Lage geben müsse, in der die Russen sich befanden. Der Glaube beruhte auf einem Paradoxon. Der Großteil des russischen Volkes befand sich fest im Griff der Knechtschaft. Sie hatten nie etwas dagegen getan. Sie lagen unterwürfig und gebrochen am Boden. Doch genau die Tatsache, daß sie nie etwas getan hatten, stärkte den Glauben, daß sie sich eines Tages erheben würden. Ihre Häupter waren geneigt, aber was waren sie geneigt zu tun? Es war eine außergewöhnliche Situation. Die Tendenz, jede neue Idee begierig als das beste Allheilmittel aufzunehmen, war nicht unterzukriegen. Jede wissenschaftliche Theorie aus dem Westen, die bis dahin nur als pure Hypothese betrachtet worden war, wurde von der russischen Intelligenz als Dogma, als eine Art religiöse Offenbarung übernommen. In Rußland hegte man die ewige Hoffnung auf Wunder; aus dieser Erwartung heraus war man sehr empfänglich für jegliche neue Idee, denn man suchte eifrig nach einem Schlüssel zum Ausweg aus dieser hoffnungslosen Situation, der alles ändern und das Land in die ideale Zukunft führen würde. In Rußland war der Fels, auf den die christliche Kirche gebaut war, gleichzeitig der Grundstein für den russischen Staat, das russische Volk und die russische Identität.

Der Glaube entsprach den Bedürfnissen, und die Bedürfnisse waren groß. Als Ideen ins Land kamen, die diesen bestimmten Glauben in Frage stellten, Ideen der französischen Aufklärung, der deutschen idealistischen Philosophen und Philosophen der Romantik, wurden sie mit demselben religiösen Eifer aufgenommen, weil die Bedürfnisse unverändert weiterbestanden.

Die verzweifelte Suche nach einer Antwort auf dieses Problem, diesen Widerspruch, wird auch in Zukunft weitergehen. Das russische Volk war und ist arm, und doch ist es Herr über ein riesiges Reich – das größte auf der ganzen Erde, beispiellos in der ganzen Geschichte. Es muß eine Antwort geben. Die Kraft liegt offenbar darin: »Schau dich um, was siehst du?« In den meisten Fällen erscheint diese Tendenz, neue Ideen mit einer dogmatischen, totalitären Begeisterung aufzugreifen, wie das Sich-Anklammern an einen Strohhalm. Zur großen Bestürzung von Marx waren die ersten Marxisten Russen. Die Anziehungskraft des Marxismus ergab sich von selbst, denn er enthielt die zwei attraktivsten Elemente für den russischen Intellektuellen: Sozialismus und Wissenschaft – zwei Allheilmittel auf einmal.

Von der religiösen Überzeugung, daß sich die Gottheit in der Institution der Kirche offenbarte, entfernte man sich nicht nur in Rußland. Dasselbe war etwa zur gleichen Zeit im westlichen Christentum zu beobachten. Was am bemerkenswertesten ist: Dieselbe Überzeugung wurde von religiösen Aktivisten wie John Henry Newman und Sören Kierkegaard und vielleicht am auffälligsten von Hugues Félicité Robert de Lamennais (1782–1854) aus Frankreich vertreten und weiterentwickelt. 1834 veröffentlichte Lamennais sein bekanntestes Werk *Paroles d'un croyant,* dessen zentrales Thema war, daß Christus im Volk und für das Volk lebte – ein Gedanke, der mehr als ein Jahrhundert später in der Arbeiterpriester-Bewegung in Frankreich wieder auftauchte.

Einige Mitglieder der Kirche betrachteten den Säkularisierungsprozeß als eine Entfremdung von Gott; für sie war dies gleichbedeutend mit der Anmaßung göttlicher Funktionen wie Schöpfung und Erlösung, ja der Göttlichkeit selbst durch die Menschen. Diese Anmaßung begründete die Autonomie des Menschen. Die alten Griechen begannen damit, als sie ihre Götter sich selbst ähnlich machten; der moderne Mensch, beginnend mit Galileo, versuchte seinem Gott gleich zu werden, das heißt, er begann, die Kontrolle (oder die Möglichkeit der Kontrolle) über die Natur zu übernehmen – deshalb spielte die Physik bei dieser Anmaßung eine derart große Rolle. Dieser Ausgangspunkt läßt die Investitur in einem anderen Licht erscheinen. Die deutschen Kaiser strebten danach, sich das göttliche Recht eines Königs zu sichern, und das auf Kosten der Geistlichkeit. Aber der erste, der sich ein weltliches Imperium aufbaute, war Napoleon, und die Tatsache, daß er dem Papst die Krone wegnahm und sich selbst damit krönte, war mehr als eine leere Geste.

Die amerikanische Revolution inspirierte die Französische Revolution, und beide schafften die Vorstellung und das Modell vom »neuen Menschen«. Dieser »neue

Mensch« war frei. Er war sogar mehr als frei: Er übte Herrschaft aus. Die Demokratie könnte als eine Aufteilung der Herrschaft in unendlich viele Bestandteile beschrieben werden. Jeder neue Bürger der »ersten neuen Nation« der Welt war ein Teil jener aufgeteilten Herrschaft. Für Johann Gottlieb Fichte bedurfte es keiner großen Phantasie, in der Französischen Revolution das Modell für sein neues Denksystem zu sehen, dem »ersten System der Freiheit«, wie er es nannte, und für seine Absicht, den Menschen in erster Linie als »autonomes Wesen« zu etablieren. Die Zersplitterung der Souveränität, welche die Demokratie mit sich brachte, verlief parallel zur Zersplitterung der Gottheit aufgrund der Säkularisierung. Die Befreiung der Menschheit fand auf zwei Ebenen statt, nämlich auf der religiösen und der politischen, und damit bleibt sie doppeldeutig. Es war ein zweigleisiger Prozeß der Verantwortungszuteilung, der zu einer Explosion von Pluralitäten führte, wobei die Interpretation die wichtigste Rolle spielte. Kurz gesagt, es gibt keine Norm. Das wiederum heißt, der Kampf, eine Norm zu schaffen und zu etablieren, wird weitergehen. Ohne den Rettungsanker der etablierten Religion und ein stabiles politisches System kann es häßliche Auswüchse anstelle der Norm geben, wie wir aus Erfahrung wissen.

Napoleon zerstörte das Heilige Römische Reich Deutscher Nation und setzte sich statt dessen selbst als Kaiser an die Spitze des ersten weltlichen Imperiums. Und er fiel in Rußland ein. Dann kam Hitler, der versuchte, das Heilige Römische Reich Deutscher Nation wiederherzustellen – auf seine verzerrte Art. Auch er fiel in Rußland ein. Hitler und seinesgleichen konnten aufgrund des Zusammenbruchs des Christentums (besonders des Verfalls der christlichen Ordnung) und der Zersplitterung der Gottheit Grausamkeiten in einem Ausmaß begehen, wie man es vorher nicht gekannt hatte. Wie William A. Clebsch es in seinem Buch *Das Christentum in der europäischen Geschichte* ausdrückte: »Hitler nahm die Macht und das Wirken Gottes für sich in Anspruch, als er über die Völker richtete« (einschließlich über sein eigenes). Im Russischen Reich nahm der Säkularisierungsprozeß, die Vermenschlichung des Heiligen, eine radikale Wende. Aufgrund ihrer wachsenden Enttäuschung durch das Christentum, weil es bei der Verbesserung des Schicksals der Bauern versagt hatte, griffen die Russen instinktiv eine primitive Form des Sozialismus auf. Das Elend, das die Russen um sich herum sahen, mußte geradezu zur Einführung des Sozialismus führen. Dies erinnert an die Redewendung »geteiltes Leid ist halbes Leid«. Aber die Frage nach der Rechtfertigung des Leids, die Frage nach dem Übel selbst, wie die Russen es sahen, mischte dem russischen Begriff des Sozialismus ein starkes atheistisches Element bei. Doch der Verzicht auf Religion war ein »religiöser Verzicht«. Wie Nikolaj Berdjajew betont: »All der nachfolgende Atheismus der russischen revolutionären, sozialistischen und anarchistischen Tendenzen war russische Religiosität, die nach außen gekehrt war, russische Apokalypse.«

Wissarion Belinski (1811–1848) war der Vorläufer und Prototyp der russischen revolutionären Intellektuellen, die so zeichensetzend für die Entwicklung des russischen Kommunismus waren. Belinski war »ein Mann des Volkes« in dem Sinne, daß er ein »pasnotschinez« war, das heißt, er gehörte keiner Klasse oder Gilde an und war kein Adliger. Im großen und ganzen war er ein typischer Russe, denn er war engstirnig, intolerant und voller Hingabe an die Idee, die Gesellschaftsordnung zu verbessern. Er beherrschte keine Fremdsprachen. Und doch war er empfänglich für kulturelle Einflüsse und Nuancen. Er war ein hervorragender Literaturkritiker. Er war höchstwahrscheinlich das Vorbild für die Figur des Iwan in *Die Brüder Karamasow,* einem Buch seines Freundes Dostojewski. Mit Sicherheit hatte er Dostojewski zu der Figur des Großinquisitors in seinem Roman inspiriert. Die Ursprünge der russischen kommunistischen Bewegung sind zum erstenmal und am deutlichsten in Belinski erkennbar. Er war stur in seiner Ablehnung all dessen, was nicht unmittelbar zur Verbesserung des menschlichen Daseins in der Gesellschaft beitrug. Belinski faßte es folgendermaßen zusammen: Die Russen wurden Atheisten und Sozialisten, weil sie das Übel, das sie überall um sich herum sahen, nicht ertragen konnten. Sie lehnten Gott ab, weil er versagt hatte – er hatte eine unvollendete Welt geschaffen, voll von Leid und ohne Aussicht auf ein Ende. So trachteten die Russen danach, die Dinge – und damit auch das Schicksal der Menschheit – selbst in die Hand zu nehmen. Diese Tatsache allein erklärt schon zum großen Teil den dämonischen, totalitären Charakter des russischen Sozialismus/Kommunismus. Er war eine Anmaßung, die gewaltig, endgültig und verhängnisvoll in ihren Dimensionen und Voraussetzungen war, Ausdruck des tollkühnsten Abenteuergeistes, den man sich vorstellen kann, die ekstatische Übernahme der unerträglichen Last und unendlichen Schicksalsträchtigkeit der Gottheit. Er war die Anmaßung Luzifers selbst. Kein Wunder, daß die sowjetische Führung mit solch einer eigenartigen, mechanischen Endgültigkeit sprach: Die selbsternannten Herren des Universums sprechen ex cathedra. Der schwerfällige, drückende Pomp, der so charakteristisch für sowjetische Zeremonien ist, kommt nicht von ungefähr. Die Übertragung der Gottheit vom heiligen in den weltlichen Bereich vollzieht sich in mehreren Stufen: vom Hieros zum Ethos, vom Ethos zum Pathos, vom Pathos zum Bathos. Vom Erhabenen zum Lächerlichen. Der ungarische Humorist Ferencz Karinthy erfaßt den Geist der Situation treffend in seiner Schilderung eines gelangweilten Geschäftsmannes, der sich die Zeit damit vertreibt, aus seinem Büro in einem Wolkenkratzer durch ein scharfes Fernglas in ein benachbartes Büro zu schauen. Einmal erspäht er einen Manager mittleren Alters, der eine hübsche Sekretärin um seinen Schreibtisch jagt. Zufällig kennt der Beobachter das Gebäude, in dem das Spektakel stattfindet, und er kann sogar den Namen des Mannes auf dem Schild auf dessen Schreibtisch erkennen. Er sieht im Telefonbuch nach und ruft den Schuldigen, dessen Aufmerksamkeit immer noch der Sekretärin gilt, an.

Als letzterer das Telefon abnimmt, meldet sich der Beobachter als Gott der Allmächtige und befiehlt ihm, seine junge Angestellte nicht mehr zu belästigen. Der Schuldige, der wie vom Donner gerührt ist und sich nicht erklären kann, woher der Anrufer so genau weiß, was in seinem Büro vor sich geht, fällt in einem plötzlichen Anfall von Furcht und Schrecken auf die Knie und bettelt um Vergebung. Der Beobachter putzt den Schuldigen gründlich herunter, worauf dieser schwört, alles zu tun, um seine Tat wiedergutzumachen, und verspricht, nie mehr zu sündigen. Hierauf bemerkt der Beobachter, der Schuldige könne seine Tat durchaus wiedergutmachen, wenn er ihm hundert Pengös leihe. Die Antwort war natürlich ein Fluchanfall und das abrupte Aufknallen des Hörers. Karinthys Lehre: Wenn du Gott spielen willst, versuche nie, dir Geld zu leihen. – Die sowjetische Führung hätte wahrscheinlich gut daran getan, diesen Rat bei ihren Geschäften mit den westlichen Nationen zu beherzigen; sie hat ebenfalls versucht, sie einzuschüchtern, indem sie eine eschatologische Überheblichkeit und militärische Macht zur Schau gestellt hat.

Aus dieser sozialpolitischen Stimmung heraus entwickelte sich das wohl erstaunlichste geistige Phänomen in Rußland – der Nihilismus. Er war eigentlich das Nach-außen-Kehren der russischen Religiosität. Der Nihilismus in Rußland war die Kodifizierung der orthodoxen Asketik, die gegen die Religion selbst und auf eine soziale Fürsorge der kleinen Leute gerichtet war – er war ein Widerspruch in sich selbst, sowohl vom Begriff als auch von den damit verbundenen Absichten her: Sozialismus als weltliche Religion. Es ist äußerst eigenartig, wie die orthodoxe Asketik derart lähmend auf die Kirche hatte wirken können. Denn diese Entwicklung kompromittierte die Kirche endgültig im Kampf um das russische Staatswesen, da sie die Intellektuellen weg vom orthodoxen Glauben und hin zu einem orthodoxen »Unglauben« führte. Es war eine doppelte Korruption – eine umgekehrte Orthodoxie, die die Politik heiligte und die Heiligkeit politisierte.
Als Ergebnis dieses »Unglaubens« trat in Rußland ein neuer Typ von Mensch in Erscheinung, das Urbild des Bolschewisten, die Vorhut der Arbeiterklasse, die sonst nichts mit der Arbeiterklasse zu tun hatte; der Kader professioneller Revolutionäre, deren Pflicht und Bestimmung es sein würde, die Menschheit aus dem Sumpf heraus und hin zum Kommunismus zu führen. Es war »der eiserne Mann im Ledermantel« wie Kommissar Dawydow in Michail Scholochows Roman *Neuland unterm Pflug*. Es gibt eine unvergeßliche Beschreibung des neuen Menschen in Nadeschda Mandelstams *Hope against Hope:* Er ist jung, hager, entschlossen, und ihm kommt kein Lächeln auf die Lippen; er meidet den Kontakt mit anderen Menschen, er ist lakonisch, er trinkt nicht – es haftet ihm eine Zielstrebigkeit an, die einen erschaudern läßt. In Rußland war eine neue Zeit angebrochen, eine Union von Sowjets in der Sowjetunion – eine starre und gnadenlose Hingabe für

die Sache, ein Kadavergehorsam, von dem der dienstbeflissenste deutsche Beamte peinlich berührt gewesen wäre.

Wenn die Religion vom Heiligen, von der Achtung für das Unfaßbare, vom Mysterium des Lebens losgelöst wird, dann entsteht ein Bedürfnis, alles im Leben von neuem zu rechtfertigen, und zwar mit Formulierungen, die zwangsläufig fremd und schwer zu finden sind. Der überall vorhandene Argwohn, der so typisch für die Russen ist, ist nie so bestürzend, als wenn er sich auf traditionelle, fundamentale Werte bezieht. Die russisch-orthodoxe Asketik zweifelte sogar die Berechtigung der Kultur an. Dieses Mißtrauen beruhte auf der instinktiven Annahme aller Religionen, daß kulturelle Kreativität sündhaft sei. In der Religion herrscht die Meinung, daß jede menschliche Kreativität, vor allem die kulturelle, eine Anmaßung von Göttlichkeit sei; daher liegt den in Zusammenhang mit der Kultur gebrauchten Wörtern wie »Enthusiasmus« und »Inspiration« die Bedeutung einer göttlichen Weisung zugrunde, wie wenn das kulturelle Wirken gottgegeben wäre und die Fähigkeiten eine Leihgabe des Allmächtigen, um jegliche Mißverständnisse und jeglichen Mißbrauch zu verhindern. Aber die Nihilisten gingen noch einen Schritt weiter. Sie brachen mit dem gesamten konventionellen Leben, einschließlich Staat, Gesetz und traditionellen Werten, ja sogar der Familie. Der Grund dafür war, wie Berdjajew bestätigt, daß sie der Meinung waren, diese Dinge seien dazu benutzt worden, die Versklavung des Menschen zu rechtfertigen (schon wieder das Problem der Rechtfertigung).

Die Einschränkung dieses Ethos veranlaßte die Nihilisten, auf den Materialismus als die einzig zulässige Philosophie zu bauen. Dies war unvermeidlich, denn alles, was irgendwie abstrakt war, war verdächtig. Dieselbe Doktrin brachte die Nihilisten dazu, besonderen Wert auf die Naturwissenschaften zu legen, als einzig angemessenes Mittel, um Vorurteile aus dem Weg zu räumen und den Kanon der etablierten Religionen als reinen Aberglauben hinzustellen. So wurde der Materialismus ebenso schnell zum unumstößlichen Dogma, wie man es von der Theologie her kennt. Der Materialismus war für die Russen eine Theologie ohne einen Gott, aber mit einem Abgott – der Wissenschaft. Der dialektische Materialismus verspricht die Schaffung eines Paradieses auf Erden für die Arbeiter und Bauern als »wissenschaftliche Gewißheit« und »historische Notwendigkeit«.

Ein weiterer Aspekt des Nihilismus wurde in übertriebener Form in den Kommunismus übernommen, nämlich der Haß, die tiefe Verachtung für die Bourgeoisie. Alles, was auch nur im entferntesten an die Bourgeoisie erinnerte, wurde von den Nihilisten kategorisch abgelehnt; aber der Nihilismus konnte dies nicht allein für sich in Anspruch nehmen. Eigentlich ist der Haß der Russen auf die Bourgeoisie wesentlicher Bestandteil des Nach-außen-Kehrens der russischen Orthodoxie.

Außerdem spielt er mit in die Polarisierung von Ost und West hinein, die östliche Geistigkeit auf der einen Seite und die westliche Zivilisation auf der anderen. Im Grunde war die Ablehnung des Westens durch die Russen sicher auf den Groll über ihr Gefühl der Abhängigkeit vom Westen zurückzuführen. Von jeher war diese Abhängigkeit Gegenstand der intensiven und langwierigen Kontroverse zwischen Abendländern und Slawophilen. Die ersteren waren überzeugt, daß die Rettung für Rußland nur aus dem Westen kommen könne; die letzteren dagegen waren der felsenfesten, »religiösen« Überzeugung, daß nur Rußland die Welt retten könne. Sicherlich wurden die Russen in ihrer Haßliebe zum Westen hauptsächlich von Alexander Iwanowitsch Herzen (1812–1870) beeinflußt, dessen Rolle bei der Gestaltung der russischen Nation in der Geschichte irgendeines anderen Volkes schwer vorzustellen wäre. Herzen war der Prototyp des russischen Emigranten. Jahrzehntelang lebte er außerhalb Rußlands, in der Schweiz, in Paris und in London. Er gründete den berühmten »Kolokol« (Glocke), einen Verlag, sowie die gleichnamige Zeitschrift in London; dieser Verlag gab die Werke aller russischen Autoren heraus, die in Rußland selbst nicht veröffentlichen konnten. Er war also einer der ersten und erfolgreichsten russischen Menschenrechtskämpfer; in erster Linie setzte er sich für die Redefreiheit ein. Herzens Erfahrung im Westen war ausschlaggebend für die russische Einstellung zum Westen im allgemeinen; Herzen, der Revolutionär, der für die Revolution von 1848 lebte und nach ihrem Scheitern völlig desillusioniert war, war entsetzt über die Banalität, die er überall im Westen vorfand. Das Ideal des Ritters war zum Ideal des kleinen Ladenbesitzers herabgesunken (Napoleon hatte die Engländer als »Volk der Ladenbesitzer« abgetan). Herzen war der erste, der die Möglichkeit eines bürgerlichen Sozialismus erkannte. Aber damit fand er bei den Russen kein Gehör. Aus dem allgemeinen Widerwillen gegen den Westen und der Enttäuschung über den Westen entstand der eiserne Entschluß der russischen Intellektuellen, sich niemals auf den bürgerlichen Kapitalismus einzulassen. Die Ablehnung bestand von vornherein. Die Russen hatten nämlich keine unmittelbare Erfahrung mit der Hauptantriebskraft der Wirtschaft im 19. und 20. Jahrhundert gemacht. Da die Russen keine Erfahrung mit dem Kapitalismus hatten, fehlte ihnen auch die Erfahrung mit fast allen politischen Begleiterscheinungen des Kapitalismus, zum Beispiel dem Liberalismus. Dieser Mangel, besonders hinsichtlich des positiven Einflusses des Liberalis-

mus, ließ die russisch-kommunistische Annäherung an das Problem der Koordination des menschlichen Daseins ziemlich begrenzt und einseitig werden. Die russischen Kommunisten konnten auf keine anderen erfahrungsmäßigen Alternativen zurückgreifen, als auf das System, das sie unter so vielen Opfern und Schwierigkeiten aufgebaut hatten, welches sich aber offensichtlich als nicht funktionsfähig herausstellte. Die Hohenpriester der Partei (denn die Partei war immer noch zumindest halbheilig) hatten einen Kirchenbann über den Kapitalismus verhängt, und dieser Bann blieb bestehen. Der Haß auf die Bourgeoisie und der Haß auf den Kapitalismus gingen Hand in Hand. Dieser religiöse Haß blockierte die Auswege, die den Industrienationen gewöhnlich offenstehen, wenn sie in einer Wirtschaftskrise stecken. In Rußland stand von Anfang an fest: Wenn sie kommt, wird die Krise nicht nur eine Wirtschaftskrise sein, sondern eine allgemeine Krise, die alle Bereiche und grundlegenden Prinzipien des sowjetrussischen Lebens in Mitleidenschaft zieht. Das System war und bleibt totalitär und wirkt sich somit auch auf die »Totalität« aus.
Mittlerweile jedoch war das kapitalistische System in seiner konventionellen demokratischen Verkleidung nicht länger das leuchtende Beispiel. Die leichtfertige Oberflächlichkeit des amerikanischen Vorbildes genügte, um die Russen aus der Fassung zu bringen und anzuwidern; der Ernst, den sie bei den meisten Angelegenheiten an den Tag legten, grenzte immer schon an manische Depression. So betrifft die Krise wohl oder übel – auch ohne das spezielle Problem der atomaren (und massiven konventionellen) Abrüstung – die gesamte Menschheit und nicht nur die Sowjetunion und ihre Satellitenstaaten. Außerdem geht es hier nicht nur um einen Mangel an Führungsvermögen (an dieser Stelle fällt einem die ständige ameri-

kanische Forderung nach der »Glaubwürdigkeit« der Staatsoberhäupter ein), sondern um den Mangel an bewußten Führungsvorbildern.
Hitlers lärmende Parteitagspropaganda, für die er unter anderem eine große Anzahl von Scheinwerfern einsetzte, um »Kathedralen des Lichts« am Himmel zu bilden, und all die massive neoklassizistische Architektur – die ganze totalitäre Elefantiasis – war nötig, um das Individuum kleiner erscheinen zu lassen und es psychologisch in die Enge zu treiben. Es mußte schließlich etwas unternommen werden, um das Ehrfurchtsgefühl wiederherzustellen, das mit der Herabsetzung der in Verruf geratenen Kirche im Westen wie auch im Osten verlorengegangen war – nicht nur im Kommunismus und seinen Auswüchsen, nicht nur im Faschismus, sondern auch in den konventionellen Demokratien. Ist nicht das Problem der »Disziplin in der Demokratie«, der Festlegung und Verteidigung von Werten ein klarer Beweis dafür, daß andernfalls kein friedliches oder überhaupt sinnvolles Zusammenleben auf diesem Planeten möglich wäre? Das Dürsten nach einer akzeptablen Autorität, nach einer nationalen oder gar universalen Vaterfigur ist sicher für die außergewöhnliche Popularität des derzeitigen Papstes verantwortlich. Gerade Johannes Paul II., der so beharrlich auf den traditionellen Lehren der römisch-katholischen Kirche besteht, wäre in katholischen Ländern – geschweige denn im protestantischen, industrialisierten Westen – kaum so populär, wenn es nicht das offensichtliche Bedürfnis gäbe, an etwas zu glauben. Der Aufstieg und der Fall der »Teleevangelisten« in den Vereinigten Staaten wäre ohne dieses Bedürfnis kaum ein so großer Skandal, der er zweifellos ist.

In seiner Rede vor dem Kongreß am 19. April 1951 wiederholte General Douglas MacArthur, der damals in den Ruhestand trat, die Botschaft, die er nach der Kapitulation Japans auf dem Kriegsschiff »Missouri« verkündet hatte: »Seit dem Beginn der Zeit suchen die Menschen den Frieden. Im Laufe der Zeit wurden verschiedene Methoden ausprobiert, um ein internationales Verfahren zur Verhinderung und Schlichtung von Streitigkeiten zwischen den Nationen zu erarbeiten. Von Anfang an wurden praktizierbare Methoden gefunden, allerdings nur, solange es um einzelne Bürger ging; Bemühungen in Richtung eines Mechanismus von größerer, internationaler Tragweite waren jedoch nie erfolgreich. Militärische Bündnisse, ein Gleichgewicht der Mächte, Völkerbünde, sie alle scheiterten – somit blieb nur noch die Feuerprobe des Krieges. Die alles zerstörende Gewalt des Krieges schließt nun auch diese Alternative aus. Wir haben unsere letzte Chance vertan. Wenn wir nicht ein größeres oder gerechteres System erarbeiten, steht Armageddon vor der Tür. Das Problem ist eigentlich theologischer Natur und bedarf des Wiederauflebens des Geistes sowie einer geistigen Anpassung des menschlichen Charakters an unseren beinahe unübertrefflichen Fortschritt in Wissenschaft, Kunst, Literatur und allen materiellen und kulturellen Entwicklungen der vergangenen zweitausend Jahre. Die Rettung des Fleisches muß vom Geist kommen.«

Die Schrecken und Bestialitäten des Dritten Reiches während seines zwölfjährigen Bestehens können in der Geschichte der Menschheit nur mit denen verglichen werden, die von dem anderen, mächtigeren und längerfristigen Versuch, das Christentum abzulösen, ausgingen – vom Kommunismus. Die materialistische Fassade des Kommunismus hat viele Beobachter dazu verleitet, seine Natur und seinen Inhalt mißzuverstehen. In seinem Buch *A Short View of Russia* verfehlt der Wirtschaftswissenschaftler John Maynard Keynes das Ziel ganz deutlich:

»Der Leninismus«, so schreibt er, »ist ganz bestimmt keinesfalls etwas Übernatürliches; seine emotionalen und ästhetischen Botschaften betreffen das Verhalten des einzelnen und der Gesellschaft hinsichtlich der Liebe zum Geld ... Ich meine damit nicht, daß der russische Kommunismus das Wesen des Menschen verändert oder auch nur zu ändern versucht; daß er die Juden weniger geldbesessen macht oder die Russen weniger verschwenderisch, als sie vorher waren. Ich möchte damit nur sagen, daß er ein neues Ideal aufstellt. Ich meine, daß er versucht, eine Gesellschaft zu formen, in der das Gewinnstreben als Antriebskraft eine andere relative Bedeutung hat, in der die gesellschaftlichen Werte anders gewichtet werden und ein Verhalten, das einst als normal betrachtet und respektiert wurde, plötzlich nicht mehr normal ist und nicht mehr respektiert wird.« Dies ist wirklich kurzsichtig. Der Kommunismus predigt und verspricht ganz augenscheinlich und ausdrücklich die Befreiung, ein Leben in Erfüllung und Aufrichtigkeit, die Abschaffung von Ungerechtigkeiten, ein Ende der »Ausbeutung des Menschen durch den Menschen«; das wäre – oder war zumindest so beabsichtigt – die Ablösung des »Lebens nach dem Tode« des Christentums durch das wissenschaftliche, materialistische »Hier und Jetzt«. Der Kommunismus ersetzt die Erlösung durch die Revolution, die alles und nicht zuletzt auch den Menschen selbst verwandelt. »Der Mensch wird unermeßlich stärker, weiser und klüger«, schrieb Trotzki am Schluß seines Buches *Literatur und Revolution:* »Sein Körper wird ausgeglichener, seine Bewegungen rhythmischer, seine Stimme musikalischer ... Der Durchschnittsmensch wird in die Höhen eines Aristoteles, eines Goethe oder eines Marx aufsteigen. Und über diesem Grat werden neue Gipfel aufsteigen.« Und worum dreht sich die Befreiung im Kommunismus? Wie Keynes schnell erkennt, geht es hier um die Fähigkeit des einzelnen, der Liebe zum Geld abzuschwören. Nichts ist so charakteristisch für den Kommunismus wie seine dogmatische Verabscheuung des Geldes als Instrument und Symbol des Reichtums, des Eigentums und des gesamten Besitzbegriffes. Das erste, was ein kommunistisches Regime tut, wenn es an die Macht kommt, ist, die Bevölkerung zu enteignen; es nimmt ihr alles bis auf das Allernötigste. Wenn es möglich wäre, würden die Kommunisten am liebsten ganz auf Geld verzichten. Sie haben interessanterweise schon immer den Tauschhandel, den primitiven, zweiseitigen Handel, der Verwendung von Geld oder eines anderen Zahlungsmittels vorgezogen. Die Erfindung des Geldes und seine Verwendung als Recheneinheit und damit als Mittel zur Messung der Quantität im Gegensatz zur Qualität war den Russen von Anfang an ein Dorn im Auge. Die russisch-orthodoxe Asketik betrachtete das Geschäft – eine Tätigkeit, die auf Profit, Besitz oder Besitzergreifung ausgerichtet ist – und den Gedanken an materiellen Gewinn wie jeder Heilige oder Mönch als Sünde. Wer könnte die Szene in Dostojewskis Roman *Der Idiot* vergessen, in dem Rogoschin Zehntausende von Rubeln in das flakkernde Feuer des Herdes wirft, weil Nastasia Philipowna ihn abgewiesen hat – während die verblüfften Gäste es sich mühsam verkneifen, soviel wie möglich vor den Flammen zu retten? Eine Passage im *Decretum Gratiani* lautete: »Negotium negat otium neque quaerit veram quietam, quae est deus« (Das Geschäft negiert die Muße und sucht nicht die wahre Seelenruhe, die Gott ist). Geld ist eine Maßeinheit für Quantität mangels Qualität und daher keinesfalls ein Maßstab für wahre Werte. Ja, noch schlimmer: Geld ist das Mittel des Wuchers und der Spekulation (der christliche Bann gegen den Wucher beruht auf dem rabbinischen Bann gegen den Wucher für die

Juden und den Schimpftiraden gegen Geldverleihung mit Zinserhebung im Alten Testament). Es war, kurz gesagt, der Stoff, aus dem die Gedanken über Geld gemacht sind – »das Denken in Geld als Maßstab«. Und dieses »Denken in Geld« ist für den Kommunisten der abstoßendste Aspekt der Bourgeoisie – nicht nur für den russischen Kommunisten oder den russischen kommunistischen Asketiker. Aus demselben Grund kann Friedrich Wolfs Theaterstück *Thomas Münzer* (der Wiedertäufer und Bauernführer des 16. Jahrhunderts) die Erfindung der doppelten Buchführung als eines der großen Verbrechen der Geschichte hinstellen. Die Tat wurde 1494 von Fra Luca Pacioli begangen, und sie wurde von Goethe als »eine der schönsten Erfindungen des menschlichen Geistes« gepriesen. Werner Sombart, Autor des klassischen Werkes *Der moderne Kapitalismus,* drückte sein Lob detaillierter aus: »Die doppelte Buchführung wurde aus demselben Geist geboren, der auch für die Eingebungen Galileos und Newtons verantwortlich war. Sie ordnet auf dieselbe Weise die Erscheinungen in ein geniales System ein, und man kann sie als das erste geordnete System bezeichnen, das auf dem Prinzip des mechanischen Denkens beruht. Die doppelte Buchführung öffnet uns den Kosmos der Welt der Wirtschaft auf dieselbe Weise wie es später die großen Physiker mit dem Kosmos des Firmaments taten. Die doppelte Buchführung beruht auf der logischen, angewandten Grundlage, alle Phänomene mengenmäßig zu bestimmen.« Die gesamte moderne Finanzwelt ist auf diesen Fels gebaut.

Es fällt nicht schwer zu erkennen, warum das kommunistische Dogma so sehr gegen den ganzen Begriff und die Praktiken der Hochfinanz eingestellt ist. Schon das Bestehen der Institution negiert die zentrale Lehre des kommunistischen Glaubens, nämlich die Ablehnung des Privateigentums. Es gab in diesem Zusammenhang sehr wohl eine größere Entgleisung, die von Lenin selbst offiziell verteidigt und sogar von ihm in die Wege geleitet wurde: die Zeit der »Neuen Ökonomischen Politik« Anfang der zwanziger Jahre, als Lenin erkannt hatte, daß das sowjetische Experiment in einer Hungersnot enden würde. Er verlor keine Zeit und gab das Spielfeld frei für die habsüchtigen Instinkte seiner sowjetischen Landsleute. Die »Neue Ökonomische Politik« dauerte fünf Jahre; während dieser Zeit feierte das Schriftstellerteam Ilf und Petrow die ersten sowjetischen Millionäre in der Satire mit dem Titel *Das goldene Kalb*. Ilf und Petrow wußten, wovon sie schrieben.

Während der viel zu kurzen Dauer der »Neuen Ökonomischen Politik« stellte sich heraus, daß das russische Volk, wenn es sich selbst überlassen wurde, sehr wohl imstande war zu produzieren, was es brauchte, und sogar einiges mehr. Aber auf die Komödie folgte die Tragödie. Die weltliche Religion mit all ihrer bigotten Strenge wurde wieder eingeführt, und es wurde die Kollektivierung der Landwirtschaft ohne Rücksicht auf Verluste vorgenommen. Die Folge davon war, daß Millionen von Menschen, hauptsächlich Bauern in der Ukraine, den Hungertod starben. Die von oben verursachte Hungersnot in der Ukraine stellt die verblüffendste bolschewistische Greueltat dar.

Aber die starre kommunistische Haltung gegenüber Gewinnstreben und Gewinnmitnahme läßt sich nicht allein durch die Ideologie erklären. Es muß, wie Spengler betont, eine religiöse Mystik irgendwo im Fundament dieses Glaubensgebäudes liegen. »Schauet die Lilien auf dem Felde, wie sie wachsen, sie arbeiten nicht, auch spinnen sie nicht.« Dieses sanfte Gebot hat für das religiöse Wesen nichts von seiner ursprünglichen Bedeutung verloren.

Und doch bedeutete es für die russisch-kommunistische Ankurbelung der Wirtschaft eine Katastrophe.
Es widerspricht jeder Art von effektiver Arbeitsmoral der modernen Welt. Denn was bei der ewigen Debatte über »unverdientes Einkommen« in der Sowjetunion ins Auge fällt, sind die semantischen Schwierigkeiten, auf die die Sowjets stoßen, wenn sie mit Begriffen und Kategorien klarkommen wollen, die sie selbst geschaffen haben und zu bestätigen suchen.
Das Beichtgeheimnis wird in der russisch-orthodoxen Kirche mindestens genauso ernst genommen wie in der römisch-katholischen. Sein Einfluß auf den Kampf des Individuums, seine Persönlichkeit zu entdecken und zu entwickeln ist also vergleichbar mit dem im westlichen Christentum, wenn nicht größer. Denn welcher Schriftsteller hat sich mehr bemüht, die äußeren Grenzen der Persönlichkeit zu ergründen, als Fjodor Dostojewski? Die abrupte Verweltlichung der russischen Gesellschaft ist das Leitmotiv in Dostojewskis Werk. Und doch, trotz des großen Umfangs und der Tiefgründigkeit seines Werkes (oder gerade deshalb) bleiben seine Bücher Darstellungen des negativen Helden, des Menschen ohne Gott, ohne Glauben und Hoffnung, der sehr wenig Güte zeigt. Dostojewskis Werk bewirkte, daß die Dringlichkeit der Frage der »Erlösung« – durch was auch immer – stärker ins Bewußtsein gerückt wurde. In diesem Sinne gehört Dostojewski nicht nur zu den typischen russischen Intellektuellen; er führt sie auch an. Wie Berdjajew es zusammenfaßt: »Die ganze Geschichte der russischen Intelligenzija war eine Vorbereitung für den Kommunismus.«
1883 warnte Marx die Russen, die er nicht mochte, vor ihrer Eigenheit, »Passagen aus den Texten und Briefen von Marx auf die widersprüchlichste Weise zu interpretieren, geradeso als ob sie aus der Klassik oder dem Neuen

Testament wären«. Marx weigerte sich einst, auf derselben Tribüne wie Herzen zu erscheinen, da er, wie er es in einem Brief an Engels ausdrückte, nicht der Meinung sei, daß »das alte Europa« durch russisches Blut verjüngt werden könne. Und doch fand Marx seinen »Paulus« in einem jungen russischen Studenten – Wladimir Iljitsch Uljanow alias Lenin. Dieser war das Urbild eines Strenggläubigen. Er hatte seine Religion gefunden. Axelrode, der gelegentlich mit Lenin zusammenarbeitete, schrieb: »Niemand sonst ist vierundzwanzig Stunden am Tag so in die Idee der Revolution vertieft, niemanden sonst beschäftigt ausschließlich der Gedanke an die Revolution, und niemand sonst träumt nur von der Revolution, sogar wenn er schläft.« Leo Trotzki erinnert sich in seinem Buch *Mein Leben* (ein autobiographischer Versuch), wie beeindruckt er war, als er bei seinem ersten Zusammentreffen mit Lenin in London merkte, daß dieser alles im Leben mit »unser« oder »ihr« betitelte – »ihr« bezog sich dabei auf alles, was den Kapitalisten gehörte. Da Trotzki Lenin im Herbst 1902 vorgestellt wurde, als die russischen Kommunisten wenig mehr besaßen als das, was in ihren Koffern war, gibt dieser Ausspruch Trotzkis eine Vorstellung von Lenins Besessenheit von der Idee der Revolution wieder. Lenins Glaube an den wirtschaftlichen Determinismus als die entscheidende Triebkraft der Geschichte war einfach überwältigend. Davon bezog er seine Überzeugung von der Richtigkeit jeder seiner Folgerungen und Einstellungen, ohne Rücksicht auf irgendwelche Umstände, die gegen ihn sprachen. Doch seine doktrinäre Gewißheit wirkte sich nicht auf seine Fähigkeit aus, jede Situation richtig einzuschätzen und danach zu handeln. Er war ein hervorragender Taktiker. Sicher ist, daß ohne Lenin die bolschewistische Revolution im Jahre 1917 nicht stattgefunden hätte. Seine eigenhändige und zielstrebige Leistung bei der Einfädelung der bolschewistischen Revolution wird von allen Zeugen bestätigt. Sein theoretischer Beitrag zum Marxismus dagegen ist fraglich, wenn auch nicht in der Sowjetunion. Dort wurde Lenins Werk, wie schon das von Marx, zur »Heiligen Schrift«. Ein entscheidender Unterschied bestand darin, daß Lenin die Bauern zum Proletariat zählte, während Marx die Bauern als kleinbürgerlich und reaktionär betrachtet hatte. Lenin verbat sich, daß ein Unterschied zwischen Bauern und Fabrikarbeitern gemacht werde. Bis 1964 hatten die Sowjets jedoch diese eine Neuerung Lenins auf ihre opportunistische Art vergessen, als sie erklärten, der Kommunismus in China sei gescheitert (dies war nach dem Bruch Chinas mit der Sowjetunion), weil sich die chinesische Bewegung ausschließlich auf einen Bauernaufstand gründete. Damals behaupteten die Sowjets, der Kommunismus könne ohne Arbeiterproletariat nicht existieren. Aber Lenins größter und schicksalsträchtigster »Beitrag« zur marxistischen Theorie betraf den entscheidendsten Bereich des revolutionären Denkens: die Ergreifung und Erhaltung der Macht. Während Marx und Engels erklärt hatten, die Emanzipation der Arbeiterklasse sei die Aufgabe der Arbeiterklasse selbst, erkannte Lenin bald, daß diese Ansicht völlig unvereinbar mit irgendeiner effektiven revolutionären Formel war. Deswegen kam er auf die Idee einer »sozialistischen Vorhut«, einer Stammtruppe, eines harten Kerns von professionellen Revolutionären, der dazu ausgebildet und geschult werden sollte, die Arbeiterklasse anzuführen und anzufeuern. Dann bildete Lenin ein Korps von Revolutionären nach seinen eigenen Vorstellungen. Hier kommt Lenins taktisches Genie klar zum Ausdruck. Er entwarf eine Waffe, die auch als Präzisionsinstrument für die Arbeit der Revolution diente, denn als »Arbeit« konnte sie wirklich bezeichnet werden. Was am wichtigsten war: der Trupp der Professionellen war sein Instrument, das er völlig unter Kontrolle hatte. Natürlich hätte er seine Pläne für die Oktoberrevolution nicht verwirklichen können, wenn dieses Instrument nicht zu seiner alleinigen Verfügung gestanden hätte. Es war unerläßlich für seinen Erfolg. Aber die Arbeit der Revolutionäre war nicht angenehm. Sie bestand nicht nur aus langen, ernsten nächtlichen Diskussionen über die Stichpunkte, die Lenin in seinem Notizbuch festhielt. Der Originaltitel von General Pjotr Grigorenkos Buch *Im Untergrund trifft man nur Ratten* ist die Feststellung eines Soldaten, daß der Untergrund untrennbar von der Unterwelt sei. Deshalb sind die direkten Ziele des Untergrunds oft zwangsläufig dieselben wie die der Unterwelt. Die Tatsache, daß sich auch Josef Dschugaschwili, bekannt als Stalin, und Lawrenti Berija zu den Bolschewiken zählten, ist zum großen Teil darauf zurückzuführen, daß beide professionelle georgische Banditen waren, die auf Banküberfälle spezialisiert waren. Der Untergrund braucht immer Geld – ebenso wie die Unterwelt. Stalin und seine georgischen Spezialisten versorgten die Partei mit einem Großteil des Geldes, das sie so dringend benötigte. Indem sie die unverzichtbaren Mittel für die Partei bereitstellten, machten sie sich unverzichtbar für die Partei – »jeder nach seinen Fähigkeiten, jedem nach seinen Bedürfnissen«. Oswald Spengler betonte, das kriminelle Element einer Gesellschaft sei auch ein wesentliches Element des Proletariats. Damit mußte Lenin fertig werden. Außerdem war Lenin bei der Ausbildung des professionellen revolutionären Trupps gezwungen, seine Theorie zu simplifizieren und in Schlagworte zu fassen, um so eine bereits radikale Gruppe von Männern und Frauen noch mehr zu radikalisieren, um die erforderliche Schlagkraft zu erreichen. Lenin brachte die nötige Kraft für diese Herausforderung in

Form seiner unstillbaren Leidenschaft für Kontrolle auf. Diese Leidenschaft kommt in allen Gedanken und Taten Lenins zum Ausdruck. Sie ist immer da – die Quelle der Starrheit, die das System, das er schuf, bestimmt: zentralisierte Wirtschaftsplanung, allgemeine Zensur, Nötigung durch den Staat und die berechnende Anwendung von Gewalt. Mit einem Wort, alle Eigenschaften des Polizeistaates par excellence. Les extrêmes se touchent: Der Polizeistaat ist definitionsgemäß eine kriminelle Institution.
Das war ein unheilvoller Verlauf der Dinge, denn so wurden all die grundlegenden Übel der alten Zeit zu neuem Leben erweckt und in die neue Zeit übertragen. Das ist sicherlich das Dilemma jeder Revolution. Diese Überlegung – »das Vertreiben des Teufels mit dem Beelzebub« – hinderte die deutsche Widerstandsbewegung 1944 daran, auf Mittel zurückzugreifen, die drastisch genug gewesen wären, um Hitler zu beseitigen. Der Offizier Claus Graf Schenk von Stauffenberg sah keinen Sinn darin, ein Blutbad durch ein anderes zu beenden; das bedeutet, von Stauffenberg lehnte Lenins Entscheidung, ein neues Zeitalter mit einem Blutbad einzuleiten, ab.
Die Rolle Lenins als Massenmörder hält viele davon ab, ihn zu bewundern. Lenin ermordete Tausende durch direkte Anordnung, Zehntausende mittels allgemeiner Anweisung und Millionen mittels Erlaß. Ein polnischer katholischer Priester, der sich nach der Revolution mit Lenin befreundete, schrieb, daß das neue Staatsoberhaupt sehr bestürzt darüber sei, daß er durch die Umstände gezwungen wurde, die Hinrichtung so vieler Menschen anzuordnen. Aber dies war keine Beichte, denn Lenin bereute nichts. Er sah keine Möglichkeit, wie er anders hätte handeln und dennoch siegen können. Es gibt eine historische Erklärung, die als Entschuldigung für die extreme Härte seiner Handlungsweise angeführt wird.

»Die Regierung des Zaren hatte über acht Millionen Männer einberufen – viel mehr, als sie je ausrüsten und an der Front einsetzen konnte; sie hatte sie mit den Wurzeln aus ihren Dörfern herausgerissen, und sehr viele dieser Eingezogenen machten nun das Land als Banditen unsicher. Im Oktober und November 1917 wimmelte es in Moskau nur so von diesen Männern. Sie rotteten sich zusammen, gingen in Häuser und plünderten und vergewaltigten, und niemand unternahm etwas dagegen. Das Gesetz und die Regierung waren verschwunden. Ausgeraubte und ermordete Menschen lagen tagelang auf der Straße herum. Wir müssen uns bewußt sein, daß dies der Stand der Dinge war, als die Bolschewiken an die Macht kamen; es war nicht das Ergebnis ihrer widerrechtlichen Machtergreifung. Als sie versuchten, die Ordnung wiederherzustelen, wurde eine Zeitlang jeder Bewaffnete erschossen. Tausende von Menschen wurden aufgegriffen und erschossen, und es ist zu bezweifeln, ob in Moskau ganz ohne derartige Gewaltmaßnahmen die Ordnung auch nur nach außen hin hätte wiederhergestellt werden können. Der Zusammenbruch des Zarenrußlands war so endgültig, daß sogar das Gerüst der gewohnten öffentlichen Ordnung zusammengebrochen war.« – »Sie mußten schießen«, sagte Präsident Masaryk einst zu dem Schriftsteller H. G. Wells. Und er fügte hinzu: »Sie hörten nicht auf zu schießen – ohne Grund, aus reiner Grausamkeit.«

In diesem Bericht sind die Grundfakten der Situation genau genug beschrieben, abgesehen von der allgemeinen Folgerung, daß »das Gerüst der gewohnten öffentlichen Ordnung zusammengebrochen war«. Die Erklärung für die Handlungen ist jedoch noch unbefriedigender und eigentlich in sich selbst widersprüchlich:»... Es ist zu *bezweifeln*, ob in Moskau *ganz ohne derartige* Gewaltmaßnahmen die Ordnung *auch nur nach außen hin* hätte wie-

derhergestellt werden können.« Außer dem Blutbad wurden keine anderen Versuche unternommen, und das Ergebnis blieb dasselbe – ein Vermächtnis gnadenloser und gedankenloser Unterdrückung. Und der Hauptgrund für die Plünderung durch die russischen Soldaten war die Vielzahl der Verordnungen, die die Sowjets selbst erlassen hatten. Dieses Vermächtnis bleibt ein Mühlstein am Hals der historischen Figur Lenins. Es ist vergleichbar mit der Prahlerei der »Hollywood Nine«, der Gruppe von Schriftstellern und Regisseuren, die vorgeladen wurden, als Agenten der russischen Regierung vor dem Ausschuß für antiamerikanische Aktivitäten zu erscheinen, und die behaupteten, ihr Beitrag zur Sache bestehe nicht darin, was sie getan hätten (was nicht sehr nützlich war, wenn es überhaupt etwas brachte), sondern darin, was sie verhindert hätten. An der Spitze der Liste der Übel, die sie verhindert hatten, stand die Hollywood-Verfilmung von Lenins Leben – »The Lenin Story«.
Die Kriminalisierung der russischen Staatspartei und des russischen Parteistaates war eine Tatsache. Aber das Schlimmste am Vermächtnis Lenins war das, was heute »Demokratischer Zentralismus« genannt wird, während der letzten zehn Jahre Lenins vom jungen Trotzki jedoch »Egozentralismus« genannt wurde. Tatsächlich sah Trotzki das unvermeidliche Ergebnis der Aufstellung von Lenins Truppe der Professionellen als Vorhut der Arbeiterklasse voraus (wie auch Maxim Gorki): »Die Organisation der Partei nimmt den Platz der Partei selbst ein; das Zentralkomitee nimmt den Platz der Organisation ein; und schließlich nimmt der Diktator den Platz des Zentralkomitees ein.« Das ist genau, was im Falle Stalins geschah, dem Lenin als Vorbild diente. Und auch de Tocquevilles Prophezeiung trat ein: »... Falls wir es nicht schaffen, für uns ein friedliches Reich aufzubauen, das von vielen ange-

führt wird, dann werden wir früher oder später zusehen müssen, wie ein einziger Mensch grenzenlose Macht hat.« Die Sowjets, die die zaristische Tradition der schlechten Regierung einfach übernahmen, konnten in vielerlei Hinsicht auf die russische Geschichte zurückgreifen – vor allem auf die Vaterfigur des Zaren und die patriarchalische Kleinkariertheit, die vom ihm ausging. Unter Nikolaus I. waren alle Werke über Logik und Philosophie verboten. Ein Historiker durfte nicht schreiben, daß römische Kaiser ermordet worden waren. Römische Kaiser konnten nur »umkommen«. Zensoren strichen Ausdrücke wie »die Kräfte der Natur« und »die Majestät der Natur« als mögliche Anspielungen auf den allmächtigen Zaren. Im gleichen Sinne griff Lenin in seinem Buch *Materialismus und Empiriokritizismus* all diejenigen als »reaktionäre Idealisten« an, die versuchten, den dialektischen Materialismus mit neuen revolutionären Begriffen der Physik zu verknüpfen. Lenin schrieb: »Man kann nicht eine einzige grundlegende Annahme, einen einzigen wesentlichen Teil dieser Philosophie von Marx auslassen, ohne dadurch die objektive Wahrheit aufzugeben, ohne dadurch in die Hände bürgerlich-reaktionärer Falschheit zu geraten.« – Und das angesichts des fundamentalen Standpunktes der Physiker, daß es unerläßlich sei, *alle* grundlegenden Annahmen in Frage zu stellen, um die objektive Wahrheit bei der Erforschung der Natur zu erreichen. Bei dieser fundamentalen wissenschaftlichen Vorgehensweise waren und sind die Physiker in ihrem Streben nach Wahrheit gezwungen, die marxistische Dialektik zu übergehen.

Ein derartiger Dogmatismus paßte gut in die Tradition der russischen Intelligenzija. Sogar die Persönlichkeiten in der russischen Geschichte und Literatur, die außerhalb jener Tradition standen, wie Puschkin, lieferten viel

Zündstoff für das Feuer dieses engstirnigen Fanatismus. In seinem Gedicht *Freiheit* prophezeit und ermutigt Puschkin die Liquidierung des Zaren und seiner ganzen Familie:

»Du Autokrat der bösen Tat,
Auf Dich, die Deinen all' mein Haß!
Dein'n Nachwuchs, Haus mitsamt – garaus –
Werf' ich dem Teufel gern' zum Fraß!«

Das Ergebnis der Oktoberrevolution war kein Neubeginn; es war ein Wiederaufleben der alten Triebe, aber verstärkt durch einen neuen Glauben – einen Glauben in Unglauben, eine boshaft umgekehrte Orthodoxie, ein neuer erbarmungsloser »Schuß in den Hinterkopf«, ein neuer Ehrenkodex und eine neue Werteskala, die lautstark verkündet wurden, aber weder erprobt noch durchdacht waren.
Sogar ein neuer Redestil wurde eingeführt. Bogdanow nannte Lenins Stil »Schockbehandlung durch Schlagworte«.
Die Arbeiter fanden sich über Nacht mit der Tatsache konfrontiert, daß ihre neuen Arbeitgeber für immer hinter der Anonymität der Regierung des Staates verborgen waren. Der Dichter Majakowski versuchte später, die Kluft, die sich zwischen Arbeitgeber und Arbeitnehmer aufgetan hatte, zu überbrücken, indem er den Staat als »Genosse Regierung« ansprach. »Genosse Regierung« ist ganz sicher eine pathetische Anrede. Majakowski benützte sie zum letzten Mal in seinem Abschiedsbrief (eines der Motive für Majakowskis Selbstmord war die plötzliche Verweigerung seiner Auslandsreise). Die Umbenennung des Streiks in »Sabotage«, die kurzerhand als Kapitalverbrechen eingestuft wurde, verschaffte Klarheit über die Beziehung zwischen Arbeitnehmer und Arbeitgeber.

Die Abschaffung des Privateigentums machte den Staat zum ausschließlichen Eigentümer aller Dinge, mit der Fähigkeit, alle Staatsgewalt willkürlich und unmittelbar auf die Arbeiter zu richten.
Die Worte Iwans des Schrecklichen hallten noch lauter durch die Korridore der Zeit: »Die Herrscher Rußlands waren nie irgend jemandem Rechenschaft schuldig, sondern konnten ihre Untergebenen nach freiem Willen belohnen oder züchtigen.« Die Kluft zwischen Herren und Untergebenen hatte sich in alarmierender Weise vergrößert; sie wurde zum Abgrund.
Und doch, trotz all der offensichtlichen Probleme und Unstimmigkeiten, sogar trotz des ungeheuren Schreckens dieser Zeit, war sie unmittelbar nach der Revolution eine Zeit der Hoffnung. Es herrschte eine Atmosphäre großer Erwartungen. Außerdem hatten die Bolschewiken außergewöhnliche Versprechungen auf der ganzen Linie gemacht, nach dem Motto Lenins: »Versprecht ihnen alles, wenn es uns nur hilft, an die Macht zu kommen!« Angefangen beim Versprechen der sofortigen und allgemeinen Verbesserung der Lebensmittelversorgung, sobald Rußland sich aus der Allianz und dem Krieg mit Deutschland zurückgezogen habe. Die größte dieser Versprechungen war die der Bodenreform, wobei jedem Bauern ein eigenes, ausreichend großes Grundstück zugesagt wurde. Am 15. November 1917 erließ das Allrussische Zentrale Exekutivkomitee der Sowjets (das den Bolschewiken unterstand) eine »Menschenrechtserklärung für die Völker Rußlands«, die ethnische Gleichheit und das Recht auf Selbstbestimmung, einschließlich »völliger Separation und Gründung eines unabhängigen Staates«, versprach. Dieser Erlaß beschleunigte die Auflösung des Russischen Reiches. Er war den Roten im Bürgerkrieg sehr dienlich, da er die Versuche der weißen Kommandeure, die Natio-

nalitäten wieder unter der Fahne Rußlands zu vereinen, vereitelte. Als General Denikin in seinem Feldzug zur Befreiung Moskaus aus dem Süden kam, konnte er die für ihn entscheidende Unterstützung der nach Unabhängigkeit strebenden Ukrainer nicht gewinnen, weil er sie im Namen ganz Rußlands um Hilfe ersuchte. Dies war das größte und dauerhafteste Versprechen der Bolschewiken; das Recht auf Sezession besteht immer noch; es hat allen folgenden Revisionen standgehalten und ist somit immer noch in der sowjetischen Verfassung verankert. Für die russische Redensart »Wir haben zwar eine Verfassung, aber sie wird nie beachtet« gibt es zumindest eine Ausnahme: Finnland, das seit 1808 zu Rußland gehört hatte, durfte sich 1917, zu Beginn der bolschewistischen Herrschaft, lösen und sich als unabhängiger Staat konstituieren. Das hinterließ damals einen mächtigen Eindruck; es ließ die sowjetischen Versprechungen glaubwürdig erscheinen.

In einem Leitartikel der »Prawda« vom 18. November ermahnte Lenin die russischen Arbeiter, »strenge Kontrolle über die Produktion zu üben« und »jeden, der es wagt, der Sache des Volkes zu schaden, festzunehmen und vor den Revolutionsrichter zu bringen«. Am 5. Dezember schaffte ein bolschewistisches Edikt das alte Rechtssystem, die Gerichte, Untersuchungsrichter, Staatsanwälte, Geschworenen und Anwaltsverbände ab. Neue Richter mußten von den Sowjets und vom Volk gewählt werden. Der Erlaß sah auch vor, daß »Revolutionsgerichte« eingesetzt werden sollten, die für die gerichtliche Verfolgung von »Konterrevolution, Sabotage, Spekulation und Kriminalität« zuständig waren. Um vollständig aufzuräumen, wurde auch noch die *ganze* Gesetzgebung abgeschafft. Da es einige Zeit in Anspruch nahm, bis neue Gesetze verabschiedet werden konnten (am 1. November

1918), waren die Behörden bei der Ahndung aktiver Opposition gezwungen, auf so umfassende Verallgemeinerungen wie »Konterrevolution, Sabotage, Spekulation und Kriminalität« zurückzugreifen. So wurde der vielleicht folgenschwerste Schritt in der nachrevolutionären Geschichte Rußlands ohne die Billigung der Legislative unternommen. Er stand Modell für viele moderne Polizeistaaten und bestand in der Einrichtung der Allrussischen Außerordentlichen Kommission zum Kampf gegen Konterrevolution und Sabotage (Tschreswytschajnaja Komissija po Borbe s Kontrrevoljuziej i Sabotaschem). Diese Organisation wurde bald unter der Abkürzung »Tscheka« berühmt und berüchtigt. Sie war die zentrale Behörde der Revolution für die Aufstellung und Beaufsichtigung regionaler Geheimpolizeiorganisationen. Es war ein »Ausnahmegericht, das sein eigenes Verwaltungsrecht willkürlich festlegte und veränderte«, ganz nach Art der Heiligen Inquisition. Der erste Vorsitzende der Tscheka, Felix Dserschinski, faßte die Situation, so wie die Bolschewiken sie sahen, exakt zusammen: »Zur Zeit brauchen wir kein Rechtswesen«, erklärte er, »für uns geht es jetzt um Leben und Tod.« Dies war die erste Ausrufung des permanenten politischen Ausnahmezustandes, die in den nächsten vierzig Jahren regelmäßig wiederholt wurde, bis der Begriff in der Zeit der Entspannung in »ideologischer Ausnahmezustand« umbenannt wurde. Es wurde ein Zustand von akuter revolutionärer Dringlichkeit simuliert und zur gesetzlichen Grundlage der sowjetischen Gesellschaft gemacht.
Am 25. Dezember verhaftete das Revolutionskomitee der Stadt Samara (das heutige Kujbyschew) neunzehn »Kapitalisten« und ließ sie gegen Zahlung sogenannter »Zwangskredite« wieder frei – eine Praktik, die im Folgejahr gang und gäbe wurde, und zwar unter dem Wahlspruch, der im Dezember 1917 von Bolschewiken geprägt

wurde: »Grab nagrablennoje!« (»Beraubt die Räuber!« – Wörtlich: »Plündert, was geplündert wurde!«) Am 27. Dezember wurden alle Privatbanken verstaatlicht und zu Filialen der sowjetischen Zentralbank gemacht. Privatvermögen wurde konfisziert. Inhaber von Schließfächern mußten den neuen Behörden den darin verwahrten Besitz mitteilen. Eine von den Buchhaltern und Buchhalterinnen, die von den Revolutionären für die anspruchsvolle Aufgabe ernannt wurden, die Juwelen des Kreml für den Verkauf auf dem internationalen Markt auszusortieren und wertmäßig zu schätzen, war Tatjana Bonner, eine geborene Rubinstein aus Nikolajew, einem Dorf in Sibirien, das während des Krimkrieges vom Zar ausdrücklich für die Unterbringung von politischen Verbannten gegründet worden war. Tatjana Bonner war Witwe. Ihr Mann Josef Aramowitsch Bonner, der aus demselben Ort kam, hatte 1906 Selbstmord begangen, ein Jahr nach der mißlungenen kommunistischen Revolution. Tatjana war, wie auch ihr Mann, ein Enkelkind eines der unfreiwilligen Gründer von Nikolajew. Durch die Gründung abgelegener, offizieller Exildörfer für Revolutionäre hatte der unkluge Zar den revolutionären Geist unabsichtlich als Familientradition gefördert. Wenn ein politischer Gefangener noch kein Revolutionär war, bevor er nach Nikolajew (oder in ein ähnliches Dorf) kam, wurde er es sehr bald nach seiner Ankunft. Und wenn nicht er selbst, dann doch zumindest seine Kinder.
Dann war da noch der »beginnende« Bürgerkrieg, wie es die Chronisten nennen. Eigentlich war der Bürgerkrieg in Rußland Bestandteil der Revolution selbst. Die Revolution kämpfte sich sozusagen selbst aus. Sie war erst erfolgreich, als der Bürgerkrieg vorüber war. Auf der Seite der »Weißen« gab es trotz einiger fähiger Kommandeure niemanden, den man mit dem Genie Lenins oder Trotzkis ver-

gleichen könnte. Das zeitweilige, dürftige Eingreifen der Alliierten auf der Seite der Weißen richtete mehr Schaden als Nutzen an. Aufgrund der tiefen, angeborenen Verärgerung der Russen (in Unterscheidung zu den Ukrainern und anderen betroffenen Nationalitäten) über die Einmischung des Auslandes, half die Anwesenheit britischer, französischer und amerikanischer Truppen auf russischem Gebiet, die Errungenschaften der Revolution zu konsolidieren. Auf eigenartige und doch logische Weise diente in der damaligen Extremsituation gerade die Grausamkeit der Revolution in diesem berauschenden Moment und noch lange Zeit danach als eine Art Garantie dafür, daß der alte Absolutismus für immer vernichtet war und es nach einer derartigen Apokalypse keine Rückkehr gab – und daß die Zukunft, wie sie auch aussehen mochte, anders und somit zwangsläufig besser sein würde.

Das Jahr 1918 war in vielerlei Hinsicht der Wendepunkt im Verlauf der Oktoberrevolution. Es war das Jahr, in dem einige größere Probleme nicht unbedingt gelöst wurden, aber sich auflösten – so oder so. Andererseits wurden einige Maßnahmen getroffen, die sich, wie provisorisch sie auch gedacht waren, als dauerhaft herausstellten. Am 1. Februar wurde der Julianische Kalender offiziell abgeschafft und durch den Gregorianischen Kalender ersetzt, wie es in Westeuropa schon sei 1582 der Fall war. Einen Tag später wurde in einem Erlaß der Regierung die Trennung von Kirche und Staat verkündet. In aller Feierlichkeit wurde die Religionsfreiheit proklamiert, während gleichzeitig jeder Religionsunterricht, ob öffentlich oder privat, verboten wurde. Selbstverständlich wurde allen Kirchen und religiösen Verbänden das Recht auf Eigentum abgesprochen, und ihr Besitz wurde konfisziert. Mitte Februar starteten die Deutschen eine größere Offensive, die die russische Front an vielen Orten durchbrach, aber besonders im Süden in Richtung Kaukasus und im Norden, wodurch Petrograd bedroht war. Da die Organisation der russischen Streitkräfte völlig außer Kontrolle geraten war, stimmten Lenin und der »Sownarkom« (Rat der Volkskommissare) überein, einen Friedensvertrag mit Deutschland zu schließen. Es war der Vertrag von Brest-Litowsk, der den Sieg des Kaiserreiches Deutschland an der Ostfront besiegelte. Dadurch erhielt Deutschland Polen, Litauen und einen Teil Weißrußlands. Des weiteren waren die Russen gezwungen, die Unabhängigkeit der Ukraine, Finnlands, Lettlands und Estlands anzuerkennen, während Kars und Batum (das heutige Batumi) an die Türkei abgetreten wurden. Der deutsche Sieg im Osten im Ersten Weltkrieg war in vieler Hinsicht verhängnisvoll. Das Ereignis selbst hatte katastrophale Konsequenzen, und es setzte sowohl für die Deutschen als auch für die Russen ein unheilvolles Beispiel. Bei den Deutschen hinterließ es den Eindruck, daß Rußland auf militärischer Ebene relativ leicht besiegt werden konnte. Die deutschen Feldzüge an der Ostfront wurden – im Gegensatz zu denen im Westen – von einer Reihe von spektakulären militärischen Siegen gekrönt. Und die Deutschen blieben von diesen Siegen berauscht. Die Russen andererseits, die schon immer von der disziplinierten Macht und der hohen Leistungsfähigkeit der Deutschen beeindruckt gewesen waren, waren es jetzt mehr als je zuvor. Lenin, der von den Wundern, die die deutsche Wirtschaft während des Krieges vollbrachte, überwältigt war, nahm sie als Modell für die sowjetische Wirtschaft; sie wurde für die nächsten siebzig Jahre praktisch unverändert übernommen. Das wirkte sich nachteilig auf das sowjetische Gemeinwohl im allgemeinen aus und führte schließlich zum Bankrott des sowjetischen Staates. Kurzfristig gesehen brachte der deutsche Sieg eine anarchische und ungewöhnliche Situation mit sich, einen Frieden, den die Westalliierten, die immer noch mit dem Deutschen Reich im Kriegszustand und mit Rußland alliiert waren, nicht anerkennen konnten. So schickten die Franzosen und die Briten zwei Tage nach der Unterzeichnung des Vertrages von Brest-Litowsk Truppen nach Murmansk, um Stützpunkte der Alliierten in Nordrußland zu schützen. Das war der Beginn der »Einmischung des Auslandes« während des Bürgerkriegs in der Sowjetunion.

Die Anwesenheit alliierter Truppen auf sowjetischem Boden ermutigte die Weißen in dem Hin und Her der Kämpfe, die in Rußland und Sibirien wüteten (die Japaner landeten am 5. April in Wladiwostok und zeigten deutlich, daß sie nicht nur zu Besuch kamen). Als mehrere Großstädte, wie Kasan und Omsk, in antibolschewistischen Händen waren und verschiedene andere Schlüsselpositionen mehr oder weniger direkt von den Weißen bedroht waren, beschloß die sowjetische Regierung, schnell etwas zu unternehmen und vollendete Tatsachen zu schaffen. Aus diesem Grunde und auf Anweisung aus Moskau reiste ein Tscheka-Kommando, verstärkt durch lettische Garden, nach Jekaterinburg, wo der Zar und seine Familie gefangengehalten wurden. Das Kommando betrat die Villa, wo sich die Zarenfamilie aufhielt, und erschoß den Zaren, die Zariza, den Zarewitsch und alle vier Zarewnas. Auch der Arzt sowie die Bediensteten der Zarenfamilie wurden erschossen. Die Leichen wurden zerstückelt und in einen nahegelegenen Minenschacht geworfen. Dann wurde Kalk über die Überreste geschüttet. Diese Extremmaßnahmen wurden getroffen, um der Befreiung des Zaren und seiner Familie durch die nahenden weißen Truppen zuvorzukommen, die Jekaterinburg nur acht Tage nach dem Massaker erreichten. Es gibt eine Menge

Zeugen dafür, und es besteht kein Zweifel, daß der Zar, seine Frau und alle seine Kinder durch diesen Einsatz umkamen. Die endgültige Auslöschung der gesamten Zarenfamilie war Zweck der Übung. Die sogenannte »Anastasia-Affäre« wurde am 7. März 1967 abgeschlossen, als ein Hamburger Berufungsgericht Anna Andersons Behauptung, sie sei die Tochter des letzten Zaren, zurückwies. Es gibt eine einfache Erklärung für die Entstehung des Mythos von Anastasias wunderbarem Überleben. Der Name Anastasia kommt vom griechischen Wort »anastasis«, das »Wiederauferstehung« bedeutet. Nur diejenigen Angehörigen der Zarenfamilie, die es schafften, ins Ausland zu flüchten, entkamen den Fängen der Tscheka. Das Jekaterinburg-Massaker fand Mitte Juli statt.

Im März desselben Jahres löste Moskau Petrograd aufgrund eines Regierungserlasses als Hauptstadt ab. Lenin und Trotzki zogen in den Kreml, während Felix Dserschinski und seine Tscheka das nahegelegene Gebäude einer Versicherungsgesellschaft in der zentralen Lubjanka-Gegend requirierten; deshalb wurde die Zentrale der Geheimpolizei als »Lubjanka« bekannt. Bevor der deutsche Vormarsch durch den Vertrag von Brest-Litowsk gestoppt wurde, führte die sowjetische Regierung die Todesstrafe wieder ein – unter dem Vorwand, es drohe Gefahr für das »sozialistische Vaterland«. Dserschinski und seine Tscheka hatten in verschiedenen Städten auf Anordnung Lenins »Sonderkommissionen« eingerichtet und bildeten »reisende« Gerichte oder »Troikas« (sie bestanden aus drei Tscheka-Agenten), die Schnellverfahren verhandelten – Hinrichtungen von »Plünderern, Rowdies, konterrevolutionären Agitatoren und deutschen Spionen« wurden auf der Stelle ausgeführt. Am nächsten Tag, am 22. Februar, wurden zwei neue Kategorien in die Liste aufgenommen: »Saboteure und andere Parasiten«. Das Wort

»andere« ist hier sehr aufschlußreich. Vor allem die Gleichstellung von Parasiten mit Saboteuren im allgemeinen. Das war der reinste Klassenkampf. Das nationalsozialistische Regime Deutschlands studierte und übernahm später die »Ad hoc«-Gerichte der Tscheka. Während der letzten Monate der deutschen Besetzung Frankreichs im Jahre 1944 verabschiedete die Regierung von Vichy ein Gesetz, aufgrund dessen Kriegsgerichte geschaffen wurden, die aus drei nicht verbeamteten Richtern bestanden. Ihre Namen wurden nicht preisgegeben, und sie verhandelten unter Ausschluß der Öffentlichkeit direkt im Gefängnishof, wo die Todesurteile, die »zwangsläufig« ausgesprochen wurden, umgehend vollstreckt wurden. Diese Regelung war so fadenscheinig wie das Tscheka-Vorbild, denn es waren weder ein Staatsanwalt noch ein Rechtsanwalt beteiligt. Die reisenden Gerichte in Frankreich waren mit Milizsoldaten besetzt, die fast alle nach dem Krieg einer Entlarvung und Bestrafung entgingen. Diese Gerichte wurden auf massiven Druck der Deutschen als Mittel zur Unterdrückung der Aktivitäten der Widerstandsbewegung geschaffen. Weder die Deutschen noch die französischen Günstlinge übernahmen jedoch die sowjctische Methode der Hinrichtung durch einen Schuß in den Hinterkopf des Verurteilten. Die Sowjets bevorzugten diese Methode, weil die Kugel, die vorne wieder aus dem Kopf herauskam, das Gesicht zerstörte und damit eine Identifizierung unmöglich machte. Am 3. April erließ der Sownarkom eine Anordnung an alle Zeitungen, ihre Titelseiten für Regierungserlasse und Beschlüsse der örtlichen Sowjets zu reservieren. Diese Verfügung, die immer noch in Kraft ist, trug viel dazu bei, daß die sowjetische Presse zu dem wurde, was sie bis vor kurzem war – uninteressant, ja eintönig.

Am selben Tag gab die Moskauer Tscheka ein Rundschreiben heraus, in dem sie die Bevölkerung aufforderte, »Feinde des Volkes« zu denunzieren. Dies war der erste einer Reihe von Aufrufen zu persönlicher, anonymer Denunziation. Am 22. April entwarf Trotzki, der inzwischen Kriegskommissar geworden war, eine neue und entscheidende Politik für die Rote Armee. Zusätzlich zur Wiederherstellung strenger Disziplin und der Anerkennung der Machtstellung des Militärs sah die neue Strategie die systematische Einberufung ehemaliger Offiziere des Zaren als »militärische Techniker« vor. Außerdem sollten politische Kommissare, die ausdrücklich für diesen Zweck eingesetzt wurden, jene Offiziere überwachen. Die zaristischen Offiziere, von denen einige den Rang des Generals beibehielten oder später erhielten, gibt es schon lange nicht mehr; den politischen Kommissaren, die jetzt als »Politruki« (politische Führer) bekannt sind, wurde schon bald eine umfassendere Funktion zugeteilt, nämlich die Überwachung und Schulung der Streitkräfte im allgemeinen – einschließlich der Handelsflotte – bis zur untersten Einheit. Das war der Anfang der institutionellen Infiltration der sowjetischen Streitkräfte durch das KGB. Eines der kuriosesten Vorkommnisse des Bürgerkrieges bestand darin, daß die tschechoslowakische Division, die nach der Revolution im Februar 1917 von Tomás Masaryk aus Gefangenen und Deserteuren der österreichisch-ungarischen Armee gebildet wurde, auf ihrer ganzen Marschroute vom Ural nach Sibirien (auf ihrem Weg zum Pazifik, wo sie sich mit der Absicht, in das französische Militär einzutreten, einschiffen wollte) auf Truppen der Roten Armee stieß. Die Tschechen und Slowaken, die viel disziplinierter waren als alles, was die Russen dort gegen sie auffahren konnten, besetzten schon bald einige Städte in Sibirien, im Ural und in der mittleren Wolgaregion. Im Zuge dieses eigenartigen Feldzuges wurden in mehreren

Städten antibolschewistische Regierungen gebildet (z. B. in Samara), während in anderen (z. B. in Omsk) die örtlichen Sowjets vor der Ankunft der tschechoslowakischen Legion gestürzt wurden. Das war eine groteske Entwicklung der Dinge, eine Anabasis des 20. Jahrhunderts, deren einziges Ziel es war, zum Meer zu gelangen. Unter Trotzkis neuer, vernünftiger Militärpolitik besiegte die russische Fünfte Armee einige Trupps der tschechoslowakischen Division und eroberte Kasan zurück. Dies war, Mitte September, der Wendepunkt des Bürgerkriegs. Bis Ende November hatte Trotzki die Disziplin in der Roten Armee noch mehr verschärft. Die Kommandeure hatten Befehl, alle Deserteure zu erschießen und die Häuser all derer, die Deserteure versteckt hielten, anzuzünden. Trotzki erstellte einen Katalog von Maßnahmen gegen Fahnenflucht. Sperrfeuerkommandos wurden für den ausschließlichen Zweck organisiert, Deserteure zu umzingeln oder ihnen den Weg abzuschneiden. Solche Operationen hingen von der massiven Beteiligung der Tscheka-Truppen ab, für die diese »Unterstützungsmaßnahmen« zur Routine wurden. Im Zweiten Weltkrieg ließ Stalin den Botschafter Averill Harriman wissen, daß im sowjetischen System der Versuch zu desertieren eines weitaus größeren Mutes bedurfte als gegen den Feind in den Kampf zu ziehen. Stalins »Geheimarmee«, das NKWD (jetzt das MWD und das KGB), mit vielleicht einer Million bewaffneter Mitglieder exekutierte und deportierte mehrere Millionen sowjetischer Bürger oder beseitigte sie auf andere Weise, anstatt sich den in das Land einfallenden Deutschen im Zweiten Weltkrieg entgegenzustellen.

1918 wurde die Lebensmittelrationierung eingeführt – in vier Kategorien und mit abfallender Tendenz – für Arbeiter, Angehörige der Roten Armee, freie Berufe und schließlich für »nicht arbeitende Elemente« der Bevölkerung, die am Ende der Liste standen. Am 5. September, unmittelbar nach der Bekanntgabe eines Erlasses des Justizkommissariats, der die Taktik des »Roten Terrors« unterstützte, wurden der Tscheka Ermessensbefugnisse zugestanden, zum Beispiel auch die Befugnis, Todesurteile auszusprechen und zu vollstrecken. Ende Oktober wurde der »Kommunistische Jugendverband« – kurz »Komsomol« – gegründet. Am 8. März desselben Jahres hatte die Partei beschlossen, die Betitelung »sozialdemokratisch« durch »kommunistisch« zu ersetzen; seitdem war sie unter dem Namen »Kommunistische Partei der Sowjetunion« bekannt.

In der Zwischenzeit verstaatlichten die Sowjets unter der unermüdlichen Führung Lenins alles. Sie schafften alle Steuern, Wasser- und Elektrizitätsgebühren, Mieten für Häuser und Wohnungen sowie das Beförderungsentgelt für öffentliche Verkehrsmittel ab – alles war kostenlos. Natürlich führte diese Politik innerhalb kurzer Zeit zu einem kolossalen Haushaltsdefizit des Staates und damit zur galoppierenden Inflation. Diese Entwicklung wiederum veranlaßte Lenin, das Geld ganz abzuschaffen; offenbar nahm er an – wie Marx verheißen hatte –, daß es, wenn es kein Geld gebe, es auch kein Defizit geben könne.

Als der Erste Weltkrieg mit einem Waffenstillstand endete, der am 11. November in Compiègne unterzeichnet wurde, verlor die sowjetische Regierung keine Zeit, den Vertrag von Brest-Litowsk als »untragbar« zu kritisieren. Gleichzeitig taten die Sowjets ihr Bestes, um zur Revolution in Deutschland und Österreich-Ungarn, denen dieselbe Niederlage wie dem Zarenrußland drohte, zu ermutigen und anzustiften. In Berlin, Hamburg, München, Leipzig und Dresden wurden »Sowjets« nach dem Vorbild der ursprünglichen »Sowjets« in Rußland gebildet – aus plündernden Soldaten und Matrosen, intellektuellen Re-

bellen, Romantikern und Träumern – unter ihnen befanden sich eine Reihe anerkannter Dichter. Aber die allgemeine Situation war keinesfalls mit der Lage in Rußland zu vergleichen. Es stimmt, daß Béla Kun in Ungarn eine »sowjetische Republik« ausrief und es schaffte, sich ein paar Monate in Budapest zu behaupten, bevor er von ungarischen Truppen unter der regulären Führung hinweggefegt wurde. »Die Räterepublik Bayerns«, die ihre Zentrale in München hatte und aus irregulären Truppen und politischen Phantasten bestand, war von noch kürzerer Dauer. Die »deutsche Revolution« und die Kopien in den Nachbarländern waren der sprichwörtliche »Tanz der politischen Mäuse, als die Katzen außer Haus waren«. Als die »Katzen« relativ gut organisiert an der Spitze ihrer Truppen zurückkehrten, war der Tanz vorbei.
Noch vor Ende des Jahres 1918 schickte die sowjetische Regierung, die den Westalliierten bereits mehrere Friedensangebote gemacht hatte, eine Note an Präsident Wilson in Washington. Darin bat sie Wilson, durch seine Vermittlung der ausländischen Intervention in Rußland ein Ende zu setzen; andernfalls, das heißt, wenn die Einmischung kein Ende nehme, könne sie sehr leicht zur »totalen Ausrottung der russischen Bourgeoisie durch die verzweifelten Massen« führen. Auch diese Unart, die ganze Klasse, die Bourgeoisie, als Geisel für das von der sowjetischen Regierung geforderte Verhalten der Alliierten zu benutzen, sollte als Modell für künftige Verhandlungen der Sowjetunion mit dem Westen dienen. Doch die Note war in einem Ton abgefaßt, der versöhnlich genug klang, um die Zustimmung von Woodrow Wilson und Lloyd George zu finden. Premierminister Georges Clemenceau und Präsident Raymond Poincaré jedoch weigerten sich generell, Verhandlungen mit den Bolschewiken aufzunehmen. Und dabei blieb es dann auch.

Bis Ende des Jahres 1920 hatten die Sowjets das Problem der ausländischen Intervention selbst gelöst. Die letzten britischen und französischen Truppen wurden nach der Niederlage General Denikins im Kaukasus abgezogen (Denikin wurde durch seinen stellvertretenden Kommandeur Baron Wrangel ersetzt). Kurz zuvor war eine ernstere Bedrohung der sowjetischen Macht abgewehrt worden, als Admiral Koltschak, der, von Sibirien kommend, gefährlich weit in rotes Gebiet vorgedrungen war, besiegt und hingerichtet wurde. Dennoch waren die Sowjets immer noch weit von einer Festigung ihrer Position entfernt. Ganz im Gegenteil, die fast übermenschlichen Anstrengungen seitens der Roten bei der Fortsetzung des Krieges, in Verbindung mit ihren außergewöhnlichen Ansprüchen an das Volk, die sie in ihrer Besessenheit mit extremer Härte durchzusetzen suchten, führten zu einer Situation, die für das gesamte Land ganz offensichtlich unerträglich war. Die Bauern hatten kein Interesse mehr daran, ihre Felder zu bewirtschaften – wozu auch? Sie waren gezwungen, alles, was sie produzierten (sogar das, was sie für ihr eigenes Überleben benötigten), abzuliefern, und sie bekamen nichts dafür. Je härter ein Bauer arbeitete, um so härter wurde er mit »Steuern in Naturalien« bestraft. Dies mußte zwangsläufig zur Katastrophe führen. Manchmal banden russische Bauern Steuereinnehmer zwischen zwei Bretter – wie ein Menschensandwich – und sägten sie in Stücke. Dann wieder schickten sie die Hoden eines neuen Vorstehers mit der Aufschrift »Eier« und somit als Teil der »Steuern« an das Landwirtschaftsministerium. Das Resultat war ein völliger Zusammenbruch der Wirtschaft sowie eine weitverbreitete Hungersnot. Nichts funktionierte, und Zehntausende verhungerten. Auf dem Land gab es überall spontane Revolten. Die Situation drohte völlig außer Kontrolle zu geraten.

Die galoppierende Inflation beschleunigte diese Entwicklung noch. Die Sowjets versuchten, das Geld wieder einzuführen, um Ordnung in die Wirtschaft zu bringen. Auf dem Schwarzmarkt war der zaristische Goldrubel im Jahre 1922, als die Behörden die Institution der Staatsbank wieder einführten, zweihunderttausend sowjetische Papierrubel wert. Krestinski, der Finanzkommissar, schätzte das Geldvolumen auf zehn Billionen Papierrubel. Damals wurde jeder neu gedruckte Rubelschein mit einem Nennwert ausgegeben, der zehntausendmal höher war als der seines Vorgängers. Erst als der Goldrubel wieder eingeführt wurde, konnten erträgliche Bedingungen in der Finanzwelt geschaffen werden.

Die Krise gipfelte in der Revolte der Marinegarnison (Matrosenaufstand) im Hafen von Kronstadt an der Newa-Mündung. Das war ein großer Schock für die Revolutionäre; die Garnison in Kronstadt war der Stolz der Revolution gewesen, da diese Matrosen eine Schlüsselrolle in der Anfangsphase des Oktobercoups gespielt hatten. Der Aufstand in Kronstadt wurde mit der für die Bolschewiken typischen, extremen Grausamkeit blutig beendet. Aber sogar die fanatischsten unter den Berufsrevolutionären merkten, daß mehr getan werden mußte – etwas Grundlegendes. Man brauchte einfach eine neue Politik – soviel war klar. Lenin, der trotz seiner ideologischen Sichtweise viel Gefühl bei der Einschätzung der Realität bewies, erkannte, daß eine (zumindest teilweise) Rückkehr zum Kapitalismus unter diesen Umständen unvermeidbar war. Aber er traf auf so starken Widerstand seitens der eingefleischten Funktionäre (die deutlich sahen, daß mit der Wiedereinführung des kapitalistischen Wirtschaftssystems der Ast abgesägt würde, auf dem sie saßen), daß er zu einem Kompromiß gezwungen war: Mittels eines Erlasses wurden alle Parteien und Gruppen mit Ausnahme der bolschewistischen Partei verboten. Das war ein horrender Preis für den »einstimmigen« Beschluß zugunsten der »Neuen Ökonomischen Politik«, der auf dem Zehnten Parteitag 1921 gefaßt wurde. Was noch schlimmer war als diese Proklamation eines Einparteienstaates, war das zusätzliche Verbot von Fraktionen oder Interessengruppen. Dieses Verbot bedeutete das Aus für innerparteiliche Demokratie, denn es stand für »Kadavergehorsam«. Der Kommissar für Erziehung und Aufklärung bemerkte einmal, als ein britischer Journalist beklagte, die Sowjetunion habe kein »habeas corpus«: »Nein, aber wir haben habeas cadaver!« Das Kind wurde mit dem Bade ausgeschüttet. Aber nicht nur das: Der Zehnte Parteitag mit seinem »habeas cadaver« war ein Sprungbrett für die Machtergreifung Josef Wissarionowitsch Dschugaschwilis, genannt Stalin.

Lenin war ganz ehrlich: »An der Wirtschaftsfront haben wir im Frühjahr 1921 bei unserem Versuch, den Übergang zum Kommunismus zu erreichen, eine Niederlage erlitten, die ernster war als jede Niederlage, die wir im Kampf gegen Koltschak, Denikin oder Pilsudski einstecken mußten.«

Die »Neue Ökonomische Politik« stellte sich als das schwierigste Wunder Lenins heraus. Denn mit der Wiederherstellung einer Form des Kapitalismus und der weitgehenden Öffnung der Wirtschaft für den Markt bestätigte Lenin die Argumente der Opposition innerhalb der Partei – der »Rechten« (Menschewiken, Sozialdemokraten und Kadetten) und verwirrte, erschreckte und verärgerte die Getreuen der Partei, seine ergebensten und treusten Anhänger. Die gesetzlich vorgeschriebene »Einstimmigkeit« bei der Verabschiedung des Beschlusses erreichte er nur nach wiederholten Drohungen, diejenigen, die dagegen stimmten, aus der Partei auszuschließen. Die Rechnung seitens der Parteigetreuen für ihren extremen Gehorsam kam prompt – in Form des Erlasses, der praktisch den Einparteienstaat ausrief; dieser Schritt war nicht weniger schicksalhaft in seinen Konsequenzen als die Verabschiedung des Ermächtigungsgesetzes im nationalsozialistischen Deutschland zwölf Jahre später. Aber das Schlimmste an der Kombination der zwei Erlasse – der »Neuen Ökonomischen Politik« und der Abschaffung einer legalen Opposition – war, daß dadurch eine paradoxe Situation geschaffen wurde: Es war eine Kombination wie Feuer und Wasser – der Erfolg des einen bedeutete das Ende des anderen. Wie sich herausstellte, war die »Neue Ökonomische Politik« ein recht großer, nach Ansicht vieler sogar ein spektakulärer Erfolg. Innerhalb eines Jahres gab es Waren in den Regalen der Geschäfte, die Bauern produzierten Obst und Gemüse und verkauften es auf dem freien Markt für bares Geld, und innerhalb von drei Jahren erreichte die aufblühende Industrie Rußlands ein Bruttosozialprodukt, das so hoch war wie vor dem Krieg. Außerdem brachte die »Neue Ökonomische Politik« die Entfaltung der Geistes- und Naturwissenschaften mit sich.

Aber je besser, um so schlechter. Gerade die Tatsache, daß russische Geschäftsleute etwas erfolgreicher waren, daß Spekulanten wohlhabend wurden, daß private Bauern gleichsam ein Monopol der Lebensmittelproduktion genossen, war äußerst abstoßend (sie wurden sogar öffentlich von Nikolaj Bucharin, einem führenden Mitglied des Politbüros, ermuntert, »sich zu bereichern«). Der harte Kern der Partei, die Kader der Berufsrevolutionäre (Stalin: »Die Kader entscheiden alles.«), fragten sich: »Ist es das, wofür wir kämpften und wofür wir uns opferten?«

Zwei würdevolle Häuser

Das Jahr 1921, das Geburtsjahr Andrej Sacharows, kennzeichnete das Ende der Revolution in dem Sinne, daß bis dahin bewaffnete Feindlichkeiten größeren Ausmaßes der Vergangenheit angehörten. Es war somit ein Jahr der Wende, eine Atempause zur Einschätzung der Lage und zur Orientierung. Das Problem war, am Ende der Revolution stand ein Fragezeichen. Die Revolution war ein Erfolg, aber der Erfolg war mit einem extremen »Wucherpreis« erkauft. Das Land, seine Geschichte, seine Tradition, seine Werte, seine Kultur und vor allem seine Wirtschaft lagen in Trümmern.

Der Vergleich, der sich aufdrängt, ist der zwischen der Französischen und der Oktober-Revolution.

Die Französische Revolution war das einzige Vorbild, das die Sowjets hatten. All ihre Revolutionsführer hatten sich mehr oder weniger eingehend mit ihr beschäftigt und benutzten sogar das Vokabular der Französischen Revolution, um Ereignisse ihrer eigenen Revolution zu umschreiben. Es gab in der Tat einige auffällige Ähnlichkeiten. Zar Nikolaus II. konnte durchaus als Double für Ludwig XVI. gelten; ebenso wie seine deutsche Frau Alexandra Feodorowna vergleichbar mit der österreichischen Marie Antoinette war. Der »große Unbestechliche«, der fanatische und grausame Robespierre, hatte eine große, aber keinesfalls vollkommene Ähnlichkeit mit Lenin (von dem Gorki einst sagte: »Er wollte nichts für sich persönlich.«); der beredte Danton, der Organisator des bewaffneten Aufstands, paßte gut zur Figur Trotzkis, während Marat dem

gnadenlosen und hysterischen Dserschinski sehr ähnelte. Sogar die politischen Parteien, die in die zwei Revolutionen verwickelt waren, wiesen Ähnlichkeiten auf. Die Girondisten entsprachen in etwa den georgischen Separatisten, Mirabeaus Reformisten waren mit den Kadetten zu vergleichen, und die Jakobiner dienten offenbar den Bolschewiken als Vorbild. »In jeder Revolution läuft anscheinend ein verrückter Polizist wie Fouché herum.« Das war Admiral von Friedeburgs Erklärung des Phänomens Heinrich Himmler, die er bei der deutschen Kapitulation in Reims im Jahre 1945 abgab. In der Sowjetunion haben sich mehrere »verrückte Polizisten« abgelöst. Die Frage war damals, ob die Oktoberrevolution denselben Kurs einschlagen würde wie die Französische Revolution. Die Oktoberrevolution hatte die Phase des »Thermidor« der Französischen Revolution erreicht; das war die Bezeichnung für die Phase nach dem elften Monat (19. Juli bis 17. August) des Kalenders der Französischen Revolution, als Robespierre gestürzt und dem Terror ein Ende bereitet wurde. Würde die Oktoberrevolution auch ihren Thermidor haben? War die »Neue Ökonomische Politik« der russische Thermidor? Wäre dies der Fall, so würde dieser Thermidor einige Zeit andauern; vielleicht würde er sich sogar als ständige Regelung durchsetzen.
Die Unterschiede waren jedoch wichtiger als diese auffälligen Ähnlichkeiten. Vor allem sollte der Vergleich eigentlich zwischen der Französischen Revolution und der Februarrevolution, nicht der Oktoberrevolution, in Rußland gezogen werden. Die Französische Revolution war den nationalen Bedürfnissen angepaßt, wie es auch in der Februarrevolution beabsichtigt war. Sie hatte begrenzte Zielsetzungen, von denen die meisten, vielleicht sogar alle, in einem gewöhnlichen Rahmen zu verwirklichen waren. Die Oktoberrevolution andererseits betrachtete

sich als den Beginn und das Modell für eine Weltrevolution. Sie war apokalyptisch in ihrem Wesen – eine Tatsache, die ihr eine außergewöhnliche Antriebskraft verlieh, die ihr aber quasi per Definition jede Möglichkeit versagte, ihre übernatürlichen, utopischen Ziele zu erreichen. Die Ziele der Oktoberrevolution lagen außerhalb der Reichweite der Realität – sie waren zu weitreichend. Wie der deutsche Dichter Hölderlin sang:

> »In seinem Begehren aus dem Staat ein Paradies zu schaffen, schuf der Mensch die reinste Hölle!«

Die Oktoberrevolution wäre wahrscheinlich ohne ihre politisch-philosophische Grundlage nicht erfolgreich gewesen. Dies kommt wohl am besten in den folgenden zwei Zitaten zum Ausdruck. Das eine ist von Friedrich Engels, das andere von Nikolaj Berdjajew. Engels schrieb Mitte des 19. Jahrhunderts: »Der Kommunismus ist die natürliche Frucht der deutschen Philosophiekultur.«
Berdjajew schrieb etwa siebzig Jahre später: »Die gesamte Geschichte der russischen Intelligenzija war eine Vorbereitung auf den Kommunismus.«
Damit war er größtenteils das Werk zweier Männer, das von Marx im ersten Fall und das von Lenin im zweiten Fall.
Lenins Kollege Axelrode schrieb über ihn: »Niemand sonst ist vierundzwanzig Stunden am Tag so in die Idee der Revolution vertieft, niemanden sonst beschäftigt ausschließlich der Gedanke an die Revolution, und niemand sonst träumt nur von der Revolution, sogar wenn er schläft.«
In Zusammenhang mit der linearen Entwicklung *von Gott zum Kommunismus* könnte man viele berühmte Namen – intellektuelle und geistliche Größen – nennen: Luther, Galileo, Descartes, Rousseau, Newton, Locke, Kant,

Hegel, Feuerbach, Marx und Lenin. Aber ohne die letzten beiden Namen wäre es nicht zum Kommunismus gekommen. Marx und Lenin erhielten nicht nur die Kontinuität der Linie, sie bestärkten die Entwicklung, erweiterten sie, stützten sie, untermauerten sie, und Lenin war es schließlich, der den Kommunismus in die Tat umsetzte. Marx schuf ein philosophisches Grundsatzprogramm, in dem genügend Spielraum für Alternativen war. Trotz all der starren Schemen der Dialektik und des »glühenden Optimismus«, die sich wie ein roter Faden durch sein gesamtes Werk zogen, legte sich Marx nie fest, wie der Kommunismus verwirklicht werden sollte. Folglich entstand eine Entzweiung zwischen denen, die den Weg der parlamentarischen Reform bevorzugten, und jenen, die überzeugt waren, daß nur die blutige Revolution ausreichen würde, um den Kapitalismus zu stürzen und das Proletariat an seine Stelle zu setzen. So teilten sich die sozialistischen Parteien sowohl in Rußland als auch in Deutschland in zwei Fraktionen: die Bolschewiken und die Menschewiken in Rußland und die Sozialisten und die Kommunisten in Deutschland. Aber es war Lenin, der die ursprüngliche Spaltung beim Londoner Parteitag im Jahre 1903 bewirkte und der den Marxismus endgültig auf den Weg zur Weltrevolution (»Proletarier aller Länder, vereinigt euch!«) und zur »Diktatur des Proletariats« brachte. Lenin vereinigte in sich die russische revolutionäre Tradition und die radikalste Form des Marxismus. Er bestimmte den Kurs für die Kommunistische Partei der Sowjetunion. Dieser war an sich genau festgelegt, aber flexibel hinsichtlich Taktik und Strategie; daher Lenins Bezeichnung der »Neuen Ökonomischen Politik« als »vorübergehender Rückzug«. Lenin war – viel mehr noch als Marx – ein erstaunlich produktiver Schriftsteller: Seine Gesammelten Werke zählen fünfundfünfzig Bände. Jeder,

der Lenins Werk gut kennt, kann für fast jede Gelegenheit ein passendes Zitat finden. Die wichtigste Feststellung ist jedoch, daß Marx und Lenin so etwas wie »Übermenschen« waren. Beide waren voller übermenschlicher Energie, enormer Geisteskraft, unermüdlicher Hingabe an die Sache, und sie (besonders aber Lenin) hatten den hochentwickelten Instinkt eines Kämpfers für die »eine Chance«.

Die zweite Feststellung ist, daß beide – besonders Lenin – aufgrund dieser übermenschlichen Eigenschaften in der Lage waren, die natürlichen Grenzen und Hindernisse, die sich ihnen in den Weg stellten, zu überwinden. Das Ergebnis war – und hier auch wieder besonders bei Lenin –, daß ihre Siege und Leistungen und schließlich auch ihre Vermächtnisse – etwas Unnatürliches an sich hatten. Ihre impliziten und expliziten Forderungen waren einfach zu hoch gegriffen, um von einem Großteil der Menschheit zufriedenstellend befolgt zu werden. Das Ablegen aller etablierten Normen gesellschaftlichen Verhaltens (mit nachhaltigen Auswirkungen auf das menschliche Verhalten an sich) lief auf einen Sprung ins Ungewisse hinaus, weil diese Utopie, wenn auch öffentlich proklamiert, nie überwacht oder statistisch erfaßt oder überhaupt klar identifiziert wurde.

In diesem Sinne waren die Forderungen der Vermächtnisse von Marx und Lenin an sich unnatürlich. Summa summarum liefen sie auf die zentrale Forderung nach der Abschaffung der Religion und allem, wofür sie stand, hinaus. Wie Marx es ausdrückte: »Die Kritik der Religion ist die Voraussetzung aller Kritik.« Und wieder bezeichnete er als größte Errungenschaft Feuerbachs »den Beweis, daß die Philosophie nichts als Religion ist, eingekleidet in Gedanken und auf rationale Weise ausgedrückt; und sie ist deshalb ebenso als weitere Form und wesentliches Mittel der Verfremdung des menschlichen Wesens zu verurteilen«.

Indem sie einen Plan für etwas erarbeiteten, das aufgrund seiner utopischen Anforderungen unmöglich durchführbar war, indem sie über die Köpfe ihrer Mitmenschen hinweg den ganzen Grundriß ihrer fundamentalen Annahmen entwarfen, bereiteten Marx und Lenin den Weg für eine Katastrophe ganz besonderer Art. Es ist historisch gesehen ungewöhnlich, daß Marx, der sich hauptsächlich, ja ausschließlich mit dem Menschen befaßte, der schreiben konnte, wie bereits an anderer Stelle zitiert, für den Menschen sei der Mensch selbst die Wurzel, und »wir verleugnen die Gültigkeit von metaphysischen und epistemologischen Problemen ...«, genau das bewirken konnte. Es ist historisch gesehen skurril, daß Marx der Entfremdung des Menschen den Krieg erklären konnte und im weiteren Verlauf – unter dem Deckmantel der Anti-Entfremdung – das menschliche Wesen in einer Art und einem Ausmaß entfremdete, die jeder Beschreibung spottet und alles Vorhergegangene in den Schatten stellt. Es ist verblüffend, daß er einen Bogen von Erwartungen und Hoffnungen spannen konnte, der heller leuchtete als jeder »Bogen am Himmel« (wie die Franzosen den Regenbogen nennen), der weit »jenseits des praktischen Horizonts der Menschen« lag. Und was Lenin betraf: Es ware eine Tragödie für Rußland und die Welt, daß das Durchsetzungsgenie Lenin so dicht auf den Fersen des Innovationsgenies Marx folgen sollte; daß das zurückgebliebene und von der Welt abgeschnittene Rußland, das in jeder Hinsicht eine politische Ungeheuerlichkeit war, Deutschland als klassischen Schauplatz für die sozialistische Revolution ablösen sollte.

Bis 1917 hatte Maxim Gorki, das Urbild eines proletarischen Autors, Lenin durchschaut: »Wladimir Lenin«, so

schrieb er, »leitet in Rußland eine sozialistische Art von Regierung nach dem Rezept Netschajews: Mit Volldampf voraus, schnurstracks durch den Sumpf!
Das Volk hat für dieses Experiment bereits mit Zehntausenden von Menschenleben bezahlen müssen und wird auch in Zukunft mit noch mehr Menschenleben dafür bezahlen. Diese Tragödie beunruhigt die Sklaven von Lenins Dogma und seine Genossen nicht. Für ihn ist das Leben mit all seinen komplizierten Verwicklungen etwas Fremdes. Er kennt die Menschenmassen nicht; er hat nie unter dem Volk gelebt. Aber er weiß aus Büchern sehr genau, wie man unter den Menschenmassen Unruhe stiftet, wie man die Instinkte des Volkes anstachelt. Die Arbeiterklasse stellt für ihn denselben ›Grundstoff‹ dar wie das Erz für den Metallurgen. Er arbeitet wie ein Chemiker im Labor; nur daß ein Chemiker mit leblosen Materien arbeitet und hervorragende Ergebnisse für lebende Menschen hervorbringt. Lenin macht das Gegenteil.
Die Arbeiterklasse muß verstehen, daß sie zum Objekt eines schrecklichen Experiments gemacht wird, das das Beste, was in ihr steckt, zerstört und die normale Entwicklung der russischen Revolution lange Jahre hinausschiebt.«
Gorkis Beschreibung Lenins als Chemiker im Labor, der mit den Menschenmassen arbeitet, als seien sie Chemikalien, trifft den Nagel auf den Kopf. Die »Raison d'être« des Kommunismus ist die wissenschaftliche Annäherung. Gerade das erstklassige Prestige der Wissenschaft – besonders der Naturwissenschaften – heiligte das »schreckliche Experiment« und vertuschte die Vielzahl der Sünden, die es erforderte. Die Wissenschaft gestattete die Übertragung Gottes auf den Menschen. Um einen wirklich kolossalen Fehler zu begehen, bedarf es eines sehr klugen Kopfes: Wir sollten die Genialität, mit der Marx und Lenin

sich selbst täuschten, bewundern; und die Genialität und Ausdauer, mit denen sie andere täuschten. Nadeschda Mandelstam schrieb in *Hoffnung gegen Hoffnung*: »Es herrschte die Vorstellung, daß es eine unwiderlegbare wissenschaftliche Wahrheit gebe, mit der die Menschen, wenn sie einmal von ihr erfüllt waren, die Zukunft voraussehen, den Verlauf der Geschichte willkürlich verändern und ihn rational machen können. Diese Religion – oder Wissenschaft, wie sie von ihren Eingeweihten bescheiden genannt wurde – stattet den Menschen mit einer gottähnlichen Autorität aus und hat ihren eigenen Glauben und ihre eigene Ethik, wie wir gesehen haben. In den zwanziger Jahren zog eine Menge Leute eine Parallele zum Sieg des Christentums, und sie dachten, diese neue Religion würde auch tausend Jahre überdauern ... Alle waren sich bezüglich der Überlegenheit des neuen Glaubens einig, der den Himmel auf Erden anstatt anderer weltlicher Belohnungen versprach. Das wichtigste für sie war jedoch das Ende jedes Zweifels und die Möglichkeit des absoluten Glaubens in die neue, auf wissenschaftliche Weise erreichte Wahrheit.«

Der »leidenschaftliche Unglaube« des Marxismus-Leninismus wies zwei grundsätzliche Merkmale auf: Er stellte Anforderungen an die Menschheit, die unerfüllbar waren, und er setzte hohe Strafen für den Fall aus, daß man ihnen nicht nachkam. Damit wurde der Grundstein für ein ganzes Programm euphorischer und systematischer Täuschung gelegt, für frommen Betrug in einem Ausmaß, wie ihn sich keine christliche Gesellschaft hätte vorstellen können. Die Vergötterung der Wissenschaft bestand im konkreten darin, der gesamten Gesellschaft umfassende quantitative Normen aufzuerlegen. Das Aufzwingen einer quantitativen Norm ist eine direkte Ableitung von der Quantifizierung der Materie, dem »Verbrechen Galileos«. Das Ergebnis war eine allgemeine Katastrophe, sowohl eine eklatante (die die Einführung der »Neuen Ökonomischen Politik« notwendig machte) als auch eine verborgene (die jahrzehntelang unbemerkt und sogar ungeahnt blieb). Aber der schlimmste Gesichtspunkt bei der Stellung unerfüllbarer Anforderungen war, daß dies unmittelbar zur Kriminalisierung nicht nur der Politik, sondern auch der Gesellschaft als Ganzes führte – auf ähnliche Weise, wenn auch in einem viel größeren Ausmaß, wie die Verabschiedung des achtzehnten Änderungsgesetzes, das die Herstellung, den Verkauf und den Transport von alkoholischen Getränken verbot, im Jahre 1919 zur Kriminalisierung der amerikanischen Gesellschaft führte (eine effektive Durchsetzung des Gesetzes wurde wegen seiner Mißachtung durch das Volk unmöglich). John Stuart Mill bedauerte die Tatsache, daß es bis Mitte des 19. Jahrhunderts »fast der Hälfte der Vereinigten Staaten gesetzlich untersagt war, Gebrauch von gegärten Getränken zu machen, außer für medizinische Zwecke«, und bezeichnete dies als »einen Übergriff auf das Recht auf Privatleben«.

Die Kriminalisierung der sowjetischen Gesellschaft war das Werk Lenins. Er nahm den Erlaß, der 1921 den Einparteienstaat ausrief, bereits zehn Jahre früher vorweg, als er die professionellen Revolutionärskader als eine Art politische (prätorianische) Leibgarde bildete; diese Kader waren durch Eid zu bedingungslosem Gehorsam gemäß Netschajews *Katechismus eines Revolutionärs* verpflichtet – das Resultat war eine hochdisziplinierte Organisation, die aus ideologisch geschulten Berufskriminellen bestand. Die Verwendung beider Begriffe – »professionell« und »kriminell« – liegt auf der Hand. Das, was den Berufsrevolutionär vom gewöhnlichen Kriminellen unterscheidet, ist das Motiv: Der Revolutionär mordet, verstümmelt oder raubt für eine politische oder religiöse Sache, nie für sich selbst. Seine Tat ist selbstlos und verlangt oft sogar Selbstaufopferung. Obwohl das Gesetz manchmal mildernde Umstände beim Motiv anerkennt – wie bei Verbrechen im Affekt –, sieht es keinesfalls mildernde Umstände für Verbrechen vor, die für eine höhere Sache begangen werden, auch wenn die Sache im Sinne der Regierung ist. Im Gegenteil, ein Verbrechen, das für eine Sache begangen wurde, wird oft als »vorsätzlich« bezeichnet und mit einer höheren Strafe belegt. So ist die Sanktionierung von Selbstlosigkeit bei der Begehung eines Verbrechens von vornherein verdächtig. Marx schaffte es fast, die Selbstlosigkeit im Dienste des Gemeinwohls zu rechtfertigen. Er stützte sein Argument auf die allgemeinen Grundsätze des Sozialismus und erklärte die Privatsphäre als ungesetzlich (indem er sie im Begriff »Privateigentum« mit Eigentum in Verbindung setzte) und erwirkte damit zwangsläufig eine Polarisierung von Gemeinwohl auf der einen Seite und Freiheit auf der anderen (weil es ohne Privatsphäre keine Freiheit geben kann), und zwar zu Ungunsten der letzteren, da die »Raison d'être« des Kommunismus das Gemeinwohl ist – es ist zumindest das erklärte Ziel des Systems. Die Polarisierung von Gemeinwohl und Freiheit ist für den Marxismus selbstverständlich. Für einen Marxisten ist schon die Idee der Freiheit, wie sie im Westen verstanden wird, ein bürgerlicher Begriff und wird als solcher kategorisch abgelehnt. Die Ethik ist ein Mittel im Klassenkampf, nichts weiter. Der Wert des Individuums ist auf seine Funktion als Bestandteil des Kollektivs beschränkt. Laut Marx ist der Kommunismus eine Gesellschaft, in der die »bürgerlichen Freiheiten«, einschließlich der Gewährleistung der Menschenrechte, bedeutungslos sind, da jeder einzelne sich aus eigenen Stükken vollständig mit der Gemeinschaft identifiziert (hier ist anzumerken, daß bei Marx' Vorstellung, der Wert des Individuums sei nur auf seine Funktion als Bestandteil des Kollektivs beschränkt, die Anwendung der quantitativen Norm klar zum Ausdruck kommt).

Die obenstehenden Ausführungen lassen vielleicht erahnen, wie weit Marx ging, um die Grundlage seines Systems zu stützen; er kehrte die Hegelsche Lehre und die Grundsätze des Christentums um. Es war zwar Lenin, der den sowjetischen Staat kriminalisierte; aber die theoretische Vorarbeit, die zugrundeliegende Begriffsbestimmung, die für die Kriminalisierung des Staates und der Gesellschaft erforderlich war, leistete Marx. Durch das Zusammenwirken ihrer Arbeit wurde die Prädestination des sowjetischen Systems festgelegt. Nicht die organisatorische und verschwörerische Überlegenheit Stalins gegenüber seinen Rivalen brachte ihn im Kampf um die Nachfolge Lenins weiter. In jeder politischen Situation außer der, die damals in der Sowjetunion vorlag, wäre Stalin für mindestens fünf seiner Konkurrenten kein ernst zu nehmender Gegner gewesen. Seine einzige Stärke angesichts der damaligen Lage war seine offensichtliche Schwäche, sein Mangel an den erforderlichen Führungsqualitäten – keiner seiner Rivalen konnte sich Stalin je als Lenins Nachfolger vorstellen. Aber Lenin hatte, ohne sich dessen bewußt zu sein, den Weg für Stalin bereitet, denn er hatte den Staat kriminalisiert und damit Stalin einen unüberwindlichen Vorteil verschafft. Stalin war nämlich der einzige Berufsverbrecher in der sowjetischen Führung. Als professioneller Bankräuber hatte er eine Schule des Terrors und der Intrigen durchlaufen – er kannte alle Machenschaften, die nötig waren, um Gangsterbanden (denn das waren die Leute, mit denen er jahrelang zu tun hatte und über die er das Kommando führte) diszipliniert zusammenzuhalten. Er arbeitete mit Kühnheit und einer untrüg-

lichen Kenntnis der menschlichen Schwächen und Korruptheit, die seinen gelehrten Konkurrenten völlig fremd waren. Stalin war in seinem Element; seine Konkurrenten tappten weiter im dunkeln; sie hatten das ganze Unternehmen mehr oder weniger mißverstanden.
Die offizielle Kriminalität des Staates konnte selbstverständlich nicht völlig uneingeschränkt walten. Der Grund dafür waren Umstände, die außerhalb der Kontrolle der Sowjets lagen. In den Jahren 1921 und 1922 verhungerten in der Sowjetunion mindestens fünf Millionen Menschen – eine Million davon allein in Kirgisien. 1921 wurde ein Allrussischer Hilfsausschuß für die Hungernden gebildet, ohne daß bei der Zusammensetzung besonders auf die politische Gesinnung geachtet wurde; so waren unter seinen Mitgliedern auch Nichtbolschewiken und liberale Intellektuelle (der norwegische Forscher und Diplomat Fridtjof Nansen war Vorsitzender des Europäischen Hilfskomitees für die Hungernden in Rußland). Maxim Gorki schrieb offene Briefe, in denen er »alle aufrichtigen Menschen auf der Welt« aufrief, den Hungernden in Rußland zu Hilfe zu kommen. Dann wandte er sich an Herbert Hoover, den Präsidenten der amerikanischen Hilfsorganisation (der »Relief Administration«), die im ganzen krisengeplagten Westeuropa tätig war, mit der Bitte um umfangreiche Lebensmittellieferungen. Weniger als einen Monat später unterzeichnete der Außenkommissar Maxim Litwinow ein Abkommen mit der »Relief Administration« über den Transport und die Verteilung von Milchpulver, Schokolade, Mehl, Zucker, Tee und anderen Lebensmitteln in dem riesigen Gebiet unter sowjetischem Einfluß. Man schätzt, daß Lieferungen aus Amerika im folgenden Jahr fünfzehn Millionen Menschen am Leben erhielten. Die Zahl der Geretteten hätte erheblich höher sein können, besonders in der Ukraine, wo die Bolschewi-

ken, die einen Aufstand und ein Aufleben des ukrainischen Nationalismus befürchteten, darauf bestanden, den ganzen Verlauf der Verteilung zu überwachen. Zwei Monate später, im Oktober, unterzeichnete die sowjetische Regierung ein Abkommen mit Armand Hammers »Allied Drug and Chemical Corporation« über den Austausch von Kunstgegenständen (die Sowjets hatten keine Vorstellung vom Wert der Gemälde, die dem Staatsschatz auf diese Weise verlorengingen), Kaviar und Pelzen gegen etwa eintausendsechshundert Tonnen Weizen. Damals war Hammer, der Sohn eines der Gründer der amerikanischen Kommunistischen Partei, siebenundzwanzig Jahre alt. Nur sechs Tage nach der Unterzeichnung dieses Abkommens gewährte die sowjetische Regierung Hammer eine zwanzig Jahre gültige Konzession für den Asbestabbau im Ural.

Inzwischen hielt das allgemeine Regierungsdebakel unvermindert an. Gut einen Monat nach der Bildung des Allrussischen Hilfsausschusses für die Hungernden wurde er bereits zwangsaufgelöst, und die meisten seiner Mitglieder wurden festgenommen. Wieder erwies sich Lenin als besonders blutrünstig bei der Verfolgung der Ziele, die er sich gesetzt hatte. Vor allem war er entschlossen, die konstitutionellen Demokraten (Kadetten), von denen viele im Komitee vertreten waren, loszuwerden. Nur Nansens Intervention und die Proteste der Vertreter der amerikanischen »Relief Administration« konnten zahlreiche Mitglieder dieser kläglichen Organisation vor dem Tode retten. Am 1. September kam der nächste Schlag. Die Hinrichtung von einundsechzig Mitgliedern der sogenannten »Kampforganisation«, einer angeblich konterrevolutionären Gruppe von Intellektuellen (sie waren am 5. Juni festgenommen worden), durch ein Exekutionskommando wurde von der Tscheka Petrograds angekündigt. Unter den Opfern befand sich auch der Dichter Nikolaj Gumiljow, ein ehemaliger Offizier des Zaren und Ehemann von Anna Achmatowa, einer der berühmtesten Dichterinnen Rußlands im 20. Jahrhundert. Die Hinrichtung Gumiljows war und bleibt ein Skandal. Es gab nie so etwas wie eine »Kampforganisation«. Aber nicht einmal Parteimitglieder waren sicher. In einem *Prawda*-Artikel vom 21. September forderte Lenin seine Genossen auf, »die Partei von Schurken, bürokratisierten und unehrlichen Kommunisten, Weichlingen und Menschewiken, die ihre Gesichter neu geschminkt haben, die aber tief in ihrem Herzen Menschewiken bleiben, zu säubern«. Lenins Aufruf führte zur ersten größeren »Säuberung« der Partei nach der Revolution. In einem Jahr wurden einhundertvierzigtausend Mitglieder – das war etwa ein Fünftel der Gesamtmitgliederzahl – aus der Kommunistischen Partei ausgeschlossen.

Es gab jedoch eine Zuflucht, eine Betätigung, die von Anfang an zehn gesegnete Jahre lang weitgehend von den tückischen und unsinnigen Launen der Sicherheitsorgane des neuen Staates ausgenommen war. Während dieses Jahrzehnts boten die Wissenschaften ein unantastbares Asyl vor fast jeder Art der Verfolgung, dank des großen Ansehens, das sie genossen – ein Ansehen, das an Anbetung grenzte. Aber man muß das »fast« betonen. Es gab natürlich Ausnahmen: Professor Nikolaj Kolzow, ein berühmter Zytologe und Biologe, wurde 1918 festgenommen und zum Tode verurteilt, weil er ein Kadett gewesen war. Er wurde von Maxim Gorki gerettet, der sich direkt bei Lenin für ihn einsetzte. Es stimmt auch, daß die Sowjetunion sehr viele ihrer führenden Wissenschaftler durch Flucht oder Emigration verlor. Einer von ihnen war Igor Sikorski (er baute 1913 das erste viermotorige Flugzeug), der Rußland im Jahre 1919 illegal verließ und in die

Vereinigten Staaten emigrierte, wo er als Erfinder des Hubschraubers eine aufsehenerregende Karriere machte. Auch Georgij (später George) Kistakowski, ein junger Chemiker, verließ Petrograd und wanderte nach Amerika aus, wo er als einer der führenden Spezialisten für Sprengstoffe eine Schlüsselrolle beim Bau der Atombombe in Los Alamos spielte. Aber die Emigranten und Flüchtlinge kamen keinesfalls nur aus der Wissenschaft. Eine ganze Legion der Elite wanderte aus: Bunin, Balanchine, Chagall, Schaliapin, Prokofjew, Rachmaninow, Strawinsky, Kandinsky, Nabokov, Pawlow, Karpowitsch. Der geistige Aderlaß durch legale oder illegale Flucht – die Abwanderung der Intellektuellen aufgrund der Oktoberrevolution war vergleichbar mit der aufgrund der Französischen Revolution.

Abgesehen von der Behauptung, daß sie die Gründerdisziplinen des sozialistisch-kommunistischen Systems selbst, seiner Grundlage und seines »Raison d'être« seien, hielten die Wissenschaften, vor allem die Naturwissenschaften, einen kategorischen Abstand zu allem Politischen (es gab schon immer die fast heilige traditionelle Neutralität der Wissenschaft: immer und ausschließlich auf der Seite des Menschen im allgemeinstmöglichen Sinne), so daß niemand sie faktisch oder historisch mit irgendeiner politischen Partei oder Bewegung in Verbindung bringen konnte. Peter der Große gründete die Akademie der Wissenschaften nach dem Vorbild der europäischen Akademien; er führte die Ideen von Kopernikus, Galileo, Kepler und Newton ein. Die Sowjets übernahmen das einfach. Ein hoher Prozentsatz der Mitglieder der Akademie der Wissenschaften waren Aristokraten von Geburt – und alle von ihnen durch ihren Beruf. Abgesehen davon war das Durchschnittseinkommen eines Mitgliedes der Akademie zwanzig- bis dreißigmal höher als

das eines Fabrikarbeiters – damit gehörte er zur Oberschicht. Aus diesem Grund sympathisierten nur sehr wenige Akademiker mit den radikalen gesellschaftlichen Kräften, die im vorrevolutionären Rußland am Werke waren. Nein, im Jahr der Abrechnung, 1921, waren die Wissenschaften in der Sowjetunion eine unantastbare Zufluchtstätte – die einzige in diesem System.
Jeder, der in der Wissenschaft tätig war, ungeachtet seiner Herkunft, seiner Klasse oder Familienverbindung, wurde normalerweise automatisch entschuldigt, entlastet und als Ausnahme behandelt. Da ist zum Beispiel die Geschichte von Professor Gamow, einem angesehenen Physiker, der 1930 versuchte, die Grenze illegal zu überschreiten – lange nach dem Jahrzehnt der Gnade für die Wissenschaftler und nachdem die Sowjets die Grenzkontrollen mehrmals verschärft hatten, um die Abwanderung der Kleinbauern nach Beginn der Zwangskollektivierung zu stoppen. Gamow versuchte zuerst, die Berge in Richtung Afghanistan zu überqueren. Als er von sowjetischen Soldaten ertappt wurde, erklärte er, er sei Bergsteiger – das sei seine Lieblingssportart. Seine Ausrede wurde akzeptiert. Beim nächsten Mal versuchte er, das Schwarze Meer in einem kleinen Boot mit Kurs auf die Türkei zu überqueren. Als er von der sowjetischen Küstenwache abgefangen wurde, erklärte er, ein weiterer Lieblingssport von ihm sei Segeln. Auch das wurde akzeptiert. Kurze Zeit später erlaubte ihm die Regierung, deren Argwohn er – mirabile dictu – immer noch nicht erweckt hatte, einer internationalen Konferenz im Ausland beizuwohnen. Er kehrte nie zurück, sondern ging in die Vereinigten Staaten, wo er sich etwa zwanzig Jahre später einen Namen als Biologe machte. Jeder, der in der Wissenschaft arbeitete, der aus einer Wissenschaftlerfamilie kam, in der die wissenschaftliche Arbeit eine Familientradition war, gehörte automa-

tisch auch zu der einzigen Aristokratie, die die kommunistische Doktrin stillschweigend akzeptierte. Im schlimmsten Falle, sagen wir, wenn alle Umstände, einschließlich adeliger Abstammung, gegen den Betroffenen sprachen, hatte die Ausübung eines wissenschaftlichen Berufs doch zumindest einen Sonderstatus zur Folge.

In diese »heilige Zufluchtstätte« der chaotischen kommunistischen Welt wurde am 21. Mai 1921 Andrej Dimitrijewitsch Sacharow geboren. Sein Vater, Dimitrij Iwanowitsch Sacharow, war, wie bereits erwähnt, ein Physikprofessor, der einige Bücher über Physik schrieb; eines davon wurde als Standardbuch im russischen Hochschulsystem verwendet. In einer autobiographischen Anmerkung fügt Andrej Sacharow hinzu, die Lieblingskomponisten des früheren Kinopianisten seien Chopin, Grieg, Beethoven und Skrjabin gewesen. Andrej schrieb: »Ich verbrachte meine Kindheit in einer großen Gemeinschaftswohnung; die meisten Räume waren von unseren Verwandten belegt; nur wenige Bewohner gehörten nicht zur Familie. Zu Hause pflegte man die Tradition und Atmosphäre einer großen und eng verbundenen Familie – Respekt vor harter Arbeit und Leistung, gegenseitige Hilfe, Liebe zu Literatur und Wissenschaft.« Das Haus hatte Iwan Nikolajewitsch Sacharow im Jahre 1901 gekauft. Als die Revolution kam, wurden mehrere Familien in dem Haus untergebracht, aber Iwan Nikolajewitsch durfte mit seiner Familie, die mehrere Räume bewohnte, bleiben. Die Großmutter und »Grande Dame«, Maria Petrowna, hatte ihr eigenes Zimmer. Das Klavier Dimitri Iwanowitschs stand im elterlichen Schlafzimmer. Drei von den Sacharows bewohnte Räume wurden von nur einem Ofen beheizt. So wuchs Andrej Sacharow mit seinen Eltern, seinen Großeltern, vier Onkeln und einer Tante auf, die alle im selben

Haus wohnten. Kein Wunder, daß er schreibt, der Einfluß der Familie sei in seinem Fall besonders groß gewesen. Andrej Sacharow erhielt Privatunterricht zu Hause, bis er fast zwölf Jahre alt war. Dann wurde er zur Schule geschickt, wo er zur fünften Klasse zugelassen wurde. Seine Eltern waren der Ansicht, die sechste Klasse wäre angemessener gewesen. Nach sechs Monaten nahmen sie ihn aus der Schulc und ließen ihn wieder Privatunterricht nehmen. Daraufhin wurde er, noch im zwölften Lebensjahr, zur siebten Klasse zugelassen. Aus diesem Grund, so schreibt er, habe er damals Probleme im Umgang mit Kindern seiner eigenen Altersgruppe gehabt. Andrej Sacharow hatte alles in allem eine behütete Kindheit. Eigentlich genoß er sogar die Vorteile einer doppelten Behütung: Sein Vater Dimitrij Iwanowitsch gab ihm den Rückhalt, den der wissenschaftliche Beruf erforderte; seine Familie mit ihren engen Banden stellte einen weiteren Schutz dar, da sie ihm Privatunterricht gewährte und ihn dadurch praktisch vor dem sowjetischen Schulsystem bewahrte.
Aber die Sacharow-Familie kam dennoch nicht unbeschadet davon. Da war zum Beispiel Onkel Wanja. Iwan Iwanowitsch war im vorrevolutionären Moskau ein Klassenkamerad, aber kein Freund Bucharins gewesen. Onkel Wanja, dessen erster Beruf Ingenieur war, hatte beschlossen, ein Anwaltsstudium aufzunehmen, »um der Gesellschaft auf bessere Weise zu helfen«. Er wurde 1923 festgenommen, als es einem seiner Klienten gelang, die Sowjetunion illegal zu verlassen. Der sowjetische Staat machte Onkel Wanja dafür verantwortlich und beschuldigte ihn, Anstifter oder zumindest Mitwisser zu sein. In der Sacharow-Familie gab es darüber zwei verschiedene Spekulationen. Die einen glaubten, Onkel Wanja habe nichts von der ganzen Sache gewußt und sei nur ein Opfer davon geworden. Die anderen glaubten, Onkel Wanja habe davon ge-

wußt, habe aber absichtlich geschwiegen, um das Vorhaben seines Klienten nicht zu gefährden. Niemand glaubte, daß der Onkel ihn dazu angestiftet hatte. Onkel Wanja wurde »einige Jahre weggeschickt«. Als er zurückkam, war er ein »Bürger zweiter Klasse«, aber er nahm seine Arbeit als Rechtsanwalt wieder auf. 1933 wurde er zum zweitenmal verhaftet und in ein Gebiet an der oberen Wolga geschickt, wo er Leiter eines Wasserkraftwerkes wurde. 1941 reiste Wanja heimlich nach Moskau, um dem Begräbnis seiner Mutter Maria Petrowna beizuwohnen, die im Alter von neunundsiebzig Jahren gestorben war. Er selbst starb zwei Jahre später.

Onkel Kolja (Nikolaj Iwanowitsch) ließ sich scheiden und heiratete ein zweites Mal. Tante Tanja hatte zwei Töchter, Katja und Walja. Katja, die jetzt sechsundsiebzig Jahre alt ist und in Moskau lebt, und Andrej Sacharow sehen sich von Zeit zu Zeit. Sacharows lebhafteste Kindheitserinnerungen drehen sich um seine geliebte Großmutter Maria Petrowna. Sie war das Leben und die Seele der Familie; sie hielt alles zusammen, während ihr Mann Iwan Nikolajewitsch mehr eine Randfigur war (»wie es anscheinend meistens der Fall ist«).

Die »Probleme«, die Sacharow im Zusammenhang mit seiner eigenen Altersgruppe erwähnt, können und sollten so verstanden werden, daß er fast während der ganzen Zeit, die er auf der höheren Schule verbrachte, abseits von seinen Klassenkameraden blieb. Er beendete 1938 die Schule als Klassenbester im Alter von siebzehn Jahren. 1942 promovierte er an der Moskauer Staatsuniversität, wo er angeblich »die glänzendste Dissertation, die in der Physik je dargeboten wurde«, eingereicht hatte. Der Unterricht der Physikabteilung der Universität wurde 1941, nach dem Ausbruch des Zweiten Weltkriegs, von Moskau nach Aschchabad in der Turkmenischen Republik, nahe der iranischen Grenze, verlegt, und auch Sacharow bekam die schwierigen Verhältnisse im Zusammenhang mit dem sowjetischen Rückzug vor der einfallenden deutschen Armee zu spüren. Der Sommer 1942 war für jeden in der Sowjetunion schwierig, und Sacharow bildete keine Ausnahme. Aber er war (berechtigerweise) vom Militärdienst freigestellt, und das machte einen großen Unterschied. Sacharow wurde in jenem Sommer für ein paar Wochen nach Kowrow zum Arbeiten geschickt (im Osten Moskaus an der Hauptverkehrslinie nach Gorki), und danach wurde er, wie Sacharow erzählt, »beim Holzfällen und -transport in einer abgelegenen Siedlung in der Nähe von Melekess (im westlichen Ural) eingesetzt«. Dort gewann er einen »ersten lebhaften Eindruck vom Leben der Arbeiter und Bauern«. Im September wurde er in eine Waffenfabrik an der Wolga geschickt, wo er bis 1945 als Ingenieur arbeitete. Er erzählt, daß er »einige Erfindungen zur Verbesserung der Qualitätskontrolle in dieser Fabrik entwickelte« und daß er während der Jahre an der Universität nie dazu kam, schöpferische, wissenschaftliche Arbeit zu leisten. Er fügt hinzu, er habe 1944, als er noch in der Fabrik arbeitete, mehrere Artikel über theoretische Physik geschrieben und sie nach Moskau zur Überprüfung gesandt. Keiner dieser Artikel sei je veröffentlicht worden, aber sie hätten ihm, wie er es ausdrückt, »das Vertrauen in meine Fähigkeiten gegeben, das unerläßlich für einen Wissenschaftler ist«. 1945 trat er nach Abschluß seines Studiums in das Lebedew-Physikinstitut ein. Sein Betreuer war zufällig Igor Tamm, der hervorragende Theoriephysiker, der später Mitglied der Akademie der Wissenschaften und Nobelpreisträger werden sollte. Tamm nahm Sacharow 1948 in seine Forschungsgruppe auf, der es gelang, eine thermonukleare Waffe zu entwickeln. Damit stand Sacharows Laufbahn als Atomphysiker fest.

So war Sacharow, abgesehen vom Sommer 1942, als er sich einige Wochen im westlichen Ural »durchschlug«, mehr oder weniger bequem in den soziopolitischen Schutzmantel der akademisch-wissenschaftlichen Disziplinen innerhalb des sowjetischen Systems eingehüllt. Aber der Gegensatz verschafft die beste Perspektive: Dieselbe Tatjana Matwejewna Bonner, die Buchhalterin, die 1917 von den Revolutionären ernannt wurde, die Juwelen des Kreml aufzulisten und ihren Wert zu schätzen, hatte um die Jahrhundertwende einer Tochter das Leben geschenkt. Diese Tochter war Ruth Grigorjewna Bonner, die, wie schon ihre Mutter und Großmutter, im offiziellen Exildorf Nikolajew in Sibirien das Licht der Welt erblickte. Ruth Grigorjewna zog mit ihrer Mutter nach Petrograd, wo sie Gework Alichanow, einen Armenier, der seit 1917 Mitglied der Kommunistischen Partei (ein Bolschewist) war, kennenlernte und heiratete. Das war im Jahre 1921. Zwei Jahre später gebar sie eine Tochter, Jelena Georgjewna, und nach weiteren zwei Jahren einen Sohn, Igor Georgijewitsch. Inzwischen war Ruth Grigorjewna der Kommunistischen Partei der Sowjetunion beigetreten (1924). Zehn Jahre später schrieb sie sich an der Moskauer Universität als Studentin für das Bauingenieurwesen ein; ihr Mann Gework war in der Zwischenzeit zum Leiter der Personalabteilung des Komintern aufgestiegen. Fünfzig Jahre später erzählte sie mir: »Am Morgen des 27. Mai 1937 ging mein Mann zum erstenmal in jenem Jahr in einem leichten Sommeranzug zur Arbeit. Ich erinnere mich sehr genau daran, weil wir eine ziemliche Auseinandersetzung wegen des Anzugs hatten. Ich wollte, daß er etwas Wärmeres anzog. ›Unsinn‹, sagte er, ›es ist Frühling!‹ Ich sah und hörte nie mehr etwas von ihm. Nach etwa einem Jahr erfuhr ich, daß er im März 1938 erschossen worden war – also hatte er rund zehn Monate in dem leichten Anzug verbracht!« Einige Tage nach der Festnahme ihres Mannes und einen Tag, nachdem sie ihr Diplom als Bauingenieur erhalten hatte, wurde Ruth Grigorjewna als sogenannter »Tschir« (Familienmitglied eines Verräters) verhaftet – eine Haftkategorie, die das genaue Gegenstück zur nazideutschen »Sippenhaft« war. Fünfzig Jahre danach wurde Ruth Grigorjewna gefragt, ob sie ihren neu erworbenen Beruf des Bauingenieurs im Gefängnis ausüben konnte. Sie bejahte. »Was bauten Sie im Gefängnis?«, wurde sie gefragt. – »Gefängnisse«, erwiderte sie. Nach ihrer Festnahme zogen ihre zwei Kinder, Jelena und Igor, nach Leningrad zu ihrer Großmutter, Tatjana Matwejewna, und ihrem Onkel, Ruth Grigorjewnas Bruder. Im Oktober 1937 wurde der Onkel wegen Familienverbindungen zu einem Verräter verhaftet und eingesperrt, während seine Frau ins Exil geschickt wurde. Somit trug Tatjana Matwejewna die alleinige Verantwortung für drei Enkel (das dritte Enkelkind war die zweijährige Tochter ihres Sohnes). Ihre Enkel überlebten den Zweiten Weltkrieg. Tatjana Matwejewna nicht; sie verhungerte während der Besetzung Leningrads. Ruth Grigorjewna verbrachte siebzehn Jahre in Gefängnislagern und im Exil. Sie wurde 1954 (ein Jahr nach Stalins Tod) freigelassen, rehabilitiert, und man bewilligte ihr eine spezielle Rente. Ihr Mann Gework wurde ebenfalls rehabilitiert, allerdings notgedrungen nach seinem Tode. Die Odyssee von Ruth Grigorjewna und ihrer Familie – der Vorfahren sowie der Nachfahren (hier vor allem Jelena Bonner) – stellt nicht nur einen Gegensatz zur allgemeinen Sonderstellung der Gemeinschaft der Wissenschaftler in der Sowjetunion dar; sie ist auch eine natürliche – organische – Ergänzung zu diesem Phänomen.

Das Schicksal der Ruth Grigorjewna und ihrer Familie ist typisch für das der Juden allgemein, die entweder als Mitglieder oder einfach nur als Menschen mit der Kommunistischen Partei der Sowjetunion in Berührung kamen – in beiden Eigenschaften spielten die Juden eine Schlüsselrolle. Wie Ruth Grigorjewna zu sagen pflegte: »Ich weiß nichts über das Judentum. Ich spreche kein Wort Hebräisch oder Jiddisch. Die einzige Sprache, die ich spreche, ist Russisch; die einzige Kultur, die ich kenne, ist die russische. Und doch bin ich Jüdin.« Das war das Problem. Die Juden konnten Stalins Vorstellungen von einem Volk nicht entsprechen, weil sie kein Gebiet für sich hatten. Die Juden – wie auch Ruth Grigorjewna – waren so russisch wie nur möglich. 1928 startete die sowjetische Regierung den etwas grotesken Versuch, ein jüdisches autonomes Gebiet (eine Art »Homeland«) in Birobidschan, einem Ödland an der Grenze zu China, zu schaffen. Man kann sich vorstellen, mit welchem Erfolg: Bei der Volkszählung von 1959 belief sich die Zahl der jüdischen Bevölkerung von Birobidschan auf vierzehntausend und machte neun Prozent der Gesamtbevölkerung dieses »jüdischen autonomen Gebiets« aus und weniger als ein halbes Prozent der jüdischen Bevölkerung der Sowjetunion.

Da die Juden von den Konservativen abgelehnt wurden und den Konservatismus mit ihrer jahrhundertealten Unterdrückung durch die Regierung jedes beliebigen Landes, in dem sie lebten, in Verbindung brachten, fühlte sich der Großteil von ihnen – besonders in Rußland – zur politischen Opposition hingezogen. Im vorrevolutionären Rußland stellte zum großen Teil die jüdische Jugend die Kader der revolutionären Parteien und Organisationen. Das traf insbesondere für den »Bund« zu, der einzigartig war. Der Jüdische Sozialdemokratische Bund war das älteste, aktivste und lange Zeit auch das effektivste Element in der russischen sozialdemokratischen Bewegung. »Als der erste Zionistische Kongreß 1897 in Basel abgehalten wurde und im selben Jahr der erste allrussische Kongreß des Bundes stattfand, bei dem sowohl nationaler als auch gesellschaftlicher Radikalismus zum Ausdruck kam«, so wird berichtet, »war die Begeisterung, die bei den Juden Rußlands hervorgerufen wurde, überwältigend.« So bestand vom ersten Moment an ein Konkurrenzkampf zwischen Zionismus und Kommunismus. Theodor Herzl, der Begründer des Zionismus, war mit seiner Vorstellung vom landwirtschaftlichen Produktionskollektiv oder von Kibbuzim ein Sozialist reinsten Wassers. Der Bund widmete sich ganz dem Zionismus und stellte schließlich die Führung und den Kader für die Gründung und den Aufbau des Staates Israel.

Die bolschewistische Partei bildete keine Ausnahme: Etwa die Hälfte der Mitglieder des Zentralkomitees waren Juden. Alle Schlüsselpositionen und Machtstellungen im Zentralkomitee waren von Juden besetzt. Da war Trotzki, der Kommandeur und Gründer der Roten Armee, der zweite Mann nach Lenin. Da war Swerdlow, der Vorsitzende des Regimes und Lenins rechte Hand; Sinowjew, der Leiter des Komintern und Parteichef Petrograds; Kamenew, Lenins erster Stellvertreter im Rat der Volkskommissare, Leiter der russischen Wirtschaft und Vorsitzender der Moskauer Parteiorganisation. Im Politbüro von 1921 waren alle außer Lenin und Stalin Juden.

Der Grund für diese außergewöhnliche Situation war nicht nur, daß, um einen sowjetischen Funktionär zu zitieren, »wir früher nicht unsere eigene Intelligenzija hatten und uns somit auf die Juden verlassen mußten ...«, sondern auch der vergleichsweise geringe Anteil der Russen in der Opposition.

Wie Ruth Grigorjewna es ausdrückte: »Als ich zu Beginn des Jahrhunderts in Nikolajew aufwuchs, traf ich alle möglichen politisch Radikalen im Exil, Juden, Armenier,

Ukrainer, Tataren, Georgier, Tscherkessen – jede nennenswerte Minderheit –, aber sehr, sehr wenige Russen.«
Mit der Revolution änderte sich das alles. Diejenigen Russen, die gezögert oder Angst gehabt hatten, sahen nun ihre Chance und traten in die Partei ein. Diese Tendenz veränderte zwangsläufig die Zusammensetzung der Partei: Die große Zahl der jüdischen Mitglieder einer kleinen Partei wurde zu einer Minderheit in der größeren Partei und konzentrierte sich deutlich an der Spitze der Machthierarchie. Beim Vierzehnten Parteitag im Dezember 1925 zog Stalin die jüdische Parteiführung von ihrer Machtposition ab. Trotzki, Sinowjew und Kamenew blieben im Zentralkomitee, aber nur bis zum nächsten Parteitag im Jahre 1927, als alle drei aus der Partei ausgeschlossen wurden. Danach kam es sehr selten vor, daß ein Jude in das Zentralkomitee gewählt wurde. Es gab eine einzige Ausnahme dieser Regel: Stalin billigte und – so muß man annehmen – förderte eine jüdische Mehrheit bei der Polizei (der Tscheka, der GPU und dem NKWD) bis Mitte der dreißiger Jahre (Jagoda, den Stalin mit der Organisation der »großen Säuberung« beauftragt hatte, wurde selbst ein Opfer von ihr, als Stalin ihn 1938 erschießen ließ). Die Überzahl der Juden in der Geheimpolizei führte zu einer verhängnisvollen Identifizierung der Juden mit fanatischem Kommunismus einerseits und mit Antikommunismus und Antisemitismus andererseits. Eines der kaum bekannten Kapitel dieser grauenvollen Geschichte ist der bestialische Mord an jüdischen NKWD-Offizieren und -Agenten, die während der Zeit des Molotow-Ribbentrop-Pakts im Ausland stationiert waren.
Unmittelbar nach dem Zweiten Weltkrieg beschäftigten sich die sowjetische Regierung und ihre Berater auf internationaler Ebene kaum mit der Judenfrage. Das hätten

sie aber tun sollen. Denn die sowjetische Stimme bei den Vereinten Nationen zugunsten der Errichtung eines jüdischen »Homelands« in einem geteilten Palästina (oder sonst irgendwo außerhalb Rußlands) stand sehr gegen die Interessen der Sowjets, so wie man diese Interessen verstand oder wie sie von der Sowjetunion selbst verstanden wurden. Statt dessen startete der Generalissimus und klügste aller Führer, der sich im Stadium des Verfalls befand und das Opfer wachsender Paranoia geworden war, eine Propagandakampagne gegen »Kosmopolitismus« und »Internationalismus«, die im sogenannten »Ärztekomplott« gipfelte, durch das ein Dutzend Ärzte – unter ihnen neun Juden – unter der Beschuldigung festgenommen wurden, sie hätten hohe Parteifunktionäre vergiftet oder ihren Tod durch absichtliche Falschbehandlung herbeigeführt.

Dies nahm das NKWD als Anlaß für die kurzfristige Massendeportation von Juden aus allen größeren Städten der UdSSR. Diese Operation verlief selbstverständlich nach demselben Muster wie die Massendeportation der Inguschen, Kalmücken, Krimtataren, Wolgadeutschen und anderer Minderheiten in abgelegene Gebiete. Wie der Historiker Roy Medwedew in seinem Essay *Der Nahostkonflikt und die jüdische Frage in der UdSSR* vom Mai 1970 schilderte: »In bestimmten Gebieten Kasachstans wurden eilig Baracken für die Juden errichtet. Es wurde ein Text für einen ›Aufruf an das jüdische Volk‹ zur Unterzeichnung durch gewisse angesehene Vertreter der Wissenschaft und Kultur jüdischer Nationalität vorbereitet ...« Grigori Skwirski, ehemaliges Mitglied des Russischen Schriftstellerbundes, der jetzt in London lebt, schilderte die Episode des »offenen Briefes« etwas genauer:

»Juden der oberen Gesellschaftsschicht versammelten sich beim Prawda-Konzern, um ihre Unterschriften unter einen Artikel zu setzen, der die Deportation aller Juden, bis zu den Babys an der Brust ihrer Mütter, befürwortete, angeblich, um sie vor dem Zorn des Volkes zu bewahren ... Lew Kasil, der dieses Papier nach dem Dichter E. Dolmatowski, dem Historiker Mintz und anderen unterschrieb (›Wie kann man sich davor drücken‹, murmelte er vor sich hin), erzählte, wie Ilja Ehrenburg aufstand und unsicher zur Tür ging ... Er war der einzige, der nicht unterschrieb. Sie sahen ihn entsetzt an, wie jemanden, der aus dem Fenster eines Wolkenkratzers stürzt ...«

Ehrenburg schrieb einen Brief an Stalin, in dem er erklärte, warum sich die Sowjets in der Judenfrage für eine Richtung entscheiden mußten.

»Ich fürchte, daß eine gemeinsame Erklärung einiger Figuren der sowjetischen Kultur, die nur die ethnische Abstammung gemeinsam haben, nationalistische Tendenzen verstärken könnte. Der Text des Briefes enthält den Ausdruck ›jüdisches Volk‹; das könnte die Nationalisten und Leute, die noch nicht begriffen haben, daß es keine jüdische Nation gibt, ermutigen ... Wenn mir vor Ausschüssen oder in Pressekonferenzen die Frage gestellt wurde, warum es in der Sowjetunion keine jüdischen Schulen oder Zeitungen gebe, so antwortete ich stets, daß nach dem Krieg keine Spitzen der früheren Siedlungspfähle mehr übrig gewesen seien und die neuen Generationen der Sowjetbürger jüdischer Abstammung sich nicht von dem Volk, unter dem sie lebten, isolieren wollten. Die Veröffentlichung eines Briefes, der von Gelehrten, Schriftstellern und Komponisten unterzeichnet ist, die von einer Gemeinschaft sowjetischer Juden sprechen, könnte den abscheulichen antisowjetischen Propagandafeldzug anstacheln, den die Zionisten, Bundisten und andere Feinde unseres Vaterlandes gerade führen ... Ich bin davon überzeugt, daß es nötig ist, gegen jeden Versuch, den jüdischen

Nationalismus zu neuem Leben zu erwecken, anzukämpfen, denn dieser Nationalismus führt unweigerlich zum Verrat ...«
Der Tod des Diktators kam der Verwirklichung dieses Wahnproduktes zuvor und ersparte der Sowjetunion einen Publik-Relations-Alptraum, der den Verlauf der Geschichte hätte verändern können. Schon die Idee einer Massendeportation sowjetischer Juden von ihren Stadtwohnungen in die Baracken Kasachstans – und das unmittelbar nach dem Holocaust – gehört der Phantasielandschaft der politischen Groteske an: Sie überstrapaziert die Vorstellungskraft. Aber auch ohne dieses Wagnersche Dacapo waren die Juden ganz offensichtlich die Betrogenen beim Verlauf der Revolution im Russischen Reich. Sie begünstigten den Verrat der russischen Revolution und zahlten dafür – Mann für Mann, Frau für Frau – wie kein anderes Volk. Die jüdischen Revolutionäre waren zum größten Teil Menschewiken, die ursprünglichen Sozialdemokraten, die sich das neue Rußland als einen zwanglosen Staatenbund autonomer Völkerstaaten vorstellten. Sie stießen schicksalsbedingt sowohl mit den Bolschewiken zusammen (deren Zentralismus jede effektive Autonomie ausschloß) als auch mit den Ukrainern (deren Separatismus jeder Autonomie innerhalb der traditionellen Grenzen der Ukraine entgegenstand, und die meisten Juden lebten in der Ukraine). So blieb das Problem der Juden in der Sowjetunion nicht nur ungelöst, sondern unangesprochen.
In der russischen Auslegung (Plechanow) der marxistischen Lehre sind alle historischen Veränderungen auf die Entwicklung von Werkzeugen zurückzuführen. Es überrascht kaum, daß diese Ansicht in der »Heimat des Sozialismus« popularisiert wurde, da die Theorie und Grundlage des Sozialismus selbst das Ergebnis der Anwendung von wissenschaftlichen Methoden zur Regulierung der

menschlichen Gesellschaft war. »Karl Marx, Friedrich Engels und Wladimir Iljitsch Lenin waren vor allem große Denker und Wissenschaftler«, schrieb Schores Medwedew in seinem Buch *The Rise and Fall of T. D. Lyssenko:* »Sie schufen den Kommunismus als eine Wissenschaft, die sich mit den Formen der Entwicklung der menschlichen Gesellschaft auseinandersetzte.

Sie etablierten die Doktrin des Kommunismus als ein Gesellschafts- und Wirtschaftssystem, das für die ganze Menschheit akzeptabel sei und die gleiche, gerechte, schnelle und friedliche Entwicklung aller Nationen auf Erden garantiere.

Die wissenschaftliche Methode von Marx, Engels und Lenin war eine Methode der Beweisführung, der Analyse von Fakten und der Erlangung der Wahrheit. Genau deshalb hat Marx immer schon die Aufmerksamkeit der progressiven Wissenschaftler auf sich gezogen.« Das ist eine Behauptung, die auf gar keine Weise mit der Geschichte der Ruth Grigorjewna und ihrer Familie übereinstimmt – aber sie zeigt deshalb um so deutlicher den Gegensatz zwischen dem Wirklichen und dem Imaginären. Dann beschreibt Medwedew, der es wissen muß, die Situation der wissenschaftlichen Gemeinschaft bis Ende 1934.

»Von 1935 bis 1937 fanden so viele Diskussionen wie nie zuvor auf allen Gebieten der Wissenschaft, der Geisteswissenschaft und der Literatur statt. In der Regel hatten sie alle einen scharfen Ton an sich – wegen der geschichtlichen Umstände. Unterschiedliche Meinungen, Ansätze, Methoden und Auswertungen der Fakten sind in der Wissenschaft nichts Außergewöhnliches. Die Wahrheit kommt durch Auseinandersetzung zum Vorschein. Aber unter den Bedingungen der massiven Unterdrückung der dreißiger Jahre mit der Jagd auf Spione und der zentralisierten Entflammung von Leidenschaften, unter den Bedingungen einer fieberhaften Suche nach den Volksfeinden in allen Tätigkeitsbereichen, wurde jede wissenschaftliche Diskussion leicht zu einem Kampf mit politischen Untertönen. Fast jede Diskussion endete für die Seite tragisch, die von den edleren, vernünftigeren, ehrlicheren und ruhigeren Menschen vertreten wurde, welche ihre Argumente auf wissenschaftliche Fakten stützten … Während dieser Zeit bestand die einfachste und verlockendste Methode, Gegner zu besiegen, die nicht mit Hilfe wissenschaftlicher Argumentation zu schlagen waren, darin, politische Anschuldigungen zu erheben. Es gab mehrere, die diesen Weg wählten, der oft nicht nur zu einer Niederlage, sondern gar zur physischen Vernichtung von wissenschaftlichen Opponenten führte.«

Der hier beschriebene Kampf brach zum erstenmal im Jahre 1929 aus, zuerst in der Biologie, dann in der Genetik. Der Ausbruch war natürlich nicht ganz unbeeinflußt von der Endphase von Stalins Festigung seiner Macht und vom Beginn der intensiven Kampagne der Kollektivierung der Landwirtschaft, die direkt zu der großen Hungersnot in der Ukraine und im Nordkaukasus führte. Im Gegenteil, es war die große Hungersnot, die zur »großen Säuberung« führte.

Lyssenko I:
»Das war das schrecklichste Jahr«

Viel, wenn nicht sogar alles, was sich während der Säuberungsaktionen in der UdSSR in den dreißiger Jahren ereignete, wurde im Schatten der Hungersnot von 1932 bis 1933 geplant. Die Ereignisse selbst waren das Ergebnis einer Reaktion auf die »Neue Ökonomische Politik« (NEP) der zwanziger Jahre. In ihrer Furcht vor einer Wiederkehr des Kapitalismus beobachteten die Bolschewiken mit wachsender Anspannung die befreiten Bauern, die mittlerweile sogar das Wahlrecht besaßen. Noch 1927 waren 93,8 Prozent der Anbaufläche in der Sowjetunion im Besitz einzelner Bauern. Durch die »Neue Ökonomische Politik« und sieben Jahre des Liebäugelns mit der Marktwirtschaft war der Anteil der Kulaken (»kulak« bedeutet im Russischen »Faust« und wird im Sinne von »knauserig, ausbeuterisch« verwendet) von 2,8 Prozent im Jahre 1922 auf 6,1 Prozent 1925 angestiegen. Die Bezeichnung Kulake, so wie ihn die Bolschewiken gebrauchten, war äußerst dehnbar. Ursprünglich mußte jeder, der zwei Pferde, zwei Kühe und genug Land besaß, um sich selbst zu versorgen, und noch dazu etwas zum Verkaufen übrig hatte, diese Bezeichnung als politisches Bekenntnis führen.

Die Bolschewiken verwendeten diese Bezeichnung, um jeden, den sie enteignen wollten, herauszufiltern. Ein weiteres Problem, das den althergebrachten Drang zur Kollektivierung verstärkte, war die Tatsache, daß der auf den Märkten zum Kauf angebotene Überschuß immer kleiner wurde, während es den anderen Bauern gutging. 1928 wurde in den Provinzen die Brotrationierung eingeführt, 1929 in Moskau und Leningrad. Daraufhin stellte Stalin Lenins Politik der gewaltlosen Überzeugung des Bauernstandes um und führte ein Intensivprogramm zur völligen Kollektivierung der Landwirtschaft durch. Die Folge waren unvorstellbare Unruhen, die schon bald Ausmaße eines Bürgerkrieges annahmen. Von Januar bis März 1930, innerhalb von drei Monaten, wurden zehn Millionen landwirtschaftliche Anwesen kollektiviert. Innerhalb von fünf Monaten wurde über die Hälfte des landwirtschaftlichen Grundbesitzes kollektiviert. Die Bauern verteidigten ihren Besitz mit Gewehren, Schwertern, Äxten und Messern. Sie brachten ihr Vieh lieber um, als daß sie es den Kolchosen überließen. Letztendlich weigerten sie sich auch, auf den Kolchosen zu bleiben. Die Kollektivierungskampagne endete in einem Fiasko.

Es passierte aber nichts. Der Grund dafür ist im Wesen der Partei zu finden. Es wurde bereits beim Kronstadter Aufstand beobachtet, daß sich die Mitglieder der Partei, sobald diese aus irgendeinem Grund unter Beschuß kam, nicht weiter bekriegten, sondern solidarisch als geschlossene Reihe auftraten. Dies geschah ganz offensichtlich auch nach Stalins mißlungener allumfassender Kollektivierungskampagne, von der Stalin selbst sagte, daß sie ein Fehler war, übereifrigen Untergebenen aber die Schuld dafür in die Schuhe schob. Anstatt diese Aufwallung von Empörung und Trotz bei den Landbewohnern zu ihrem Vorteil zu nutzen, erklärten die »Rechten« im Politbüro – Bucharin, Rykow und Tomski –, daß sie nicht einmal davon träumen würden, gemeinsame Sache mit den Bauern gegen »die Partei« zu machen. Diese Haltung fällt allgemein unter den Oberbegriff »Ehrenkodex der Diebe«, was bedeutet, daß der Gedanke, die Bande und vor allem den Anführer der Bande zu verraten, für jedes Mitglied tabu ist. Es wird auch der Mechanismus offensichtlich, der zwangsläufig zum Stalinismus führte: die Belagerungsmentalität der Partei. Genau das meinte Lenin, als er 1923 sagte: »Wir leben in einem Meer von Illegalität.« Entweder belagerte die Partei das Volk oder das Volk die Partei. Dies ist die zentrale Bedeutung der marxistisch-leninistischen Parole: »Wer wen?« Seit Stalin die Führung der Partei übernommen hatte und all ihre Maßnahmen steuerte, bedeutete dies die Gleichstellung Stalins mit der Partei und folglich die Unterstützung Stalins im Namen der Partei bei allen politischen Fehlschlägen. Politische Erfolge andererseits aber wurden Stalin allein gutgeschrieben. Das Resultat all dessen war, daß Stalin die Initiative nicht wiedergewann, sondern sie ihm wiedergegeben wurde; wiedergegeben von seinen Feinden, die in aufrichtiger Solidarität handelten. Stalin setzte die Umorganisation fort und verstärkte alle Maßnahmen zur vollständigen Kollektivierung. Die Katastrophe bahnte sich an. Diese Belagerungsmentalität der Partei trug direkt zur einzigen künstlich geschaffenen Hungersnot der Weltgeschichte bei, der Hungersnot von 1932 bis 1933, der im ganzen Land insgesamt fünf bis sechs Millionen Menschen zum Opfer fielen, drei Millionen davon in der Ukraine (»... zuerst die Männer, dann die Kinder und zuletzt die Frauen ...«). Das also war es, was hinter »dem Umfeld massiver Repressionen, der Jagd nach Spionen und dem zentralisierten Entflammen von Leidenschaften steckte – eine fieberhafte Suche nach den Feinden des Volkes in allen Bereichen menschlicher Aktivität, wo jede wissenschaftliche Diskussion zu einem Kampf mit politischem Unterton« wurde und beinahe jede Diskussion tragisch für jene endete, die ihre Argumente auf wissenschaftliche Erkenntnisse stützten. Im diesem Abschnitt

beschreibt Medwedew das, was später als die »große Säuberung« bekannt wurde.
Der Kampf in der Biologie und dann im Bereich der Genetik war in der Sowjetunion keineswegs nur die jahrhundertealte Kontroverse über Vererbung und Umwelt oder über Natur und Erziehung. Im Rußland Lenins und Stalins wurde diese Auseinandersetzung unvermeidlich zu »Biologie versus Gesellschaft« verdreht. Die revolutionären Gründer der Sowjetunion glaubten, daß sie durch die Schaffung eines neuen sozialen Umfeldes einen »neuen Sowjetmenschen« schaffen konnten. Das war es doch, worum es Marx eigentlich ging und was ihn und seinesgleichen antrieb: die Tatsache, daß es möglich war, den Menschen umzuformen, ihn zum Abbild seiner ideologischen Umwelt zu machen. Unter dem Druck, alles politisieren zu wollen, wurde durch diesen Lehrsatz die Einbeziehung der Ideologie in die Wissenschaft erzwungen. Medwedew schreibt hierzu: »Vor allem einige der jungen Wissenschaftler gestatteten es, daß sich auch noch ›bürgerliche Tendenzen‹ in der Wissenschaft, bis hin zu den Naturwissenschaften, breitmachten. Sie versuchten, die Methode zur Lösung des Klassenproblems auch auf Probleme anzuwenden, die in einem sozialistischen oder kapitalistischen Umfeld nur experimentell gelöst werden konnten.« Der Streit auf dem Gebiet der Genetik schloß auch »das Problem der Vererbung und vererbter Eigenschaften sowie das Gen als wirklicher Träger der Erbsubstanz« mit ein. Trotz der Ungeduld einer politischen Führung, die aus Revolutionären mit einer totalitären Ideologie bestand, war die Schaffung des »neuen Sowjetmenschen« offensichtlich ein Langzeitprojekt, das für jegliche Art theoretischer Kritik anfällig war. Außerdem gab es praxisbezogenere und dringendere Projekte. Von 1935 bis 1936 war die Genetik nicht mehr rein wissenschaftlich; sie wurde auch als

theoretische Grundlage für Pflanzen- und Tierselektion sowie für Saat- und Pflanzenzucht herangezogen. Der Grund dafür, daß der Tier- und Pflanzenzucht besondere Bedeutung zugemessen wurde, ist in der Dürreperiode und den Ernteausfällen von 1921 mit der darauffolgenden Hungersnot zu sehen. Diese Zwangslage führte zu einer radikalen Änderung des Getreideanbaus. Angesichts ihrer schlechten Finanzlage und dem Mangel an qualifizierten Agronomen unternahm die Sowjetunion umfangreiche Bemühungen, ihre landwirtschaftliche Produktivität zu steigern und zu diversifizieren, indem sie »Spähtrupps« aussandte, deren Auftrag es war, ausländische Experten anzuwerben und neue Mischformen sowie andere Informationen auszukundschaften.
Die Antriebskraft des sowjetischen Staates jedoch war eine gefährliche Mischung aus großem Bedarf, großen Erwartungen und großen Überzeugungen; letztere entstammten der zentralen Gewißheit, im Besitz einer Art Glauben und Wissenschaft in einem zu sein, welche bei richtiger Anwendung alle Probleme lösen könne. All dies steuerte auf eine Situation zu, die praktisch dazu bestimmt war, einen oder mehrere Trofim Denissowitsch Lyssenko hervorzubringen.

Lyssenko war Botaniker. Durch seine Entdeckung der »Umwandlung von Winter- in Sommergetreide«, der sogenannten Vernalisierung, welche als »landwirtschaftliche Methode, mit der man Getreide, das im Sommer angebaut wird, im Winter ernten kann« (Medwedew) beschrieben wird, kam er innerhalb kürzester Zeit zu großem Ruhm. Als Lyssenko im heutigen Kirowobad in Georgien arbeitete, entdeckte er, daß Wintergetreidearten, die man im Frühjahr aussät, nicht im Herbst, sondern im Winter, sobald die Saat der ersten Kälte ausgesetzt ist,

Ähren treiben. Dies wurde in den sowjetischen Medien als die Umwandlung des Wintergetreides in Frühjahrsgetreide gepriesen. 1929, ungefähr drei Jahre später, hatte Lyssenkos Vater Wintersaat, die unter dem Schnee überwinterte, im Frühjahr ausgesät und einen Ertrag von vierundzwanzig Zentnern pro Hektar erzielt. Diese Sensation, für die der jüngere Lyssenko das Lob einheimste, erschien vor dem Hintergrund der durch den Frost in der Ukraine verursachten beträchtlichen Ernteausfälle des Wintergetreides im Jahr 1927/28 noch sensationeller. Von nun an klammerte man sich an die »Vernalisierung« als möglichen Retter bei derartigen Katastrophen. Auf Beschluß des Kommissariats für Landwirtschaft der Ukraine und der Sowjetunion wurde im Institut für Genetik und Fortpflanzungslehre in Odessa eine Sonderabteilung für Vernalisierung unter der Leitung von Trofim Denissowitsch Lyssenko geschaffen. Das war der Beginn einer ganz außergewöhnlichen Karriere. In den Jahren 1931 bis 1934 begründete Lyssenko eine Theorie über »die phasische Entwicklung von Pflanzen«, welche als »herausragende Errungenschaft sowjetischer Wissenschaft« gefeiert wurde. Allmählich aber stellte sich heraus, daß sie nicht das Allheilmittel war, für das man sie gehalten hatte. Man verwendete schon bald Frühjahrsgetreide, da der Ertrag bei den Wintersorten, die man anfangs verwendet hatte, rückgängig war. Hierbei war es erforderlich, das Saatgut des Weizens und anderer Getreidearten mehrere Tage lang einzuweichen. Dies aber war eine komplizierte und zeitraubende Prozedur, da Feuchtigkeit und Temperatur ständig überwacht und das Saatgut regelmäßig gewendet werden mußte. Man glaubte, daß der aufgequollene, feuchte Samen eine um mehrere Tage verkürzte Wachstumsphase habe. Wenn also die zweite Hälfte des Sommers zu trocken würde, wäre das

Getreide aufgrund dieser Behandlung der Trockenheit nicht so lange ausgesetzt.
Schon bald stellte sich heraus, daß Lyssenkos wirkliches Talent in der Entdeckung und Anwendung politischer Analogien lag. Dies zeigt Lyssenkos Rede beim Zweiten All-Unions-Kongreß der Stoßbrigaden 1935. Er hielt diese Rede in Anwesenheit Stalins und aller Regierungsmitglieder:
»Genossen, obwohl die durch die sowjetische Realität geschaffene Jarowisation (Vernalisierung) innerhalb der verhältnismäßig kurzen Zeit von vier bis fünf Jahren zu einer Wissenschaft ausgebaut werden konnte, und obwohl sie alle Angriffe des Klassenfeindes, derer es mehr gibt, als wir uns denken, abwehren konnte, gibt es noch viel zu tun.
Genossen, Kulaken-Saboteure gibt es nicht nur in euren Kolchosen – ihr kennt sie sehr gut. Es gibt sie auch in der Wissenschaft; und hier sind sie nicht weniger gefährlich, nicht weniger erbitterte Feinde. In mehreren Diskussionen mit sogenannten Wissenschaftlern wurde im Kampf für die Verteidigung und die Einführung der Jarowisation bereits genügend Blut vergossen; auch in der Praxis mußten schon viele Schläge eingesteckt werden.
Sagt mir, Genossen, gab es nicht bereits einen Klassenkampf hinsichtlich der Jarowisation? In den Kolchosen waren es die Kulaken und ihre Helfershelfer (und nicht nur sie, auch alle Klassenfeinde), die den Bauern unablässig ins Ohr flüsterten: ›Weicht das Saatgut nicht ein. Es wird dadurch ruiniert.‹ Ja, so war es; das war es, was sie flüsterten, so haben die Kulaken und Saboteure versucht, die Kolchosenbauern zu täuschen, anstatt ihnen zu helfen; so haben sie sowohl in der Wissenschaft als auch außerhalb Schaden angerichtet. Ein Klassenfeind ist immer ein Feind, egal ob er Wissenschaftler ist oder nicht.«

Am Ende der Rede rief Stalin: »Bravo, Genosse Lyssenko, bravo!«

Denn Stalin wußte, daß der im Bereich der Genetik aufziehende Sturm weit mehr war als nur eine Auseinandersetzung über Pflanz- und Fortplanzungstheorien und -praktiken oder sogar eine Lösung der Vererbungs- oder Umweltfrage. Was hier auf dem Spiel stand, war die Anerkennung oder Ablehnung des Marxismus als Glaubensbekenntnis. Was hier auf dem Spiel stand, war die Anerkennung des Marxismus als Wissenschaft aller Wissenschaften. In seinem Buch *Materialismus und Empirokritizismus,* das zur sowjetischen Bibel wurde, schrieb Lenin: »Man kann nicht eine einzige grundlegende Annahme, nicht einen einzigen wesentlichen Teil der marxistischen Philosophie auslassen, ohne dadurch die objektive Wahrheit aufzugeben, ohne dadurch in die Hände bürgerlich-reaktionärer Falschheit zu fallen.« Lenin hatte Marx' Lehre ganz und gar geschluckt. Wissenschaft an sich aber ist international, objektiv und neutral. Stalin wußte genauso gut wie Lenin, daß entweder der Marxismus die Wissenschaft beherrschen würde oder die Wissenschaft den Marxismus – um ihn letztendlich zu zerstören.
Da der Marxismus von sich behauptete, durch und durch wissenschaftlich zu sein, war die Sowjetunion ganz einfach dazu gezwungen, in allen wissenschaftlichen Angelegenheiten gegenüber der restlichen Welt eine aggressiv-arrogante und anmaßende Haltung einzunehmen. Die Wissenschaft war die Achillesferse der Sowjetunion, da Marx' Anspruch auf wissenschaftliche Legitimität betrügerisch war. Der Geist des orthodoxen Kommunismus ist ganz und gar unwissenschaftlich. Ungeachtet der zitierten Noli-me-tangere-Haltung Lenins hinsichtlich der grundlegenden Annahmen des Marxismus, ist das oberste Prinzip

einer wissenschaftlichen Annäherung das stets kritische Beobachten und Hinterfragen *aller* grundsätzlichen Annahmen. Nichts außer dieser prinzipiellen Methode ist heilig in der Wissenschaft. Lenins Ächtung der zivilisierten industrialisierten Welt als »bürgerlich-reaktionär« war in Wirklichkeit eine Ächtung der Sowjetunion selbst. Das war das Grundelement seiner Kriminalisierung des sowjetischen Staates. Das allmähliche Erkennen dieser Tatsache in der Gemeinschaft der Nationen brachte der Sowjetunion Schimpfnamen wie »Einzelgänger« und in neuerer Zeit »Reich des Bösen« ein.

Dieser Zwang, dem die sowjetische Außen- wie Innenpolitik unterlag, führte zu einer selbstauferlegten Quarantäne der Sowjetunion, vor allem was den Informationsaustausch und alle anderen Geschäfte betraf – mit Ausnahme der Spionage. Der Fall Trofim Denissowitsch Lyssenko kam für die Sowjetunion wie auf Bestellung; denn nun konnte sie aufgrund eines neuen Aufbruchs auf dem Gebiet der Pflanzenzucht, der von keinen bürgerlichen Vorurteilen belastet war und darüber hinaus sensationell hohe Erträge versprach, eine Monopolstellung in der Wissenschaft beanspruchen. Falls Lyssenkos Behauptungen wissenschaftliche Gültigkeit besessen hätten und in diesem Fall bestätigt worden wären, hätten die Sowjets eine Schlüsselposition innegehabt, von der aus sie ihren psychologischen Krieg der Eroberung des menschlichen Geistes hätten weiterführen können.

Die Sowjets befanden sich sozusagen in der gleichen Lage wie die Gelehrten zu Galileos Zeiten: Sie waren nicht an der Wahrheit über die Natur, sondern an der Natur der Wahrheit interessiert, von welcher sie fest glaubten, sie zu besitzen. Im Frühling 1937 las ein fünfzehnjähriger Schuljunge namens Andrej Sacharow einen Artikel in der Regierungszeitung »Iswestija«, der ein glühender Angriff auf den »Morganismus« und den »Weismannismus« war; Andrej schüttelte den Kopf und schauderte. »Das«, sagte er fünfzig Jahre später, »war das schrecklichste Jahr.« Lyssenko und der »sowjetischen Wissenschaft« stand aber eindeutig die Person Gregor Johann Mendels (1822–1884) im Wege. Er war der Entdecker der Vererbungsgesetze (Mendelsche Gesetze), welche kategorisch abstreiten, daß erworbene Eigenschaften eines Menschen vererbbar sind. Zwei seiner bedeutendsten Nachfolger waren der amerikanische Nobelpreisträger Thomas Hunt Morgan (1866–1945) und der Deutsche August Weismann (1843–1914). Auf Lyssenkos Seite stand Iwan Wladimirowitsch Mitschurin (1855–1935), der ein Buch mit den Titel *Über die Nichtanwendbarkeit Mendelscher Gesetze bei der Bastardierung* geschrieben hatte. Die Sowjets neigten dazu, die »bürgerliche Genetik« mit der Lehre Morgans und Weismanns gleichzusetzen, während sie die Lehre, die Lyssenko vertrat, als Lehre Mitschurins bezeichneten.

Lyssenko zog die klassischen Genetiker damit auf, daß bisher keiner von ihnen je ein Gen gesehen habe, egal welches Mikroskop und welche Vergrößerung sie benutzten. In ähnlicher Weise wie zu Galileos Zeit verlagerte sich die Auseinandersetzung von theoretischen Diskussionen auf persönliche Angriffe und Anschuldigungen der Illoyalität. Dies war die Zeit des großen Schreckens; die Zeit der Moskauer Schauprozesse, in denen Stalin die gesamte altbolschewistische Führung beseitigte. Der Höhepunkt wurde durch die Hinrichtung Kamenews, Sinowjews und Bucharins sowie Tausender Partei- und Armeefunktionäre (darunter auch Marschall Tuchatschewski) unter dem Vorwand des Landesverrats erreicht, wobei Stalin all seine Opfer als »Ausbeuter« und »Volksfeinde« bezeichnete. Es war der orgiastische Triumph eines Meisterverbrechers am Ende eines langen Rachefeldzuges. Dieser lange Prozeß der Vernichtung schuf ein Reservoir treuer Parteianhänger, aus dem die Partei für ihre politischen Angriffe auf die eigentlichen Wissenschaftler schöpfen konnte. Die Verräter unter den Wissenschaftlern, die bereit waren, sich für die Sache des Kommunismus zu prostituieren, waren Gold wert. So war der sicherste Mensch in der Sowjetunion zweifellos Lyssenko. Die in diesem Zusammenhang am meisten gefährdete Person war Nikolaj Iwanowitsch Wawilow, Lyssenkos Hauptgegner aufgrund seines Rufes als anerkannter Wissenschaftler und seiner Eigenschaft als Präsident der Lenin All-Unions Akademie für Agronomie (LAAAS) und des All-Unions Institutes für Pflanzenzucht (AIPB). Außerdem war Wawilow ein Mann von Charakter und noch dazu international bekannt. Angesichts seiner Integrität war es wohl seine Bekanntheit, die sein Schicksal heraufbeschwor: Er war der perfekte Sündenbock für das System. Drei Jahre unablässiger Verleumdung reichten aus, um Wawilow zu Fall zu bringen. Er wurde am 6. August 1940 auf einer pflanzenkundlichen Exkursion in der Westukraine festgenommen. Am 12. August 1940 begann das Verhör im sogenannten »inneren Gefängnis« des NKWD (heute KGB) in Moskau. Oberleutnant Chwat (ein passender Name, der soviel heißt wie »greifen, ergreifen« oder »fassen«) eröffnete das Verhör mit den Worten: »Sie wurden verhaftet, weil Sie aktives Mitglied einer antisowjetischen Sabotageorganisation sind sowie als Spion für ausländische Geheimdienste arbeiten ... Gestehen Sie Ihre Schuld?«

Wie aus dem sowjetischen Bericht hervorgeht, hat sich Oberleutnant Chwat mit Wawilows Antwort offensichtlich nicht zufriedengegeben; denn er verhörte den Unschuldigen genau vierhundertmal in den elf Monaten vor seinem Prozeß – einem Prozeß, der dann nicht einmal zehn Minuten dauerte. Bei diesen Verhören wurde Wawilow gezwungen, zehn Stunden ununterbrochen zu stehen. Chwat benötigte zwölf Tage, um Wawilow kleinzukriegen. Am 24. August unterzeichnete dieser sein Geständnis. Chwat erreichte aber noch viel mehr: Er zwang Wawilow dazu, eine völlig aus der Luft gegriffene zwölfseitige Erklärung über »Sabotageaktivitäten im Institut für Pflanzenkunde, die von mir von 1929 bis zu meiner Verhaftung am 6. Juli 1940 geleitet wurden«, abzufassen. Was Chwat jedoch nicht erreichte, war, Wawilow zu einem Geständnis zu bringen, für eine fremde Macht spioniert zu haben. Mit Wawilows oben genannter Erklärung hatten seine Peiniger ihren Zweck bereits mehr als erreicht. Der Verfasser des Berichts hat hierzu einen interessanten Kommentar: »Nicht nur Folter, Erniedrigung und schlaflose Nächte brachten Wawilow dazu, etwas Derartiges zu schreiben; es war eher seine feste Überzeugung, daß über sein Schicksal bereits entschieden worden sei und es daher sinnlos sei, weiter auf seinen Rechten zu bestehen und die Verleumdung zurückzuweisen, daß es sinnlos sei, Widerstand zu leisten.« Diese Mutmaßung – falls es wirklich nur eine ist – ist nicht weit hergeholt. Wawilow hatte die Walpurgisnacht des großen Schreckens, in der die Partei- und Armeeführung wie Unkraut vernichtet wurde, miterlebt. Nach dem Spektakel der Schauprozesse glaubte niemand mehr in der Sowjetunion, der dem Geschehen nahe stand, daß nach der Verhaftung noch in irgendeinem Fall die Gerechtigkeit siegen würde.

Wenn die betreffende Wissenschaft für militärische Zwecke gebraucht wurde, gelang es den Sowjets sehr viel besser, die Angelegenheit zu handhaben. Sergej Pawlowitsch Koroljow, Physiker und Raumfahrttechniker wie sein Kollege und Rivale Wernher von Braun, hatte Glück im Unglück und wurde schon am Anfang seiner Karriere von der Armee gesponsert. Koroljow hatte das besondere Unglück – wie sich erst später herausstellen sollte – dem »klügsten Kopf der Roten Armee«, Marschall Tuchatschewski, der im Mai 1937 im Rahmen der Säuberung als Verräter hingerichtet wurde, aufzufallen.

Unter den anderen Raumfahrttechnikern, die zusammen mit Koroljow im Zuge der Hinrichtung Tuchatschewskis verhaftet wurden, befand sich auch Koroljows Freund Andrej Tupolew, einer der ersten Flugzeugkonstrukteure des Landes.

1939 zeigte Stalin Weitblick, als er Tupolew in eine Fabrik für Häftlinge im Zentrum Moskaus bringen ließ, damit er dort Militärflugzeuge baue. Tupolew verlangte Koroljow als Assistenten und bewahrte diesen dadurch vor dem Arbeitslager in Sibirien. Koroljow war ebenso wie Tupolew bis 1945 Gefangener, als er mit einem Spezialauftrag zur deutschen V-2-Fabrik in Peenemünde geschickt wurde. Dort besorgte er sich einige der V-2-Raketenmotoren, die von der Wernher-von-Braun-Gruppe entwickelt worden waren, und fuhr dann zu einem Zentrum für Raumfahrttechnik bei Kapustin Jar an der südlichen Wolga. Dort entwickelte er aus den V-2-Raketenmotoren die erste Reihe der sowjetischen RD-107-Raketenmotoren. Als Belohnung für diese Leistung wurde er zum Oberst der Artillerie (Erinnerungen an Galileo und die »virtuosi«) ernannt. Obwohl er nun kein Gefangener mehr war, stand er immer noch unter Beobachtung und wurde seinen »Schatten« bis Stalins Tod auch nicht los. Später wurde ihm dann die Parteimitgliedschaft angeboten, welche er unverzüglich annahm, um größere Unabhängigkeit genießen zu können.

1956 überredete Koroljow Chruschtschow, den Amerikanern zuvorzukommen und als erster einen künstlichen Satelliten in den Weltraum zu schießen, anläßlich der Feier zum Internationalen Geophysischen Jahr 1957. Das war das Konzept für die »Sputnik«-Sensation, gefolgt vom ersten Menschen im Weltall, Juri Gagarin. Nun war die Sensation darüber, daß die Sowjetunion die Führung in der Raumfahrt übernommen hatte, komplett – komplett, aber nur von kurzer Dauer: Innerhalb von knapp zehn Jahren flogen die Amerikaner Menschen und einen Jeep, das »Mondmobil«, zum Mond – eine Leistung, die die Sowjets bis zum heutigen Tage, fast zwanzig Jahre später, weder nachahmen noch anderweitig übertrumpfen konnten. Der amerikanische Mondflug war ein Triumph Wernher von Brauns, Koroljows Erzfeind, und seinem Team. Die Braun-Gruppe kam mehr oder weniger vollzählig in die Vereinigten Staaten, wo alle Mitglieder die amerikanische Staatsbürgerschaft erhielten und praktisch Carte blanche bekamen in einem Intensivprogramm, das darauf ausgerichtet war, den Wettlauf zum Mond zu gewinnen. Koroljow sah nicht mehr, wie Armstrong den Mond betrat: Er erlag im Januar 1966 mit sechzig Jahren einem Herzinfarkt, in dem vollen Bewußtsein, daß die Sowjetunion den Wettlauf um die Erforschung des Weltraumes bereits verloren hatte.

Zurück zu Wawilow: Er wurde am 9. Juli 1941 vom militärischen Richterkollegium des Obersten Gerichtshofes, das aus drei Personen besteht (die traditionelle »Troika«, die sowohl von Faschisten als auch von Kommunisten bevorzugt wird), nach kurzer, mehrminütiger Beratung (die gesetzlich vorgeschriebene Zeit in Kommunismus und Faschismus) nach Paragraph 58 des sowjetischen Strafrechts folgender Vergehen für schuldig befunden: Zugehörigkeit zu einer rechtsorientierten Verschwörung; Spionage für England (Wawilow wurde 1939 zum Präsidenten des Internationalen Genetikkongresses in Edinburgh gewählt, erhielt aber keine Ausreiseerlaubnis); Anführer der Arbeiter-und-Bauern-Partei; Sabotage in der Landwirtschaft; Verbindungen zu weißen Emigranten etc. Wawilow stritt alle Anschuldigungen ab. Er wurde zum Tode verurteilt. Sein Urteil wurde später in zehn Jahre Haft umgewandelt. 1942 starb er im Gefängnis an Unterernährung und Unterkühlung (Wawilows Haftzeit fiel mit der Invasion der Deutschen in der Sowjetunion zusammen, weshalb er offensichtlich im Winter 1941/42 mehrere Male verlegt werden mußte). Mit Wawilows Sturz ging der Lyssenkoismus in der Sowjetunion als triumphierender Sieger in allen Wissenschaftsbereichen hervor. Eine bemerkenswerte Parallele zu Lyssenkos Kontroverse mit den Genetikern, die auf dem Gebiet der Agronomie stattgefunden hatte und bei der das Mitglied der Akademie der Wissenschaften V. R. Wiljams für das Rotationssystem für Weideland eingetreten war. Dieses System bestand darin, eine dreißig- bis vierzigprozentige Mischung aus Hülsenfrüchten und Gerstengräsern in einem turnusmäßigen Wechsel zur Schaffung und Erhaltung einer guten Bodenstruktur, die Wiljams für sehr wichtig hielt, zu säen. Wiljams behauptete, daß mit dieser Methode bei der Bepflanzung eines feinstrukturierten, klumpigen Bodens (laut Wiljams der einzig fruchtbare Boden) der Ertrag um ein Zehnfaches erhöht werden könnte. Diese Behauptung basierte übrigens auf keinerlei Daten, da keine Experimente durchgeführt worden waren, weil Wiljams es nicht gestattete; die einzige Basis bildeten die »abstrakten Überlegungen über die wasserspeichernde Kapazität verschiedener Bodenarten«. Wie, fragt Medwedew, schaffte es Wiljams, die Planungsorgane so zu hypnotisieren, daß sie auf gut Glauben »seine phantastischen Versprechen, einen Weizenertrag von einhundert bis einhundertsechzig Zentnern pro Hektar nur durch das bloße Verfaulen der Wurzeln der mehrjährigen Getreide zu erreichen«, akzeptierten. Medwedew folgert daraus, daß Wiljams' Dialektik Demagogie zugrunde lag, »ein berechnendes Talent, seine wissenschaftlichen Feinde zu verleumden, zu diskreditieren und zu diffamieren. Wiljams und seine Anhänger waren Menschen, die genau wußten, wie sie sich die tragische Atmosphäre des herrschenden Personenkultes zunutze machen konnten.« Wiljams und seine Schule, die sich nicht scheuten, oben beschriebene Methoden anzuwenden, waren (ebenso wie sein Freund Lyssenko in noch größerem Maße) direkt verantwortlich für die Gefangennahme und den Tod – durch Hinrichtung oder Selbstmord – von Dutzenden, wenn nicht sogar Hunderten von Wissenschaftlern. Dafür jedoch wurden Wiljams und Lyssenko offiziell bejubelt, nicht beschuldigt.

Dadurch, daß Wiljams die Schüler des bedeutenden Botanikers D. N. Prjanischnikow, der am Moskauer Landwirtschaftsinstitut den Lehrstuhl für Pflanzenzucht innehatte, anschuldigte, kam es zur Verhaftung von zwölf Wissenschaftlern des All-Union Institutes für Düngemittel, einschließlich dessen Direktors Saporoschez. (Das Institut war das Geistesprodukt von Prjanischnikow.) Dieses Ereignis wurde im Parteiorgan der Sowjetunion bejubelt.

Manchmal sorgte die dazu im Kontrast stehende Nüchternheit der attackierten klassischen Wissenschaftler für eine Art befreiende Komik. So stellte man auch bei einer Diskussionsrunde über Bodenkarten der Abteilung für landwirtschaftliche Chemie und Bodenkunde des LAAAS fest, daß »das Verhalten des Vorsitzenden der Diskussion, Prjanischnikow, erstaunlich war. Jedesmal, wenn ein Genosse über den Rahmen rein technischer Fakten hinausging und auf die Sabotageakte der Feinde des Volkes zu sprechen kam, unterbrach ihn der Vorsitzende. Die Plenarsitzung verurteilte die Rede und das Verhalten

Prjanischnikows bei der Diskussion als eines sowjetischen Wissenschaftlers unwürdig.«

Das Ergebnis der Diskussion über Bodenkarten war die Annahme von Wiljams' Vorschlägen – ein Indiz dafür, das seine Vorschläge Anklang fanden. Diese sahen eine Weiterführung von Bodenkarten vor, jedoch ohne genaue Angaben über die chemische Zusammensetzung des Bodens. Statt dessen sollten die Bodenkarten – nach Wiljams' Meinung – morphologische Beschreibungen und Charakterisierungen der Bodenstruktur liefern. Tatsächlich gelang es den Anhängern Lyssenkos, mit Hilfe solcher »vigilantes« wie Wiljams den Sieg davonzutragen und die sowjetische Landwirtschaft zu beherrschen. Dabei ersetzten sie bis zum Ende der dreißiger Jahre die Mehrzahl der herkömmlichen Wissenschaftler in allen Schlüsselpositionen aller wichtigen Institute, Akademien und Ministerien. Ihre Herrschaft war – zum Glück für die Sowjetunion – nie allumfassend. Trotz eines unermüdlichen Kreuzzuges gegen chemische Düngemittel von seiten Wiljams' gelang es Prjanischnikow und seinen Kollegen, den Bau von Düngemittelfabriken, die rasch für die Herstellung von Sprengstoff umfunktioniert werden konnten, durchzusetzen. Man kann die Wichtigkeit dieser Fabriken zu einer Zeit, als die Deutschen am 21. Juni 1941 ohne Vorwarnung in Rußland einmarschierten, wohl kaum übertreiben.

Oppenheimer: Der Aufstieg

Kurz nach dem Zweiten Weltkrieg lernte ein Reisender, der den Ärmelkanal im »Golden Arrow«, dem Schnellzug zwischen London und Paris, überquerte, einen amerikanischen Geschäftsmann kennen. Der Reisende bemerkte, daß der Amerikaner mit starkem ausländischem Akzent sprach, was an sich nichts Ungewöhnliches war, aber der Reisende glaubte, den Akzent erkannt zu haben, und erkundigte sich danach. Die Antwort des Geschäftsmannes: »Ich wanderte von Deutschland nach Amerika aus.« Daraufhin begann der Reisende, deutsch mit dem Geschäftsmann zu sprechen; zu seiner Überraschung entdeckte er auch im Deutsch des Geschäftsmannes einen ausländischen Akzent – und erkundigte sich nach dem Grund. Der Geschäftsmann grinste: »Ich war russischer Soldat im Ersten Weltkrieg und wurde in Ostpreußen von den Deutschen gefangengenommen. Nach dem Krieg wurde ich deutscher Staatsangehöriger und hatte ein Geschäft in Berlin. 1938 sah ich, was kommen würde, und wanderte nach Amerika aus.« Ein alter Mann kann sein Leben krönen, indem er Amerikaner wird – als eine Art Erfüllung seiner Träume. Aber unter denen, die Ende des 19. Jahrhunderts von Deutschland nach Amerika auswanderten, war ein sehr junger Mann – ein siebzehnjähriger Knabe namens Julius Oppenheimer.

J. Robert Oppenheimer, der ältere Sohn des deutschen Einwanderers Julius Oppenheimer, war ein Wunderkind – und blieb ein Wunder der Gelehrsamkeit sein ganzes Leben lang. Robert war das angebetete und verwöhnte

Kind eines wohlhabenden Vaters (der Einwanderer war ein sehr erfolgreicher Importeur von Futterstoffen für Kleider, und seine Familie lebte in einer Neun-Zimmer-Wohnung am Riverside Drive in Manhattan) und einer gütigen, gebildeten Mutter. Beide Elternteile waren Mitglieder der »New York Society for Ethical Culture«. Sie schickten Robert und seinen Bruder Frank durch die Schule dieser Gesellschaft. Robert wuchs mehrsprachig auf: Von seinen Eltern lernte er Deutsch, und in der Schule lernte er die klassischen Sprachen. Im Alter von neun Jahren forderte er angeblich eine ältere Cousine heraus: »Stelle mir eine Frage auf lateinisch, und ich werde dir auf griechisch antworten.« Er spezialisierte sich auf Physik; das Studium an der Harvard-Universität schloß er nach drei Jahren summa cum laude ab. Wie man sich denken kann, verbrachte er die meiste Zeit in der Bibliothek. Um seinen Doktor in Physik zu machen (was ihm bereits mit dreiundzwanzig Jahren gelang), mußte der junge Oppenheimer nach Europa gehen, denn bis zum Zweiten Weltkrieg war Europa noch die Heimat der höheren Wissenschaften.

Oppenheimer ging zuerst nach Cambridge (wo er die großen Persönlichkeiten der Physik kennenlernte: Bohr, Dirac, Rutherford, Born) und dann nach Göttingen, um dort zu promovieren. Er studierte außerdem an der Universität von Leiden, wo er wegen seiner Schlampigkeit in seiner Denk- und Ausdrucksweise zurückgewiesen und nach Zürich geschickt wurde, um Disziplin zu lernen. Er hatte Heimweh, er war ein Einsiedler, und er litt an schweren Depressionen. Im Alter von fünfundzwanzig Jahren kehrte er in die Vereinigten Staaten zurück, wo er zwei Berufungen annahm: Im Herbst und Winter sollte er an der University of California in Berkeley Vorlesungen halten, und im Frühjahr am California Institute of Technology in

Pasadena. Innerhalb von fünf Jahren wurde er ordentlicher Professor für theoretische Physik in Berkeley.
Auf den ersten Blick lebte Oppenheimer im Alter von zweiunddreißig Jahren wie ein Eremit; sein zurückgezogenes Junggesellenleben in einer kleinen Wohnung ohne Telefon und Radio schien typisch für einen Vertreter der höheren Wissenschaften. Er hat nie Zeitungen oder Zeitschriften gelesen. Er war, wie man daraus folgern kann, völlig uninteressiert an Ephemeriden, an aktuellem Geschehen jeder Art. Aber abgesehen davon, daß sie die unpolitische Seite von Oppenheimers Charakter aufzeigt, ist diese Beschreibung seines Lebens irreführend. Er war sowohl polyglott als auch Polyhistor; Oppenheimer war an allem interessiert, mit Ausnahme der Politik und der Soziologie. Er war belesen, hatte verschiedene Literaturrichtungen kennengelernt, und sein geschichtliches Allgemeinwissen war bewundernswert. Am eindrucksvollsten waren jedoch seine Kenntnisse auf dem Gebiet der Wissenschaft. Es gab angeblich kein Thema, das er nicht kannte oder verstand. Mit der Zeit wurde er auch ein außergewöhnlich effektiver, scharfsinniger und charismatischer Lehrer. Er fand unter den Physikstudenten eine beachtliche Zahl von Anhängern und holte so manchen vielversprechenden jungen Wissenschaftler von der Schule seiner Wahl – gewöhnlich von einer der damals berühmteren Universitäten – nach Berkeley. In den späten dreißiger Jahren gab es bereits einen regelrechten »Oppenheimer-Kult« bei der Studentenschaft in den verschiedenen Fakultäten.
Seine ständige Ermahnung an die Studenten hallt noch immer durch die Universitätsgebäude: »Quantifizieren Sie es!«
Oppenheimer hatte zwar ein sehr breitgefächertes Wissen und ein sehr weitreichendes Auffassungsvermögen, doch

gelang es ihm nie, tiefere Einsicht in ein spezielles Gebiet zu erlangen, die zu einer größeren Entdeckung oder einem anderen Durchbruch in der Wissenschaft geführt hätte. Im Gegensatz zu vielen seiner Kollegen und engen Freunde erhielt er nie einen Nobelpreis. Er wurde auch nie für diese Ehrung in Betracht gezogen. Es war, als ob er prädestiniert dazu gewesen wäre, das zu werden, was aus ihm wurde, ein genialer wissenschaftlicher Administrator, ein Berater mit fein abgestimmten Fähigkeiten und kritischem Urteilsvermögen.

Der idyllisch-asketische Aspekt an Oppenheimers Leben nahm 1936 ein jähes Ende, als der spanische Bürgerkrieg ausbrach. In gewissem Sinne erinnerte der Ausbruch des Bürgerkriegs an einen Zeitzünder, eine Zeitbombe. Oppenheimer, der von einem deutsch-jüdischen Einwanderer abstammte, hatte Verwandte in Deutschland, die seit der Machtergreifung Hitlers in großer Gefahr schwebten. Oppenheimer verschlief offenbar den Erlaß der Nürnberger Gesetze gegen die Juden in Deutschland im Jahre 1935. Aber die internationale Linke wurde 1936 in Alarmbereitschaft versetzt, als Hitler und Mussolini dem spanischen General Francisco Franco ihre Unterstützung zusagten. Auf der anderen Seite sicherte die Sowjetunion der spanischen Volksfront ihre Unterstützung zu. Mit ihrem Erscheinen auf dem Schauplatz des Konfliktes trat ein gut organisierter, internationaler Mechanismus in Form des Komintern in Aktion, der für eine Menge Publicity für den Konflikt sorgte.

Oppenheimer, der Akademiker, wurde fast zwangsläufig in die Arme der kommunalen und regionalen kommunistischen Verbände getrieben. Obgleich er mit den Grundsätzen der Partei nicht übereinstimmte und nie auch nur in Erwägung zog, ihr beizutreten, wie sein Bruder Frank, versicherte Oppenheimer mehr als einmal – wenn auch in

halb scherzhaftem Ton –, daß er »wahrscheinlich jeder der kommunistischen Tarnorganisationen an der Westküste angehört« habe.
Das Jahr 1936 war ein Jahr der Wende für Oppenheimer, weil es ihn mit zwei entscheidenden Phänomen seiner Zeit konfrontierte – mit der »großen Depression« in der Heimat und dem Faschismus im Ausland. Beide Probleme trieben ihn auf linksgerichtete Elemente innerhalb und außerhalb der Universität zu. Selbst relativ wohlhabend (er hatte ein Gehalt von fünfzehntausend Dollar im Jahr – ein fürstliches Einkommen für diese Zeit – und zusätzlich Dividendenerträge aus Aktien), war Oppenheimer allzu großzügig bedürftigen Freunden und Kollegen gegenüber, denn es war die Zeit des Tiefpunkts des Kapitalismus in Amerika; die Kommunistische Partei der Vereinigten Staaten erreichte bei der Präsidentschaftswahl im Jahre 1936 einen einzigartigen Rekord von achtzigtausend Stimmen (zuvor hatte die kleine Partei, die zu drei Vierteln aus Frauen bestand, in Präsidentschaftswahlen nur etwas mehr als eintausend Stimmen erhalten).

Der Aufstieg des Faschismus im Europa der zwanziger und dreißiger Jahre beschleunigte (in Wechselwirkung mit dem Aufstieg des Kommunismus) den Beginn des Zweiten Weltkriegs. Im Auftakt zu diesem Konflikt machte sich ein relativ großer Teil der wissenschaftlichen und akademischen Elite Europas auf den Weg nach Amerika, dem traditionellen Zufluchtsort für Emigranten der Alten Welt. Unter den Neuankömmlingen in Amerika waren auch jene »Flüchtlingswissenschaftler«, die über die Kernspaltung und die Prophezeiungen bezüglich ihrer Anwendungsmöglichkeiten Bescheid wußten. Lise Meitner, eine deutsche Jüdin, die dreißig Jahre lang Assistentin des bedeutenden Physikers Otto Hahn gewesen war, war aus Nazideutschland geflohen und hatte vorübergehend Zuflucht in Schweden gefunden (später zog sie nach Großbritannien). Hahn hatte ihr 1939 in einem Brief ein Experiment beschrieben, in dem er Uran mit Neutronen sprengte und dadurch Barium erhielt – ein völlig anderes Element. Er fragte sie, ob er das Atom gespalten haben könnte. Lise entschied, daß er genau das getan hatte. Sie erzählte dies ihrem Neffen Dr. Otto Frisch, der aus den Vereinigten Staaten zu Besuch war. Eine derartige Neuigkeit macht in Wissenschaftlerkreisen schnell die Runde. Ein weiterer Emigrant und Physiker, Dr. Leo Szilard, ein ungarischer Jude, initiierte und überwachte in den Pupin-Laboratorien der Columbia University im späteren Verlauf des Jahres 1939 ein Experiment und bewies, daß durch die Spaltung von Uran schnelle Neutronen erzeugt wurden. Das Neutron, das 1932 von Sir James Chadwick entdeckt wurde, hat eine Bindungsenergie von ein bis zwei Millionen Elektronenvolt. Die Kernspaltung überzeugte Szilard, daß die enorme Energie, die die Bestandteile des Atoms bindet, freigesetzt werden könnte und somit eine Explosion mit kolossaler Wirkung verursachen würde. Diese Explosion würde – teilweise – die latente Kraft des Kosmos freisetzen. Eine andere Frage war, ob es, wenn man einmal diesen Weg eingeschlagen hatte, dazu kommen könnte, daß mehr freigesetzt wurde als nur ein Teil der latenten Kraft des Kosmos. Das zeitliche Zusammentreffen der spektakulären wissenschaftlichen Fortschritte des Jahres 1939 und des Ausbruchs des Zweiten Weltkriegs, so sagt man, stellt einen der auffälligsten und verhängnisvollsten Zufälle der Geschichte dar. Die Frage des Zufalls kann bei dieser erneuten Bestätigung der Verbindung zwischen sensationellen Fortschritten in den Naturwissenschaften und militärischen Erfordernissen in Kriegs- und Vorkriegszeiten wohl unberücksichtigt bleiben. Samuel Johnson schrieb einmal: »Große Macht kann nur ausgeübt werden, wenn eine große Dringlichkeit sie erfordert.«

Was Leo Szilard beunruhigte, war nicht so sehr die Aussicht, daß die Welt fahrlässig in die Luft gesprengt und möglicherweise die Ordnung des Sonnensystems zerstört werden könnte, sondern die einfache Tatsache, daß das Atom von einem deutschen Wissenschaftler, der in Deutschland arbeitete, gespalten worden war. Damit bestand eindeutig die Gefahr, daß die Deutschen als erste solch eine Superbombe haben und sie in dem Konflikt, der sich anbahnte, zur Eroberung der Welt benutzen könnten. Szilard startete eine Ein-Mann-Kampagne und konnte schon bald die Unterstützung seiner Miteinwanderer Albert Einstein, Edward Teller und anderer für den Versuch gewinnen, die amerikanische Regierung von der Notwendigkeit eines Intensivprogramms für die Herstellung einer Atombombe zu überzeugen. Als ihm das zwei Jahre später gelang, fiel die Aufgabe der Auswahl, Anwerbung, Organisation, Leitung und Führung einer Gruppe von Wissenschaftlern, von denen die meisten europäische Einwanderer waren, schließlich J. Robert Oppenheimer zu. Wenn man sich mit der Krise, die zum Ausbruch des Krieges führte, und den verschiedenen Bewegungen, die diese Entwicklung unterstützten und den Krieg dann förderten, auseinandersetzt, kommt man kaum an der Schlußfolgerung vorbei, daß »Oppie« durch seine Erfahrung, seinen Charakter und seinen familiären Hintergrund als zweite Generation einer Einwandererfamilie prädestiniert war, diese bunt zusammengewürfelte Gruppe von Primadonnen, Naiven, Exzentrikern und Träumern – wahrscheinlich die größte Ansammlung von technischen und theoretischen wissenschaftlichen Talenten, die die Welt je gesehen hatte – zur erfolgreichen Erfüllung der anpruchsvollsten und schicksalsträchtigsten wissenschaftlichen Aufgabe, die je gestellt wurde, zu führen. Zum erstenmal in der Geschichte taten die Menschen etwas, das das Wesen des Krieges – und des Friedens – für immer veränderte. Nach der Herstellung der Atombombe und ihrem Einsatz gegen die Japaner beim Angriff auf Hiroshima und Nagasaki war das Leben auf dem Blauen Planeten nie mehr dasselbe.

Von dem Moment an, als die Atombombe 1945 zum erstenmal mit Erfolg in Alamogordo, New Mexico, getestet wurde, sahen sich die Verantwortlichen des Programmes und ihre Vorgesetzten, insbesondere der Präsident der Vereinigten Staaten, der Kriegsminister und der Außenminister, mit einer nie dagewesenen Situation konfrontiert. Die Frage, die sich durch die Geburt der Bombe stellte, war: Können wir dafür die Verantwortung übernehmen, für die Endwaffe – eine Waffe, die mehr als eine Waffe ist, weil sie ein verfügbares Mittel zur Auslösung einer von Menschen fabrizierten Apokalypse, zur Zerstörung der Welt und zur Vernichtung der gesamten Menschheit darstellt –, können wir die Verantwortung dafür übernehmen, daß nur eine Nation diese Waffe besitzt? Ist es nicht vielmehr klar, daß die Waffe in den Dienst der ganzen Menschheit gestellt werden muß und daß sichergestellt werden muß, sie nicht im Dienste von Sonderinteressen einzusetzen? Daraus ergab sich sofort eine Kontroverse unter den Wissenschaftlern. Die Frage lautete, ob die Bombe überhaupt eingesetzt werden sollte, ob es den Vereinigten Staaten nicht zukam, die Sowjetunion sofort über die Entdeckung zu informieren und gleich zu Beginn der Sowjetunion und den Verbündeten Amerikas die gemeinsame Kontrolle über die Bombe anzubieten.

Das Problem, das sich mit der Schaffung der Bombe stellte, war, daß niemand auf die Konsequenzen daraus vorbereitet war: Die Wissenschaftler, die an ihr arbeiteten, waren völlig überrascht – niemand hatte etwas so Großes, so Mächtiges, so Hinterhältiges erwartet. Als er die erste Explosion beobachtete, erinnerte sich Oppenheimer, Kenner des Sanskrit, an die Zeilen des Hindu-Epos Bhagavad-Gita:

»Wenn das Licht aus tausend Sonnen
am Himmel plötzlich bräch hervor
zu gleicher Zeit – das wäre
gleich dem Glanz des Herrlichen …
Ich bin der Tod, der alles raubt
Erschütterer der Welten.«

Bhagavad-Gita

Noch schlimmer, die Wissenschaftler hatten den potentiellen radioaktiven Niederschlag jämmerlich unterschätzt. Eigentlich wußte keiner, was er tat; sie waren in eine neue Welt gestolpert, die niemand erwartet hatte – eine vollständige und möglicherweise schreckliche Terra incognita. Was am beunruhigendsten war, war die simple Tatsache, die Welt war nicht auf das Atomzeitalter vorbereitet. Auf politischer Ebene war der Kriegsminister Stimson kaum besser vorbereitet. Als Harry Truman die Nachfolge von Franklin Delano Roosevelt als Präsident antrat, unterrichtete ihn Stimson darüber, daß die Vereinigten Staaten in vier Monaten »aller Wahrscheinlichkeit nach die schrecklichste Waffe, die die Geschichte der Menschheit je gesehen hat, fertigstellen würden, eine einzige Bombe, die eine ganze Stadt zerstören kann«. Bei der Betrachtung der neuen Technologie hinsichtlich »der Welt in ihrem gegenwärtigen Zustand der moralischen Entwicklung« folgerte Stimson, daß »die moderne Zivilisation völlig zerstört werden könnte«. Im April 1945 war bereits seit längerer Zeit klar, daß der Krieg seinem Ende zuging, daß

Deutschland ausgeschaltet war und Japan nur noch überzeugt werden mußte, daß es den Krieg schon verloren hatte. Als Stimson Truman warnte, daß die Vereinigten Staaten nicht erwarten könnten, das Monopol der Atombombe lange aufrechtzuerhalten, fügte er hinzu, das einzige Land, das die Herstellung in den folgenden Jahren aufnehmen könnte, sei Rußland. Eine internationale Kontrolle über die Waffe sei extrem schwierig, denn es existiere kein entsprechendes Kontrollsystem. Deswegen »wird die Frage, ob man sie mit anderen Nationen teilen soll und unter welchen Bedingungen, zur Kernfrage unserer Beziehungen zum Ausland«.

In seiner Gleichung übersah Stimson, vielleicht, weil es so offensichtlich war, den entscheidenden Faktor: das Militärische. Sein Land befand sich immer noch im Kriegszustand. Deutschland war zwar erledigt und Japan praktisch geschlagen. Aber Japan davon zu überzeugen, konnte nach Schätzung von George Marshall, dem amerikanischen Generalstabschef, gut und gerne noch eine halbe bis eine Million amerikanische Opfer fordern. Während damals das Wann, Ob und Wie noch nicht einmal diskutiert worden waren, stand das Ziel der Bombe – falls es eines geben würde – von vornherein fest: Japan. Eigentlich nahm natürlich die Aussicht auf eine halbe bis eine Million amerikanischer Opfer, falls der Krieg auf einer konventionellen Basis ausgefochten werden sollte, praktisch auch die Entscheidung vorweg, ob man die Bombe überhaupt einsetzen sollte. – Blieb die Frage, ob, wann und wie man den sowjetischen Verbündeten informieren sollte. Dies wäre ein deutlicher Schritt in Richtung Internationalisierung der Bombe gewesen, und eine große Mehrheit der Wissenschaftler, die an ihrer Entwicklung beteiligt waren, befürwortete diesen Weg. Wieder einmal startete der unermüdliche Leo Szilard eine Ein-Mann-

Kampagne, um die amerikanische Führung von der Notwendigkeit zu überzeugen, die Russen in Kenntnis zu setzen und mit ihnen zu teilen, so daß die schlimmste aller Möglichkeiten, nämlich ein atomarer Rüstungswettlauf zwischen den Vereinigten Staaten und der Sowjetunion, vermieden würde. Aus diesem Grund war Szilard auch gegen den Einsatz der Bombe gegen wen auch immer und gegen eine »Demonstration« dessen, was die Bombe anrichten konnte – das würde die Russen nur alarmieren, verärgern und zur Nachahmung anspornen. Szilards Bemühungen scheiterten (obwohl er Zugang zu den höchsten Regierungskreisen hatte); damit trieb er ein Problem auf den Höhepunkt, das sich während des Krieges beständig zugespitzt hatte, nämlich die wachsende Entfremdung zwischen den Wissenschaftlern und den Verantwortlichen der Politik.

An diesem Punkt wurde völlig klar, die Politiker hatten es versäumt, eine Politik bezüglich der Bombe und all ihrer Konsequenzen zu erarbeiten. Teilweise war es einfach Pech: Das Ableben des charismatischsten Präsidenten der amerikanischen Geschichte fiel zeitlich mit den letzten Monaten des Krieges zusammen. Sollte sich Roosevelt Gedanken über die Bombe gemacht haben, so behielt er diese streng für sich. Der neue Präsident, Truman, hatte nicht einmal von der Existenz eines Bombenprojekts gewußt, bevor er von Kriegsminister Stimson davon unterrichtet wurde. Zum größten Teil jedoch war das Fehlen einer Politik auf den Ausnahmezustand des andauernden Krieges und der daraus folgenden Vormachtstellung des Militärs zurückzuführen. Deshalb standen die Wissenschaftler vornehmlich mit dem Militär auf Kriegsfuß. Außerdem hatte sich die Kommunikationskluft zwischen den zwei Seiten seit der Einführung der Atomphysik auf dem Gebiet der Rüstung vergrößert. Die technischen Schwie-

rigkeiten und die Probleme bezüglich des Einsatzes der Bombe waren so komplex geworden, daß die politisch Verantwortlichen – ob Militärs oder Zivilisten – jedes Verständnis und daher jede Übersicht dessen, was vor sich ging, verloren. Sie waren mit den Worten Galileos (in seinem Brief an den Benediktinermönch Castelli) zu »... Leuten, denen ... es völlig an der Kenntnis fehlt ... um die Verfahren überhaupt zu verstehen, mit denen die scharfsinnigsten Wissenschaften bei der Bestätigung ihrer Schlußfolgerungen vorgehen«, geworden. Zu Galileos Zeit waren es die Geistlichen und die Laien, die hoffnungslos unwissend hinsichtlich der neuen Wissenschaft waren, jetzt war es das Militär. Die Auftraggeber waren nicht mehr in der Lage, die technischen Grundlagen der Waffen, die sie in Auftrag gegeben hatten, zu verstehen. General George Marshall, Generalstabschef der Armee der Vereinigten Staaten, hatte das Informationsmaterial über die Bombe zurückgesandt, weil er es als unverständlich und zu kompliziert befand. Das war der Wendepunkt. In Anbetracht des Versagens der Politiker, Politik zu machen – irgendeine Politik, ganz zu schweigen von einer schlüssigen und logisch konsequenten Politik –, weil sie die damit verbundenen Prinzipien und Probleme nicht begriffen, fanden sich die Wissenschaftler, nolens volens, in einer Position noch nie dagewesener Macht und Verantwortung, nicht gegenüber ihren Auftraggebern und Vorgesetzten, sondern gegenüber der ganzen Menschheit. Und die Wissenschaftler fühlten sich erst recht verantwortlich angesichts der Tatsache, daß sie nun die einzigen waren, die die Art und die Dimensionen ihrer ursprünglichen Verantwortung einschätzen und erklären konnten.
Die Entscheidungsfindung ist ein auffälliger Schwachpunkt der amerikanischen Regierungen des 20. Jahrhunderts. Die Einfältigkeit des unbeugsamen Entscheidungs-

apparates der amerikanischen Regierung im Jahre 1945 wird deutlich, wenn man sich vor Augen hält, welch kolossaler Fehler es war, die Sicherstellung eines geographischen Zugangs zu den alliierten Sektoren in Berlin bei den Verhandlungen mit den Sowjets außer acht zu lassen. Die wichtigste Überlegung aufgrund des ständigen Nahkampfes der Militärs war aus den Augen verloren worden, da jeder von ihnen, mit den Worten John J. McCloys, zu sehr damit beschäftigt war, seine eigenen Streitkräfte dazu einzusetzen, dem Krieg ein Ende zu bereiten. 1983 erklärte McCloy dem Schriftsteller Peter Wyden, die Entscheidungsträger legten politische Entscheidungen als ein Zeichen der Schwäche aus. »Groves (der General, der für das Atombombenprojekt zuständig war) und Truman waren genau die richtigen Typen, um diese (nukleare) ›Büchse der Pandora‹ zu öffnen«, sagte er. »Sie taten keinen Schritt zurück, um das ganze Bild zu sehen, sie schauten nicht nach vorne.«

Als Szilards Kampagne für das Verbot der Bombe von General Groves scharf kritisiert wurde, antwortete Szilards unmittelbarer Vorgesetzter am Chicago Metlab, Arthur Compton, in einem stichhaltigen Memorandum: »Ich glaube, der Grund für ihre Aktion ist, daß ihre Verantwortung gegenüber dem Volk vorrangig und größer ist als ihre Verantwortung gegenüber der Armee ... Es sah bisher nicht so aus, als ob die Konsequenzen (des Atoms) von jenen ernsthaft abgewogen werden, die die Politik des Landes bestimmen. Die Wissenschaftler werden zur Verantwortung gezogen werden, sowohl von der Öffentlichkeit als auch von ihrem Gewissen ...« Im weiteren Verlauf seines Memorandums kritisierte Compton den Außenminister, weil dieser es versäumt hatte, das Dilemma der Atombombe vor der Gründerkonferenz der Vereinten Nationen zu erklären, die die künftige internationale Kontrollinstanz repräsentierte. »Sein Verständnis des Problems war so begrenzt, daß es möglicherweise ein Risiko für das Wohl des Landes hätte darstellen können.« Compton warf General Groves vor, er habe das Außenministerium nicht ausreichend informiert. (Im November übernahm Edward Stettinius den Außenministerposten von Cordell Hull. Vorher war Stettinius etwa einen Monat lang Unterstaatssekretär gewesen. Er hatte keine weitere diplomatische Erfahrung. Nur sieben Monate nach seiner Ernennung wurde Stettinius durch James F. Byrnes, einem engen Freund und Berater Harry Trumans, ersetzt.)

Es gab eine tragikomische Episode in Zusammenhang mit Oppenheimers Verwendung des Wortes »Demonstration« in einer der lockeren, aber langwierigen Diskussionen unter den Wissenschaftlern über die moralische Seite des Einsatzes der Bombe. Bei einem einzigartigen Treffen von etwa fünfzig Wissenschaftlern in Los Alamos improvisierte Oppenheimer, vermutlich um eine Torpedierung des Projektes zu verhindern: Da in wenigen Monaten die Organisation der Vereinten Nationen gegründet werden solle, sei noch vorher eine Demonstration der Macht der Bombe nötig. Die Öffentlichkeit auf der ganzen Welt würde dadurch so eingeschüchtert, daß die Staatsmänner, die sich anläßlich der Gründung der UNO versammelten, die Bombe auf der Stelle verbieten würden. Diese Vorstellung stellte die Wissenschaftler, die eine Meuterei geplant hatten, zufrieden; sie gingen daraufhin auseinander, ohne sich je wieder zu versammeln. Die UNO wurde einige Monate vor der Fertigstellung der Bombe gegründet, aber zu diesem Zeitpunkt zählte nur noch das Ziel des Projekts – die Bombe zu bauen. Als der Verbindungsoffizier der widerspenstigen Chicago-Metlab-Gruppe – Compton, Szilard und andere –, Bacher, die Ansicht seiner Kollegen überbrachte, die Bombe sei nicht nötig, um den Krieg zu gewinnen, konterte Oppenheimer: »Woher wollen wir das wissen?« Ebenso kam bei der Diskussion über die Möglichkeit, die Bombe ohne Schaden für die Japaner zu demonstrieren, nur die folgende Formulierung heraus, die aufgrund der mangelnden Initiative der Wissenschaftler praktisch die allgemeine Einstellung darstellte: »Wenn du einmal weißt, wie man die Bombe herstellen kann, dann ist es nicht deine Sache, zu überlegen, wie man sie nicht einsetzt.«

Man beachte die Negation: »... wie man sie *nicht* einsetzt.« Somit brauchte niemand ein schlechtes Gewissen zu haben, denn diese Verneinung führte zu der stillschweigenden Annahme, daß der Nicht-Einsatz der Bombe von vornherein feststand. Kurz gesagt, die Wissenschaftler wurden wieder zu Marionetten ohne jede Verantwortung. Und wieder wurde die Frage »Wer übernimmt hier das Denken?« auf die gleiche Weise entschieden wie im Falle Galileos.

Es bedurfte des klardenkenden und scharfsinnigen Physikers Isidor Rabi, eines Freundes und Kollegen Oppenheimers, um die »Demonstrationstheorie« auf ihre unlogischen Komponenten zu reduzieren. Die einzig wirkungsvolle Demonstration könne nur ein konkreter Fall sein. Alles andere könne die Japaner nicht überzeugen, daß der Krieg verloren war. Nur die Zerstörung einer Stadt könne als »unwiderlegbarer« Beweis dienen. Der Harvard-Physiker Bainbridge, der für den »Trinity-Test« (sein Codename) in Alamogordo verantwortlich war, schlug vor, daß Gebäude an verschiedenen Stellen und in verschiedenen Entfernungen vom Einschlag auf dem Explosionsgelände errichtet werden sollten.

Dies wurde von der Armee aus Sicherheitsgründen abgelehnt: Der Bau würde die Anwesenheit von Bauarbeitern erfordern. Laut Wyden soll Rabi 1975 gesagt haben: »Man müßte eine Modellstadt bauen, um eine realistische Demonstration durchführen zu können.« Er hätte hinzufügen können: »... mit wirklichen Menschen.« Jede realistische Demonstration wäre unter diesen Umständen ipso facto eine surrealistische Demonstration gewesen – das erste Science-Fiction-»Happening«. Alles andere wäre als »Potemkinsches Dorf« heruntergespielt worden. Dazu kam noch die Frage der Zeit. Die Entscheidungsträger wären nicht der Ansicht gewesen, daß ihnen genug Zeit für ein derartiges Unternehmen blieb. Zeit bedeutete Gefallene.

Anstatt sich Gedanken darüber zu machen, wie man die Bombe *nicht* einsetzt, versuchte die Armeeführung zu ergründen, wie man die Bombe am besten einsetzen könnte, um den größtmöglichen militärischen Effekt und die maximale Wirkung in der Öffentlichkeit zu erzielen. Aus diesem Grunde war das bevorzugte Ziel von General Groves die Tempelstadt Kioto, die auch ein architektonisches Juwel und eine kulturelle Sehenswürdigkeit von unschätzbarem Wert darstellte. Die Ausradierung Kiotos, zusammen mit der Ermordung der meisten Bewohner dieser Stadt und der radioaktiven Verseuchung der Überlebenden, wäre in der Tat ein Schlag gewesen, der die Öffentlichkeit zutiefst beeindruckt hätte. Die Pfadfindereifrigkeit dieses Vorschlags hatte fast etwas Komisches an sich. Der Kriegsminister selbst strich Kioto von der Liste. Er und seine Frau hatten einen Teil ihrer Flitterwochen in Kioto verbracht und erinnerten sich gerne an den Ort, den sie ungewöhnlich schön fanden. Ende März 1945 wurde die Frage, ob man die Japaner warnen sollte, von Stimson, Byrnes, Compton, Lawrence, Oppenheimer und ihresgleichen diskutiert und schließlich auf Eis gelegt.

Byrnes hielt die »Leichenrede«, als er sagte: »Wenn wir den Japanern sagen würden, daß die Bombe an einem bestimmten Ort eingesetzt wird, brächten sie unsere Jungs, ihre Kriegsgefangenen, in dieses Gebiet.« Es ist eine unglückliche Tatsache, daß es im Krieg nur zwei Seiten gibt: Sich auf die eine Seite stellen heißt automatisch, gegen die andere Stellung zu beziehen; gegen seine eigene Seite Stellung zu beziehen, aus welchem Grund auch immer, bedeutet politischen Selbstmord. Interessanterweise war es der Soldat George Marshall, der sich für eine Vorwarnung der Japaner aussprach. McCloy, der Assistant Secretary of War (Unterstaatssekretär im Kriegsministerium), berichtete dem Kriegsminister: »General Marshall sagte, er denke, diese Waffen könnten zuerst gegen rein militärische Ziele wie einen großen Marinestützpunkt eingesetzt werden, und dann, falls kein zufriedenstellendes Ergebnis erzielt werde, sollten wir seiner Meinung nach einige große Industriegebiete aussuchen, die die Menschen auf eine Warnung hin verlassen könnten, wenn wir die Japaner informierten, daß wir solche Zentren zu zerstören gedächten. Wir würden keine bestimmten Orte nennen, so daß die Japse nicht genau wüßten, wo wir zuschlagen würden – es sollte eine Anzahl genannt werden, und kurz darauf sollte der Angriff folgen.« Marshall »betonte den moralischen Wert einer vorherigen Unterrichtung der Japaner« (Wyden). Marshall sagte: »Wir sollten alles tun, um sagen zu können, wir hätten sie gewarnt ... Wir müssen durch solche Warnungen die Schande, die sich aus dem unüberlegten Einsatz solcher Gewalt ergeben könnte, kompensieren.« Aber die Sitzung Ende Mai, an der Marshall teilnahm, endete mit der Entscheidung, die Bombe ohne Warnung an einem Ort abzuwerfen, wo sie »einen tiefen psychologischen Eindruck auf möglichst viele Einwohner« hinterlassen würde. Compton informierte seine Kollegen und Schützlinge am Metlab in Chicago nicht über diese Entscheidung – er war durch Eid zur Geheimhaltung verpflichtet –, aber die Nachricht, die er ihnen zukommen ließ, war negativ genug, um Leo Szilard und James Franck zur Verfassung des Franck-Reports zu veranlassen.

Dieser Report warnte vor einem Überraschungsangriff auf Japan und betonte, daß ein derartiger Angriff die Vorstellung einer internationalen Kontrolle über die Bombe von vornherein ausschließe: »Diese Art, der Welt Atomwaffen vorzustellen, könnte all unsere Erfolgschancen sehr leicht zunichte machen. Rußland ... und sogar neutrale Länder wären wahrscheinlich tief betroffen. Es könnte sehr schwierig werden, die Welt zu überzeugen, daß man einem Land, das fähig war, insgeheim eine Waffe herzustellen, die so allvernichtend ist wie die V-2 der Nazis und millionenmal zerstörerischer, und sie dann aus heiterem Himmel loszulassen, trauen sollte, wenn es behauptet, es wolle solche Waffen mittels internationaler Abkommen abschaffen.« Diese Argumentationsweise ist klar nachvollziehbar und stichhaltig, wie die historische Entwicklung zeigt. Maurice Couve de Mourville, damals französischer Außenminister, gab in seiner Verteidigung der Entwicklung der Atombombe in Frankreich folgende berühmte Erklärung ab: »Le propre de la bombe atomique est que c'est nationale.« (Das Wesentliche an der Atombombe ist, daß sie national ist.) Im Sommer 1945 war man in einer Zwickmühle. Peter Wyden drückte dies in *Day One* folgendermaßen aus: »Die Wissenschaftler hofften, die ganze Welt dermaßen abzuschrecken, daß sie sich zur Abrüstung gezwungen sah. Stimson und seine Leute wollten durch diesen Schock in erster Linie Tokio zur Kapitulation zwingen.« Unter den Wissenschaftlern herrschte allerdings keine Einigkeit. Oppenheimer war ein politischer Realist geworden; er tat jede Alternative zum militärischen Einsatz als »akademisch« ab. Der Franck-Report drang nie bis zum Interimskomitee vor, das am 25. April gebildet worden war, um über die »verschiedenen Fragen« bezüglich der Handhabung der Bombe zu beraten. Der Ausschuß wurde kaum drei Monate später wieder aufgelöst. Von allen bedeutenden Wissenschaftlern der Vereinigten Staaten war vor allem Oppenheimer derjenige, der verhinderte, daß der Franck-Report, ebenso wie verschiedene andere Petitionen und Abstimmungen der Wissenschaftler, die richtige Adresse erreichte.

Der Zweite Weltkrieg führte zu einer Anstrengung, die so mächtig war, daß sie in der Erfindung der Atombombe endete. Die Dringlichkeit würde das Projekt so zu Ende zu bringen, wie es ursprünglich gedacht war, nämlich die Bombe in Kriegszeiten zu militärischen Zwecken zu gebrauchen. Oppenheimer war sich dessen bewußt und faßte es als eine Art kategorischen Imperativ auf, als höhere Gewalt, der man sich einfach nicht widersetzen konnte. Alles andere war ein Vorwand – la guerre de la dentelle –, und Szilards Kampagne erschien in Anbetracht der möglichen Konsequenzen seiner Forderungen – einem Krieg, der noch ein ganzes Jahr und länger dauern und vielleicht eine weitere Million amerikanischer Opfer und gänzlich unvorhersehbare Ausgaben fordern würde – unangebracht und lächerlich. Das waren die Überlegungen, die seine beruflich bedingte Doppelzüngigkeit gegenüber seinen Kollegen rechtfertigte; je nachdem, wie es die Sachlage erforderte, versuchte er, sie zu überzeugen oder sie an der Nase herumzuführen. Dadurch ersparte er ihnen ernstere Unannehmlichkeiten und machte sich einige von ihnen – besonders Edward Teller – zu Erzfeinden. Das Ergebnis war ein doppelter Rollentausch: Oppenheimer machte aus der Taube Teller einen Falken – und eine Taube aus dem Falken Oppenheimer.

Wenn jemand für die Erfindung und Verwirklichung der Atombombe hauptverantwortlich war, dann war es J. Robert Oppenheimer. In erster Linie war er für den Enthusiasmus, den er inspirierte, und seine Aufrechterhaltung verantwortlich – für die »Ho-hopp!«-Atmosphäre, die ganz typisch für Los Alamos war. Oppenheimer war im wahrsten Sinne die Personifikation des amerikanischen Traums, ein Einwanderer der zweiten Generation, der zu Reichtum (Los Alamos lag in der Nähe einer Ranch, die Oppenheimer in den dreißiger Jahren kaufte) und Weltruhm aufgestiegen war. Bei seiner zielstrebigen Ausführung des ihm zugeteilten Projektes vertraute »Oppie« darauf, daß Amerika auf seiner Seite stand. Teller beschreibt Oppenheimers Erklärung, warum die Petition, die in letzter Minute gestellt wurde – nämlich die Bombe nicht abzuwerfen –, nicht in Los Alamos herumgereicht werden sollte: »Er schilderte mir in ergreifenden Worten die tiefe Besorgnis, die Gründlichkeit und die Klugheit, mit der diese Fragen in Washington behandelt würden. Unser Schicksal läge in den Händen der besten, gewissenhaftesten Männer unserer Nation. Und sie verfügten über Informationen, die wir nicht besaßen.« Die »besten, gewissenhaftesten Männer unserer Nation« sind die neuen Übermenschen der neuen Übernation. Einer Nation, die nicht nur eine Nation ist, sondern »die letzte und einzig wahre Hoffnung der Menschheit«. Die Hoffnung ging Hand in Hand mit dem Vertrauen und der Naivität, die die Wissenschaftler an den Tag legten, als sie der Forderung der Militärs, die Bombe auf Japan abzuwerfen, nachgaben.

Und dann passierte es. Am 6. August 1945 trat Oppenheimer auf das Podium im Hörsaal von Los Alamos und teilte seinen Kollegen in Siegerpose mit, daß die erste Atombombe über Hiroshima detoniert sei. Das war einige Tage bevor die Zahlen der angerichteten Zerstörung zur Verfügung standen. Aber als die Zahlen bekannt wurden, schlugen auch sie wie eine Bombe ein; achtundsiebzigtausend Tote, dreizehntausend Vermißte, siebenunddreißigtausend Verwundete, drei Fünftel der Stadt völlig zerstört. Auf einen Schlag. Die Wissenschaftler waren schockiert. Und das war, wie sie alle ahnten, keinesfalls das Ende der schlechten Nachrichten. Es sollte noch mehr, viel mehr nachkommen. Nur drei Tage nach dem Abwurf auf Hiroshima folgte der Angriff auf Nagasaki mit der Atombombe namens »Fat Man«. Letzten Schätzungen zufolge wurden dabei siebzigtausend Menschen getötet. Die Stadt wurde zu vierundvierzig Prozent zerstört. Die Japaner kapitulierten fünf Tage darauf. Sechzehn Tage später wurde die »Association of Los Alamos Scientists«, kurz »ALAS«, gegründet, mit dem Ziel, die Atompolitik der Nachkriegszeit zu beeinflussen. Ihre oberste Zielsetzung bestand darin, jede militärische Kontrolle über das Atom auszuschließen. Darin wurden sie schnell enttäuscht: Das Gesetz, das einige Wochen später von der Regierung verabschiedet wurde, sah vor, daß auch Vertreter des Militärs als Verwalter der neuen Bundesatombehörde oder als Mitglieder des neunköpfigen Aufsichtsausschusses zugelassen waren. In dem Gesetz waren auch Strafen für die Diskussion von wissenschaftlichen Themen, die die Regierung als »geheim« ansehen könnte, verankert. In einer Sitzung des Ausschusses des Repräsentantenhauses gab Oppenheimer zu, daß die Macht, die dem Militär durch das Gesetz zugestanden wurde, zu weit ginge, aber er drängte darauf, daß es im Interesse einer internationalen Kontrolle so schnell wie möglich verabschiedet werde. Die Wissenschaftler fühlten sich wieder einmal von Oppenheimer im Stich gelassen.

Oppenheimer: Der Fall

Oppenheimer verließ Los Alamos im November 1945 und kehrte nach Berkeley in seine alte Stellung zurück. Aber schon nach wenigen Monaten wurde er nach Washington gerufen, um bei der Vorbereitung eines Planes für die internationale Kontrolle der Atomenergie mitzuwirken, der der UNO später als »Baruch-Plan« vorgelegt wurde. Geprägt von Oppenheimers Vorstellungen einer internationalen Kontrolle, enthielt er das Angebot, Amerikas Monopol der Atombombe aufzugeben. Oppenheimer verbrachte in Washington zwei Monate damit, den Plan auszuarbeiten. Es besteht kein Zweifel, daß er lange und gründlich über das Thema der internationalen Kontrolle nachgedacht und seine Hoffnungen auf ihre Verwirklichung gesetzt hatte. Noch vor Ende des Jahres wurde Oppenheimer zu einem Mitglied der neu gebildeten Atomic Energy Commission (Atomenergiekommission), kurz AEC, ernannt, auf die die Kontrolle des amerikanischen Atomprogrammes überging, nachdem sie der amerikanischen Armee entzogen worden war. In der ersten Sitzung des General Advisory Committee (wirtschaftliches Beratergremium, Wirtschaftsausschuß), kurz GAC, wurde er zum Vorsitzenden dieses Organs gewählt. Nach Ansicht seinesgleichen und des amerikanischen Establishments, wenn nicht gar in den Augen der Öffentlichkeit allgemein, war J. Robert Oppenheimer der führende Wissenschaftler Amerikas geworden. Es war am naheliegendsten und durchaus logisch, ihn als Kandidaten für die oberste Position des Landes, die einen wissenschaftlichen Hintergrund erforderte, auszuwählen. Aber er war inzwischen auch allgemein beliebt und gefragt. Er wurde häufig eingeladen, Vorlesungen zu halten, und mit Angeboten für Buchverträge nur so überschüttet. Im Sommer 1947 wurde ihm der Posten des Direktors des »Institute for Advanced Study« an der Princeton University angeboten, den er auch gerne annahm.

Man kann wohl sagen, daß Oppenheimers Einfluß in den Regierungsberatungen »allgegenwärtig« war, denn er war Mitglied in den meisten Beratungsausschüssen des Staates und führte bei mehreren den Vorsitz. Die Berichte bezeugen auch, daß »Oppies« Einfluß in der Tat enorm war. Nur selten wichen die Ansichten der Mitglieder von seinen eigenen ab. Diese »übernatürliche Leistung« war nicht nur auf sein umfangreiches Allgemein- und Fachwissen zurückzuführen, sondern auch auf seine Fähigkeit, Diskussionen, an denen er teilnahm, perfekt zu gestalten. Sogar nach einer dreitägigen Sitzung des GAC konnte Oppenheimer die Überlegungen prägnant, übersichtlich und vollständig zusammenfassen, wobei er jedem Beitrag das ihm zustehende Gewicht verlieh. Es kam selten vor, daß ein Mitglied bemerkte: »So habe ich das nicht gemeint.« Wenn man das Format der Mitglieder und die anspruchsvollen Diskussionsthemen betrachtet, so spricht diese Leistung für sich.

Die Vorbereitung, Präsentation und Aufnahme des Baruch-Plans bei der UNO ließ bereits ahnen, wie sich die amerikanisch-sowjetischen Beziehungen nach dem Krieg entwickeln würden. Die mangelnde Kompromißbereitschaft, ja sogar Trotzigkeit der sowjetischen Delegation zeigte deutlich, daß der überraschende Atombomben-Abwurf auf Japan die Sowjets hart getroffen hatte – Stalin war auf der Potsdamer Konferenz einige Tage vor dem Abwurf der Atombombe auf Hiroshima mündlich von Truman informiert worden, allerdings nur oberflächlich. Zum einen beraubte die Tatsache, daß der Westen sein vollendetes technologisches Know-How als wirksames Mittel zur Beendigung des Krieges zur Schau stellte, die Sowjetunion der Möglichkeit, ihren lange aufgeschobenen Angriff auf Japan zu starten, der denselben Zweck erfüllt hätte wie der amerikanische Angriff; das hatte zur Folge, daß den Sowjets ein wirkliches Mitspracherecht beim Friedensvertrag und der Besetzung Japans versagt war, an sich schon ein beträchtlicher Streitpunkt. Zum anderen machte sie einfach alle sowjetischen Hoffnungen, aus dem Zweiten Weltkrieg als die größte Militärmacht der Welt hervorzugehen, zunichte. Für die Amerikaner, mit Oppenheimer als Hauptexperten, war die russische Haltung ein harter Schlag, denn der Baruch-Plan war so gerecht, wie er nur sein konnte. Es war ein allgemeiner Plan, kein detaillierter. Die Russen hatten die Grundprinzipien des Plans praktisch abgelehnt. Sie hatten nicht gegen den Plan gestimmt, sie waren einfach ferngeblieben und hatten somit den Plan boykottiert. Die Frage war nun, ob die Vereinigten Staaten sich damit einverstanden erklären sollten, die Verhandlungen in der UNO fortzuführen. Bis Sommer 1948 war der Baruch-Plan, der seinen usprünglichen Namen beibehielt, zum offiziellen Plan der Vereinten Nationen zur Internationalisierung der Atomenergie geworden. Es ist interessant, wie schnell Oppenheimer zu dem Schluß kam, daß die Amerikaner bei den Verhandlungen mit Rußland besonders darauf bedacht sein mußten, nichts aus der Hand zu geben. In seinen Augen war der Acheson-Lilienthal-Plan, der in den Baruch-Plan mitaufgenommen worden war, bereits zu großzügig – dieser Plan sah zum Beispiel die internationale Leitung und ein internationales Eigentumsrecht von Atomkraftwerken vor –, damit das, worüber sie verfügten, die beste Position abgab, von der aus Konzessionen gemacht werden könnten. Das waren die äußersten Zugeständnisse, die gemacht wurden, um Einigkeit zu erreichen. Nach vier Monaten verdrießlicher und ergebnisloser Verhandlungen mit den Sowjets erkannte Oppenheimer, daß die Sowjets gezwungen waren, jeden Plan zur Internationalisierung irgendeiner Machtkomponente abzulehnen – ganz zu schweigen von der Atomenergie. Das kam daher, daß ihr totalitäres System im wesentlichen einer Teilung von Macht – mit wem auch immer – feindlich gegenüberstand. Dem Baruch-Plan zuzustimmen würde bedeuten, der Beseitigung des Eisernen Vorhangs und der ganzen Bandbreite der sowjetischen Kontrollen – im In- und Ausland – zuzustimmen. Das konnten und wollten die Sowjets nicht. Falls der Eiserne Vorhang jedoch nicht aufgehoben würde, wäre jede Form von internationaler Kontrolle in hohem Maße gefährlich für die Vereinigten Staaten. Oppenheimer spürte, daß es riskant war, die Verhandlungen fortzuführen, da die Amerikaner ständig versucht wären, irgendeinen Kompromiß zu schließen, der, »ohne daß sie sich klar darüber wären«, darauf hinausliefe, ein Abkommen über die Kontrolle der Kernenergie anzunehmen, möglicherweise sogar mit einem Bombenverbot, aber ohne eine gleichzeitige Verpflichtung für die Russen, den Eisernen Vorhang abzuschaffen. Oppenheimer tat alles Erdenkliche, um die amerikanische Führung dazu zu bringen, die Verhandlungen abzubrechen. Ein weiterer Grund für seinen harten Standpunkt in dieser Angelegenheit war seine Überzeugung, daß die Sowjets die Verhandlungen nur zu Propagandazwecken nutzten. Angesichts der starren Unnachgiebigkeit der Sowjets würden die Amerikaner die Propaganda nur unterstützen, und zwar mit einem Abkommen, das sie sich nicht leisten könnten. Es ginge dabei um Kopf oder Zahl – die Sowjets würden gewinnen, die Amerikaner verlieren. Hier erkannte Oppenheimer, wie sehr die Amerikaner von der Idee, Verhandlungen zu führen, besessen waren. Als ein Volk, das an den Segen des Friedens gewohnt war, für das der Friede der natürliche, normale Zustand war, waren die Amerikaner auf das, was ihnen bevorstand, schlecht vorbereitet, eingerichtet und besetzt. Der Zustand war weder Krieg noch Frieden, eine Art internationales politisches Zwischenstadium, in dem sich Phasen der Entspannung und des kalten Krieges abwechselten, wobei jede der beiden Phasen einen starken Beigeschmack der anderen hatte. In dieser Situation verlangte der unbezähmbare amerikanische Optimismus nach Verhandlungen, voller Zuversicht, daß ein Abkommen möglich war. Für Oppenheimer war diese Erfahrung ein bitterer Vorgeschmack auf den Kult des Gipfeltreffens, ein Ergebnis der Torheit, die durch die sensationshungrigen Medien der freien Welt gefördert wurde. Der Kult des Gipfels verschaffte den Sowjets einen gewaltigen Vorteil bei der Konfrontation mit dem Westen. Aber inzwischen war eine seismische Verschiebung in der politischen Topographie Amerikas im Gange.

Im ersten Drittel dieses Jahrhunderts waren die Vereinigten Staaten noch in vieler Hinsicht ein junges Land. Außerdem blieb dieses Land trotz seiner kolonialen Ursprünge auf eigenartige Weise vom Rest der Welt isoliert. Hier spielten zwei Faktoren eine Rolle: Erstens war Amerika durch das Meer von den anderen Kontinenten abgetrennt, und zweitens war es ganz anders als der Rest der Welt. Keine andere Erscheinung des Ersten Weltkriegs – als die junge Nation zum erstenmal tiefer in einen internationalen Konflikt verwickelt wurde – alarmierte die Amerikaner so sehr wie der Aufstieg des Kommunismus in Europa im allgemeinen und die Gründung der Union der Sozialistischen Sowjetrepubliken im speziellen. Die antikommunistische »Hexenverfolgung«, die in der höchst umstrittenen Verurteilung und Hinrichtung von Sacco und Vanzetti (zwischen Verhandlung und Hinrichtung lagen sieben Jahre) gipfelte, war nur eine der Folgen davon. Eine andere war die strikte Weigerung der Vereinigten Staaten, die Sowjetunion anzuerkennen und diplomatische Beziehungen mit ihr aufzunehmen. Aber dann passierte etwas, das eine abrupte Wende für die Entwicklung und die Politik brachte.

Henry L. Stimson mußte als Außenminister unter Herbert Hoover zusehen, wie der Traum der amerikanischen Konservativen am Riff der »großen Depression« am Schwarzen Freitag im Jahre 1929 zerschellte. Er mußte erleben, wie durch die Große Depression die Kreditanstalt von Wien geschlossen und das Dach des europäischen Finanzgebäudes zusammen mit dem des amerikanischen einstürzte. In den Vereinigten Staaten brachten der Bankkrach und die Depression, die darauf folgte, Franklin D. Roosevelt und seinen »New Deal« an die Macht. In Deutschland bereitete die Krise den Weg für Adolf Hitler. Für die Deutschen, die konservativste Nation in Europa, bestand die größte Anziehungskraft Hitlers in seinem Versprechen, »das Volk vor dem Kommunismus zu retten« – das schloß natürlich die Beseitigung der Arbeitslosigkeit ein. Dieselbe Ursache hatte zwei gleichzeitige, doch genau entgegengesetzte Wirkungen: Amerika bewegte sich nach links, Deutschland nach rechts. Die Machtergreifung der Nazis bestätigte Roosevelt in seinem Bestreben, diplomatische Beziehungen mit der Sowjetunion aufzunehmen.

Inzwischen erschreckte und entsetzte der Antisemitismus der Nazis, der in den Nürnberger Gesetzen von 1935 verankert war und in der Reichskristallnacht von 1937 so deutlich an den Tag gelegt wurde, die Juden in aller Welt, insbesondere jene unter den Intellektuellen des New Deal.

Dieser Antagonismus war jedoch im Grunde eine zeitgenössische Projektion der teilweise verborgenen, aber doch bitteren Kontroverse innerhalb der politischen Kreise der Vereinigten Staaten selbst. Dieser Kampf drehte sich um Theorie und Praxis der Wirtschaftspolitik. Als Roosevelt 1932 in der Präsidentschaftswahl kandidierte – er profitierte dabei von der heftigen öffentlichen Reaktion gegen den Laissez-faire-Kapitalismus, der zur Weltwirtschaftskrise geführt hatte –, bezog er Stellung gegen den »wirtschaftlichen Adel« Amerikas. Aber der Angriff des New Deal auf die Wirtschaftspolitik des amerikanischen konservativen Establishments richtete sich in der Hauptsache gegen die Monopole. Roosevelt führte während seiner drei Amtsperioden eine umfassende Kampagne gegen »Monopol, Verschwörung und Handelsbeschränkungen«. Diese Kampagne erreichte ihren Höhepunkt, als der Präsident gegenüber dem fünfundsiebzigsten Kongreß »Empfehlungen zur Verschärfung und Durchführung von Antikartell-Gesetzen« aussprach. Eine Hauptthese seiner Rede war, daß beinahe die gesamte Produktion der amerikanischen Industrie in den Händen von Konzernen läge und daß es sogar hier noch Zusammenschlüsse gebe. In den Augen des New Deal stellten die großen Kapitalgesellschaften eine Art Wirtschaftsmafia dar.

Dieser Gesichtspunkt war hauptverantwortlich für das wichtigste Syndrom des New Deal – die fast leidenschaftliche Ablehnung des Gifts, das als die sozial unverantwortlichen Machenschaften des »Big Business« identifiziert wurde; das Beharren auf dem Gegengift, das in Intervention, Überprüfung, Regulierung und Kontrolle des wirtschaftlichen Lebens des Landes durch die Regierung bestand – dem »Big Government«. Diese Tätigkeit, die Überprüfung internationaler Kartelle mit Beteiligung amerikanischer Firmen – wie im Fall »Vereinigte Staaten gegen Standard Oil« – führte die Vorhut des New Deal zur eigentlichen Heimat der großen industriellen Konzentration, zu der Wiege des internationalen Kartells, einer Nation, die so von privaten Geschäftsinteressen geprägt und beeinflußt war, daß sie wie eine Krake mit ihren Fühlern auf die Wirtschaft Europas und darüber hinaus übergriff. Die Rede ist vom damaligen Nazi-Deutschland.

So wurde Nazi-Deutschland für die »New Dealer« zum Paradebeispiel und Hauptbeweisstück für das grundlegende Übel der damaligen Zeit – die Großindustrie, die durch private Zusammenschlüsse expandierte und somit auf eine Monopolstellung abzielte. Das hielt man für das schlimmste aller Übel, weil man fest daran glaubte, daß es ein Hauptgrund für den Krieg war.

Daraus entwickelte sich die begriffliche Grundlage des New Deal und das Fundament für das Bündnis mit der Sowjetunion. Von diesem Standpunkt sah der blutigste Tyrann der Weltgeschichte wie »Onkel Joe« aus. Das Schlimmste daran war, daß man sich in einer Extremposition befand. Das Gefährlichste an einer Extremposition ist, daß sie leicht eine abrupte und heftige Reaktion in Richtung des entgegengesetzten Extrems hervorruft. Der zweifellos schicksalsträchtigste Schritt, der über den Punkt hinausging, wo man hätte aufhören sollen, war Roosevelts Proklamierung der bedingungslosen Kapitulation in Casablanca im Jahre 1942. Die Propagierung der Doktrin der bedingungslosen Kapitulation nahm der deutschen Untergrund-Widerstandsbewegung praktisch jede Aussicht auf Erfolg, da sie deutlich machte, daß die einzige Chance des Überlebens der Nation im Endsieg

Deutschlands lag. Die Doktrin der bedingungslosen Kapitulation legte die Strafe der »allgemeinen und offiziellen Unterwerfung des Willens der Nation« als einzigen Preis für den Frieden zu Beginn des eigentlichen amerikanischen Eingriffs in den Krieg fest – lange bevor das Ergebnis feststand oder auch nur ernsthaft erahnt werden konnte. Sie beseitigte den Pufferstaat zwischen den sich einander annähernden Alliierten, wodurch letztere gezwungen waren, direkt miteinander über das Schicksal des politischen Brachlands Deutschland zu verhandeln. Sie besiegelte daher die Teilung Deutschlands und Europas.

Die Überzeugung der »Trust-Knacker«, daß die große Konzentration der Industrie in privaten Händen eine der Ursachen des Krieges war, gab Anlaß zum überraschendsten Phänomen der amerikanischen Außenpolitik während der ganzen Ära – nämlich zum Morgenthau-Plan.

Als Morgenthau 1944 in Großbritannien war, fragte er den Oberkommandierenden der alliierten Streitkräfte, ob es möglich sei, die Kohlebergwerke des Ruhrgebietes in dem Moment, da das Gebiet unter alliierte Kontrolle käme, unter Wasser zu setzen. Eisenhower erwiderte, eine derartige Aktion sei »sinnlos und kriminell«. Innerhalb weniger Wochen nach Ende des Krieges stand für die amerikanische Militärregierung fest, daß die wirksamste Art, den Morgenthau-Plan zu sabotieren, paradoxerweise darin bestand, ihm uneingeschränkte Unterstützung zukommen zu lassen. Tatsache war nämlich, daß sich die Mitglieder der amerikanischen Militärregierung, sobald sie ihr Amt eingenommen hatten, für die Seele Deutschlands und gegen die Kommunisten kämpfen sahen; letztere hatten einen beträchtlichen Vorsprung, kamen zum größten Teil aus Deutschland und genossen die volle Unterstützung der Sowjetunion. Schon bald zirkulierten unter den

Spitzenleuten der amerikanischen Regierung Memoranda, die den Morgenthau-Plan als selbstmörderisch verdammten und geltend machten, daß Amerikas wirkliches Interesse darin läge, Deutschland so schnell wie möglich als »Bollwerk gegen den Kommunismus« wiederaufzubauen. Als das kommunistische und das kapitalistische System an der Elbe aufeinandertrafen, geschah das nur, weil es ihnen zusammen gelungen war, das zu zerstören, was in erster Linie zu ihrer Verbindung geführt hatte. So wurde aus dem Zusammentreffen automatisch eine Konfrontation: Für jeden gab es nur noch einen Feind – den anderen.

Die Konfrontation in Deutschland setzte die amerikanische liberale Linke der Anschuldigung aus, sie sympathisiere mit den Kommunisten. Die Kongreßwahlen im November 1946 brachten den Republikanern zum erstenmal seit vierzehn Jahren wieder eine Mehrheit in Senat und Kongreß. 1947 begann das »Komitee über antiamerikanische Umtriebe« seine öffentlichen Hearings über kommunistische Aktivitäten in Amerika. 1948 begann mit der Denunzierung von Alger Hiss als Mitglied der Kommunistischen Partei durch Whitaker Chambers ein Prozeß der Ermittlungen und gerichtlichen Verfolgung im Repräsentantenhaus und im Senat, der sieben Jahre andauerte und den größten Spionagekomplex der amerikanischen Geschichte ans Tageslicht brachte.

Unglücklicherweise war dieser Untersuchungs- und Verfolgungsprozeß von Anfang an gegen eine bestimmte Partei gerichtet. Die Demokraten standen auf der liberalen Seite und befürworteten Antitrust-Maßnahmen und »Big Government«, während die Republikaner konservativ und vor allem antikommunistisch eingestellt blieben. Obwohl Harry Truman, ein eingefleischter Antikommunist, den Morgenthau-Plan ablehnte und über den Rücktritt seines Begründers vom Posten des Finanzministers froh war, entschied er, daß der Erfolg seiner Regierung der Last des beispiellosen Skandals nicht standhalten konnte, der sich zwangsläufig aus umfangreicheren Ermittlungen des Kongresses bezüglich kommunistischer Tendenzen in Amerika ergeben würde. So wurden die Ermittlungen offiziell erst 1948, im Jahr der Präsidentschaftswahlen, gestartet.

Im März 1947 nahm die Atomenergiekommission nach Erhalt eines Briefes und verschiedener anderer Schriftstücke des FBI über die kommunistischen Verbindungen ihres rangältesten Beraters offiziell und zum erstenmal Ermittlungen gegen J. Robert Oppenheimer auf. Sie hatten keine Wahl. Schon der Umfang des Belastungsmaterials gegen »Oppie« war verblüffend. Wie es der Stellvertretende Berater Joseph Volpe ausdrückte: »... wenn jemand den ganzen Inhalt dieser Akte abdruckt und sagt, es ginge um den obersten zivilen Berater der Atomenergiekommission, so würde es schrecklichen Ärger geben. Sein Hintergrund ist fürchterlich.« Das war die eine Seite. Auf der anderen Seite standen seine Leistungen, die so unbestreitbar wie spektakulär waren. Sein Ansehen war das eines Othello (»Ich habe dem Staat einen Dienst erwiesen, und sie wissen es.«). Dementsprechend schloß Joseph Volpe seine Erklärung an den Chef der AEC, Lewis L. Strauss, mit den Worten: »Aber es ist unsere Aufgabe, herauszufinden, ob dieser Mann *jetzt* ein Sicherheitsrisiko ist, und abgesehen vom Fall Chevalier sehe ich in dieser Akte nichts, was darauf hindeutet, daß er eines sein könnte.« Der Fall Chevalier zieht sich wie ein roter Faden durch die Geschichte Oppenheimers. Haaken Chevalier war ein Professor für französische Literatur in Berkeley. Als gebürtiger Amerikaner und Sohn eines französischen Vaters und einer norwegischen Mutter, der in Europa aufgewachsen

war, hatte er einen amerikanischen und einen französischen Paß.
Als er 1937 Oppenheimer kennenlernte, hatte er bereits ein Buch über Anatole France veröffentlicht und einige von André Malraux' Werken, einschließlich *Le condition humaine,* übersetzt. Er versuchte sich auch an ein paar Romanen, er war geistreich, gebildet und weltmännisch, aber keine große Leuchte. Ein Zeitgenosse bezeichnete ihn als »guten Übersetzer, aber schlechten Romanschriftsteller«. Vor allem aber war Chevalier ein politischer Einfaltspinsel, ein Bewohner der feinen linken Traumwelt, ein »Cocktail-Partisan«. Anfang des Jahres 1943, nach Oppenheimers Ernennung zum Direktor des streng geheimen Laboratoriums für Kernwaffen in Los Alamos, informierte Chevalier Oppenheimer, als er von letzterem zum Abendessen eingeladen war, daß ein gewisser Eltenton, ein britischer Chemotechniker, der in der Buchtgegend für Shell arbeitete, in der Lage sei, geheime technische Informationen an die Sowjets weiterzuleiten. Oppenheimer wies Chevalier sofort zurecht, mit der Begründung, daß jede Aktion dieser Art verräterisch sei, und das Thema wurde fallengelassen. Man verlor kein Wort mehr darüber. Aber Oppenheimer meldete diese »Unterhaltung«, die in seiner Küche stattgefunden hatte, während er Drinks mixte, seinen eigenen Sicherheitsbeamten acht Monate lang nicht. Letztendlich entschloß er sich, die Sache, wie von Chevalier dargelegt, doch zu melden; ausschlaggebend war, daß dies tatsächlich eine ernste Bedrohung für das Los-Alamos-Projekt darstellen könnte. Aber er verschwieg dabei hartnäckig Chevaliers Namen und versuchte, den wirklichen Vorfall zu verdunkeln, indem er drei ähnliche Fälle erfand, von denen er behauptete, sie hätten innerhalb des Los-Alamos-Absperrgebiets stattgefunden und es wären Wissenschaftler beteiligt gewesen,

die an dem Projekt arbeiteten. Das war sehr unüberlegt, denn dadurch verbreitete er eine Geschichte, die noch viel schlimmer war als die Wahrheit. Anstatt die Untersuchungsbehörden von der richtigen Fährte abzulenken oder ihre berufsbedingte Neugier zu dämpfen, zog Oppenheimers erdichtete Version sie noch mehr an. Oppenheimer schwieg weitere vier Monate über den Namen seines Informanten und gab ihn dann im Dezember auf direkte Order seines Vorgesetzten General Groves preis. Natürlich schien die Wahrheit – daß Oppenheimer selbst von einem persönlichen Freund angesprochen wurde, der nicht im entferntesten etwas mit dem Los-Alamos-Projekt zu tun hatte, daß er, um seinen Freund zu schützen (von dem er glaubte, daß er keinen Verrat beabsichtigt hatte), absichtlich die Geschichte von den drei Kollegen ausgeheckt hatte, die an dem hochgeheimen Atomprojekt mitarbeiteten – zu diesem Zeitpunkt im Vergleich mit der erfundenen Geschichte, von der er sich jetzt distanzierte, die eigenartigere und beunruhigendere der beiden Versionen zu sein. Zum Zeitpunkt der Preisgabe der Wahrheit im Jahre 1943 kam General Groves, wie er später aussagte, zu der Einsicht, daß dies im Grunde nichts als ein Beispiel für eine Art Schuljungenloyalität gegenüber einem Freund war. Außerdem standen sie ja alle erst am Anfang des Projektes. Damals wußte niemand in Amerika sehr viel über Sicherheitsmaßnahmen, ihre Dimensionen, ihre Bedeutung und ihre Erfordernisse. Der Begriff an sich war neu und noch nicht klar umrissen. Nach einiger Zeit jedoch, als das Loyalitätsprogramm der Regierung voll im Gange war, als die Mehrheiten der Demokraten in Senat und Repräsentantenhaus durch republikanische Mehrheiten abgelöst wurden und als schließlich der Demokrat Harry Truman seinen Platz im Weißen Haus dem Republikaner Dwight D. Eisenhower abtreten mußte, wurden die Überlegungen, die Sicherheit betreffend, viel umfassender und zwingender. Unter den von Grund auf veränderten Umständen der McCarthy-Ära zeichnete sich eine grundsätzliche Wende ab: Der Fall Chevalier ragte mit der Zeit immer größer und bedrohlicher am Horizont der Vergangenheit auf. Er war einfach unverdaulich; er blieb in jedermanns Hals stecken. Oppenheimer selbst konnte ihn kaum verdauen. 1953 fand der Mann, der er geworden war, den Mann, der er zehn Jahre früher gewesen war, gänzlich unbegreiflich. Aber 1947 hatte dieser Prozeß gerade erst begonnen, und die Erinnerung an Oppenheimers einzigartige Errungenschaft, nämlich die Entwicklung der ersten Atombombe, war noch frisch und überwältigend. »Oppie« wurde von der Atomenergiekommission freigesprochen, ohne daß ihm Fragen gestellt wurden.

Am 23. September 1949 verkündete Präsident Harry Truman, die Sowjets hätten eine Atombombe gezündet. Die Neuigkeit war ein großer Schock, vor allem für die betreffenden amerikanischen Experten, von denen keiner erwartet hatte, daß den Sowjets diese Leistung vor Anfang der fünfziger Jahre gelingen würde. Die Tragweite dieser Nachricht war offensichtlich – besonders für das Militär –, das nukleare Wettrüsten hatte begonnen. Konkret bedeutete dies, daß man das amerikanische Programm zur Herstellung einer Wasserstoffbombe, der »Superbombe«, wie sie genannt wurde, ernsthaft in Betracht zog. Mit der Konzentration auf diese Superbombe begann eine neue Ära der Kernforschung, schon weil feststand, daß die Wasserstoffbombe – wenn es gelingen sollte, sie zu entwickeln – um ein Vielfaches zerstörerischer wäre als die Atombombe. Es war offenkundig, daß diese Superbombe die »ultimative Waffe« war, die die Welt zerstören konnte. Die Tatsache, daß die Menschheit genug von der geheimen

Macht des Universums erlangt hatte, um alles Leben, soweit sie es kannte, zu zerstören, führte zwangsläufig zur eschatologischen Frage des »Seins oder Nichtseins« für die ganze Spezies Mensch und ihre Umwelt. Es ging für die Wissenschaftler nicht mehr nur darum, der moralischen Frage aus dem Weg zu gehen. Die überwiegende Mehrheit von ihnen, auch Oppenheimer, hatte das sichere Gefühl, daß die H-Bombe nie gebaut werden durfte, und sagten das auch. Wie Hartley Rowe, ein Mitglied des GAC, im Jahre 1954 es ganz eindeutig ausdrückte: »... der Einsatz einer in so hohem Maße zerstörerischen Waffe könnte, realistisch gesehen, nicht auf militärische Ziele begrenzt werden ... Man würde sie gegen die Zivilisation einsetzen, nicht gegen das Militär ... Mir widerstrebt die Vorstellung, wie Frauen und Kinder massenweise getötet werden, nur weil der männliche Teil der menschlichen Rasse zu dumm ist, um Kriege zu beenden und neue zu verhindern.« Bei der ersten Sitzung des GAC, bei der es darum ging, ob die Vereinigten Staaten zu diesem Zeitpunkt (1949) ein vollständiges Programm starten sollten, lehnte der Wissenschaftsausschuß diese Initiative mit acht zu null Stimmen ab; Oppenheimer hielt mit seiner Ansicht zurück, bis die anderen sieben anwesenden Mitglieder – Gene Seaborg war nicht anwesend – ihrer Meinung Ausdruck verliehen hatten. Nach den Worten eines Anwesenden soll Oppenheimer gesagt haben: »Ich bin froh, daß Sie sich so entschieden haben, denn wenn das Gegenteil der Fall gewesen wäre, hätte ich als Vorsitzender zurücktreten müssen.« In seinem Bericht an die Atomenergiekommission legte der Ausschuß dar, daß die H-Bombe mit viel Einfallsreichtum und unter guter Zusammenarbeit gebaut werden könne, fügte jedoch hinzu: »Wir alle hoffen, daß die Entwicklung dieser Waffe irgendwie vermieden werden kann. Wir alle sähen es nicht gerne, wenn die Vereinigten Staaten zur Beschleunigung dieser Entwicklung beitragen würden.« In einem separaten Bericht verurteilten zwei Ausschußmitglieder, Enrico Fermi und Isidor Isaac Rabi, die H-Bombe aus moralischen Gründen: »Die Tatsache, daß die Zerstörungskraft dieser Waffe grenzenlos ist, läuft darauf hinaus, daß schon die Existenz und das Wissen um ihre Konstruktion eine Gefahr für die gesamte Menschheit darstellt. Sie ist von jeder Warte aus betrachtet teuflisch. Deshalb halten wir es für wichtig, daß der Präsident der Vereinigten Staaten der amerikanischen Öfentlichkeit und der Welt kundtut, daß wir denken, es sei aufgrund fundamentaler ethischer Prinzipien falsch, die Entwicklung einer solchen Waffe in die Wege zu leiten.«

Nach der Vertagung des GAC verhandelte Oppenheimer zweimal mit Außenminister Dean Acheson, wobei er sich dafür einsetzte, daß die Vereinigten Staaten »durch ihr Beispiel die Totalität des Krieges einschränken könnten«, wenn sie freiwillig auf die Entwicklung der H-Bombe verzichteten.

Acheson war befremdet: »Wie kann man einen feindlichen Gegenspieler ›durch ein Beispiel‹ zur Abrüstung bewegen?« Doch George F. Kennan, Achesons wichtigster politischer Berater, wies in einer hundertachtundzwanzigseitigen Analyse des Problems, wie auf die Detonation einer sowjetischen Atombombe zu reagieren sei, darauf hin, daß die Sowjets es bevorzugten, zu außermilitärischen Expansionsmethoden wie Subversion, wirtschaftliche Druckausübung und politische Maßnahmen zu greifen; er wagte daher zu vermuten, daß die Sowjets nicht zur Entwicklung einer thermonuklearen Waffe schreiten würden, wenn dies die Vereinigten Staaten auch nicht täten. Diese Annahme, daß die Sowjets die Arbeit an der Entwicklung der H-Bombe nicht fortsetzen würden, wenn die

Amerikaner es nicht täten –, war zumindest in Wissenschaftlerkreisen recht weit verbreitet. Sie war wohl auf die allgemeine Unerfahrenheit bezüglich des Wesens und der Struktur des sowjetischen Kommunismus zurückzuführen. Aber wenn man bedenkt, daß diese Annahme von Kennan kam, der über die Sowjets und ihr Benehmen aus Erfahrung sehr genau Bescheid wußte, so verschlägt einem diese Naivität die Sprache. Aber auch für diejenigen, die es besser – viel besser – wußten, war der Wunsch der Vater des Gedankens. Letztendlich wurden alle derartigen Thesen jedoch von der nüchternen Behauptung General James Burns', eines Sonderberaters des Verteidigungsministers Louis Johnson, zunichte gemacht. Er sagte ganz ruhig: »Es ist ein fundamentales Gesetz der Verteidigung, daß man immer die mächtigsten Waffen einsetzen muß, die man produzieren kann.«

Am 25. Juni 1950 überschritten nordkoreanische Truppen den achtunddreißigsten Breitengrad und fielen in Südkorea ein.
Nach dem plötzlichen Ausbruch des Korea-Krieges mußten die Vereinigten Staaten feststellen, daß sie »nicht gut ausgerüstet waren, um den Problemen eines begrenzten Angriffs gewachsen zu sein«, wie es John Kenneth Galbraith, McGeorge Bundy, Arthur Schlesinger jr. und andere in einem Brief an die »New York Times« Ende April 1950 formulierten. Sie warnten vor einer Strategie der Vereinigten Staaten, die auf einem »unangebrachten Glauben in Atomwaffen und strategische Bombardierung« beruhte und die »das moralisch-politische Ansehen« der Vereinigten Staaten »zu beeinträchtigen scheint«.
So bildeten sich allmählich Gruppierungen heraus, die bezüglich der »Super« gegensätzliche Standpunkte vertraten. Der Korea-Krieg warf das Problem der Entwicklung

taktischer Atomwaffen und der Weiterentwicklung des bereits bestehenden Atomarsenals bei gleichzeitiger Vernachlässigung der Entwicklung der Wasserstoffbombe auf – die Verfechter der kleinen Bombe gegen die der großen. Oppenheimer und die Mehrzahl der beteiligten Wissenschaftler standen eindeutig auf der Seite der kleinen Bombe. Aber es gab auch angesehene Wissenschaftler – besonders Edward Teller –, die sich mit Leib und Seele der schnellstmöglichen Herstellung der großen Bombe, ohne Rücksicht auf die Ausgaben, verschrieben hatten. Das war das zentrale Thema jener Zeit; später, als Klaus Fuchs festgenommen und der Tat überführt wurde, Atomgeheimnisse direkt von Los Alamos an die Sowjets weitergeleitet zu haben, und als die Rosenbergs für ihr Mitwirken in diesem Spionagefall verhaftet, verurteilt und hingerichtet wurden, wurde das Thema um so umstrittener. Innerhalb einer Woche, nachdem Präsident Harry Truman am 31. Januar 1950 grünes Licht für die Wasserstoffbombe gegeben hatte, gaben zwölf der führenden Wissenschaftler des Landes, unter ihnen Hans Bethe, eine Erklärung ab, die die Entscheidung des Präsidenten verurteilte: »Wir glauben, keine Nation hat das Recht, so eine Bombe einzusetzen, ganz egal, wie ehrenhaft der Grund dafür auch sei. Diese Bombe ist keine Kriegswaffe mehr, sondern ein Mittel zur Auslöschung ganzer Völker ... Wir drängen darauf, daß die Vereinigten Staaten ... eine feierliche Erklärung abgeben, daß wir diese Bombe nie zuerst anwenden!« In der folgenden Woche gab Albert Einstein eine Erklärung ab: »Wenn (die Entwicklung der H-Bombe) erfolgreich ist, wird die radioaktive Verseuchung der Atmosphäre und somit die Ausrottung jedes Lebens auf der Erde technisch möglich. ... Am Ende steht immer deutlicher die allgemeine Vernichtung.«

Oppenheimers generelle Opposition gegen die Wasser-

stoffbombe ließ im Wirtschaftsausschuß die Vorstellung eines Verhaltensmusters aufkommen, das denen, die Zugang sowohl zu seiner Sicherheitsakte als auch zu den Berichten des Ausschusses hatten, ins Auge stach und sie verwirrte. Sogar Oppenheimers Befürwortung einer Diversifizierung der Kernwaffen fiel unter dieses Verhaltensmuster, weil eine Diversifizierung eindeutig eine teilweise Einschränkung der Bemühung, die große Bombe zu bauen, implizierte. Sogar eine Studie über kontinentale Luftabwehr, die neben mehreren anderen Wissenschaftlern von Oppenheimer mitunterstützt wurde, entsprach in den Augen des Strategic Air Command (Strategisches Luftwaffenkommando) diesem Verhaltensmuster (Verteidigung sei das Gegenteil des Angriffs). Noch dazu zeigte Oppenheimer dieselbe sarkastische Art und Ungeduld hinsichtlich der Unwissenheit anderer, die auch Galileo allzu oft zur Schau gestellt hatte. Bei einem Hearing des Kongresses demütigte Oppenheimer Admiral Lewis Strauss, ein Mitglied der AEC, öffentlich, indem er ihn wegen seiner Unkenntnis bezüglich der Isotope bloßstellte. Bei diesem Hearing ging es darum, ob die Vereinigten Staaten der britischen Regierung im Rahmen der Zusammenarbeit in der Kernforschung Isotope zukommen lassen sollten. Strauss war als einziger der fünf Mitglieder der AEC aus Sicherheitsgründen dagegen. Oppenheimer bezeichnete Strauss' Besorgnis als »krankhaft«. Das verzieh ihm Strauss nie; selbst Oppenheimers Freunde meinten, er sei zu weit gegangen. Als er sein Statement abgegeben hatte, fragte er einen Freund: »Wie war ich?« – Der Freund antwortete: »Zu gut, Robert, viel zu gut.«
Bis 1953 schienen sich alle Ereignisse gegen »Oppie« zu verschwören. Seine Studenten erschienen vor verschiedenen Untersuchungsausschüssen und gaben entweder zu, einst Mitglieder der Kommunistischen Partei gewesen zu

sein, oder sie beriefen sich auf das Fifth Amendment. Im Juni 1951 kam der »Kalifornische Ausschuß antiamerikanischer Umtriebe« auf eine ungewöhnliche Variation der weitverbreiteten Annahme, es gebe keinen negativen Beweis. Die Berichte Steve Nelsons an die Kommunistische Partei, in denen er sich über die »unkooperative und unfreundliche Einstellung der Oppenheimers gegenüber dem Kommunismus« beklagte, waren nach Aussage des Ausschusses nichts als ein Ablenkungsmanöver, um die Regierungsvertreter von der richtigen Fährte abzubringen. So waren Nelsons Berichte eigentlich ein Anzeichen für die enge Verbundenheit der Oppenheimers mit der Kommunistischen Partei. Die neuen und wesentlich jüngeren Mitglieder der AEC waren über den Inhalt der Sicherheitsakte Oppenheimers viel entsetzter als die älteren Mitglieder, die sich daran erinnerten, wie die »alte Zeit« etwa zehn Jahre früher wirklich aussah. Amerika ist ein Land, in dem die Geschichte besonders schnell voranrollt, in dem jedes Jahrzehnt das vorhergehende Jahrzehnt auslöscht – ein Phänomen, das manche Beobachter veranlaßte zu bemerken, Amerika habe keine Geschichte, sondern nur eine ewige Gegenwart. In Amerika ist ein Jahrzehnt eine Ära und einzigartig. Aber sogar vor diesem Hintergrund muß man zugeben, daß Oppenheimer zu seinem großen Unglück in die mächtigste Umwälzung aller Zeiten verwickelt war, einen »Generationenkonflikt«, der vielleicht der große Wendepunkt der Geschichte der Menschheit ist, ein Abgrund, der sich in den vierziger Jahren mit der Erfindung, der Herstellung und dem Einsatz von Kernwaffen auftat. Alamogordo statt Armageddon. Vor Alamogordo war es philosophisch möglich und sogar üblich zu behaupten, daß »sich nichts je wirklich verändert«. Nach Alamogordo war das nicht mehr möglich: Es hatte sich etwas verändert, und zwar etwas sehr Entscheidendes. Der Mensch hatte nun das Wissen und das Mittel, um sich selbst und seine Welt zu zerstören. Er konnte die Schöpfung in Frage stellen. Dies war der Abgrund, der Oppenheimer von seiner Vergangenheit trennte. Es gab keine Möglichkeit, ihn zu überbrücken. Er war ein anderer Mensch in einer anderen Welt. Theologisch gesehen, könnte und sollte man Alamogordo vermutlich als den zweiten Sündenfall betrachten. Den zweiten und endgültigen Verlust der Unschuld. Die Konsequenzen dieser Veränderung – wie immer man sie benennen oder betrachten mag – waren und sind ganz einfach furchterregend. Plötzlich wurden Kräfte, Impulse und Ideen des menschlichen Gehirns freigesetzt, die vor allem die, von denen sie ausgingen, nicht erkannten oder mißdeuteten. Für rational denkende Menschen lief das Ganze auf etwas wie eine Konfrontation mit der Realität hinaus – mit einer ungeahnten Realität, mit der man fertig werden mußte, ob man wollte oder nicht. Die Ironie der Geschichte liegt darin, daß sich der Imperativ, in eschatologischen Dimensionen zu denken, gerade dann ergeben sollte, als der Prozeß der Säkularisierung in der industrialisierten Welt schon voll im Gange war und sich allem Anschein nach bereits siegreich durchsetzte.

Die entscheidendste Konsequenz dieser Veränderung war die unbewußte Übernahme der Göttlichkeit durch den Menschen. Diese Anmaßung wurde als Verantwortung für die Erhaltung der Schöpfung interpretiert. Das erklärt die plötzliche Entstehung der Ökologie als Wissenschaft und als einer der wichtigsten Belange der zivilisierten Welt. Plötzlich erkannten alle die Verpflichtung, die Welt zu beschützen, und kaum einer konnte sich dem entziehen. Aber die Übernahme der Göttlichkeit hatte noch andere Auswirkungen. Plötzlich wurden alle Lebensbereiche der

Erde und des Universums in Frage gestellt. Dies bedeutete nicht nur einen Verlust an Werten; es war eine Infragestellung der Nützlichkeit, der wahren Bedeutung, der Legitimität aller Dinge. Die ganze Menschheit war davon betroffen, einige mehr als andere. Länder wie China und Indien, die auf Kosten der Technologie im Mystizismus und dem Glauben an das Jenseits untertauchten, waren fast hoffnungslos ins Hintertreffen geraten, aber sie waren dennoch nicht so unklug, sich aus der technologischen Revolution herauszuhalten. Andere Länder, wie die meisten afrikanischen und südamerikanischen, lagen so weit zurück, daß praktisch keine Hoffnung für sie bestand, jemals den Anschluß an die modernen Industrieländer bei deren technologischem Durchbruch, das heißt ihrem Eintreten ins Computerzeitalter, zu finden oder sie einzuholen. Die Atombombe und das Einläuten des Atomzeitalters waren direkt und indirekt für die anhaltende, rasche technologische Entwicklung der Nachkriegszeit verantwortlich. Die Kluft zwischen den Wohlhabenden und den Habenichtsen hat sich als Folge dieser schnellen Umgestaltung der Welt vergrößert – bis zu einem Punkt, wo sie völlig grotesk erscheint. Aber nicht nur rückständige Völker mit mystischen Traditionen sahen sich dadurch vor neue Probleme gestellt. Auch die Regierungssysteme waren nicht immer darauf eingestellt. Die technologische Revolution war ein Verhängnis für das sozialistische System – vor allem für den doktrinären Sozialismus, neben anderen totalitären Regierungsformen. Gleichzeitig begünstigte die technologische Revolution Regierungsformen wie die konventionelle Demokratie, die die Meinungsfreiheit garantierten oder förderten. Das war und ist so, weil die Meinungsfreiheit das »unerläßliche Schmiermittel« für den Denkprozeß ist. Wo es keine Meinungsfreiheit gibt, kann es auch keine For-

schungsfreiheit geben, und somit keinen wissenschaftlichen Fortschritt.
Die absolute Notwendigkeit der Meinungsfreiheit war für Oppenheimer ein regelrechter Fetisch. Während des Aufbaus der Los-Alamos-Laboratorien sträubte er sich mit aller Gewalt gegen die Bildung von separaten, voneinander abgeschirmten Abteilungen, als General Groves auf dieses Thema zu sprechen kam; letzterer betrachtete dies als grundlegende Sicherheitsmaßnahme und somit als eine Selbstverständlichkeit. Oppenheimer wehrte sich auch dagegen, daß die politische Gesinnung als Kriterium für die Eignung zur wissenschaftlichen Arbeit herangezogen wurde. In einem Brief an die »Rochester Democrat-Chronicle«, in dem es um seinen linksgerichteten Kollegen Bernard Peters ging, schnitt er dieses Thema an: »Politische Ansichten, wie radikal und freimütig sie auch immer geäußert wurden, beeinträchtigen nicht den Rang eines wissenschaftlichen Lehrers. Seine Integrität und seine Ehre sind davon nicht angetastet. Wir haben in anderen Ländern Beispiele, wie politische Orthodoxie es fertigbrachte, Wissenschaftler zu ruinieren und deren Arbeit zu beendigen. Das führte zu einer Zerstörung der Wissenschaft. Das wäre ein Teil der Zerstörung der Meinungsfreiheit und der politischen Freiheit. Für ein Volk, das frei bleiben will, ist das kein möglicher Weg.«
Die Entscheidung, gegen Oppenheimer, der »ein Sicherheitsrisiko darstellte«, Anklage zu erheben, wurde aufgrund mehrerer Umstände getroffen. Zur Beschleunigung der Anklage führte jedoch ein Brief William Liscum Bordens, eines ehemaligen leitenden Direktors des »Congressional Joint Atomic Energy Committee«, an J. Edgar Hoover, den Chef des FBI. Borden war während seiner fünfjährigen Amtszeit als leitender Direktor vom Oppenheimer-Fall völlig fasziniert gewesen. Er hatte den mehr

als einen Meter hohen Stapel von Berichten, aus denen die Oppenheimer-Untersuchungsakte bestand, gründlich studiert. »Der Zweck dieses Briefes«, so schrieb er, »besteht darin, meine reiflich überlegte Meinung, die auf jahrelanger Untersuchung der vorliegenden geheimen Beweise beruht, darzulegen, nämlich daß J. Robert Oppenheimer mit großer Wahrscheinlichkeit ein Agent der Sowjetunion ist.«

Bordens Brief enthielt nichts, was denen, die Einblick in die Oppenheimer-Akte hatten, nicht bereits bekannt war. Aber der Brief kam zu einem höchst ungünstigen Zeitpunkt. Die Republikaner hatten gerade erst den früheren Präsidenten Truman beschuldigt, Harry Dexter White einen neuen und wichtigeren Posten zugeteilt zu haben, nachdem er einen FBI-Bericht erhalten hatte, dem zufolge White ein sowjetischer Spion sei. Diese Anschuldigung hatte Justizminister Herbert Brownell in einer Rede geäußert, wodurch er sofort einen großen Skandal hervorrief; denn damit war zum erstenmal der Inhalt eines Untersuchungsberichts des FBI – allem Anschein nach für einen parteipolitischen Zweck – in der Öffentlichkeit bekanntgegeben worden. Dies war eine beispiellose Verletzung der Vorschriften, die fast eine Bumerangwirkung hatte, weil sie scheinbar die Loyalität Trumans selbst in Frage stellte. Der wahre Skandal, die Tatsache, daß Harry Dexter White, von 1941 bis 1945 Unterstaatssekretär im Finanzministerium, ein Staatsagent des KGB war, wurde durch die Kontroverse um die politischen Dimensionen der Anschuldigung fast in den Hintergrund gedrängt. Das Eintreffen von Bordens Brief im Justizministerium, dem auch das FBI angehört, versetzte den Justizminister in eine äußerst unangenehme Lage. Er hatte soeben einen ehemaligen Präsidenten der Nachlässigkeit beschuldigt, weil dieser eine offizielle Warnung, daß ein hochgestelltes

Mitglied des Staatsdienstes ein sowjetischer Spion sei, ignoriert hatte. Seine eigene Regierung befand sich jetzt in genau demselben Dilemma. In einem Artikel, der später in der »Atlantic Monthly« erschien, berichtete ihr Washington-Korrespondent Warren Unna, Brownell und FBI-Direktor Hoover seien an Eisenhower herangetreten »und forderten, daß Oppenheimer von seiner Position als Berater der AEC entfernt werde und ihm seine ›Q-Clearance‹ (Sicherheitsgarantie) entzogen werde«. Einige Tage später, am 3. Dezember, meinte Eisenhower bei einem Meeting mit den Vorsitzenden des AEC, Strauss, Justizminister Brownell und anderen, daß noch ein Hearing über die Anschuldigungen gegen Oppenheimer angeordnet werden sollte, da bisher kein offizielles Hearing stattgefunden hatte. Am 9. Dezember stimmten die Mitglieder des AEC »einstimmig dafür, ein ordentliches Verfahren der Kommission in die Wege zu leiten, um die Richtigkeit oder Unrichtigkeit der Anschuldigungen festzustellen«, die in William Bordens Brief an das FBI enthalten waren. Am 23. Dezember sandte die AEC ihren Anklagebrief, der dreitausendvierhundert Wörter umfaßte und von General K. D. Nichols, dem »General Manager« des AEC, unterzeichnet war, an Oppenheimer. Der Brief enthielt vierundzwanzig Anklagepunkte, von denen dreiundzwanzig Oppenheimers angebliche kommunistische und linksgerichtete Verbindungen zwischen 1938 und 1946 betrafen, das heißt *vor* der einstimmigen Erteilung der Unbedenklichkeitsbescheinigung durch die AEC trotz gleichlautender Beschuldigungen im Jahre 1947. Im vierundzwanzigsten Punkt ging es dagegen um spätere Ereignisse. Beginnend mit einer Wiedergabe von Oppenheimers Statements, in denen er die Durchführbarkeit der Wasserstoffbombe bestätigte, zitierte die Anklage dann folgende Berichte:

»Im Herbst 1949 und in der Folgezeit waren Sie strikt gegen die Entwicklung der Wasserstoffbombe, und zwar 1. aus moralischen Gründen, 2. indem Sie behaupteten, sie sei nicht herstellbar, 3. indem Sie behaupteten, die Einrichtungen und das wissenschaftliche Personal seien unzureichend, um die Entwicklung voranzutreiben, und 4. sie sei politisch nicht wünschenswert.

... Sie wichen von Ihrer eigentlichen Rolle als Berater der (Atomenergie-)Kommission ab, als sie eigenmächtig und privat die Verteilung der Mehrheits- und Minderheitsberichte des GAC über die Entwicklung der Wasserstoffbombe an das Führungspersonal in Los Alamos veranlaßten, womit Sie bezweckten, diese Spitzenleute dahingehend zu beeinflussen, daß Sie gegen die Entwicklung der Wasserstoffbombe waren.

... Sie versuchten, andere hervorragende Wissenschaftler zu überreden, nicht an dem Wasserstoffbombenprojekt zu arbeiten; diese Opposition gegen die Wasserstoffbombe, in der Sie das erfahrenste, mächtigste und einflußreichste Mitglied waren, hat ihre Entwicklung ganz sicher verzögert.«

Der vierundzwanzigste und letzte Anklagepunkt stellte einen neuen Ansatz dar. Er beruht auf der Infragestellung und Ablehnung von Oppenheimers Ansichten – sogar seiner offiziell festgehaltenen Erklärungen, die er in seiner Eigenschaft als Berater der Atomenergiekommission abgab. Hier wird auf die heimlichen Aktivitäten Oppenheimers angespielt. Der vierundzwanzigste Punkt bestimmte die Art des Hearings selbst.

Schon die Entscheidung der amerikanischen Regierung, das Hearing, diese Mischform der offiziellen Untersuchung, zu wählen, ist vielsagend. Es ging nicht nur darum, das politisch extreme und allgemeine Spektakel eines Gerichtsprozesses zu vermeiden, unter anderem aus Angst, die Atmosphäre in der amerikanischen Gemeinschaft der Wissenschaftler zu vergiften. Das Hearing war und ist das bevorzugte Mittel der amerikanischen Regierung für Fälle, die die Staatssicherheit betreffen. Es ist das offizielle Instrument der Loyalitätsprogramme der Regierung. Es war eine Art vorgerichtliche Untersuchung mit wenigen Befugnissen oder Eigenschaften eines Gerichtsverfahrens und noch weniger Grundsätzen und Schutzeinrichtungen eines ordentlichen Gerichtsverfahrens. Es konnte jemanden, wenn es erforderlich erschien und ein Grund gegeben war, einem ordentlichen Gericht zur Strafverfolgung übergeben, zum Beispiel wegen Meineids. Man vermied dadurch das Stigma eines politischen »Schauprozesses« oder »Volksgerichts«, die in linken und rechten Diktaturen an der Tagesordnung waren.

Aber das Hearing läßt der Person des Vorsitzenden und anderen Mitgliedern des Untersuchungsausschusses einen enormen Ermessensspielraum. Die Macht der Kommission war in der Tat praktisch unbegrenzt, abgesehen von den Statuten, in denen die Pflichten und Ziele des Ausschusses festgelegt waren, wobei ihre Auslegung allerdings wieder bei der Kommission selbst lag. Zusätzlich zu den drei Ausschußmitgliedern wählte die AEC den Demokraten Gordon Gray, Präsident der University of North Carolina und ehemaliger Staatssekretär im Kriegsministerium, als Vorsitzenden, damit auch die Demokratische Partei im Ausschuß vertreten war. Es war auch ein Rechtsberater oder Anklagevertreter für die AEC vorgesehen, während der Angeklagte ebenfalls Verteidiger haben durfte; der Ablauf sollte nicht, wie vor einem Gericht, vom Widerstreit zweier Parteien bestimmt sein.

Bei der Vorbereitung der Verteidigung bekam Oppenheimers Verteidiger Lloyd K. Garrison, ein bedeutender New Yorker Anwalt, einen Eindruck davon, was alles auf ihn zukommen würde. Es war schwierig, Einsicht in das Belastungsmaterial zu erhalten, weil ein Großteil davon geheim war. Es handelte sich hierbei nicht nur um Untersuchungsberichte des FBI, sondern auch um militärische und technische Daten, von denen viele als »streng geheim« eingestuft waren. Als Garrison um Erlaubnis der Akteneinsicht für sich selbst und zwei Assistenten bat, sagte man ihm, nur ihm allein könne eine Unbedenklichkeitsbescheinigung erteilt werden. Der Ausschuß sei nicht der Ansicht, daß eine Bewilligung der Akteneinsicht für weitere Anwälte begründet sei. Eine Zeitlang überlegten Garrison und seine Assistenten, ob es nicht klüger wäre, ganz auf die »Clearance« zu verzichten, da dies den Umfang des Geheimmaterials, das im Hearing verwendet würde, möglicherweise einschränken würde, während eine Sicherheitsbescheinigung nur sehr begrenzten Wert haben könne, angesichts General Nichols' Erklärung, daß die Regierung sich das Recht vorbehalte, zu entscheiden, welche Dokumente relevant seien und welcher Teil der relevanten Dokumente von Oppenheimers Anwälten eingesehen werden dürfe. Schließlich entschieden sie, daß Garrison alleine die »Clearance« beantragen sollte, um zu verhindern, daß sie ihren Klienten alleine zurücklassen mußten, falls sie gezwungen wären, den Raum während der Präsentation geheimer Beweisunterlagen zu verlassen. Roger Robbs, der Anwalt der AEC, erhielt innerhalb von acht Tagen seine Sicherheitsbescheinigung. Im Fall Lloyd Garrisons dagegen erklärte die Kommission, es sei nicht möglich, ihm vor Ende des Hearings und bevor der Ermittlungsausschuß seinen Bericht vorgelegt habe, eine »Clearance« zu erteilen – acht Wochen, nachdem Garrison seinen Antrag gestellt hatte. So hatte die Verteidigung während des gesamten Verlaufs des Hearings keinen Zugang zu Informationen, die der Anklägerschaft vollständig zur Verfügung standen. Dreimal wurde Oppenheimer, als seine Anwälte den Raum aus Sicherheitsgründen verlassen mußten, »nichtvertreten und allein« zurückgelassen – wie Galileo vor der Inquisition. Das ist nicht die einzige Parallele zwischen dem Verhör von Robert Oppenheimer durch den Gray-Ausschuß und Galileos Verhör durch die Inquisition. Vor einem ordentlichen Gericht hätten die Beweisvorschriften einen derartigen Unsinn, wie er vom AEC in dem Gray-Ausschuß-Hearing von J. Robert Oppenheimer praktiziert wurde, ausgeschlossen. Genau aus dem Grunde, weil ein Hearing kein Gerichtsverfahren ist, bietet es keinen Schutz für die Rechte des Angeklagten, der andernfalls gesetzlich garantiert wäre. Mit Hegels Worten: Es gibt nicht deshalb Gesetze, weil sie ein ideales Mittel zur Sicherstellung von Gerechtigkeit darstellen, sondern ihr Zweck besteht darin, Schlimmeres zu verhüten.

Das Hearing wurde ins Leben gerufen, damit der Staat das Gesetz umgehen konnte. Ebenso wie die Inquisition ist das Hearing ein »Notstandsgericht«, das seine eigenen Regeln nach Belieben festlegt und verändert. Das Hearing ist geheim, weil es sich mit Geheimnissen befaßt und weil es seine Erkenntnisse aus Geheimnissen ableitet, die dem Verteidiger – und, soweit dies erforderlich erscheint, bis zu einem gewissen Grade auch dem Angeklagten – vorenthalten werden. Diese groteske Situation – Anklage und Verteidigung auf zwei verschiedenen Ebenen – zwang die Verteidigung zu einer Parade von prominenten Leumund-Zeugen und führte seitens der Anklage zur Karikatur der angeführten »Charakterzeugen«.

Während des Oppenheimer-Hearings ging es immer wieder um die Überlegung, die Bombe zu internationalisieren, Verhandlungen mit der Sowjetunion über ein internationales Abkommen aufzunehmen (oder zumindest nicht auszuschließen), das das gemeinsame Eigentum, die gemeinsame Produktion und die gegenseitige Überwachung und Einsichtnahme in alle Formen nuklearer und thermonuklearer Waffen und Anlagen festlegte. Oppenheimer und seine gleichgesinnten Kollegen brachten diese Notwendigkeit mehrmals zur Sprache – in mündlichen Erklärungen, Briefen, offiziellen Berichten, Empfehlungen, Ermahnungen, Appellen und einfachen Unterhaltungen. Diese Überlegung war natürlich der Hauptgrund für das Widerstreben des GAC, die Wasserstoffbombe zu bauen. Je größer und zerstörerischer die Bomben wurden, um so stärker wurde auch das Widerstreben der meisten Wissenschaftler, die »ultimative Bombe« zu bauen. Wie Dr. Louis Alvarez, damals Physikprofessor an der University of California, im Hearing aussagte: »... Dr. Oppenheimer betonte mir gegenüber, daß der Zerstörungskraft der Explosion (der Wasserstoffbombe) offensichtlich keine Grenzen gesetzt seien, während es eine Grenze für die Größenordnung der Explosion dessen gebe, was wir jetzt Atombombe nennen.« Nach Ansicht von Oppenheimers Widersachern war dies das Grundübel seines Verhaltens als oberster Regierungsberater für nukleare und thermonukleare Angelegenheiten. Im vierten Absatz eines Anhangs zu einem GAC-Bericht wird diese Position ganz lapidar ausgedrückt: »Wir glauben, eine Superbombe sollte nie hergestellt werden. Die Menschheit stünde viel besser da, wenn keine Demonstration der Durchführbarkeit einer solchen Waffe stattfände, bis sich die derzeit vorherrschende Stimmung in der Welt verändert.« Als der Präsident der Vereinigten Staaten entgegen der Empfehlung des GAC die rasche Herstellung der Wasserstoffbombe öffentlich als offizielle Regierungspolitik verkündete, akzeptierte das GAC diese Entscheidung und ging fest entschlossen an die Arbeit – jedoch ohne Enthusiasmus; das heißt, ohne den Enthusiasmus, den Oppenheimer mit Erfolg auf seine Schützlinge in Los Alamos während des Zweiten Weltkriegs übertrug. Hierfür wurde Oppenheimer in die Pflicht genommen: Seine Errungenschaften wurden als Maßstab für sein späteres Verhalten angelegt. Oppenheimers alter Freund, der bedeutende Physiker Isidor Rabi, machte als Entlastungszeuge die Aussage: »... Als wir uns 1929 kennenlernten, war die amerikanische Physik noch nicht sehr bedeutend; sie stand in keinem Verhältnis zur Größe und zum Wohlstand des Landes. Wir waren sehr darum bemüht, das Niveau der amerikanischen Physik anzuheben. Wir hatten es satt, in Europa wallfahrten zu müssen. Wir wollten unabhängig sein. Ich muß sagen, daß unsere Generation, Dr. Oppenheimers Generation und die des anderen Freundes, den ich hier erwähnen kann, diese Leistung vollbrachte und daß wir zehn Jahre später den Höhepunkt erreichten, und das nicht nur, weil gewisse Flüchtlinge aus Deutschland kamen, sondern aufgrund dessen, was wir hier vollbrachten. Das war eine Motivation, die uns durchaus bewußt war. Oppenheimer war der Initiator dieser Schule der theoretischen Physik und leistete damit einen gewaltigen Beitrag zu diesem Fortschritt. Ich kann mir gar nicht vorstellen, wie wir die wissenschaftlichen Aufgaben des Krieges ohne den Beitrag derer, die mit Oppenheimer zusammenarbeiteten, hätten bewältigen können. Sie leisteten ihren Beitrag sehr bereitwillig, sehr enthusiastisch und mit großer Hingabe.« Dr. Bradbury, zur Zeit des Hearings Direktor des wissenschaftlichen Laboratoriums in Los Alamos, schadete Oppenheimer mit seinem starken Lob noch mehr:

»... Ich denke, daß Dr. Oppenheimer, obwohl es sehr schwierig ist, objektive Loyalität zu zeigen, als Leiter des Los-Alamos-Laboratoriums während der Kriegsjahre

eine solche Loyalität bewies. Ich für meinen Teil bin der Ansicht, daß seine hingebungsvolle Erfüllung dieser Aufgabe, die Art der Entscheidungen, die er treffen mußte, und die Art, wie er diese Entscheidungen traf, eine so objektive Demonstration persönlicher Loyalität gegenüber diesem Lande waren, wie ich sie mir nur vorstellen kann.«
Diese Art Lob für vergangene Leistungen diente lediglich dazu, den Kontrast zwischen dem Damals und dem Heute zu verstärken. Außerdem herrschte auf beiden Seiten ein gewisses Maß an Paranoia. Da war die Air Force und speziell das strategische Oberkommando der Luftwaffe, die Verfechter der »großen« Bombe, die ständig auf der Lauer waren und noch immer sind, die nach der Detonation einer sowjetischen Atombombe fassungsloser als alle anderen waren und mehr als alle anderen auf die Entwicklung der »Superbombe« drängten. Leider sind Menschen, die ständig in Alarmbereitschaft sind, sehr anfällig für Gerüchte. Die Verfechter der Wasserstoffbombe hörten immer irgend etwas. In seiner Aussage vor dem Oppenheimer-Hearing behauptete der Chefwissenschaftler der Air Force, David Tressel Griggs, in fast anklagendem Tonfall: »Uns wurde berichtet, daß Oppenheimer und zwei seiner Kollegen – ich glaube, es war im Spätherbst 1951 – einen inoffiziellen Dreierausschuß bildeten, um für den Weltfrieden oder einen ähnlichen Zweck zu arbeiten, wie sie es sahen. Uns wurde weiterhin berichtet, daß sie dabei zu dem Schluß kamen, daß vieles andere wichtiger sei als die Entwicklung der thermonuklearen Waffe, im besonderen die Luftverteidigung des Kontinents der Vereinigten Staaten, die das Thema der ›Lincoln Summer Study‹ war.«
Dr. Griggs schwor unter Eid, daß er gesehen habe, wie der Physiker, Kollege und Freund Robert Oppenheimers während der »Lincoln Summer Study« das Wort »ZORC« in Großbuchstaben an die Tafel schrieb. Es wurde vermu-

tet, daß »ZORC« für die Namen Zacharias, Oppenheimer, Rabi und (Charles) Lauritsen stand. Im Mai 1953 erschien in der Zeitschrift »Fortune« ein Artikel unter der Schlagzeile *ZORC Takes Up the Fight* (»ZORC zieht in den Kampf«).

Im *Fortune*-Artikel wurde behauptet, Oppenheimer und seine Freunde, deren Versuch, den Test von Edward Tellers thermonuklearer Waffe in Eniwetok Ende 1952 zu verhindern, gescheitert war und die daraufhin ihre offiziellen Positionen verloren hatten, hatten sich unter dem Namen »ZORC« zusammengetan, um ihre Ziele mit anderen Mitteln zu erreichen. Es handelte sich offensichtlich um eine Geschichte, die von der Air Force verbreitet wurde; das Ganze sah nach Intrige aus. Zacharias leugnete, je so etwas wie »ZORC« auf eine Tafel oder etwas anderes geschrieben zu haben. Er stritt auch ab, das Wort »ZORC«, bevor es im *Fortune*-Artikel erschien, je gesehen oder gehört zu haben. Von den fünfzig bis hundert Leuten, die laut Griggs und Zacharias anwesend waren, sah angeblich nur einer, ein gewisser James B. Fisk, wie Zacharias etwas wie »ZORC« an die Tafel schrieb. Der Ausschuß des Hearings konnte mit der Geschichte nichts anfangen; sie ist nichts als ein Beispiel für die Paranoia der Air Force.

Aber auch unter den Wissenschaftlern kam Paranoia auf. Da war beispielsweise die Zeitungsente, daß Luftwaffenminister Thomas K. Finletter bei einem Mittagessen im Pentagon sinngemäß gesagt habe: »Wenn wir die Wasserstoffbombe hätten, könnten wir die Welt beherrschen.« Es ist erschreckend und ganz untypisch für Oppenheimer, jedoch andererseits auch sehr vielsagend, daß er nicht an der Echtheit dieses Gerüchts zweifelte. Es genügte schließlich schon das Thema der »Superbombe«, um Paranoia auszulösen.

Die Vorstellung, daß die ultimative Bombe in der Gewalt

eines Menschen oder einer Gruppe von Menschen war, gab berechtigten Anlaß zu schlimmsten Befürchtungen. Und umgekehrt: Wenn die ultimative Waffe – die nukleare Bombe – den Verteidigern der Republik, jenen die die »letzte und beste Hoffnung der Menschheit« verkörperten, verweigert wurde, so gab dies Anlaß zu den maßlosesten und verrücktesten Beschuldigungen.

Der schlimmste Vorwurf, der gegen einen Angestellten des Staatsdienstes vorgebracht werden kann, ist der der Illoyalität. Dementsprechend war die schwerwiegendste Aussage, die im Oppenheimer-Hearing von einem Zeugen unter Eid abgegeben wurde – und gleichzeitig ein Schlag ins Gesicht für den Sicherheitsausschuß –, die des Alterspräsidenten der wissenschaftlichen Berater, Vannevar Bush. Sie lautete:

»Ich glaube, daß dieser Ausschuß einen Fehler gemacht hat, und zwar einen schwerwiegenden. Ich glaube, daß der Brief von General Nichols, den ich las – diese Auflistung von Anklagepunkten –, leicht so ausgelegt werden kann, daß man einen Menschen vor Gericht stellte, weil er eine eigene Meinung hat, was ganz im Widerspruch zum amerikanischen System steht, was wiederum schrecklich ist. Und wenn ich mich so umhöre, stelle ich fest, daß heute sehr eifrig diskutiert wird, daß ein Mann an den Pranger gestellt wird, weil er unnachgiebig eigene Meinungen vertrat und kühn genug war, diese kundzutun.

Wenn dieses Land je so weit geht, daß wir uns dem russischen System annähern, so ist das sicher kein Zustand, in dem wir die freie Welt zu den Vorteilen der Demokratie führen können.

Wenn ich Mitglied dieses Ausschusses gewesen wäre, hätte ich es abgelehnt, eine Liste von Anklagepunkten, die derart interpretiert werden kann, zu unterstützen. So wie die Dinge jetzt liegen, bin ich einfach nur froh, daß ich nicht in der Haut der Ausschußmitglieder stecke.«

Mr. Gray: »Welchen Fehler hat der Ausschuß gemacht?«

Der Zeuge: »Ich denke, Sie hätten sofort sagen müssen: Bevor wir diese Sache angehen, wollen wir eine Liste von Anklagepunkten, die deutlich macht, daß über diesen Mann nicht deswegen verhandelt wird, weil er seine Meinung äußerte.«

Mr. Gray: »Sind Sie sich bewußt, Mr. Bush, auf welche Weise dies in die Presse kam und auf der ganzen Welt verbreitet wurde?«

Der Zeuge: »Ja, ich weiß, wie es an die Öffentlichkeit kam.«

Mr. Gray: »Wissen Sie, wer die Information an die Presse weitergab?«

Der Zeuge: »Ich glaube, der Herr zu meiner Rechten gab sie preis.«

Mr. Gray: »Ich glaube nicht, daß Sie dem Ausschuß einen Vorwurf machen können. Wir besprachen dieses Thema ausführlich.«

Der Zeuge: »Es mußte irgendwann an die Öffentlichkeit kommen, als Sie ihren Bericht schrieben.«

Mr. Gray: »Es hätte etwas durchsickern können – ich glaube aber nicht, daß es so kommen mußte. Ich versichere Ihnen und ich bin sicher und viele mit mir, daß der Ausschuß, was auch immer herauskommen mag, sehr streng kritisiert werden wird.«

Der Zeuge: »Da bin ich auch sicher, und ich bedauere es aufrichtig, Sir, denn ich fürchte, daß diese Sache, wenn Ihr Bericht veröffentlich wird, genau aus dem Grund falsch ausgelegt wird, was immer Sie auch tun mögen.«

Dr. Evans: »Dr. Bush, Sie denken nicht, daß wir uns diese Aufgabe ausgesucht haben, oder?«

Der Zeuge: »Ich bin sicher, daß das nicht der Fall war, und Sie haben mein tiefes Mitgefühl und meinen Respekt. Ich denke, daß die Tatsache, daß eine Gruppe Ihresgleichen bereit ist, eine derart harte und schwierige Arbeit zu übernehmen, ein gutes Zeichen für dieses Land ist. Es steht in krassem Gegensatz zu so machen Dingen, die wir unter ähnlichen Umständen erlebt haben. Ein ordnungsgemäßes Verfahren und all das ist schön und gut. Ich bedaure nur, daß das Ganze, so wie es im Bericht steht, falsch interpretiert werden kann, und das auf eine Weise, die großen Schaden anrichten könnte. Ich weiß natürlich, daß die Exekutive der Regierung der Vereinigten Staaten nie die Absicht hatte, einen Menschen für seine Ansichten an den Pranger zu stellen. Aber die kürzlich vom Verteidigungsminister abgegebenen Statements, meine Herren, haben nicht gerade zu einer Verbesserung der Lage beigetragen. Ich versichere Ihnen, daß die Gemeinde der Wissenschaftler heute sehr beunruhigt ist.«

Der Ausschuß hatte sich diese Art der Zurechtweisung gerade vorher in allgemeineren Worten, doch in ebenso barschem Ton in der Aussage Isidor Rabis anhören müssen. Einer der Höhepunkte des monatelangen Verfahrens war das Erscheinen John J. McCloys als Entlastungszeuge. McCloy, der im Zweiten Weltkrieg Unterstaatssekretär im Kriegsministerium und als solcher sozusagen ein Mitglied des Teams war, das die Atombombe herstellte, unterstrich die positiven Aspekte der Sicherheitsüberlegungen vor dem Hintergrund der Erfordernisse in Kriegszeiten: »Ich glaube, wir hätten möglicherweise sogar einen überführten Mörder genommen, wenn er diese Fähigkeit gehabt hätte.« Hier taucht wieder das Problem der Relativität der Sicherheit auf. Sie hängt in gewissem Maße von dem bestimmten Tag und der bestimmten Zeit ab, in der wir leben.

»Ich möchte besonders auf die positive Seite davon eingehen. Unter den Namen, die damals in aller Munde waren, befanden sich einige Flüchtlinge und einige Einwanderer aus Europa. Ich habe den Eindruck – ich kann mich auch täuschen, aber ich habe den Eindruck –, daß ein sehr großer Teil dieses theoretischen Gedankenguts in den Köpfen unserer Einwanderer zustande kam, das damals hier noch nicht so weit entwickelt war wie in Europa. Es gab da Namen wie Fermi und Wigner und Teller, Rabi, ein weiterer eigentümlicher Name war Szilard oder so – aber ich kann mich des Eindrucks nicht erwehren, daß sie wahrscheinlich mit einer gewissen Anti-Nazi-Gesinnung hier ankamen, die den Denkprozeß anregte, und somit waren sie genau das, was wir damals brauchten.

Wir fanden sozusagen praktische Kernphysiker, und heute wird eine Vielzahl von ihnen ausgebildet; meiner Ansicht nach ist hier wichtig, daß wir diesen fein ausgewogenen Erfindungsgeist haben, der über die praktische Seite hinausgeht. Das Fachgebiet steckt noch in seinen Kinderschuhen, und es bedarf noch eines großen Erfindungsgeistes auf diesem Sektor.

Ich denke, daß es deshalb im wahrsten Sinne ein umgekehrtes Sicherheitsrisiko gibt. Wenn irgend etwas unternommen wird, das jenen Eifer, jene Begeisterung, jenen Enthusiasmus oder allgemein das Gefühl, daß der Ort, wo einem die größte Möglichkeit zur Erweiterung seines Wissens und zur Ausweitung seiner Experimente auf diesem

Gebiet geboten wird, die Vereinigten Staaten sind, unterdrückt oder dämpft, so wird dadurch die Sicherheit der Vereinigten Staaten beeinträchtigt.
Mit anderen Worten, man darf in dieser Hinsicht nicht zu konventionell denken; denn andernfalls stößt man ebenfalls auf ein Sicherheitsproblem. Wir sind nur sicher, wenn wir die klügsten Köpfe und das breitgefächertste Gedankengut auf diesem Gebiet haben. Wenn die Meinung vorherrscht, daß die Wissenschaftler in den Vereinigten Staaten unter so großen Beschränkungen und vielleicht auch großem Argwohn arbeiten müssen, können wir den nächsten Schritt in diesem Bereich versäumen, was meiner Ansicht nach sehr gefährlich für uns wäre ... In letzter Zeit wurde ich in New York häufig gefragt: ›Glauben Sie, daß Dr. Oppenheimer ein Sicherheitsrisiko darstellt?‹ – Was sollte ich darauf antworten? Zu diesem Zeitpunkt hatte ich noch keine Ahnung, daß ich hierher bestellt würde. Was meinen Sie mit ›Sicherheit‹ – positiv, negativ, es gibt in diesem Zusammenhang zwei entgegengesetzte Sicherheitsrisiken. Ich glaube, wir müssen die positive Sicherheit fördern. Ich würde sagen, auch wenn Oppenheimer einige Verbindungen hatte, die etwas zwielichtig waren oder die Anlaß zur Besorgnis geben, so muß man den positiven Gesichtspunkt auch in Betracht ziehen, bevor man schließlich selbst den Schluß zieht, daß er wirklich ein Sicherheitsrisiko darstellt, weil hier ein Interessengleichgewicht besteht; er ist nicht nur er selbst, sondern er stellt auch für die wissenschaftliche Forschung etwas dar. – Es tut mir leid, wenn ich etwas abgeschweift bin, das wollte ich nicht.«
McCloy wurde in seiner damaligen Eigenschaft als Bankier gefragt, ob er jemandem, über den er irgendwelche Zweifel hege, die Verantwortung für seine Tresore übertragen würde. McCloy verneinte, aber fuhr analog zu seinen

vorherigen Ausführungen fort: »Wenn dieser Mann, der für die Tresore zuständig ist, mehr über die komplizierte Sache von Zeitschlössern wüßte als jeder andere, würde ich es mir zweimal überlegen, bevor ich ihn gehen ließe, weil ich auch diese Risiken in meine Überlegungen miteinbeziehen würde.«

Robert Oppenheimer konnte sich nicht selbst verteidigen, weil er die Verantwortung für die Entwicklung der Atombombe trug und dabei gereift war, weil er alles zusammengebracht und den Erfolg möglich gemacht hatte, weil er »Mr. Atombombe« war. Nach dem »Prozeß« sagte André Malraux, Oppenheimers Verteidigung hätte aus einem einzigen Satz bestehen sollen: »La bombe atomique, c'est moi!« (»Die Atombombe bin ich!«) Alle waren sich nach dem »Prozeß« einig, daß Oppenheimer selbst sein schlechtester Zeuge war. Da war die höchst unangenehme und peinliche Szene, als sich Oppenheimer – im Kreuzverhör – selbst verurteilte:

Robb: »Nun, kommen wir auf Ihre Unterredung mit Colonel Pash (Sicherheitsoffizier) zurück. Sagten Sie Pash die Wahrheit?«

Der Zeuge: »Nein.«

Robb: »Sie logen ihn an?«

Der Zeuge: »Ja ...«

Robb: »Sagten Sie nicht, daß X (Chevalier) an drei Leute herangetreten war?«

Der Zeuge: »Vielleicht.«

Robb: »Warum taten Sie das, Doktor?«

Der Zeuge: »Weil ich ein Idiot war.«

Als Oppenheimer diese Antworten gab, besonders die letzte, erschien er keineswegs ruhig und überlegen. Robb, der sich später an die Szene erinnerte, sagte, Oppenheimer »war zusammengekauert, rang die Hände und war weiß wie eine Wand. Ich fühlte mich unwohl.

Als ich in jener Nacht nach Hause kam, sagte ich zu meiner Frau: ›Ich habe gerade gesehen, wie sich ein Mensch selbst zerstörte.‹« Oppenheimer war sich selbst zum Phantom geworden; das heißt, sein früheres »Ich« war ein Phantom für sein jetziges »Ich« geworden.
In der Literatur gibt es eine Theorie über diese Wandlung der Persönlichkeit. Wie Juri Trifonow zu Beginn seines Romans *Das Haus an der Moskwa* schrieb: »Dies ist ein Buch über gewisse Leute, von denen einige inzwischen gestorben, einige weggezogen und einige andere Menschen geworden sind.« Hier geht es um mehr, als daß ein Mensch in seinem Leben mehrere Rollen spielt. Der Drang nach Selbsttranszendenz, der in jedem Menschen vorhanden ist, führt zu Drogenabhängigkeit, Alkoholismus, Promiskuität oder Massenwahn, wie Aldous Huxley es nannte. Gewöhnlich handelt es sich um eine laterale Transzendenz, die letztendlich meist keinen Fortschritt darstellt. Bei Oppenheimer war diese Selbsttranszendenz nach oben gerichtet. Innerhalb weniger Jahre, während einer völlig außergewöhnlichen Zeitspanne der Geschichte, wurde er einer der anerkannten und allgemein bewunderten Führer der größten Nation der Erde. Er stand mit den großen Persönlichkeiten des politischen und öffentlichen Lebens Amerikas ganz selbstverständlich auf »du und du«. Er nannte die meisten Politiker des Landes beim Vornamen. Wenn er von »George« sprach, so meinte er George Catlet Marshall, den Außenminister. Infolgedessen hatten sich einige seiner alten Freunde von ihm zurückgezogen und ihn als ein Genie aufgegeben, das dazu ausersehen war, mit Königen, Staatsmännern und Industriebossen zu verkehren. Nur neun Jahre trennten den Oppenheimer des Hearings von dem Oppenheimer, der kurz vor Ende des Krieges, bevor die Bombe abgeworfen wurde, einem besorgten Teller versicherte, es bestehe

kein Anlaß zu Besorgnis: »Unser Schicksal liegt in den Händen der besten, gewissenhaftesten Männer unserer Nation. Und sie verfügen über Informationen, die wir nicht haben.« Inzwischen war Oppenheimer selbst einer dieser »besten, gewissenhaftesten Männer unserer Nation« geworden. Und er hatte ebenso viele Informationen wie sie; jedenfalls genügend, um dem Gerücht zu glauben, daßThomas K. Finletter (der Luftwaffenminister) öffentlich gesagt habe, daß »wir« die Welt beherrschen könnten, wenn »wir« die Wasserstoffbombe hätten.

Der Oppenheimer, der auf der Anklagebank kauerte – »händeringend, weiß wie eine Wand« – war auf den Stand von 1943 zurückgeworfen, ein verängstigtes Ebenbild seines früheren Selbst, verurteilt von dem Mann, der er inzwischen geworden war. Dieser Mann, der als Regierungsberater viel dazugelernt hatte, wußte mehr über die Politiker, als ihm lieb war. Sein Fall wurde von Leuten verhandelt, die seinem Urteil nicht trauten und deren Urteil er nicht traute. Er hatte sich auf ein Spiel mit hohem Einsatz und ebenso hohen Risiken eingelassen. Deshalb entschloß er sich, seinen Mann zu stehen und den Kampf aufzunehmen. Er konnte denen nicht unterwürfig das Feld überlassen, die, sobald sie thermonukleare Waffen zu ihrer Verfügung hatten, möglicherweise die Welt in die Luft sprengen würden. Teller hatte ihm schließlich folgenden Rat gegeben: »Wenn mir gesagt würde, die Regierung wolle mich nicht mehr als Berater, würde ich meinen Hut nehmen und gehen – ohne Kommentar.« Aber gerade Oppenheimers Verantwortungsbewußtsein hielt ihn davon ab, den einfachen Ausweg zu wählen. Oppenheimer saß in der Falle der Geschichte, der Auswirkungen der Entwicklung, für die er selbst zum großen Teil verantwortlich war. Edward Teller saß auch in der Falle. Er wußte genauso gut wie Oppenheimer, was auf dem Spiel stand. Er war Ungar und Jude. Als Ungar fürchtete er die Russen traditionsgemäß, und als Jude wußte er, daß das Schicksal der Juden in der Sowjetunion alles andere als angenehm war und sich ihre Situation eher verschlechtern als verbessern würde. Auch er war Immigrant und wußte, daß man unter keinen Umständen zulassen durfte, daß die Sowjets irgendeinen definitiven Vorteil über die Vereinigten Staaten auf militärischem Gebiet erlangten. Alles hing davon ab, eine militärische Überlegenheit oder zumindest einen Gleichstand mit der Sowjetunion aufrechtzuerhalten. Für einen Einwanderer ist das Schicksal seiner neuen Heimat etwas, das ihm sehr nahegeht. Alles, was in seiner neuen Heimat, seiner Wahlheimat, passiert, geht ihn unmittelbar an. Was für ein Glücksfall ist es da für einen Einwanderer, das Schicksal der Nationen zugunsten seiner neuen Nation beeinflussen zu können. Es ist eine sehr paradoxe Situation. Tellers Antworten auf die zwei Fragen, die Robert Oppenheimers Fall zusammenfaßten, entsprechen völlig dieser Mentalität.

Mr. Robb: »Um die Sache zu vereinfachen, lassen Sie mich Ihnen vielleicht die folgende Frage stellen: Ist es Ihre Absicht, mit allem, was Sie hier aussagen, anzudeuten, daß Dr. Oppenheimer sich illoyal gegenüber den Vereinigten Staaten verhält?«

Mr. Teller: »Ich will nichts dergleichen andeuten. Ich kenne Oppenheimer als eine geistige Größe und als sehr komplizierte Person, und ich denke, es wäre meinerseits anmaßend und falsch, wenn ich versuchen würde, auf irgendeine Weise seine Motive zu analysieren. Aber ich habe immer angenommen und nehme auch jetzt an, daß er den Vereinigten Staaten gegenüber loyal ist. Ich glaube das, und ich werde es glauben, bis ich einen stichhaltigen Beweis des Gegenteils sehe.«

Mr. Robb: »Nun zu einer Frage, die sich hieraus ableitet. Glauben Sie, daß Dr. Oppenheimer ein Sicherheitsrisiko ist oder nicht?«

Mr. Teller: »Ich habe sehr oft erlebt, daß sich Dr. Oppenheimer auf eine Weise verhielt, die für mich äußerst schwer zu verstehen war. In zahlreichen Fällen war ich völlig anderer Meinung als er, und seine Handlungen erschienen mir, offen gesagt, wirr und kompliziert. Aus diesem Grunde glaube ich, ich sähe es lieber, wenn die vitalen Interessen dieses Landes in den Händen eines Menschen lägen, den ich besser verstehen würde und dem ich infolgedessen mehr trauen könnte.«

Oppenheimer und Teller sind zu Symbolfiguren auf dem Gebiet der nuklearen und thermonuklearen Rüstung für die Zwei-Parteien-Republik Amerika geworden. In gewissem Sinne bezahlte Oppenheimer für die Tatsache, daß eine demokratische Regierung volle zwanzig Jahre im Amt blieb. Wenn Adlai Stevenson 1952 die Präsidentschaftswahl anstelle von Dwight D. Eisenhower gewonnen hätte, wäre Robert Oppenheimer nicht vor einem Untersuchungsausschuß gelandet. Wenn Dewey anstelle von Truman die Präsidentschaftswahl 1948 gewonnen hätte, wäre Oppenheimer aller Wahrscheinlichkeit nach turnusgemäß infolge eines routinemäßigen Regierungswechsels von seiner Beraterstellung abgesetzt worden.

Wie sich herausstellte, bewirkte die Kombination von Oppenheimer und Teller ein Gleichgewicht zwischen Fortschritt und Verzögerung auf nuklearem und thermonuklearem Gebiet, soweit ihr Einfluß auf die amerikanische Außenpolitik gegenüber der Sowjetunion betroffen war.

So stand der Sowjetunion jederzeit die Möglichkeit offen, trotz des Rüstungswettlaufs ernsthafte Abrüstungsverhandlungen aufzunehmen. Die Sowjetunion machte von dieser Möglichkeit – zuviel – Gebrauch; im Gegenzug machte sie auch den Vereinigten Staaten Vorschläge. Diese waren jedoch immer Bestandteil der sowjetischen Friedenspropaganda. Sie sollten das emotionale Element der menschlichen Natur ansprechen, während sie jede realistische Annäherung an den Problemkomplex der Abrüstung ignorierten und damit von vornherein zunichte machten. Die Sowjets reagierten auf die Herausforderung, die der Anbruch des Atomzeitalters darstellte, indem sie auf ihre bevorzugte und grundlegende Methode zurückgriffen: die Verbreitung von propagandawirksamen Schlagworten. So gingen sie gleich soweit, die »totale Abrüstung« zu fordern – sicherlich das utopischste aller Ziele –, in der Überzeugung, daß schon die Proklamierung dieser Zielsetzung die Möglichkeit ausschloß, auch nur den bescheidensten Schritt in Richtung teilweiser Abrüstung zu machen. Wie so oft benutzte die Sowjetunion Schlagworte als Abwehrtaktik. Kurz gesagt, die neue »Disziplin« der globalen Strategie, die sich aus der Entwicklung von Interkontinentalraketen mit Nuklearsprengköpfen ergab, wurde von den Sowjets als Propagandamittel aufgegriffen. Das war wahrscheinlich unvermeidlich: Die Nachrichtentechnik im Bereich der Massenmedien hat in den vergangenen vierzig Jahren eine solche Perfektion erreicht, daß die Versuchung, Rundfunk, Film und Fernsehen zu nutzen, in einem Einparteienstaat überwältigend gewesen sein muß. »Die Objektivierung der tendenziösen Phantasie«, wie Aldous Huxley es nannte, war schon lange auf absurde Weise einfach geworden. Die Vereinigten Staaten und die konventionellen Demokratien waren gezwungen, auf gleiche Weise oder auf ihre Weise zu reagieren. Folglich wurde der Rüstungswettlauf zwangsläufig zu einem »Massenmedienwettlauf«: Je erschreckender die Aussichten, um so effektiver ist die Propaganda um sie. Anstelle von nuklearem Schlagabtausch, der als logische Folge der Strategie der massiven Abschreckung ausgeschlossen ist, wird ein rhetorischer Schlagabtausch praktiziert, und die eine Seite wirft der anderen homerische Ausdrücke an den Kopf (»Reich des Bösen«, »imperialistischer Angreiferstaat«), schlagwortähnliche Beschuldigungen werden endlos wiederholt (»Nichteinhaltung der Rüstungskontrollabkommen«, »die absichtliche Verbreitung von AIDS als Form des versteckten Bakterienkrieges«). Schon so mancher Beobachter schlug vor, es sollte zwischen den Supermächten Verhandlungen zur Entspannung des Sprachgebrauchs geben – als Voraussetzung für Abrüstungsverhandlungen (»Wir werden euch nicht mehr ›Kriegshetzer‹ nennen, wenn ihr uns nicht mehr als ›das Reich des Bösen‹ bezeichnet«). Die Ausschaltung des Krieges als logisch-traditionelle Zuflucht, um politische Auseinandersetzungen auszufechten, hat in der Tat eindeutig die Entstehung des ungehemmten Terrorismus einerseits und der ungezügelten Ausdrucksweise in internationalen Konflikten andererseits unterstützt. Man könnte den Eindruck gewinnen, daß das Ergebnis dieser Situation zwei Gesichter hat. Auf den ersten Blick erscheint es, als ob die Wortgefechte ein Schritt in die richtige Richtung seien – als ob sie der Ursache der Rüstung näherkämen als das reine Gequassel über die Gefahren der Rüstung selbst. Außerdem wird dadurch der internationale Meinungsaustausch gefördert, wenn auch auf keine sehr schöne Weise. Aber die andere Folge ist der Terrorismus. Während es sehr wahrscheinlich ist, daß Wortgefechte bei Meinungsverschiedenheiten zwischen Regierungen dazu beitragen, daß sich die Beteiligten auf einer rationalen Ebene mit dem Problem auseinandersetzen, erscheint es ebenso wahrscheinlich, daß sie nicht förderlich für die Ausschaltung oder Eindämmung des Terrorismus sind. Die Verbalisierung war Bestandteil des Apparates zur »Sensibilisierung« der Öffentlichkeit für künftiges physisches Leid oder die Auslöschung einzelner oder von Gruppen. Das war die andere, zusätzliche Seite der Beeinträchtigung moralischer und politischer Stärke als »Ergebnis eines deplazierten Glaubens an Atombomben und strategische Bombardierung«, die dazu führte, daß die Vereinigten Staaten und andere bedeutende Westmächte »nicht gut gerüstet waren, um Probleme eines begrenzten Angriffs zu meistern« – wie zum Beispiel »die Erweiterung der Techniken der Guerillakriegsführung«. Bis Ende der fünfziger Jahre war die Stadtguerilla bereits im Aufbau begriffen. Natürlich hatten die Sensationspresse und die Filmindustrie, die sich auf »Action-Filme« konzentrierte, in denen die gewaltsamsten und farbenprächtigsten Arten von Explosionen und Ähnliches gezeigt wurden, die Weltöffentlichkeit bereits gefühlsmäßig auf jede Art von physischer Gewalt vorbereitet, und das ist auch heute noch so. In der Zwischenzeit fehlte es nicht an größeren Militäraktionen, wie zum Beispiel dem Korea-Krieg in den fünfziger und dem Vietnam-Krieg in den sechziger und siebziger Jahren, um der Weltöffentlichkeit »legitime« Gewalt vor Augen zu führen. Im Falle des Vietnam-Krieges war die Wirkung der detaillierten und einseitigen Berichterstattung durch die amerikanische Presse auf die amerikanische und allgemein auf die westliche Öffentlichkeit verheerend. Zum erstenmal in der Geschichte wurde nicht nur deutlich gemacht, sondern gewissermaßen mit der Holzhammermethode darauf hingewiesen, daß die amerikanische Führung bei ihrer Kriegsführung nicht wußte, was sie tat.

Lyssenko II: »Ein gewisser Ingenieur namens Sacharow«

Der Zweite Weltkrieg oder auch der »große patriotische Krieg«, wie ihn die Sowjetunion nannte, beendete die selbstauferlegte Quarantäne der Sowjets. Nach dem Zweiten Weltkrieg gestattete es Roosevelt der Sowjetunion fortan, drei Delegierte in die Vereinten Nationen (UNO) zu entsenden. Auch da trug er zur Aufhebung der sowjetischen Quarantäne bei. Gleichermaßen waren die Sowjets auch in allen Sonderorganisationen der UNO, wie zum Beispiel der WHO (Weltgesundheitsorganisation), der UNESCO (Organisation der Vereinten Nationen für Erziehung, Wissenschaft und Kultur) und der UNIDO (Organisation der Vereinten Nationen für industrielle Entwicklung), mit drei Sitzen vertreten. Die Sowjetunion hatte aufgrund der Situation, die gleich nach dem Krieg herrschte, kaum eine andere Wahl, als sich auch internationalen Nebenorganisationen der UNO, wie zum Beispiel der ILO (Internationale Arbeitsorganisation), anzuschließen. Dann waren da auch noch die Repatriierungs-Arbeitsgruppen, die als Teil der UNRRA (= 1945 von der UNO übernommene Hilfsorganisation zur Unterstützung der Flüchtlinge und Verschleppten) noch Jahre nach dem Krieg die Vertriebenen- und Flüchtlingslager in Westeuropa durchstreiften. Hinzu kamen die Verschleppten aus der Sowjetunion, die nicht repatriiert werden wollten, deren Anzahl sich letztendlich auf über drei Millionen belief, von denen die meisten in Amerika, Australien, Kanada und Südamerika angesiedelt wurden – das war die sogenannte zweite Welle sowjetischer Emigranten, die die Kolonien der Russen, der Weißrussen und der Ukrainer in den verschiedenen Ländern der westlichen Hemisphäre anschwellen ließ. Somit also sahen sich die Getreuen der Kommunistischen Partei der Sowjetunion einer völlig veränderten Situation gegenübergestellt. Es war nun erforderlich, an verschiedenen Fronten gleichzeitig zu kämpfen – in der Wissenschaft, der Kultur, dem Handel, dem Sport (die Sowjets entschlossen sich dazu, 1948 in London zum erstenmal an den Olympischen Spielen teilzunehmen) und auf militärischem Gebiet (nachdem die Sowjetunion in Osteuropa und Westasien durch Eroberung mehrere »Alliierte« gewonnen hatte). So kam es, daß die Anhänger Lyssenkos im August 1948 in einer Sitzung des LAAAS, die als »historisch« bekannt wurde (obwohl einige Wissenschaftler meinten, daß »hysterisch« die passendere Bezeichnung gewesen wäre), ihre Verleumdungskampagne so weit trieben, daß daraufhin Hunderte von Wissenschaftlern, und zwar »die besten und kompetentesten Vertreter der sowjetischen Biologie«, entlassen oder degradiert wurden. Die Anschuldigungen, die gegen sie vorgebracht wurden, waren: Idealismus, reaktionäre Ansichten, Morganismus, Weismannismus, Mittäterschaft mit dem Imperialismus und der Bourgeoisie, Mendelismus, Anti-Mitschurinismus, Kriecherei vor dem Westen, Sabotage, Metaphysik, Mechanismus, Rassismus, Kosmopolitismus, Formalismus, Unproduktivität, Anti-Marxismus, Anti-Darwinismus, Entfremdung von der Praxis etc.

Dasselbe widerfuhr den Gegnern des Wiljamschen Rotationssystems. Der Kreuzzug gipfelte letztendlich darin, daß alle anerkannten Wissenschaftler von allen wichtigen Positionen entfernt wurden. Es wurde ein Exempel statuiert, das bis zu Stalins Tod und darüber hinaus andauerte.

Es war jedoch ein ungleicher Kampf. Da die internationale Gemeinschaft der Wissenschaftler immer schon eng miteinander verbunden war, hatten die Sowjets allen den Kampf angesagt, und ihre Niederlage war von vornherein abzusehen. Allein aufgrund der Übermacht der Opposition und der Geschwindigkeit wissenschaftlichen Fortschritts in Ländern mit freiem Unternehmertum war es schon nach kurzer Zeit klar, daß die Verfechter der Theorie Lyssenkos nicht gut genug gerüstet waren, um in einer wissenschaftlichen Diskussion eine ernsthafte Konkurrenz darstellen zu können. Und wie das Schicksal so spielte, waren in der Zwischenzeit genau in dem Bereich der Biologie, den die Sowjets zu ihrem Schwerpunkt gewählt hatten – der Genetik –, sehr große Fortschritte erzielt worden. Was aber noch beunruhigender war: die neuen Entdeckungen in der Genetik kamen aus Amerika.

Vor der »historisch-hysterischen« LAAAS-Sitzung war Lyssenko wieder einmal ins Fettnäpfchen getreten. In einem Artikel Ende 1945 erklärte er, es gebe bei Pflanzen keinen artspezifischen Konkurrenzkampf. Diese Ausweitung der Theorie Lyssenkos führte unmittelbar zum Konflikt mit anderen Wissenschaftlern, so zum Beispiel Botanikern, Morphologen, Zoologen und Evolutionsforschern, die alle mit Kritik reagierten. Dieser neue Standpunkt Lyssenkos überraschte, da der intraspezifische Konkurrenzkampf doch einen der Eckpfeiler des Darwinismus darstellte. Ungeachtet dieser oder anderer Erwägungen stempelte Lyssenko all diejenigen, die seiner Hypothese nicht zustimmten, zu »Verteidigern des Imperialismus« ab. 1947 veröffentlichte Lyssenko einen Artikel in dem Blatt »Literaturnaja Gaseta«, in dem er erklärte, warum es bei Pflanzen keinen artspezifischen Konkurrenzkampf gebe. Es lohnt sich, diesen Artikel ausführlich zu zitieren:

»Wie ist es zu erklären, daß die Biologie der Bourgeoisie die ›Theorie des artspezifischen Konkurrenzkampfes‹ für so wichtig hält? – Weil sie die Tatsache rechtfertigen muß, daß die große Mehrheit in einer kapitalistischen Gesellschaft trotz Überproduktion materieller Güter in Armut lebt.
Die gesamte Menschheit gehört einer einzigen biologischen Spezies an. Deshalb mußte die Wissenschaft der Bourgeoisie den artspezifischen Konkurrenzkampf erfinden. Sie behauptet, daß es in der Natur innerhalb jeder Spezies einen grausamen Kampf ums Dasein gibt. Diejenigen, die stärker und ihrer Umwelt am besten angepaßt sind, gehen als Sieger hervor. Das gleiche ist auch bei den Menschen zu beobachten: Die Kapitalisten besitzen Millionen, und die Arbeiter leben in Armut, weil die Kapitalisten aufgrund ihres Erbguts angeblich intelligenter und fähiger sind.
Wir Sowjetbürger hingegen wissen ganz genau, daß die Unterdrückung der Arbeiter, die Herrschaft der kapitalistischen Klasse und die imperialistischen Kriege nichts mit irgendwelchen biologischen Gesetzen zu tun haben. Dies basiert alles auf den Gesetzen einer dahinsiechenden, dem Tode geweihten bürgerlich-kapitalistischen Gesellschaft.
In der Natur gibt es keinen artspezifischen Konkurrenzkampf. Es gibt nur einen interspezifischen Konkurrenzkampf: Der Wolf frißt den Hasen; der Hase aber frißt nicht einen anderen Hasen, sondern Gras. Weizen behindert nicht das Wachstum von Weizen; aber Quecke, Gänsefuß und Huflattich gehören verschiedenen Gattungen an, und wenn sie zwischen Weizen oder kok-sagis (russischer Löwenzahn) wachsen, nehmen sie sich gegenseitig die Nahrung weg und bekämpfen einander.
Die Biologie der Bourgeoisie kann oder konnte eben des-

halb, weil sie bürgerlich ist, keine Entdeckungen machen, die auf dem Prinzip basieren, daß es keinen intraspezifischen Konkurrenzkampf gibt – weil sie dieses Prinzip nicht anerkennt.
Als Diener des Kapitalismus brauchen die amerikanischen Wissenschaftler nicht mit den Elementen, mit der Natur zu kämpfen; sie brauchen einen erfundenen Kampf zwischen zwei verschiedenen Weizenarten, die zur gleichen Gattung gehören. Mit Hilfe dieses erfundenen intraspezifischen Konkurrenzkampfes versuchen sie, den Klassenkampf und die Unterdrückung der Schwarzen durch die Weißen zu rechtfertigen. Wie also sollte es ihnen möglich sein, zuzugeben, daß es innerhalb einer Spezies keinen Konkurrenzkampf gibt?«
Hier dreht Lyssenko seine Begründung einfach um und schreibt sie den Amerikanern und anderen Wissenschaftlern der Bourgeoisie zu. Aber seine Opposition gegenüber dem Kampf innerhalb einer Spezies wird schon durch seine Befürwortung des intraspezifischen Konkurrenzkampfes in der Wissenschaft in Frage gestellt. Er beging einen logischen und rhetorischen Fehler, als er zwischen »sowjetischer Biologie« und »Biologie der Bourgeoisie« und sogar zwischen »sowjetischer Wissenschaft« und »kapitalistischer Wissenschaft« unterschied. Es ist eine sonderbare Haltung und erinnert an die Behauptung von Papst Urban III., es gebe einerseits eine göttliche Physik und andererseits eine Physik, die sich der dümmliche Mensch ausgedacht habe. Für das 20. Jahrhundert war das jedoch zuviel. Nach Hiroshima behauptete niemand mehr, daß es zwei Physikwissenschaften, zwei Chemiewissenschaften oder zwei verschiedene Gesetze für die Thermodynamik gebe. Nach Ende der vierziger Jahre wurden Stimmen laut und erschienen Artikel in wissenschaftlichen Zeitschriften, die alle dieselbe Frage stellten:

»Wenn es nur eine Physik und nur eine Chemie gibt, wie ist es dann möglich, daß es zwei verschiedene Wissenschaften der Botanik sowie der Biologie gibt?«
Nach der LAAAS-Sitzung verteidigte W. M. Molotow, der damalige Außenminister, in einer zündenden Rede anläßlich des einunddreißigsten Jahrestages der Oktoberrevolution die falsche These Lyssenkos hinsichtlich der Genetik. Nach Molotows Rede wurde der sowjetische Genetiker I. A. Rapoport aufgefordert, die Chromosomen-Vererbungstheorie öffentlich zu verwerfen. Als Rapoport statt dessen versuchte, den praktischen Wert dieser Vererbungslehre aufzuzeigen, wurde er mit Auszügen aus Molotows Rede eines Besseren belehrt. »Warum glauben Sie, daß Molotow sich in der Genetik besser auskennt als ich?« fragte er daraufhin. Rapoports Frage, die als prägnante Zusammenfassung der Auseinandersetzung zwischen einem gut ausgebildeten Spezialisten und einem schlechtausgebildeten Generalisten in die Geschichte eingehen sollte, führte dazu, daß er aus der KPdSU austreten mußte und seiner Stellung enthoben wurde. Er wurde gezwungen, mehrere Jahre als Laborant in einem geologischen Institut zu arbeiten. Nach Stalins Tod wurde er rehabilitiert und auf seinen alten Posten zurückversetzt – seine Gesundheit jedoch war ruiniert.
Bereits vor Stalins Tod geriet Lyssenko immer wieder unter Beschuß. Einer der Hauptgründe dafür war die Zündung der ersten Atombombe durch die Amerikaner. Diese Bombe vergrößerte die Gefahr der Vernichtung um ein Tausendfaches; der Weltuntergang hing nun nicht mehr nur von der guten oder bösen Absicht, sondern vielleicht nur von einem unbewußt falschen Schritt seitens eines der Staatsoberhäupter ab – vor allem seitens des Staatsoberhauptes eines totalitären Staates, das heißt

eines Staates, der nicht dem demokratischen Schutz der Gewaltenteilung unterlag.
Wenn bereits ein Thomas K. Finletter von Robert Oppenheimer als verdächtig und gefährlich betrachtet wurde, wie erst würde Lawrenti Berija eingestuft werden, der für das sowjetische Kernenergie-Programm verantwortlich war?
Trotzdem waren die Folgen der LAAAS-Sitzung von 1948 verheerend. Die Akademie der Wissenschaften war die erste Bastion der klassischen Wissenschaft, die fallen sollte. Das Präsidium der Akademie erließ einen Beschluß, dem zufolge alle Entscheidungen der LAAAS-Sitzung uneingeschränkt zu unterstützen seien. Eine Anzahl von Laboratorien, die als »Brutstätten reaktionären Morganismus« bezeichnet wurden, wurde abgeschafft (darunter waren die Laboratorien für Zytogenetik, botanische Zytologie, Phenogenesis etc.). Dann befahl der Minister für Bildung und Wissenschaft, S. W. Kaftanow, dem gesamten Universitäts-Lehrpersonal des Landes, »sich von allen Trägern reaktionären Morganismus« zu befreien.
Kurz darauf folgte die medizinische Fakultät. Kaftanow war besonders eifrig: Er holte Aussagen, die N. W. Kolzow vor fünfundzwanzig Jahren gemacht hatte, hervor und stellte den bedeutenden Biologen mit falschen Anschuldigungen an den Pranger: »Es erübrigt sich, diese menschenfeindlichen Phantasien zu kommentieren, die schon aus einem Kilometer Entfernung nach faschistischen Delirien riechen. Das also ist die Art wilder Fanatiker, die sich unsere gegenwärtigen Morganisten und Mendelisten zum Apostel erwählt haben!«
Kaftanow machte sich auch lustig über die Vorstellung, daß der Mensch Erbkrankheiten in sich trage; denn welche Art von Erbkrankheiten, so fragte er, könnte es in

einer fortschrittlichen sozialistischen Gesellschaft schon geben? Es wurden Sonderkommissionen gebildet, deren Aufgabe es war, die Morganisten und Mendelisten in den großen landwirtschaftlichen Forschungs- und Versuchsinstituten ausfindig zu machen. Beinahe alle Wissenschaftler, die an diesen Instituten arbeiteten, mußten vor einer der Sonderkommissionen erscheinen und dem »neuen Glauben« die Treue schwören. »Innerhalb von nur zwei Tagen (23./24. August 1948)«, schreibt Medwedew, »veröffentlichte Kaftanow eine Reihe von Pamphleten mit detaillierten Anordnungen, die er an jede Universität und vergleichbare Einrichtungen schicken ließ. Anordnung Nr. 1208, die Universitäten betreffend, wies unter Punkt zwei die Entlassung aller aktiven Bekämpfer des Mitschurinismus von der Moskauer Universität an; einschließlich der Entlassung des Professors für Darwinismus, Schmalgausen, des Professors für theoretische Biologie, M. M. Sawadowski, des Professors für Pflanzenphysiologie, Sabinin, des Dekans der Fakultät, Judinzew, sowie der Assistenten Alichanijan, Selikman, Berman und Schapiro. An der Leningrader Universität wurden der zweite Direktor Poljanski, der Dekan der biologischen Fakultät, Lobaschew, Professor Swetlow und die Assistenten Nowikow und Arapetjanz entlassen. Gleichermaßen wurde auch an den Universitäten von Charkow, Gorki, Woronesch, Kiew, Saratow und Tiflis verfahren.« Das aber war nur der Anfang. Unter Punkt sechs der Anordnung ist zu lesen: »Die Zentrale Universitätsverwaltung sowie die Personalverwaltung werden angewiesen, innerhalb von zwei Monaten alle Abteilungen der biologischen Fakultät zu überprüfen, sie von allen Opponenten der Biologie Mitschurins zu befreien und durch Anhänger Mitschurins zu ersetzen.« Außerdem wurden aufgrund dieser Anordnung Vorlesungen abgesetzt, Texte und Bücher, die auf der Lehre Mendels

und Morgans basierten, vernichtet sowie alle Forschungsprojekte, die nicht der Lehre Mitschurins entsprachen, abgebrochen.
Noch am selben Tag erließ Kaftanow eine ähnliche Anordnung (Nr. 1210) für veterinärmedizinische Institute und enthob Rokitski, Wasin und viele andere ihres Postens. Auch an den Landwirtschaftsschulen ergingen derartige Anordnungen, und allein an der TAA wurden Golikow, Schebrak, Paranow, Chochtow, Borisenko, Konstantinow (alles bekannte, wenn nicht gar berühmte Namen – der Autor) und viele andere entlassen. In ähnlicher Weise ging Kaftanow auch an den Landwirtschaftsinstituten in Charkow, Omsk und Saratow vor. Am nächsten Tag erließen der Bildungsminister und der stellvertretende Gesundheitsminister Anordnung Nr. 1216/525 für alle medizinischen Institute. Darin hieß es, daß »alle Vorlesungen in Anatomie, Histologie, Pathopsychologie, Pathoanatomie, Mikrobiologie, Psychopathologie, Gerichtsmedizin und Psychiatrie von nun an auf der Lehre Mitschurins basieren« sollten.
Diese letzte Anordnung war natürlich absurd: Es war zweifellos unmöglich, Lyssenkos oder Mitschurins Theorien als Basis für die angeführten Fächer zu verwenden. Alles, was in Zusammenhang mit Vererbung stand, wie Medwedew erklärt, wurde vom Lehrplan gestrichen. Es kam zu weiteren Entlassungen von Wissenschaftlern und Verboten von Lehrbüchern. Das Pogrom ging über mehrere Monate.
Das Ziel dieser langwierigen und gewissenhaft durchgeführten Kampagne bestand nicht nur darin, die Opposition gegen Lyssenko zu vernichten. Es war auch beabsichtigt, umfassende Vorsichtsmaßnahmen zu treffen, um ein erneutes Aufleben der Opposition in der nahen Zukunft auszuschließen. Aus diesem Grunde schlossen sich wei-

tere Ministerien der Hetzkampagne an. Am 6. Oktober 1948 gab der Landwirtschaftsminister I. A. Benediktow die Anordnung Nr. 1530 heraus und setzte damit der Genetikforschung bei landwirtschaftlichen Nutztieren ein Ende, da es seiner Meinung nach unmöglich war, daß es so etwas wie tödliche Mutationen gebe. Des weiteren ließ er die Versuchsabteilung für Hybridisierung, die von dem berühmten Genetiker A. R. Schebrak geleitet wurde, schließen. Es wurde auch angeordnet, daß jeglicher Unterricht sowie alle Forschungsprojekte, die nicht in Einklang mit den Theorien Mitschurins, Wiljams' und Lyssenkos standen, sofort abzubrechen seien.

Diese »Säuberungsmaßnahmen« gipfelten in der fast »anekdotenhaften« Anordnung Nr. 543 vom 7. Mai 1949. In ihr wird eine Überprüfung aller forstwirtschaftlichen Kurse angeordnet, um »sicherzugehen, daß sie konform gehen mit der materialistischen Doktrin Mitschurins und Lyssenkos, die den artspezifischen Konkurrenzkampf ablehnt, den interspezifischen Konkurrenzkampf als Hauptmerkmal der Evolutionstheorie jedoch anerkennt«.

Der Sieg der lyssenkoistischen Lehre war somit komplett; Lyssenkos Monopolstellung in der Biologie war gesichert. Es ging sogar so weit, daß 1948 mehreren Genetikern ihr akademischer Titel aberkannt und Genetikern der alten Schule ein Berufsverbot auferlegt wurde. Eine weitere Forschungstätigkeit auf dem Gebiet der Genetik, der Pflanzenhormone, der Zytogenetik etc. wurde ebenfalls verboten – die Konsequenzen dieses Verbots liegen auf der Hand.

Zu dieser Zeit, am Höhepunkt seines Ruhmes und seines Einflusses, ging Lyssenkos undisziplinierte Phantasie wieder einmal mit ihm durch. Anhand einer Reihe betrügerischer Experimente propagierte er die Umwandlung einer Spezies in eine andere, zum Beispiel Weizen in Roggen.

(Kurz zuvor, nachdem Lyssenko neben seinen anderen Posten und Ehrenämtern auch noch Professor für Genetik und Fortpflanzung geworden war, hielt er seine erste Vorlesung, die seinen Studenten unvergeßlich blieb, da er behauptete, daß, wenn man verschiedene Vogelarten mit haarigen Raupen fütterte, Kuckucke aus den Eiern schlüpften.)
All diese Entdeckungen veröffentlichte Lyssenko in seiner Zeitschrift *Agrobiologija.* In einem Artikel mit der Überschrift »Die Gattungen«, den Lyssenko für die »Große Russische Enzyklopädie« verfaßt hatte, enthüllte er die Anregung und Quelle für diese Experimente: »Stalins Lehre über allmähliche, verborgene, unmerkliche quantitative Veränderungen, die zu schnellen, radikalen qualitativen Veränderungen führen, gestattete es sowjetischen Biologen, bei Pflanzen die Verwirklichung solch quantitativer Übergänge, die Transformierung von einer Spezies in eine andere, zu entdecken.« Die einzige Grundlage, die in Stalins Schriften für diese Lehre, die ihm von Lyssenko (und dem Biochemiker A. I. Oparin) zugeschrieben wird, zu finden ist, ist der Artikel »Anarchismus oder Sozialismus« von 1907. Er beinhaltet folgende Aussage: »Das Mendelejewsche Periodensystem zeigt klar, von welcher Bedeutung die qualitativen und quantitativen Veränderungen in der Natur sind. Das wird in der Biologie auch von der Theorie des Neo-Lamarckismus, die den Neo-Darwinismus verdrängt, bewiesen.« (Jean Baptiste Pierre Antoine de Monet de Lamarck – 1744 bis 1829 – war ein französischer Naturalist, der eine Evolutionstheorie aufgestellt hatte, die besagte, daß erworbene Eigenschaften vererbbar sind. Er starb in Armut und Vergessenheit; das Interesse an seiner Theorie lebte jedoch Ende des 19. Jahrhunderts wieder auf, weil sie Berührungspunkte mit dem Darwinismus aufwies.)

Die Wahrheit ist, daß Lyssenko in seinem Triumph und seiner Exzentrizität zu weit ging und plötzlich alleine dastand. Es wurde immer schwieriger, seine Ansichten zu unterstützen. Gegen Ende des Jahres 1952 stellten sich sogar seine Freunde und bislang treuen Kollegen gegen ihn – seine absolute Herrschaft hatte somit gerade vier Jahre angedauert. Es kam bereits zu ersten Angriffen in der sowjetischen Presse – und das noch vor Stalins Tod. In der Dezember-Ausgabe des *Botanitscheski Schurnal* erschienen zwei Artikel, die sich beide mit ein und derselben Theorie Lyssenkos befaßten, einer Theorie über die Artenbildung durch Mutation, die sich durch ihre besondere Unberechenbarkeit auszeichnete. Die Reaktion seitens des Großteils der sowjetischen Wissenschaftler war eine Flut von Artikeln an den Herausgeber des *Botanitscheski Schurnal* und die allgemeine Annahme, daß die Diskussion nun wieder offen sei. Die Anhänger Lyssenkos reagierten heftig darauf, allein mit dem Ergebnis, daß die Diskussion ausgeweitet wurde und alle Aspekte der Lehre Lyssenkos miteinschloß. Die Seitenzahl sowie die Auflage des *Botanitscheski Schurnal* stiegen rapide an, und es erschien nun nicht mehr nur alle zwei Monate, sondern monatlich. Kurze Zeit später schaltete sich auch die Moskauer Gesellschaft der Naturalisten mit mehreren kritischen Artikeln in ihrer Druckschrift in den Streit ein. Die Forschungsarbeit auf dem Gebiet der Genetik wurde wieder aufgenommen: In der Akademie der Wissenschaften wurden Versuchslabore eingerichtet und Arbeitsgruppen gebildet. Einige Artikel zeigten deutlich auf, welcher Schaden der Landwirtschaft durch Lyssenkos Theorien zugefügt worden war. Ein Gesuch, das die Absetzung Lyssenkos als LAAAS-Präsident sowie die Entlassung Oparins, des Sekretärs der biologischen Abteilung der Akademie der Wissenschaften, forderte, wurde von über dreihundert Wissenschaftlern unterzeichnet. Dem Gesuch wurde stattgegeben: Lyssenko und Oparin wurden durch die konventionellen Wissenschaftler Lobanow und Engelgardt ersetzt. In ihrer Verzweiflung reagierten die Anhänger Lyssenkos erwartungsgemäß mit dem Versuch, administrativen Zwang auszuüben. In der Plenarsitzung des Zentralexekutivkomitees im Dezember 1958 spielte Lyssenko jegliche Kritik gegen ihn zu Intrigen westlicher Imperialisten herunter. In seinem Plädoyer hingegen machte er eine sehr aufschlußreiche Bemerkung: »Es ist offensichtlich, daß es nicht um mich geht, sondern um den materialistischen Trend in der Biologie hinsichtlich bestimmter Verfahrensweisen der Kolchosenbauern, die ich in meinen Artikeln unterstützt habe und immer noch unterstütze.«

Das Phänomen Lyssenko und seine Theorien müssen in Zusammenhang mit der Kollektivierungskampagne, die 1928 mit der Enteignung der Kulaken begann und nie zu einem Ende kam, gesehen werden. Diese endlose Kollektivierungskampagne der Sowjets muß wiederum in Zusammenhang mit dem endlosen Fiasko in der sowjetischen Landwirtschaft gesehen werden. Es gab und wird sicherlich auch weiterhin eine Art dialektischen Determinismus geben, der bei all diesen Vorkommnissen mithereinspielt.

Nach Stalins Tod und dem darauffolgenden »Tauwetter« trat bei der sowjetischen Regierung eine deutliche Verbesserung ein, vor allem was ihre gnadenlose Unterdrückung betraf – aber es war und ist ein langsamer und qualvoller Prozeß.

Tatsächlich hatte Lyssenko wieder einmal gesiegt: Seine Argumentation war angekommen, die Behörden beachteten ihn wieder, und das Imperium schlug zurück. Das, was die konventionellen Wissenschaftler letztendlich geschaf-

fen hatten, wurde durch behördliche Vergeltungsmaßnahmen wieder zerstört. Die redaktionelle Leitung des *Botanitscheski Schurnal* wurde aufgelöst und Ende 1958 zum Großteil mit Lyssenko-Anhängern neu eingerichtet. Die Moskauer Gesellschaft der Naturalisten wurde zur Ordnung gerufen. Engelgardt wurde aus der biologischen Abteilung der Akademie der Wissenschaften entlassen und durch den Lyssenko-Anhänger Sisakjan ersetzt. Die sowjetische Delegation für den Zehnten Internationalen Kongreß in Kanada im Jahre 1958 wurde noch in letzter Minute umbesetzt. Das war peinlich, denn die ursprüngliche Delegation hatte bereits Vorträge über Genetik eingereicht. Diese wurden zwar zurückgezogen, aber das Programmheft, in dem die genauen Zeiten und der Ablauf der Vorträge aufgeführt war, war bereits gedruckt und konnte nicht mehr geändert werden. So also warteten die Mitglieder des Kongresses schweigend, bis die Zeit, die für die nicht gehaltenen Vorträge eingeplant gewesen war, verstrichen war. Die sowjetischen Delegierten besuchten nur einen der zwanzig verschiedenen Themenkreise des Kongresses, und zwar den über Propfreis-Hybriden, der speziell für sie anberaumt worden war.
Trotz seiner zwischenzeitlichen Niederlage gelang es Lyssenko sehr schnell, die ursprüngliche Situation für sich und seinesgleichen wiederherzustellen: Sie hatten wieder ministerielle Posten inne und rissen alle Schlüsselpositionen in der biologischen Abteilung der Akademie der Wissenschaften, im LAAAS, im Komitee für höhere Graduierung, in den Akademien der Republiken, in der »Snanie«(Wissen)-Gesellschaft und in der landwirtschaftlichen Abteilung der Union der Gesellschaft für kulturelle Beziehungen im Ausland an sich. Mit anderen Worten: Die Anhänger Lyssenkos hatten ihre zentrale Überwachungsposition wieder eingenommen, von der aus sie alle

Informationen über Biologie und Agronomie abfangen konnten. Und das taten sie auch! Somit beherrschten sie weitere fünf Jahre die Lage und verlängerten ihre Herrschaft auf insgesamt fünfzehn Jahre seit der LAAAS-Sitzung von 1948. Trotz dieser Machtstellung, der breitgefächerten Möglichkeiten und der Zeitspanne, die ihnen zur Verfügung standen, machten die Anhänger Lyssenkos keine einzige anerkennenswerte theoretische Entdekkung, noch lieferten sie in irgendeiner Weise einen bedeutenden Beitrag zur Förderung der Landwirtschaft in der Sowjetunion. Denn die Bedeutung der Anhänger Lyssenkos und ihrer Zeit der Vormachtstellung liegt nicht darin, was sie taten, sondern darin, was sie verhinderten: Fast zwanzig Jahre lang verhinderten sie, daß die Sowjetunion die größte Innovation des 20. Jahrhunderts auf dem Landwirtschaftssektor, nämlich die Hybridisation von Getreide, einführte. Diese Innovation hatte ihren Ursprung in Amerika, wo sie während des Zweiten Weltkriegs zum erstenmal angewandt wurde und zu einer Ertragssteigerung von bis zu achtzig Prozent führte. Genau dieser spektakuläre Erfolg der amerikanischen Landwirtschaft veranlaßte die Sowjetunion dazu, sich gegenüber allen landwirtschaftlichen Neuheiten aus den USA zu verschließen; denn es war den Amerikanern gelungen, ihre gesamte landwirtschaftliche Produktion innerhalb von nur fünf Jahren zu verdoppeln. Was für die Sowjets jedoch noch schlimmer war als diese Tatsache, war der krasse Gegensatz, in dem dieser Erfolg zu ihren landwirtschaftlichen Errungenschaften stand. Trotzdem hätte die sowjetische Regierung die Hybridisation von Getreide willkommen geheißen. Tatsächlich mußten sie aufgrund des Monopols, das Lyssenko in allen landwirtschaftlichen Bereichen hatte, so lange auf die Innovation und ihre Vorteile warten, bis Chruschtschow während seines Besuches 1959 in

Amerika auch eine Farm besichtigte, wo die Innovation ihm und seinem Land ganz selbstverständlich angeboten wurde.

Die Anhänger Lyssenkos waren in eine Zwickmühle geraten. Sie konnten keinen Waffenstillstand akzeptieren, denn der Kampf gegen die Wissenschaft weltweit war ihr täglich Brot; es war ihr Raison d'être. Andererseits konnten sie auch keinen fairen Kampf akzeptieren; sie konnten nicht zulassen, daß für ein- und dieselbe Naturerscheinung zwei Theorien zur Wahl präsentiert würden, von denen man sich für die eine oder die andere als die richtige entscheiden mußte. In dieser Hinsicht überraschte es nicht, daß Chruschtschow für die Lehre Lyssenkos eintrat. Er beschrieb die Lage zutreffend in einer Rede mit dem Titel »Friedliche Koexistenz in dem Bereich der Ideologie ist Verrat am Marxismus-Leninismus und Betrug an den Arbeitern und Bauern« an die sowjetischen Schriftsteller am 8. Mai 1963. Er sagte es ganz deutlich: »Die biologische Front ist nicht nur die Front eines sowjetischen Wissenschaftlers zur Förderung des technischen Fortschritts; es ist die Front der sowjetischen Ideologie gegen die bürgerliche Ideologie.«

Das erste Anzeichen eines drohenden Zusammenbruchs der Lehre Lyssenkos war eine Resolution, die vom Zentralexekutivkomitee zusammen mit dem sowjetischen Ministerrat erging: die Wiedereinführung der medizinischen Genetik. Diese befaßt sich größtenteils mit der Erforschung von Erbkrankheiten. Aus diesem Grunde konnte es sich nicht um die Genetik Mitschurins handeln, die von den Lyssenko-Anhängern aufgegriffen und erweitert worden war, die die Existenz von Erbkrankheiten abstritten. Aus demselben Grunde setzte die Wiedereinführung der medizinischen Genetik die Wiederaufnahme der allgemeinen Genetik voraus. Das Präsidium der Akademie der

Medizinwissenschaften sponserte im Jahre 1963 eine Reihe von Konferenzen, deren Ergebnis ein Beschluß »über den Zustand und die Zukunftsaussichten der Forschung auf dem Gebiet der medizinischen Genetik« war. Es wurde darin festgehalten, daß »die UdSSR auf diesem Gebiet weit hinterherhinkt und die Abschaffung der medizinischen Genetik in den Jahren 1937 und 1948 auch wirtschaftlichen Schaden verursacht hatte«. Darüber hinaus wurde die Schuld dafür dem richtigen Mann zugeschrieben: Mitschurin und seiner Schule der Biologie. Somit war der Weg für eine Rückkehr zur Vernunft wieder offen. Zur allmählichen Wiederbelebung der allgemeinen Genetik wurden praktische Maßnahmen diskutiert und durchgeführt. Kühlere Köpfe, die sich der Gefahren einer weiteren Vernachlässigung dieses Faches bewußt waren, konnten sich gegenüber den ideologischen Fanatikern im Zentralkomitee behaupten: Die Theorien Morgans und Mendels wurden offiziell rehabilitiert. Doch die Anhänger Lyssenkos hatten die Lage immer noch nicht erfaßt. S. Pawlenko holte in seinem Artikel »Neopositivismus – die Waffen des Gegenschlags« zu einem verzweifelten Gegenangriff aus. Er wies auf den Schaden hin, der durch die Chromosomen-Vererbungstheorie verursacht wurde, und verteufelte Morgan und Mendel, die »die Genetik in das Flußbett des Idealismus gesteuert hatten« – doch ohne Erfolg.
Medwedew berichtet, daß dieser Angriff nie ernst genommen wurde und vor dem Hintergrund der Entwicklungen nicht mehr als eine Kuriosität darstellte. Die Lyssenko-Anhänger wurden von den Ereignissen überrollt. So erschienen im Jahre 1963 zwei Bücher russischer Autoren; die ersten Schriftstücke über Genetik, die in fünfundzwanzig Jahren in russischer Sprache verfaßt worden waren. Es handelte sich um Lobaschews *Genetika* und

Efroinsons *Einführung in die medizinische Genetik*. Anfang des vorhergehenden Jahres wurde ein Pamphlet der Weltgesundheitsorganisation (WHO), verfaßt von einem internationalen Expertengremium, überall verbreitet. Dieses Pamphlet trug natürlich in erheblichem Maße dazu bei, die Frage der Wiedereinführung des Genetikunterrichts an sowjetischen Universitäten und medizinischen Fakultäten nach fünfzehn Jahren erneut aufleben zu lassen. »Der erste Bericht des Expertenkomitees über menschliche Genetik« der WHO wurde in Englisch, Französisch, Russisch und Spanisch veröffentlicht und war weltweit erhältlich. Um allgemein den Hintergrund des Genetik-Disputes in der Sowjetunion zu beleuchten und besonders die verheerende Irrlehre Lyssenkos zu verdeutlichen, wird an dieser Stelle als endgültiges Urteil der Einleitungsabschnitt dieses Berichtes zitiert:

»*Die Bedeutung der Genetik in der Medizin*

Das Gen ist die Grundlage des Lebens, und daher erklärt es sich von selbst, daß diejenigen, die irgendein biologisches Fach studieren wollen, über das Wesen und die Funktion des Gens belehrt werden sollten. Es gibt jedoch noch zwingendere Gründe, Medizinstudenten in Genetik auszubilden. Das Wissen darüber, wie Gene die Entwicklung und Funktion des lebenden Organismus beeinflussen, ist so weit fortgeschritten, daß es nicht nur ein wesentlicher Bestandteil beim Erkennen von Krankheiten, sondern auch für Ärzte hinsichtlich praktischer Theorien wichtig ist, wenn sie eine gute medizinische Betreuung gewährleisten wollen ...«

Die Vollversammlung der KPdSU im Februar 1964 wurde ausdrücklich dazu einberufen, um »die Intensivierung der landwirtschaftlichen Produktion« zu diskutieren, und zwar hinsichtlich »eines landesweiten Einsatzes von Düngemitteln, Bewässerung und umfassender Mechanisie-

rung sowie der Übernahme wissenschaftlicher Fortschritte und einschlägiger Erfahrungen, um eine möglichst schnelle Steigerung bei der landwirtschaftlichen Produktion zu erreichen«. Dies war beinahe eine Art Provokation Lyssenkos und seiner Anhänger. Ihre Enttäuschung und Entrüstung wurde noch verstärkt, als Wolowchenko, der Minister für Landwirtschaft, in seinem Sitzungsbericht nur kurz auf Lyssenko und seine Errungenschaften einging und den »reaktionären Morganismus« mit keinem Wort erwähnte. Kurz darauf war Lyssenko an der Reihe zu sprechen. Er bemerkte als erstes, daß der Minister für Landwirtschaft es versäumt habe, sein Verfahren zur Erhöhung des Fettgehaltes der Milch sowie seine Düngemittel aus Kompost zu erwähnen. »Dies ist keineswegs unwichtig«, sagte er, »denn diese Verfahren sind von großer Bedeutung für die Steigerung der Milcherträge für die gesamte Sowjetunion. Wir haben ein allgemeingültiges Gesetz über das Leben aller Spezies entwikkelt, das alle anderen biologischen und genetischen Gesetze zusammenfaßt.«
Weiterhin erklärte Lyssenko, wie es ihm mit Hilfe dieses Universalgesetzes gelungen war, einen Weg zur Erhöhung des Fettgehalts der Milch zu finden. Das Geheimnis dabei war, Milchkühe mit Jersey-Bullen zu kreuzen; die Kälber konnte man auf Lyssenkos eigenen Versuchsbauernhöfen erstehen. Bei der letzten Sitzung sprach Chruschtschow selbst. Er widmete Lyssenko sehr viel Aufmerksamkeit, lobte ihn über alle Maßen und nannte ihn *den* idealen sowjetischen Wissenschaftler. Chruschtschows uneingeschränkte Unterstützung Lyssenkos sollte eigentlich niemanden überraschen. Als der Verfasser von »konkurrenzfähiger Koexistenz« sprach, hatte der sowjetische Parteiführer bereits 1956 in Aussicht gestellt, daß die Sowjetunion die Vereinigten Staaten innerhalb eines Jahres –

oder höchstens zwei – in der Milch-, Butter- und Fleischproduktion einholen würden. Derartige Behauptungen, ebenso wie sein allseits bekanntes Drohversprechen, die USA in zwanzig Jahren »zu begraben«, waren selbstverständlich Bestandteil seiner »Entstalinisierungspolitik«: Er wollte unbedingt beweisen, daß für das miserable Abschneiden der Sowjetunion bei internationalen Vergleichen ausschließlich der »Personenkult« Stalins schuld war. 1964, zur Zeit der Vollversammlung des Zentralkomitees, nahte bereits das Ende der Chruschtschow-Ära. Zu diesem Zeitpunkt – wenn nicht schon lange vorher – begann er sich an jeden Strohhalm zu klammern. Er wußte, daß er sehr bald etwas vorweisen mußte. Im Zentralkomitee genoß er den Ruf eines unberechenbaren, exzentrischen Großmauls. Es gab viele Gründe für Chruschtschows wachsende Unbeliebtheit in den oberen Parteirängen: sein Abweichen von seinem eigenen Ultimatum in Berlin (1958–1960), der Rückzug sowjetischer Raketen aus Kuba während der Konfrontation mit Amerika 1962 in der Kuba-Krise; der Hauptgrund jedoch war sein Versagen bei der Verbesserung der landwirtschaftlichen Situation in der Sowjetunion, die er sich selbst als oberste Priorität gesetzt hatte. Chruschtschow hatte keine andere Wahl: Er mußte etwas riskieren. Ähnlich wie ein Befehlshaber erkannte Lyssenko, daß es aus strategischer Sicht unerläßlich war, den biologischen Sektor der Akademie der Wissenschaften zu stürmen und in eine Festung seiner Lehre zu verwandeln. Auf Chruschtschows Betreiben wurde im ehemaligen Genetikinstitut eine Anzahl von Planstellen geschaffen: für drei Vollmitglieder und zwei korrespondierende Mitglieder, wobei man natürlich davon ausging, daß alle Posten von Lyssenko-Getreuen bekleidet würden. Das Problem dabei war jedoch, daß in jedem einzelnen Fall die Wahl der betreffenden Abteilung durch die Wahl der Vollversammlung der Akademie der Wissenschaften, bei der alle Abteilungen – Physiologie, Biochemie, Physik etc. – anwesend waren (Abteilungen innerhalb derer es keine Kontroversen gab oder je gegeben hatte), bestätigt werden mußte. Remeslo, ein Pflanzenzüchter und einer von Lyssenkos Kandidaten, wurde in drei aufeinanderfolgenden Wahlgängen von der Biologischen Abteilung energisch zurückgewiesen. Nuschdin, ein Genetiker, wurde zwar von der Biologischen Abteilung gewählt, von der Vollversammlung aber nicht uneingeschränkt anerkannt. Medwedew zitiert Auszüge aus dem Sitzungsprotokoll:

Engelgardt: Unter den Bewerbern für die Genetik-Abteilung befinden sich bekannte Persönlichkeiten, die bedeutende Beiträge zur Förderung der Landwirtschaft und der Tier- und Pflanzenzucht geliefert haben. Wir respektieren sie und bezweifeln keinen ihrer Verdienste. Bei den Bewerbungen um die Stelle in der Genetik-Abteilung gibt es, wenigstens meiner Meinung nach, einen Grund, von der Empfehlung des Komitees und der Wahl der betreffenden Abteilung abzuweichen – ich denke hier an die Kandidatur Nuschdins. Ich weiß, daß ich mich in einer peinlichen Lage befinde, denn schließlich haben wir vor zehn Jahren Nuschdin als korrespondierendes Mitglied in die Biologische Abteilung gewählt. Nuschdins Beförderung wäre also nur natürlich. Es stellt sich jedoch die Frage: Hat Nuschdin Schritt gehalten mit der Entwicklung in der Wissenschaft? Mir sind keinerlei praktische Beiträge Nuschdins bekannt, die vergleichbar wären mit denen der anderen Bewerber.

Deshalb ist es einleuchtend, daß unsere Beurteilung auf der theoretischen und experimentellen Arbeit Nuschdins basieren muß. Die Entwicklung einer Experimentalgenetik unter Berücksichtigung aller modernen Aspekte ist für unser Land von äußerster Wichtigkeit, denn wir müssen um jeden Preis versuchen, den Rückstand unseres Landes auf diesem Gebiet wieder wettzumachen. Ich sehe keinen Grund zur Annahme, daß die Wahl Nuschdins zur Lösung dieses Problems beitragen würde ... Beim Durchblättern der jährlichen Inhaltsverzeichnisse aller führenden Genetik-Zeitschriften ist es mir nicht gelungen, eine Erwähnung von Nuschdins Namen in den letzten Jahren zu entdecken. Und auch ohne diese Inhaltsverzeichnisse hätten wir von seiner Arbeit gewußt, hätte es wirklich eine gegeben.

Mit einem Wort: Es ist offensichtlich, daß die Akademie der Wissenschaften in Nuschdin keinen Wissenschaftler gewinnen würde, der das Niveau der genetischen Forschung heben könnte, um es der heutigen Genetik anzupassen. Ich stimme deshalb der Bewertung der Allgemeinen Biologischen Abteilung nicht zu und bin der Ansicht, daß Nuschdin die Bedingungen, die an einen der hochrangigsten Wissenschaftler unseres Landes gestellt werden, nicht erfüllt.

Sacharow: Ich werde mich kurz fassen. Wir alle sollten erkennen, daß der wissenschaftliche Ruf eines Mitglieds der Akademie der Wissenschaften über jeden Vorwurf erhaben sein sollte. Und jetzt, da wir Nuschdins Kandidatur diskutieren, sollten wir dieser Thematik viel Aufmerksamkeit widmen.

In dem Dokument, das herumgereicht wurde, heißt es: »Nuschdin hat dem Kampf gegen Verzerrungen der Biologie Mitschurins viel Aufmerksamkeit geschenkt und unablässig idealistische Tendenzen in der Vererbungslehre kritisiert. Seine allgemeinen philosophischen Arbeiten hinsichtlich der Weiterentwicklung der materialistischen Lehre Mitschurins und anderer herausragender Persönlichkeiten der Biologie sind nicht nur bei uns, sondern auch im Ausland bekannt.«

Es ist eine Sache des wissenschaftlichen Gewissens jedes einzelnen wahlberechtigten Mitglieds der Akademie, wie das, was wirklich hinter dem Kampf gegen die Verzerrung der Lehre Mitschurins und der Weiterentwicklung der philosophischen Arbeiten herausragender Persönlichkeiten der Biologie steckt, zu beurteilen ist. Ich jedenfalls werde den Auszug kein zweites Mal lesen.

Was mich betrifft, so rufe ich die hier Anwesenden auf, so zu wählen, daß die einzigen Ja-Stimmen von denjenigen kommen, die zusammen mit Nuschdin und Lyssenko die Verantwortung für die berüchtigten und schmerzhaften Abschnitte in der Entwicklung der sowjetischen Wissenschaft tragen, die sich jetzt glücklicherweise ihrem Ende nähern. (Beifall)

Präsident Keldisch: ... Ich glaube nicht, daß wir uns der Wahl von diesem Standpunkt aus nähern können.

	Es schiene mir unangemessen, hier und heute eine Diskussion über die Probleme in der Entwicklung der Biologie zu eröffnen. Und aus diesem Grund erachte ich Sacharows Rede für taktlos …
Lyssenko:	Nicht taktlos, sondern verleumderisch! Das Präsidium …
Keldisch:	Trofim Denissowitsch, warum sollte sich das Präsidium verteidigen? Es war Sacharows Rede, nicht die des Präsidiums. Sie wird nicht unterstützt, zumindest nicht von mir; ich weiß nicht, wie das Präsidium es hält, glaube aber, es würde sie nicht unterstützen, da das Präsidium den Beschluß über die Biologie, der vom Zentralkomitee und dem Ministerrat erging, bereits diskutiert hat und im Sinne dieser Resolution fortfahren wird. Ich glaube, daß wir in Anbetracht des Protestes von Trofim Denissowitsch diesen Vorfall, der sich gerade ereignete, diskutieren können, aber nicht jetzt. Meiner Ansicht nach sollten wir uns jetzt auf die Kandidatur beschränken.
Lyssenko:	Letztendlich unterstützt also das Präsidium, wenn auch nicht die gesamte Versammlung, Sacharows Erklärung? Ihr, Genossen, tut es nicht, aber wie steht es mit dem Präsidium?

Lyssenko erhielt keine unverzügliche Antwort auf seine spezifische Frage, aber auf den allgemeinen Fragenkomplex war die Antwort klar. Einhundertsechsundzwanzig der einhundertfünfzig anwesenden Mitglieder stimmten gegen Nuschdin. Die Stelle blieb unbesetzt – Lyssenko war entrüstet. Der spektakuläre Auftritt Sacharows war vor allem auch deshalb bemerkenswert, weil er Erbitterung ausstrahlte. Als er das »Dokument, das herumgereicht wurde«, zitierte, zog er sowohl dessen Stil als auch dessen Inhalt ins Lächerliche: »Ich jedenfalls werde den Auszug kein zweites Mal lesen« (nachdem er gerade eine bissige Beschreibung des fraglichen Dokuments geliefert hatte).

Dazu kam das Element der Überraschung: Wer hätte von dem ruhigen, zurückhaltenden Physiker erwartet, derart entschlossen und kämpferisch aufzutreten? Es war außerdem eine Frage des Prestiges. Vor elf Jahren war derselbe Andrej Dimitrijewitsch Sacharow mit zweiunddreißig Jahren in die Akademie der Wissenschaften gewählt worden – und war damit der jüngste Wissenschaftler, dem diese Ehre widerfuhr. Darüber hinaus wurde er sofort zum Vollmitglied gewählt, ohne vorher jemals korrespondierendes Mitglied gewesen zu sein. (Sacharows Mentor Igor Tamm, der am selben Tag in die Akademie gewählt wurde, war zwanzig Jahre lang korrespondierendes Mitglied gewesen.)

Nein, die Anhänger Lyssenkos und die sowjetische Regierungsspitze (oder zumindest der Großteil der Führungsspitze hatte angefangen, in diesen Fragen geteilter Meinung zu sein) hatten die Opposition Engelgardts und der konventionellen Biologen erwartet und auch nicht gefürchtet; das plötzliche Auftreten Sacharows und sein verurteilender Unterton aber setzten ein Zeichen.

Chruschtschow war darüber erzürnt. Er ließ den Präsidenten der Akademie der Wissenschaften zu sich kommen und forderte ein Erklärungsschreiben Sacharows an das Zentralkomitee. Eine weitere unangenehme Überraschung folgte: Sacharow tat, wie ihm befohlen, aber in sehr scharfem Ton und verärgerte damit Chruschtschow noch mehr. Bei einem Empfang beschuldigte Chruschtschow die Akademie, sich in die Politik einzumischen (obwohl natürlich genau das Gegenteil der Fall war), und ließ sich zu der Aussage herab, daß das sowjetische Volk eine derartige Akademie nicht brauche. In Wirklichkeit ging Chruschtschow noch weiter: Er ließ eine Kommission bilden, die zu untersuchen hatte, ob die Akademie zu einem »wissenschaftlichen Ausschuß« reformiert werden könne. Gleichermaßen rief er eine Reihe von generalbevollmächtigten Kommissionen ins Leben, um die Arbeit der biologischen Institute der Akademie der Wissenschaften überprüfen zu lassen.

Und doch lief Chruschtschow die Zeit davon. Bereits 1963 war die UdSSR zum ersten Mal in der Geschichte gezwungen, große Getreidemengen aus den USA, Kanada, Australien und Deutschland einzuführen. Das war die endgültige Blamage des Kollektivierungsprogrammes. Doch dieser »einmalige« Getreideeinkauf im Ausland, um die Erntedefizite der sowjetischen Landwirtschaft auszugleichen, sollte von nun an zur Gewohnheit werden. 1964 war ein schlechter Sommer für das Getreide. Wiederum zeichnete sich die Notwendigkeit ab, im Ausland Getreide zu kaufen – ein Omen, das zu einer Flut von Umstrukturierungsmaßnahmen in der sowjetischen Landwirtschaft führte. Sie waren alle erfolglos und endeten im letzten Bericht Nikita Sergejewitsch Chruschtschows. Als dieser im Herbst 1964 auf Betreiben des Zentralkomitees kurzfristig von seinem Urlaub am Schwarzen Meer zurückkehrte, kam er gerade noch rechtzeitig, um mitzuerleben, wie er einstimmig seines Amtes enthoben wurde. Dies war das Ende der Chruschtschow-Ära.

Es war ebenso das Ende der Lyssenko-Ära, jedoch keineswegs das Ende seiner Schule. Eine gründliche Untersuchung der Lyssenko-Ära enthüllt seine Lehre als Symptom einer bösartigen politischen Krankheit und den gesamten Zeitraum als eine Reihe ineinander übergehender

Katastrophen – angefangen mit der Kollektivierungskampagne oder, besser gesagt, mit der »Entkulakisierung«, der Enteignung der wohlhabenderen Bauern. Auf die Eliminierung der einzelnen landbesitzenden Bauern – was die Kulaken ja waren – folgte im Zuge der Kollektivierungskampagne die Einführung der Zentralverwaltungswirtschaft mit einem riesigen, schwerfälligen, absolut zentralisierten Verwaltungsapparat landwirtschaftlicher Bürokraten. Etwas Falscheres hätte man nicht tun können. Das gesamte Konzept der Zentralverwaltungswirtschaft und der Kollektivierung war ein Einschnitt in der Entwicklung der Landwirtschaft des Landes, da Entscheidungen auf dem Agrarsektor kurzfristig getroffen werden müssen: Ein Bauer hat nur wenig Zeit, die Möglichkeiten, die ihm die Natur bietet, zu nutzen. Die Zentralverwaltungswirtschaft jedoch lähmt jede Initiative. Die zentrale Planung, vor allem aber der Versuch, Erfolg durch die Festsetzung unmöglich zu erreichender Quoten zu erzwingen, führt zwangsläufig zur Fälschung von Berichten an übergeordnete Stellen, um Erfolg vorzutäuschen. In der Lyssenko-Ära – aber nicht nur zu dieser Zeit – erhielten alle Kolchosen-Vorsteher vorgedruckte Fragebogen, in die sie ihre Getreideerträge einzutragen hatten. So wurden diese Fragebogen offizielle Einladungen zum Betrug. Dadurch, daß der Kolchosen-Vorsteher die Milch-, Fleisch- und Getreideerträge künstlich erhöhte, konnte er jeden, außer den Verbraucher, zufriedenstellen, da keine Gefahr bestand, daß seine Zahlen überprüft würden. Auf diese Weise täuschten sich die Sowjets mit Absicht gegenseitig.

Es stellte sich nun die schwierige Aufgabe, die Lage zu bereinigen und den Schaden, den die entsprechenden Institutionen des Landes fünfzehn Jahre lang angerichtet hatten, wiedergutzumachen. Es galt außerdem, die experimentelle und angewandte Biologie in der Sowjetunion wieder auf das richtige Gleis zu bringen. Mit anderen Worten, alle Maßnahmen von 1948 mußten rückgängig gemacht werden; denn damals war die Lehre Mendels »out« und die Lehre Lyssenkos und Mitschurins »in« – jetzt war die Lehre Lyssenkos »out« und die Mendelsche Vererbungslehre – und damit die klassische Biologie – wieder »in«. Die Umkehrung all dieser Maßnahmen konnte jedoch nicht mit derselben Schnelligkeit durchgeführt werden, mit der ihre Einführung erfolgt war. Dafür gab es mehrere Gründe. Die Lehre Lyssenkos war besiegt worden und wurde nun im Namen der Demokratie demontiert. Die demokratische Vorgehensweise ist viel komplizierter, viel umfassender als ihr Gegenteil, der diktatorische Befehl. Die Anordnung der Lehre Lyssenkos war eine Angelegenheit von einigen Tagen oder allerhöchstens Wochen gewesen. Um diese Maßnahmen wieder rückgängig zu machen und eine komplette Umstrukturierung der betreffenden wissenschaftlichen Institute durchzuführen, würden nicht nur Wochen oder Monate, sondern viele Jahre erforderlich sein. Einer der Hauptgründe für dieses schleppende Vorankommen der Reform ist eine Eigenart des sowjetischen Systems: Die sowjetische Gesellschaft ist die Gesellschaft mit der weltweit größten Vorliebe für Titel, Medaillen und Auszeichnungen. Lyssenko zum Beispiel war Mitglied in drei Akademien, vielfacher Preisträger, Held der Sozialistischen Arbeit (die höchste nichtmilitärische Auszeichnung), Träger von neun Lenin-Orden etc. ... Das Komplizierte dabei ist, daß Titel, Preise und Medaillen in der Sowjetunion mit Privilegien und Posten verbunden sind. Der Empfänger solcher Titel, Preise und Medaillen hat bis an sein Lebensende ein gesichertes Einkommen und verschiedene Privilegien, unabhängig von seiner beruflichen Position. Einen Preisträger seiner Titel,

Preise und Medaillen zu berauben, wäre beinahe gleichbedeutend mit einer Erniedrigung des preisverleihenden Institutes. Die Großzügigkeit der sowjetischen Regierung bei der Verleihung solcher Preise ist ein Indikator dafür, wie sehr das System darauf vertraut, daß sich Bürger, die so großzügig belohnt werden, den Erwartungen des Staates entsprechend verhalten. Der Preis ist eine Art Versicherungsprämie vom und für den Staat, die den Bürger in seinem zukünftigen Verhalten beeinflussen soll – nach dem Motto »Großzügigkeit verpflichtet«. Andrej Dimitrijewitsch Sacharow bekam dreimal die höchste Auszeichnung »Held der Sozialistischen Arbeit«: Er hatte dem Staat große Dienste erwiesen, und die Regierung wußte das auch. Aber die Anerkennung für geleistete Dienste durch den Staat war nicht größer als seine Erwartungen zukünftiger Loyalität, und das im Sinne der strengen und willkürlichen Interpretation der Parteiführung oder des Parteiführers. Die Lyssenko-Ära hat gezeigt, daß die Parteiführung nicht wußte, was sie tat.

Die Landwirtschaft war in der sowjetischen Welt schon immer eine unberechenbare Größe gewesen. Die Furcht vor einer Hungersnot und ihre Realität ziehen sich durch die russische und sowjetische Geschichte wie ein »schwarzer« Faden. Aus amerikanischer Sicht war die Natur bei der Vergabe landwirtschaftlicher Ressourcen der Sowjetunion gegenüber knauserig gewesen. Ungefähr die Hälfte des sowjetischen Staatsgebietes liegt nördlich des sechzigsten Breitengrades – ebenso wie Alaska. Das entspricht in etwa der Grenze, oberhalb derer der Boden nur noch wenige Zentimeter an der Oberfläche auftaut und daher unbebaubar ist – es herrscht Dauerfrost. Im allgemeinen ist die Vegetationsphase in der Sowjetunion sehr viel kürzer als in den USA; es gibt außerdem nur wenige Gebiete, in

denen der durchschnittliche Niederschlag pro Jahr fünfhundert Millimeter erreicht. Als die Bevölkerungszahl der heutigen Sowjetunion – wie zur Jahrhundertwende – noch unter einhundert Millionen lag, war es verhältnismäßig einfach, das Volk zu ernähren. Über vierzig Prozent der Exporte des russischen Zarenreiches im Jahre 1913 bestanden aus Getreide. Die Ukraine, der Kaukasus und die benachbarten Regionen waren als die Kornkammern Europas bekannt. Mit der Verdoppelung, ja fast Verdreifachung der Bevölkerung des Landes, mit der Revolution und den Erschütterungen, die ihr vorausgingen und nachfolgten, tauchte das Problem der Landwirtschaft wieder in seiner ursprünglichen Drastik auf. Aus amerikanischer Sicht lassen sich so die »dramatischen Bemühungen« erklären, die während der Revolution unternommen wurden, um riesige Gebiete für die Landwirtschaft neu zu erschließen, Wiederaufforstungsprogramme und umfangreiche Bewässerungsprojekte durchzuführen. Die Lösungsvorschläge entsprachen nur scheinbar den Problemen, die die Natur stellte. In Wirklichkeit investierten die Sowjets nie mehr als die Hälfte dessen, was zur Erreichung des gesetzten Zieles notwendig war. In der sowjetischen Agrarpolitik handelte man immer nach dem Grundsatz: »Mit möglichst geringem finanziellen Aufwand möglichst hohe Erträge erzielen.« Aber hatten sie je wirklich eine Wahl? Um das Problem lösen zu können, hätten die Sowjets ihr gesamtes Prioritätensystem umkehren und die Landwirtschaft über die Schwer- und Rüstungsindustrie stellen müssen. Als Sowjets konnten sie das nicht tun.
Als Chruschtschow Mitte der fünfziger Jahre von der Möglichkeit sprach, mit den Vereinigten Staaten in der Milch- und Fleischproduktion »innerhalb von ein, zwei Jahren« gleichzuziehen, sprach er die erfolgreichsten Produktionsbereiche der Sowjetunion an. Was die Getreideer-

träge betraf, so hatten es die Sowjets nie geschafft, halb soviel wie die Amerikaner zu produzieren. Ende der fünfziger Jahre produzierten sie bereits zwei Drittel der Milchmenge der Amerikaner (in den Sowchosen wurden sogar neunzig Prozent erreicht), fünfundachtzig Prozent der Schweinefleisch- und siebzig Prozent der Rindfleischmenge. In diesen Bereichen bestand also noch Hoffnung. Ansonsten führte die gähnende Kluft zwischen Bedarf und Angebot nur dazu, daß die Sowjets noch verzweifelter versuchten, den Problemen in der Landwirtschaft Herr zu werden. Ihre Verzweiflung wurde noch größer, als sie allmählich erkannten, daß ein äußerst schwieriges Problem durch die fixe Idee der Kollektivierung bis ins Unermeßliche kompliziert wurde. Marx war ein Stadtkind gewesen – Lenin auch. Und außerdem hatten die russischen Stadtbewohner die Probleme der Bauern noch nie verstanden. Letztendlich siegte immer das große, fundamentale ideologische Tabu des Privatbesitzes. Die Kommunisten konnten dem einzelnen Kolchosbauern nicht mehr als 0,45 Hektar an privatem Grund und Boden zugestehen, ohne ihrem System und ihrem Glauben abzuschwören.
Die Sowjets kommen von ihrer Kollektivierung einfach nicht los.

Metamorphose – vom Konformisten zum Dissidenten

Der überraschende Auftritt Andrej Sacharows im öffentlichen Leben der Sowjetunion während der Vollversamlung der Akademie der Wissenschaften im Jahre 1964 kennzeichnete einen Umschwung in der Haltung der Akademie insgesamt. In einem Zeitungsbericht über diese Versammlung wurde Sacharow herablassend als »Ingenieur« bezeichnet – als wäre er eine obskure Person, die rein zufällig in die Akademie geraten sei. In gewissem Sinne war Sacharow ein Nachkomme der Atombombe. Denn es war die Explosion der amerikanischen Atombombe, die Stalin einen nachhaltigen Schock versetzt hatte, da ihm dadurch bewußt wurde, daß die Amerikaner viel mächtiger waren als er gedacht hatte. Die Sowjets empfanden immer schon Ehrfurcht für die Amerikaner, doch war sie in Furcht umgeschlagen. Stalin ordnete an, daß alles unternommen werden solle, um die neue Waffe so schnell wie möglich nachzubauen. Das bedeutete natürlich, daß man den Militärtechnikern im allgemeinen und den Physikern im besonderen oberste Priorität einräumen mußte. Während der letzten acht Jahre der Stalin-Diktatur konnten die »virtuosi« in der Sowjetunion zeigen, wozu sie fähig waren. Da war keine Zeit mehr für Unwesentliches: »Belästigen Sie unsere Physiker nicht mit politischen Seminaren«, belehrte Stalin einen Parteifunktionär, »denn sie brauchen ihre gesamte Zeit für ihre Arbeit.« Stalin zögerte auch nicht, Lew Landau freizulassen, einen Physiker, der später Nobelpreisträger wurde und 1938 als »Zerstörer, Spion und Feind des Volkes« verhaftet worden war. Pjotr Leonidowitsch Kapiza machte Landaus Freilassung zur Bedingung für seine Mitarbeit an der sowjetischen Atombombe. Aber es sollte zu keiner Zusammenarbeit mit Kapiza kommen. Kapiza stritt mit Berija »auf humanitärer und nichtpolitischer Ebene«, wie Kapiza selbst es später in einem Gespräch mit Medwedew ausdrückte. Berija forderte Kapizas Kopf, doch Stalin hatte Bedenken und verwies Kapiza statt dessen vorübergehend von der Universität. (Es wurde erzählt, daß Stalin die Beziehungen zu den Engländern nicht beeinträchtigen wollte, die Kapiza hoch schätzten: Der sowjetische Physiker hatte zwölf Jahre unter Rutherford in England gearbeitet.) Nach eineinhalb Jahren kehrte Kapiza wieder an die Arbeit zurück, wurde aber nur für das Institut für Kristallographie zugelassen. Erst nach Stalins Tod schaffte er es, an das »Institut für physikalische Probleme«, das er vor dem Krieg selbst gegründet hatte, zurückzukehren. Kapizas Unerschütterlichkeit ist Beispiel eines unabhängigen Wissenschaftlers, der sich politischem Druck nicht beugt.

Als der Deutsche Otto Hahn 1939 die Kernspaltung entdeckte, wurde die Bedeutung seiner Entdeckung in der Sowjetunion ebenso schnell erkannt wie anderswo auf der Welt. Igor Tamm, der große theoretische Physiker, soll zu seinen Studenten gesagt haben: »Wissen Sie, was diese neue Entdeckung bedeutet? Sie bedeutet, daß eine Bombe gebaut werden kann, die eine Stadt mit einem Radius von bis zu zehn Kilometern zerstören kann.« Dementsprechend machten sich russische Physiker an die Arbeit, eine Kettenreaktion zu erzeugen. Unter der Leitung von Igor Kurtschatow, einem der tatkräftigsten und einfallsreichsten sowjetischen Physiker, entdeckten zwei der Physiker, Flerow und Petrschak, die spontane Spaltung.

Der Sowjets telegrafierten eine Beschreibung ihrer Entdeckung an die amerikanische wissenschaftliche Zeitschrift *Physical Review,* wo sie dann auch in der Ausgabe vom 1. Juli 1940 veröffentlicht wurde. Als die Amerikaner jedoch nicht darauf reagierten, waren die Sowjets um so mehr davon überzeugt, daß die Amerikaner eifrig damit beschäftigt waren, die Bombe nach dem Prinzip einer atomaren Kettenreaktion zu bauen.
Die Invasion der Deutschen in die Sowjetunion zwang die sowjetischen Physiker, sich den dringenderen Problemen der Rüstung und der Verteidigung zu widmen. Im Februar 1943 aber wurde Igor Kurtschatow mit dem Projekt betraut, eine Atombombe zu bauen. Es war bei weitem nicht so aufwendig wie das amerikanische »Manhattan-Projekt«: es waren anscheinend nicht mehr als zwanzig Physiker für das Projekt verpflichtet worden, während im Hauptlabor insgesamt nur fünfzig Leute beschäftigt waren. Hier regierte Kurtschatow wie ein Monarch.
Als Harry Truman Stalin im Juli 1945 auf der Potsdamer Konferenz mitteilte, daß die Vereinigten Staaten eine Atombombe entwickelt hatten, reagierte Stalin wie erwartet. Laut den Memoiren von Marschall Schukow soll Stalin zu ihm und Außenminister Molotow gesagt haben: »Sie (die Amerikaner) wollen nur den Preis in die Höhe treiben. Wir müssen Kurtschatow bearbeiten, um die Dinge zu beschleunigen.« Ihre gesteigerten Bemühungen kamen nun fast den amerikanischen gleich. Sie bildeten einen Technikerrat unter dem Vorsitz von General Boris L. Wannikow, einem Berufssoldaten. Wannikows Stellvertreter waren Kurtschatow und M. G. Perwuchin, Kommissar der chemischen Industrie. Im Technikerrat saßen Ingenieure, Industriemanager und Wissenschaftler. General-Oberst Awraami Sawenjagin vom NKWD war verantwortlich für Sicherheit und Verwaltung. Es war eher Sawenja-

gin als Wannikow, der General Groves' Rolle im amerikanischen Projekt entsprach und bei den Vorbereitungen und der Montage der ersten sowjetischen Bombe mit dabei war. Die erste sowjetische Atombombe detonierte am 29. August 1949 in der Nähe der Stadt Semipalatinsk in Kasachstan. Ein Auszug aus der offiziellen Biographie über Igor Kurtschatow, die von seinem Kollegen Igor Godowin verfaßt wurde und die Explosion beschreibt, gewährt Einblick in die Haltung der Sowjets zur Atombombe:

»Als die Physiker, die die Bombe gebaut hatten, den grellen Blitz, der heller als der hellste Sonnentag war, sahen und die pilzförmige Wolke, die sich in die Stratosphäre erhob, stießen sie einen Seufzer der Erleichterung aus. Sie hatten ihre Pflicht getan. Keinen von ihnen ergriff die Furcht, wie das bei den Physikern in den USA der Fall gewesen war, die von überall her gekommen waren und eine Waffe für die Armee eines Landes gebaut hatten, das vielen fremd war und dessen Regierung die Waffe gegen die friedliche Bevölkerung Hiroshimas und Nagasakis eingesetzt hatte.

Die sowjetischen Physiker wußten, daß sie die Waffe für ihr eigenes Volk und ihre eigene Armee, die den Frieden verteidigte, gebaut hatten. Ihre Arbeit, ihre schlaflosen Nächte und ihre Anstrengungen, die im Laufe der vergangenen Jahre immer größer geworden waren, hatten sich gelohnt: Sie hatten den amerikanischen ›Atomdiplomaten‹ einen Trumpf entlockt.«

Die Bezeichnung »Atomdiplomaten« wird in der sowjetischen Diplomatensprache für atomare Erpresser verwendet. Die Aussage, die diese Bezeichnung enthält, paßt genau zu Stalins Kommentar, daß »sie nur den Preis in die Höhe treiben wollen«. Genau aus diesem Grunde hatten die Physiker in den USA Angst: Sie wußten nicht genau, für welchen Zweck die Amerikaner die Bombe verwenden würden. Sie konnten es nicht wissen; denn Amerika war nicht wirklich ihr Land, eine Andeutung, daß Amerika das Land von eigentlich niemandem war, außer natürlich das der Indianer.

Im Mai 1943 löste Stalin die Kommunistische Internationale (Komintern) auf. Dies war als Versöhnungsgeste an die Adresse der westlichen Bündnispartner zu sehen. Gleichzeitig wurde die GRU (Glawnoje Raswedotschnoje Uprawlenije), die militärische Geheimdienstorganisation, so umstrukturiert, daß sie den ehemaligen Geheimdienstbereich der Komintern absorbierte. Außerdem wurde der strategische Geheimdienst derart mit in die GRU-Organisation verflochten, daß er sich um das wachsende Spionagenetz kümmern konnte. Ein Chiffrierexperte, der in diesem neuen Netz tätig war, war Leutnant Igor Gusenko. Gusenkos erstes (und letztes) Amt war das des Militärattachés in der sowjetischen Botschaft in Ottawa. In den zwei Jahren seiner Amtszeit in Ottawa, bevor er 1945 in den Westen überlief, fand er heraus, daß der wichtigste Agent der GRU in Kanada Dr. Allan Nunn May war. Dieser war ein bedeutender britischer Experimentalphysiker, der in der Atomforschung in Montreal arbeitete. May war Mitglied der Kommunistischen Partei Großbritanniens. Schon im Juli 1944 war er ausgewählt worden, um eine Forschungsgruppe für das gemeinsame britisch-kanadische Atomenergie-Projekt am Montreal Laboratory zu leiten. Dadurch bekam er Zugang zu den sensibelsten Bereichen des Projektes. Das Pendant zu Dr. Allan Nunn May in Los Alamos war der Einwanderer und ehemalige Flüchtling aus Nazi-Deutschland, Dr. Klaus Fuchs, der die britische Staatsangehörigkeit besaß und dessen Schwester Kristel in Cambridge, Massachusetts, lebte. Fuchs' Kontaktperson in den Vereinigten Staaten war Harry Gold, ein Schweizer, dessen richtiger Name Heinrich Golodnizki war. Als Fuchs in England wegen Spionageverdachts festgenommen wurde, gestand er und enttarnte seine Kontaktperson Harry Gold. Gold wiederum verwickelte David Greenglass, dem er einmal im Auftrag seines Führungsoffiziers Jakowlew zugearbeitet hatte, in die Affäre. Jakowlew, der vom sowjetischen Konsulat in New York aus operierte, hatte den Fehler begangen, zwei streng getrennt arbeitende Netze durch Gold versehentlich miteinander verbunden zu haben. David Greenglass, ein Rekrut in Los Alamos und Mitglied der Jungen Kommunistischen Liga (allein diese Tatsache spricht nicht gerade für die Qualität der amerikanischen Sicherheitsmaßnahmen), war der Schwager Julius Rosenbergs, der ihn rekrutiert hatte. Greenglass bezichtigte Julius und Ethel Rosenberg, die 1953, zwei Jahre nachdem sie des Verrats für schuldig befunden worden waren, hingerichtet wurden. Die Rosenbergs – keine Einwanderer – waren beide langjährige Mitglieder der Kommunistischen Partei in Amerika gewesen und durch ihre politische Zugehörigkeit allmählich zum sowjetischen Geheimdienst gekommen.

Es drängt sich natürlich die Frage auf, wie wertvoll das Informationsmaterial des sowjetischen Geheimdienstes für das sowjetische Kernforschungsprogramm war. Experten schätzen, daß es den Sowjets mindestens fünf Jahre Forschungs- und Entwicklungsarbeit ersparte. Dies gilt schon für das Material, das allein Klaus Fuchs geliefert hatte. Während seiner zwei Jahre in Los Alamos hatte Fuchs sich in eine Schlüsselposition hochgearbeitet: Er war Mitglied des Koordinierungsausschusses, der für die Montage der Bombe zuständig war. In seinem Einblick in die sensibelsten Bereiche in Los Alamos stand er gleich hinter Oppenheimer und dem Abteilungsleiter Peter Wyden. Er ließ den Sowjets durch Harry Gold siebenmal exakte Informationen über die Atombombe zukommen und versorgte sie darüber hinaus mit einer Vielzahl von Details über die Plutoniumbombe. Bei seinem letzten Treffen mit Gold übergab Fuchs ihm detaillierte Informationen über die Größe der Plutoniumbombe, die Abmessungen der einzelnen Bestandteile, den Aufbau und den Zündmechanismus. All dies fand noch vor dem Trinity-Test am 16. Juli 1945 im Alamogordo statt.

Noch wichtiger für die Sowjets als für die Amerikaner aber war die »Superbombe«, die Wasserstoffbombe. 1947 promovierte Andrej Sacharow bei Igor Tamm, seinem Doktorvater. Ein Teil seiner Doktorarbeit wurde noch im selben Jahr unter dem Titel *Entwicklung des harten Anteils der kosmischen Strahlen* veröffentlicht – ein Thema, das für das Phänomen der thermonuklearen Fusion von Belang war. 1948 wurde er, wie bereits angedeutet, von Tamm ausgewählt, mit ihm an der thermonuklearen Fusion zu arbeiten. Im Jahr 1950 erreichte das Team Tamm/Sacharow eine kontrollierte thermonukleare Reaktion durch »eine elektrische Entladung in einem Plasma, das in einem magnetischen Feld eingeschlossen war«. – Sacharow hatte das Geheimnis der solaren Phönix entdeckt. Es wurde als »die theoretische Grundlage für die Verwendung thermonuklearer Energie für friedliche Zwecke« gepriesen. 1953 testete die Sowjetunion ihren ersten nuklearen Sprengkörper, der auf dem Prinzip der thermonuklearen Fusion der Wasserstoffbombe aufgebaut war. Knapp ein Jahr zuvor, am 1. November 1952, hatten die Amerikaner einen wuchtigen thermonuklearen Sprengkörper detonieren lassen, der als »Vorgänger der Wasserstoffbombe« bezeichnet wurde. Die Sowjets aber besaßen knapp ein Jahr später eine fertige Bombe, die auch für

einen Transport per Flugzeug kompakt genug gebaut war. Dank Tamm und Sacharow hatten sie für gewisse Zeit im Rüstungswettlauf die Führung übernommen.
Im selben Jahr wurde Sacharow zum Vollmitglied der Akademie der Wissenschaften gewählt und erhielt seinen ersten Orden: »Held der Sozialistischen Arbeit«. Mitte der sechziger Jahre beschäftigte sich ein Großteil von Sacharows publizierten wissenschaftlichen Arbeiten mit dem Ursprung und der Struktur des Universums. Anfang 1965 veröffentlichte er eine Hypothese über »die Entstehung von Himmelskörpern als Resultat einer Instabilität der Schwerkraft, die von einer Ausweitung des Universums herrührt«. Sie erschien unter dem Titel *Das Anfangsstadium der Vergrößerung des Universums und das Auftauchen der ungleichmäßigen Verteilung der Materie.* 1966 arbeitete Sacharow mit J. B. Seldowitsch zusammen an der Veröffentlichung einer Hypothese über das Quark-Phänomen mit dem Titel *Quark-Struktur und Massen von wechselwirkenden Teilchen.* (Quark nennt man hypothetische Elementarteilchen, der Phantasiename wurde von M. Gell-Mann James Joyce entlehnt.) Anfang 1969 erschien Sacharows letzter veröffentlichter Beitrag zur theoretischen Physik unter dem Titel *Anti-Quarks im Universum.*
Dieses letzte Buch kann als Nachspiel der Zeit betrachtet werden, in der Sacharow Gunst und Wohlwollen der sowjetischen Regierung genoß. Zum endgültigen Bruch kam es, als sein Essay *Gedanken über den Fortschritt, die friedliche Koexistenz und geistige Freiheit* im Ausland veröffentlicht wurde – und zwar zuerst in der *New York Times* (am 22. Juli) und dann 1968 als Buch. Als das Buch herauskam, wurde Sacharow von den Sicherheitsorganen seine Unbedenklichkeitsbescheinigung entzogen und er wurde degradiert. Durch seine weitere, beharrliche Opposition

wurden die immer härteren Repressionen der sowjetischen Regierung immer zahlreicher, es kam jedoch nie zu einer offiziellen Anklage oder einem Ausschluß aus der Akademie der Wissenschaften. Die sowjetische Regierung war sich der Gefahren einer Vergiftung der Atmosphäre innerhalb der Wissenschaftlergemeinde sehr wohl bewußt.

Es dauerte zehn Jahre, bevor Sacharow seine Regierung öffentlich kritisierte. Dem amerikanischen Journalisten Jay Axelbank gegenüber stellte er es so dar: »In den fünfziger Jahren entwickelte ich allmählich ein moralisches Bewußtsein. Ich glaube, es kam zum Wendepunkt, als ich der Regierung einen Protestbrief gegen unsere Atomversuche 1958 und dann noch einmal 1961 schrieb.« Zwischen den zwei sowjetischen Atomversuchsreihen im Jahre 1958 (23. Januar bis 22. März und 30. September bis 25. Oktober) verfaßte Sacharow einen Bericht mit dem Titel *Radioaktiver Kohlenstoff durch Kernexplosionen und nicht unmittelbare biologische Auswirkungen,* in dem er die genetischen Schäden abschätzte, die durch die bereits durchgeführten Versuche hervorgerufen wurden und sich erst in der Zukunft zeigen würden, auch wenn keine weiteren Versuche mehr stattfänden. »Die Weiterführung von Versuchen sowie alle Anstrengungen, Atomwaffen und ihre Erprobung zu legalisieren, widersprechen der Humanität und dem internationalen Gesetz«, schrieb Sacharow. Dieser Artikel, der in der Dezember-Ausgabe der Zeitschrift *Atomnaja Energija* (Atomenergie) erschien, beantwortet die Frage des Autors: »Welche moralischen und politischen Schlußfolgerungen sollten aus den verfügbaren Zahlen gezogen werden?« Das folgende Zitat ist im allgemeinen interessant, weil es Sacharows moralischen Standpunkt widerspiegelt, und im besonderen, weil es vor dem

Hintergrund der Genetikkontroverse in der Sowjetunion zu sehen ist. Es war Mitte der fünfziger Jahre bekannt geworden, daß radioaktive Strahlung den genetischen Code der Zellen verändern und zu Mutationen führen könne: »Eines der Argumente, das von den Befürwortern der Theorie, daß Versuche unschädlich seien, immer wieder vorgebracht wird, ist, daß kosmische Strahlen mehr radioaktive Strahlung verursachen als Atomversuche. Dieses Argument ändert jedoch nichts an der Tatsache, daß das Leiden und der Tod von Hunderttausenden von Opfern – einschließlich derer in neutralen Ländern und zukünftigen Generationen – noch zu den bereits vorhandenen Opfern hinzukommen. Auch zwei Weltkriege erhöhten die Sterbeziffer um nicht einmal zehn Prozent, was aber den Krieg nicht zu einer normalen Erscheinung werden läßt. Ein weiteres Argument, das in der Literatur vieler Länder verbreitet ist, reduziert sich darauf, daß der Fortschritt der Zivilisation das Opfer von Menschenleben fordert. In diesem Zusammenhang werden als Beispiel häufig Autounfälle angeführt. Diese Analogie stimmt nicht. Das Auto erhöht die Lebensqualität des Menschen; durch das Auto kommt es vereinzelt zu Unfällen, die auf die Rücksichtslosigkeit einzelner zurückzuführen sind, die sich dadurch strafbar machen und zur Verantwortung gezogen werden können. Unfälle jedoch, die durch Atomtests verursacht werden, sind die unausweichliche Folge jeder einzelnen Explosion. Aus der Sicht des Autors (Sacharow) besteht die Einzigartigkeit, die dem moralischen Aspekt des gestellten Problems anhaftet, darin, daß Atomversuche nicht als Verbrechen geahndet werden, da man nicht beweisen kann, daß die Todesursache bei einzelnen in jedem spezifischen Fall radioaktive Strahlung war, und gleichermaßen, weil unsere Kinder unserem Handeln völlig wehrlos ausgeliefert sind. Eine Einstellung der Tests wird in di-

rekter Weise das Leben von Hunderttausenden von Menschen retten. Eine weit größere, indirekte Bedeutung liegt darin, daß sie dazu beiträgt, internationale Spannungen und die zunehmende Bedrohung durch einen Atomkrieg – die größte Bedrohung in unserer Zeit – abzubauen.«
Sacharow schrieb auch im Herbst 1958 an Igor Kurtschatow einen Protestbrief gegen die Durchführung der Oktober-Versuche. Kurtschatow erklärte sich bereit zu intervenieren und flog nach Jalta, wo Chruschtschow gerade seinen Urlaub verbrachte. Als er unverrichteter Dinge wieder zurückkehrte, wandte sich Sacharow an Michail Suslow, Mitglied des Politbüros und Chefideologe der KPdSU, und erzählte ihm, daß er »verfolgt werde von der völligen Wehrlosigkeit unserer Nachfahren im Hinblick auf unser Handeln«. Er machte Suslow bewußt, daß auch die Nachwelt auf dem Spiel stand. Sacharows Opposition ging zeitlich gesehen aber noch weiter zurück. 1955, ein Jahr nach den Oppenheimer-Hearings, hatte er bereits gegenüber Marschall M. I. Nedelin, Chef der strategischen Raketenabwehr der Sowjetunion, seiner Besorgnis Ausdruck verliehen. Es wäre eine Katastrophe, sagte er, wenn thermonukleare Waffen jemals eingesetzt würden. Nedelin antwortete, daß dies nicht die Angelegenheit von Wissenschaftlern sei, sondern eine Sache, mit der sich das Zentralkomitee auseinanderzusetzen hätte … 1957 kam Sacharow unter den Einfluß der Werke von Linus Pauling, Albert Schweitzer und anderen. Wie er in *Sacharow spricht* schrieb, fühlte er sich selbst »für das Problem der radioaktiven Verseuchung durch Atomexplosionen verantwortlich«.
Im Sommer 1961 versuchte Sacharow erneut, sowjetische Atomversuche zu unterbinden. Die Gelegenheit dazu ergab sich bei einer Versammlung von Wissenschaftlern,

die auf Chruschtschows Geheiß einberufen wurde und der Ankündigung einer weiteren, angeblich erforderlichen Reihe von Atomversuchen diente. Während des Verlaufs dieses Treffens ließ Sacharow Chruschtschow eine Notiz zukommen. Er betonte darin, daß die Tests aus technischer Sicht unnötig seien und daß der Bruch des dreijährigen Stillhalteabkommens in bezug auf überirdische Atomversuche unweigerlich zu einer Wiederbelebung des Rüstungswettlaufs führen würde. Er fügte hinzu, daß dies »eine viel ernstere Angelegenheit ist, als der Bau einer Mauer in Berlin«. Chruschtschow erwiderte, daß politische Entscheidungen, einschließlich Kernwaffentests, das Vorrecht der Partei und der Regierungsoberhäupter seien, und Wissenschaftler nichts angingen.

Im September 1962 versuchte Sacharow erneut, einen völlig unnötigen Test eines thermonuklearen Sprengkörpers zu verhindern. Nachdem er sich mehrere Wochen lang vergeblich dafür eingesetzt hatte, rief er Jefim Slawski, den Minister für Maschinenbau (sein Ministerium war für das sowjetische Kernwaffenprogramm verantwortlich), an und drohte mit seinem Rücktritt, falls der Test, der für den nächsten Tag geplant war, durchgeführt werde. Anscheinend versicherte Slawski Sacharow, daß der Test bereits abgesagt worden sei. Sacharow telefonierte daraufhin jedoch mit Chruschtschow, der sich gerade in Aschchabad aufhielt, um eine Bestätigung dieser Aussage zu bekommen. In seinen Memoiren *Chruschtschow erinnert sich* erwähnt er, daß Sacharow ihn ersuchte, »die geplante Explosion abzusagen und keine weiteren Tests – zumindest keine mit der Wasserstoffbombe – mehr durchführen zu lassen.« Sacharow fügte hinzu: »Als Wissenschaftler und Konstrukteur der Wasserstoffbombe weiß ich, welche Gefahren diese Explosionen für die Menschheit bringen können.« Chruschtschow versuchte, Zeit zu gewinnen, und

sagte, er würde sich mit Frol Koslow beraten. Als Koslow am darauffolgenden Tag mit Sacharow sprach, war der Versuch bereits durchgeführt worden.
Die sowjetischen Parteiführer hatten Sacharow an der Nase herumgeführt, eine Erfahrung, die Sacharow – zehn Jahre später – als eine Art psychologische Wende in seinem Leben beschrieb. In einem Interview mit Hedrick Smith, einem Korrespondenten der *New York Times,* erinnerte sich Sacharow an dieses Gefühl der Frustration: »Ich hatte ein schreckliches Gefühl der Ohnmacht. Ich konnte etwas, das falsch und unnötig war, nicht aufhalten. Danach fühlte ich mich wie ein anderer Mensch. Ich brach mit meiner Umgebung – es war ein grundlegender Bruch. Danach sah ich ein, daß es keinen Sinn hatte zu argumentieren. Die atomare Frage war immer halb Wissenschaft, halb Politik gewesen ... ein natürlicher Weg in Richtung politischer Probleme. Was zählt, ist, daß ich dem Konformismus abgeschworen habe. In welchem Zusammenhang, spielt keine Rolle. Nach diesem ersten Bruch war alles, was später kam, natürlich.«

1958 war das Jahr von Sacharows Debüt in der Öffentlichkeit gewesen. Er war auch zum erstenmal als Co-Autor eines Artikels, der in der *Prawda* vom 19. November abgedruckt war und Chruschtschows Vorschläge zur Bildungsreform kommentierte, zusammen mit J. B. Seldowitsch in den Massenmedien zu hören. Chruschtschow hatte vorgeschlagen, daß alle Schüler in ihrem letzten Schuljahr ein Drittel ihrer Zeit in Fabriken oder auf Bauernhöfen arbeiten sollten (zur vorübergehenden Linderung des zunehmenden Arbeitskräftemangels). Sacharow und Seldowitsch konterten mit dem Vorschlag, »ein Netz von Schulen aufzubauen, das besonders auf Naturwissenschaften und Mathematik ausgerichtet ist«. Nach Ansicht der bei-

den Autoren befänden sich junge Menschen von vierzehn und fünfzehn Jahren in einem besonders kritischen Alter; vor allem die Ausbildung von Schülern mit einer Begabung für Mathematik und Physik sollte in diesem Alter nicht unterbrochen werden: »Viele wertvolle Entdeckungen und Forschungsarbeiten werden von begabten Wissenschaftlern im Alter von zweiundzwanzig bis sechsundzwanzig Jahren gemacht ... Eine Hinauszögerung der Ausbildung solcher Menschen ... wäre gleichbedeutend mit einer Beeinträchtigung der wissenschaftlichen und technologischen Entwicklung unseres Landes.«
Sie forderten außerdem eine »radikale Überholung« des gesamten Schulsystems und verlangten die Einführung von auf die neue Welt anwendbaren Fächern wie Wahrscheinlichkeitstheorie, analytische Geometrie, Vektor-Analyse und Computer-Grundbegriffe.

Am Vorabend des XXIII. Parteitages der KPdSU im Februar 1966 unterzeichnete Sacharow zum erstenmal einen öffentlichen Gruppen-Appell. Kopien davon wurden als »Samisdat« (Untergrundpresse) unter dem Titel »Brief von fünfundzwanzig kulturellen Funktionären an Breschnew über die Tendenz zu einer Rehabilitierung Stalins« verbreitet. Die Schriftsteller Andrej Sinjawski und Juri Daniel waren vor Gericht gestellt, für schuldig befunden und verurteilt worden, kurz bevor auf dem XXIII. Parteitag beschlossen wurde, Stalin nicht zu rehabilitieren – dies schien fast wie eine Reaktion auf den Sinjawski-Daniel-Prozeß. Auf dem Parteitag wurde jedoch das Strafrecht mit einem Erlaß vom 16. September um die Paragraphen 190-1 und 190-3 erweitert (entsprechende Artikel wurden dem Strafrecht der anderen Republiken der Sowjetunion pari passu hinzugefügt). Paragraph 190-1 betrifft die vorsätzliche Diffamierung des so-

wjetischen Staates und Gesellschaftssystems, Paragraph 190-3 bezieht sich auf Gruppenaktivitäten, die die öffentliche Ordnung stören.
Auch bei einem öffentlichen Appell an die Abgeordneten des Obersten Sowjet der UdSSR, dem Erlaß nicht zuzustimmen, war Sacharow einer der einundzwanzig Unterzeichner. Beide Appelle wurden ebenso von den Akademie-Mitgliedern Igor Tamm und M. A. Leontowitsch unterzeichnet. Sacharows ehemaliger Co-Autor J. B. Seldowitsch war Mitunterzeichner des zweiten Appells, in dem die Unterzeichner den Standpunkt vertraten, daß beide Paragraphen »den leninistischen Prinzipien einer sozialistischen Demokratie widersprechen« und, »falls sie gebilligt werden, ... ein Hindernis bei der Verwirklichung der von der Verfassung der UdSSR garantierten Freiheiten darstellen«. Beide Paragraphen wurden verabschiedet!

Am 11. Februar 1967 richtete Sacharow ein Gesuch an das Zentralkomitee der KPdSU mit der Bitte, die Anklage im Galanskow-Ginsburg-Prozeß fallenzulassen. (Juri Galanskow und Alexander Ginsburg waren wegen antisowjetischer Propaganda festgenommen, vor Gericht gestellt und zu sieben bzw. fünf Jahren Arbeitslager verurteilt worden. Galanskow starb 1973 im Lager wegen mangelnder medizinischer Versorgung.) Sacharows Fürsprache lag zeitlich zwischen der Verhaftung Galanskows und Ginsburgs und deren Prozeß. Es war sein erster Versuch, einem einzelnen Bürger im Kampf um die Menschenrechte zu helfen. Darüber hinaus wurde hier erstmals sein Bruch mit dem Regime deutlich; denn bis dahin hatte er sich mehr oder weniger noch innerhalb der Grenzen bewegt, das heißt sich so verhalten, wie es von einem Sowjetbürger seines Ranges erwartet wird. Sein Protest gegen die Festnahme Galanskows und Ginsburgs aber zeichnete ihn eindeutig als Dissidenten aus und stellte somit die Parteiführung vor ein noch nie dagewesenes Problem.

Das Jahr 1968/1969 stellte einen bedeutenden Einschnitt in Sacharows Leben dar. Zwanzig Jahre lang hatte er an geheimen Projekten für die sowjetische Regierung gearbeitet. Während der letzten achtzehn Jahre, von 1950 bis 1968, hatte er »weit weg in einer geheimen Stadt gelebt und gearbeitet«, während er gleichzeitig seine Wohnung in Moskau beibehielt. »Ich habe die letzten zwanzig Jahre keinerlei theoretische Arbeit mehr gemacht«, sagte er gegenüber dem Journalisten Jay Axelbank, »weil ich mit Arbeit an praktischer Verteidigung beschäftigt war«. Dies fand schlagartig ein Ende, als ihm 1968 seine Unbedenklichkeitsbescheinigung entzogen wurde, nach der Veröffentlichung seines Essays *Fortschritt, Koexistenz und geistige Freiheit* am 22. Juli in der *New York Times* und der russischen Emigrantenzeitschrift *Russkaja Mysl* und etwas später in *Possew* in Frankfurt unter dem Titel *Reflexionen.* Sacharow kehrte nach Moskau zurück, wo er vom Parteikomitee der Akademie der Wissenschaften zur Rechenschaft gezogen wurde, obwohl er kein Parteimitglied war beziehungsweise jemals gewesen war. (In dem sowjetischen Parteistaat ist es den Sowjets nie gelungen, das Verhältnis zwischen Partei und Staat definitiv klarzustellen.) In der Ausgabe vom 30. April 1969 erschien in der »Samisdat«-Veröffentlichung der *Chronik der Tagesereignisse* folgende Bekanntmachung: »Das Ministerium für Maschinenbau, für das Sacharow als Berater tätig war, verzichtet ab sofort auf dessen Dienste. Sacharow wird von nun an nur noch an seinem eigenen Lebedew-Institut, wo keine Unbedenklichkeitsbescheinigung erforderlich ist, arbeiten.« Schores Medwedew schildert hierzu einen kurzen Meinungsaustausch zwischen Dimitri Schobeltsin, dem Direktor des Instituts, und Sacharow:

»Schobeltsin: ›Wir nehmen Sie, in der Hoffnung, daß Sie keine politischen Aussagen mehr machen.‹
Sacharow: ›Ich werde nichts sagen, falls es keine ernsthaften Gründe dafür gibt.‹«

Sacharow erzählte Axelbank, daß er an den Seminaren am Lebedew-Institut »mehr passiv als aktiv« teilnahm, aber daß die Behörden »mich beschäftigen mußten, um zu vermeiden, daß ich in einen Skandal verwickelt wurde«.

1969 starb Sacharows Frau, die Mutter seiner drei bereits erwachsenen Kinder, an Krebs. 1970 heiratete Sacharow Jelena Georgijewna Bonner, den Sproß zweier Völkermorde, die Tochter von Gework Sarkissowitsch Alichanow, einem Armenier, und von derselben Ruth Grigorjewna Bonner, der Bauingenieurin, die während ihres Gefängnisaufenthalts Gefängnisse baute. Sie wiederum war die Tochter von jener Tatjana Matwejewna Bonner, der Buchhalterin, die während der Revolution die Schätze des Kreml für die Bolschewisten aussortiert und geschätzt hatte, beide – Mutter und Tochter – kamen in dem offiziellen zaristischen »Exil-Dorf« Nikolajew in Sibirien auf die Welt. Ruth Grigorjewna erzählt, daß Sacharows Kinder weder seinen »Dienst für die Allgemeinheit« noch seine Heirat billigten. Es überrascht nicht, denn die Heirat mit Jelena Bonner war nicht einmal ein Jahr nach dem Tod seiner Frau und ihrer Mutter; und sein »Dienst für die Allgemeinheit« bedrohte die Stellung der Kinder unter ihren Altersgenossen innerhalb der wissenschaftlichen Elite des Landes. Noch schlimmer aber war, daß sie plötzlich zu Zielscheiben des überaus diensteifrigen KGB wurden.

Sacharow überließ seine offizielle Wohnung, die ihm als Mitglied der Akademie der Wissenschaften zustand, unverzüglich seinen Kindern und zog mit seiner Frau und deren beiden Kindern in die Zweizimmerwohnung von Ruth Grigorjewna. Diese schildert, daß die Familie Jelena Bonners Sacharows Familie wurde, ihre Kinder seine und daß er voller Respekt, Zärtlichkeit und liebender Fürsorge war. Das wichtigste aber war, daß sie tiefes Verständnis für seine innersten Probleme zeigten, deren Lösung er sich zur Lebensaufgabe gemacht hatte. Der Bruch Sacharows mit seiner Vergangenheit hätte nicht größer sein können: Er verlor alles beziehungsweise gab alles auf, was er hatte – und das, was er hatte, war für sowjetische Verhältnisse in der Tat sehr viel. »Ich hatte Geld ..., Auszeichnungen und alles, was mir sonst durch meine Arbeit zuteil wurde«, sagte er zu Axelbank, »aber ich war von einem Gefühl der Traurigkeit erfüllt.« Das einzige, was zurückblieb, war dieses Gefühl der Traurigkeit; aber er hatte es geschafft, dem »Konformismus« und den »Konformisten« den Rücken zu kehren, speziell der großrussischen Majorität. Dadurch hatte er sich automatisch den Minderheiten in der Sowjetunion – den Juden, den Armeniern, den Georgiern, den Krimtataren – angeschlossen. Insgesamt gesehen hatte Sacharow eine neue Frau, eine neue Familie, eine neue Wohnung, eine neue Philosophie und eine neue Welt: Er war sozusagen »aus einem Leben in ein anderes Leben« (Brecht) geschritten.

Als er mit seiner Vergangenheit und dem sowjetischen Ideal des »Konformismus« brach, stellte Sacharow einige grundlegende Überlegungen darüber an, was er in seinem Leben als Dissident in der Sowjetunion erreichen wollte. Seine Überlegungen beruhten größtenteils auf persönlichen Erfahrungen, die er im Verlauf des Kampfes gegen Lyssenko und dessen Lehre gemacht hatte. Sacharows erste Überlegung war folgende: Wo es keine Diskussionsfreiheit gibt, gibt es auch keine geistige Freiheit. Wo es keine geistige Freiheit gibt, gibt es keine Freiheit der Forschung. Jene ist aber Grundvoraussetzung für den Fort-

schritt in der Wissenschaft. Und in der Zwischenzeit wurde die Welt von der technologischen Revolution eingeholt, und die Grundvoraussetzung für eine gesunde Wirtschaft ist wissenschaftlicher Fortschritt. Sacharow erkannte, daß diese Tatsache die sowjetische Regierung früher oder später dazu zwingen würde, die Diskussionsfreiheit als Eckpfeiler einer neuen Struktur zuzulassen. Kurz gesagt, der Kampf gegen die Lehre Lyssenkos war in den Augen Sacharows eine Art Pilotprojekt gewesen, um eine umfassendere allgemeingültige Hypothese zu beweisen.
Die zweite Überlegung Sacharows beruhte auf der Solidarität innerhalb der internationalen Wissenschaftlergemeinde. Dies war ebenso eine Schlußfolgerung, die er aus seiner Erfahrung mit der Lehre Lyssenkos gezogen hatte. Sacharow selbst stellte sie unter dem Titel *Die Verantwortung von Wissenschaftlern* folgendermaßen dar: »In der gegenwärtigen Welt bilden Wissenschaftler durch den internationalen Charakter der Wissenschaft die einzig wirkliche internationale Gesellschaft.«
Die dritte und abschließende Überlegung Sacharows war eine logische Folge aus der ersten: Die Akademie der Wissenschaften war aus dem dreißigjährigen Kampf gegen die Lehre Lyssenkos so weit gestärkt hervorgegangen, daß sie mit ihrer hart erkämpften Unabhängigkeit als eine Art Gegenpol zur politischen Willkür des Zentralkomitees fungieren würde. Die berufliche Integrität der Akademie der Wissenschaften als Gegengewicht zu den Launen der sowjetischen Führung war keineswegs nur ein idealistisches oder romantisches Hirngespinst. Es war eher die Überzeugung Sacharows, daß Entspannungspolitik wichtig für die Abrüstung war und daß wiederum Reformen in der Sowjetunion, das heißt vor allem die Achtung der Menschenrechte, einen wichtigen Beitrag zur Entspannungspolitik lieferten. Hinter dieser Überzeugung, die

auf Sacharows Erfahrung als Wissenschaftler beruhte, steckte seine Angst vor den Gefahren einer abgeschotteten Gesellschaft. Der Grund dafür ist am besten in Robert Oppenheimers Aussage ausgedrückt, daß »es gefährlich war, daß derartige Entscheidungen heimlich getroffen werden mußten, zwar nicht deshalb, weil diese Menschen nicht klug waren, sondern weil der Mangel an Kritik und Diskussion die Entscheidungsfindung unmöglich zu machen drohte«. Mit der Zeit sah Sacharow die sowjetische Praxis des »demokratischen Zentralismus«, bei dem möglichst wenige möglichst geheim entscheiden, als einen Fetisch an, der den Entscheidungsprozeß untergräbt.

Erst durch seine Heirat mit Jelena Bonner und die enge Verbindung zu einer Familie, die schon in sechster Generation gegen den Staat opponierte, erfuhr Sacharow in seinem Dissidententum ernsthafte Unterstützung. Mutter und Tochter Bonner waren wandelnde Lexika des sowjetischen Dissidententums und kannten zusammen fast alle Dissidenten in Moskau und Leningrad persönlich. Sie waren dadurch aber auch Freiwild für die Unterdrükkungsmaschinerie der sowjetischen Behörden. Sacharow schilderte seine Besorgnis um seine Familie dem Journalisten Axelbank: »Ich bin nur besorgt über die Konsequenzen meines Handelns für diejenigen, die mir nahestehen, meine Familie.« Und dann fuhr er fort, als ob er die Situation erklären wolle: »Natürlich haben sie aufgrund meiner Position Angst, meine Kinder anzurühren, aber sie sind hinter Jelena und Tanja her.« Hier meinte er seine Frau und deren Tochter.

Zu dieser Zeit war Ruth Grigorjewna bereits siebzig, ein Alter, das sie vor vielen für Dissidenten und Minoritäten vorbehaltenen Demütigungen und Erniedrigungen durch die Partei und oft genug auch durch die Öffentlichkeit schützte. Auch Jelena Bonner genoß hinsichtlich Staat und Gesellschaft einen Vorteil – sie hatte den Status »invalide Kriegsveteranin«. Jelena Georgijewna war 1945 als Leutnant des medizinischen Korps wegen Dienstuntauglichkeit aus der Roten Armee entlassen worden (sie hatte sich kurz nach der Invasion der Deutschen im Juni 1941 freiwillig als Krankenschwester zur Roten Armee gemeldet). Als Folge einer Verwundung an der Front (sie lag verschüttet in einem Bombentrichter) sah Jelena auf dem rechten Auge fast nichts mehr, und auch die Sehstärke des linken Auges wurde immer schwächer. Sie war aufgrund dessen als Invalide zweiten Grades eingestuft, ein Status, der verschiedene kleinere, aber nichtsdestoweniger wichtige Privilegien mit sich brachte – zum Beispiel das Einkaufen in bestimmten Geschäften. Im Jahre 1947 wurde Jelena Bonner als Medizinstudentin am Ersten Leningrader Medizinischen Institut zugelassen, nachdem sie zuvor wegen ihrer Invalidität zweimal zurückgewiesen worden war. Sechs Jahre später schloß sie ihr Studium als praktische Ärztin ab und spezialisierte sich zur Kinderärztin. Sie heiratete ihren Studienkollegen Iwan Wassilijewitsch Semjonow und gebar ihm 1950 eine Tochter, Tanja, und 1956 einen Sohn, Alexej. 1965 ließ sich das Ehepaar scheiden. Jelena zog daraufhin mit ihren beiden Kindern zu ihrer Mutter nach Moskau.

Ende der fünfziger Jahre hatte Jelena ein halbes Jahr für das sowjetische Gesundheitsministerium im Irak gearbeitet. Sie schrieb außerdem für die medizinische Zeitschrift *Medrabotnik,* die *Literaturnaja Gaseta* und die Magazine *Neva* und *Junost.* Sie war Mitarbeiterin in der Sammlung für »Schauspieler, die während des Großen Patriotischen Krieges an der Front fielen« und fungierte als Herausgeberin des Buches *Wsewolod Bagrizki: Tagebuchnotizen, Briefe und Gedichte.* Weiterhin arbeitete sie als Herausgeberin in der Leningrader Niederlassung des Medizinischen Staatsverlages. Die Tatsache, daß sie die Tochter zweier verurteilter Staatsverräter war, komplizierte ihre Aufnahme in die Partei, obwohl sie seit 1938 Mitglied im Komsomol (Leninscher Kommunistischer Allunions-Jugendbund) war. Daher entschied sie sich, mit ihrer Bewerbung zur Aufnahme in die Partei zu warten, bis die Unschuld ihrer Eltern bewiesen war. Dies ging Hand in Hand mit der Bloßstellung Stalins als Verbrecher durch den XX. und XXI. Parteitag der KPdSU. Es dauerte trotzdem fast zehn Jahre, bis Jelena Bonner im Jahr 1965 Mitglied der KPdSU wurde. Als die Rote Armee 1968 in der Tschechoslowakei einmarschierte, um die Reformbestrebungen des Prager Frühlings zu zerstören, und damit verbunden die Welle der Dissidenz in der Sowjetunion anschwoll, wurde es Jelena Georgijewna allmählich bewußt, daß sie kein überzeugter Kommunist sein könne. 1972 verließ sie die Partei. Dies war eine qualvolle Zeit gewesen, doch der wirkliche Kampf sollte erst beginnen.

1972 begann man in der Sowjetunion allmählich zu erkennen, daß sich eine systematische Katastrophe anbahnte. Nachdem dem Prager Frühling 1968 ein Ende bereitet worden war, kam es 1971 zu einem Aufstand der polnischen Arbeiter. Es entwickelte sich aber noch etwas viel Beunruhigenderes: Die sowjetische Bevölkerung begann allmählich, ihre Angst vor der sowjetischen Macht abzuschütteln, genauer gesagt, ihre Angst vor der Unterdrükkungsmaschinerie des Staates.

Glasnost und Perestroika – kleingeschrieben

Das Ausmaß der Bloßstellung Stalins durch Chruschtschow im Verlauf seiner mehrstündigen Rede im Februar 1956 kann man nur einschätzen, wenn man ihren polemisch-anklagenden Charakter den uneingeschränkten, offiziellen Lobeshymnen des letzten Vierteljahrhunderts gegenüberstellt. Auf der Titelseite einer Ausgabe der *Prawda* kam Stalins Name weit über hundertmal vor. Die ständige Erwähnung von Stalins Namen in den Medien und der sowjetischen Literatur war wie eine Zauberformel. Zehntausende von Statuen und Büsten wurden in allen öffentlichen Gebäuden in der ganzen UdSSR und in den osteuropäischen Satellitenstaaten aufgestellt. Die vielleicht repräsentativsten Beispiele des sozialistischen Realismus in den schönen Künsten – Musik, Malerei, Bildhauerei und Literatur – waren die, die der Verherrlichung Stalins gewidmet waren. Da ist zum Beispiel das riesige neoklassizistische Porträt von V. Komar und A. Melamid aus der Serie »Nostalgischer Sozialistischer Realismus« mit dem Titel »Stalin und die Musen«, auf dem der Diktator in seiner weißen Uniform als Generalissimus dargestellt ist, als er den Musen einen Band seines Werkes präsentiert.

Chruschtschows Rede wurde in der Sowjetunion nie veröffentlicht. Dennoch wurde sie durch verbotene Schriften (Samisdat) verbreitet und war natürlich auch in Parteikreisen wohlbekannt; Sacharow und viele seiner Kollegen kannten sie sehr genau. In Sacharows erster Veröffentlichung im Ausland, deren Titel mit *Gedanken über den*

Fortschritt, die friedliche Koexistenz und geistige Freiheit übersetzt wurde und die in der Ausgabe der New York Times des 22. Juli 1968 erschien, geht er ausführlich auf diese Anklage Stalins und des Stalinismus seitens Chruschtschows ein. Die *New York Times* widmete Sacharows Essay drei ganze Seiten, einschließlich Fotos und erklärenden Anmerkungen. Der Essay ist dem Stil und der Form nach zugleich eine Bekanntmachung, eine Warnung und ein Appell:

»Die Ansichten des Autors wurden im Milieu der wissenschaftlichen und wissenschaftlich-technischen Intelligenz geformt, die sehr besorgt über die Richtlinien und besonderen Aspekte der Außen- und Innenpolitik und über die Zukunft der Menschheit ist. Diese Besorgnis rührt im besonderen von der Erkenntnis her, daß die wissenschaftliche Methode der Steuerung von Politik, Wissenschaft, Geisteswissenschaften, Bildung und militärischen Angelegenheiten immer noch nicht Wirklichkeit geworden ist.

Als ›wissenschaftlich‹ bezeichnen wir eine Methode, die auf einer gründlichen Analyse von Tatsachen, Theorien und Ansichten beruht und eine unvoreingenommene, furchtlose, offene Diskussion mit ebensolchen Schlußfolgerungen voraussetzt. Die Komplexität und Vielfalt all der Phänomene des modernen Lebens, die großen Möglichkeiten und Gefahren, die mit der wissenschaftlich-technischen Revolution und mit einigen gesellschaftlichen Tendenzen einhergehen, verlangen genau diese Annäherung, wie bereits in mehreren offiziellen Erklärungen bestätigt wurde.

Der Autor hat sich in diesem Pamphlet, das zur Diskussion unter seinen Lesern anregen soll, das Ziel gesetzt, mit der größten Überzeugung und Offenheit zwei Thesen zu präsentieren, die von vielen Menschen dieser Welt verteidigt werden. Diese Thesen sind:

Durch die Teilung der Menschheit in zwei Blöcke ist sie selbst von der Zerstörung bedroht. Die Zivilisation ist bedroht durch: einen weltweiten thermonuklearen Krieg, eine katastrophale Hungersnot eines Großteils der Menschheit, eine Betäubung durch das Narkotikum der ›Massenkultur‹ und des bürokratisierten Dogmatismus, eine Verbreitung von Massenmythen, die ganze Völker und Kontinente unter die Herrschaft grausamer und betrügerischer Demagogen stellen, und eine Zerstörung oder Degeneration, die sich aus den unvorhersehbaren Konsequenzen abrupter Veränderungen der Lebensbedingungen auf unserem Planeten ergibt.
Angesichts dieser Gefahren ist jedes Handeln, das die Teilung der Menschheit vorantreibt, und jedes Predigen der Unvereinbarkeit der Ideologien und Nationen dieser Welt Wahnsinn und ein Verbrechen. Nur eine internationale Zusammenarbeit auf der Grundlage geistiger Freiheit und der hohen moralischen Ideale des Sozialismus und der Arbeit kann, wenn zugleich Dogmatismus und der Druck der verborgenen Interessen der herrschenden Klassen ausgeschaltet sind, die Zivilisation retten.
Der Leser wird verstehen, daß sich ideologische Zusammenarbeit nicht auf jene fanatischen, sektiererischen und extremen Ideologien beziehen kann, die jede Möglichkeit der Wiederannäherung, der Diskussion und des Kompromisses ablehnen, zum Beispiel die Ideologien faschistischer, rassistischer, militaristischer und maoistischer Demagogie.
Millionen von Menschen auf der ganzen Welt bemühen sich, der Armut ein Ende zu setzen. Sie verachten Unterdrückung, Dogmatismus und Demagogie (und ihre extremeren Formen – Rassismus, Faschismus, Stalinismus und Maoismus). Sie glauben an den Fortschritt, der auf der Verwertung all der positiven Erfahrungen, die die

Menschheit gesammelt hat, beruht – auf der Grundlage sozialer Gerechtigkeit und geistiger Freiheit.
Die zweite grundlegende These ist, daß geistige Freiheit unerläßlich für die menschliche Gesellschaft ist – die Freiheit, Informationen zu erhalten und zu verbreiten, die Freiheit der aufgeschlossenen und furchtlosen Diskussion und die Freiheit von Druck durch Politiker und Vorurteile. Diese drei Faktoren der Meinungsfreiheit sind die einzige Garantie gegen eine Infizierung der Menschen mit Massenmythen, die in der Hand von hinterhältigen Heuchlern und Demagogen in blutrünstige Diktaturen ausarten können. Die Meinungsfreiheit ist die einzige Garantie für die Durchführbarkeit einer wissenschaftlich-demokratischen Annäherung an Politik, Wirtschaft und Kultur.«
In diesen einleitenden Absätzen gibt es kaum etwas, was den westlichen Leser stören oder befremden würde, obwohl Ausdrücke wie »die erhabenen moralischen Ideale des Sozialismus« so manchen amerikanischen Demokraten des rechten Flügels zumindest zusammenzucken ließen. Für den sowjetischen Leser andererseits war der Effekt einfach welterschütternd. Schon die Gleichsetzung von Stalinismus und Nazismus genügte, um etwa die Hälfte der Mitglieder der Kommunistischen Partei der Sowjetunion zu erzürnen. Aber da waren noch andere Gleichsetzungen, die ebenso schmerzlich und genauso treffend waren:
»Die übliche Praktik ist die Anwendung von Demagogie, Sturmtruppen und Roten Garden in der ersten Phase und der terroristischen Bürokratie mit verläßlichen Kadermitgliedern des Typs Eichmann, Himmler, Jeschow und Berija auf dem Höhepunkt der Vergötterung der unbegrenzten Macht.«
Diese Erwähnung Berijas erinnerte natürlich an die schmerzliche Tatsache, daß der georgische Henkerbandit

als Chef der Sicherheitskräfte ein Mitglied des Politbüros und Stalins Stellvertreter und damit für die nukleare und thermonukleare Entwicklung in der Sowjetunion zuständig gewesen war – bis zu seiner Festnahme und Schnellhinrichtung im Dezember 1953, neun Monate nach Stalins Tod. Aber noch wichtiger, im besonderen für die sowjetischen Leser, war die Verwendung des Wortes »Vergötterung«. Auf diesem Gebiet hatten die Sowjets die Deutschen in deren Verherrlichung Hitlers bei weitem übertroffen. Im weiteren Verlauf des Artikels zeigt Sacharow auf, daß mit der Vergötterung Stalins ein bestimmter Zweck verfolgt wurde:

»Der Faschismus in Deutschland dauerte zwölf Jahre. Der Stalinismus in der Sowjetunion konnte sich doppelt so lange behaupten. Sie haben vieles gemeinsam, und vieles unterscheidet sie voneinander. Der Stalinismus stellte eine viel subtilere Art der Heuchelei und Demagogie zur Schau; man stützte sich dabei nicht auf ein offensichtlich kannibalisches Programm wie das Hitlers, sondern auf eine progressive, wissenschaftliche und populäre sozialistische Ideologie.

Das diente als gelegenes Tarnmanöver zur Täuschung der Arbeiterklasse, zur Abschwächung der Wachsamkeit der Intellektuellen und anderer Rivalen im Kampf um die Macht – unter heimtückischer Anwendung des Mittels der Folter und Hinrichtung sowie des Einsatzes von Spitzeln, was Millionen von Menschen einschüchterte und zum Narren hielt, von denen die meisten weder Feiglinge noch Narren waren. Als Folge dieses ›spezifischen Merkmals‹ des Stalinismus erlitten das sowjetische Volk und seine aktivsten, begabtesten und aufrichtigsten Vertreter den härtesten Schlag.«

Sacharows Betonung von Lug und Trug im sowjetischen System sagt mehr aus als alles andere. Denn der vom Stalinismus begangene Betrug bezieht sich auf die Behauptung, etwas zu sein, was er ganz bestimmt nicht ist: wissenschaftlich. Das ist die Kernaussage von Sacharows Beschwerdeschrift.

In seinem Vergleich von Stalinismus und Nazismus schreibt Sacharow:

»Mindestens zehn bis fünfzehn Millionen Menschen kamen in den Folterkammern des NKWD um, in Lagern für verbannte Kulaken und Mitglieder ihrer Familien und in Lagern ohne Recht auf Kontakte nach außen, welche der Prototyp der faschistischen Todeslager waren, in denen zum Beispiel Tausende von Gefangenen wegen ›Überfüllung‹ oder aufgrund von ›Sonderanordnungen‹ niedergemetzelt wurden.

Menschen kamen in den Minen von Norilsk und Workuta durch Erfrieren, Verhungern und Erschöpfung bei der Arbeit um. Bei unzähligen Bauprojekten, beim Holzfällen, beim Bau von Kanälen oder einfach während des Transports in Gefängniszügen, in den überfüllten Gefängniskajüten von ›Todesschiffen‹ im Ochotskischen Meer und während der Umsiedlung ganzer Völker – der Krimtataren, der Wolgadeutschen, der Kalmücken und anderer Kaukasus-Völker ...

... Wichtige Mitglieder des Politbüros wurden nach kurzer Zeit ersetzt (Jagoda, Molotow, Jeschow, Schdanow, Malenkow, Berija), aber das gegen das Volk gerichtete Regime Stalins blieb genauso grausam und gleichzeitig durch seinen Dogmatismus engstirnig und blind in seiner Graumsamkeit. Die Ermordung technischer und militärischer Führungskräfte vor dem Krieg, der blinde Glaube an die ›Vernunft‹ des Komplizen Hitler und die anderen Gründe für die Tragödie der Nation von 1941 sind im Buch Nekrichs, den Notizen Generalmajor Grigorenkos und anderen Veröffentlichungen treffend beschrieben – das

sind noch lange nicht alle Beispiele der Kombination von Verbrechen, Engstirnigkeit und Kurzsichtigkeit.«
(Das war noch milde ausgedrückt. Als sich Stalin 1937 entschloß, den sowjetischen Generalstab zu säubern, schickte er einen Agenten, einen ehemaligen zaristischen General, mit Informationen nach Berlin, denen zufolge mehrere deutsche Generäle in ein Komplott mit sowjetischen Generälen verwickelt waren. Die Deutschen, besonders Reinhardt Heydrich, der Leiter der SS-Sicherheitsbehörde, heckten einen Plan aus, um die Information umzudrehen, so daß die sowjetischen Generäle in Verdacht gerieten. Daraufhin wurde die Information an Eduard Beneš, den tschechoslowakischen Präsidenten, weitergegeben, der sie wiederum an Stalin weiterleitete, wie es die Deutschen beabsichtigt hatten. Das war genau das, was Stalin die ganze Zeit über gewollt hatte: ein von den Deutschen gelieferter Beweis dafür, daß die Generäle und Stabsoffiziere, die er verdächtigte, wirklich Verräter waren. So wurde Stalins Paranoia durch die Deutschen bestätigt, die damit gleichzeitig ihr eigenes Ziel erreichten, nämlich den sowjetischen Generalstab zu dezimieren. Das Gesamtergebnis dieses gemeinsamen Unternehmens von Sowjets und Nazis war, daß zweiundachtzigtausend sowjetische Offiziere im Schnellverfahren hingerichtet wurden – von Marschall Tuchatschewski bis hin zu Bataillonskommandeuren.)
»Der stalinistische Dogmatismus und die Entfernung von der Realität zeigte sich in erster Linie auf dem Lande, in der Politik der grenzenlosen Ausbeutung und der ausbeuterischen Zwangsablieferungen zu ›symbolischen‹ Preisen, in der Versklavung der Bauernschaft, der Tatsache, daß ihnen die einfachsten Mittel zur Mechanisierung genommen wurden, und der Ernennung von Kollektivvorständen aufgrund ihrer Verschlagenheit und Unterwürfig-

keit. Die Ergebnisse liegen auf der Hand – eine tiefgreifende und schwer zu korrigierende Zerstörung der Wirtschaft und der Lebensweise auf dem Lande, die aufgrund der gegenseitigen Abhängigkeit auch der Industrie schadete.

Der unmenschliche Charakter des Stalinismus zeigte sich in der Repression, die die Kriegsgefangenen erleiden mußten, die die faschistischen Konzentrationslager überlebten und dann in stalinistische Lager eingeliefert wurden; in den Verordnungen, die gegen die Arbeiterklasse gerichtet waren; im Strafexil ganzer Völker, die zum langsamen Tod verurteilt waren; in der unaufgeklärten, zoologischen Art des Antisemitismus, die charakteristisch für die stalinistische Verwaltung und das NKWD (und Stalin selbst) war; in der ›Ukrainophobie‹, die typisch für Stalin war, und den drakonischen Gesetzen zum Schutz sozialistischen Eigentums (fünf Jahre Gefängnis für den Diebstahl von ein paar Getreidekörnern vom Feld usw.), die hauptsächlich als Mittel zur Erfüllung der Anforderungen des ›Sklavenmarktes‹ dienten.« Diese Passage zeigt, wie sehr sich Sacharow mit der ganzen Kollektivierungsbewegung und ihren Konsequenzen beschäftigte. Er stellt sie in den Mittelpunkt der wirtschaftlichen Zotenreißerei, die ein grundlegendes Phänomen des marxistisch-leninistischen Systems ist. Vor diesem Hintergrund mußte er wohl kaum erwähnen, daß die Sowjetunion das einzige Industrieland der Welt mit der Todesstrafe für »Wirtschaftsverbrechen« war. »... Unser Land hat damit begonnen, mit dem Schmutz des Stalinismus aufzuräumen. ›Allmählich pressen wir den Sklaven aus uns heraus‹ (ein Ausspruch Tschechows). Wir lernen, unsere Meinung zu äußern, ohne unseren ›Chefs‹ nach dem Munde zu reden und ohne um unser Leben zu fürchten.

Der Beginn dieses mühsamen und keinesfalls geraden

Weges zieht sich von der Rede Nikita Chruschtschows bis zum XX. Parteitag der Sowjetischen Kommunistischen Partei. Diese kühne Rede, die für Stalins Verbrecherkomplizen überraschend kam, und einige begleitende Maßnahmen – die Freilassung Hunderttausender von politischen Gefangenen und deren Rehabilitation, Schritte zur Wiederbelebung der Prinzipien friedlicher Koexistenz und zur Wiederbelebung der Demokratie – verpflichten uns, die historische Rolle Chruschtschows hoch einzuschätzen, trotz seiner bedauerlichen Fehler mit voluntaristischem Charakter in den nachfolgenden Jahren und trotz der Tatsache, daß Chruschtschow, der einige einflußreiche Ämter bekleidete, als Stalin noch am Leben war, einer seiner Kollaborateure bei seinen Verbrechen war.
Bei der Entlarvung des Stalinismus in unserem Lande gibt es noch viel zu tun. Es ist zweifellos ein Muß, daß wir alle authentischen Dokumente veröffentlichen, einschließlich der Archive des NKWD, und landesweite Untersuchungen anstellen. Es wäre äußerst förderlich für das internationale Ansehen der Kommunistischen Partei der Sowjetunion und die Ideale des Sozialismus an sich, wenn die Partei – wie es 1964 geplant, jedoch nie in die Tat umgesetzt wurde – die ›symbolische‹ Ausschließung Stalins, des Mörders von Millionen von Parteimitgliedern, und gleichzeitig die politische Rehabilitierung der Opfer des Stalinismus verkünden würde.
Allein in der Zeit von 1936 bis 1939 wurden mehr als 1,2 Millionen Parteimitglieder – das war die Hälfte der Gesamtmitgliederzahl – verhaftet. Nur fünfzigtausend erhielten ihre Freiheit zurück; die anderen wurden bei Verhören gefoltert, erschossen (sechshunderttausend) oder starben in Lagern. Nur in den seltensten Fällen wurde es den Rehabilitierten gestattet, verantwortungsvolle Posten einzunehmen; noch seltener wurde es ihnen erlaubt,

bei den Ermittlungen über Verbrechen, von denen sie selbst Zeugen oder Opfer gewesen waren, mitzuwirken.«
Diese Passage verdeutlicht in groben Zügen das Ausmaß des vom Stalinismus angerichteten Schadens und der Bloßstellung der Partei durch Stalin. Auch die Art des Dilemmas, das dem gesamten sowjetischen Establishment bevorsteht, kommt hier zum Ausdruck. Sacharow geht so weit, eine vollständige Untersuchung zu verlangen. Durch wen? fragt man sich. In einem totalitären Staat gibt es keine Opposition – loyal oder auch nicht –, die die unangenehme Aufgabe der Reinigung der Augiasställe übernehmen könnte. Ohne Opposition und ohne eine unabhängige Justizgewalt ist die »Partei« gezwungen, sich selbst zu säubern – nicht nur »Selbstkritik«, sondern auch »Selbstsäuberung«. Kein Wunder, daß die Partei sich nicht dazu durchringen konnte, Stalin »symbolisch« auszuschließen und die Millionen von Stalins Opfern offiziell zu rehabilitieren. Dadurch würde sich die Partei selbst denunzieren und sich selbst aufgeben. Eine effektive Selbstsäuberung der Partei ist anscheinend unmöglich. Es wäre weitaus besser für die Partei, wenn sie einfach abdankte. Aber es gibt ja niemanden, dem sie die Zügel übergeben könnte.
Allmählich wird klar, wie schrecklich kompliziert die sowjetische Situation wirklich ist. Die Partei ist eigentlich gar keine »Partei«, weil es keine anderen Parteien gibt. Die Partei ist bereits seit dem X. Parteitag von 1921 keine »Partei« mehr, denn damals wurden alle anderen Parteien und sogar die Fraktionen innerhalb der Partei abgeschafft. Franz von Papen sagte von der Nationalsozialistischen Deutschen Arbeiterpartei, der NSDAP, es sei die »Zügellosigkeit« der Nazis gewesen, die dazu führte, daß sie sich selbst vernichteten. Ebenso war es die »Zügellosigkeit« der Kommunistischen Partei der Sowjetunion,

die diese Partei so weit brachte, daß sie weder leben noch sterben kann. Sind wir demnach die Zeugen des langsamen und qualvollen Verfalls der Kommunistischen Partei der Sowjetunion?

Die Vorrangigkeit der Meinungsfreiheit ist das Leitmotiv von Sacharows Essay. In diesem Zusammenhang geht er im weiteren Verlauf seines Kommentars näher auf die Volksrepublik China ein:

»In den letzten Jahren griffen Demagogie, Gewalt, Grausamkeit und Abscheulichkeit auf ein großes Land über, das sich auf den Weg der sozialistischen Entwicklung begeben hatte. Die Berichte über die Seuche der Menschenverachtung, mit der der ›große Steuermann‹ und seine Komplizen die Massen vergifteten, und über die ›Roten Garden‹, die laut Meldungen des chinesischen Rundfunks während der öffentlichen Hinrichtungen ›ideologischer Feinde‹ des Vorsitzenden Mao ›vor Freude hüpften‹, erfüllen einen mit Schmerz und Abscheu.

Die Idiotie des Personenkults hat in China monströse, auf groteske Weise tragikomische Formen angenommen und viele Merkmale des Stalinismus und Hitlerismus bis zur Absurdität geführt. Aber diese Absurdität hat sich dabei als wirksam erwiesen, einige zehn Millionen Menschen zum Narren zu halten und Millionen von aufrichtigen und intelligenten Menschen zu vernichten und zu erniedrigen.«

Wieder spricht er das Thema der Zwangstäuschung auf breiter Ebene an: Diejenigen, die dumm genug sind, werden irregeführt; diejenigen, die zu intelligent sind, um sich irreführen zu lassen, werden ermordet oder zum öffentlichen Widerruf gezwungen.

»Der größte Schaden, den der Maoismus anrichtete, wird oft darin gesehen, daß er die internationale kommunistische Bewegung gespalten hat. Das ist selbstverständlich nicht der Fall. Die Spaltung ist das Ergebnis einer Krankheit und stellt bis zu einem gewissen Grade die Art der Behandlung jener Krankheit dar. Angesichts dieser Krankheit wäre eine formelle Einheit ein gefährlicher, prinzipienloser Kompromiß gewesen, der die internationale kommunistische Bewegung endgültig in eine Sackgasse geführt hätte.«

Das ist ebenfalls ein Thema, das Sacharow wiederholt anspricht: Eine formelle Einheit mit einem kranken politischen System auf der Basis eines prinzipienlosen Kompromisses führt nur zu einer Seuche, nicht zu Einigkeit.

»Die Verbrechen der Maoisten unter Mißachtung der Menschenrechte gingen tatsächlich viel zu weit, und die Chinesen benötigen viel eher alle Hilfe der demokratischen Kräfte der Welt als die Einheit der kommunistischen Kräfte der Welt im maoistischen Sinne, um die sogenannte imperialistische Gefahr irgendwo in Afrika, Lateinamerika oder im Nahen Osten zu bekämpfen.«

Es besteht kein Zweifel, daß Sacharow hier den Stalinismus in seiner Beispielfunktion für den chinesischen Irrweg zum Maoismus verantwortlich macht. Ebenso unmißverständlich schreibt er den Menschenrechten vorrangige Bedeutung zu.

»Dies stellt eine Bedrohung für die Unabhängigkeit und den Wert der menschlichen Persönlichkeit dar, eine Bedrohung für die Bedeutung des menschlichen Lebens.

Nichts bedroht die Freiheit der Persönlichkeit und den Sinn des Lebens so sehr wie Krieg, Armut und Terror. Aber es gibt auch indirekte Gefahren, die durchaus mit diesen vergleichbar sind.

Eine davon ist die Abstumpfung des Menschen (der ›grauen Masse‹, um den zynischen Ausdruck bürgerlicher Prognostiker zu gebrauchen) durch die Massenkultur mit ihrem absichtlichen oder kommerziell begründeten geistigen Niveau oder Inhalt, mit ihrem Schwerpunkt auf Unterhaltung oder Utilitarismus und mit ihrer sorgsam schützenden Zensur.«

Werbung ist das unvermeidliche Produkt der freien Marktwirtschaft. Kommerzielle Werbung – es gibt auch andere Formen der Werbung – hat weitreichende soziale, ethische und ästhetische Auswirkungen. Sie ist nicht nur eine weitere Wirtschaftstheorie; da sie eine Lebensweise des Massenkonsums fördert und die Privatsphäre durch die Versuchung der Massenunterhaltung auf ein Minimum reduziert, tendiert sie stark dazu, jede Art von teleologischen oder kulturellen – im klassischen Sinne – Überlegungen auszuschalten, indem sie ausschließlich auf das Hier und Jetzt abzielt.

»Ein weiterer Punkt ist die Frage der Bildung. Ein Schulsystem unter Aufsicht der Regierung, die Trennung von Schule und Kirche, allgemeine kostenlose Ausbildung – das alles sind große Errungenschaften des sozialen Fortschritts. Aber alles hat auch seine Kehrseite. In diesem Falle ist die Kehrseite übermäßige Standardisierung, die sich auf den Lernprozeß selbst, auf den Lehrplan, besonders in Literatur, Geschichte, Sozialkunde und Geographie, und auf das Prüfungssystem auswirkt.

Man muß ganz einfach eine Gefahr in der übertriebenen Berufung auf Autorität und der Einschränkung der Diskussion und der geistigen Kühnheit sehen – in einem Alter, in dem sich persönliche Überzeugungen zu formen beginnen …

Die moderne Technologie und die Massenpsychologie bieten laufend neue Möglichkeiten zur Steuerung des normhaften Verhaltens, der Bestrebungen und der Überzeugungen von Menschenmassen. Das umfaßt nicht nur die Beeinflussung durch Information auf der Grundlage der Theorie der Werbung und Massenpsychologie, sondern

auch technische Methoden, die häufig in der ausländischen Presse eingehend diskutiert werden. Beispiele hierfür sind die biochemische Geburtenkontrolle, die biochemische Kontrolle von psychischen Vorgängen und die elektronische Kontrolle dieser Vorgänge.«
Diese Diskussion über »technische Methoden« ist Zukunftsmusik: Die Gefahr droht, ist aber noch nicht präsent – und doch: Schon die Tatsache, daß diese Gefahr droht, verlangt schnelles Handeln – zu langes Zögern könnte alles in Frage stellen.
»Eine derartige Gefahr wird in einigen Jahrzehnten reale Formen annehmen, wenn die menschlichen Werte, in erster Linie die Meinungsfreiheit, nicht gestärkt werden, wenn die Entfremdung nicht ausgeschaltet werden kann. Kommen wir auf die heutigen Gefahren zurück, auf die Notwendigkeit der geistigen Freiheit, die es der Öffentlichkeit ganz allgemein und auch der Intelligenz ermöglichen wird, alle Handlungen, Pläne und Entscheidungen der herrschenden Gruppe zu kontrollieren und einzuschätzen ... Die Vielfalt und Komplexität gesellschaftlicher Phänomene und der Gefahren für die Menschheit sind ins Unermeßliche angewachsen; daher ist es um so wichtiger, daß die Menschheit vor der Gefahr des Dogmatismus und voluntaristischer Irrtümer, die unvermeidbar sind, geschützt wird, wenn Entscheidungen in einem geschlossenen Kreis geheimer Berater oder von Schattenkabinetten getroffen werden.«
Sacharow liefert die Erklärung für den Zusammenhang zwischen Abrüstung und Entspannung einerseits und einer offenen Gesellschaft andererseits. Diese Überlegungen sind die Saat einer weitreichenderen Erkenntnis, die der erschreckenden Ähnlichkeit zwischen dem geheimnistuerischen totalitären Staat – »möglichst wenige sollen möglichst spät möglichst wenig wissen«, wie es Hit-

ler ganz lapidar ausdrückte – und der hinter den Kulissen agierenden Terroristengruppe, die sich den Status und die Funktion eines Staates anmaßt, indem sie »Todesurteile« fällt und »Hinrichtungen« ausführt, und die Stillschweigen und umfassende Zugeständnisse verlangt, da ihre Effektivität und sogar ihre Existenz an sich gänzlich von der weiteren Geheimhaltung abhängen. (Was ist der Unterschied zwischen einer geheimen Terroristengruppe, die sich als Staat ausgibt, und einem Staat, der sich als geheime Terroristengruppe gebärdet?) Sacharow kommt zu dem Schluß, daß die Politik keines dieser Phänomene tolerieren kann – daß die geheime Organisation, die sich als Staat ausgibt, das gefährlichste politische Phänomen der Geschichte ist, besonders wenn sie das Mittel zur Zerstörung der Welt besitzt und somit eine Bedrohung für die gesamte Menschheit darstellt. Das ist die Sackgasse, in die Lenins Kader der Berufsrevolutionäre führte. Jahrzehntelang schien der Trick des Leninismus, und hier scheint die Stalin-Ära Zufall und Konsequenz zugleich zu sein – Geheimnistuerei an der Spitze, die hermetische Abriegelung der Führung von den politischen Organen –, eine absolut funktions- und idiotensichere Regelung zu sein.
In einem totalitären Regime wird der »öffentliche Bereich« nicht zu einer Provinz, sondern zu einem Reservat des Staates (daher die extreme Empfindlichkeit gegenüber »Einmischung in interne Angelegenheiten von außen«).
Das war die »geschlossene Gesellschaft« par excellence, die es der Führung ermöglichte, ganze Kategorien von Themen und Problemen zu übergehen und sich eingehend und ungestört vom Geschrei der Öffentlichkeit mit den Problemen zu beschäftigen, die sie für wichtig hielt. In der Außenpolitik jedoch erwies sich das System als von unschätzbarem Wert. Während sich die westlichen Demokra-

tien verzweifelt mit Massenfriedensbewegungen und beharrlichen Forderungen nach einseitiger Abrüstung in fast täglich stattfindenden Massendemonstrationen herumschlugen, hatten die Sowjets mit keinerlei Problemen dieser Art zu kämpfen; sie sahen ruhig zu und bemühten sich, die öffentliche Meinung im Ausland für ihre eigenen strategischen Zwecke anzuheizen. Mit der veröffentlichten Meinung im eigenen Land hatten sie natürlich keine Probleme.

Man verließ sich darauf, daß die öffentliche Meinung in der Bundesrepublik Deutschland, die Berichten zufolge häufig in Massendemonstrationen gegen die Stationierung von Cruise-Missile- und Pershing-Raketen in der BRD Ausdruck fand, die Regierung in Bonn zwingen würde, von ihrer erklärten Politik (die auch die der NATO war) abzulassen. Als sich die Opposition der bundesdeutschen Öffentlickeit gegen die Stationierung von Mittelstreckenwaffen als zu schwach herausstellte, um repräsentativ zu sein, waren die Sowjets überrascht – und gezwungen, ihre Politik dementsprechend zu ändern. Es war keine gute Spekulation; die Sowjets hatten mehr als die üblichen Schwierigkeiten, ihre Chancen zu erkennen. Dadurch, daß die Sowjets es durch ihre Politik nicht zuließen, daß sich private Meinung zu öffentlicher Meinung organisierte, nahmen sie sich selbst jede Möglichkeit zu erfahren, was ihre Bürger dachten oder welche Probleme sie beschäftigten. Man konnte nicht sagen, wie repräsentativ irgend jemand für irgend etwas war. Der Mangel an Erfahrung in solchen Dingen im eigenen Land trug nicht gerade dazu bei, daß sie Vergleichbares im Ausland richtig beurteilen konnten. Das Fiasko bei der Einschätzung des Problems der Stationierung von Pershing- und Cruise-Raketen in der BRD war ein typisches Beispiel für die unwissenschaftliche Einstellung zu einem Problem. Natürlich ist schon das Beharren auf Geheimhaltung unwissenschaftlich. Dieses Merkmal des sowjetischen Kommunismus, das Sacharow in seinen *Überlegungen* als »stalinistisch« bezeichnet, das aber eigentlich Lenin zuzuschreiben ist, rief die Konfrontation zwischen der sowjetischen Wissenschaftlergemeinde und der sowjetischen Parteiregierung hervor. Das ist der Kern des Betrugs. Der sowjetische Kommunismus begründete seinen Anspruch (auch der Marxismus tut dies) auf das Recht, ununterbrochen zu regieren, ohne die Macht mit jemandem zu teilen, auf dem Prinzip der wissenschaftlichen Einstellung zu allen Problemen. Dieser Anspruch entbehrt also nachweisbar jeder Grundlage. Aus diesem Grunde hat der sowjetische Parteistaat gar keine andere Wahl, als »Glasnost« – das eigentlich Redefreiheit bedeutet – einzuführen.

Sacharow erläutert die Alternative zur Vernichtung der Menschheit in vier Phasen: »In der ersten Phase wird ein zunehmender ideologischer Kampf in den sozialistischen Ländern zwischen stalinistischen und maoistischen Kräften einerseits und den realistischen Kräften linksgerichteter leninistischer Kommunisten (und linksgerichteter Weststaatler) andererseits zu einer tiefgehenden ideologischen Aufspaltung auf internationaler, nationaler und innerparteilicher Ebene führen.

In der Sowjetunion und in anderen sozialistischen Ländern wird dieser Prozeß zuerst zu einem Mehrparteiensystem führen und dann zum ideologischen Sieg der Realisten, die die Politik zur Förderung der friedlichen Koexistenz, der Stärkung der Demokratie und der Ausweitung von Wirtschaftsreformen befürworten (1960 bis 1980). Die Daten spiegeln einen äußerst optimistisch gesehenen Ablauf der Ereignisse wider.

Der Autor gehört übrigens nicht zu denjenigen, die das Mehrparteiensystem als unerläßliche Phase in der Entwicklung des sozialistischen Systems betrachten, oder gar als Allheilmittel für alle Übel, aber er nimmt an, daß ein Mehrparteiensystem in manchen Fällen eine unvermeidliche Konsequenz der Entwicklung der Dinge ist, wenn sich eine kommunistische Partei aus irgendeinem Grund weigert, nach der wissenschaftlich-demokratischen Methode, die die Geschichte erfordert, zu regieren.«

In der zweiten Phase (1972 bis 1985 – die verschiedenen Phasen überschneiden sich) beginnen die zwei Systeme, sich anzunähern. Sacharow begründet seine Erwartung der Annäherung mit der Beobachtung, daß der Kapitalismus bereits viele der Merkmale des Sozialismus übernommen und absorbiert und sich durch diesen Angleichungsprozeß über Wasser gehalten hat. Er erwartet, daß nun die sozialistischen Länder einige der Merkmale des Kapitalismus übernehmen, besonders im Bereich der Marktwirtschaft und der praktizierten Demokratie – in erster Linie die Redefreiheit.

In der dritten Phase (1972 bis 1990) »lösen die Sowjetunion und die Vereinigten Staaten das Problem der Rettung der ärmeren Hälfte der Welt«, indem sie eine Steuer von zwanzig Prozent auf das Volkseinkommen aller Industrieländer erheben, um die Industrialisierung und Modernisierung rückständiger Länder zu finanzieren. »Gigantische Fabriken werden synthetische Aminosäuren, Proteine, Fette und Kohlehydrate produzieren.« Gleichzeitig wird auch die Abrüstung vorangetrieben werden.

In der vierten Phase (1980 bis 2000) wird die »sozialistische Annäherung«, wie Sacharow es nennt, die Unterschiede noch mehr reduzieren und die geistige Freiheit fördern, was zur Bildung einer Weltregierung führen wird. Für diese Phase prophezeit Sacharow auch die internationale Entwicklung der Kernenergie und Weiterentwicklung der Raumforschung. Er erwähnt außerdem die Syn-

these von Materialien zu Supraleitern – eine Entwicklung, die die Elektronik, die Kybernetik, das Transportwesen und die Nachrichtentechnik »völlig revolutionieren« wird. Schließlich kommt er noch auf den Fortschritt in der Biologie zu sprechen. Dieser wird die Kontrolle und Steuerung aller Vorgänge des Lebens »auf der Ebene der Zelle, des Organismus, der Ökologie und der Gesellschaft, von der Fruchtbarkeit und vom Altern bis hin zu psychischen Vorgängen und Vererbung« ermöglichen. Die Gentechnologie ist also nur ein Teil dieses außerordentlich ehrgeizigen Programms (besonders den Zeitablauf betreffend ist es ehrgeizig). Sacharow faßt die Voraussetzungen eines derartigen Programms folgendermaßen zusammen:
»Wenn eine solche allumfassende wissenschaftliche und technologische Revolution, die unzählige Vorteile für die Menschheit verspricht, möglich und sicher sein soll, so wird sie die größtmögliche wissenschaftliche Voraussicht, Sorgfalt und Beachtung menschlicher Werte mit moralisch-ethischem und persönlichem Charakter erfordern. Eine derartige Revolution kann nur unter intelligenter, weltweiter Führung möglich und sicher sein.«
Sacharows Vorschläge setzen ein weltweites Interesse an so einem Programm voraus, das heißt ein Interesse an einer wirklich wissenschaftlichen Einstellung zu Politik, Wirtschaft und Kultur. Seine Vorschläge setzen auch ein Verschwinden der Widersprüche und Gegensätze zwischen den beiden Systemen durch eine gegenseitige Annäherung voraus. Er ist sich sehr wohl bewußt, daß dies Hypothesen sind. Aber er ist sich auch bewußt, daß die allgemeine Situation der Menschheit bereits kritisch ist. Ein Faktor dieser Krise ist nicht zuletzt der Zustand der Ökologie – besonders in den Industrieländern. Sacharow schrieb die *Überlegungen* vor zwanzig Jahren. Inzwischen sind sie noch relevanter geworden.

»Das Problem der Geohygiene«, wie er es nennt, »ist äußerst komplex und eng mit wirtschaftlichen und sozialen Problemen verbunden. Daher kann dieses Problem nicht auf nationaler oder gar regionaler Ebene gelöst werden. Die Rettung der Umwelt setzt voraus, daß wir unsere Uneinigkeiten und den Druck vorübergehender regionaler Interessen überwinden. Andernfalls wird die Sowjetunion die Vereinigten Staaten mit ihren Abfällen vergiften und umgekehrt. Zum gegenwärtigen Zeitpunkt ist dies eine Hyperbel. Aber bei einem jährlichen Anstieg der Abfälle von zehn Prozent wird der Anstieg in hundert Jahren zwanzigtausendmal so hoch sein.«
Sacharow rechnet nicht damit, daß beide Seiten auch nur ein Fünkchen Wohlwollen zeigen werden, aufgrund dessen die nötige Zusammenarbeit zustande kommen und die Situation gerettet würde. Er erwartet nichts derart Euphorisches. Nein: Sacharow zählt auf nichts anderes als den Selbsterhaltungsinstinkt, der sich bemerkbar macht, sobald das Dilemma auf unmißverständliche Weise deutlich wird. Die einzige Frage ist: Werden diese Gefahren, die sich aus den zunehmenden wissenschaftlichen und technologischen Eingriffen in den natürlichen Prozeß ergeben, früh genug erkannt werden, um die nötigen Gegenmaßnahmen in die Wege zu leiten? »Lösungen verursachen Probleme« – heißt die schlichte Weisheit im Süden und Westen Amerikas. Die Menschheit steuert auf immer mehr wissenschaftliche und technologische Eingriffe in die Natur zu. Es gibt kein Zurück. Der Schaden, welcher der Natur durch die Wissenschaft zugefügt wird, kann nur durch noch mehr Wissenschaft wiedergutgemacht werden. Diese Tatsache könnte leicht zu einer unerträglichen Last für die Menschheit werden, denn sie müßte sich mit einer Technologie auseinandersetzen, die bis zur Vollkommenheit gereift ist – oder so heimtückisch, daß sie infernalisch ist.

Was außer Zweifel steht, ist, daß es einer Revolution bedarf, deren Art und Ausmaß kaum vorstellbar sind, da es dafür kein Beispiel in der Vergangenheit gibt – eine Revolution, die unweigerlich die gesamte Menschheit einschließen muß; kurz gesagt, eine »Weltrevolution« und nicht weniger. Wie Sacharow es ausdrückt: »Eine derartige Revolution wird nur unter einer äußerst intelligenten weltweiten Führung möglich und sicher sein.« Diese Führung kann sich nur aus der Annäherung zwischen den Vereinigten Staaten von Amerika und der Sowjetunion, zwischen ihren Verbündeten und Satellitenstaaten, ihren Systemen, ihren Gepflogenheiten und ihren Interessen ergeben. Die relativen Erfolge und Mißerfolge beider Systeme, ihre offensichtlichen Fehlschläge und absoluten Schwachpunkte, ihre guten und schlechten Traditionen ändern nichts an der Dringlichkeit einer effektiven Form der Annäherung. Der ganze Prozeß ist ein wahrer Wettlauf mit der Zeit. Die scheinbare Naivität von Sacharows *Überlegungen* verblaßt vor dem Hintergrund der Dringlichkeit, die ihn dazu veranlaßte, sie anzustellen.
Sacharow verlangt also nach einer »Weltrevolution«, obwohl er den Ausdruck absichtlich vermeidet, und das aus mindestens zwei Gründen. Er möchte nicht das weltweit und hartnäckig proklamierte kommunistische Modell in den Vordergrund stellen. Statt dessen sagt er den Kommunisten, daß ihr Modell, so wie es zum gegenwärtigen Zeitpunkt besteht, nicht für den Export geeignet sei:
»Die Situation, bei der man in unserem Land mit der Zensur (Glawlit) rechnen muß, ist so, daß sie kaum durch ›liberalisierte‹ Richtlinien für längere Zeit verbessert werden kann. Es bedarf schon weitreichenderer organisatorischer und gesetzgeberischer Maßnahmen, zum Beispiel der Einführung eines speziellen Gesetzes für das Presse-

und Nachrichtenwesen, das klar und überzeugend definieren müßte, was gedruckt werden kann und was nicht, und das die Verantwortung kompetenten Menschen unter öffentlicher Kontrolle übertragen müßte. Es ist unerläßlich, daß der Informationsaustausch auf internationaler Ebene (Presse, Tourismus usw.) auf jede mögliche Weise erweitert wird, daß wir uns selbst besser kennenlernen, daß wir nicht versuchen, soziologische, politische und wirtschaftliche Forschung und Untersuchungen einzuschränken, die nicht nur im Rahmen von Regierungsprogrammen ausgeführt werden sollten (andernfalls könnten wir verleitet werden, ›unangenehme‹ Themen und Fragen zu umgehen).«

Sacharow ist, wie immer, sehr offen in seinen Ausführungen. Er nimmt kein Blatt vor den Mund:

»Die Aussichten des Sozialismus hängen nun davon ab, ob er attraktiv gemacht werden kann, ob die moralische Attraktivität der Ideen des Sozialismus und der Verherrlichung der Arbeit, verglichen mit den egoistischen Ideen des Privateigentums und der Verherrlichung des Kapitals, der entscheidende Faktor sein wird, den die Menschen in Betracht ziehen, wenn sie den Sozialismus mit dem Kapitalismus vergleichen, oder ob die Menschen hauptsächlich an die Einschränkungen der geistigen Freiheit unter dem Sozialismus oder, noch schlimmer, an das bizarre Regime des (Personen-)Kults denken.«

In einer der interessantesten und bedeutungsvollsten Passagen seiner *Überlegungen* kommt Sacharow auf den wirtschaftlichen Konkurrenzkampf der zwei Systeme zu sprechen. Er geht behutsam an das heikle Thema heran:

»Ich lege den Schwerpunkt auf den moralischen Gesichtspunkt, denn wenn es darum geht, eine hohe Produktivität der Arbeitskräfte zu erreichen, alle produktiven Kräfte zu entwickeln oder einen hohen Lebensstandard für den

Großteil der Bevölkerung zu sichern, scheinen Kapitalismus und Sozialismus punktgleich zu sein.«
Aber Sacharow schränkt seine Aussage sofort wieder ein. Er vergleicht die Vereinigten Staaten und die Sowjetunion mit zwei Skiläufern, von denen der eine dem anderen genau in dessen Spur folgt. Der erste der beiden Skiläufer – die Vereinigten Staaten – muß sich seinen Weg durch den Schnee bahnen, muß den Weg bereiten, während der nachfolgende Skiläufer – die Sowjetunion – von dem Vorteil des gespurten Weges profitiert. Er kann dem ersten Läufer folgen, dicht hinter ihm bleiben und verbraucht weniger Energie als der erste.
In einer der folgenden Passagen setzt Sacharow den Hoffnungen der eingefleischten sowjetischen Kommunisten ein Ende:
»Andererseits muß man bei jedem Vergleich bedenken, daß wir die Vereinigten Staaten nur in einigen alten, traditionellen Industrien einholen, die für die Vereinigten Staaten nicht mehr so wichtig sind, wie sie einmal waren (zum Beispiel Kohle und Stahl). Auf den neueren Gebieten, wie zum Beispiel Automation, Computertechnologie, Petrochemie und vor allem industrielle Forschung und Entwicklung, hinken wir nicht nur hinterher, sondern wir entwickeln uns auch langsamer, so daß ein vollständiger Sieg unserer Wirtschaft in den nächsten Jahrzehnten unwahrscheinlich ist.« (Sacharow schrieb seine *Überlegungen* kurz bevor die Sowjetunion dem Prager Frühling ein Ende bereitete, in den er, wie so mancher andere sowjetische Intellektuelle, so große Hoffnungen gesetzt hatte.)
Das war sehr milde ausgedrückt. In einem Brief, den er im April 1970 zusammen mit Valeri Turtschin und Roy Medwedew an Breschnew, Kossygin und Podgorny (die Vorsitzenden des Zentralkomitees, des Ministerrates und des Obersten Sowjet) schrieb, stritt Sacharow ab, daß er einen

Brief an Breschnew geschrieben habe, der drei Monate vorher mit seiner Unterschrift erschienen war und eine graphische Darstellung des Zustands der sowjetischen Wirtschaft enthielt. Ohne auf die Herkunft oder den Zweck dieses Briefes näher einzugehen – Sacharow und seine Gesinnungsgenossen bezeichneten ihn als Fälschung, die zum Zwecke der Provokation verbreitet wurde –, hier ein Auszug aus dem Brief:

»... Wir wissen seit langem, daß wir nicht nur den Wettlauf zum Mond verloren haben, sondern auch den Wirtschaftswettbewerb als Ganzes, daß die Arbeitsproduktivität in diesem Lande unbedeutend ist, daß unser Land zu einer ergänzenden Rohstoffquelle für Europa wird, daß wir uns nur aufgrund der legendären Bodenschätze und der traditionellen Geduld der Bauernschaft dieses Landes behaupten können. Jedermann weiß, daß keiner von uns wirkliche Arbeit leisten will, sondern lediglich seinen Vorgesetzten Sand in die Augen streut, daß so künstliche Ereignisse wie Jubiläen und Jahresfeiern wichtiger für uns geworden sind als das wirkliche Geschehen des wirtschaftlichen und sozialen Lebens.

All das ist das Resultat der Tatsache, daß wir viele Jahre lang in einer vorgetäuschten Welt gelebt haben, daß wir uns gegenseitig täuschen und nicht den Mut aufbringen, der Wahrheit ins Gesicht zu sehen, während andere Regierungen nicht in höheren Sphären schweben, sondern ihren Geschäften hier auf der Erde nachgehen und uns deshalb überholen und immer weiter zurücklassen.

Im Moment findet kein privates Treffen statt, ohne daß über dieses Thema gesprochen wird. Schließlich weiß jeder, daß das verführerische Mittel der kollektiven Selbsttäuschung zur Katastrophe führt. Überall in Rußland spricht man davon. Und inmitten alledem erscheint Ihr Brief (Bezug auf Breschnews Brief).

Das ist ein kühner, wohlmeinender Schritt Ihrerseits, und die Geschichte wird es Ihnen als guten Dienst anrechnen. Aber die Geschichte wird Ihnen nicht verzeihen, wenn Sie nach diesem Zeichen nicht zur Tat schreiten. Das ist ganz einfach. Die Art der Heilung hängt von der Diagnose ab. Dem allbeherrschenden, allgegenwärtigen, lügenhaften Leben kann nur durch die Redefreiheit (›Glasnost‹) Abhilfe geschaffen werden. Wieviel Initiative, Einfallsreichtum und Enthusiasmus wird freigesetzt werden und ans Tageslicht kommen, wenn Sie endlich aufhören, uns den Mund zu verbieten. In den Zeitschriftenredaktionen liegen Dutzende von bereits gedruckten Artikeln, Dutzende von Büchern, bei denen die Druckerschwärze noch feucht ist, in denen unser Leben hier gründlich und offen analysiert wird. All diese Artikel und Bücher werden nicht freigegeben. Der Stolz der russischen Literatur, Solschenizyn, wurde aus dem Schriftstellerverband ausgeschlossen. Das Parlament, das so viel Geld kostet, ist nur noch ein Gummistempel.

Die Redefreiheit (Glasnost) – und nur die Redefreiheit – kann Rußland auf den Weg der Genesung bringen.

(Gezeichnet) Sacharow.«

Dieser Brief wurde als Samisdat (Untergrundpresse) in ganz Moskau verbreitet und erschien später in der ausländischen Presse. Trotz ihrer mangelnden Eleganz ist die Fälschung eine Zusammenfassung des Briefes, der drei Monate später von drei Autoren abgefaßt wurde, die der Beschwerde Punkt für Punkt auf fünfzehn Seiten Ausdruck verliehen. Angesichts der vielen Details und der eindrucksvollen Darlegung der Argumente im letzteren Dokument ist es kein Wunder, daß die Autoren eifrig darauf bedacht waren, die weitaus kürzere Version als Fälschung und Provokation abzutun. Der echte Brief liest sich wie ein Manifest des Versagens. Hier einer der Absätze als Beispiel:

»Im Laufe des letzten Jahrzehnts zeigte unsere Wirtschaft erste bedrohliche Anzeichen einer Krise und einer Stagnation, obwohl die Wurzeln dieser Probleme auf eine frühere Zeit zurückgehen und in der Tat tiefgehend sind. Die Wachstumsrate des Volkseinkommens sinkt fortwährend. Die Kluft zwischen dem, was für eine normale Entwicklung nötig ist, und dem, was wirklich an neuen Produktivkräften eingeführt wird, wird immer größer. Die Politik auf dem Gebiet der Technik und Wissenschaft weist viele Fehler auf, und die Lösung dringlicher Probleme wird unzulässigerweise hinausgezögert. Mängel im Planungs- und Rechnungswesen und bei den wirtschaftlichen Anreizen führen oft zu Widersprüchen zwischen den Interessen von Gemeinden und Bezirken und denen des Staates und der Regierung. Daher entstehen zuwenig Reserven in der Produktionsentwicklung, beziehungsweise sie werden nicht eingesetzt; statt dessen verlangsamt sich die technische Entwicklung deutlich. Aufgrund dessen werden die Rohstoffquellen des Landes häufig und unkontrollierbar zerstört, ohne daß jemand zur Verantwortung gezogen wird: Wälder werden abgeholzt, Gewässer werden verschmutzt, große Abschnitte von reichem, fruchtbarem Land werden überschwemmt, es kommt zu Bodenerosion und -übersalzung etc. Die chronisch kritische Lage der Landwirtschaft und besonders der Tierzucht ist wohlbekannt. In den letzten Jahren ist das Realeinkommen der Bevölkerung kaum gestiegen; die Lebensmittelproduktion, die medizinische Versorgung und allgemeine Dienstleistungen machen nur sehr langsam und vereinzelt Fortschritte. Die Zahl der nicht erhältlichen Produkte nimmt zu. Anzeichen einer Inflation sind nicht zu leugnen. Besonders alarmierend für die Zukunft des Landes ist die Verlangsamung der Entwicklung im Bildungswesen: Unsere Aufgaben für den Bildungsbereich mit allem, was dazugehört, sind niedriger als die der USA und wachsen langsamer an. Außerdem sind ein tragischer Anstieg des Alkoholismus und die Anfänge von Drogenabhängigkeit zu beobachten. In vielen Gegenden des Landes steigt die Kriminalitätsrate systematisch an, wie auch bei den Teenagern und bei der Jugend allgemein. Bei der Arbeit wissenschaftlicher und wissenschaftlich-technischer Organisationen sind immer häufiger Bürokratie, Verwaltungsprovinzialismus, mangelnde Initiative und eine rein formelle Beziehung zu der Aufgabe, die einem zugeteilt ist, zu beobachten.«

Dieser Auflistung von Mängeln und Mißständen folgt eine allgemeine Schlußfolgerung:

»Der entscheidende, summarische Faktor beim Vergleich von Wirtschaftssystemen ist selbstverständlich die Produktivität der Arbeitskräfte. Und hier sieht es am schlechtesten aus: Unsere Arbeitsproduktivität bleibt um ein Vielfaches niedriger als die in kapitalistischen Industrieländern, und ihr Wachstum hat sich merklich verlangsamt. Die Situation erscheint besonders kritisch, wenn man sie mit der der führenden kapitalistischen Länder, und hier vor allem mit den USA, vergleicht.«

Aber das Ende der Liste ist hier noch nicht erreicht. Es folgt eine Erklärung dafür, wie es die kapitalistischen Länder schafften, destruktive Krisen zu vermeiden – indem sie in ihr eigenes Wirtschaftssystem Elemente der Kontrolle und Planung durch die Regierung aufnahmen, kurz: indem sie bei der Bewältigung ihrer wirtschaftlichen Probleme flexibel waren; und natürlich auch, indem sie moderne Managementmethoden einführten, wie die Kürzung der täglichen Arbeitszeit als Mittel zur Bekämpfung der Arbeitslosigkeit, die durch den Einsatz neuer, hochtechnischer, arbeitssparender Maschinen verursacht wird. Hier fügen die drei Autoren einen besonders bitteren

Kommentar hinzu: »Wenn man unsere Wirtschaft mit der der USA vergleicht, sieht man, daß unsere Wirtschaft nicht nur bezüglich der Quantität hinterherhinkt, sondern auch – und das ist am traurigsten – bezüglich der Qualität. Je neuer und revolutionärer ein Aspekt der Wirtschaft ist, um so größer ist die Kluft zwischen uns und den USA.«
Hier schneiden die drei Autoren das Thema der Computertechnologie an, deren Einführung in die Wirtschaft eines Landes von entscheidender Bedeutung ist, da sie »das Gesicht des Produktionssystems und der ganzen Kultur radikal verändert«. Dieses Phänomen, so fügen sie hinzu, wird zu Recht »die zweite industrielle Revolution« genannt. Und wie fällt hier der Vergleich aus? »Der Umfang unserer Ausstattung mit Computern ist inzwischen *hundertmal* geringer als der der USA, und was den Einsatz von Computern in unserer Volkswirtschaft angeht, so ist die Kluft so groß, daß man sie unmöglich in Zahlen ausdrücken kann. Wir leben einfach in einer anderen Epoche.«
Was man bei der Auswertung dieser Erklärungen und ihrer Wirkung auf die Behörden stets bedenken muß, ist die Position, aus der heraus sie gemacht werden. Es ist nicht nur eine Position von Bedeutung und Prestige, sondern vor allem auch eine Position des Zugangs zu Informationen, wie sie nur die sowjetische Elite genießt. Es ist mehr als das, denn diese Männer, die dieses Urteil abgeben, sind Wissenschaftler, die eine langjährige Erfahrung im Sammeln und in der Auswertung von Informationen haben. Die Tatsache, daß keiner der drei Autoren Wirtschaftswissenschaftler von Beruf ist, nimmt ihren Erkenntnissen nichts von ihrer Bedeutung, ihrem spezifischen Gewicht. Auch das ist »Glasnost«. Und damit betreten die Autoren in ihren brieflichen Ausführungen heimischen Boden, und auf diesem machen sie die bitterste und vielsagendste Aussage:

»Um den Bereich der wissenschaftlichen und technischen Entdeckungen steht es nicht besser. Auch hier ist kein sichtbarer Bedeutungszuwachs unserer Rolle festzustellen. Ganz im Gegenteil. Ende der fünfziger Jahre war unser Land das erste Land der Welt, das den Sputnik gestartet und einen Mann ins Weltall geschickt hatte. Bis Ende der sechziger Jahre hatten wir diese führende Stellung verloren, und die ersten Menschen, die auf dem Mond landeten, waren Amerikaner. Dies ist nur ein Indiz des beträchtlichen und immer größer werdenden Unterschieds zwischen uns und den Industrieländern des Westens an der breiten Front der wissenschaftlichen und technologischen Arbeit. In den zwanziger und dreißiger Jahren durchliefen die kapitalistischen Länder eine Phase der Krise und der Depression. Während derselben Zeit nützten wir den Energiestoß unseres Landes, den wir aus der Revolution schöpften, und schufen eine Industrie in einem Tempo, wie man es vorher nicht kannte. Damals entstand das Schlagwort: ›Amerika einholen und überholen!‹ – Und es gelang uns wirklich, Amerika im Laufe weniger Jahrzehnte einzuholen. Doch dann veränderte sich die Situation. Die zweite industrielle Revolution setzte ein. Und nun, zu Beginn der siebziger Jahre, müssen wir feststellen, daß wir Amerika nicht nur nicht eingeholt haben, sondern immer mehr in Rückstand geraten.

Was ist der Grund dafür? Warum sind wir nicht die Anführer der zweiten industriellen Revolution geworden, sondern haben uns darüber hinaus als unfähig erwiesen, in jene Revolution auf derselben Stufe wie die weiterentwikkelten kapitalistischen Länder einzusteigen? Ist der Grund dafür vielleicht, daß die sozialistische Regierungsform weniger bedeutende Möglichkeiten zur Entwicklung von Produktivkräften bietet als das kapitalistische System

– ist es, weil der Kapitalismus im Konkurrenzkampf zwischen Kapitalismus und Sozialismus der Sieger ist?«
Die Antwort auf diese Frage ist ein donnerndes: »Natürlich nicht!« Die Ursache ihrer Probleme hat nichts mit Sozialismus zu tun, sondern ist ihm im Gegenteil fremd, geht ihm gegen den Strich und ist in jenen Besonderheiten und Bedingungen »unseres« Lebens zu finden, die konträr zum Sozialismus sind und ihm schaden. Der Ursprung liegt in den antidemokratischen Traditionen und Normen des gesellschaftlichen Lebens, die während der Stalin-Ära ins Leben gerufen und bis heute noch nicht definitiv aus der Welt geschafft wurden. Die gegen die Wirtschaft gerichteten Auflagen, die Beschränkung des Informationsaustausches und der geistigen Freiheit sowie andere Manifestationen der antidemokratischen Perversionen des Sozialismus, die unter Stalin stattfanden, wurden in der Sowjetunion als ein Teil des Preises des Industrialisierungsprozesses akzeptiert. Es herrscht die Meinung, daß sie sich nicht ernsthaft auf die Wirtschaft des Landes auswirkten, obgleich sie höchstwahrscheinlich die schwerwiegendsten Konsequenzen für den politischen und militärischen Sektor nach sich zogen und damit das Schicksal ganzer Bevölkerungsschichten und Nationalitäten beeinflußten.
Als Folge der größeren Reichweite und Komplexität von Wirtschaftssystemen ergeben sich neue Probleme bezüglich Organisation und Management. Diese Probleme können nicht von einer oder wenigen Personen gelöst werden, die an der Spitze der »Machtpyramide« stehen, ganz egal, wie allwissend sie angeblich sind. Nein, diese Probleme verlangen eine kreative Beteiligung von Millionen von Menschen auf jeder Stufe des Wirtschaftssystems. Sie erfordern einen Informations- und Ideenaustausch auf breiter Front. Darin liegt der Unterschied zwischen einer

modernen Wirtschaft und den Volkswirtschaften – sagen wir – der Länder des alten Ostens.
Es folgen die üblichen Rechtfertigungen, die die sowjetischen Behörden für die kulturellen und soziologischen Entbehrungen liefern, welche sie von der sowjetischen Bevölkerung verlangen. Jede negative Information über sowjetische Lebensbedingungen wird unterdrückt, weil ihre Aufdeckung dem Feind Stoff für seine antisowjetische Propaganda liefern würde. Auf ähnliche Weise wird der Informationsaustausch mit dem Ausland beschränkt – aus Furcht vor der »Infiltration durch eine feindliche Ideologie«. Theoretische Verallgemeinerungen und praktische Vorschläge, die zu gewagt erscheinen, werden im Keim erstickt, ohne jede Diskussion, aus Furcht, sie könnten »das Prinzip unterminieren«. Diese Beispiele sind ein Beweis für den offensichtlichen Argwohn der Behörden gegenüber kreativen Denkern und kritischen, aktiven Persönlichkeiten. Dadurch werden Bedingungen geschaffen, unter denen nicht diejenigen, die sich durch hohe berufliche Qualifikationen auszeichnen, die Leiter des Erfolges im Staatsdienst erklimmen, sondern jene, die der Sache der Partei ein Lippenbekenntnis ablegen und sich schließlich nur durch die Hingabe an ihre eigenen engstirnigen, persönlichen Interessen oder durch eine passive Haltung auszeichnen.

Dies ist der grundlegendste Nachteil jedes totalitären Systems. Die Autoren des zitierten Briefes an Breschnew sprechen jedoch noch einen heimtückischeren Nachteil an, der sowohl für den sowjetischen Kommunismus als auch für den Nazismus typisch ist. Sie betonen, daß nicht nur die Kontrolle über die Führungskräfte und die persönliche Initiative durch die Einschränkung der Informationsfreiheit erschwert werden, sondern auch leitende Angestellte entsprechend darunter leiden. Letztendlich hat die oberste Führung jedoch noch mehr darunter zu leiden, da sie nur unvollständige Informationen erhält, die dem Geschmack des Empfängers entsprechend redigiert werden und es ihm somit unmöglich machen, die Macht seiner Position wirkungsvoll zu nutzen. All das führt dazu, daß der gesamte politische Prozeß ins Lächerliche gezogen wird. (Die Situation, die sich daraus ergibt, erinnert stark an die Kopflosigkeit des Dritten Reiches. Mit der rücksichtslosen Anwendung des Führerprinzips reduzierten die Nazis den deutschen Staat auf die paradoxe Absurdität eines absoluten Führungsmangels.) Damit räumen die Autoren ein, daß reine Wirtschaftsreformen – wie die groß angekündigte, aber erfolglose Reform von 1965 – nutzlos sind, weil die Maßnahmen, die sie vorsehen, nicht ohne politische Reformen bei der Verwaltung, ohne eine verbesserte Informationspolitik und mehr Offenheit bei der Meinungsäußerung und der Öffentlichkeitsarbeit (»Glasnost«) umgesetzt werden können.

Wieder ist der Schlüssel zur endgültigen Beseitigung der Übel der sowjetischen Gesellschaft und des kommunistischen Systems »Glasnost«, was gleichzeitig Meinungsfreiheit und Zugang zu Informationen bedeutet. In diesem Zusammenhang schneidet der Brief das Problem der Beziehung zwischen Parteistaat und Intelligenz an. Die kommunikative und kreative Freiheit, so schreiben die Autoren, ist eine Grundvoraussetzung für die Arbeit und gesellschaftliche Funktion der Intelligenz. Das Bestreben der Intellektuellen, diese Freiheit zu vergrößern, ist sowohl legal als auch natürlich. Die sowjetische Regierung jedoch tritt diesem Bestreben mit fast jedem möglichen Mittel, wie administrativem Druck, Entlassung und sogar gerichtlichen Schritten, entgegen. Das führt zu einer Kluft, zu gegenseitigem Mißtrauen und einem großen

Mangel an Verständigung zwischen dem Parteistaat und den aktivsten und wertvollsten Schichten der Intelligenz – und somit zu einer Situation, die jede Art einer sinnvollen Zusammenarbeit extrem schwierig macht. In einer modernen Industriegesellschaft, in der die Rolle der Intelligenz ständig wächst, »können« diese Kluft und dieser Mangel an Zusammenarbeit »nur als selbstmörderisch bezeichnet werden«.

Die überwältigende Mehrheit der Intellektuellen und der Jugend des Landes erkennt die unumgängliche Notwendigkeit der Demokratisierung, und sie versteht ebenso die Notwendigkeit, dabei behutsam und schrittweise vorzugehen, aber was sie nicht verstehen oder rechtfertigen kann, sind Handlungen, die ganz offensichtlich antidemokratisch sind. Wie soll man in der Tat die Inhafthaltung von Menschen in Gefängnissen, Arbeitslagern und psychiatrischen Kliniken rechtfertigen, die zwar in Opposition stehen, jedoch eine Opposition repräsentieren, die innerhalb gesetzlicher Grenzen liegt – im Bereich nämlich der Ideen und Überzeugungen?

Hier bleibt etwas unausgesprochen, das von entscheidender Bedeutung ist, nämlich die wohlüberlegte Vermeidung jeder Form von Gewalt seitens der sowjetischen Dissidenten. Angesichts des Umfangs und der Intensität der Provokationen und der Repression durch den Parteistaat gibt der Gewaltverzicht der Dissidenten immer wieder Anlaß zu Verwunderung. Gewiß ist dieser Gewaltverzicht der Dissidenten von großer strategischer Bedeutung. Die Dissidenten wollen demonstrieren, daß die Sowjets Angst vor Ideen haben, nicht vor Gewalt. Bucharin sagte von Stalin, man brauche seine Ideen nicht zu fürchten, denn er habe keine.

Genau diese krankhafte Furcht vor Ideen und Neuerungen bewegt den sowjetischen Parteistaat dazu, gegen alles

Wertvolle und Empfehlenswerte zu sein, das Streben nach besonderen Leistungen mit Opposition zu verwechseln, den einfachen und ehrlichen Drang, sich Wissen und Informationen anzueignen, sowie den Versuch, an aufschlußreichen Diskussionen über wichtige Probleme der Gesellschaft teilzunehmen, als dunkle Verschwörung gegen den sowjetischen Staat und das kommunistische System zu mißdeuten. Die einzige Opposition in der Sowjetunion ist die, welche der sowjetische Parteistaat selbst gegen die gespenstischen Bilder seiner eigenen psychopathischen Angst schafft. Man kann wohl sagen, daß sich das sowjetische System aus reiner Panik ständig selbst bekämpft. Die bürokratische, ritualistische, dogmatische, heuchlerische und völlig phantasielose Art der sowjetischen Funktionäre stellt heute bei weitem die größte Gefahr für alle Menschen in der Sowjetunion dar.

Aus diesem Grunde muß die Demokratisierung kommen, und die Zeit drängt. Der Demokratisierungsprozeß wird eine Welle der Begeisterung hervorrufen, die vergleichbar ist mit der der zwanziger Jahre. Die besten geistigen Kräfte des Landes werden zur Lösung nationaler, wirtschaftlicher und sozialer Probleme mobilisiert werden. Doch die Einführung der Demokratisierung wird nicht leicht sein. Der normale Verlauf eines solchen Prozesses wird einerseits von Individualisten und antisozialistischen Kräften bedroht sein und andererseits von Befürwortern der »starken Regierung« – Demagogen der faschistischen Gattung, die versuchen könnten, die wirtschaftlichen Schwierigkeiten des Landes, das gegenseitige Mißtrauen und die mangelnde Verständigung zwischen den Intellektuellen und dem Parteistaatapparat sowie die engstirnigen und nationalistischen Tendenzen in gewissen Gesellschaftsschichten für ihre eigenen Zwecke zu nutzen. Aber es gibt keinen anderen Weg aus dem Dilemma; so schwierig diese Aufgabe auch ist, sie muß erfüllt werden. Die Einführung der Demokratisierung auf Veranlassung und unter Aufsicht der oberen Behörden wird die planmäßige Durchführung dieses Prozesses ermöglichen und damit den Weg dafür bereiten, daß es allen Ebenen des Parteistaatapparates gelingen wird, sich der neuen Arbeitsweise durch eine Umstrukturierung anzupassen (hier taucht zum erstenmal der Begriff »Perestroika« in Form des reflexiven Verbs »perestroitsja« auf); diese neue Arbeitsweise unterscheidet sich von der alten durch mehr »Glasnost«, Offenheit und ein intensiveres Eingehen auf alle Probleme.

Die Autoren präsentieren ein mögliches Programm von Maßnahmen, das in vier bis fünf Jahren in die Tat umgesetzt werden könnte. Es besteht aus vierzehn Punkten:

»1. Die Erklärung der Notwendigkeit weiterer Demokratisierung sowie die Festlegung von Fristen und Methoden für ihre Durchführung durch hohe Behörden des Parteistaates. Die Veröffentlichung einer Reihe von Artikeln in der Presse, die die Probleme der Demokratisierung behandeln.

2. Die Aufhebung der begrenzten Verbreitung von Informationen bezüglich der Situation des Landes durch Behörden der Partei und der Sowjets, durch Unternehmen und Institutionen, sowie theoretische Arbeit bezüglich nationaler Probleme, für die es im Moment nicht zweckmäßig erscheint, sie auf breiterer Ebene zu diskutieren. Mehr Zugang zu solchem Material bis zur völligen Aufhebung aller Beschränkungen.

3. Die Beendigung der Störung ausländischer Radioübertragungen. Der freie Verkauf von ausländischen Büchern und Zeitschriften. Der Beitritt unseres Landes zum internationalen System der Urheberrechte für Autoren und Herausgeber. Die allmähliche (in drei bis vier Jahren) Er-

weiterung und Erleichterung des internationalen Tourismus in beiden Richtungen, die Erleichterung der internationalen Korrespondenz und andere Maßnahmen zur Förderung internationaler Kontakte, mit Schwerpunkt auf der Entwicklung solcher Tendenzen in der Beziehung zu den Ländern des COMECON.

4. Die Einrichtung eines Institutes zur Erforschung der öffentlichen Meinung. Dieses sollte mit einer begrenzten Veröffentlichung von Material über die Meinungen der Bevölkerung zu den wichtigsten Problemen der Innen- und Außenpolitik und anderen soziologischen Materials beginnen und diese Informationen später vollständig veröffentlichen.

5. Die Amnestie für politische Gefangene. Ein Erlaß, der die Veröffentlichung des gesamten Protokolls aller Gerichtsverfahren politischen Charakters verbindlich vorschreibt. Die öffentliche Überprüfung von Haftanstalten und psychiatrischen Anstalten.

6. Die Durchführung einer Reihe von Maßnahmen, die die Arbeit der Gerichte und der Staatsanwälte verbessern sollen; deren Unabhängigkeit von der Exekutive der Regierung, von regionalen Einflüssen, von Vorurteilen und Verbindungen.

7. Die Abschaffung der Nationalitätsangabe in Pässen. Ein einheitlicher Paß für die Bewohner von Städten und Dörfern. Eine allmähliche Einstellung des Visaverfahrens bei Pässen, die gleichzeitig mit dem Ausgleich territorialer Unterschiede in der wirtschaftlichen und kulturellen Entwicklung erfolgen soll.

8. Eine umfassende Organisation komplexer Industrieunternehmen mit einem hohen Maß an Unabhängigkeit bei Fragen der Produktionsplanung und des technologischen Prozesses, bei Verkauf und Lieferung, bei finanziellen und personellen Fragen, sowie die Ausdehnung dieser

Rechte auf kleinere Produktionseinheiten. Eine wissenschaftliche Festlegung der Form und des Umfangs von Interventionen der Regierung nach sorgfältigen Untersuchungen.

9. Reformen im Bildungswesen. Eine Erhöhung bei der Mittelzuweisung für Grundschulen und höhere Schulen, eine Verbesserung der materiellen Situation der Lehrer, deren Unabhängigkeit und das Recht zu experimentieren.

10. Die Verabschiedung eines Presse- und Nachrichtengesetzes. Eine Garantie für die Möglichkeit für öffentliche Organisationen und Bürgergruppen, neue Presseorgane zu schaffen.

11. Eine Verbesserung der Ausbildung von Managern, die gute Führungsqualitäten aufweisen. Die Einführung der Praktik, bedingt freigelassene Häftlinge einzustellen. Eine Erleichterung des Zugangs zu Informationen für Führungskräfte auf allen Ebenen, ihr Recht auf Unabhängigkeit, ihr Recht zu experimentieren, ihre eigene Meinung zu vertreten, und eine regelmäßige Überprüfung ihrer Arbeit.

12. Die schrittweise Einführung der Praktik bei der Wahl zur Besetzung von Behörden der Partei und der Sowjets auf allen Ebenen – einschließlich Parlamentswahlen –, mehrere Kandidaten für ein Amt aufzustellen.

13. Die Ausweitung der Rechte der Behörden der Sowjets. Die Ausweitung der Rechte und Pflichten des Obersten Sowjet der UdSSR.

14. Die Wiedereinführung aller Rechte der Nation, die unter Stalin unter Zwang aufgehoben wurden. Die Wiederherstellung der nationalen Autonomie verbannter Völker. Die schrittweise Einführung der Möglichkeit der Rücksiedlung (in den Fällen, wo dies noch nicht stattgefunden hat).«

Die Autoren sind überzeugt, daß die einzig realistische Politik im Bereich der thermonuklearen Waffen darin besteht, einen Kurs der verstärkten internationalen Zusammenarbeit zu verfolgen; hier sollte man ihrer Meinung nach vor allem nach Mitteln und Wegen zu einer möglichen Wiederannäherung auf wissenschaftlich-technischem, wirtschaftlichem, kulturellem und ideologischem Gebiet suchen und am Prinzip des Verzichts auf Massenvernichtungswaffen festhalten. Aber die Voraussetzung für eine derartige Wiederannäherung ist die Demokratisierung der Sowjetunion. Und das nicht zuletzt, weil sie zum besseren Verständnis der sowjetischen Außenpolitik führt und gleichzeitig die Politik selbst von »negativen Zügen« befreit. Das andere große Schreckgespenst, der Mangel an gegenseitigem Vertrauen zwischen Parteistaat und Intellektuellen, würde in den ersten Phasen der Demokratisierung verschwinden.

Bleibt schließlich noch die Frage: »Was erwartet unser Land, falls der Kurs der Demokratisierung nicht eingeschlagen wird?« Und dann folgt eine Liste der Katastrophen: das Zurückbleiben hinter den kapitalistischen Ländern im Verlauf der zweiten industriellen Revolution und die allmähliche Wandlung zu einem zweitrangigen Provinzstaat; zunehmende wirtschaftliche Probleme; eine steigende Spannung in der Beziehung zwischen dem Parteistaatapparat und der Intelligenz; die Gefahr eines Umsturzes, sowohl von rechter als auch von linker Seite; eine sich verschärfende Krise im Bereich des Nationalitätenproblems, da die Bewegung in Richtung Demokratisierung in den Republiken, die von unten kommt, unvermeidlich nationalistischen Charakter annehmen wird. Diese Aussicht erscheint erst recht bedrohlich, wenn wir die derzeitigen Gefahren bedenken, die vom »totalitären Nationalismus Chinas« ausgehen und die man, historisch betrachtet, als vorübergehende Erscheinung herunterspielen kann, die jedoch in den nächsten Jahren eine ernste Bedrohung darstellen werden. Man kann dieser Gefahr nur begegnen, wenn man die technologische und wirtschaftliche Kluft, die zwischen unserem Land und China besteht, vergrößert oder zumindest aufrechterhält, während man die Zahl unserer Freunde in der ganzen Welt vergrößert und dem chinesischen Volk Zusammenarbeit und Hilfe als Alternative anbietet. Der Vorteil dabei sollte ihnen einleuchten, wenn sie die zahlenmäßige Überlegenheit ihres potentiellen Gegners und seinen schreienden Nationalismus sowie die Länge der südlichen Grenze und die spärlich bevölkerten östlichen Regionen der Sowjetunion in Betracht ziehen. Deshalb könnten eine stagnierende Wirtschaft, ein Rückgang der Wachstumsrate und der Entwicklung in Verbindung mit einer zuwenig realistischen, oft übereifrigen Außenpolitik auf allen Kontinenten katastrophale Konsequenzen für ihr Land haben.

Der Brief endet mit der Ermahnung, daß es keinen anderen Weg aus den Schwierigkeiten, mit denen das Land konfrontiert ist, gebe, als den der Demokratisierung durch die Kommunistische Partei der Sowjetunion, und zwar gemäß eines sorgfältig ausgearbeiteten Programms. Gegen Ende dieser Schlußpassage steht ein Satz, der als Motto für Sacharows unermüdliche Kampagne vom Moment seines »politischen Erwachens« bis zum heutigen Tage gedient haben könnte: »Es ist die Pflicht jedes Menschen, der die Wurzeln der Schwierigkeiten erkennt und einen Weg findet, sie zu überwinden, seine Mitmenschen auf diesen Weg hinzuweisen.«

Am 6. Juni 1970 schickte Sacharow einen Brief an Leonid Breschnew, in dem er gegen die zwangsweise Unterbringung seines Kollegen und Freundes Schores Medwedew in einer psychiatrischen Klinik protestierte:

»Ich bin über die Gesetzlosigkeit seitens der öffentlichen Gesundheitsbehörden in bezug auf meinen Freund Schores Alexandrowitsch Medwedew zutiefst beunruhigt. Am 29. Mai drangen einige Milizionäre, begleitet von zwei Ärzten, gewaltsam in seine Wohnung ein und brachten ihn ohne Haftbefehl und gegen seinen Willen nach Kaluga zu einer psychiatrischen Untersuchung. Dort befindet er sich momentan in einem allgemeinen Krankenhaus für psychische Krankheiten.

Dieser Vorgang stellt in seiner Gesamtheit einen Akt absoluter Ungesetzlichkeit dar. Die Gesundheitsbehörden verfügten zu keinem Zeitpunkt über durch Fakten belegte Anweisungen, die auf eine psychische Abnormität von Schores Medwedew schließen lassen oder, mehr noch, die seinen Zustand als gefährlich für die Allgemeinheit bezeichnen. Schores Medwedew ist ein vollkommen gesunder Mensch. Bei Gelehrten im In- und Ausland ist er für seine Arbeiten im Bereich Gerontologie, Genetik und Geschichte der Biologie bekannt. Er ist aber auch bekannt für seinen Dienst an der Allgemeinheit im Interesse der internationalen Zusammenarbeit und im Interesse der Demokratie in der Sowjetunion, wobei er sich konsequent im Rahmen der Legalität bewegt. Es ist durchaus möglich, daß Medwedews Aktivitäten den Interessen gewisser

Leute und speziell den ehemaligen Mitgliedern des weitverbreiteten Clans antiwissenschaftlicher Orientierung in der Biologie in der Sowjetunion zuwiderlaufen; jenen Leuten, die durch Provokation, Fehler und zweifelhafte Projekte unserem Land solchen Schaden zugefügt haben ...«

Der Entrüstung und Empörung nach zu schließen, die in diesem Brief zum Ausdruck gebracht wird, macht uns Sacharow damit bekannt, wie die sowjetische Regierung mit besonders lästigen Dissidenten, die legal nicht zu belangen sind, mit Hilfe psychiatrischer Kliniken – der seit langem berüchtigten »psichuschka« – umgeht. Wiktor Fejnberg ist der erste Dissident, der in einer »psichuschka« »behandelt« wurde. Er wurde 1968 während einer Demonstration gegen den Einmarsch sowjetischer Truppen in die Tschechoslowakei auf dem Roten Platz im Zentrum von Moskau festgenommen. Natalia Gorbanjewskaja, die ebenfalls im August 1968 an der Demonstration auf dem Roten Platz teilnahm, wurde bald nach ihrer Festnahme wieder freigelassen (sie ist Mutter von zwei kleinen Kindern), später jedoch wieder festgenommen und für zwei Jahre in eine »psichuschka« eingewiesen. Die Festnahme und »Einweisung« von Schores Medwedew war eine Probe. Während für die Einweisung von Gorbanjewskaja, Fejnberg, General Grigorenko, Wladimir Bukowski und anderer das Strafrecht herangezogen wurde, wurde bei Medwedew das Zivilrecht zugrunde gelegt, und er wurde wegen eines weniger schwerwiegenden Anklagepunktes, der Berufung zuläßt, in eine Klinik eingewiesen. Und dennoch war die Einweisung eines angesehenen Wissenschaftlers in eine »psichuschka« für die wissenschaftliche Gemeinde ein Schlag ins Gesicht. Die Szene von Medwedews Verhaftung in seiner eigenen Wohnung durch einen Oberst der Miliz ist unvergeßlich. Der Oberst stand der

Gruppe aus vier Milizionären und zwei Ärzten vor, alle befanden sich in Medwedews Wohnung; der sowjetische Parteistaat knausert in solchen Fällen nicht mit Titeln – der kommandoführende Offizier ist oftmals ein Major und vom Dienstgrad her niemals weniger als ein Hauptmann. »Wie können Sie es wagen, in meine Wohnung einzudringen?« schrie Medwedew, rasend vor Wut. Darauf schrie der Oberst der Miliz Medwedew an: »Was meinen Sie mit *Ihrer* Wohnung? Diese Wohnung ist Eigentum des Staates!« Selten wurde die Verbindung zwischen Privatleben und Eigentum so eindrucksvoll ausgedrückt.

Die Einweisung von Dissidenten oder auch Andersdenkenden aus den Reihen der Partei in eine »psichuschka« ist eine neue Methode der sowjetischen Regierung, Prozesse, die von Rechts wegen stattfinden müssen, und »öffentliche« Verhandlungen (wie sie in der Sowjetunion üblich sind) – aus welchen Gründen auch immer – zu vermeiden. In diesem Punkt zeigt sich eine Parallele, mutatis mutandis, zu neuen Methoden der amerikanischen Regierung. Beispiele sind nichtöffentliche Verhandlungen und die Sonderausschüsse der Inquisition, die als »Not-Tribunal«, dienen, »das sich nach Belieben seine eigenen Gesetze schafft und ändert«. Es gibt eine weitere Parallele: Der weltweit als überragender Dichter anerkannte Ezra Pound war der einzige politische Gefangene, der während des Zweiten Weltkriegs als Sympathisant, aber gleichzeitig auch Verräter faschistischen Gedankenguts von einer amerikanischen Regierung – und zwar dreizehn Jahre lang – in eine psychiatrische Klinik eingewiesen wurde. Die Praxis, politisch Andersdenkende in Kliniken einzuweisen, um sie dort einer psychiatrischen Untersuchung und Behandlung zu unterziehen, liegt jedoch noch ein gutes Stück weiter zurück als die Demonstration auf dem Roten Platz 1968. Der Mißbrauch der Gerichtspsychiatrie in der Sowjetunion scheint sich erst allmählich, auf einer Ad-hoc-Basis, in den dreißiger Jahren und als exemplarische Alternative zur Todesstrafe entwickelt zu haben. Die sowjetischen Behörden versuchten diesen Punkt zu verschleiern. 1955–56, in den Wirren der Entstalinisierung, führte ein Ausschuß des Zentralkomitees umfangreiche Nachforschungen zu diesem Thema durch. Der Leiter des Ausschusses, Sergej Pisarew, war selbst Opfer dieser Vorgehensweise – er hatte zwei Jahre in einer psychiatrischen Anstalt verbringen müssen, nachdem er Stalin einen Bericht gesandt hatte, in dem er den KGB für das »Ärztekomplott« verantwortlich machte. Der Bericht des Ausschusses, in dem es heißt, daß »Hunderte von vollkommen gesunden Menschen« jahrelang in psychiatrischen Anstalten festgehalten wurden, wurde nicht veröffentlicht.

Das Festhalten an diesem mißbräuchlichen Umgang mit der Psychiatrie deutet auf eine ziemliche Verlegenheit der sowjetischen Behörden bei ihrer routinemäßigen, aber anspruchsvollen Aufgabe hin, den sektiererischen Standard kommunistischer Verhaltensweise aufrechtzuerhalten. Im Buch der Brüder Medwedew *A Question of Madness* (der Titel der russischen Ausgabe ist deutlicher und heißt in der Übersetzung: Wer ist hier verrückt?) wird die Einweisung Schores Medwedews ausführlich beschrieben. Die Aktivitäten gegen Medwedew begannen bereits, als sein siebzehnjähriger Sohn, der allmählich die Merkmale eines »Hippie« annahm, auf Veranlaßung der Schulbehörde psychiatrisch untersucht wurde. Das eigentliche Ziel der Aktion war jedoch nicht der Sohn, sondern der Vater. Unter dem Vorwand, den Fall seines Sohnes zu besprechen, wurde Schores Medwedew zu einem Gespräch mit einem nicht als solchen zu erkennenden Gerichtspsychiater geladen. Bei der Wiedergabe der Gespräche zwischen

Medwedew und verschiedenen sowjetischen Behörden tritt die Bevormundung, die das sowjetische System ausübt, unverkennbar zutage.
Der Vorteil ist, daß psychiatrische Kliniken als Besserungsanstalten besonders dann von Wert sind, wenn es sich, wie im folgenden Fall, bei dem Patienten um eine angesehene und hochstehende Persönlichkeit handelt. General Grigorenko war ein Mann von außergewöhnlicher Integrität, der sich im Dienst für Volk und Vaterland nichts hatte zuschulden kommen lassen – *integer vitae scelerisque purus.* Ein großer, kräftiger Mann, der zeigte, aus welchem Holz er geschnitzt war. Auf einer Parteikonferenz 1941 kritisierte er Stalin und nannte ihn einen Stümper auf militärischem Gebiet. Er kam mit einem Verweis davon. Zwanzig Jahre später verlieh er seiner Unzufriedenheit über die »unvernünftigen und oftmals gefährlichen Aktivitäten Chruschtschows und seiner Leute« Ausdruck, wie er es in einem offenen Brief an die Moskauer Wähler formulierte. Daraufhin wurde er lediglich degradiert und nach Ussuriisk bei Wladiwostok gebracht. Hier, fern von Moskau, schrieb und verteilte er nicht nur politische Streitschriften, sondern gründete eine Gruppe, die sich anspruchsvoll »Union zum Kampf für die Wiedererstehung des Leninismus« nannte. Hierfür wurde er 1964 festgenommen und in eine »psichuschka« in Leningrad eingewiesen, um nicht mit einer Verhandlung die Öffentlichkeit auf seinen Fall aufmerksam zu machen. Grigorenko hatte sich bereits einen Namen gemacht – vornehmlich bei seinen Kollegen in der sowjetischen Armee. Dieser Fall war für die sowjetischen Behörden besonders schwierig wegen Grigorenkos Beharrlichkeit: Niemals nahm er einmal Gesagtes zurück, ganz im Gegenteil. In seiner Kritik an Chruschtschow wurde er selbst vom Zentralkomitee bestätigt, das dieselben Anschuldigungen wie

Grigorenko erhob und den sowjetischen Führer schließlich absetzte. (Dieselbe Farce ereignete sich um den ukrainischen Mathematiker Leonid Pljuschtsch. Er wurde verhaftet, als er den ukrainischen Parteiführer Scherlest kritisierte. Während der Staatsanwalt noch gegen Pljuschtsch ermittelte, wurde der Parteichef auf Beschluß der Partei abgesetzt. Diesem Parteibeschluß lagen dieselben Argumente, wie sie auch Pljuschtsch geäußert hatte, zugrunde. Da es nun nicht mehr möglich war, gerichtlich gegen Pljuschtsch vorzugehen, nahm man zu einer anderen Maßnahme Zuflucht: Er wurde in eine psychiatrische Anstalt eingewiesen.) Grigorenko wurde sein Dienstgrad, seine Pension und die Mitgliedschaft in der Partei aberkannt. Zudem wurde er zu fünfzehn Monaten Haft, davon acht Monate in einer »psichuschka«, verurteilt. Dort diagnostizierte der sowjetische Psychiater Andrej W. Sneschewski »träge Schizophrenie«. Mit dieser Neuschöpfung der sowjetischen Psychiatrie erweiterte Sneschewski die Definition der Schizophrenie um die leichteste Neurose. Sneschewskis Neurose zeigte sich an Symptomen wie Zurückgezogenheit, Auseinandersetzungen mit Behörden, philosophischem Interesse und dem Wunsch, die Gesellschaft zu reformieren. Die Grenze zwischen diesen Symptomen und der Normalität ist zugegebenermaßen fließend. Sneschewski hat dem sowjetischen Staat einen großen Dienst erwiesen, indem er für psychische Verwirrung ein umfassendes Konzept lieferte, das dann im »Not-Tribunal, das sich nach Belieben seine eigenen Gesetze schafft und ändert«, Anwendung fand. Für einen psychisch normalen Häftling ist es eine furchterregende und oftmals traumatische Erfahrung, mit geistesgestörten Patienten zusammengesperrt zu sein; diese Erfahrung ist um einiges schlimmer als das Schicksal eines politischen Häftlings, der die Zelle mit gewöhnlichen Kriminellen teilt. Das ist aber längst noch nicht alles – da sind auch noch die Behandlungen: Speziell die Verabreichung von Beruhigungs- oder Betäubungsmitteln bewirkt, daß der »Patient« nur noch dahinvegetiert und dadurch wirklich krank wird. Der Anblick des trotzigen, starken Mannes in Gewahrsam bringt wohl in jedem dienstmäßigen Peiniger den Masochisten hervor. Wie Grigorenkos Ärzte in Leningrad ihm sagten: »Es waren schon immer auch gesunde Menschen hier. Vor Ihnen wurde jedoch keiner ohne gerichtliche Anweisung und auf so brutale Art und Weise wie Sie offiziell für geisteskrank erklärt.«

Die Anwendung einer *Punitive Medicine* (Medizin im Dienst der Strafverfolgung) – um den Titel eines Buches zu zitieren, das von einem der Opfer, Alexander Podrabinek, zu diesem Thema geschrieben wurde – auf politisch Andersdenkende ist mehr noch als das genaue Gegenteil hiervon, das Ächten eines ganzen Wissenszweiges der Medizin wie beispielsweise der Erbkrankheiten im Falle der Genetikkontroverse, eine schreckliche Verwirrung der Staatskunst. Daß der sowjetische Parteistaat sich der Psychiatrie für seine Zwecke bedient, zeugt davon, daß er für Präzedenzfälle, Vergleiche und Assoziationen, wie sie seit der Erfahrung mit dem Nationalsozialismus gehäuft vorkommen, völlig unzugänglich ist. In einem offenen Brief zieht Solschenizyn einen Vergleich, der sich auch schon so manchem Leser aufgedrängt haben mag:

»Es ist an der Zeit, sich darüber klar zu werden, daß das Einsperren geistig gesunder Menschen in Irrenhäuser, nur weil sie sich eigene Gedanken machen, geistigem Mord gleichkommt. Dies ist eine Variante der Gaskammern und sogar noch grausamer, da der Verurteilte schlimmere Qualen über einen längeren Zeitraum durchlebt ... Auch in

Gesetzlosigkeit und bei Übeltaten muß man sich immer die Grenzen vor Augen halten. Jenseits dieser Grenze wird der Mensch zum Kannibalen.«

Es war schlichtweg tollkühn von den Sowjets zu meinen, sie könnten trotz dieser Praktiken auch weiterhin Mitglied im Weltverband der Psychiater bleiben, ohne zur Rechenschaft gezogen, für schuldig befunden und ausgeschlossen zu werden. Schließlich saßen sie aber zusammen mit den Westalliierten bei den Nürnberger Prozessen auf der Richterbank. (Ein russisches Sprichwort besagt: »Über Sieger wird nicht geurteilt.«) Als »Verbrechen gegen die Menschlichkeit« wurde in Nürnberg unter anderem auch jenes Programm der Nazis zur physischen Zerstörung Geisteskranker verurteilt. Teil dieses Programms waren »spezielle Untersuchungen« durch ausgebildete Psychiater – mit wohl hinlänglich bekannten Ergebnissen. 1977 verurteilte der Weltverband der Psychiater den »systematischen Mißbrauch der Psychiatrie zu politischen Zwecken in der Sowjetunion«.

Was Andrej Sacharow betrifft, so ließ er es nicht damit bewenden, Briefe in der Sache Schores Medwedew zu schreiben. Zusammen mit seinem Kollegen Kapiza und einer Reihe von Freunden von Schores Medwedew traf er sich am 12. Juni im sowjetischen Gesundheitsministerium mit Regierungsvertretern. In seinem Buch *A Question of Madness* beschreibt Roy Medwedew eine Szene dieses Treffens:

»Sneschewski zählte verschiedene Geisteskrankheiten auf, die einen Aufenthalt in einer psychiatrischen Klinik erfordern, darunter auch ›zwanghafte reformistische Wahnvorstellungen‹. Als er diesen Punkt erwähnte, richtete er seinen fachmännischen Blick durchdringend auf Sacharow. Sacharow selbst sagte dazu: ›Ich fand es komisch. Natürlich bin ich mir darüber im klaren, daß es für Menschen, die aufgrund einer derartigen Diagnose in einer Anstalt landen, durchaus nicht lustig ist.‹«

Das Aufgebot an Freunden mit derart hohem Prestige – Solschenizyn nimmt hier eine wichtige Stelle ein – war im Fall Schores Medwedew zuviel für jene, die die Psychotherapie als politisches Machtmittel befürworteten. Kapiza und Sacharow waren schweres Geschütz; und sie waren – noch – Mitglieder des Establishments, genauer gesagt, Mitglieder der sowjetischen Akademie der Wissenschaften, und als solche repräsentierten sie diese Institution. Kurz gesagt, verlieh ihr Erscheinen dem Protest eine förmliche Note und damit den vagen Eindruck einer Spaltung des sowjetischen Establishments. Ein Angriff auf Schores Medwedew kam einem Angriff auf die wissenschaftliche Gemeinde in der Sowjetunion gleich – zumal dieser Angriff seinen Ursprung in pseudowissenschaftlicher Anmaßung fand und gegen einen Wissenschaftler gerichtet war, der seit langem und intensiv gegen derartige Anmaßung, wie sie sich im Lyssenkoismus zeigt, kämpfte. Dies war keine gute Idee. Wie Roy Medwedew zu berichten weiß, hat Sneschewski selbst deswegen bei Alexander Lifschiz, dem Chefarzt in Kaluga, protestiert: »In einem Jahr findet ein internationaler Kongreß der Psychiater in Mexiko statt. Was meinen Sie, wie unsere Delegation dastehen wird!« Fünf Tage nach der Zusammenkunft im sowjetischen Gesundheitsministerium wurde Schores Medwedew freigelassen. Er hatte gerade neunzehn Tage in der »psichuschka« verbracht.

Die Sowjetunion weigerte sich jedoch, diese Praktik ganz aufzugeben. Der große Nachteil daran war natürlich, daß diejenigen, die dieser politischen Psychotherapie ausgesetzt waren, überlebten und ihre Geschichte erzählen konnten. Je mehr Opfer dieser sowjetischen Form der »Selektion« es gibt, desto mehr Zeugen können und wollen folglich dagegen aussagen. Einmal mehr hat sich die

Sowjetunion in einen Teufelskreis hineinmanövriert, in dem durch Maßnahmen gegen antisowjetische Verleumdung Material entsteht, das von internationaler Seite gegen den sowjetischen Staat verwendet werden kann. Nach seiner Warnung 1977, die Psychiatrie für politische Zwecke zu mißbrauchen, und nachdem durch eine Unzahl an Beweisen erwiesen war, daß diese Praktik auch weiterhin angewendet wurde, leitete der Weltverband der Psychiater 1984 Schritte ein, die Sowjetunion aus ihren Reihen auszuschließen. Um einem Ausschluß zuvorzukommen, erklärte die Sowjetunion ihren Austritt aus der Organisation.

Am 11. November 1970 unterzeichnete Sacharow zusammen mit neun Kollegen (darunter neben dem Akademiemitglied Michail Leontowitsch auch Waleri Turtschin und Waleri Tschalidse) einen an den Vorsitzenden des Obersten Gerichtshofs der RSFSR gerichteten Brief. Mit diesem Brief protestierten sie gegen die Verurteilung ihres Kollegen Rewolt Pimenow und des Puppenspielers Boris Weil zu fünf Jahren Verbannung. Ihnen wurde zum Vorwurf gemacht, engen Freunden einige schreibmaschinengeschriebene Texte übergeben zu haben, die nach Meinung des Gerichts in Kaluga die öffentliche und politische Ordnung des sowjetischen Staates verleumdeten. Der Inhalt des Briefes:

»Derartige Justizfälle haben in den letzten Jahren bei vielen Bürgern Proteste hervorgerufen. Jedes neue Verfahren dieser Art verstärkt die Bedenken in der Allgemeinheit. Dies geschieht um so mehr, als die Legislative Artikel 190-1 des Strafgesetzbuches der RSFSR trotz wiederholter Appelle nicht detaillierter formulierte und als in diesem Verfahren die faktische Verletzung des Prinzips der Redefreiheit (Glasnost) zur Gewohnheit wurde. Weil sie Interesse an Artikel zeigten, die sich mit Themen von allgemeinem Belang kritisch beschäftigen, und weil sie am für die Gesellschaft so wichtigen Informationsaustausch teilnahmen, werden zwei Männer fünf Jahre lang aus ihrer schöpferischen Arbeit, aus dem normalen Leben und ihrer gewohnten Umgebung herausgerissen.«

Der Brief endet mit der Bitte, der Oberste Gerichtshof möge die Fakten bei einer gerichtlichen Strafverfolgung einer Tat studieren, die in einer demokratischen Gesellschaft als völlig normale Demonstration staatsbürgerlicher Rechte angesehen wird. Es sei hier erwähnt, daß Sacharow selbst nach Kaluga fuhr und dem Prozeß beiwohnte. In den folgenden Jahren sollte es für ihn zur Gewohnheit werden, bei Verhandlungen zu Fragen des Bürgerrechts dabeizusein und selbst politische Gefangene zu besuchen, wenn dies die Umstände erlaubten. Oft wurde er dabei von seiner Frau Jelena Bonner begleitet.

Sacharow selbst fuhr nach Kaluga, um der Verhandlung Boris Weils beizuwohnen. Obwohl die Verhandlung verschoben werden mußte, da Boris Weils Anwalt nicht anwesend sein konnte, war Sacharow – zur Freude des Angeklagten – auch einige Tage später beim zweiten Termin anwesend. Wie der Angeklagte später berichtete, wurde Sacharow vor Beginn der Verhandlung vom vorsitzenden Richter darauf hingewiesen, daß er an dem Prozeß nur unter bestimmten Bedingungen teilnehmen dürfe. Am zweiten Tag der Verhandlung jedoch kam es zu einem Zwischenfall: Während des Plädoyers des Staatsanwaltes betrat der Kommandant des Geleitschutzes den Gerichtssaal und flüsterte dem Richter etwas zu. Kurz darauf gab dieser den Befehl: »Motor!« Niemand verstand zuerst, doch als der Motor des vor dem geöffneten Fenster des Gerichtssaales geparkten Wagens angelassen wurde, war klar, daß das Plädoyer des Staatsanwaltes im Lärm untergehen sollte. Genau zu diesem Zeitpunkt erhob sich einer

der Zuschauer und beschuldigte Sacharow des Mitschreibens. Sacharow daraufhin: »Ist es etwa verboten, die Rede des Staatsanwaltes, des obersten Vertreters des Landes, niederzuschreiben? Verbieten Sie es mir?«
Richter: »Nein, ich verbiete es nicht, ich bitte Sie, nicht mitzuschreiben.«
Kurz darauf bat der Richter Sacharow erneut, sein Tun einzustellen, da all das, was Sacharow bisher mitgeschrieben habe, vermutlich in der reaktionären westlichen Presse erscheine. Sacharow kümmerte sich nicht darum. Als der Richter ihn kurz darauf noch einmal ermahnte, gehorchte er – da er ansonsten möglicherweise des Gerichtssaales verwiesen worden wäre.
Boris Weil wurde noch am selben Tag zu fünf Jahren Exil verurteilt und war glücklich darüber, daß er weder ins Gefängnis noch ins Arbeitslager mußte – noch glücklicher aber darüber, daß ein Mensch wie Sacharow sich um seine Sache gekümmert und seinem Prozeß beigewohnt hatte.
Am 28. Dezember schloß sich Sacharow einer Gruppe sowjetischer Wissenschaftler an, die wie er Mitglieder der amerikanischen Akademie für Kunst und Wissenschaft waren. Diese Gruppe schrieb einen offenen Brief an den Präsidenten der Vereinigten Staaten, Richard Nixon, und an den Präsidiumsvorsitzenden des Obersten Sowjets, Nikolaj Podgorny. Im an den amerikanischen Präsidenten gerichteten Teil des Briefes baten die Wissenschaftler, Leben und Rechte von Angela Davis zu schützen, die damals wegen terroristischer Aktivitäten in Kalifornien vor Gericht stand. Podgorny baten sie in ihrem Brief, das Leben von Mark Dimschiz und Eduard Kusnezow zu erhalten. Beide waren wegen versuchter Flugzeugentführung auf dem Leningrader Flughafen zum Tod durch Erschießen verurteilt worden. (Neun weitere sowjetische Juden, die an dieser Aktion beteiligt waren, wurden zu

langjährigen Haftstrafen verurteilt. Mit der Aktion sollte dagegen protestiert werden, daß Juden die Ausreise nach Israel verweigert wurde.) Nach wenigen Tagen erhielt Sacharow ein Telegramm von Martin Hillenbrand vom amerikanischen Außenministerium. Darin hieß es, daß die Rechte von Angela Davis durch das kalifornische Gericht in öffentlichen Sitzungen, zu denen die amerikanische und die internationale Presse Zutritt hätten, geachtet würden. Was den an Podgorny gerichteten Teil des Briefes anbelangt, erhielten die Wissenschaftler keine Antwort, wenn auch nicht lange darauf unter internationalem Druck die Todesurteile für Dimschiz und Kusnezow in fünfzehn Jahre Arbeitslager umgewandelt wurden. Die symbolische Entführung eines sowjetischen Flugzeugs (die, wie in dem Brief hervorgehoben wird, auf dem Boden stattfand und bei der niemand verletzt wurde) stellt den Beginn der Auswanderungswelle sowjetischer Juden nach Israel und in andere westliche Staaten dar.

Früher, etwa im September, appellierte Sacharow zusammen mit Waleri Tschalidse, Alexander Wolpin und Pjotr Jakir an das Präsidium des Obersten Sowjets, Olga Jofe und Walerija Nowodworskaja freizulassen. Beide waren neunzehn Jahre alt, als sie wegen einer Bagatelle festgenommen wurden. Andere Beteiligte waren längst wieder auf freiem Fuß. Gleichzeitig setzten sie sich auch für Anatoli Martschenko und den ehemaligen Generalmajor der sowjetischen Armee, Pjotr Grigorenko, ein. Martschenko, ein Schriftsteller mit rein proletarischem Hintergrund, schrieb in sowjetischen Gefängnissen mehrere Lebensberichte. Die bekanntesten sind in seinem Buch *My Testimony* in New York 1969 erschienen. Zwischen jener Zeit und seinem Tod 1986 verbrachte er mehr Zeit in sowjetischen Gefängnissen als irgendein anderer Insasse – von lebenslänglich Verurteilten abgesehen –, näm-

lich fünfundzwanzig Jahre. Als er starb, verbüßte er gerade seine fünfte Strafe. Für ihn setzte sich Sacharow besonders ein.
Während der nächsten zweieinhalb Jahre, von 1971 bis August 1973, nahm Sacharow an etwa zwei Dutzend Protestaktionen teil. An Artikeln, Briefen, Appellen, Erklärungen und Stellungnahmen wirkte er als Autor, Mitautor und Mitunterzeichner mit. Darüber hinaus nahm er an kleinen und kleinsten Demonstrationen teil, erschien bei Anhörungen und Verfahren gegen Dissidenten, besuchte unter Hausarrest stehende Dissidenten und Häftlinge, um sich selbst zu informieren. Die Strategie, die hinter all dem steckt, ist klar zu erkennen: Dadurch, daß möglichst viele Fälle illegaler Handlungen seitens der sowjetischen Behörden bekanntgemacht wurden, konnten Sacharow und seine Freunde sowohl die Aufmerksamkeit der Öffentlichkeit als auch der Behörden auf die Häufigkeit und Art der oftmals bewußt herbeigeführten Justizirrtümer lenken. Zum anderen wurde dadurch deutlich, daß diese Justizirrtümer in der Öffentlichkeit auf Protest stießen. Der größte Vorteil und Nachteil hierbei war, daß das Prestige von Sacharow und einiger seiner Kollegen die geringe Zahl der Beteiligten wettmachte. Es war durchaus nicht so, daß diese Aktionen die Proteste oder deren Gegenstand weniger wichtig werden ließen; in der Tat wiesen einige der Aktionen auf wirkliche Mängel im sowjetischen System hin. Ende Mai 1971 schrieb Sacharow beispielsweise einen Brief an den Präsidiumsvorsitzenden des Obersten Sowjets, Nikolaj Podgorny. Sacharow protestierte in diesem Brief gegen die Verurteilung des religiösen Schriftstellers A. E. Lewitin-Krasnow zu drei Jahren Arbeitslager wegen Verteilung von Schriften (»lügnerische Fiktionen«), die die öffentliche und politische Ordnung des sowjetischen Staates verleumdeten. Sacharow

betont, daß die Artikel von Lewitin »den Standpunkt eines religiösen Mannes zu Moral und philosophischer Bedeutung der Religion wiedergeben, die Meinung zu aktuellen innerkirchlichen Fragen ausdrücken und aus einer loyalen und demokratischen Position heraus die Probleme der Gewissensfreiheit erörtern. In diesem Zusammenhang werden natürlich an konkreten Fallbeispielen Mißachtungen dieser Freiheit aufgeführt. Da es sich hier um persönliche religiöse Überzeugungen und Analysen tatsächlicher Geschehnisse handelt, kann Lewitin-Krasnow nicht wegen Verteilung lügnerischer Fiktionen und noch weniger wegen dem, was seiner Meinung nach lügnerische Fiktionen sind (d. h. von seinem Standpunkt aus) angeklagt werden. Wenn er gewisse Aspekte bestehender Gesetze in Hinblick auf die Religion und deren Anwendung kritisiert, kann er insofern nicht wegen Forderung nach Nichtbeachtung der Gesetze angeklagt werden, als er dazu aufruft, diese durch gesetzgeberische Mittel zu optimieren. Ich nahm an der Verhandlung teil und bin der Überzeugung, daß alle aufgeführten Aktivitäten von Lewitin in keiner Weise die Gesetze verletzen. Ich appelliere an Sie, in diesem Fall die Gerechtigkeit wiederherzustellen. Lewitin ist kein junger Mann mehr, und er ist von Krankheit gezeichnet. Sollten Sie sich nicht in der Lage sehen, meinen oben angeführten Argumenten, die den gesetzlichen Charakter seiner Aktionen bezeugen, zu folgen, möchte ich Sie daher aus humanitären Gründen bitten, Ihre verfassungsmäßigen Rechte und Ihren Einfluß geltend zu machen und die Last seines Schicksals zu erleichtern.«

Mehr noch als aus einer fünfzehn Seiten langen Analyse des Zustandes der Nation mit einem groben Überblick über mögliche Reformen wird aus diesem relativ kurzen Brief deutlich, daß die Strategie Sacharows und seiner

Kollegen in diesem Fall nicht auf das bloße Herausstreichen von Menschenrechtsverletzungen beschränkt ist. Diese Mitteilungen haben alle einen ausgesprochen belehrenden Unterton. Es scheint, als hätte es sich ein Teil der wissenschaftlichen Gemeinde zur Aufgabe gemacht, sowjetische Führer und den Parteiapparat in der Kunst und Wissenschaft einer demokratischen Regierungsform zu unterrichten, indem sie zum einen die Notwendigkeit von Reformen (Perestroika) und zum anderen die Vorbedingung dieser Reformen, nämlich die Freiheit zu offenem Meinungsaustausch (Glasnost), deutlich machten. Einige dieser Schreiben voll ideologischer und politischer Bedeutung müssen eher wie hochexplosive Geschosse, die in das Königreich der Parteigrößen einschlagen, gewirkt haben. Ein gutes Beispiel für so ein briefliches Projektil ist der offene Brief an die Präsidiumsmitglieder des Obersten Sowjets der UdSSR vom 20. September 1971:

»Die Gerichtsverhandlungen der letzten Monate bringen uns einmal mehr den tragischen Zusammenstoß vor Augen, der sich aus den Schwierigkeiten jener Bürger, die die Sowjetunion verlassen und in ein anderes Land übersiedeln möchten, und den juristischen, sozialen, psychologischen und politischen Aspekten dieses Problems ergibt.

Die Anträge von Sowjetbürgern jüdischer oder anderer Nationalität – Russen, Ukrainer, Deutscher, Armenier, Litauer, Letten, Esten, Türken und anderer, die aus persönlichen, nationalen oder sonstigen Gründen ausreisen möchten – werden seit Jahren ohne Begründung abgelehnt, wodurch das Leben dieser Menschen geprägt wird von einer qualvollen Zeit des Wartens.

Das Problem hat noch eine andere Seite. Man wird vom Schicksal jener Menschen berührt, die jegliche Hoffnung verloren haben, das Land auf legale Weise verlassen zu können, und beschlossen haben, ihr Ziel ungesetzlich auf irgendeine Art und Weise zu erreichen. Viele dieser Menschen sind zu langjährigen Haftstrafen oder Aufenthalt in Arbeitslagern verurteilt worden oder sind dazu verdammt, die Schrecken einer speziellen psychiatrischen Behandlung in geschlossenen Anstalten, wie zum Beispiel in Dnepropetrowsk, über sich ergehen lassen zu müssen. Das verzweifelte Umsichschlagen dieser Mitbürger wird von den Gerichten in den meisten Fällen als Hochverrat interpretiert, ein Verbrechen, das schwerste Bestrafung nach sich zieht.«

An diesem Punkt stützt Sacharow seinen Bericht mit einer Reihe von Beispielen, darunter auch das umgewandelte Todesurteil von Kusnezow und Dimschiz für die versuchte Flugzeugentführung in Leningrad und die Verzweiflungstat eines litauischen Seemanns. Dieser durchquerte die Bucht von New Orleans, stieg an Bord eines amerikanischen Kampfschiffes und bat um politisches Asyl. Unerklärlicherweise schickten die Amerikaner den Litauer in die Sowjetunion zurück. (Milde ausgedrückt ist das paradox, denn die Vereinigten Staaten haben die Annexion Litauens und zweier anderer baltischer Staaten durch die Sowjetunion niemals anerkannt.) Die Sowjets klagten den Litauer wegen Hochverrats an und verurteilten ihn zu zehn Jahren Gefängnis. Sacharow fährt in seinem Essay zur Staatskunst folgendermaßen fort:

»Schließlich hat das Problem noch eine weitere Seite. Jene, die (zumeist ohne Erfolg) versuchen, das Land auf legale Weise zu verlassen, werden aufgrund bestehender Vorurteile, aus Tradition und Konformismus wie Bürger zweiter Klasse behandelt, was die Verwirklichung einer Reihe ihrer Rechte anbelangt. So wird es ihnen erschwert, ein begonnenes Studium fortzusetzen, Arbeit zu finden und diese Arbeit zu behalten, und ihre Diskriminierung zeigt sich selbst darin, daß gegen sie gerichtlich er-

mittelt wird. Die Prozesse gegen Palatnik in Odessa und gegen Kukujem in Swerdlowsk sind meiner Ansicht nach Beispiele für diese durch Vorurteile belastete und offenkundig ungerechte Vorgehensweise.
Wenn ich die Aspekte des hier angeführten Problems betrachte, möchte ich besonders betonen, daß eine humane, gerechte Lösung der angesprochenen Fragen für die weitere Demokratisierung unseres Landes, für eine endgültige Beendigung der internationalen Isolation unseres Landes, für den Austausch von Menschen und Ideen und für die Verteidigung der Menschenrechte – dem vorrangigen und grundlegenden Wert in der soziopolitischen Struktur eines Landes – von entscheidender Bedeutung ist. Bewegungsfreiheit von Land zu Land, ein Privileg, in dessen Genuß tatsächlich nur wenige unserer Mitbürger kommen, ist eine unverzichtbare Bedingung für die geistige Freiheit aller. Ein freies Land kann nicht wie ein Käfig sein – selbst wenn es ein goldener Käfig ist, vollgestopft mit guter Kost.
Ehrenwerte Mitglieder des Präsidiums des Obersten Sowjets der UdSSR, ich fordere Sie und jeden anderen, der die Freiheit unserer Bürger unterstützt, auf, alle Maßnahmen zu ergreifen, die eine Lösung für die hier erwähnten Punkte bieten. Konkret fordere ich Sie persönlich auf, in folgenden Punkten die Initiative zu ergreifen:
1. Es ist unbedingt erforderlich, Gesetze zu erlassen, die das Problem der Auswanderung demokratisch und in Übereinstimmung mit den weltweit anerkannten Menschenrechten lösen – jeder, der dies wünscht, muß das Recht haben, das Land zu verlassen und jederzeit ohne Schwierigkeiten zurückzukommen.
2. Weiterhin ist eine Änderung der Formulierung der Artikel des Strafgesetzbuches, die sich mit Hochverrat beschäftigen, erforderlich, um auszuschließen, daß sie, wie es heut-

zutage Rechtspraxis ist, großzügig interpretiert werden.
3. Es ist zwingend notwendig, alle Bürger, die wegen versuchter Landesflucht verurteilt wurden, und alle, die aus demselben Grund in psychiatrischen Kliniken behandelt werden, zu amnestieren.«

Zum ersten Mal seit Sacharow Schreiben an offizielle Partei- und Regierungsstellen richtet – hier von Korrespondenz zu sprechen wäre falsch, da von offizieller Seite niemals eine Antwort in Briefform kam –, unterzeichnete er diesen Brief neben seinem Titel als Akademiemitglied mit »Mitglied des Komitees für Menschenrechte«. Das Moskauer Menschenrechtskomitee wurde im November 1970 auf Initiative von Tschalidse, Sacharow und Andrej Twerdochlebow gegründet. Etwas später schlossen sich ihnen der Mathematiker Igor Schafarewitsch und der Geophysiker Grigori Podjapolski an. Keiner von ihnen war Jurist. Sie stellten sich das Komitee als beratendes Organ vor, dessen Zweck und Funktion in ihrer Erklärung »Prinzipien des Komitees für Menschenrechte« vom 4. November 1970 wie folgt festgelegt wurde:

»den staatlichen Stellen bei der Wahrung der Menschenrechte beratend zur Seite zu stehen, wobei die Initiative für diese Mitarbeit entweder vom Komitee oder von interessierten Regierungsbehörden ausgeht;

konstruktive Mitarbeit bei der Ausarbeitung der theoretischen Aspekte der Menschenrechte und der Studie über die Besonderheiten dieses Problems in einer sozialistischen Gesellschaft;

die Förderung juristischer Unterweisung, insbesondere durch Verteilung von Auszügen aus Dokumenten des internationalen und des sowjetischen Rechts, die sich mit Menschenrechten befassen.«

Am 15. November 1972 richtete Sacharow einen Appell an die Psychiater in aller Welt:

»Der junge Psychiater Semjon Glusman wurde gemäß Artikel 62 des Strafgesetzbuches der Ukrainischen Sowjetrepublik zu sieben Jahren verschärftem Arbeitslager und drei Jahren Verbannung verurteilt. Die Durchsuchung seiner Wohnung ergab keinerlei belastendes Material. Die Anklagepunkte stützten sich auf die Aussagen entsprechend beeinflußter Zeugen. Konkret wurde Glusman beschuldigt, meine Abhandlung über die tschechische Frage verteilt zu haben, eine Abhandlung, die ich niemals geschrieben habe. Die Verurteilung Glusmans sollte nicht nur wegen der Schwere und Unbegründetheit des Urteils, das nach einer Verhandlung hinter verschlossenen Türen gefällt wurde, besondere Aufmerksamkeit auf sich ziehen, sondern auch wegen des Berufes des Verurteilten. Die Weltöffentlichkeit sollte in diesem Zusammenhang zur Kenntnis nehmen, daß Glusman der Autor oder einer der Autoren einer anonymen Expertise war, die im Fall Grigorenko in Abwesenheit vorbereitet wurde. Dieses Dokument belegte, daß das offizielle Gutachten, aufgrund dessen Generalmajor Grigorenko mehr als drei Jahre lang unter schwersten Bedingungen in einer psychiatrischen Anstalt verbracht hatte, haltlos war.

Ich halte folgende Aussage für stichhaltig: Glusman wurde wegen seiner Aufrichtigkeit als Psychiater verurteilt. Ich rufe die qualifizierten Psychiater in aller Welt auf, ihrem jungen Kollegen zu Hilfe zu kommen; ich fordere sie auf, unverzüglich eine Untersuchung der Fälle, in denen die Psychiatrie als Mittel der Unterdrückung dient, durch eine internationale Expertenkommission zu verlangen.«

Einen Monat vorher hatte Sacharow dem Journalisten Axelbank erzählt, daß Chruschtschow einmal »die Behörden anwies, belastendes Material gegen mich zu finden ... Er sagte ihnen: Sacharow ist dagegen, daß wir die Bombe testen, er steckt seine Nase in die Politik. Wir müssen ihm eine Lektion erteilen.« Das war im Sommer 1964, im letzten Stadium im Kampf um den Lyssenkoismus. Offensichtlich ist mit Chruschtschow auch dieser Befehl verschwunden.

Aber nun wurde der Kampf in einem Bereich wieder aufgenommen, der insofern eine unheilverkündende Ähnlichkeit mit der Genetik-Kontroverse aufwies, da das Phantasiegebilde des »neuen Sowjetmenschen« wieder aufgetaucht war, um Andersdenkende und Reformer jeder Schattierung zu bestrafen.

Als Sacharow erwähnte, daß sein Name in der Anklageschrift gegen Glusman genannt wurde, bezweckte er damit, auf die offensichtliche Vorbereitung einer Ermittlung gegen ihn durch den KGB aufmerksam zu machen. Das wäre nicht das erste Mal gewesen. In seinen *Betrachtungen* erwähnt Sacharow, daß sein Appell an das Zentralkomitee vom 11. Februar 1967, den Fall Galanskow und Ginsburg abzuschließen, unbeantwortet blieb. »Erst viel später«, erfuhr er, daß »offenbar auf Initiative des ehemaligen KGB-Chefs Semitschastny versucht worden war, den anwesenden Schriftsteller und andere durch eine angestiftete Falschaussage zu verleumden. Die Aussage jenes Mannes – Dobrowolski – wurde später in der Verhandlung als Beweis dafür angeführt, daß Ginsburg und Galanskow Verbindung zu einer ausländischen, antisowjetischen Organisation hatten, was mehr als bezweifelt werden muß.«

Ganz ähnlich verhielt es sich im Fall des Dichters Anatoli Iwanowitsch Lupinis. Während des Ermittlungsverfahrens sagten zwei Zeugen aus, Lupinis hätte ihnen Arbeiten von Sacharow zu lesen gegeben. Sacharow führt diesen Fall in seinem »Nachwort« vom Juni 1972 als einen von mehreren »neuen Beweisen für die Unterdrückung durch Psychiatrie« an. Bei Lupinis wurde im Serbski-Gerichtspsychiatrischen Institut in Moskau Schizophrenie diagnostiziert. Er wurde nach Kiew zurückgebracht, vor Gericht gestellt und gemäß Gerichtsurteil zur Behandlung in die geschlossene psychiatrische Anstalt nach Dnepropetrowsk eingewiesen. Sein Verbrechen bestand darin, am Schewtschenko-Ehrenmal in Kiew Gedichte in ukrainischer Sprache vorgetragen zu haben. An jenem Tag feierte man den hundertsten Jahrestag der Überführung der sterblichen Überreste Schewtschenkos von St. Petersburg nach Kiew.

Am 14. Februar 1973 wurde Sacharow zum zweiten Mal in seiner Karriere im Magazin *Literaturnaja Gaseta* von der sowjetischen Presse kritisiert.

In der *Literaturnaja Gaseta* wurde Sacharow in einem von Alexander Jakowski verfaßten Artikel »Und was nun? Gedanken beim Lesen von Harrison Salisburys neuem Buch« angegriffen. Das Buch, das hier gemeint ist, heißt *Many Americas Shall Be One* und war zwei Jahre vorher erschienen. In diesem Artikel wurde die Entspannung zwischen Ost und West in der Zeit zwischen der ersten und der zweiten Gesprächsrunde zwischen Breschnew und Nixon diskutiert, die letztlich die SALT-Verträge zum Ergebnis hatte. Hier die Passagen, die sich mit Sacharow beschäftigen:

»(Salisbury) analysiert mehrere mögliche ›Rezepte‹, darunter auch das sogenannte ›Manifest‹ des sowjetischen Wissenschaftlers Sacharow.

Irgendwann einmal las ich dieses in der westlichen Presse veröffentlichte Hirngespinst. Es schien mir wie eine naive Ansammlung ausgewählter Passagen aus dem *Contrat Social* von Rousseau, der sowjetischen und amerikanischen Verfassung und eigenem Wunschdenken ... In Sacharows Lösungsvorschlägen zur Sicherung des Weltfriedens

konnte ich nichts Neues entdecken, besonders nicht in seinem wichtigsten ›Lösungsvorschlag‹ – eine ›Weltregierung‹ zu bilden, der sozusagen ›jedermann‹ untergeordnet wäre, vom sowjetischen Arbeiter und Kolchosebauern bis hin zum texanischen Ölbaron …
Nicht wegen der ›heilen Welt‹ rege ich mich über diese Utopie Sacharows, die bereits seit langem im Westen für antisowjetische Zwecke verwendet wird, auf, sondern wegen der demonstrativen Selbstgefälligkeit und Pose eines Mannes, der erhaben über den Dingen steht, der begeistert einen Olivenzweig schwenkt und gütig Schmeicheleien des militärisch-industriellen Komplexes entgegennimmt, der harmlose politische Spinnereien von Heiligen mit Herablassung betrachtet, andererseits aber kurzerhand jeden zerstört, durch den seine Macht wirklich gefährdet wäre.
Der Gerechtigkeit halber muß gesagt werden, daß Sacharows ›Rezepte‹ bei Salisbury ein spöttisches Lächeln hervorrufen, wenn er auch nicht umhin kann, dem Autor seine Hochachtung auszudrücken.«
In gewisser Weise hat Sacharow diese Kritik in einem Interview mit Jay Axelbank vorweggenommen, das in der britischen Wochenzeitung *Observer* in der Ausgabe vom 3. Dezember 1972 erschien. Dieses Interview – das erste größere, das Sacharow überhaupt gab – wurde auf einer ganzen Seite mit einem fünfzehn mal zwanzig Zentimeter großen Foto, auf dem Sacharow entspannt lächelnd mit seiner Frau Jelena Bonner abgebildet ist, abgedruckt. Dies war eine Provokation, die das sowjetische Establishment nicht ignorieren konnte. Während des Interviews nahm Sacharow eine Kopie seines Manifests *Betrachtungen* (das inzwischen als Buch erschienen war) zur Hand und sagte zu Axelbank:
»›Als ich dieses Buch schrieb, war ich ein wenig ideali-

stisch. Der Einmarsch in die Tschechoslowakei hatte damals ja noch nicht stattgefunden. Ich schrieb aus einer Position der theoretischen Verallgemeinerung – der Abstraktion, wie Sie es nennen. Inzwischen weiß ich viel mehr und bin ein enttäuschter Mann, mehr als ich es damals war. Damals bezeichnete ich mich als Sozialist, inzwischen haben sich meine Anschauungen geändert. Im Nachwort zu dem Memorandum, das diesen Sommer bekannt wurde, sind meine heutigen Überzeugungen aufgeführt. Ich würde mich selbst nicht länger als Sozialisten einschätzen. Ich bin kein marxistischer Leninist und kein Kommunist. Ich würde mich selbst als Liberalen bezeichnen.‹
Er erklärte, er sei sich in den vergangenen vier Jahren darüber klar geworden, daß sich der Sozialismus, wie er in Rußland und anderen Ländern praktiziert wird, als ›große Enttäuschung‹ erwiesen habe und daß, seiner Meinung nach, selbst die Theorie des Sozialismus keine Lösung für die Probleme der Menschheit biete.
›Die ausgleichenden Aspekte der sowjetischen Gesellschaft‹ sagte er, ›sind nicht mit den Eigenarten unseres Systems, sondern mit der Natur der Gesellschaft an sich zu erklären. Dieselben gütigen Aspekte des Lebens sind ebenfalls im kapitalistischen System zu finden. Deshalb trete ich seit jeher für eine Annäherung der Systeme ein.‹
Auf die Frage des Verfassers, welche Gesellschaft er sich für dieses Land wünsche, antwortete er: ›Ich wünsche mir mehr Menschlichkeit hier, die Freiheit, zu schreiben und zu lesen, was man möchte. Ich wünsche mir emotionale Rechte und daß es keinen Chauvinismus mehr gibt.‹
Auf die Frage, ob er ähnliche Institutionen, wie sie in westlichen Demokratien, beispielsweise den Vereinigten Staaten, England, Frankreich oder der Bundesrepublik, zu finden sind, auch für die Sowjetunion bevorzuge, antwortete er, daß er zu wenig über diese Länder wisse, um

dies beurteilen zu können. Wörtlich: ›Sie können beide Systeme miteinander vergleichen. Sie haben sowohl hier als auch dort gelebt. Wir wissen nur, was wir lesen, und das ist nicht viel, oder was wir von Besuchern erfahren. Wir tappen im dunkeln. Alles, was wir wissen, ist, was sich hier ändern muß.‹
Auf die Frage nach der Zukunft der Dissidentenbewegung, die durch Unterdrückung, aber auch durch die Auswanderung vieler Demokraten jüdischen Glaubens nach Israel dezimiert wurde, antwortete Sacharows Frau: ›Unser Kampf ist tatsächlich sinn- und zwecklos. Wenn Sie unseren Kampf als politische Aktivität betrachten, wird sich nicht das geringste ändern.‹
Sacharow fügte hinzu: ›Man kann nicht zusehen und nichts tun, wenn Menschen durch zunehmende Unterdrückung zerstört werden. Vor kurzem wurde in der westlichen Presse eine Verlautbarung von fünfundfünfzig Sowjetbürgern (darunter auch Sacharow) veröffentlicht, in der sie Amnestie für politische Gefangene und die Abschaffung der Todesstrafe forderten. Derartige Appelle benötigen allgemeine Unterstützung. Meinungsfreiheit und der Schutz vor grausamer Unterdrückung sind für die Menschheit von ebenso großer Bedeutung wie beispielsweise das sehr wichtige Problem der Freiheit, zu emigrieren, das in den Vereinigten Staaten die Aufmerksamkeit der gesetzgebenden Organe auf sich gezogen hat ...‹
›Seit Präsident Nixons Besuch letzten Februar hat sich die Lage verschlechtert‹, fuhr er fort. ›Die Behörden erscheinen dreister, da sie wohl der Meinung sind, in Zeiten der Entspannung die öffentliche Meinung des Westens ignorieren zu können, der sich nicht damit beschäftigen wird, wie schlecht es um die innere Freiheit in Rußland bestellt ist.‹ Dann äußerte er eine Meinung, die ich von fast allen Dissidenten hörte, mit denen ich mich in den vergangenen

zwei Monaten unterhalten hatte: ›Die Bewegung hatte noch nie so große Schwierigkeiten wie jetzt.‹ Er verwies darauf, daß sich zwei der aktivsten Dissidenten in Haft befinden; Wladimir Bukowski seit Anfang des Jahres und Pjotr Jakir seit vergangenem Sommer: ›Als die Verhandlung gegen Bukowski stattfand, versammelten sich siebzig Leute vor dem Gericht. Bei Lubarski waren es nur eine Handvoll Menschen.‹«

Der Verfasser fragte ihn, wie aktiv und einflußreich das Menschenrechtskomitee sei. ›Aktiv?‹, sagte er gequält. ›Ich weiß es nicht. Ist es aktiv, den ganzen Tag vor einem Gerichtsgebäude zu stehen, so wie wir es taten? Heißt das aktiv sein? Wir versammeln uns vor Gerichtsgebäuden und schreiben Protestbriefe. Aber wer hört denn schon zu?‹

Sacharow erzählte, daß er und drei weitere Mitglieder der Gruppe (Waleri Tschalidse war mittlerweile in die Vereinigten Staaten emigriert) sich einmal pro Monat trafen, um sich für Menschen einzusetzen, wie beispielsweise im Fall des buddhistischen Gelehrten in Zentralasien, der wegen seiner religiösen Überzeugung verfolgt wurde, oder eines Psychiaters in Kiew, der wegen antisowjetischer Aktivitäten zu sieben Jahren Haft verurteilt wurde. Sacharow macht sich die größten Sorgen um den Kunstkritiker Wiktor Fejnberg, der 1968 nach der Demonstration gegen den Einmarsch sowjetischer Truppen in der Tschechoslowakei auf dem Roten Platz verhaftet wurde, und den Ingenieur Wladimir Borissow. Beide Männer befinden sich in einer geschlossenen Anstalt in Leningrad.

›Diese Menschen haben wirklich Mut, da sie im Gegensatz zu mir von den Behörden in Gefängnisse gesteckt werden. Sie sind nicht immun. Und nun sind sie im Hungerstreik und vielleicht schon dem Tode nahe. Der Fall Fejnberg-Borissow ist der dunkelste Fleck in der Geschichte unseres Komitees.‹

›Was meinen Sie, wird in zehn, fünfzehn Jahren sein?‹
›In zehn Jahren wird sich nichts ändern. Das Land könnte untergehen, und es würde sich doch nichts ändern. Wir wissen, daß wir, trotz aller Schriften, die ich verfasse, nicht wirklich etwas ändern können. Wir wären schon dankbar, wenn die Behörden die Gesetze einhalten und uns die verfassungsmäßig garantierten Rechte wie Redefreiheit und öffentliche Gerichtsverhandlungen gewähren würden. Ich durfte immer an Verhandlungen teilnehmen, weil ich Sacharow bin, aber jetzt kann nicht einmal ich mehr hinein.‹
›Warum kämpfen Sie dann noch, wenn Sie meinen, daß es zwecklos ist?‹
›Weil es für uns kein politischer Kampf ist; und dies muß ich nochmals betonen: ich weiß nichts über Politik oder politische Theorien. Es ist ein moralischer Kampf für uns alle. Wir müssen ehrlich zu uns selbst sein.‹
›Sie sind also Pessimist?‹
›Nein, ich bin kein Pessimist. Ich bin der geborene Optimist. Ich bewerte die Situation nur objektiv.‹«
Damit dieses Crescendo der Selbsterniedrigung keinen zu starken Eindruck der Bescheidenheit Sacharows hinterläßt, soll hier zum Ausgleich noch eine vorhergehende Passage desselben Interviews zitiert werden:
»Zeitweise saßen wir auf einem Doppelbett, das als Sofa dient. Über Sacharow befanden sich nur eine Handvoll wissenschaftlicher Bücher. Zur Erklärung sagt Sacharow: ›Ein Wissenschaftler, der sich mit theoretischer Physik beschäftigt, braucht keine Bücher, kein Labor und keine Ausrüstung. Er braucht Verstand.‹«
Einem sowjetischen Parteifunktionär würde beim Lesen dieser Passage das Blut in den Adern gefrieren. Er würde diese Aussage vor dem Hintergrund einer rituellen Wiederholung von Parteislogans sehen, die eine sinnvolle De-

batte ersetzt und die offizielle Rhetorik des Parteistaates zu kaum mehr als zur erweiterten Fassung dieser Slogans werden läßt. Er würde sie als Totenglocke hören oder als Schlachtruf (dies ist die ursprüngliche Bedeutung von »Slogan«) der wissenschaftlichen und technischen Intelligenz, die ihren Anspruch auf die Führung des Landes aufgrund ihrer intellektuellen Überlegenheit ankündigt – kurz gesagt, die unüberhörbare Antwort auf die Frage: »Wer ist hier für das Denken zuständig?«

Das Memorandum und das Nachwort, das Sacharow im Interview mit Axelbank erwähnt, schrieb er mit einem Jahr Pause dazwischen. In dieser Zeit wartete er vergeblich auf eine Antwort von Leonid Breschnew. Schließlich schrieb er im Juni 1972 das Nachwort und ließ es zusammen mit dem Memorandum veröffentlichen. Dieses sechzehn Seiten lange Schriftstück ist die erweiterte Fassung des Briefes vom 13. März 1970, den Sacharow zusammen mit Waleri Turtschin und Roy Medwedew verfaßte. Dieser Brief enthält in seiner erweiterten Form eine Reihe sehr interessanter Aspekte: Unter dem Stichwort Außenpolitik bitten die Verfasser, die Berlin-Politik durch Verbesserung der Beziehung zur Bundesrepublik Deutschland zu ändern und die sowjetische Politik im Nahen Osten zu überdenken. Was innenpolitische Angelegenheiten betrifft, setzen sie sich dafür ein, die »Wahlen ohne Auswahl« abzuschaffen und statt dessen Wahlen, bei denen aus einer Liste von Kandidaten ausgewählt werden kann, einzuführen. Die russische Sprache kennt für »Wahl« und »Auswahl« nur ein Wort: *wybor.* Die Redewendung erinnert an Milowan Djilas. Er beschrieb die Wahl in kommunistischen Ländern treffend als »Pferderennen, an dem nur ein Pferd teilnimmt«. Im Bereich der Landwirtschaft treten die Autoren dafür ein, die landwirtschaftliche Produktion auf dem privaten Grund der Kolchosebauern

durch Erweiterung der Privatflächen und Hilfsprogramme zu steigern. In Hinblick auf Informationsaustausch fordern sie, die Meinungsvielfalt zu fördern und den Bereich der »kommerziellen Widerspenstigkeit« zu erkunden. Unter dem Stichwort Ökologie werden eine ganze Reihe von Forderungen formuliert, die den Kampf gegen Verschmutzung und Verschwendung organisieren sollen; besonders hervorgehoben wird die notwendige Verringerung der Lärmbelästigung. Schließlich enthält der Brief die Bitte um eine Reformierung des Gesundheitswesens und der pharmazeutischen Industrie im allgemeinen.
Im Nachwort schwingt ein Ton von Ungeduld und böser Vorahnung mit. Im Interview bemerkt Axelbank, daß Sacharow eine vorher nicht verwendete, deutliche Sprache spricht: »Unsere Gesellschaft«, schreibt er, »ist mit Teilnahmslosigkeit, Heuchelei, engstirnigem Egoismus und unterschwelliger Grausamkeit infiziert.«
Es enthält aber noch etwas anderes, und zwar eine absolut zutreffende Beschreibung der betrügerischen Art, die der sowjetischen Gesellschaft anhaftet:
»Kostenlose Gesundheitsfürsorge und Bildung sind in einer enteigneten Gesellschaft, deren gesamtes Einkommen vom Staat zugeteilt wird, nicht viel mehr als reine Selbsttäuschung. Besonders im Gesundheitswesen und im Bildungssystem wird die Klassenhierarchie unserer Gesellschaft mit ihrem Privilegien-System in schlimmster Weise widergespiegelt. Unser Bildungssystem und unser Gesundheitswesen, das heißt: der verheerende, heruntergekommene Zustand der der breiten Masse zugänglichen Krankenhäuser, die Armseligkeit der Dorfschulen, überfüllte Klassenzimmer mit unterbezahlten und überarbeiteten Lehrern, die staatlich finanzierte, heuchlerische Pädagogik, die Erziehung der Kinder zu Gleichgültigkeit gegenüber moralischen, künstlerischen und wissenschaftlichen Werten.

Auf der Liste der Bedingungen, die absolute Voraussetzung für eine Gesundung unserer Gesellschaft sind, sollte der Abschaffung der politischen Verfolgung ein besonderer Platz eingeräumt werden – und zwar jeglicher Art von politischer Verfolgung, sei es, daß sie in der Gefängniszelle endet, in einer psychiatrischen Anstalt oder in irgendeiner anderen Form, derer unsere träge Bürokratie fähig ist (Kündigung des Arbeitsverhältnisses, Verbot des Besuchs einer höheren Schule oder Universität, Verweigerung des Passes, Einschränkungen im Hinblick auf Beförderung ...).«

Alle Zuschauer dieses Dramas wußten, daß eine Krise im Anzug war. Natürlich gab es vielerlei Spekulationen darüber, welches Schicksal Sacharow beschieden sei: Einige tippten auf psychiatrische Anstalt, andere glaubten, daß die Parteiführung sich nach Paragraph 70 des sowjetischen Strafgesetzbuches zur althergebrachten Gefängnisstrafe mit Exil entschließen würde; es gab auch welche, die glaubten, daß die Regierung Sacharow deportieren, ihm die Staatsbürgerschaft entziehen und ihn somit zum Emigranten machen würde. Diese letzte Annahme war schlichtweg absurd; denn wie konnten die Sowjets mit ihrer beinahe krankhaften Geheimnistuerei »den Vater der sowjetischen Wasserstoffbombe« als ersten Geheimnisträger emigrieren lassen?

Am 23. Januar 1973 schickten Sacharow und Jelena Bonner einen Brief an Juri Andropow, damals Chef des KGB, mit der Bitte, ihren Freund Juri Schichanowitsch freizulassen. Schichanowitsch war ein ehemaliger Professor für Mathematik der Moskauer Universität, dessen Haftbefehl damit begründet wurde, daß »er über viele Jahre hinweg systematisch antisowjetische Literatur gesammelt, reproduziert und verbreitet« hat. Er war nach Paragraph 70 des Strafgesetzbuches (»antisowjetische Aktivitäten«)

unter Anklage gestellt worden und wurde seit seiner Festnahme vier Monate zuvor im Lefortowo-Gefängnis in Isolierhaft festgehalten. Als Sacharow und einige andere Freunde noch während der KGB-Durchsuchung zu Schichanowitschs Wohnung kamen, »war es ihnen nicht erlaubt, die Wohnung zu betreten oder sich von ihm zu verabschieden« (*Chronik,* Ausgabe Nr. 27). Kopien des Briefes der Sacharows an Andropow wurden als »Samisdat« am 11. Februar westlichen Korrespondenten zugänglich gemacht.

Am 14. März wurde Erlaß Nummer hundertachtunddreißig veröffentlicht, der ankündigte, daß die Sowjetunion mit Wirkung vom 27. Mai dem Welturheberrechtsabkommen von 1952 beitreten werde. Dieser Erlaß kam genau einundzwanzig Jahre zu spät – und diese zwei Jahrzehnte hatte die Sowjetunion eine Unmenge Geld an verlorenen Urheberrechten gekostet. Die sowjetischen Verfechter der Menschenrechte nahmen sofort an, daß der Erlaß als Mittel für eine Zensur im Ausland dienen sollte – um die Veröffentlichung von »antisowjetischer« Literatur im Westen einzudämmen. Am 22. März schrieben daraufhin Sacharow und fünf weitere Dissidenten einen offenen Brief an die UNESCO, in dem sie den Beitritt der Sowjetunion zum Urheberrechtsabkommen als »wesentlichen Beitrag zum freien Informationsaustausch, zum Abbau gegenseitigen Mißtrauens und ... zur kulturellen Annäherung der Völker« begrüßten. Gleichzeitig warnten sie jedoch, daß das »internationale Verständnis der Autorenrechte davon ausgeht, daß die Rechte absolut persönlich sind und der Autor sie deshalb nach Belieben jedem Verlag, jedem Theater, jeder Filmgesellschaft oder ähnlichem übertragen kann.« Die Verfasser wiesen nachdrücklich darauf hin, daß die Praxis in der Sowjetunion anders ist: »Unter den besonderen Umständen, die in unserem Land herrschen, kann das Gesetz über die Monopolstellung des Staates im Außenhandel dazu benützt werden, das internationale Urheberrecht sowjetischer Bürger einzuschränken oder gänzlich zu unterdrücken. Die Zensur aus ideologischer oder ästhetischer Sicht war in unserem Lande schon immer sehr streng, in den letzten Jahren wurde sie aber noch verstärkt und immer mehr von Willkür beherrscht ... Dieser Zensur darf durch den Beitritt zum Genfer Abkommen nicht die Möglichkeit gegeben werden, sich auf internationaler Ebene durchzusetzen.«

Die Verfasser hätten sich nicht sorgen müssen; denn die Sowjetunion kann nicht beides haben. Das »absolut persönliche Recht« des einzelnen Autors schließt nämlich die Vorstellung eines Staatsmonopols in der Literatur aus, wenn dieses Monopol Werke nicht anerkennt, die mit den vom Parteistaat gesetzten Maßstäben nicht konform gehen. »Samisdat« (Untergrundpresse) wird also durch das Urheberrechtsabkommen weder geschützt noch eingeschränkt. Wenn ein »Samisdat«-Werk im Westen erscheint, so gilt zumindest für die Verleger: »Wer zuerst kommt, mahlt zuerst.« So kaufte zum Beispiel der amerikanische Filmproduzent Lester Cowan Mitte der sechziger Jahre von einem westlichen Verlag die Rechte an dem Roman *Dr. Schiwago,* ohne daß die Sowjetunion auch nur einen Pfennig davon bekam, da sie *Dr. Schiwago* nicht als sowjetisches Werk anerkannte. Cowan verfilmte den Roman erfolgreich und erteilte der Sowjetunion so eine Lektion. Die Sowjets scheinen daraus gelernt zu haben, denn das Buch *Dr. Schiwago* erscheint nun in der Sowjetunion.

Am 23. März wurde Sacharow vom KGB zum ersten Verhör vorgeladen. Der Grund, den das KGB angab, war jener Brief Sacharows und Jelena Bonners an Juri Andro-

pow. Jelena Bonners Anwesenheit beim Verhör war jedoch nicht erwünscht. Die einstündige Vernehmung wurde von zwei KGB-Offizieren, General Frolow und Oberstleutnant Galkin, durchgeführt und bezog sich hauptsächlich auf Sacharows »persönliche Aktivitäten« – wie sie es nannten. Damit waren seine Privatinitiativen in der Öffentlichkeit gemeint. Sie teilten Sacharow mit, daß er »moralisch nicht einwandfrei« sei und daß seine Mitgliedschaft im Moskauer Menschenrechtskomitee an sich schon eine »Verleumdung« der Sowjetunion darstelle. Sie warfen ihm auch vor, daß er versucht habe, politischen Prozessen beizuwohnen (anfangs wurde Sacharow noch zu solchen Verhandlungen zugelassen, doch seit dem Prozeß Wladimir Bukowskis am 5. Januar 1972 war es ihm untersagt) und ausländischen Korrespondenten Interviews zu geben.
Abschließend warnten die KGB-Befrager Frolow und Galkin Sacharow, daß der Westen »nur aus antisowjetischen Absichten heraus« an ihm interessiert sei.
Gelehrte wie der »Samisdat«-Experte Peter Dornan befaßten sich ausführlich mit dem Ausdruck »moralisch nicht einwandfrei«, dessen sich die KGB-Beamten beim ersten Verhör Sacharows bedienten, und lasen die Andeutung heraus, daß Sacharow die psychiatrische Anstalt erwarte, wenn er weiterhin seine »persönlichen Aktivitäten« betreibe. Auf einer Pressekonferenz am 21. August erinnerte sich Sacharow daran, daß man ihm im März warnend gesagt hatte, daß Schichanowitsch auch gewarnt worden sei, aber nicht die richtige Schlußfolgerung daraus gezogen habe. Mit der Warnung habe das KGB anscheinend die Durchsuchung von Schichanowitschs Wohnung gemeint, fügte Sacharow hinzu.
In dem Fall geht man davon aus, daß »einwandfrei« im Sinne von »gesund« und »moralisch« im Sinne von »gei-

stig« gebraucht wurde, so daß aus »moralisch nicht einwandfrei« »geistig nicht gesund« wird, also reif für die psychiatrische Anstalt. Diese Art von Interpretation stimmt mit der sowjetischen Tradition überein, Codewörter oder verschlüsselte Ausdrücke zu verwenden.

Das KGB hatte es nicht leicht mit Sacharow: Sacharow genoß seit langem einen hervorragenden Ruf und war mit den höchsten Ehren des Landes ausgezeichnet. Ihm all seine Medaillen und Auszeichnungen abzuerkennen, wäre für die Nation schmerzhafter gewesen als für Sacharow selbst. Es blieb also nur, ihn zum Märtyrer zu machen und somit seinen internationalen Ruf zu vergrößern – und gleichzeitig das Ansehen der Sowjetunion zu schmälern.

Das KGB setzte Sacharow darüber in Kenntnis, daß er »vehementer suspectus« sei, daß er sich der Ketzerei schuldig gemacht habe, weil er eine Meinung vertrete, die den heiligen Schriften des Marxismus-Leninismus widerspreche. – Dasselbe Urteil, das bereits Galileo erfahren hatte.

Als reine Schikane des KGB erhielt Sacharow am 13. April einen Brief von Pjotr Jakir. Jakir, ein bekannter Dissident, saß seit dem 21. Juni 1972 im Lefortowo-Gefängnis. Der Brief war eine offenkundige Fälschung (ein anonymes Postskriptum, das in Samisdat herumgereicht wurde, machte auf die vielen Rechtschreibfehler aufmerksam). Er behandelte antisowjetische Organisationen im Westen, die ständig auf der Lauer liegen und auf oppositionelle Äußerungen von Personen oder Gruppen in der Sowjetunion warten, um diese dann bis ins Letzte ausschlachten zu können. Die Fälschung spielte auf die Rolle des NTS (»Nationaler Bund der Schaffenden«) an.

Die ganze Angelegenheit hatte zwar einen komischen Anfang, weil es hieß, der Brief sei von einem »Herrn in der Robe eines Rechtsanwaltes aus der Staatsanwaltskanzlei«

überbracht worden, aber einen tragischen Ausgang, als Jakir und Wiktor Krassin am 27. August hinter verschlossenen Türen der Prozeß gemacht wurde. Beide Dissidenten wurden in der Vernehmung so mürbe und fügsam gemacht, daß sie einige andere verrieten und auch sich selbst für schuldig erklärten. Für ihre »Kooperation« wurden sie mit einem verhältnismäßig milden Urteil belohnt: drei Jahre Haft und drei Jahre Verbannung.

In der Zwischenzeit gab Sacharow Ende Juni dem schwedischen Fernsehkorrespondenten Ole Stenholm ein Interview – sein zweites mit einem ausländischen Korrespondenten. Vor dem Hintergrund der vorangegangenen Ereignisse benutzte Sacharow dieses Interview als Antwort auf den gefälschten Brief mit der Unterschrift Jakirs. Denn Sacharow wußte, daß Andrej Amalrik, Bukowski und Jakir als Interviewpartner im westlichen Fernsehen gewesen waren – und alle drei saßen jetzt entweder im Gefängnis oder waren in Arbeitslagern. Es sei noch einmal gesagt, daß es das schwedische Fernsehen war, und Schweden war neutral. Der Erfolg war groß, denn der Text des Sacharow-Interviews wurde in der schwedischen Tageszeitung *Dagens Nyheter* abgedruckt und für die Veröffentlichung in der *Times*, der *New York Times*, dem *Spiegel*, dem *L'Express*, der New Yorker Tageszeitung in russischer Sprache *Nowoe Russkoe Slowo* und dem russischen Emigrantenblatt *Possew* übersetzt. Außerdem wurde das Interview von verschiedenen westlichen Nachrichtendiensten aufgegriffen. Kurz gesagt, es ging fast durch die gesamte westliche Medienwelt.

In diesem Interview mit Stenholm gab Sacharow seinen endgültigen Bruch mit dem Sozialismus öffentlich bekannt. Einleitend erklärte er die Naivität des Inhalts seinen Buches *Gedanken über den Fortschritt, die friedliche Koexistenz und geistige Freiheit*, das er 1968 geschrieben hatte:

»Zu jener Zeit war ich tatsächlich noch weit entfernt von den grundlegenden Problemen unseres Volkes und unseres Landes. Ich selbst befand mich zufällig in einer außerordentlich privilegierten Position, was materielle Werte betraf, und war von den Menschen isoliert ..., aber später veränderte sich mein Leben in persönlicher und psychologischer Hinsicht, und dieser Prozeß der Entwicklung setzte sich ganz einfach fort ... Nun, was ist Sozialismus eigentlich? Anfangs dachte ich, ich verstünde ihn und er sei etwas Gutes. Dann allmählich verstand ich vieles nicht mehr. Ich verstand die Basis unserer Wirtschaft nicht mehr, ich wußte nicht mehr, ob es – außer bloßen Worten und Propaganda – etwas gab, was von nationalem oder internationalem Wert war. In bezug auf die Regierung sticht natürlich eines sofort ins Auge: die außerordentliche Konzentration von wirtschaftlicher, politischer und ideologischer Macht, das heißt: absolute Monopolisierung. Man kann es aber auch von dem Blickwinkel aus betrachten, daß Sozialismus – wie Lenin es zu Beginn der Revolution ausdrückte – nur Staatskapitalismus ist, der Staat also nur die monopolistische Kontrolle der gesamten Wirtschaft übernimmt. In diesem Fall ist Sozialismus nichts Neues. Er ist nur eine eingeschränkte Form der kapitalistischen Entwicklung, die in den Vereinigten Staaten und anderen westlichen Nationen stattfindet – nur mit noch extremerer Monopolisierung. Es sollte uns daher nicht überraschen, daß wir vom Wesen her die gleichen Probleme, die gleiche Kriminalität, die gleiche Entfremdung des Individuums haben wie in der kapitalistischen Welt. Nur ist unsere Gesellschaft begrenzt durch den Mangel an Freiheit und eine ideologische Zwangsjacke ...; und darüber hinaus ist das typischste Merkmal unserer Gesellschaft ihre Anmaßung, das heißt, daß sie, obwohl sie in keiner Hinsicht eine bessere Gesellschaft

ist, stets vorgibt, weitaus besser als die anderen zu sein.«
Vor laufender Kamera bezeichnete Sacharow die fehlende Freiheit als den größten Mangel in der Sowjetunion. An zweiter Stelle führte er die Ungleichheit innerhalb der sowjetischen Gesellschaft an. Er beschrieb, welche Vorzüge die neue Klasse, die Nomenklatura, genießt – ohne sie beim Namen zu nennen. Es sind die Privilegierten, die Parteimitglieder, die ihre Lebensmittel, ihre Kleidung, ihre Haushaltsgeräte, Werkzeuge, Autos und dergleichen in ganz besonderen Geschäften kaufen, deren Gehälter zehn- bis fünfzehnmal so hoch sind wie das Durchschnittseinkommen, die eine breite Vielzahl an nichtmateriellen Privilegien und Vorzügen genießen, was Arbeitsplatz, Wohnung und uneingeschränkte Bewegungsfreiheit betrifft (an dieser Stelle erzählte Sacharow von der Misere eines Landarbeiters, der wie mit Ketten an seinen Wohnort gebunden war, weil er keinen Paß bekam). Sie sind es, für die spezielle Sanatorien und Krankenhäuser zur Verfügung stehen und denen eine besondere medizinische Versorgung zukommt. Sacharow zählte auch einige der Parteiprivilegien auf: die Tatsache, daß jemand, der nicht Parteimitglied ist, mit wenigen Ausnahmen, nicht Fabrikdirektor oder Abteilungsleiter werden kann; die Tatsache, daß es für den Notfall eine Art »Kadertradition« gibt, was heißt, daß ein gescheitertes Mitglied der Nomenklatura immer damit rechnen kann, daß seinesgleichen ihm helfen und ihm eine Stelle mit demselben Gehalt und denselben Vergünstigungen beschaffen wird.
Sacharow kam in diesem Zusammenhang auch auf besondere »zusätzliche Gehälter« zu sprechen, die unter der Hand ausbezahlt würden. Dieses System »zusätzlicher Gehälter« sei sehr schwer zu überblicken, da es an ver-

schiedenen Stellen auftauche und wieder verschwinde, um an anderer Stelle wieder zu erscheinen. Es sei außerdem der Fall, daß Privilegierte zum selben Preis mehr und qualitativ höherwertige Waren bekämen. All diese versteckten Privilegien und Vergünstigungen machten es sehr schwer, die wirkliche Summe oder Kaufkraft eines bestimmten Gehaltes festzustellen. An dieser Stelle erwähnte Sacharow auch die große Isolation der Sowjetunion gegen jeden Einfluß von außen und die ebenso große Vernebelung dessen, was sich im Lande selbst ereigne. Er war der Meinung, daß etwas im Gange sei, um das Land aus seiner internationalen Isolation herauszuführen. Dies könne nur positiv sein, wenn auch nur in der Hinsicht, daß die Geschichte des Landes bekannt werde und für die übrige Welt als Warnung diene.

In seinem Interview mit Stenholm wies Sacharow zum ersten Mal öffentlich darauf hin, wie gefährlich es wäre, wenn die »Welt außerhalb« – wie er es nannte – die »Spielregeln« der Sowjetunion akzeptieren oder gar übernehmen würde. Deshalb sei es seiner Meinung nach erstrebenswert, die Fehler der Sowjets öffentlich kundzutun, damit andere Länder gewarnt würden.

An diesem Punkt stellte Stenholm eine Schlüsselfrage: »Wenn Sie also der Meinung sind, daß der Sozialismus in der Sowjetunion darin versagt hat, irgendwelche Vorzüge aufzuzeigen, heißt das, daß es Ihrer Ansicht nach zur Verbesserung der Lage notwendig wäre, den gesamten Staat komplett umzubauen (Perestroika), oder glauben Sie, daß es möglich ist, innerhalb der (bestehenden) Ordnung etwas zu tun, um sie zu verbessern und die größten Mängel zu beseitigen?«

Sacharow: »Da bin ich überfragt; denn einen Staat völlig neu aufzubauen ist undenkbar. Es gibt immer gewisse Prioritäten, und es braucht alles seine

Zeit, ansonsten gelangt man gleich wieder zu einer fürchterlichen Zerstörung, die wir schon einige Male durchgemacht haben und in der alles zertrümmert wird. Daher bin ich natürlich dafür, daß alles graduell und langsam vonstatten gehen sollte; denn ich bin ein Liberaler ... ein ›Gradualist‹ sozusagen.«

Stenholm: »Womit sollte also begonnen werden?«

Sacharow: »Was getan werden sollte? Nun, ich glaube, daß unser derzeitiges System seinem Wesen entsprechend zu nicht viel oder zu nur sehr wenig fähig ist. Was also ist zu tun? Es wäre vor allem notwendig, den ideologischen Monismus in dieser Gesellschaft abzuschaffen. Denn die ideologische Struktur ist ihrem Wesen nach antidemokratisch und daher eine Tragödie für den Staat. Die Isolierung von der übrigen Welt, zum Beispiel die Tatsache, daß man nicht einfach das Land verlassen und wieder zurückkehren kann, wirkt sich äußerst schädlich auf das interne Leben des Landes aus. Es ist in erster Linie für die tragisch, die aus persönlichen oder national-politischen Gründen das Land verlassen wollen. Aber es ist auch für jene tragisch, die im Land bleiben, denn einem Land, das man nicht frei verlassen und in das man nicht frei zurückkehren kann, fehlt schon allein aus diesem Grund jeder nötige Respekt, abgesehen davon, daß es sich um ein abgeschlossenes Gebiet handelt, in dem sich alles ganz anders entwickelt als in einem offenen System.«

Stenholm: »Wie Sie wissen, ist das Recht auf freie Ausreise ...«

Sacharow: » … eine der wichtigsten Voraussetzungen dafür zurückzukehren, und zwar freiwillig zurückzukehren.«

Stenholm: »Und was noch?«

Sacharow: » … Bei uns hat der extreme Staatssozialismus die Dinge so weit getrieben, daß Bereiche, in denen persönliche Initiative eine wichtige Rolle spielt, ebenfalls abgeschlossene Bereiche sind – wie zum Beispiel im Falle der Schwerindustrie und im Transportwesen, wo das Führungssystem des Staates vielleicht noch einigermaßen vernünftig ist. Im allgemeinen ist die persönliche Initiative des Bürgers sehr eng mit der persönlichen Freiheit des einzelnen verknüpft. Diese Tatsache wirkt sich nachteilig auf den Lebensstandard aus und macht das Leben für viele Menschen viel langweiliger und trübsinniger, als es sein müßte. Dies betrifft auch die freie Initiative auf dem Verbrauchersektor, dem Dienstleistungssektor, dem Bildungssektor und in der Medizin. Eine eindeutige Einschränkung der Monopolstellung des Staates würde sich auf diese Bereiche sicherlich sehr positiv auswirken. Die Monopolstellung der Partei in Leitung und Verwaltung ist so stark geworden, daß sogar jene Schicht (der monopolistischen Führer) erkannt hat, daß dieses System unzulänglich ist. Sicherlich beeinflußt das die Effektivität der Führung. Was also ist zu tun? Wir müssen uns der breiten Masse gegenüber öffnen, wir müssen die Arbeit des gesamten Führungsapparates öffentlich diskutieren (Glasnost). Das Einparteiensystem neigt vermutlich zu sinnloser

Brutalität. Auch innerhalb einer sozialistischen Wirtschaftsstruktur kommt man ohne Einparteiensystem zurecht. Nun, sogar in den Volksdemokratien gibt es sozusagen gewisse Elemente eines Mehrparteiensystems – natürlich nur in einer etwas karikierten Form.

Wir brauchen freie Wahlen mit einer Vielzahl von Kandidaten. Es gibt in der Tat eine ganze Reihe von notwendigen Maßnahmen, die, einzeln ergriffen, nur wenig bewirken würden, aber alle zusammen könnten den Monolith, der hier geschaffen wurde und dessen erstarrte Form schwer auf dem Leben des gesamten Landes lastet, zertrümmern. Auch die Presse muß sich verändern. Sie ist derzeit so infiziert, daß sie bereits einen bedeutenden Teil ihres Informationswertes verloren hat. Wenn in der Presse wirklich Fakten wiedergegeben werden, dann so, daß sie nur für Eingeweihte zu entschlüsseln sind, ansonsten jedoch das Bild des wirklichen Lebens in diesem Lande verzerren. Was intellektuelle Fragen betrifft, so werden diese einfach ignoriert – und so kann man sie auch nicht verzerren, das intellektuelle Leben ist eintönig.

Wir müssen besonders der Rolle der Intelligenzija in der Gesellschaft Beachtung schenken. Bei uns ist die Intelligenzija bisher unverhältnismäßig starker Unterdrückung ausgesetzt gewesen; auch in materieller Hinsicht ging es ihr sehr schlecht: Auch wenn man die Klasse der niedrigsten Arbeiter miteinschließt, kommt sie schlecht weg. Verglichen mit westlichem Lebensstandard ist sie noch schlimmer dran, besonders verglichen mit jenen, deren allgemeines wirtschaftliches Entwicklungsniveau mit unserem vergleichbar ist. Die Unterdrückung der Intelligenzija ist gleichzeitig eine Unterdrückung in wirtschaftlicher und ideologischer Hinsicht. Man kann sogar sagen, daß allgemein eine antiintellektuelle Atmosphäre in unserem Land herrscht; die akademischen Berufe, wie zum Beispiel der des Pädagogen oder der des Arztes, genießen nicht die Hochschätzung, die ihnen zukommen sollte. Diese negative Haltung gegenüber der Intelligenzija kommt auch darin zum Ausdruck, daß die Intellektuellen selbst Zuflucht in engstirnigem Professionalismus gesucht haben oder ein Doppelleben zu Hause und am Arbeitsplatz führen. Zu Hause, im engsten Kreis ihrer Bekannten, denken sie anders, und diese Zweiteilung des Denkens führt zu Heuchelei und einem weiteren Verfall der Ethik und des Kreativen im Menschen. Dies kommt vor allem bei Intellektuellen aus dem humanistischen Bereich zum Tragen. Dort herrscht auch bereits ein Gefühl der Ratlosigkeit – mit dem Ergebnis, daß die Literatur unseres Landes furchtbar grau und institutionell wirkt. Unsere Literatur und unsere Kunst sind im allgemeinen langweilig ...«

Stenholm schloß das Interview mit der Frage, ob Sacharow denn nicht um seine Gesundheit und seine Freiheit bange, wenn er weiterhin so aktiv Opposition betreibe. Sacharow entgegnete – wie schon so häufig –, daß er nicht Angst um sich selbst, sondern um seine Familie und vor allem um die Familie seiner Frau habe.

Die Behörden hatten bereits deutlich zu verstehen gegeben, daß sie seiner zweiten Frau keinesfalls dieselben Privilegien und dieselbe Achtung zuerkennen würden wie Sacharows erster Frau, und noch weniger Jelena Bonners Kindern, im Gegensatz zu Sacharows eigenen Kindern. Jelenas Tochter Tatjana Iwanowa Semjonowa, geboren 1950, wurde im Oktober 1972 aus den Abendkursen der Fakultät für Journalistik an der Universität Moskau (wo sie eine gute Studentin war) ausgeschlossen. Jelenas Sohn Alexej Iwanowitsch, geboren 1956, wurde Anfang 1973 von einer Fachschule für Physik und Mathematik verwiesen. Im Juli 1973 wurde ihm die Zulassung zur Universität Moskau verweigert. Im Herbst desselben Jahres wurde es ihm jedoch gestattet, das Lenin-Institut für Pädagogik, an dem schon Sacharows Vater Physik gelehrt hatte, zu besuchen.

Was Jelena selbst betraf, so war sie ständiger Diskriminierung ausgesetzt. Da sie an einer Schilddrüsen-Fehlfunktion litt, hatte sie Ende 1973 versucht, alles für eine Schilddrüsenoperation vorzubereiten (wie wir wissen, war sie selbst praktizierende Ärztin und hatte von daher gute Beziehungen). Der junge Chirurg, den sie ausgewählt hatte, lehnte die Operation ab, weil er befürchtete, dadurch eventuell seinen Doktortitel nicht zu bekommen. Statt dessen bat Jelena einen Freund, einen alten pensionierten Arzt, sie zu operieren. Er schaffte es auch, eine Klinik in einem Außenbezirk Moskaus ausfindig zu machen, wo er die Operation mit Hilfe eines vertrauenswürdigen Assistenten durchführen konnte. Sie dauerte drei Stunden – eine wahre »medizinische Nacht-und-Nebel-Operation«. Jelena Bonner beschrieb die Operation später als »nicht besonders gelungen«. Sie sagte mir, daß ihr Freund wirklich schon zu alt dafür gewesen sei, so daß er trotz seines Mutes und seiner guten Absicht die

Operation nicht so hatte durchführen können, wie es nötig gewesen wäre. Auch die Klinik zeigte Mut, da der Patient nach einer Schilddrüsenoperation mehrere Tage Bettruhe zur Genesung braucht. Sacharow hatte allen Grund, um das Wohlergehen seiner neuen Familie besorgt zu sein.

Interviews und Verhöre: Abwehr

Das Interview mit Stenholm wurde am 2. Juli 1973 ausgestrahlt. Zehn Tage später reagierte die *TASS* in Form eines Artikels von Juri Kornilow, der weitere sechs Tage später in der *Literaturnaja Gaseta* veröffentlicht wurde.
Kornilow behauptet in seinem Artikel »Lieferant von Verleumdungen«, daß »die gesamten Aktivitäten Sacharows, die darin bestehen, der reaktionären Presse Material für die Verunglimpfung der Sowjetunion zu liefern, von dem Wunsch diktiert werden, sein eigenes Land zu verleumden«. Das Interview »ist eine bloße Bestätigung dessen, daß (Sacharows) ideologisches Gepäck ... nichts als Kriecherei vor dem kapitalistischen System und eine Sammlung bösartiger erfundener Geschichten über das sowjetische System ist«. In dem Artikel wird Sacharow auch beschuldigt, »Probleme zu diskutieren, von denen er überhaupt keine Ahnung hat«.
Der Text des Sacharow-Interviews wurde in der Ende Juli erscheinenden August-Ausgabe des Magazins *Possew* veröffentlicht.
Allen, die die Angelegenheit verfolgten, war klar, daß sich der Fall Andrej Sacharow zuspitzte. Die Spannung wuchs, als Wladimir Maximow am 4. August einen offenen Brief an Heinrich Böll adressierte, in dem er die »Welt außerhalb« dazu aufrief, Sacharow, »die Ehre und das Gewissen des heutigen Rußland«, zu retten, bevor es zu spät sei.
Am 15. August erhielt Sacharow einen Anruf vom Stellvertretenden Generalstaatsanwalt der Sowjetunion, Michail Maljarow. Dieser sagte am Telefon, es solle »ein Ge-

spräch eines anständigen Menschen mit einem anständigen Menschen« werden. Am 16. August zur Mittagszeit begab Sacharow sich ins Büro des Stellvertretenden Generalstaatsanwaltes. Er wurde von Maljarow und einem Assistenten, der nicht namentlich vorgestellt wurde, empfangen. Das »Gespräch« dauerte siebzig Minuten. Sacharow resümierte es kurz nach dem Gespräch und übergab dieses Resümee den ausländischen Journalisten.

Maljarow: »Dieses Gespräch hat den Charakter einer Warnung, weshalb nicht alle Annahmen und Behauptungen eingehend bewiesen werden, aber Sie können versichert sein, daß wir im Besitz aller Beweise sind. Ich bitte Sie, mir aufmerksam zuzuhören und mich, wenn möglich, nicht zu unterbrechen.«

Sacharow: »Ich werde Sie ausreden lassen.«

Maljarow: »Als Sie vor einigen Jahren begannen, sich an diesen Aktivitäten, die sie ›öffentlich‹ nennen, zu beteiligen, folgten wir Ihren Handlungen aufmerksam, hielten es aber für möglich, keine Maßnahmen gegen Sie ergreifen zu müssen. Zu der Zeit konnte man Ihre Aktionen noch als die eines besorgten Sowjetbürgers bezeichnen, dessen Beweggrund – in seinen Augen – gelegentliche Mängel (unserer Gesellschaft) waren, der jedoch nicht wider das sowjetische Gesellschafts- und Regierungssystem handelte. Auch damals schon erschienen Ihre öffentlichen Auftritte in der ausländischen, antisowjetischen Presse und schadeten unserem Staat. Vor kurzem allerdings haben Ihre Aktivitäten und öffentlichen Auftritte einen deutlich antisowjetischen Charakter angenommen, so daß der Staatsanwalt, der immer um die Einhaltung des Gesetzes und die Wahrung des Interesses der Gesellschaft bemüht ist, nicht mehr länger müßig zusehen kann. Sie treffen sich mit Ausländern und übergeben ihnen antisowjetisches Material. Das betrifft vor allem Ihre Interviews. In Ihrem Interview mit dem schwedischen Fernsehen wenden Sie sich gegen die sozialistische Ordnung unseres Landes, bezeichnen sie als System äußerster Unfreiheit, als undemokratisch, nach außen hin abgeschlossen, bar jeder Möglichkeit, auf dem wirtschaftlichen Sektor Initiative zu entwikkeln, und im Verfall begriffen.«

Sacharow: »Im Verfall begriffen sagte ich nicht!«

Maljarow: »Sie treffen sich mit reaktionären Journalisten wie dem schwedischen Fernsehreporter Stenholm und geben ihnen Interviews, die dann für subversive Propaganda verwendet werden, verwendet werden von dem Sprachrohr der NTS, der Zeitschrift *Possew*. Sie müssen wissen, daß das Programm der NTS den gewaltsamen Sturz der sowjetischen Regierung fordert. Und genau diese Zeitschrift veröffentlicht einen Großteil Ihres Materials. Im wesentlichen vertreten auch Sie in Ihrem Interview dieselbe anti-sowjetische, subversive Position.«

Sacharow: »Ich bin mit dem Programm der NTS nicht vertraut. Sollte es solch eine Forderung in ihrem Programm geben, so widerspricht diese meinen Ansichten und vor allem jenen, die in dem Interview zum Ausdruck kamen. Ich sprach davon, daß eine allmähliche Veränderung wünschenswert sei, eine Demokratisierung im Rahmen der bestehenden Ordnung. Es ist wiederum etwas anderes, wenn ich darauf hinweise, was meiner Meinung nach die grundlegenden Mängel des Systems sind, und wenn ich nicht versuche, mit meinem Pessimismus, was baldige Veränderungen betrifft, hinter dem Berge zu halten. Was die Veröffentlichungen betrifft, so habe ich der NTS oder der *Possew* nie irgendwelches Material gegeben; es wurde aber in vielen ausländischen Medien veröffentlicht, so zum Beispiel auch im Magazin *Spiegel,* den die sowjetische Presse bisher als ziemlich progressiv einstufte.«

Maljarows Assistent: »Aber Sie haben nie gegen die Veröffentlichungen in der *Possew* protestiert. Wir haben genügend Beweise dafür, daß Ihr Material in Zeitschriften wie *Possew, Grani* und *Russkaja Mysl* erschienen ist.«

Sacharow: »Ich wäre über eine Veröffentlichung in der sowjetischen Presse froh. Wenn zum Beispiel zusammen mit dem kritischen Artikel Kornilows mein Interview in der *Literaturnaja gaseta* abgedruckt worden wäre. Dann hätte Kornilow mein Interview nicht so ohne weiteres verzerren können. Leider entspricht das aber nicht den Tatsachen. Ich betrachte Veröffentlichung und Offenheit, ›Glasnost‹, als etwas sehr Wichtiges. Ich halte den Inhalt einer Veröffentlichung für sehr viel wichtiger als die Zeitung, in der sie zufälligerweise erscheint.«

Maljarows Assistent: »Auch wenn sie in einer antisowjetischen Zeitschrift mit antisowjetischen Absichten steht? In der *Possew* zum Beispiel?«

Sacharow: »Meiner Meinung nach sind die herausgeberischen Aktivitäten von *Possew* sehr nützlich. Ich bin dem Herausgeber dankbar dafür, behalte mir aber das Recht vor, NTS nicht mit *Possew* gleichzusetzen und von dem Programm der NTS, das als Provokation betrachtet werden mag, Abstand zu nehmen.«

Maljarows Assistent: »Davon war soeben nicht die Rede!«

Sacharow: »Also, zurück zur Sache ... Sie nannten Stenholm einen reaktionären Journalisten. Das ist ungerecht. Stenholm ist Sozialdemokrat und sehr viel mehr Kommunist und Sozialist als ich zum Beispiel.«

Maljarows Assistent: »Die Sozialdemokraten haben Rosa Luxemburg ermordet. Ihr ›Kommunist‹ hat in dem Interview eingeworfen, daß unser System ›im Verfall begriffen‹ sei, falls Sie es nicht sogar wirklich selbst gesagt haben.«

Sacharow: »Ich bin überzeugt davon, daß Stenholm das Interview mit mir korrekt übertragen hat.«

Maljarow: »Ich fahre fort. Ich bitte Sie, meinen Worten mit besonderer Aufmerksamkeit zu folgen. Durch die Art Ihrer früheren Arbeit hatten Sie Zugang zu Regierungsgeheimnissen von besonderer Wichtigkeit. Sie haben eine Zusage unterschrieben, daß Sie keine Regierungsgeheimnisse preisgeben und in diesem Sinne sich nicht mit Ausländern treffen würden. Sie aber treffen sich mit Ausländern und leiten Informationen an sie weiter, die für die ausländischen Geheimdienste von Interesse sein könnten. Ich bitte Sie, über den Ernst dieser Warnung gut nachzudenken und Ihre eigenen Schlüsse daraus zu ziehen.«

Sacharow: »Welche Informationen meinen Sie denn? Woran genau denken Sie?«

Maljarow: »Ich habe Ihnen bereits mitgeteilt, daß dieses Gespräch eine Warnung sein soll. Uns stehen alle Informationen zur Verfügung, aber wir sehen uns außerstande, die Details näher zu erläutern.«

Sacharow: »Ich versichere Ihnen, daß ich nie militärische oder militärtechnische Geheimnisse, die ich durch meine Art der Arbeit von 1948 bis 1968 erfahren habe, veröffentlicht habe. Ich werde dies auch in Zukunft nicht tun. Ich möchte Sie auch darauf hinweisen, daß ich nicht länger als fünf Jahre an geheimen Projekten beteiligt war.«

Maljarow: »Aber Ihren Kopf, den haben Sie doch nicht abgelegt! Außerdem sind Sie nach wie vor dazu verpflichtet, keine Ausländer zu treffen. Mittlerweile werden Sie nicht nur von antisowjetischen Kräften, sondern auch von ausländischen Geheimdiensten benutzt.«

Sacharow: »Was die Treffen mit Ausländern betrifft – ich kenne viele, die in derselben Lage sind wie ich und sich jetzt ungehindert mit ausländischen Wissenschaftlern und gewöhnlichen Bürgern treffen. Ja, ich habe einige ausländische Journalisten getroffen, aber da gab es keinen Bezug zu Staats- oder Militärgeheimnissen.«

Maljarows Assistent: »Diese Treffen waren unseren Feinden sehr willkommen.«

Maljarow: »Wir haben Sie gewarnt; es liegt nun an Ihnen, welche Schlußfolgerungen Sie daraus ziehen.«

Sacharow: »Ich wiederhole, daß es mir lieber wäre, wenn meine Artikel in der sowjetischen Presse veröffentlicht würden, wenn ich Kontakte zu sowjetischen Institutionen hätte. Ich sehe trotzdem nichts Ungesetzliches in meinen Treffen mit ausländischen Journalisten.«

Maljarows Assistent: »Sie sind schließlich immer noch sowjetischer Staatsbürger. Sie sind durch Ihre schriftliche Zusicherung gebunden, ebenso wie durch Ihre grundsätzliche Beziehung zu unserem System.«

Sacharow: »Die sowjetischen Behörden ignorieren meine Briefe und Appelle. Wenn ich vom Staatsanwalt in meiner Handlungsfreiheit eingeschränkt werden soll, dann möchte ich Sie daran erinnern, daß ich im Mai 1970 (und wie mir scheint am 17. Mai) zusammen mit anderen eine Beschwerde in der Sache Grigorenko an den Generalstaatsanwalt, Genosse Rudenko, adressiert habe. Denn im Fall Grigorenko gab es eine Anzahl schwerwiegender Verletzungen des Gesetzes. Bis zum heutigen Tage habe ich keine Antwort auf diese Beschwerde erhalten. In den meisten Fällen bekomme ich nicht einmal eine Empfangsbestätigung meiner Briefe. Das vor kurzem verstorbene Mitglied des Präsidiums des Obersten Sowjetischen Gerichtshofes, der Akademiker Petrowski, hatte mir versprochen, den Fall des Psychiaters Semjon Glusman (der 1972 in Kiew illegal verurteilt wurde) etwas aufzuhellen – das war das einzige Mal, daß mir die Wahrheit versprochen wurde. Doch Petrowski ist leider verstorben.

Was ist zum Beispiel mit dem Fall Amalrik? Dieser Mann wurde ungerechtfertigterweise zu drei Jahren Haft verurteilt, büßte seine Gesundheit ein und bekam Gehirnhautentzündung. Erst vor kurzem ist er von einem Lagergericht zu weiteren drei Jahren verurteilt worden. Dieser Fall schreit geradezu nach Gerechtigkeit! Er ist doch tatsächlich noch einmal für die gleiche Sache verurteilt worden – für seine Überzeugung, die er sich weigert aufzugeben, aber die er niemals irgend jemandem aufgezwungen hat.

Was das Lagergericht betrifft – welche Art von Glasnost ist das, welche Art von Gerechtigkeit?«

Maljarow: »Dieser Amalrik ist ein Student, der sein Studium nie abgeschlossen hat. Er war für den Staat von keinerlei Nutzen, er ist ein Faulpelz, ein Parasit. Aber Böll schreibt über ihn, als wäre er ein brillanter Historiker – woher hat Böll seine Informationen?«

Sacharow: »Böll und viele andere sind sehr am Schicksal Amalriks interessiert. Ein Lagergericht ist ein geschlossenes Gericht.«

Maljarow: »Hätte man ihn nach Ihrer Meinung nach Moskau bringen sollen?«

Sacharow: »Hinsichtlich des großen öffentlichen Interesses wäre es meiner Ansicht nach vernünftig gewesen. Wenn ich gewußt hätte, daß Amalrik noch einmal vor Gericht gestellt wird, wäre ich zum Verhandlungsort gereist.«

Maljarow: »Amalrik hat unserer Gesellschaft großen Schaden zugefügt. In seinem Buch *Kann die Sowjetunion 1984 überleben* versuchte er aufzuzeigen, daß die sowjetische Gesellschaft zum Untergang bestimmt sei, und rief im gleichen Atemzug zu Gewaltaktionen auf. Jede Gesellschaft hat das Recht, sich zu verteidigen. Amalrik hat das Gesetz gebrochen und ist dafür bestraft worden. Im Lager hat er dann wieder gegen das Gesetz verstoßen. Sie kennen das Gesetz, und ich werde nicht versuchen, Sie von etwas zu überzeugen. In der ausländischen Presse stand außerdem, daß Amalrik keinen Anwalt zur Verteidigung bekommen habe – das ist eine Lüge, Schweiski ging zu dem Prozeß, das wissen Sie.«

Maljarows Assistent: »Im Gegensatz zu diesem Studienabbrecher haben Sie unserem Lande große Dienste erwiesen.«

Maljarow: »Wer hat Ihnen das Recht dazu gegeben, unsere Rechtswissenschaft anzuzweifeln? Schließlich waren Sie bei dem Prozeß nicht zugegen. Sie verlassen sich zu sehr auf Gerüchte, und die sind oft Lügen.«

Sacharow: »Wenn es in Wirklichkeit keine Redefreiheit (Glasnost) gibt, wenn politische Prozesse immer wieder unter Bedingungen ablaufen, die Glasnost eindeutig widersprechen, dann gibt es doch Anlaß zum Zweifel an der Gerechtigkeit der Gerichte. Ich halte die Strafverfolgung nach Paragraph 190-1 und nach Paragraph 70 für antidemokratisch. Und alles, was ich darüber weiß, bestätigt meine Meinung. Ein gutes Beispiel aus jüngster Zeit ist der Fall Leonid Pljuschtsch. Hier hat das Gericht das härteste von drei widersprüchlichen psychiatrischen Gutachten ohne weitere Beweise akzeptiert. Und obwohl die Strafe vom Gericht zur Bewährung ausgesetzt war, wurde auf Protest des Staatsanwaltes die Bewährung wieder zurückgezogen. Pljuschtsch ist nun schon seit über eineinhalb Jahren in einer ›Spezialklinik‹, ohne daß seine Frau ihn in dieser Zeit auch nur ein einziges Mal besuchen durfte.«

Maljarow: »Sie beschäftigen sich zwar mit rechtlichen Fragen, aber offensichtlich nicht gründlich genug. Das Gericht hat das Recht, ohne Rücksichtnahme auf die Entscheidung der Kommission eine obligatorische Heilkur anzuordnen.«

Sacharow: »Leider weiß ich, daß das stimmt. Auch wenn die Kommission ein allgemeines Krankenhaus (statt einer ›Spezialklinik‹ oder einer psychiatrischen Anstalt) auswählt, muß man auf Schlimmeres gefaßt sein.

Sie sagten vorher, ich würde nur Gerüchten zufolge handeln. Das stimmt nicht. Ich versuche immer, an authentische Informationen heranzukommen. Im allgemeinen wird es jedoch in unserem Land immer schwieriger herauszufinden, was wirklich passiert. Es gibt keine Publikation, die in ausführlicher und genauer Form über Verletzungen des Gesetzes und der Menschenrechte berichtet.

Maljarows Assistent: »Sprechen Sie etwa die *Chronik* an?«

Sacharow: »Ja.«

Maljarows Assistent: »Auf die *Chronik* werden wir später noch zu sprechen kommen. Wissen Sie, an was ich denke? Aber jetzt behandeln wir ein anderes Thema.«

Maljarow: »Ihnen gefällt es also nicht, daß unser Strafgesetzbuch die Paragraphen 190-1 und 70 enthält. Aber es gibt sie, der Staat hat das Recht, sich zu verteidigen. Sie legen vor sich selbst Rechenschaft über Ihre Handlungen ab, und ich versuche nicht, Sie von etwas zu überzeugen, da ich weiß, daß es keinen Sinn hat. Aber Sie müssen verstehen, worum es insgesamt geht. Wer unterstützt Sie, wer braucht Sie? Jakir, den Sie gut kennen, blieb so lange für die ausländische Presse interessant, solange er ihr Propagandamaterial lieferte. Aber als er seine Einstellung änderte, vergaß man ihn.«

Sacharow: »Ihre Behauptung, daß ich Jakir gut kenne, ist falsch. Ich kenne ihn eigentlich fast gar nicht. Das Interesse (im Ausland) an seiner Gerichtsverhandlung ist immer noch groß. Da bin ich mir ganz sicher; denn jeder fragt, wann der Prozeß nun stattfinde. Ist Ihnen das Datum der Verhandlung bereits bekannt?«

Maljarows Assistent: »Nein. Sobald es feststeht, werden Sie es vermutlich auch erfahren.«

Maljarow: »Auch Ihr Freund Tschalidse war im Westen berühmt, als er öffentlich antisowjetische Aussagen machte. Doch als er damit aufhörte, war er schnell vergessen. Antisowjetische Kreise brauchen Leute wie Telesin, Telnikow und Wolpin, die ununterbrochen ihr ehemaliges Vaterland verleumden.«

Sacharow: »Ich kann mich nicht entsinnen, daß Tschalidse sich je antisowjetischen Aktivitäten verschrieben hätte. Dasselbe gilt für die anderen. Sie sagten auch etwas über Wolpin – soweit ich weiß, arbeitet er als Mathematiker in Boston.«

Maljarow: »Das mag schon sein, aber wir haben authentische Berichte über seine antisowjetischen Aktivitäten.«

Sacharow: »Sie sagen, daß mich niemand unterstützen würde. Letztes Jahr verfaßte ich mit anderen zwei Appelle – bei dem einen ging es um Amnestie und bei dem zweiten um die Abschaffung der Todesstrafe. Diese Appelle wurden von über fünfzig Menschen unterzeichnet.«

Maljarow: »Geschah das in Form einer formellen Anfrage an die Regierung?«

Sacharow: »Ja, aber wir waren sehr traurig darüber, daß die Amnestie stark begrenzt und die Todesstrafe nicht abgeschafft wurde.«

Maljarow: »Sie haben doch nicht etwa damit gerechnet, daß die Gesetze entsprechend Ihren Wünschen geändert würden? Wir können die Todesstrafe in einer Zeit wie dieser unmöglich abschaffen. Mörder und Gewalttäter können nicht einfach ungestraft bleiben.«

Sacharow: »Wir sprechen von einer Abschaffung der Todesstrafe als Institution. Viele Menschen sind der Meinung, daß diese Institution in einer humanen Gesellschaft nicht länger aufrechterhalten werden könne, da sie unmoralisch sei. Trotz der Todesstrafe werden in unserem Land Gewaltverbrechen verübt, die Todesstrafe trägt nicht zu einer humaneren Gesellschaft bei. Ich habe gehört, daß auch in Rechtskreisen die Abschaffung der Todesstrafe diskutiert wurde.«

Maljarow: »Das stimmt nicht. Ein Rechtsanwalt hat die Frage zwar angesprochen, aber von niemandem Unterstützung erhalten. Es ist nicht die richtige Zeit dafür.«

Sacharow: »Diese Frage wird derzeit auf der ganzen Welt erörtert. In vielen Ländern wurde die Todesstrafe bereits abgeschafft. In welcher Hinsicht sind wir denn schlimmer als jene?«

Maljarow: »In den Vereinigten Staaten wurde sie zwar abgeschafft, aber jetzt sehen sie sich gezwungen, sie wieder einzuführen. Sie haben doch sicherlich von den Verbrechen gelesen, die begangen wurden. So etwas gibt es bei uns nicht. Ich weiß, Ihnen gefällt die amerikanische Lebensweise – aber dort gibt es einen freien Verkauf von Schußwaffen, sie ermorden ihre Präsidenten, und jetzt noch dieser demagogische Hokuspokus mit der Watergate-Affäre. – Schweden ist stolz auf seine Freiheit, aber an jeder Ecke hängen pornographische Bilder – ich habe es mit eigenen Augen gesehen. Wie steht es da mit Ihnen – wollen Sie Pornographie? Wollen Sie diese Art von Freiheit?«

Sacharow: »Ich kenne weder die amerikanische noch die schwedische Lebensweise; sicherlich gibt es auch da genügend Probleme. Ich will nichts idealisieren. Aber Sie haben die Watergate-Affäre angesprochen. Das ist ein gutes Beispiel für amerikanische Demokratie.«

Maljarow: »Es ist doch alles nur Schau. Bei der ganzen Angelegenheit wird nichts herauskommen, Nixon verfolgt nur eine harte Linie. Das ist ihre Demokratie, nichts als Hokuspokus.
Wir sollten allmählich zum Schluß unseres Gespräches kommen. Ich wollte Ihnen noch eine Frage stellen: Sie haben sich positiv über Belinkow geäußert. Kennen Sie ihn?«

Sacharow: »Ich bin der Meinung, daß Belinkow ein herausragender Publizist ist; ich empfinde vor allem Hochachtung für seinen Brief an den PEN-Club.«

Maljarow: »Wissen Sie, daß Belinkow festgenommen und verurteilt wurde, weil er Flugblätter mit der Forderung, Kommunisten zu töten, verteilte?«

Sacharow: »Nein, davon weiß ich nichts. Vermutlich ist es schon lange her, noch zu Stalins Zeit – ist das ernst zu nehmen? Schließlich waren *damals* alle Häftlinge ›Terroristen‹.«

Maljarow: »Nein, Belinkow wurde zweimal verurteilt, schon vor langer Zeit.
Wie steht es mit diesem Daniel? In seinem Buch *Der Tag des öffentlichen und legalisierten Mordes* fordert er öffentlich die Ermordung der Parteispitze und Regierungsführung. Und Amalrik – ist der vielleicht einen Deut besser? Darüber sollten Sie einmal nachdenken.«

Sacharow: »*Der Tag des öffentlichen und legalisierten Mordes* ist ein Kunstwerk, eine Allegorie, und richtet sich mit aller Macht gegen den stalinistischen Terror. Damals, 1956, war noch nicht viel Zeit verstrichen. Daniel erklärte das außerdem alles bei seinem Prozeß. Auch *1984* ist eine Allegorie. Sie wissen, daß der Titel ursprünglich von Orwell stammt.«

Maljarow: »Wir sollten nun zum Ende kommen. Ich will, daß Sie Ihre Schlüsse aus diesen ernstgemeinten Warnungen ziehen. Jede Regierung muß sich verteidigen. Die Paragraphen des Gesetzes sind unumstößlich, und keiner hat das Recht, gegen sie zu verstoßen.«

Sacharow: »Ich habe Ihnen aufmerksam zugehört und

mir alles, was Sie gesagt haben, gut eingeprägt. Ich betrachte es sozusagen ›als einen Schuß vor den Bug‹. Ich stimme jedoch nicht mit Ihnen überein, daß ich das Gesetz gebrochen habe. Ich stimme vor allem Ihrer Behauptung nicht zu, daß meine Treffen mit ausländischen Journalisten ungesetzlich waren und daß diese Tatsache allein die Gefahr einer Preisgabe von Staatsgeheimnissen in sich birgt. Do swidanja (Leben Sie wohl).«

Maljarow: »Do swidanja.«

Um seine abschließende Aussage gegenüber dem Stellvertretenden Generalstaatsanwalt der Sowjetunion Maljarow zu bekräftigen, lud Sacharow am 21. August zwölf ausländische Journalisten zu einer Pressekonferenz in seine Moskauer Wohnung ein. Bereits vorher hatte er ihnen ein Gedächtnisprotokoll seines »Gespräches« vom 16. August zukommen lassen. Einleitend ging er ausführlich auf die Institution der »Warnungen« des KGB an Dissidenten ein und nannte zwei völlig gegensätzliche Konsequenzen, die derartigen »Warnungen« manchmal folgten: entweder Verhaftung oder die Erteilung einer Ausreiseerlaubnis. Es gebe auch noch eindeutigere Warnungen als die, die er bisher erfahren habe: So sei manchem Dissidenten mitgeteilt worden, daß sein Schicksal von seiner Zeugenaussage in einem bevorstehenden Prozeß abhänge; sollte er nicht wie gewünscht aussagen, so würde er »den Gerichtssaal nicht verlassen«. »Noch bedrohlicher«, fuhr Sacharow fort, »war die Warnung – ähnlich einer Geiselnahme –, daß für jede weitere Ausgabe der *Chronik der Tagesereignisse* entsprechende Personen verhaftet und bereits festgenommene zu langen Haftstrafen verurteilt würden.« Artikel, die bisher über ihn in der sowjetischen Presse erschienen waren, seien vermutlich auch als Warnung zu verstehen. Sacharow stellte zusammenfassend fest, daß all diese Warnungen nur den einen Zweck erfüllten – immer wieder daran zu erinnern, daß es eine Macht gebe, die auf dem »Recht des Staates, sich zu verteidigen« basiere und keine Abweichung von dieser Linie dulde. Wenn diese Interpretation der Warnungen stimme, dann seien diese Institutionen symptomatisch für die Denkweise von Polizeiorganisationen und hätten nichts mit Demokratie, Meinungsfreiheit, Gesetz oder Humanität zu tun.

Als nächstes ging Sacharow auf den NTS (Nationaler Bund der Schaffenden) und deren monatlich erscheinendes Magazin *Possew* ein und erklärte, warum die Parteiführung so fixiert darauf sei:

» ... Beschuldigungen, daß Schriftstücke oder Appelle für antisowjetische, subversive Veröffentlichungen in der *Possew* verwendet werden, sind zu den wichtigsten Abschrekkungsmitteln des KGB und seinesgleichen geworden. Sie eignen sich hervorragend zur Einschüchterung und Unterdrückung der öffentlichen Meinung. Sogar der zufällige Besitz einer *Possew*-Publikation wird als Vergehen betrachtet.« Deshalb, meinte Sacharow, sei absolute Klarheit in dieser Hinsicht wichtig, und er wiederholte seine Aussage, die er bereits Maljarow gegenüber gemacht hatte.

Sacharow kam nun auf die Behauptung Maljarows zu sprechen, daß seine Treffen mit Ausländern seiner früheren Zusicherung widersprächen: »Im Jahre 1950, als ich an einem geheimen Institut zu arbeiten begann, unterschrieb ich tatsächlich eine Zusicherung, die mich für jederart Treffen mit Ausländern, ›die nicht autorisiert waren‹, haftbar machte. Die Strafe für Zuwiderhandlung war Entlassung. Ich wurde jedoch bereits 1968 – noch lange bevor ich mich mit irgendeinem Ausländer getroffen hatte – auf-

grund der Veröffentlichung meines Buches *Gedanken über den Fortschritt und die Annäherung* entlassen. Ich kann daher auch hier nur wiederholen, was ich Maljarow gegenüber bereits sagte, nämlich daß meine Treffen mit Ausländern nichts mit der Verletzung von Staatsgeheimnissen zu tun haben und daß ich ein solches Vergehen unter keinen Umständen gutheißen würde.«
Sacharow bezeichnete sein Interview mit Stenholm als »den Tropfen, der das Faß zum Überlaufen brachte«. Es sollte sich jedoch später herausstellen, daß eigentlich die Warnung Maljarows der Tropfen war, der das Faß zum Überlaufen gebracht hatte.
Erst gegen Ende der Pressekonferenz erhielt Sacharow mit der Frage, ob seine Ansichten sich seit der Veröffentlichung seines Buches über den Fortschritt und die Annäherung von Sozialismus und Kapitalismus 1968 geändert hätten, Gelegenheit, seine niederschmetternde Anklage gegen den sowjetischen Staat und das System zu erheben:
»Die Fristen, die ich damals setzte, waren allegorischer Natur. Die Linien der Annäherung oder die Linien stärkerer Konfrontation, die zunehmende Gefahr eines Atomkrieges; der Gegensatz zwischen den beiden Linien existiert nach wie vor, und ich glaube, daß das ausschlaggebende Moment immer noch die Unterdrückung einer Konfrontation beider Welten ist. Die Wirklichkeit ist schlauer und konfrontiert uns mit ganz konkreten Problemen, egal, ob es im Prozeß der Annäherung zu einer Demokratisierung der sowjetischen Gesellschaft kommt oder nicht …
Entspannung ohne Demokratisierung, eine Annäherung, in deren Verlauf der Westen allmählich unsere Spielregeln akzeptiert: solch eine Annäherung wäre gefährlich und würde keines der Probleme unserer Welt lösen. Es wäre einfach nur eine Kapitulation vor unserer wirklichen oder

übertrieben dargestellten Stärke. Es wäre nur ein Versuch, Gas und Öl von uns zu bekommen, und eine Vernachlässigung all der anderen Aspekte des Problems. Ich halte es für sehr gefährlich.

Dadurch, daß wir uns von Problemen befreien, befreien wir uns nicht wirklich ... Ich glaube, daß bedingungslose Entspannung und das einseitige Akzeptieren unserer Spielregeln sehr schlecht wäre.

Das würde nach außen hin alle abgeschotteten Länder, in denen alles vor ausländischen Blicken verborgen hinter einer Maske geschieht, die das wirkliche Gesicht verbirgt, noch mehr bestärken und ermutigen. Niemand sollte sich einen solchen Nachbarn wünschen, vor allem dann nicht, wenn dieser Nachbar bis zu den Zähnen bewaffnet ist.

Ich gehe davon aus, daß die meisten westlichen Politiker das einsehen. Es wurde schon bei der Konferenz zur Schlußakte von Helsinki bestätigt, daß Entspannung mit gleichzeitiger Abkehr von der Isolation einhergehen muß.

Das Jackson-Amendment scheint ein winziger Schritt in diese Richtung zu sein, ist aber vor allem auch als Symbol dessen wichtig, daß eine Entspannung mit der Sowjetunion nicht jegliche Überwachung dieses Landes ausschließt, um zu verhindern, daß dieses Land zur Gefahr für seine Nachbarn wird.«

Die Pressekonferenz mit ausländischen Journalisten wurde zu Sacharows Hauptinstrument in seiner Aufklärungskampagne gegen den Parteistaat.

Merkwürdigerweise zielte die gesamte Kampagne auf den einen Schwachpunkt des Parteistaates ab – die dreifache Isolierung des Bürgers: erstens von seiner Regierung, zweitens von seinen Mitbürgern und drittens in striktester Weise von der Außenwelt. Die Schwachstelle war die Kluft zwischen sowjetischem Gesetz und sowjetischer Propaganda. In diesem Sinne forderte Sacharow vor allem in der Pressekonferenz vom 21. August 1973 das Büro des Generalstaatsanwaltes öffentlich dazu heraus, private Kontakte zwischen Sowjetbürgern und Ausländern als illegal zu erklären. Das konnte die Regierung selbstverständlich nicht tun, obwohl es in der Sowjetunion bereits ein Gesetz gab, das Sowjetbürgern verbietet, ausländische Gäste in ihrer Wohnung übernachten zu lassen. Weiter als bis hierher jedoch konnte die sowjetische Regierung, im Gegensatz zur KPdSU, nicht gehen.

Nachdem Sacharow die Schwachstelle des Parteistaates entdeckt hatte, versuchte er, einen Keil zwischen die Partei (die für Propaganda, aber nicht für Gesetzgebung zuständig war) und die Regierung zu treiben, indem er der Welt verkündete, daß es eine Opposition gebe, die forderte, gehört und gesetzlich anerkannt zu werden. Es war im wesentlichen die Initiative eines Bürgers, wie auch die gesamte sowjetische Menschenrechtsbewegung.

Zweifellos war die Kombination der Maßnahmen Sacharows, alle gegen die Initiativen des Staates gerichtet – sein Interview mit Ole Stenholm, die Veröffentlichung seines Protokolls von dem »Gespräch« mit dem Stellvertretenden Generalstaatsanwalt und schließlich die Pressekonferenz –, in gewisser Weise ein Wendepunkt. Es war eindeutig der Anfang von Sacharows Kampf mit der sowjetischen Führungsschicht. Und der sollte sieben Jahre andauern.

In der Pressekonferenz wurde zum ersten Mal bekannt, daß Sacharow für seine Forschungstätigkeit am Physikalischen Institut der Akademie der Wissenschaften ein Gehalt von dreihundertfünfzig Rubel pro Monat bezog; zusätzlich bekam er als Mitglied der Akademie der Wissenschaften ein Statushonorar von vierhundert Rubel.

Sacharow wiederholte auf der Pressekonferenz, daß er 1969 seine gesamten Ersparnisse dem Staatsfonds und dem Roten Kreuz zum Bau eines Krankenhauses vermacht habe. Die Summe war »sehr groß ..., genau einhundertneununddreißigtausend Rubel«. Auf die Frage, warum er das getan habe, entgegnete er, daß er nicht mehr hinter seiner Handlungsweise von damals stehe und daher keine Gründe anführen wolle.

Als Sacharow auf der Pressekonferenz die »Institution der Warnungen« als symptomatisch für die Denkweise von Polizeiorganisationen bezeichnete, beschrieb er genau die Atmosphäre, die seinen Fall und den seiner Familie nach der Pressekonferenz vom 21. August lange Zeit umgab. Nur zweiundsiebzig Stunden später brachte die Moskauer Abendausgabe der *Iswestija* den TASS-Bericht eines *L'Humanité*-Artikels, der sich kritisch zu Sacharows Behauptungen auf der Pressekonferenz äußerte. Um sieben Uhr desselben Abends berichtete Radio Moskau in seiner Presseschau über einen Artikel und einen Brief an den Herausgeber der *Volksstimme,* die offizielle Zeitung der Österreichischen Kommunistischen Partei. Auch diese kritisierten Sacharows Aussagen gegenüber den zwölf Korrespondenten. Am folgenden Abend haben die *Iswestija* und Radio Moskau einen wütenden Brief gegen Sacharow, der von vierzig Mitgliedern der Akademie der Wissenschaften unterschrieben war, als Teil der Kampagne gegen Sacharow an die »große Glocke« gehängt.

In all diesen Briefen und Artikeln wurde Sacharow schlechtgemacht und bezichtigt, ein Gegner der Entspannung, ein Diffamierer der sowjetischen Staatsstruktur und Verzerrer der sowjetischen Wirklichkeit zu sein. Die Kampagne gegen Sacharow endete am 8. September mit dem TASS-Bericht »Sowjetischer Wissenschaftler zu sein heißt, Patriot zu sein«, der einen Überblick über die bei sowjetischen Medien eingegangenen Protestschreiben gegen Sacharows Behauptungen enthielt.

Als Reaktion darauf ergriffen berühmte Dissidenten wie

Igor Schafarewitsch, Alexander Galitsch und Wladimir Maximow Sacharows Partei, verteidigten ihn und schlugen ihn für den Friedensnobelpreis 1973 vor. (Der Vorsitzende des Nobel-Institutes, August Schou, gab am 10. September bekannt, daß die Nominierungen für den Nobelpreis 1973 am 1. Februar abgeschlossen worden seien). Solschenizyn hatte ungefähr zur gleichen Zeit in seinem Artikel »Frieden und Gewalt« denselben Vorschlag gemacht. Auch eine Vielzahl von westlichen Politikern und Wissenschaftlern unterstützte diesen Vorschlag.

Anstatt ihn einzuschüchtern, spornte die Kampagne Sacharow noch mehr an. Er kehrte Anfang September von seinem Urlaub in Georgien nach Moskau zurück und gab ausländischen Reportern fast täglich Interviews. Auf einer Pressekonferenz am 8. September, bei der vierzehn Korrespondenten seinem Ruf gefolgt waren, bezeichnete Sacharow die Kampagne gegen ihn als »skrupelloses Spiel mit den Anti-Kriegsgefühlen der Nation, die am meisten unter dem Zweiten Weltkrieg gelitten hat«.

Daraufhin wurde die Medienkampagne gegen ihn abrupt eingestellt. Auf sowjetischer Seite hatte man wahrscheinlich gemerkt, daß es – zumindest für den Augenblick – genug war. Es tauchte sicherlich zum ersten Mal die Einsicht auf, daß Sacharow auf dem besten Weg war, sich im internationalen Bewußtsein als eine Art Kultfigur zu etablieren. Anfang September hatte der österreichische Bundeskanzler Bruno Kreisky Sacharow als Symbolfigur im Kampf um wissenschaftliche Freiheit bezeichnet. Der schwedische Außenminister Krister Wickmann hatte ohne Umschweife verkündet, daß die Kampagne gegen Solschenizyn und Sacharow »der Entspannungspolitik nicht dienlich« sei. Am 8. September schickte der Präsident der amerikanischen Akademie der Wissenschaften, Dr. Philip Handler, zwei Telegramme an seinen sowjetischen Kollegen Mstislaw Keldisch. Im ersten teilte er mit, daß »weiteres Schikanieren oder gar eine Festnahme Sacharows ernsthafte Auswirkungen auf die Beziehungen zwischen den Wissenschaftlergemeinden der USA und der UdSSR haben werde und die Bemühungen um zunehmenden wissenschaftlichen Austausch und Zusammenarbeit beeinträchtigen könnte«.

Im zweiten Telegramm wurde er noch deutlicher:

»Mit großer Bestürzung haben wir von der verstärkten Kampagne gegen Sacharow erfahren, die ihn dafür verurteilt, daß er im Geiste freier wissenschaftlicher Forschung soziale und politische Ansichten zum Ausdruck bringt, die von seinem wissenschaftlichen Verständnis herrühren. Sollte Sacharow der Möglichkeit, weiterhin dem sowjetischen Volk und der Humanität zu dienen, beraubt werden, können wir uns nur sehr schwer vorstellen, daß es zu einer erfolgreichen Zusammenarbeit zwischen Amerika und der UdSSR kommen wird, da die Durchführung völlig von den freiwilligen Bemühungen und dem guten Willen der einzelnen Wissenschaftler sowie der einzelnen Institute abhängt. Es wäre eine wirkliche Katastrophe, wenn der Geist der Entspannung durch weitere Handlungen gegen diesen begabten Physiker beeinträchtigt würde.«

Nach der Briefkampagne begann die sowjetische Presse, Sacharow nur noch aufs Geratewohl zu beschießen. Er bot zum ersten Mal eine ideale Zielscheibe, als er sich Alexander Galitsch und Wladimir Maximow in einem öffentlichen Appell an die neue chilenische Regierung (die Militärjunta hatte am 11. September Salvador Allendes linke Regierung gestürzt) anschloß. Die drei forderten eine Garantie für die Freiheit des Schriftstellers Pablo Neruda; denn es sah eine Zeitlang so aus, als wäre der

Schriftsteller in Gefahr. »Der gewaltsame Tod dieses großen Mannes«, hieß es in dem Appell, »würde lange Zeit das, was Ihre Regierung als die Ära der Wiedergeburt und der Konsolidierung Chiles proklamierte, trüben.«
Das französische kommunistische Parteiorgan *L'Humanité* und sein italienisches Pendant *L'Unita* griffen diesen Satz auf und interpretierten ihn als einen Hinweis darauf, daß die Verfasser des Appells von der Junta erwarteten, dieses Zeitalter einzuläuten. Die TASS übernahm diese Verfälschung und ließ noch dazu die Namen Galitsch und Maximow weg. Drei Tage später, am 25. September, wurde der TASS-Bericht von der *Prawda* veröffentlicht.
Als ein ausländischer Korrespondent Sacharow anrief und um Klärung bat, erklärte Sacharow, er könne nichts über die Junta sagen, da »Chile zu weit weg ist«. Die Motivierung für den Appell seien »rein humanitäre Gründe« gewesen. Da gab es so manchen ausländischen Journalisten, der sich eine Erklärung dieser Erklärung gewünscht hätte.

Am 11. Oktober gab Sacharow einem libanesischen Korrespondenten ein Interview, in dem er behauptete, daß ägyptische und syrische Militäraktionen den Krieg initiiert hätten. Diese Aussage stand im Gegensatz zur Meinung der Sowjetregierung, die Israel als den Aggressor bezeichnete. Problematisch wurde es aber erst, als Sacharow auf die Frage, was die Vereinigten Staaten und andere westliche Länder zur Beendigung des Krieges tun könnten, antwortete: »Sie sollten die UdSSR und die anderen sozialistischen Länder auffordern, ihre Politik der einseitigen Einmischung im arabisch-israelischen Konflikt aufzugeben, und Vergeltungsmaßnahmen ergreifen, falls diese Politik der Einmischung fortgeführt wird.«
Daraufhin beschuldigte das Parteiorgan *Prawda* Sacha-

row, »die imperialistischen Staaten aufgefordert zu haben, ›Vergeltungsmaßnahmen gegen die Sowjetunion zu ergreifen‹, da sie den arabischen Staaten helfe, die Angriffe der Israelis abzuwehren«.
Die *Prawda* zitierte *L'Unita* und behauptete, daß Sacharow »ständig Partei für die Imperialisten ergreife. Gestern stand er auf der Seite der chilenischen Rebellen, heute auf der Seite Israels ... Aber diesmal ist es bei weitem schlimmer: Er ruft ausländische Staaten öffentlich dazu auf, Maßnahmen gegen sein eigenes Land zu ergreifen, um es zur Änderung seiner Politik zu zwingen.«
Genau zu diesem Zeitpunkt änderte sein eigenes Land seine Politik: Anstatt einer weiteren Pressekampagne schickte es »Araber« (im Russischen bedeutet »Araber« auch Schwindler, Gauner, Betrüger), die sich als Mitglieder der palästinensischen Organisation »Schwarzer September« ausgaben, nachdem sie sich Zutritt zu Sacharows Wohnung verschafft hatten. Sie schnitten die Telefonschnur durch, verbarrikadierten die Tür und hielten Sacharow, dessen Frau und dessen Stiefsohn über eine Stunde lang als Geiseln fest. Sie warfen Sacharow vor, »von seiner Frau beeinflußt zu werden«, und forderten, er solle von nun an statt der Juden die Araber unterstützen. Obwohl Sacharow über diesen Zwischenfall »sehr erschüttert« war, äußerten weder er noch seine Frau ihre Meinung zum arabisch-israelischen Konflikt. Als Solschenizyn von dem Zwischenfall erfuhr, schrieb er an Sacharow: »Bei der umfassenden Überwachung Ihrer Person ist ein derartiger Angriff ohne das Wissen und das Betreiben der Behörden nicht denkbar.«

Am 13. November kehrte der KGB zu seinen klassischen Methoden der Einschüchterung zurück. Dieses Mal wurde Jelena Bonner zum Verhör vorgeladen – wie Sacha-

row schon seit langem befürchtet hatte. Bezeichnenderweise war die einzige Verbindung der Sacharows, der einzige Kontakt mit ihrer eigenen Regierung, der KGB und dessen Verhöre.
Der Vorwand für die Vorladung Jelena Bonners war ein Brief Sacharows an den KGB-Chef Juri Andropow vom 28. Oktober, in dem er anbot, für Wiktor Chaustow zu bürgen. Dieser war zusammen mit Gabriel Superfin beschuldigt worden, die Gefängnistagebücher Eduard Kusnezows, des Mannes, der demonstrativ ein Flugzeug entführen wollte, übermittelt zu haben. Die Verhöre Jelena Bonners wurden erst von einem gewissen Sokolow und dann von Oberst Syschtschikow durchgeführt und grenzten an die Lächerlichkeit eines Possenspiels. Sokolow und Syschtschikow zogen alle Register, versuchten, Jelena Bonner einzuschüchtern, ihr Fallen zu stellen, doch alles, was ihnen gelang, war die Bloßstellung ihrer eigenen Inkompetenz. Zugegeben, es ist sicherlich nicht einfach, in einem System, das von sich behauptet, offen zu sein, aber eigentlich abgeschlossen sein will, mit der Anklage der Übermittlung privater Tagebücher umzugehen.
Beim zweiten Verhör am 19. November behauptete Jelena Bonner, daß auch sie die fraglichen Dokumente übermittelt habe. »Ich hielt und halte es immer noch für meine Pflicht«, sagte sie. »Was wüßte denn die Welt schon über unser Leben, wenn niemand so etwas täte?«
Sacharow und Podjapolski äußerten sich zur selben Zeit in ähnlicher Weise. In drei aufeinanderfolgenden Verhören am 20., 23. und 27. November versuchte Oberst Syschtschikow, Jelena Bonner in die Enge zu treiben – zuerst beschuldigte er sie, Komplizin, dann Zeugin und schließlich Sympathisantin gewesen zu sein. Er warnte sie, daß das Schicksal von Superfin, Chaustow und Kusnezow von ihr abhinge, da es jederzeit möglich sei, wieder die Todes-

strafe zu verhängen. Als Mutter sollte sie sich auch Gedanken über das Schicksal ihrer Kinder machen. Als sie sich trotzdem weigerte auszusagen, wurde ihr mitgeteilt, daß es kein Problem sei, die Sicherheitsbeamten zu rufen – möglicherweise sei sie geisteskrank. Wenn sie nicht spreche, schade sie nur ihrem Mann. Als Jelena am 27. November ankündigte, sie würde zum nächsten Verhör nicht erscheinen, da diese Vernehmungen ihrer Meinung nach sinnlos seien, drohte Syschtschikow ihr damit, sie und »ihre antisowjetischen Freunde und ausländischen Korrespondenten« mit einem Lastwagen abholen zu lassen (Dornan).

An dieser Stelle intervenierte Sacharow: Er schrieb am 28. November einen offenen Brief an Andropow, in dem er Syschtschikow beschuldigte, mit seinen Mätzchen beim Verhör seiner Frau Druck auf ihn, Sacharow, ausüben zu wollen. »Ich bin dagegen, daß Jelena vorgeladen wird ..., und übernehme die volle Verantwortung dafür, daß sie nicht erscheint.« Sacharow gab Andropow den Rat, »seinen Untergebenen darüber aufzuklären«, daß es illegal und sinnlos sei, seine Frau als Zeugin zu verhören, wenn er sie für eine Komplizin hielt. Und es sei »unmoralisch, einen kranken Menschen, eine Kriegsinvalidin, stundenlangen Befragungen und Drohungen auszusetzen«. Was die Anklage der Übermittlung von Tagebüchern betrifft, so könne »dies nach allgemein anerkannten rechtlichen Normen und in Übereinstimmung mit der Menschenrechtserklärung in keinerlei Hinsicht ein Verbrechen« sein.

Aus allen bisher aufgeführten Beispielen wird die von Sacharow angenommene Führungsrolle innerhalb der Opposition unmißverständlich klar. Auch Jelena Bonner hatte ihre Begegnung mit dem KGB-Panoptikum nicht untätig über sich ergehen lassen. Am 21. November berief sie eine Pressekonferenz ein, um den Verlauf ihres Verhörs zu schildern. Dabei erhielt auch Sacharow Gelegenheit, sich zu dem Sinn der Vernehmungen seiner Frau zu äußern. In einer Reuter-Depesche hieß es, Sacharow sehe »das plötzliche Interesse des KGB an seiner Frau als Teil der allgemeinen Kampagne gegen ihn wegen seiner unverblümten Kritik an der sowjetischen Gesellschaft«.

Erst am 29. November eröffnete Sacharow den ausländischen Korrespondenten, daß er am 21. November, dem Tag von Jelena Bonners Pressekonferenz, ein Führungszeugnis von seiner Arbeitsstelle (dem Lebedew-Institut für Physik) beantragt habe – Vorbedingung für Sowjetbürger, die einen Ausreiseantrag stellen wollen. Den ausländischen Korrespondenten, die den Fall Sacharow verfolgten, fiel auf, daß er damals auf der Pressekonferenz nichts erwähnt hatte. Sie nahmen an, daß Sacharow den Eindruck vermeiden wollte, unter dem Druck des KGB zu stehen. Auf die Frage, wann er beschlossen habe, ins Ausland zu reisen, nannte Sacharow ein Datum kurz nach dem Vorfall mit den »Arabern«.

Sacharow hatte eine ganze Reihe von Einladungen von der Princeton University, darunter auch eine von Professor Marvin L. Goldberger, Leiter der physikalischen Fakultät von Princeton. Gegenüber den Journalisten begründete er es damit, daß »es an der Zeit war, etwas zu tun. Die Lage hier ist sehr kritisch geworden.« Sacharow stellte sich vor, an der Princeton University drei bis sechs Monate lang bisher unveröffentlichte Vorlesungen über Gravitations- und Elementarteilchentheorien zu halten. Sacharow war sich natürlich des Risikos bewußt, daß ihm in seiner Abwesenheit die sowjetische Staatsbürgerschaft entzogen werden könne, machte aber deutlich, daß er zurückkehren wolle: »Mein Platz ist aus moralischen, gesellschaftlichen und persönlichen Gründen in meinem Heimatland.«

Sacharow hatte am 21. November verkündet, daß er von Professor Feshbach vom Massachusetts Institute of Technology eine persönliche Einladung für sich und seine Familie erhalten habe, der er folgen wolle. Die Einladung sei auch von Henry Kissinger, zu jener Zeit Außenminister, unterzeichnet und könnte somit den offiziellen sowjetischen Ansprüchen gerecht werden. In seinem Bericht schildert Peter Dornan die Reaktion des korrespondierenden Mitglieds der Akademie der Wissenschaften, Wenjamin Lewitsch, der sagte, daß die Antwort der sowjetischen Behörden seiner Ansicht nach »als Zeichen für die künftige Entwicklung internationaler Zusammenarbeit (in der Wissenschaft) interpretiert werden wird«. Aber Sacharow eignete sich nicht gerade als Versuchsperson. Er war schließlich »der Vater der sowjetischen Wasserstoffbombe« und gehörte damit als Geheimnisträger der höchsten Sicherheitskategorie an. Er war und ist der Träger des größten Geheimnisses der Welt (denjenigen, die einwenden, daß Sacharow den Amerikanern nichts hätte sagen können, was sie nicht schon wußten, sei gesagt, daß er ihnen hätte sagen können, was die Russen noch nicht wußten). Er war auch nicht nur der führende Dissident des Landes, sondern Sammelpunkt des gesamten sowjetischen Dissidententums. Und außerdem war die direkte Konfrontation zwischen Andrej Dimitrijewitsch Sacharow und dem sowjetischen Staat in vollem Gange. Es war nicht der richtige Zeitpunkt und Sacharow nicht der richtige Mann für solch einen Versuch.

Auch die Amerikaner waren damals sehr nervös, als Robert Oppenheimer Ende der vierziger und Anfang der fünfziger Jahre nach Europa fuhr. Sie hatten Angst, er könnte in die Fänge der Sowjets geraten.

Wie konnte nur irgend jemand, geschweige denn ein sowjetischer Bürger, in Anbetracht der jahrhundertealten

Besessenheit der Russen, alles geheimhalten zu müssen, erwarten, daß ausgerechnet Sacharow eine Ausreiseerlaubnis bekommen würde? Sacharows Vorstellung, die Sowjetunion auch nur für kurze Zeit zu verlassen, war absolut illusorisch.

Es gab keinen Ausweg für Sacharow, er mußte den Kampf durchstehen. Die Tatsache, daß es keine Fluchtmöglichkeit gab, spielte eine entscheidende Rolle dabei, wer letztendlich als Sieger aus dem Kampf hervorgehen würde. Die Gesichtspunkte, die seine privilegierte Stellung ausmachten, die ihn in seinem Kampf gegen den sowjetischen Staat unterstützten und ihm eine gewisse Immunität verliehen, zwangen Sacharow gleichzeitig dazu, eine unverhältnismäßig große Verantwortung für seinen Standpunkt zu übernehmen, und versagten ihm die Fluchtmöglichkeit, die die meisten Dissidenten nutzen konnten.

Zweifellos hätte Sacharow während seines langen Martyriums die Sowjetunion früher oder später verlassen, wenn er gekonnt hätte. Zweifellos wäre er auch im Westen geblieben, wenn es hätte sein müssen – das heißt, wenn er überzeugt gewesen wäre, daß eine Rückkehr seinen Tod bedeutet hätte.

Im November eines anderen Jahres, vierzehn Jahre nach diesem Ereignis in Sacharows Wohnung, kam der Autor dieses Buches auf den Tod von Anatoli Martschenko im vorhergehenden Jahr zu sprechen und fügte hinzu, daß es immer sein Gewissen belastet hätte, Sacharows bevorzugtem und tragischstem Schützling nicht geholfen zu haben, obwohl er, der Autor dieses Buches, keine Ahnung hatte, wie er ihm hätte helfen können. »Sie brauchen kein schlechtes Gewissen zu haben«, sagte Frau Sacharow nicht ohne Schärfe, »Tolja Martschenko hätte die Sowjetunion verlassen können, wenn er dies gewollt hätte. Er wollte nicht.« Eine Art zornige Liebe spricht aus »Lucy«

(Ljusja), besser bekannt unter dem Namen Jelena Bonner. Sacharow stimmte stillschweigend zu.

Ende Dezember 1973 detonierte in Paris eine literarische Bombe, die die russischsprachige Welt erschütterte und auf der ganzen Welt widerhallte. Sie klingt auch heute noch nach. Es war die Veröffentlichung von Alexander Solschenizyns monumentalem Werk *Archipel Gulag* in russischer Sprache. Solschenizyn vergleicht darin das sowjetische Strafrecht und sein Netz von Konzentrationslagern und Gefängnissen mit einem Kanalisationssystem. Er beschreibt, wie verschwenderisch in diesem System mit Menschenleben umgegangen wird. Dieses Werk ist der größte Schlag, der der gesamten kommunistischen Theorie je versetzt wurde. Es prägte weltweit das Akronym GULAG (Gosudarstwennoje Uprawlenije Lagerej – Hauptverwaltung der Straflager in der UdSSR) und es versah das politische System der Sowjetunion mit dem Brandmal GULAG.
Sacharow verlor keine Zeit, Solschenizyn und dessen Recht auf Veröffentlichung im Ausland zu verteidigen. Am 5. Januar 1974 machten er und vier andere Moskauer Intellektuelle in einer Erklärung geltend, daß »das Recht eines Schriftstellers, das zu schreiben und zu veröffentlichen, was ihm sein Gewissen und seine Pflicht als Künstler diktieren, eines der grundlegendsten Rechte einer zivilisierten Gesellschaft ist. Dieses Recht kann durch keine Staatsgrenzen eingeschränkt werden!«
Am 20. Januar gab Sacharow der *Tribune de Geneve* zusammen mit vielen anderen ein Interview. »Ich wünsche mir«, sagte er, »daß das Buch *Archipel Gulag* nicht nur im Westen, sondern auch in der UdSSR gelesen wird und daß es der Stein ist, der endlich das Eis des Mißtrauens und des mangelnden Verständnisses bricht, das durch Lügen,

Bosheit, Feigheit und Dummheit geschaffen wurde. Diesen Stein hat eine mächtige und sichere Hand geworfen.«
Solschenizyn wurde am 12. Februar verhaftet und am nächsten Tage zwangsverschickt. An diesem Tag übergaben Sacharow, seine Frau und acht weitere sowjetische Intellektuelle den sowjetischen Behörden einen »Moskauer Appell« mit vier Forderungen:
»1. Veröffentlichung des Buches *Archipel Gulag* in der UdSSR – erhältlich für jeden Sowjetbürger.
2. Veröffentlichung des gesamten Archivmaterials, um ein komplettes Bild der Aktivitäten von Tscheka/GPU/NKWD/MGB zu erhalten.
3. Bildung eines internationalen öffentlichen Tribunals zur Untersuchung der bisher begangenen Verbrechen.
4. Bewahrung Solschenizyns vor Verfolgung und Gewähr dafür, daß er zurückkehren und in seinem Heimatland arbeiten kann.

Wir lehnen von vornherein den Versuch, eine internationale Unterschriftensammlung zur Unterstützung unseres Appells als Einmischung in interne Angelegenheiten der Sowjetunion zu bezeichnen, ab. Vor allem auch deshalb, weil nicht nur Sowjetbürger, sondern auch Hunderttausende von Bürgern anderer Staaten Opfer desselben Terrors geworden sind. Alle Menschen dieser Welt müssen erfahren, was wirklich in der UdSSR passiert. Wir bitten daher alle Massenmedien, unseren Appell zu verbreiten. Wir bitten auch alle öffentlichen und kirchlichen Organisationen, Landeskomitees für eine Unterschriftensammlung zu bilden.«
Unter den Unterzeichnern dieses Appells waren auch Wladimir Maximow, Michail Agurski, Anatoli Martschenko (ausnahmsweise nicht im Gefängnis) und dessen Frau Larissa Bogoras. Mit diesen Forderungen wollte man öffentlich über die Mißstände »Buch führen« und somit Öffent-

lichkeit schaffen, die eine wichtige Rolle in einem Kampf spielt, der so sehr von der Publizität abhängt. Eine Woche später erklärte Sacharow in einem Telefon-Interview mit der *Sunday Times,* daß es nicht das Ziel der Unterzeichner sei, ein »pragmatisches Dokument« zu erstellen, sondern vielmehr einen »moralischen Appell« an die Welt zu richten. Er glaubte, daß solch ein Appell »die Entwicklung einer wirklichen demokratischen Bewegung in der UdSSR zur Verteidigung der moralischen Werte der gesamten Menschheit« zeige.

Jelena Bonners zweite Schilddrüsenoperation fand am 27. Februar statt – dieses Mal unter normalen medizinischen Umständen in einem Leningrader Krankenhaus. Sacharow machte sich zu der Zeit auch Sorgen um die Zukunft seiner Stiefkinder Alexej und Tatjana und deren Ehemann Efrem Jankelewitsch. Letzterem war eine Assistentenstelle am Massachusetts Institute of Technology (MIT) angeboten worden. Alle drei hatten Anfang 1973 und noch einmal im Mai 1973 Ausreiseanträge gestellt. Wie Sacharow es in einem offenen Brief an das Akademiemitglied V. A. Engelgardt schilderte, »hatten maßgebliche sowjetische Repräsentanten, einschließlich des sowjetischen Botschafters in den Vereinigten Staaten, dem MIT-Präsidenten versprochen, sich um eine Ausreiseerlaubnis zu kümmern«. Nun war beinahe ein Jahr vergangen. Die Reise war vor allem auch deshalb wichtig, wie Sacharow erklärte, weil Tatjana Semjonowa-Jankelewitsch in der UdSSR nicht die Erlaubnis zum Besuch einer höheren Schule oder Universität erhalten hatte.

Sacharow hatte allen Grund, sich um das Schicksal seiner Frau und deren Familie zu sorgen. In den getrennten Verhandlungen Chaustows und Superfins (jeweils am 6. März und am 13. Mai) fiel in Zusammenhang mit der Übermittlung der Kusnetsow-Tagebücher der Name Jelena Bonner.

Im Zusammenhang mit Chaustows Urteil wurde sie der Mittäterschaft beschuldigt, während Superfin ähnliche Beschuldigungen zurückwies und behauptete, er alleine hätte die Tagebücher übermittelt. Trotzdem teilte Sacharow drei Wochen später ausländischen Korrespondenten am Krankenbett seiner Frau mit, daß er seit Solschenizyns Ausweisung »alle Gedanken daran, mit seiner Familie in die USA zu gehen«, aufgegeben hätte (und bewahrte dadurch die sowjetischen Behörden vor der Peinlichkeit, ihm ein Ausreisevisum versagen zu müssen).

Am 20. März legten Sacharow und Igor Schafarewitsch ausländischen Korrespondenten die »Samisdat«-Ausgabe *Lebe nicht mit Lügen* vor, eine hundertvierundneunzigseitige Zusammenfassung sowjetischer Presse- und Radioangriffe auf Solschenizyn, einschließlich Briefen und Dokumenten zu seiner Verteidigung. Die beiden Akademiemitglieder hatten das Vorwort zu dieser Ausgabe geschrieben. Sie stellten darin eine wichtige Behauptung auf: »Die vielen Stimmen, darunter auch Menschen, die schonungslos der Verfolgung ausgesetzt sind, beweisen, wie illusorisch die Hoffnungen derer waren, die dachten, Solschenizyns Einfluß auf das geistige Leben unseres Landes würde schwächer werden.« Dies war beinahe eine Wiederholung von Sacharows Behauptung gegenüber dem *Corriere della serra:* »Solschenizyn spielte und wird auch weiterhin eine sehr wichtige Rolle für unsere Sache spielen. Seine Moralvorstellungen verdienen großen Respekt.«

Daher wurde Sacharows Kritik an Solschenizyns *Brief an die sowjetische Führung* mit um so größerer Bestürzung in Dissidentenkreisen und der westlichen Öffentlichkeit aufgenommen. Doch Sacharows Kritik hätte nicht diese Wirkung haben müssen. Es war eine kurze Kritik (knapp zwölf Seiten) und eine prägnante Abhandlung, die zwangsläufig erscheinen mußte. In seinem bereits erwähnten Brief an Engelgardt gab Sacharow einen kurzen Überblick seines Standpunkts: »Ich gebe meinen Ansichten über verschiedene Fragen und Probleme des öffentlichen Lebens immer Ausdruck, ohne Anspruch darauf zu erheben, im Besitz der perfekten Lösung zu sein, und fordere stets eine offene und öffentliche Diskussion.« Als Wissenschaftler, der sich dieser Aufgabe verschrieben hatte, mußte Sacharow zwangsläufig in vielem anderer Meinung sein als Solschenizyn in seinem fünfundsiebzigseitigen Aufsatz. Er war nicht einverstanden damit, daß Solschenizyn allein das russische Volk bedauerte und in seine Überlegungen einschloß und dabei alle anderen Völker, die in derselben kommunistischen Falle saßen, völlig außer acht ließ. Er war auch nicht einverstanden mit Solschenizyns Haltung, daß die Industrielle Revolution eine reine Erfindung des Westens und verantwortlich für die Zerstörung der Natur und die Ausbeutung der Bodenschätze der Sowjetunion sei. Sacharow meinte dazu: »Allein die Einteilung von Ideen in westlich oder russisch ist mir nicht verständlich. Meiner Ansicht nach ist eine wissenschaftliche und rationale Einstellung zu sozialen und natürlichen Phänomenen nur vereinbar mit einer Klassifizierung von Ideen und Begriffen als wahr oder falsch.« Auch zum Thema Ideologie gingen die Meinungen der beiden stark auseinander. Es war nicht Sacharows Ansicht, daß die »verschiedenen Anomalien« und »kostspieligen Absurditäten« der Innen- und Außenpolitik der Sowjetunion in deren Ideologie begründet waren. Ganz im Gegenteil: Seiner Meinung nach zeichnete sich die sowjetische Gesellschaft durch ideologische Gleichgültigkeit aus. Die ideologischen Rituale des sowjetischen Systems waren bloßer Ersatz für einen »Treueeid«. Es war nur ein weiteres Beispiel für eine »vom System geschaffene, zweckdienliche Absurdität«.

Es war unvermeidlich, daß Sacharow diesen Standpunkt vertreten würde: Er war ein Wissenschaftler und als Homo politicus ein Produkt des »dreißigjährigen Krieges« mit der Lehre Lyssenkos. Seine Mission – oder ein Aspekt davon – war, das sowjetische System zu entlarven, das vorgab, höchst wissenschaftlich zu sein, aber tatsächlich im Vergleich zu jeder wahren Wissenschaft auf der allgemeinen Ebene vom afrikanischen Voodoo lag. Dies erklärt, zumindest zum Großteil, Sacharows Verachtung der sowjetischen Ideologie und seine handfeste Skepsis gegenüber Ideologie an sich. Dementsprechend nahm er Solschenizyn ins Gebet.

»Ich halte Solschenizyns Behandlung des Problems des Fortschritts für besonders irreführend. Fortschritt ist ein weltweiter Prozeß, der sicherlich nicht in den Jahren, die vor uns liegen, mit dem quantitativen Wachstum einer großangelegten industriellen Produktion gleichgesetzt werden darf. Wenn wir von einer allgemeinen wissenschaftlichen und demokratischen Führung der Wirtschaft und des gesamten gesellschaftlichen Lebens einschließlich des Bevölkerungszuwachses ausgehen, dann bin ich überzeugt, daß das keine Utopie, sondern eine lebenswichtige Notwendigkeit ist. Fortschritt muß sich ständig den aktuellen Bedürfnissen der menschlichen Gesellschaft anpassen, um ihnen gerecht zu werden und um gleichzeitig um jeden Preis Natur und Umwelt für unsere Nachfahren zu erhalten.«

Hier kommt Sacharows grundsätzliche Überlegung der zeitlichen Abfolge der Geschehnisse zum Ausdruck, die von seinem wissenschaftlichen Verständnis herrührt. Fortschritt ist kein linearer Prozeß; er ist vielmehr die ständige Auseinandersetzung der Menschheit mit einem immer komplizierter werdenden Leben. Und das Leben ist schon schwierig genug. Daher ist er »im Gegensatz zu Solschenizyn« überzeugt davon, daß »es kein wirklich wichtiges Problem auf der Welt gibt, das auf nationaler Ebene gelöst werden kann. Vor allem Abrüstung, eine Grundvoraussetzung zur Eindämmung der Kriegsgefahr, kann nur in Zusammenarbeit aller Großmächte auf der Basis vertraglicher Verpflichtungen und gegenseitigen Vertrauens durchgeführt werden. Dasselbe gilt für die Geburtenkontrolle, die Einschränkung des industriellen Wachstums, den Übergang zu einer umweltfreundlicheren Technologie, die sicherlich kostspieliger sein wird als unsere derzeitige Technologie ...«

Sacharow konnte auch hinsichtlich des Problemfalls China nicht länger mit Solschenizyn übereinstimmen (was er vielleicht noch vor fünf Jahren getan hätte). China war aus industrieller und technologischer Sicht viel zu weit zurück, um einen »großangelegten Krieg gegen die UdSSR« in naher Zukunft erwägen zu können. Es bestand außerdem die Möglichkeit, daß die übertriebene Bedrohung durch China nur ein politischer Trick der sowjetischen Führung war. Er trug jedenfalls nicht zur Demokratisierung und Entmilitarisierung der Sowjetunion bei – obwohl dies so dringend nötig gewesen wäre.

Als Antwort auf Sacharows Kritik bemerkte Solschenizyn knapp, daß Sacharow in vielen Punkten seines Briefes an die Führung mit ihm übereinstimme, vor allem jedoch in der Forderung, »Marxismus und Staat zu trennen«. Damit spielte er auf eine gewisse Inkonsequenz in Sacharows Argumentation an, daß die herrschende Ideologie des Kommunismus nicht von besonderer Bedeutung sei. Ansonsten verteidigte er die Bedeutung der Ideologie und zeigte seine Entrüstung darüber, daß er ein »großer russischer Nationalist« genannt worden war. Er behauptete, daß die russischen und ukrainischen Völker bisher am meisten unter den Schlägen des Kommunismus zu leiden gehabt hätten und daß sie daher berechtigt seien, nach diesem Feuersturm der Unterdrückung gleiche Rechte in Form einer nationalen Wiedergeburt zu fordern.

In diesem Zusammenhang erzählte der Dichter Alexander Galitsch eine Geschichte, die charakteristisch für Sacharow ist. Als Sacharow in das öffentliche Leben der Sowjetunion eintrat, waren einige seiner Freunde besorgt, daß Sacharow seinen guten Namen allzu leichtfertig und generös hergeben würde, daß er allen möglichen (und manchen unmöglichen) Menschen der Dissidenz zu helfen versuchen und auf diese Weise seinen Einfluß und seine Autorität vergeuden würde. Daher haben diese Freunde Sacharow nahegelegt, wählerisch zu sein, er möge sich seine Unterstützung nur für die allerwichtigsten Fälle der Dissidenz vorbehalten. Darauf Sacharow zu Galitsch, der beauftragt wurde, diese Bitte dem Wissenschaftler vorzutragen: »Wie kann ich wissen, wann ein Fall wichtig oder unwichtig ist? Jeder Bruch der Menschenrechte, jede Ungerechtigkeit, die einem Menschen angetan wird, ist in meinen Augen wichtig. Daher habe ich keine andere Wahl, als diesen Standpunkt in jedem mir bekannt gewordenen Falle einzunehmen und zu bekunden.«

Dieser Meinungsaustausch, auch bekannt als Solschenizyn-Sacharow-Debatte, stellte an sich eine Art Wendepunkt dar, der die Argumente der beiden Hauptlager innerhalb der russischen politischen Emigration darlegte. Während dieser Zeit – in einem Zeitraum von ungefähr fünf Jahren – kam es zu einer allmählichen Verlagerung oppositioneller Aktivitäten vom Osten in den Westen, von der Sowjetunion nach Westeuropa und in die Vereinigten Staaten. Waleri Tschalidse ging 1972 in den Westen und verlor kurz nach seiner Ankunft in New York die sowjetische Staatsbürgerschaft (nicht so seine sowjetische Frau). Schores Medwedew verließ die Sowjetunion 1973, Solschenizyn wurde Anfang 1974 ausgewiesen, und Wladimir Maximow ging ungefähr zur gleichen Zeit wie Sinjawski, Nekrassow, Galitsch, Golem-Stock und Josef Brodski und andere »freiwillig« nach Paris. Tschalidse gründete 1973 in New York den *Chronicle of Current Events* und Wladimir Maximow 1974 in Paris und Berlin die Zeitschrift *Kontinent.*

Die Dissidenten und Nicht-Dissidenten wandten sich also der westlichen Welt zu, und diese antwortete auf ihre Weise:
Solschenizyn erhielt 1970 den Nobelpreis für Literatur, Sacharow 1975 den Friedensnobelpreis und Josef Brodski – der verhaftet und inhaftiert wurde und anschließend Anfang der siebziger Jahre als Nichtsnutz und Parasit des Landes verwiesen wurde – wurde 1987 ebenfalls der Nobelpreis für Literatur verliehen.
Im Jahre 1977 erhielten Sacharows Stieftochter Tatjana Jankelewitsch und ihr Mann Efrem zusammen mit ihren beiden Kindern die Ausreiseerlaubnis und wanderten nach Amerika aus. Zur selben Zeit bekam auch Jelena Bonner eine Ausreisegenehmigung, um in Italien einen Augenspezialisten aufzusuchen. Dieser Italienreise ging jedoch der Versuch Jelena Bonners voran, sich in Leningrad einer Augenoperation zu unterziehen. Nach fast einer Woche der Vorbereitung teilte ihr der Arzt, der den Eingriff vornehmen sollte, einen Tag vor der Operation mit, daß er sie nicht operieren könne, da er um seine Karriere fürchte.
Sacharows Stiefsohn Alexej Semjonow erhielt 1980 seine Ausreiseerlaubnis und emigrierte in die USA. Er lebte bei seiner Schwester Tatjana in Newton, einer kleinen Stadt am Rande von Boston. Alexej war von den sowjetischen Behörden versprochen worden, daß seine Verlobte, Lisa

Alexejewa, ihm nach einigen Wochen folgen dürfe. Als nach mehreren Monaten vergeblichen Wartens und Protestes klar war, daß die sowjetischen Behörden in keiner Weise beabsichtigten, ihr Versprechen einzulösen, trat Sacharow das erste Mal in den Hungerstreik, um ein Ausreisevisum für Lisa zu erzwingen. Viele der Dissidenten verstanden nicht, warum Sacharow in einer scheinbar persönlichen Angelegenheit und keiner allgemeinen Sache so weit ging. Für Sacharow hingegen war das Recht, das Land zu verlassen, schon immer – zumindest seit seinem politischen Erwachen – eines der wichtigsten allgemeinen Anliegen gewesen. Letztendlich setzte er sich durch, wenn auch auf Kosten seiner Gesundheit. Lisa Alexejewa durfte 1981 emigrieren.

Die Sacharow-Hearings

Die Sacharow-Hearings, die am 17., 18. und 19. Oktober 1975 mit dem Hearing in Kopenhagen begannen, waren eine direkte Folge des »Moskauer Appells« vom 13. Februar 1974, der von acht sowjetischen Dissidenten einschließlich Sacharow und Jelena Bonner unterzeichnet worden war. Sacharow hatte den Appell nicht ein »pragmatisches Dokument« genannt, sondern eher einen »moralischen Appell«, der forderte, daß alle Menschen der Welt über das, was in der UdSSR passierte, Bescheid wissen sollten. Wie in der Einführung des Berichts des Sacharow-Hearing-Ausschusses geschrieben stand, wäre der »Moskauer Appell« sicherlich, ebenso wie viele andere Appelle, die aus der Sowjetunion gekommen waren, unbemerkt untergegangen, wenn ihn nicht der Däne Øjvind Felsted Andresen aufgegriffen hätte. Andresen, der während des Zweiten Weltkriegs im Untergrund gekämpft hatte, wandte sich an den Ungarn Ernö Eszterhazy, der damals Präsident des Vereinten Komitees für Flüchtlinge aus osteuropäischen Staaten war, mit der Bitte, eine Reihe von Hearings zur Verletzung der Menschenrechte in der Sowjetunion zu organisieren. Das dänische Parlament, das gerade im Aufbau begriffen war, sollte als Austragungsort dienen. Es dauerte mehrere Monate, bis die nötigen Geldmittel aufgetrieben und die Jury – bestehend aus Persönlichkeiten verschiedener Länder – gebildet war. Besonders schwierig war es, sachkundige Zeugen ausfindig zu machen. Die dänische Regierung war mittlerweile von russischer Seite mehrmals gewarnt und ersucht

worden, von den Hearings Abstand zu nehmen. Als die sowjetische Regierung damit keinen Erfolg hatte, flüchtete sie sich in eine oft gebrauchte List: Drei Tage vor der geplanten Eröffnung der Sacharow-Hearings erschien eine offizielle sowjetische Delegation uneingeladen und unangekündigt auf dem Kopenhagener Parkett, um ein Anti-Hearing unter dem Motto »Hat Sacharow mit seiner Kritik an der Sowjetunion recht?« zu veranstalten. Kopf der Delegation war einer der Herausgeber der *Literaturnaja Gaseta,* Tschakowski. Außerdem ein gewisser Professor Wul, der sich als persönlicher Freund Sacharows ausgab, sowie ein angeblicher Rabbiner, der jedoch bald vom Ober-Rabbiner von Kopenhagen als Schwindler entlarvt wurde. Der Delegation gehörte auch ein Professor der Psychiatrie an, der sich unglücklicherweise bei der Pressekonferenz einem seiner ehemaligen Opfer gegenübersah. Der fünfte Delegierte war ein bekannter sowjetischer Jurist, dessen einziger Beitrag zu dieser Scharade darin bestand, die Pressekonferenz frühzeitig abzubrechen, um weitere peinliche Fragen zu vermeiden. Wie es nun einmal so kam, sorgte das sowjetische Anti-Hearing für die nötige Publicity für das Sacharow-Hearing. Beim ersten internationalen Sacharow-Hearing in Kopenhagen trat eine Vielzahl von Zeugen auf, die Aussagen zu vier verschiedenen Themenbereichen machten: die Verfolgung von Dissidenten, psychiatrische Anstalten und Versuche am Menschen in der UdSSR, die Religionsverfolgung und die Beschneidung der Rechte der Republiken und nationaler Minderheiten. Sechsundzwanzig Zeugen wurden vorgeladen.
Zur ersten Thematik äußerten sich Boris Schragin – »über die Verletzungen der Menschenrechte am Arbeitsplatz«, Maria Sinjawskaja (die Frau von Andrej Sinjawski) – »über das Schicksal der Frau eines politischen Gefangenen«. Zur zweiten Thematik berichteten Marina Fejnberg

– über »die Einlieferung von Dissidenten in psychiatrische Anstalten unter dem zivilrechtlichen Aspekt« – und Wiktor Fejnberg – über »die Einlieferung von Dissidenten in psychiatrische Anstalten unter dem strafrechtlichen Aspekt«. Zum dritten Themenbereich sagte Anatoli Lewitin-Krasnow zur »Situation über Gläubige in der UdSSR« aus, und zum vierten Themenbereich machten insgesamt neun Zeugen ihre Aussagen, deren Themen eine detaillierte Aufzählung verdienen: »Die Verfolgung der Bewohner Litauens, die Verfolgung der nationalen Kultur der Ukraine, die Verletzung der Bürgerrechte der Armenier, die Verfolgung der Deutschen in der UdSSR, die Vernichtung der jüdischen Kultur in der UdSSR, die ›Russifizierungs-Politik‹ der KPdSU, das Schicksal der Krimtataren, die nationalpatriotische Bewegung der Krimtataren«. Sacharow selbst hatte diese Themen vorgeschlagen, dies geht klar aus seinem Brief an das Komitee des Hearings hervor: »Ich bin sehr dankbar dafür, daß auch mir selbst die Gelegenheit gegeben wurde, mich bei dem nach mir benannten Hearing zu äußern. Ich betrachte dies als eine Anerkennung all derer – einschließlich meiner selbst –, die in meinem Land nach Glasnost streben, die für die Achtung der Menschenrechte kämpfen, und vor allem derjenigen, die dafür mit dem Verlust ihrer Freiheit zahlen mußten.« Weiter forderte Sacharow – damals wie heute – eine allgemeine Amnestie aller politischen Gefangenen in der Sowjetunion.

Unter den zwölf Mitgliedern der Jury befanden sich auch so bedeutende Persönlichkeiten wie Eugene Ionesco, Reverend Michael Bordeaux, Cornelia Gerstenmaier, Viktor Sparre und Simon Wiesenthal. Wiesenthals Aussage sollte besondere Beachtung geschenkt werden, denn er sagte: »Ich möchte vor allem erklären, warum ich mich sofort vorbehaltslos für die Sacharow-Hearings zur Verfügung stellte. Vor dreißig Jahren, als ich aus dem Konzentrationslager befreit wurde, begann ich, mein Leben dem Kampf für Gerechtigkeit zu widmen – und gab meinen Beruf als Architekt auf. Mit der Gründung des jüdischen Document Center versuchte ich, die Welt zu ermahnen, niemals die Ereignisse während der Nazizeit, die Ermordung von Millionen von Menschen, zu vergessen. Ich selbst widmete mich der Suche nach den Verantwortlichen – den Henkern, die an dieser verheerenden Katastrophe beteiligt waren. Während dieser langen Zeit der Suche entdeckte ich viele der bis dahin unbekannten Beteiligten dieser europäischen Tragödie während der Nazizeit und brachte viele dieser Verbrecher vor Gericht. Kurz nach 1945 wurden bei den Nürnberger Prozessen und anderen die Verbrechen der Nationalsozialisten bloßgelegt und gebrandmarkt. Das reichte mir aber nicht. Denn ich wußte, daß diese Verbrechen, deren Opfer in die Millionen gingen, nicht nur von ein paar Dutzend Leuten begangen worden waren. Zur Hitlerschen Zerstörungsmaschinerie gehörten Tausende von Helfern und Helfershelfern. Und meiner Meinung nach sollten auch sie für die Verbrechen, die sie begangen hatten, bezahlen. Es gelang mir, mehr als elfhundert von ihnen zu überführen und vor Gericht zu bringen. Ich will aber sagen, daß an all dem, was passiert war, nicht nur Hitler und seine engsten Vertrauten schuld gewesen waren. Das totalitäre Regime war ein idealer Nährboden für viele Sadisten, um ihren Hang zum Verbrechen, unschuldige Menschen ungestraft quälen und töten zu können, zu befriedigen. Dies waren Sadisten, die normalerweise ins Gefängnis gehören – und zwar als Gefangene und nicht als Gefängnisaufseher.

Ich entdeckte schon bald, was in der Sowjetunion in bezug auf die Unterdrückung der Persönlichkeit vor sich ging. Von 1939 an verbrachte ich einundzwanzig Monate in der

Sowjetunion, wo ich mit eigenen Augen die Allmacht der Geheimpolizei sehen konnte, und merkte, in welcher Weise die elementarsten Regeln der Gerechtigkeit mißachtet wurden. Später dann lernte ich russische Kriegsgefangene in deutschen Konzentrationslagern kennen ... All das, was sie mir erzählten, verstärkte meine Eindrücke noch.
Nach dem Krieg entdeckte ich, daß meine Freunde, die vor den Nazis in die Sowjetunion geflohen waren, sofort wegen Spionageverdachts festgenommen worden waren. Im Gefängnis war ihnen dann mitgeteilt worden, daß sie viele Jahre Haft zu verbüßen hätten – ohne Prozeß und damit natürlich auch ohne Gelegenheit, sich gegen die Anschuldigungen zu verteidigen. Ich erfuhr von den unmenschlichen Arbeitslagern, der Despotie der Lagerkommandanten und ihrer Stellvertreter, den Greueltaten der gewöhnlichen Häftlinge, die privilegierte Positionen einnahmen und sich dadurch auf Kosten der politischen Gefangenen amüsieren konnten ... Als die ersten Berichte von Überlebenden solcher Lager veröffentlicht wurden, erkannte ich, daß zwischen den beiden totalitären Systemen – dem nationalsozialistischen und dem sowjetischen – große Ähnlichkeit bestand, zumindest was die Behandlung der Gefangenen betraf.
Ich war zu sehr mit dem Kampf gegen die Verbrechen des Nationalsozialismus beschäftigt, als daß ich mich den Verbrechen, die im Namen eines sogenannten ›Sozialismus‹ begangen wurden, hätte widmen können.«

1961, einige Jahre nach der Bloßstellung Stalins durch Chruschtschow, wurde Wiesenthal die Gelegenheit gegeben, dies beim Eichmann-Prozeß in Jerusalem nachzuholen. Auf einer Pressekonferenz beschuldigte Dr. Friedrich Kaul aus Ost-Berlin die israelische Regierung, andere Nationalsozialisten im großen und ganzen außer acht zu lassen. Wiesenthal antwortete auf diese Anschuldigung: »Nun kennen wir die Verbrechen Stalins; wahrscheinlich nicht alle, aber wir wissen ganz sicher, daß er Tausende von Gehilfen hatte. Es gab geheime Gerichte, die Menschen zu jahrelangen Gefängnisstrafen verurteilten, ohne daß sie diese je zu Gesicht bekamen. Und es gab die unmenschlichen Lagerkommandanten, die mit den Häftlingen in krimineller Weise umsprangen, ihnen jede medizinische Betreuung versagten, sie schlugen und verhungern ließen. Die breite Öffentlichkeit hielt es für unzulänglich, nur die Führung des nationalsozialistischen Regimes vor Gericht zu stellen und zu verurteilen, sie forderte auch eine Verfolgung derjenigen, die an der Vernichtung von Millionen von Menschen beteiligt gewesen waren. Eben dies wird auch von der Sowjetunion nach der Entstalinisierung erwartet. Bis nicht Personen wie Dr. Kaul oder Vertreter des Ostblocks uns mitteilen werden, daß ehemalige NKWD-Funktionäre, Lagerkommandanten sowie andere Mittäter und Mitverbrecher vor Gericht gestellt werden, so lange haben die Vertreter des Ostblocks kein Recht, die Deutschen anzuklagen.«

Wie Wiesenthal schreibt, war Dr. Kaul wütend über seine Aussage, da »die Ostblockländer sich das Recht vorbehalten, selbst darüber zu entscheiden, wann eine Verletzung der Menschenrechte vorliegt«. Denn zu dieser Zeit waren es die Kommunisten noch nicht gewöhnt, mit allgemeinen Maßstäben gemessen zu werden. Sie forderten, von allen bürgerlichen Regeln ausgenommen zu werden. Wiesenthal war einer der ersten, der diese Forderung nicht anerkannte und darauf bestand, daß die Kommunisten genauso zur Verantwortung gezogen werden wie alle anderen auch.

Wiesenthal wurde bald der führende Spiritus curator der

Sacharow-Hearings sowie der Gesamtheit der Bewegungen und Initiativen, die in Zusammenhang mit Sacharow standen. Als Mitglied der internationalen Jury, die dem ersten Hearing vorsaß, war er mit in die Vorgänge knapp zwei Monate nach der Unterzeichnung der Schlußakte von Helsinki verwickelt. Mit der Schlußakte von Helsinki wurde der Gipfel einer politischen Entwicklung erreicht, die mit der Unterdrückung des Prager Frühlings begonnen hatte. Als Reaktion auf die Reformbestrebungen der tschechischen Kommunisten wurde die sogenannte »Breschnew-Doktrin« ins Leben gerufen, die die Intervention der Sowjetunion in jedem Ostblockland, in dem die sozialistische Ordnung bedroht war, festlegte. Noch wichtiger als der »Breschnew-Doktrin« einen internationalen Rahmen zu geben, war es, die sowjetischen Territorialansprüche aus dem Zweiten Weltkrieg in diplomatischer Weise zu konsolidieren. Dies anstelle eines Friedensvertrages, der nicht ausgehandelt werden konnte, da der Kriegstreiber des Zweiten Weltkriegs untergegangen und in zwei deutschen Staaten aufgeteilt worden war, die im »kalten Krieg« gegeneinander standen.
Auf Betreiben der Sowjetunion wurden erst 1970 ernsthafte Verhandlungen zwischen sechsunddreißig Staaten über ein Abkommen über »Sicherheit und Zusammenarbeit« in Europa aufgenommen. Von westlicher Seite herrschte von Anfang an eine starke Opposition gegenüber einem derartigen Abkommen, da man annahm, daß ein solches Abkommen die Teilung Deutschlands und somit die Teilung Europas, einschließlich der sowjetischen Annektierung der baltischen Länder, sanktionieren würde. Daher waren die westlichen Diplomaten von Anfang an dem Druck ausgesetzt, eine Verbesserung der Beziehungen zwischen beiden Blöcken herbeiführen zu müssen. Da die Verhandlungen zwischen den beiden Blöcken

mit dem Kampf für Menschenrechte in der Sowjetunion und Osteuropa zeitlich zusammenfielen, war es nur natürlich, daß sich die Diplomaten die Sache der Dissidenten zu eigen machen würden. Somit kam zu den zwei Schwerpunkten, den sogenannten Körben, »Sicherheit« und »Zusammenarbeit«, ein dritter, »Menschenrechte«, und letztendlich ein vierter, in dem festgelegt wurde, daß sich die Unterzeichnerländer alle zwei Jahre zu einer Vollversammlung treffen würden, um die Einhaltung der Vereinbarungen zu überprüfen.
Der »dritte Korb« »Menschenrechte« entwickelte sich schnell zum »Renner des internationalen Journalismus«, der »vierte Korb« hingegen wurde kaum erwähnt, resultierte aber in einer Reihe von Folgekonferenzen alle zwei Jahre in den verschiedenen Hauptstädten der Unterzeichnerländer: Belgrad, Madrid, Ottawa, Wien. Während dieser monatelangen Folgekonferenzen erkannte die Sowjetunion zu spät, daß sie durch ihre Zustimmung bei der Einführung eines dritten und vierten Korbes hinsichtlich der Menschenrechtsfrage immer mehr in eine Art Statu pupillari geriet. Und dadurch, daß im Hinblick auf das sowjetische System die Menschenrechte immer angesprochen wurden, mußten sich die Sowjets ständig verteidigen.

Beinahe durch Zufall also entwickelte sich der Kampf für die Menschenrechte in der Sowjetunion und ihren Satellitenstaaten über Nacht zu einer Res diplomatica. Innerhalb kürzester Zeit schossen in Moskau und anderen Hauptstädten des Ostblocks »Aufsichtskommissionen« der Schlußakte von Helsinki aus dem Boden. Natürlich hatten diese »Aufsichtskommissionen« keinen offiziellen Status, lieferten aber ausreichend Stoff für Diskussionen und Überlegungen in den verschiedenen Räten der Vereinten Nationen und im Europarat. Es ist daher keinesfalls möglich, den Kampf für die Menschenrechte und insbesondere das Schicksal Sacharows zu verstehen, wenn beides unabhängig von der Schlußakte von Helsinki mit ihren Folgekonferenzen betrachtet wird, in denen die Wahrung der Menschenrechte sowie der Fortschritt in den betreffenden Ländern überwacht wird. Kurz gesagt, die Folgekonferenzen zur Schlußakte von Helsinki bildeten an sich eine Art »Aufsichtskommission«. Die Absicht des ersten Sacharow-Hearings war es, im Westen für so viel Publicity wie möglich für die Wahrung der Menschenrechte in der Sowjetunion zu sorgen. Die Berichterstattung in der Presse über das Kopenhagener Hearing war so gut, daß eine Wiederholung gerechtfertigt schien. Demgemäß wurde zwei Jahre später unter dem Vorsitz von Simon Wiesenthal ein zweites internationales Sacharow-Hearing in Rom abgehalten. Dieses Hearing dauerte vom 25. bis 28. November 1977 und schloß die Satellitenstaaten der Sowjetunion mit ein. Es sagten insgesamt zweiundzwanzig Zeugen aus: zehn aus der Sowjetunion, einer aus Bulgarien, zwei aus Rumänien, zwei aus Polen, drei aus der Tschechoslowakei und vier aus der DDR. Darüber hinaus waren Anhänger verschiedener verfolgter Konfessionen, so zum Beispiel Anhänger der Pfingstbewegung, Baptisten, Lutheraner und Katholiken, anwesend. Das Hearing wurde mit einer Videoaufzeichnung eines Sacharow-Interviews eröffnet, in dem er die Bereiche der Ostblockländer aufzählte, in denen die Menschenrechte in offensichtlicher Weise mißachtet wurden. Er bat seine Zuhörerschaft, die einzelnen Fälle genauer zu untersuchen. Sacharow hob vor allem die tschechische Menschenrechtsbewegung »Charta 77« hervor, die »mir wegen ihrer Konstruktivität und ihres Gerechtigkeitssinnes besonders nahesteht«. Weiterhin betonte er, daß das Hearing durch die

zur Zeit stattfindende Belgrader Folgekonferenz noch an Bedeutung gewinne. (Die Belgrader Konferenz war die erste der Folgekonferenzen zur Schlußakte von Helsinki. Dank der hervorragenden Planung und mit ein bißchen Glück schafften es die Organisatoren, das zweite Sacharow-Hearing noch während der ersten Folgekonferenz abzuhalten. Dieser »Zufall« war ein gutes Beispiel für die Strategie, die sowohl von den Diplomaten als auch den Dissidenten verfolgt wurde.)
Der vielleicht interessanteste Aspekt des Sacharow-Hearings in Rom im Jahre 1977 war die Sitzung von Rechtsanwälten, die für den letzten Tag anberaumt worden war. Es war vermutlich der kühnste Schachzug Sacharows und der Dissidenten, das sowjetische Tabu, mit Ausländern zu kommunizieren, zu brechen: Es war so weit gekommen, daß berühmte Rechtsanwälte westlicher Länder die Verteidigung verhafteter Mitglieder der sowjetischen Menschenrechtsbewegung übernommen hatten. Einige waren zum Rom-Hearing erschienen: Edward Bennett Williams als Verteidiger Alexander Ginsburgs, Daniel Jacoby (Frankreich) als Verteidiger Anatoli Schtscharanskis und John Macdonald (Großbritannien) als Verteidiger Juri Orlows; Ramsey Clark verteidigte Mikola Rudenko und Burton Hall Alexander Sergienko – um nur die bekanntesten zu nennen. Clark und Williams hatten Kollegen entsandt – Melvin Wolff und Andrew Craig, beides anerkannte Rechtsanwälte. Zusätzlich zu den bereits genannten Anwälten waren auch ehemalige sowjetische Rechtsanwälte und Anwältinnen anwesend, die vor ihrer Emigration Dissidenten verteidigt hatten. Eine davon war Dina Kaminskaja, die betonte, daß sowjetische Rechtsanwälte bei der Ausübung ihres Berufes nicht frei seien. Sie führte Boris Solotuchin, 1968 der Anwalt Alexander Ginsburgs, als Beispiel an. Solotuchin hatte sich für die Unschuld seines

Mandanten eingesetzt und gleichzeitig auf »nicht schuldig« plädiert. Daraufhin wurde ihm die Lizenz entzogen. (Ein exzellentes Beispiel dafür, wie schwierig es in der Sowjetunion ist, unter dem herrschenden Gesetz bei einer Gerichtsverhandlung richtig vorzugehen: Nach sowjetischem Gesetz spricht nichts dagegen, daß der Verteidiger für die Unschuld seines Mandanten plädiert; in der Praxis aber läuft er Gefahr, nicht nur seine Stelle, sondern auch seine Lizenz zu verlieren. Der springende Punkt dabei ist, daß ein Verteidiger, der die Unschuld seines Mandanten vertritt, durch das sowjetische Gesetz nicht geschützt ist.) Dina Kaminskaja sagte, daß es aus diesem Grunde beinahe unmöglich sei, einen Rechtsanwalt zu finden, der einerseits das nötige Vertrauen der Partei genießt und andererseits »in einem politischen Prozeß« für die Unschuld seines Mandanten eintritt. Folglich also würden immer mehr Angeklagte einen Verteidiger ablehnen. Frau Kaminskaja ging auch auf den Fall »Sergej Kowalew« ein: Der bedeutende Biologe, der durch seine elektrophysiologische Behandlung der Muskeln und die Überwachung der Herzschläge internationalen Ruf erlangt hatte, lehnte die Dienste A. I. Roschanskis ab, weil dieser sich nicht in der Lage sah, für die Unschuld seines Mandanten einzutreten (obwohl er ihn für unschuldig hielt). Roschanski emigrierte bald darauf in den Westen und war bei dem Hearing in Rom anwesend, um die Zeugenaussagen zu untermauern.

Es ist auch keineswegs überraschend, daß die Sowjetunion es schlichtweg verbot, ausländische Rechtsanwälte als Beobachter, geschweige denn als Verteidiger, zu politischen Prozessen zuzulassen.

Aber wiederum war die Absicht, die hinter Sacharows List steckte, nicht nur, Gerechtigkeit zu erlangen, sondern für Publicity zu sorgen. Man ging sogar so weit, von John Macdonald eine Verteidigung für seinen Mandanten Juri

Orlow vorbereiten zu lassen. Dabei war es erforderlich, daß Macdonald in Anwesenheit von Reportern und Diplomaten aus den Unterzeichnerländern der Schlußakte von Helsinki sowie vor Vertretern der TASS und der sowjetischen Botschaft siebzehn Zeugen ins Kreuzverhör nahm. Alle Zeugen sagten schriftlich zu, entweder in Moskau oder vor einem sowjetischen Anwalt in irgendeinem Land auszusagen. Diese Erklärungen sowie die Aussagen der Zeugen wurden sodann an den Generalstaatsanwalt der Sowjetunion gesandt. Nach sowjetischem Gesetz müssen die Ermittlungsbehörden zwar allem Beweismaterial nachgehen, aber als Macdonald nach einem halben Jahr immer noch nichts vom Generalstaatsanwalt gehört hatte, kam er zu dem Schluß, daß »die sowjetischen Behörden ihre eigenen Gesetze nicht respektieren«.
Mittlerweile wurde eine andere Kraft immer stärker – langsam, aber heimtückisch und unerbittlich. Eine Kraft, stärker als alles andere, weil sie alles andere miteinschließt und hineinzieht. Aus diesem Grunde ist die wirtschaftliche Entwicklung ein außerordentlich komplexes Phänomen. Es war höchste Zeit, daß sich die Sacharow-Hearings auf diesen vor allem in der Sowjetunion so wichtigen Aspekt konzentrierten.

Das dritte internationale Sacharow-Hearing befaßte sich daher hauptsächlich mit den Arbeitsbedingungen im »Arbeiterstaat«. Es wurde vom 26. bis 29. September 1979 im Dirksen Senate Office Building in Washington, D. C., abgehalten und wartete mit einer Starbesetzung an Dissidenten auf, die sich zu den Arbeitsbedingungen in der Sowjetunion äußerten – Amalrik, Bukowski, Tschalidse, Ginsburg, Grigorenko, Litwinow, Maximow, Natalja Solschenizyn (die Frau von Alexander Solschenizyn), Sinjawski und einige andere. Die Mitglieder der Hearing-Kommis-

sion waren keine Geringeren als der ehemalige Richter am Obersten Gerichtshof Arthur Goldberg, der Historiker Arthur Schlesinger jr., der dänische Nobelpreisträger für Biochemie Dr. Christian Anfinsen, Simon Wiesenthal, der englische Dramatiker Tom Stoppard, der Präsident der Internationalen Gewerkschaft für Damenbekleidung Sol Chaikin und der Schatzmeister des Dachverbandes der amerikanischen Gewerkschaften (AFL/CIO) Lane Kirkland, der den Vorsitz hatte. Denn der AFL/CIO war der Sponsor des dritten Sacharow-Hearings.
Trotz der vielen Zeugen und des großen Wertes der Ergebnisse war das Washingtoner Hearing unter dem Gesichtspunkt der Publicity das am wenigsten erfolgreiche, da die amerikanischen Medien es einfach ignorierten. Ironie des Schicksals!
In einer Botschaft an das Hearing betonte Sacharow, daß gewaltlose Methoden, »nämlich Offenheit und Publicity (sprich Glasnost), die Hauptwaffe« sein sollten. Das Problem dabei ist, daß Gewaltlosigkeit im Westen keine Publicity mit sich bringt – in der Regel jedenfalls. Ein weiterer Beweggrund für die amerikanischen Medien war die Entscheidung des Herausgebers der *Washington Post,* daß man mit dem Hearing keine Schlagzeilen machen könne, weil es keinen Nachrichtenwert besäße, wie die Redakteure meinten. Die *Washington Post* kam nicht deshalb zu diesem Ergebnis, weil die meisten seiner Redakteure linksorientiert sind, sondern weil die sowjetischen und osteuropäischen Dissidenten, die mit der amerikanischen Regierung absolut auf einer Linie liegen, dem amerikanischen Establishment entsprechen und dadurch für die amerikanischen Medien uninteressant sind. Im Gegensatz zu den sowjetischen Medien sind die amerikanischen darauf aus, ihre Regierung zu kritisieren – egal, was sie macht – und nicht zu loben.

Und doch zeigten die Hearings Wirkung. Die Unterstützung, die Sacharow vom Westen erfuhr, wurde immer größer. Noch wichtiger war die Tatsache, daß sich Sacharows Anliegen, die Wahrung der Menschenrechte, auf internationaler Ebene institutionalisierte. In einem verzweifelten Versuch, dieser Entwicklung Einhalt zu gebieten, kam die sowjetische Führung zu einer Entscheidung, die typisch für den Parteistaat war: Am 17. Januar 1980 wurde Sacharow aufgefordert, in der Prokuratura (Staatsanwaltskanzlei) zu erscheinen, wo ihm ein Oberst die offizielle Entscheidung vorlas, daß ihm alle seine Medaillen und Auszeichnungen aberkannt würden. Außerdem sei beschlossen worden, ihn in die Stadt Gorki – Gagarinstraße 214, Appartement Nr. 3 –, einhundertneunzig Kilometer östlich von Moskau und unzugänglich für ausländische Korrespondenten, ins Exil zu schicken. Er solle dort allein leben, ohne Telefon, und nur seiner Frau solle es gestattet sein, ihn zu besuchen; zu seiner Überwachung solle rund um die Uhr ein KGB-Offizier vor seiner Tür postiert sein. Sacharows Exil hatte begonnen!

Das vierte Sacharow-Hearing fand im Oktober 1983 in Lissabon, der Hauptstadt Portugals, unter dem Vorsitz von Mario Soares, dem Premierminister Portugals, statt. Es wurde von allen politischen Parteien des Landes unterstützt, mit Ausnahme der Kommunisten und der rechtsextremen Monarchisten. Die einzelnen Beiträge kamen von ehemaligen Sowjetbürgern und waren in vier große Themenbereiche gegliedert: die Situation Andrej Sacharows (angesichts seines Exils in Gorki), die Unterdrückung der geistigen Freiheit in der UdSSR, die Lage in Polen und die Situation der Arbeiter in der UdSSR. Mit die interessanteste Thematik war vielleicht die letztere, die mit der Untersuchung des »Arbeiterparadieses«, wie sie bereits vier

Jahre zuvor beim Washingtoner Hearing begonnen wurde, fortfuhr.
Einer der Zeugen in Lissabon war der Allgemeinarzt Semjon Badasch, der im vorangegangenen Jahr aus Moskau emigriert war. Badasch lieferte einen ausführlichen Bericht über die Bedingungen, unter denen die Ärzte und das Pflegepersonal in der Sowjetunion arbeiten müssen. Er ging zuerst auf die Lohnskala für qualifizierte Ärzte ein, die bis zum heutigen Tage unverändert geblieben ist: Die ersten fünf Jahre verdient ein Arzt einhundertzehn Rubel, die darauffolgenden fünf Jahre einhundertzwanzig Rubel; nach zehn Jahren Berufstätigkeit bekommt er fünf Jahre lang einhundertdreißig Rubel und nach fünfzehn Jahren einhundertvierzig Rubel – die absolute Höchstgrenze. Bei einer ausgelernten Krankenschwester bewegt sich das Lohnniveau im gleichen Zeitraum zwischen achtzig und einhundertfünfundzwanzig Rubel pro Monat. Zur Verdeutlichung nannte Badasch im Vergleich dazu einige Verbraucherpreise: Damenstiefel zum Beispiel kosteten einhundertdreißig Rubel, ein Paar Herrenschuhe fünfundvierzig Rubel und ein Mantel zwischen einhundertzwanzig und zweihundert Rubel. Durch die schleichende Inflation und das ständige Einfrieren der Löhne seien Ärzte und Krankenschwestern gezwungen, pro Tag drei Stunden zusätzlich zum halben Lohn zu arbeiten, also insgesamt neun Stunden statt sechs. Aber noch schlimmer als diese Diskrepanz zwischen Lohn und Preisen wirkte sich der drastische Rückgang ungelernter Hilfskräfte in den Hospitälern und Kliniken aus. Frauen im Rentenalter, die sich ihre kärgliche Rente dadurch aufbesserten, daß sie in Krankenhäusern aushalfen, sähen keinen Anreiz mehr zu arbeiten. Der bereits bestehende Arbeitskräftemangel im Gesundheitswesen würde dadurch noch verschlimmert. Es gebe zwar die Möglichkeit für jeden Arzt, frei zu prak-

tizieren, durch den herrschenden Wohnraummangel werde dies jedoch zunichte gemacht.
Badasch berichtete ausführlich über die chronische Medikamentenknappheit in der Sowjetunion. Seiner Aussage nach erhielten Ärzte monatlich eine Aufstellung über »nicht verfügbare Medikamente«, die sich auf über einhundertfünfzig Medikamente – hauptsächlich Antibiotika und Medikamente zur Behandlung von Arteriosklerose – belaufe. Die Liste werde immer länger.
Badasch zitierte in diesem Zusammenhang einen Artikel aus der *Literaturnaja Gaseta,* in dem berichtet wurde, daß es in Kasan, der Hauptstadt der Tatarenrepublik, keinerlei Medikamente für Herzkranke gebe, während Validon in ausreichenden Mengen vorhanden sei. Der Gesundheitsminister reagierte in sowjettypischer Manier und ordnete an, daß alle Apotheker die Namen der Ärzte festzuhalten hätten, die »nicht verfügbare Medikamente« verschrieben, damit sie eventuell bestraft oder gerichtlich belangt werden könnten. Badasch betonte darüber hinaus, daß ein landesweiter Mangel an Röntgenplatten bestehe.
Auf die Frage, warum die Sowjetunion nicht in der Lage sei, eine umfangreiche Auswahl an Medikamenten in ausreichender Menge zur Verfügung zu stellen, antwortete Badasch, daß die Sowjets zwar große Mengen an Penicillin herstellten, der Großteil der Patienten aber bereits immun dagegen sei. Während in westlichen Ländern mit Hilfe von Forschung eine Vielzahl verschiedener Antibiotika hergestellt würde, um das Problem der Immunität zu umgehen, habe die pharmazeutische Industrie in der Sowjetunion dies versäumt. Daher sei auch die Säuglingssterblichkeit in der Sowjetunion dreimal so hoch wie in den westlichen Ländern.
Schließlich berührte Badasch den wundesten aller Punkte. Wie er sagte, gebe es innerhalb des Gesundheits-

ministeriums ein weiteres Ministerium – das sogenannte Vierte Hauptdirektorium. Dieses Direktorium besitze ein unbegrenztes Budget und ein Netz von Polykliniken, Hospitälern und luxuriösen Sanatorien, die der breiten Masse verschlossen und der sowjetischen Elite vorbehalten seien. Dort verfüge man über jedes erforderliche Medikament, alle Einrichtungen seien mit jedem nur erdenklichen Luxus – Einzelzimmer mit Telefon und Farbfernseher – ausgestattet, und anstelle der geschmacklosen Krankenhauskost werde eine Auswahl an Delikatessen serviert.
Zum Abschluß seiner Aussage wandte Badasch sich einem völlig anderen Bereich zu – den Berufskrankheiten. Und zwar jenen, die dadurch verursacht würden, daß Arbeiter Gasen, Strahlung, unerträglichem Lärm und Chemikalien ausgesetzt seien. Als Jean-François Revel, ein bedeutender französischer Publizist und Mitglied der Jury, das hörte, schlug er vor, den soeben vernommenen Bericht an die Internationale Arbeiterorganisation zu schicken.

Am 12. Januar 1984 schrieb Sacharow einen Brief an die Delegierten der fünfunddreißig Länder, die die Schlußakte von Helsinki unterzeichnet hatten und sich in Stockholm zu einer Konferenz versammelten. Der Brief klingt beinahe verzweifelt. Nachdem Sacharow auf die Bedeutung der Konferenz eingegangen war, schrieb er: »Ich bin gezwungen, mich heute mit einer Bitte an die Teilnehmer der Konferenz zu wenden, die ein persönliches Problem betrifft, ein Problem, das von entscheidender Bedeutung für mich ist. Im September 1982 beantragte meine Frau Jelena Bonner eine Auslandsreise, weil sie medizinische Behandlung benötigte und ihre Mutter, ihre Kinder und Enkel treffen wollte. Sie ist schwer krank. Zusätzlich zu ihren erkrankten Augen leidet sie an einer Herzkrankheit;

im April 1983 erlitt sie einen Herzinfarkt, worauf sich im Mai, Juni und Oktober Komplikationen einstellten. Ihr Zustand ist kritisch. Die medizinische Betreuung meiner Frau unter Bedingungen der ständigen Belästigung, der Verleumdung und der unaufhörlichen Einmischung durch den KGB kann nicht erfolgreich sein, sondern stellt, wie es uns erscheint, vielmehr eine Bedrohung dar; es wurde ihr in der Tat jede medizinische Hilfe versagt. Nur eine Reise zum Zweck der medizinischen Behandlung im Ausland kann sie retten, und damit auch mich – denn ihr Ruin wäre auch meiner.«

Sacharow hatte Andropow einen Brief geschrieben, mit der Bitte, daß er die Sache kläre. Was Sacharow mehr als alles andere beunruhigte, war, daß er und seine Frau weder auf diesen Brief noch auf den bereits viel weiter zurückliegenden Ausreiseantrag eine Antwort erhalten hatten. Statt dessen wurde Jelena Bonner am 2. Mai festgenommen und mußte die Folgezeit in Untersuchungshaft verbringen. Daraufhin begann Sacharow noch am selben Tag seinen zweiten Hungerstreik. Er war nach seinem ersten Hungerstreik bereits einmal wegen Herzbeschwerden und einer Durchblutungsstörung im linken Bein im Krankenhaus gewesen. Damals hatte der KGB das Gerücht verbreitet, daß seine Frau entschlossen sei, seine zweite Einlieferung ins Krankenhaus zu verhindern. Der KGB versuchte, Sacharows Kinder – die Töchter Tanja und Ljuba und den Sohn Dima – zu überreden, Jelena Bonner nahezulegen, daß sie »Sacharows Leben rettete«, indem sie ihm erlaubte, ins Krankenhaus zu gehen. Natürlich verschlimmerte der zweite Hungerstreik die allgemeine Situation. Am 15. Mai erhielt »Ljusja« ein Telegramm von allen drei Kindern Sacharows:

»Jelena Georgijewna, wir, die Kinder von Andrej Dimitrijewitsch, bitten Dich und flehen Dich an, alles zu tun, was

in Deiner Macht steht, um unseren Vater von diesem verrückten Unternehmen abzubringen, das zu seinem Tode führen könnte. Wir kennen nur einen Menschen, der ihn vor dem Tode retten kann – das bist Du. Du als Mutter mußt uns verstehen. Andernfalls sehen wir uns gezwungen, uns an den Prozeßbevollmächtigten zu wenden, weil Du unseren Vater zum Selbstmord anstiftest. Wir sehen keinen anderen Ausweg. Versteh uns bitte nicht falsch – Tanja, Ljuba, Dima.«
Dieses Telegramm spielte selbstverständlich eine große Rolle bei den Verhören der Jelena Bonner, die während ihrer Untersuchungshaft stattfanden. Als Jelena Georgijewna der jüngeren Tochter Sacharows, Ljuba, schrieb und erklärte, sie könne nichts für Sacharow tun, weil sie keine Ahnung habe, wo er sich aufhalte, warf ihr der verhörende Beamte Kolesnikow vor, sie lüge vorsätzlich, da der KGB ihr gesagt habe, wo Sacharow sei. Kolesnikow beschuldigte sie auch, eine »schlechte Ehefrau« zu sein, weil sie dabei »versagt« hatte, Sacharow von einem zweiten Hungerstreik abzuhalten. Des weiteren drohte Kolesnikow mit einer Anklage gemäß Artikel 107 oder 103 – Anstiftung zum Selbstmord oder vorsätzlicher Mord. Erst einige Zeit später erfuhr Jelena Bonner den Grund für dieses seltsame Verhalten. Am 11. Mai hatte Sacharow eine Art Schlaganfall erlitten – einen Gehirnschlag; aufgrunddessen stand es noch wesentlich schlechter um seine körperliche Verfassung als zuvor. Somit befand sich das Regionalbüro des KGB in Gorki in einer Zwickmühle. Man war immer noch verärgert über den Erfolg von Sacharows erstem Hungerstreik, mit dem er erzwungen hatte, daß die Verlobte von Jelena Bonners Sohn Alexej auswandern durfte. Andererseits wäre der Tod Sacharows – aus welchem Grund auch immer, aber erst recht im Zusammenhang mit einem Hungerstreik – das Schlimmste,

was passieren könnte. Um den Streik abzubrechen und die körperliche Belastung Sacharows zu vermeiden, entschied sich der KGB zur Zwangsernährung – eine Gegenmaßnahme, die ebenfalls eine Gefahr für die Gesundheit des Gefangenen mit sich brachte. In dieser Situation brauchte man einen Sündenbock; dieser Sündenbock sollte Jelena Bonner sein.
Aber die gesundheitliche Krise Sacharows ging vorüber. Bei der Verhandlung Jelena Bonners lautete die Anklage schließlich nur »Verleumdung des sowjetischen Systems«. Die Verhandlung selbst begann am 8. August und dauerte zwei Tage. Sie wurde geheim und in einer farceähnlichen Atmosphäre abgehalten. Die Angeklagte wurde zu fünf Jahren Exil verurteilt, die sie zusammen mit Sacharow in Gorki verbringen sollte – »schlechte Ehefrau« hin oder her. Zweck der Übung war ganz einfach gewesen, sie als Vermittlerin auszuschalten. Sacharows Isolation sollte komplett sein.

Das fünfte Sacharow-Hearing fand im April 1985 in London statt und beschäftigte sich »mit der Entwicklung der Menschenrechtssituation in der UdSSR in den zehn Jahren nach der Unterzeichnung der Schlußakte von Helsinki«. Unter den dreißig Beiträgen der zweitägigen Konferenz waren einige besonders interessante. Einer davon befaßte sich mit der »wachsenden Sterblichkeitsrate in der UdSSR«. Der Autor Dr. Allan Wynn betonte, daß die Sterbeziffer in der Sowjetunion seit 1966 kontinuierlich angestiegen sei. Als typische Reaktion auf diesen beschämenden Zustand habe die Sowjetunion 1972 beschlossen, der Weltgesundheitsorganisation keine weiteren Publikationen oder Daten mehr zur Verfügung zu stellen, aber es sei trotzdem möglich gewesen, anhand verschiedener Quellen die Daten der fehlenden Jahre mit wahrscheinlich großer Genauigkeit zu rekonstruieren. Daraus gehe hervor, daß die Lebenserwartung der Männer in der UdSSR von sechsundsechzig Jahren 1966 auf zweiundsechzig Jahre 1983 gesunken sei – in den USA liege sie vergleichsweise bei einundsiebzig Jahren. Dieser rückläufige Trend beunruhige vor allem deshalb, weil die Lebenserwartung in Westeuropa stabil sei oder, wie in den USA, sogar noch ansteige. Nach Dr. Wynns Aussage seien die Hauptursachen in der Sowjetunion Herzkrankheiten und erhöhter Blutdruck. »Eine sowjetisch-amerikanische Studie hat gezeigt, daß in Weißrußland über dreißig Prozent der männlichen Bevölkerung an Bluthochdruck leiden, verglichen mit elf Prozent in den USA. Außerdem liegt die angemessene medizinische Behandlung in der UdSSR bei zehn Prozent, sehr viel niedriger als in den USA.«

Zusammenfassend sagte Dr. Wynn:

»Es besteht nur ein indirekter Bezug zwischen diesen Daten und der Menschenrechtsproblematik. Die Standard-Antwort der Sowjets auf angebliche Verletzungen der Menschenrechte in der UdSSR und den sozialistischen Ländern ist, daß die Menschen ihre individuellen Rechte gegen allgemeine wirtschaftliche und soziale Rechte – zum Beispiel das Recht auf Arbeit, auf Wohnraum, auf Bildung, medizinische Versorgung etc. – eingetauscht hätten. Diese Argumentation kann meiner Meinung nach nicht länger aufrechterhalten werden; denn Menschenrechte sind nicht teilbar. Die Sterbeziffer weist darauf hin, daß es ein sehr schlechter Tausch war, falls es wirklich einen gab.«

Ein ebenfalls lohnender Beitrag von Wladlen Pawlenko bezog sich auf »Restriktionen auf dem sowjetischen Postsektor«. Er enthüllte die Anstrengungen der sowjetischen Behörden, den Kontakt der Sowjetbürger mit der Außenwelt auf ein absolutes Minimum zu beschränken. So wurde zum Beispiel das Verschicken von Schallplatten und Büchern erheblich eingeschränkt, indem Exportzölle erhoben wurden und eine Sondererlaubnis von den sowjetischen Behörden beantragt werden mußte; einige Bücher wurden vom Postversand völlig ausgeschlossen. Wenn man Pakete ins Ausland schicken wollte, mußte man seinen Paß vorzeigen. Außerdem durfte man nur ein Paket pro Jahr, und nur vom nächstgelegenen Postamt aus, verschicken. Um zu verhindern, daß sowjetische Bürger Pakete aus dem Ausland erhielten, verweigerten die sowjetischen Postbehörden vom 1. August 1984 an auch die Annahme von Paketen, deren Zollgebühren bereits vom Absender bezahlt worden waren.

Die Sowjetunion besaß zwar nicht die Frechheit, den Direktversand von Paketen ganz zu unterbinden, ergriff aber noch strengere Restriktionsmaßnahmen: So wurden die Einfuhrzölle für Empfänger internationaler Pakete so drastisch erhöht, daß die finanzielle Last für den Empfänger nicht mehr tragbar war und er Freunde und Verwandte bitten mußte, doch in Zukunft keine Pakete mehr zu schicken. (Der Einfuhrzoll für eine neue Cordhose zum Beispiel betrug fünfzig Rubel, für einen Schaffell-Mantel zweihundertfünfzig Rubel, für ein Kilogramm Instant-Kaffee fünfzehn Rubel).

Die sowjetischen Behörden verletzten auch häufig die Postbestimmungen: Es wurden Waren gestohlen und Pakete ohne Begründung an den Absender zurückgeschickt – vor allem dann, wenn es sich um »nicht vertrauenswürdige Personen«, also Dissidenten, politische Gefangene oder deren Angehörige, »relusniks«, handelte. Natürlich war auch dieser Personenkreis der erste, dessen Briefe abgefangen wurden.

Anläßlich einer Briefkampagne, um Sacharows Isolation zu durchbrechen, schickte Leonard Sussmann, der Direktor des »Freedom House«, am 13. August 1985 einen eingeschriebenen Brief an die genaue Adresse Andrej Sacharows in Gorki. Nach einigem Hin und Her tauchte nach ungefähr einem Jahr ein Rückantwortschein auf, der unter den englischen Worten »Thank you« die Unterschrift »A. Sacharow« in kyrillischen Buchstaben aufwies. Wie sich herausstellte, war die Unterschrift gefälscht – Sacharow hatte den Brief nie erhalten.

Die sowjetische Postbehörde befand sich mit ihren berühmten Dissidenten in einer Zwickmühle: Letztendlich erhielten die Sacharows während der letzten zehn Jahre auch ohne eine organisierte Briefkampagne Tausende und Abertausende von Briefen. Der Parteistaat, der sich normalerweise so viel herausnahm, konnte es sich nicht erlauben, Sacharow die Post zu verweigern.

Vor dem Fall: Parerga und Paralipomena

Am 27. Dezember 1979 war die Sowjetunion in Afghanistan einmarschiert. Kurz darauf hatte Sacharow am laufenden Band ausländischen Korrespondenten in Moskau Kurzinterviews gegeben, in denen er die Invasion ohne Einschränkung verurteilte. Am 17. Januar des darauffolgenden Jahres wurde er seiner Medaillen und Auszeichnungen beraubt und ins Exil nach Gorki verbannt. Dies, wie auch die Invasion Afghanistans, waren beides Entscheidungen des Politbüros. Der Krieg mit Afghanistan führte augenblicklich wieder zum »kalten Krieg« mit dem Westen. Innerhalb von drei Monaten kündigten die Amerikaner ihren Boykott der Olympischen Sommerspiele in Moskau an und forderten ihre Verbündeten sowie alle anderen Nationen dazu auf, dasselbe zu tun. Sechsunddreißig Nationen zogen nach, darunter auch die Bundesrepublik Deutschland – nicht jedoch Großbritannien. Der Einmarsch der Roten Armee in Afghanistan hatte außerdem das Schicksal der Sowjetunion besiegelt, soweit es ihre Einbeziehung in die »Meistbegünstigungsklausel« der Vereinigten Staaten betraf und damit – als sowjetische Gegenmaßnahme – auch das Schicksal der großen Mehrheit der Sowjetbürger, die ein Auswanderungsgesuch eingereicht hatten.

Nach sowjetischem Gesetz war Sacharows Verbannung ganz und gar illegal. Es hatte kein Prozeß oder ähnliches stattgefunden. Sacharow war – wie es zur Zeit des Zaren möglich gewesen wäre – per Erlaß verbannt worden. Die einzige Verbindung zur Außenwelt war Sacharows Frau,

Jelena Bonner, die bis zu ihrer Verhaftung und gerichtlichen Verurteilung zu fünf Jahren Exil in Gorki am 10. August 1984 als Kurier zwischen Gorki und Moskau fungierte. Sie hielt an Sacharows Stelle in ihrer Moskauer Wohnung Pressekonferenzen ab, bis die sowjetischen Behörden allen Korrespondenten den Zutritt verweigerten. Daraufhin traf sie sich mit ihnen an Straßenecken, überreichte ihnen dort Sacharows Erklärungen und beantwortete ihre Fragen. Eine der ersten Erklärungen Sacharows war seine Solidaritätsbekundung mit dem Boykott der Olympischen Spiele in Moskau, verbunden mit dem Ausdruck tiefsten Mitgefühls darüber, daß es den Amerikanern nicht gelungen war, die Geiseln im Iran zu befreien. Bis Herbst 1982 war Jelena Bonner über hundertmal zwischen Moskau und Gorki hin- und hergereist. Es war genau am 25. September 1982, als Jelena Bonner extra von Gorki nach Moskau fuhr, um ihre Moskauer Wohnung Ida Milgrom, der Mutter Anatoli Schtscharanskis, für eine Pressekonferenz zur Ankündigung von Schtscharanskis Hungerstreik zur Verfügung zu stellen, als sie entdekken mußte, daß in der Wohnung ab sofort keine Interviews oder Pressekonferenzen mehr abgehalten werden konnten, da die Miliz das Gebäude überwachte und nur den Bewohnern Zutritt gewährte.
Im Herbst des vorhergehenden Jahres waren Jelena Bonner und Andrej Sacharow in den Hungerstreik getreten, um Lisa Alexejewas Ausreise in die USA zu erzwingen. Lisa hatte im Sommer desselben Jahres Jelenas Sohn Alexej, der in Boston, Massachusetts, lebte, per Ferntrauung geheiratet.
Was die Beziehungen zwischen der amerikanischen und der sowjetischen Wissenschaftlergemeinde betraf, so hatte der Präsident der amerikanischen Akademie der Wissenschaften die Sowjets bereits am 8. September 1973

gewarnt, daß »ständiges Schikanieren oder gar eine Festnahme Sacharows ernsthafte Folgen für die Beziehungen zwischen den beiden Wissenschaftlergemeinden haben wird – und den bisherigen Bemühungen um wissenschaftlichen Austausch und Zusammenarbeit ein Ende gesetzt werden könnte«.

Durch das zeitliche Zusammentreffen der Invasion Afghanistans und der Verbannung Sacharows erleichterten die Sowjets den Amerikanern die Entscheidung: Das Austauschprogramm zwischen den Akademien der beiden Staaten wurde bis auf weiteres eingestellt. Keine vier Jahre später, im Frühjahr 1984, handelte ein Repräsentant der amerikanischen Akademie der Wissenschaften in Moskau die Wiederaufnahme des Programms aus – obwohl die Sowjets nach wie vor in Afghanistan wüteten und obwohl Sacharow immer noch im Exil in Gorki war. Wie kam es dazu? Im großen und ganzen ist es darauf zurückzuführen, daß die Sowjets ihre Taktik der systematischen Täuschung meisterhaft beherrschten und sich dabei zusätzlich auf das Kurzzeitgedächtnis und die Gier von Geschäftsleuten und Politikern verlassen konnten. Die Sache dabei war die, daß das berüchtigte Kurzzeitgedächtnis der westlichen Demokratien eine Institution der Demokratie an sich ist. Genauso wichtig ist, daß die »verschwenderische unbeständige Tendenz kurzlebiger Anpassungspolitik unter einem Regierungssystem der auf kurze Zeit gewählten Körperschaften« (Galsworthy) ein gefundenes Fressen für die sensationslüsternen Medien der westlichen Welt ist.

In dem Moment, als die Wiederaufnahme des wissenschaftlichen Austausches offiziell angekündigt wurde, trat Sacharow in den Hungerstreik – diesmal, um die sowjetischen Behörden dazu zu bewegen, seiner Frau Jelena Bonner die Ausreise zu gestatten, da sie dringend eine me-

dizinische Betreuung durch ausländische Spezialisten benötigte.
Die amerikanische Akademie der Wissenschaften fühlte sich durch die zeitliche Abfolge der Ereignisse peinlich berührt und ließ ungefähr einen Monat später wissen, daß die Wiederaufnahme des wissenschaftlichen Austausches bis zur Klärung des Falles Sacharow (zu diesem Zeitpunkt bereits ein ausgewachsener internationaler Skandal) aufgeschoben werde. Mit der Verbannung Sacharows bezweckte die sowjetische Parteispitze einzig und allein, ihn von der Außenwelt abzuschneiden, so daß jeglicher Kontakt mit Korrespondenten – egal, ob sie aus dem Westen, aus Ungarn, Polen oder Jugoslawien waren – unmöglich war. Es war ein einseitiger Bruch; denn Sacharow konnte empfangen, aber nicht senden. Er hatte ein Radio und ein Fernsehgerät, aber kein Telefon. Er erhielt auch verhältnismäßig viel Post, seine Briefe, Postkarten und Telegramme wurden jedoch genauestens überprüft. Sacharows Verbannung ist vergleichbar mit Galileos »vornehmer« Gefangenschaft in Gesandtschaften, Palästen und Villen – toutes proportions gardées. Als Ausgleich für den fehlenden Prunk genoß Sacharow mehr Bewegungsfreiheit – bei ständiger Überwachung, wie man sich denken kann. Er hatte ein Auto und konnte sich, zumindest am Anfang, in der ganzen Stadt frei bewegen. Was ihm aber nicht zuteil geworden war, war ein Prozeß: Er war nicht in die Gunst eines ordentlichen Gerichtsverfahrens gekommen – wie hingegen Galileo und Oppenheimer Gelegenheit hatten zu einer »nochmaligen Prüfung« (Review) ihres Falles.
Nichts – vor allem nicht die Invasion Afghanistans – hätte vermutlich die Beschränktheit der sowjetischen Führung und des gesamten Staates, deren Vertreter sie ja waren, besser demonstrieren können, als die Entscheidung, Sa-

charow in die für Ausländer »verbotene Stadt« Gorki zu verbannen. Der Parteistaat hatte wieder einmal mit Vorsatz und ohne rechtliche Grundlage gehandelt. Zeitweise wußte außer einigen Funktionären niemand, wo sich die Sacharows aufhielten. Alexej Semjonow, der Sohn Jelena Bonners, setzte sogar eine Belohnung von zehntausend Dollar für denjenigen aus, dem es gelang, mit den Sacharows Kontakt aufzunehmen oder ihren Aufenthaltsort ausfindig zu machen. Somit hatte der Parteistaat erwartungsgemäß der ganzen Angelegenheit den letzten Schliff verpaßt: In seiner Kopflosigkeit hatte sich der Staat sogar der Entführung schuldig gemacht.

In dem Zeitraum unmittelbar nach der Verbannung von Andrej Sacharow nach Gorki war die KGB-Einheit, die die ganze Operation leitete, zuerst nicht so gut organisiert, wie es die Behörden sich hätten wünschen können. Folglich konnte die Ärztin und langjährige Freundin der Sacharows, Natalja Hesse, knapp eine Woche nach Sacharow in Gorki ankommend, einen ganzen Monat in der Exilwohnung mit den Sacharows verbringen (zu dieser Zeit konnte Jelena Bonner ihren Mann so oft besuchen, wie sie wollte und konnte). Selbstverständlich haben alle von vornherein angenommen, daß die Gorki-Wohnung einem »Tonstudio« glich, in dem jeder Atemzug und Seufzer dem KGB deutlich durch die Mikrophone, die überall versteckt waren, hörbar würde. Eine der Arbeiten, die Natalja Hesse auf sich genommen hatte, war das Sortieren von den vielen Hunderten von Briefen, die nach Gorki an die Sacharows weitergeleitet wurden. Als sie nach einigen Tagen diese Arbeit hinter sich gebracht hatte, rief sie den Sacharows im nächsten Zimmer zu (ohne an ihre unsichtbare Hörerschaft zu denken): »Hört mal zu – – das ist hier wirklich interessant! Siebzig Prozent dieser Briefe sind euch freundlich gesinnt, siebzehn Prozent sind neutral, und nur dreizehn Prozent sind feindlich.« Gleich am nächsten Tag fand man keine freundlichen oder sonstwie positiven Briefe mehr in den Sendungen: Nur die feindlichen Briefe waren nach wie vor zu finden.

Es gibt nur einen schriftlich belegten Zwischenfall, bei dem Andrej Sacharow, der mildeste und gutmütigste Mensch, den man sich vorstellen kann, aus der Haut fuhr und handgreiflich wurde. Sein Widersacher war der offizielle »Schriftsteller« Nikolaj Nikolajewitsch Jakowlew, Verfasser des Buches *CIA kontra UdSSR* und ähnlich gearteter Bücher. Das Buch wurde in der sowjetischen Zeitschrift *Mensch und Gesetz* (Auflage 8,7 Millionen) und später in der Zeitschrift *Smena* (Auflage über eine Million) in loser Folge abgedruckt, wobei die Stellen über Sacharow und ganz besonders über Jelena Bonner sorgfältig ausgesucht und hervorgehoben wurden. Es war eine ausgesprochene Schmähschrift, in der Sacharow als das naive Opfer und Bonner als die herabgekommene, geldgierige Agentin des CIA dargestellt wurden (»Sacharows gesamtes Geld in der UdSSR hat die Bonner längst an sich gebracht ...«). Die Sacharows haben daraufhin Klage wegen Verleumdung gegen Jakowlew und die Zeitschrift *Smena* erhoben.

Eines Tages in seinem Exil in Gorki, als Sacharow allein war, wurde er von zwei ihm völlig unbekannten Menschen, einem Mann und einer Frau, aufgesucht. Unter den gegebenen Umständen nahm Sacharow zuerst an, die zwei seien Ärzte, die ihn untersuchen sollten, und bat sie hereinzukommen und Platz zu nehmen, worauf sich der Mann Sacharow umgehend vorstellte: »Ich bin Nikolaj Nikolajewitsch Jakowlew. Wie Sie wissen, bin ich Schriftsteller – oder vielleicht wissen Sie es nicht. Ich habe Ihnen meine Bücher als Geschenk mitgebracht, und wenn Sie

einverstanden sind, werde ich eine Widmung hineinschreiben.« Sacharow kam aus dem Staunen nicht heraus. Als er sich wieder fing, sagte er: »Ich brauche Ihre Geschenke nicht«, und winkte ab, so energisch und weit ausholend, daß die Bücher, die auf dem Tisch aufgestapelt waren, alle auf den Boden fielen. Jakowlew fuhr aber fort: »Nun, ich habe, wissen Sie, einige Artikel veröffentlicht, und daher haben wir viele Fragen bekommen, und ich kann sie nicht alle beantworten. Deswegen bin ich hierhergekommen, um Ihnen einige Fragen zu stellen, damit wir die Antworten an unsere Leser weiterleiten können.«
Sacharow erwiderte, daß er mit Jakowlew nicht sprechen würde, bevor dieser sich nicht für die vorsätzliche Verleumdung seiner Frau Jelena Bonner schriftlich entschuldigen würde. »Wie konnten Sie solche Verleumdungen, solche üble Nachrede schreiben? Wie konnten Sie alle unsere Kinder ›drop-outs‹ (Schulabbrecher) nennen, wo sie doch alle ihr Universitätsstudium abgeschlossen haben?« Jakowlew antwortete auf diese und ähnliche Fragen, daß er das alles wüßte. »Wie konnten Sie es wagen zu schreiben, daß meine Frau mich prügelt?« fragte Sacharow. »Ja«, erwiderte Jakowlew, »das haben sie mir im Büro des Staatsanwalts erzählt.« Sie redeten weiter miteinander, und schließlich sagte Jakowlew: »Ich werde mich nicht schriftlich entschuldigen. Wenn Sie meinen, daß das, was ich geschrieben habe, Verleumdung ist, können Sie dagegen gerichtlich vorgehen. Und außerdem versuchen Sie zu verstehen, daß wir Sie verteidigen.« Darauf Sacharow: »Ich brauche Ihre Verteidigung nicht, und ich werde nicht gerichtlich gegen Sie vorgehen, sondern Sie jetzt ganz einfach ohrfeigen.« Als Sacharow dies sagte, versuchte Jakowlew die linke Seite seines Gesichts zu schützen. Sacharow aber schlug mit seiner linken Hand auf die ungedeckte rechte Seite von Jakowlews Gesicht. Darauf ergriff

Jakowlew samt Begleiterin, den Stuhl umwerfend, die Flucht. Als Sacharow der Ärztin Natalja Hesse dieses Vorkommnis erzählte, verglich er Jakowlew in seiner moralischen Verkommenheit und Gemeinheit mit Smerdjakow, dem kriecherischen Diener-Mörder in Dostojewskis Roman *Die Brüder Karamasow.*

Als Stalin starb, starb sein »System« mit ihm. Es gab keinen Nachfolger und es hätte auch keinen Nachfolger geben können. Stalin war einmalig. Das fünfhundert Mann starke Zentralkomitee war darüber hinaus fest entschlossen, daß er auch *einmalig* bleiben sollte. Eine Wiederholung des Stalinismus mit einem anderen Stalin kam nicht in Frage. Diese Entschlossenheit des Zentralkomitees war der Anfang einer Art demokratischen Prozesses in der Sowjetunion.

Unter Stalin wurde die Philosophie – d. h. das Denken insgesamt – zum bloßen Werkzeug in den Händen der Parteiführung degradiert. Nach dem Prinzip der »Parteilichkeit« war alles, was existierte, genau das, wofür die Partei es halten wollte. Es konnte sich folglich, aus welchen Gründen auch immer, von Tag zu Tag ändern. Es gab daher überhaupt keine Kriterien, weder ethische noch ästhetische noch irgendwelche anderen – ein Vakuum entstand, das hauptsächlich in der Gesetzgebung und ganz besonders in dem Strafkodex seinen Niederschlag fand. Dies war das Wesen von Stalins »Politik der breiten Auslegung des Strafgesetzbuches«, wie Waleri Tschalidse es in seinem Bericht an das Komitee der Menschenrechte beschrieben hatte. Mit der Einsicht, daß dem ordentlichen Gerichtsverfahren viel mehr Aufmerksamkeit gewidmet werden müsse, hat der sowjetische Staat nach Stalins Tod viele der Exzesse der stalinistischen Strafpolitik abgeschafft.

Obwohl viel erreicht wurde, blieb immer noch viel zu tun; das Strafrecht und die Praxis der Bestrafung waren nach wie vor die Augiasställe der Sowjetunion. Nach dem Sturz Chruschtschows im Jahre 1964 machte sich sein Nachfolger Leonid Breschnew daran, die Dissidentenbewegung, die mit Chruschtschows Reformen entstanden war, zu unterdrücken. Als die Verfolgung der Dissidenten auf Hochtouren zu laufen begann, mußte auch das Strafrecht mit all seinen Mängeln wieder herhalten. Von daher versteht es sich von selbst, daß sich in verschiedenen Stadtvierteln sogenannte »prawosaschtschitniki« (wörtlich: »Verteidiger des Gesetzes« oder »Verteidiger eines ordentlichen Gerichtsverfahrens«) zu Wort meldeten. Das Beharren auf einem ordentlichen Gerichtsverfahren war ebenso das Hauptanliegen des Moskauer Menschenrechtskomitees, das 1970 von Sacharow, Twerdochlebow und Tschalidse gegründet wurde. »Es ist nicht die Absicht des Komitees«, schrieb Tschalidse, »aufzudecken und zu fordern, sondern zu untersuchen und zu empfehlen – eine Vorgehensweise, die eine Berücksichtigung der Tradition und wirklich vorhandener Schwierigkeiten miteinschließt ... Angesichts dieser Tatsache muß das Komitee darauf vorbereitet sein, daß die Erfüllung seiner frommen Wünsche noch einige Jahre dauern wird. Doch dies sollte kein Anlaß zu Frustration und einem Gefühl der Sinnlosigkeit sein, da die Absicht des Komitees vor allem darin liegt, einen Beitrag zur Entwicklung der Rechtskultur zu leisten. Denn nur als Folge einer verbesserten Rechtskultur beim Volk und bei den Machthabern kann bei der Verteidigung der Menschenrechte ein wirklicher Fortschritt erzielt werden.« Bestandteil der Prawosaschtschitniki-Bewegung war die als Samisdat veröffentlichte *Chronik der Tagesereignisse*. Die erste Ausgabe dieses bemerkenswerten Blattes erschien am 30. April 1968. Sie umfaßte fünfzehn Schreibmaschinenseiten und enthielt ausschließlich Informationen über Leute, die verhaftet worden waren, über deren Haftbedingungen und über die Stafrechtsparagraphen, die bei ihrer Verurteilung angewendet worden waren. Die *Chronik der Tagesereignisse* war die inoffizielle Zeitschrift der Menschenrechtsbewegung. Mit den Worten Natalja Gorbanjewskajas, der ersten Redakteurin, entstand diese Zeitschrift, weil die Idee dafür bereits »in der Luft lag«, die Idee, über die Ausschreitungen des Regimes bei der Anwendung des Strafrechtes Buch zu führen. Es war also nur passend, daß Waleri Tschalidse Verleger und Herausgeber des *Chronicle of Human Rights in the USSR* werden sollte, dem englischsprachigen Pendant zur Moskauer *Chronik*, die 1974 erstmals in New York erschien.

Es sollte deutlich gemacht werden, daß der sowjetische Parteistaat vor nichts zurückschreckte, um die *Chronik* zu unterdrücken. Aus gutem Grund: Die *Chronik* war zu einer Art Lebenselixier der demokratischen Bewegung geworden. Bis 1972 war sie von fünfzehn Seiten auf über fünfzig angewachsen und enthielt mittlerweile Berichte aus dem ganzen Land. In gleichem Maße hatte sich auch ihre Verbreitung ausgedehnt: Die *Chronik* war zu einem Spiegel der Auseinandersetzung zwischen dem sowjetischen Regime und der demokratischen Bewegung geworden. Dies bedeutete, daß über die Anstrengungen des KGB in den nächsten Ausgaben entsprechend Bericht erstattet wurde.

Der KGB entwickelte bei dem Versuch, die *Chronik* zu zerstören, wahrhaft Phantasie – so zum Beispiel drohte er damit, nahe Verwandte der Drahtzieher oder direkt Betroffene für jede *Chronik*, die nach jener Drohung noch erscheine, als Geiseln zu nehmen. Auf der Titelseite der *Chronik* war Artikel 19 der Konvention über bürgerliche und politische Rechte abgedruckt:

»Jedermann hat das Recht auf freie Meinungsäußerung; dieses Recht beinhaltet die Freiheit, alle Arten von Informationen und Ideen ohne Rücksicht auf Staatsgrenzen mündlich, schriftlich, mittels der Presse oder künstlerischer Ausdrucksformen oder nach Wahl mit Hilfe anderer Mittel ausfindig zu machen, zu erhalten oder weiterzugeben.«

Als es im Januar 1974 beinahe so aussah, als sei die demokratische Bewegung tatsächlich zerschlagen worden (die *Chronik* war seit fast zwei Jahren nicht mehr erschienen), veröffentlichten Tatjana Welikanowa, Sergej Kowalew und Tatjana Chodorowitsch eine Erklärung, in der sie beschrieben, wie der KGB ihre Zusammenarbeit zu beeinflussen versuchte. Im Mai, bei einer Pressekonferenz in Andrej Sacharows Wohnung, übergaben die drei den versammelten westlichen Korrespondenten die Ausgaben Nummer achtundzwanzig, neunundzwanzig und dreißig der *Chronik der Tagesereignisse* und erklärten:

»Da wir entgegen der Meinung des KGB und verschiedener Instanzen sowjetischer Gerichte die *Chronik der Tagesereignisse* nicht für eine illegale oder verleumderische Zeitung halten, betrachten wir es als unsere Pflicht, für eine größtmögliche Verbreitung zu sorgen.

Wir betrachten es als wesentlich, daß jedem, der daran interessiert ist, wahrheitsgetreue Informationen über die Verletzung der Menschenrechte in der Sowjetunion zugänglich sein sollten.«

Ende der siebziger Jahre hatte die *Chronik* einen Umfang von zweihundert Seiten erreicht. Schon seit langem diente sie als eine Art Vorbild: Die Ukrainer und Litauer hatten bereits ihre eigenen Ausgaben. Bei den Wolgadeutschen, den Krimtataren und den Juden gab es ähnliche Bestrebungen. Und davor hatte der Kreml am meisten Angst. Es formierten sich ganz deutlich nationale, moralische und traditionelle Kräfte, die alle nach grundlegenden Veränderungen im sowjetischen System riefen. Der Bereich, der von der Opposition am meisten unter Beschuß genommen wurde, weil er in Friedenszeiten die stärkste Waffe des Systems war, war das sowjetische Gesetz.

Paradoxerweise war es ausgerechnet die Atombombe, die – wie Oppenheimer es vorhergesagt hatte – für einen jahrzehntelangen Weltfrieden sorgte: bis zum heutigen Tag genau dreiundvierzig Jahre, ein derart großer Zeitraum, daß es unerklärlich ist, warum die Sowjetunion immer wieder in regelmäßigen Abständen den ideologischen Notstand ausruft. Eine Hauptlist der Sowjets war die Identifikation des Feindes außerhalb (des kapitalistisch-imperialistischen Antagonisten) sowie des Gegners innerhalb des Landes (des Dissidenten). Im Hinblick auf Lenins absolute Intoleranz gegenüber jeglicher Opposition war diese Taktik unumgänglich. Sie führte dazu, daß sich die Opposition des Landes mit dem ausländischen Feind verband. Kurz gesagt, es war eine sich selbst erfüllende Prophezeiung, eine allgemeine Bezeichnung für die Gegenrevolution. Es führte zwangsläufig dazu, daß jede Art von Opposition zu Spionage und Verrat abgestempelt wurde. Eine Gesellschaft, die zum Kampf bereit ist, wirkt lächerlich, wenn nach einer gewissen Zeit immer noch kein Kampf ausgetragen wird. In diesem Sinne wirkte der andauernde Frieden lähmend auf die Sowjetunion. Er verursachte eine Flaute, die für Aufregung sowohl in der heimischen Opposition wie auch beim Staatssicherheitsdienst sorgte.

Für jemanden aus dem Westen ist es schwierig, die Totalität der Kontrolle durch die Sowjets im eigenen Land zu begreifen. Das Kollektiv, zu dem jeder Arbeitsplatz gehört, ist das oberste Kontrollinstrument der Regierung. Man muß kein Spion der Regierung oder Mitglied des KGB sein und auch kein Informant – ob freiwillig, aufgrund eines Auftrags oder gezwungenermaßen. Mitglieder des Kollektivs sind schon aufgrund ihrer Mitgliedschaft im Kollektiv Spione der Regierung. Das sowjetische Verwaltungsrecht (Paragraph 2: »Die Einstufung von sowjetischen Regierungsangestellten«) ermächtigt das Innenministerium und der KGB, die Kooperation jeder Person, die in einem staatlichen Unternehmen angestellt ist, in Anspruch zu nehmen. Da alle Unternehmen in der Sowjetunion dem Staat gehören, ist jeder zu Auskünften verpflichtet. Von jedem Arbeitnehmer konnte jederzeit verlangt werden, daß er alles ausplauderte, was die Regierung über einen Kollegen, Freund oder Verwandten wissen wollte. Und falls der Befragte etwas nicht wußte, konnte man ihn zwingen, es herauszufinden. Wenn sich herausstellte, daß jemand absichtlich etwas verschwiegen hatte, so konnte der Betroffene zurechtgewiesen und entsprechend gerichtlich belangt werden.

Die Unsitte, die gesamte Bevölkerung als aktive oder passive Spione zu benutzen, besonders wenn es darum ging, Bürger für das hohe Privileg einer Auslandsreise auszuwählen, formte die offizielle Haltung gegenüber dem umgekehrten Phänomen, nämlich den ausländischen Besuchern der Sowjetunion: Alle Touristen waren Spione. In westlichen Demokratien war die Situation genau umgekehrt. Dort ließ der Überfluß an Freiheit die Heimlichkeit wie Privatsphäre aussehen. Es ist einfach, im Westen Spionage zu betreiben, weil Heimlichkeiten genauso gebilligt werden wie die Privatsphäre. Genau deshalb, weil sie sie täglich genießen können, haben nur wenige Bürger wirklicher Demokratien eine klare Vorstellung des Ausmaßes, der Bedeutung und der Konsequenzen ihrer großen Freiheit. Im amerikanisch-sowjetischen Kulturaustauschprogramm haben die amerikanischen Behörden nie das Verhalten von sowjetischen Teilnehmern gerügt. Hätte man sich jedoch in der Sowjetunion auf dieselbe Weise verhalten, so wäre das gewiß als Spionage bezeichnet worden; aber im demokratischen Westen gibt es so etwas nicht. Im Westen sind alle Spione Touristen.

Die Sowjets wichen nicht nur einem offenen Informationsaustausch mit allen Ländern aus, um vollständige Kontrolle über ihre Bevölkerung zu erreichen; sie verhängten über ihr eigenes Land so etwas wie eine permanente Kommunikationsquarantäne. Sie versuchten, jede Art von freiem Austausch zu unterbinden, indem sie den Begriff der Währung an sich opferten, und zwar in beiden Richtungen; die Information, die ins Ausland ging, um die öffentliche Meinung dort zu beeinflussen, und die Information, die ins eigene Land kam, um alle Auskünfte aus dem Ausland zu erhalten, die sie für erforderlich hielten (mittels Spionage). Als Modell für diese Praktiken diente das Tauschhandelsystem – Tauschhandel als einfachste Form eines gegenseitigen Austauschs, der genau überwacht wird. Die Sowjetunion brauchte diese Spionage, um ihren Mangel an offenem Austausch mit der Außenwelt zu kompensieren (um das Nichtvorhandensein eines Marktes – sei es der Markt für Waren und Dienstleistungen oder der Markt für Ideen auszugleichen); kurz gesagt, um Informationen zu liefern und zu erhalten, ohne die für sie hinderliche freie Kommunikation, die das System nicht tolerieren könnte. Die Sowjets hatten tatsächlich den Begriff der Spionage erweitert und in den allgemeinen Bereich der Kommunikation aufgenommen. Dadurch wurde die Spionage in jeder Hinsicht zum Grundprinzip der sowjetischen Verbindungen zum Ausland – im Handel, in der Kultur, in der Wissenschaft und im militärischen Bereich. Man bedenke die vielen Ausweisungen von ganzen Gruppen sowjetischer Diplomaten aus anderen Ländern Ende der siebziger und Anfang der achziger Jahre, die beschuldigt wurden, ihren Diplomatenstatus für andere Zwecke mißbraucht zu haben. Dieses Prinzip war auch der Grund dafür, daß Anatoli Schtscharanski zum Spion gestempelt wurde (um nur einen unter vielen zu nennen), wie auch die ausländischen Journalisten, mit denen er in Kontakt stand. Aus demselben Grunde ließ Stalin Briefmarkensammler verhaften und hinrichten, ob sie nun mit Sammlern im Ausland Briefkontakt hatten oder nicht. Man nannte das »Schuld durch Analogie«. So machte sich auch jeder sowjetische Autor, der Tantiemen aus dem Ausland erhielt, der Verletzung der Währungsgesetze schuldig. Außerdem führte dieser Zustand dazu, daß der Rubel, wie schon erwähnt, keine echte Währung war. Und schließlich ergab sich daraus auch die Besessenheit der Sowjets von der Spionage. Spionage gehörte zum Leben der Sowjets.

Die obige Ausführung soll helfen, die außergewöhnliche Rolle und Bedeutung des KGB in der sowjetischen Gesellschaft zu verdeutlichen. Als die Jesuiten zur »Gedankenpolizei« der römisch-katholischen Kirche wurden, nahmen sie unvermeidbar einige der Eigenschaften und Haltungen einer Polizeigruppe an. Umgekehrt übernahm der KGB, der von der anderen Seite her ausging und an ihre priesterähnliche Aufgabe der »Reinwaschung der Menschheit« heranging, einige der Eigenschaften und Haltungen einer Priesterschaft. Die Befragung durch den KGB wurde durch ihre psychologischen und soziologischen Gesichtspunkte zu einer Art Beichte – oder sollte es zumindest werden. Das Resultat in der Sowjetunion beschreibt man vielleicht am Besten folgendermaßen: Eine von Priestern beherrschte Gesellschaft, in der sich die Priester auffallend oft einmischten und zu Geheimnistuerei und Intrigen neigten. In beiden Fällen – ob Kirche oder Partei – waren die Betreffenden mehr oder weniger überzeugt, daß das, was sie taten, zum besten des Volkes geschah; erst recht, wenn sie sich, wie es dauernd vorkam, in Familienangelegenheiten einmischten. Aber gerade diese Einmischung in die grundlegendste Einheit der Gesellschaft macht es unmöglich, die sozialen Beziehungen zwischen Dissidenten, ihren Familien und Freunden mit auch nur dem geringsten Anspruch auf Genauigkeit auszuwerten oder zu analysieren. In unserem speziellen Fall: Es wird manchmal behauptet, die Kinder von Sacharows erster Frau, Klawdija Wichirewa, hätten die gesamte Bonner-Familie nach der Eheschließung von Andrej Dimitrijewitsch und seiner Ljusja als Eindringlinge abgelehnt. Sicher ist, daß die Kinder und Verwandten von Sacharows erster Frau mindestens so wichtige Zielscheiben für den KGB darstellten wie die Kinder und Verwandten von Jelena Bonner und daß die Feindseligkeit gegenüber der Bonner-Familie den KGB erst recht dazu veranlaßte, sich in die Angelegenheiten der Familie von Sacharows erster Frau einzumischen. Es wird weiterhin behauptet, die Kinder und Verwandten von Sacharows erster Frau hätten, ganz im Gegensatz zu den Kindern Jelena Bonners, überhaupt kein Interesse am Kampf für die Menschenrechte gehabt. Fest steht, daß dies die Version des KGB ist, der einiges unternommen haben muß, um sicherzustellen, daß von den Kindern und Verwandten von Sacharows erster Frau kein Interesse gezeigt wurde. Es war sicher nicht leicht für sie – was vielleicht der Grund dafür ist, warum Sacharow diesen Teil seines Lebens absichtlich verschleiert. (»Wir haben nur sehr wenig Kontakt; aber das liegt an mir, nicht an ihnen.«) Deshalb habe ich hier nicht versucht, die Beziehungen Sacharows zu seinen Verwandten oder denen seiner Frau zu schildern beziehungsweise auszuwerten, außer wenn sie mir von äußerster Bedeutung erschienen.

Am 24. August 1984 veröffentlichte die deutsche Boulevardzeitung *Bild* das erste von acht Videobändern über Sacharow (meistens von Sacharow alleine), die heimlich vom KGB in Gorki aufgenommen worden waren. Die ganze Serie wurde bald als die »Gorki-Bänder« bekannt und war von Victor Louis, einem altgedienten, weltreisenden Spezialkurier des KGB, gegen harte Währung an die *Bild*-Zeitung verkauft worden. Der KGB beabsichtigte, mit den Bändern, Gerüchten, daß Sacharow krank und am Verhungern sei (als Folge seines Hungerstreiks), schlecht behandelt oder gar mißhandelt werde, den Boden zu entziehen. Er wurde bei der Behandlung im Krankenhaus gezeigt, beim Essen (mit großem Appetit), bei einem Telefongespräch mit seiner Frau oder beim Gespräch mit einem Ärzteehepaar. Diese Bänder sind als Beispiel für sowjetische Public Relations wertvolles Material.

Public Relations als Konzept schließt sowohl positive wie negative Publicity mit ein. Was Andrej Sacharow betraf, so gab es keine negative Publicity. Sacharow selbst vertraute darauf, daß die Umstände für sich selbst sprächen. Für den Staat galt das Gegenteil – so etwas wie positive Publicity konnte es nicht geben.

Die »Gorki-Bänder« waren eine reine Verteidigungsmaßnahme, um die Anschuldigungen der westlichen Presse zu widerlegen. Daß diese Anschuldigungen das unvermeidliche Resultat von Sacharows Verbannung waren, scheint den Sowjets nie in den Sinn gekommen zu sein. Die sowjetische Führung schien auch nie daran gedacht zu haben, daß die Tatsache, daß Sacharow nicht vor Gericht gestellt wurde, die gesamte Aktion in ein noch viel schlechteres Licht rückte. Zugegeben, es war eine unglückliche Zeit: drei aufeinanderfolgende Generalsekretäre in drei aufeinanderfolgenden Jahren – 1983, 1984, 1985 – und alle drei alt und krank. Die sowjetische Führung war buchstäblich kopflos. Der traurige Anblick drei dahinsterbender alter Männer – einer nach dem anderen –, die sich bis zum letzten Tag der Öffentlichkeit stellen mußten: tatterig schwankten sie von der Tür zum Stuhl und winkten steif und mit glasigen Augen ins Publikum, so lange, bis sie zu gebrechlich waren – allein dieser Anblick demonstrierte am deutlichsten, wie schwierig die Lösung des Nachfolgeproblems für die Sowjets war. Etwas derart Groteskes wie die »Gorki-Bänder« konnte vermutlich nur während einer Krise in der sowjetischen Führungsmannschaft entstehen. Das letzte der »Gorki-Bänder« wurde am 18. Juni 1986, ungefähr vierzehn Monate nach Michail Gorbatschows Amtsantritt als Generalsekretär, veröffentlicht – es ist vielleicht das skurrilste von allen.

Der KGB hatte für das letzte Band in Sacharows Wohnung Wanzen installiert und ein Gespräch zwischen Sacharow und seiner Frau aufgenommen. Jelena Bonner war gerade von einem sechsmonatigen Aufenthalt in den USA, wo sie sich einer Bypass-Operation unterzogen hatte, zurückgekehrt. In diesem Gespräch warf Bonner Sacharow vor, sich für Videoaufnahmen mit dem KGB auf Gespräche eingelassen zu haben. Diese Passage wurde auf dem Videoband mit einem Spaziergang der Sacharows in Gorki überspielt. Es ist interessant zu wissen, daß das letzte der »Gorki-Bänder« nach und teilweise vielleicht auch während der Tschernobyl-Katastrophe aufgenommen wurde. Aber Tschernobyl ist eine Geschichte für sich!

Tschernobyl!

Anfang April entschloß sich Sacharow, der alleine in Gorki verweilte, mindestens einen Monat ausschließlich der Wissenschaft zu widmen. Während dieser Zeit las er keine Zeitungen, hörte kein Radio und sah nicht fern. Deshalb wußte er nichts von der Katastrophe in Tschernobyl, bis Mitglieder der Akademie der Wissenschaften und die Regierung auf ihn zukamen, um seine Meinung darüber zu hören und seinen Rat zu erfragen; das ist nur zu verständlich, da Sacharow eine der führenden Kapazitäten der Welt auf dem Gebiet der friedlichen Nutzung der Kernenergie ist. Erst einige Tage nach dem Schmelzen des Reaktorkerns in Tschernobyl suchte man Sacharow auf (nach dem Unfall verging ein voller Tag, bevor die sowjetische Führung informiert wurde; mindestens ein weiterer Tag verging, bis sich die Führung des allgemeinen Ausmaßes der Tragödie bewußt wurde). Sacharow schätzt heute, daß die Tschernobyl-Katastrophe etwa hundertmal schlimmer war als der amerikanische Störfall im Kernkraftwerk Three Mile Island (Harrisburg, Pennsylvania) 1979.
»Ich verbrachte die meiste Zeit damit, mit diesen Leuten zu sprechen und sie zu beruhigen. Sie waren äußerst aufgeregt. Aber zum letzten Mal besuchte mich einer meiner Kollegen (von der Akademie) am 23. Mai, zufällig am selben Tag, als der KGB mich heimlich filmte. Sie ließen mich wie einen völligen Idioten aussehen!« Darin lag eine doppelte Ironie. Während sich Wissenschaftler, Parteifunktionäre und Regierungsmitglieder ernsthaft, ja fast hysterisch mit Sacharow über Tschernobyl berieten,

filmte der KGB Sacharow so eifrig und heimlich wie immer – nicht für das sowjetische Fernsehen, um die größte Kapazität der Nation auf dem Gebiet der friedlichen Nutzung der Kernenergie während der schlimmsten Krise der Sowjetunion seit dem Zweiten Weltkrieg bei der Diskussion mit Kollegen zu zeigen, sondern nur für den Konsum im Ausland, um der Außenwelt zu zeigen, daß der verbannte Verfechter der Menschenrechte – trotz einer Menge häßlicher Gerüchte, die das Gegenteil besagten – gut genährt, gut gekleidet und in guter Verfassung war. Die größte Ironie lag darin, daß der KGB Sacharow dadurch, daß er solche Filme drehte und sie an das Ausland weitergab, auch noch beleidigte. Je besser die Filme, um so negativer wurden sie von der Öffentlichkeit der freien Welt aufgenommen. Und das, während Jelena Bonner das Mitgefühl und Verständnis der Staatsoberhäupter ganz Westeuropas, einschließlich des Papstes, genoß.

Und doch war das Schmelzen eines Reaktorkerns in Tschernobyl der größte und verheerendste Public-Relations-Coup in der Geschichte der Friedenszeit. Es war die Wahrwerdung des gemeinsamen Alptraums all jener in der Welt, die den antihumanistischen Standpunkt vertraten.

Das antihumanistische Lager hatte – seit der Erfindung der Atombombe und seitdem man sich des Energiepotentials der Kernspaltung und -verschmelzung bewußt war – gespannt auf solch ein Ereignis gewartet.

Am 22. März 1975 mußten die zwei Kernreaktoren in Browns Ferry, Alabama, aus Sicherheitsgründen stillgelegt werden, als in den Wänden des Verteilerraums, der sich direkt unter dem Zentralkontrollraum für die zwei Anlagen befand, ein Feuer ausbrach.

1975 veröffentlichte die Nuclear Regulatory Commission der Vereinigten Staaten einen Bericht mit dem Titel *Studie über Reaktorsicherheit: Eine Abschätzung der Unfallrisiken in kommerziellen Kernkraftwerken der Vereinigten Staaten,* der allgemein kurz als Rasmussen-Report bekannt ist. David Ehrenfeld übt scharfe Kritik an dem Report. Er schreibt in seinem Buch *The Arrogance of Humanism* (Die Überheblichkeit des Humanismus):

»Im Falle des Rasmussen-Reports wurde nicht nur das Risiko der Isolierung und eines Feuers im Verteilerraum mit anderen Ursachen ignoriert, sondern es wurde auch die Erdbebengefahr unterschätzt, und Sabotage wurde nicht einmal in Erwägung gezogen. Das beunruhigte die Verfasser des Rasmussen-Reports nicht; sie vertrauten blind auf die uneingeschränkte Gültigkeit ihrer Logik. Sie schrieben: ›Während man nicht beweisen kann, daß alle möglichen Unfallsequenzen, die eine Gefahr für die Öffentlichkeit darstellen, in der Studie berücksichtigt wurden, ist es aufgrund des systematischen Herangehens an die Identifizierung möglicher Unfallsequenzen unwahrscheinlich, daß ein Unfall übersehen wurde, der die Gesamtgefahr wesentlich verändern könnte.‹

Es ist jedoch theoretisch unmöglich, die Bedeutung von Aspekten, die außer acht gelassen werden, einzuschätzen. Wie kann jemand die Wahrscheinlichkeit oder die Folgen eines unbekannten Vorfalls voraussagen? Auch wenn dies möglich wäre: Wie viele geringe Wahrscheinlichkeiten sind nötig, um eine große Wahrscheinlichkeit zu erhalten? Wieder erwartet man von der Logik, daß sie ein Wunder vollbringt, und wieder stellt man fest, daß die Logik ihre Grenzen hat.«

George Henry Lewes, langjähriger Lebensgefährte Mary Ann Evans (George Eliot), kommentiert in seinem Buch *Problems of Life and Mind* die »unvermeidliche Tendenz der Analyse, alle Elemente, die sie vorübergehend beiseite schiebt, ganz unberücksichtigt zu lassen«.

Im selben Buch erwähnt er auch die gegensätzliche Tendenz: »Der Materialismus führt beim Versuch, das Geistige vom Physischen abzuleiten, zu einem Ergebnis, das genau das beinhaltet, was die Begriffe an sich schon von vornherein ausschließen.« Grundsätzlich jedoch konfrontiert Ehrenfeld die Autoren des Rasmussen-Reports mit demselben kniffligen Problem, das Barberini und Bellarmin benutzten, um Galileo in Verlegenheit zu bringen: dem negativen Beweis. Die Variante wäre in diesem Fall, daß »es keine Möglichkeit gibt, zu beweisen, daß alle möglichen Unfallsequenzen, die ein Risiko für die Öffentlichkeit darstellen, in dieser Studie berücksichtigt wurden« – oder in irgendeiner anderen Studie. Daraufhin zieht Ehrenfeld den folgenden Schluß:

»Kernreaktoren sind sehr komplexe Maschinen, die von Menschenhand gebaut und betrieben werden. Jede uneingeschränkte Garantie ihrer Sicherheit muß automatisch verdächtig erscheinen, und jede Woche wird unser Argwohn und unsere Unsicherheit bezüglich der Kernenergie aufs neue bestätigt. Unsicherheit weckt berechtigterweise Emotionen, und immer mehr Menschen, darunter auch Wissenschaftler, kommen zu dem Schluß, daß eine Abwendung von der Kernenergie, aufgrund einer allgemeinen Angst vor ihr, der richtige Schritt ist. Im Grunde ist der Rasmussen-Report selbst eine Reaktion auf diese Angst, und schon die Tatsache, daß er verfaßt wurde, ungeachtet seines Inhalts, ist ein Zeichen der Gefahr. Die Kernenergie ist nicht nur eine Unbekannte, sondern eine mächtige Unbekannte: mächtig hinsichtlich der absoluten Größenordnung ihrer tatsächlichen und potentiellen Konsequenzen; mächtig hinsichtlich des ungeheuren Umfangs dieser Konsequenzen; mächtig hinsichtlich der langen Wirkung ihrer Konsequenzen und hinsichtlich dessen, was sie anrichten kann; mächtig aufgrund ihres verborgenen Wirkens (Radioaktivität kann man weder sehen noch riechen oder anfassen, und die Krebsfälle und genetischen Defekte, die sie verursachen kann, werden sich erst nach einigen Generationen bemerkbar machen). Diese Macht verstärkt unsere Angst vor dem Unbekannten nur noch, und wir haben zu Recht Angst.«

Tschernobyl jedoch war ein Unglück von erschreckendem Ausmaß. Sacharow erkannte dies sofort. Einunddreißig Menschen kamen um – einige starben sofort, andere starben später an den Verbrennungen und der radioaktiven Verstrahlung. Aber Hunderttausende, vielleicht Millionen der »nicht evakuierten und arglosen Bevölkerung« der Ukraine und darüber hinaus wurden mehr oder weniger von Strontiumwolken verseucht, die in Tschernobyl freigesetzt wurden und über Skandinavien und praktisch ganz Europa hinwegzogen – welche schrecklichen Auswirkungen das haben wird, wird man in den nächsten Jahren erst abschätzen können. Aber der Schaden, der der Menschheit durch die Tschernobyl-Katastrophe zugefügt wurde, war tausendmal größer, als jede Statistik es ausdrücken konnte. Tschernobyl war die Bestätigung des »zweiten Sündenfalls«. Es war das Ende der Unschuld der Menschheit – mit größeren und verderblicheren Auswirkungen als zuvor –, die endgültige Verbannung aus einem zweiten Paradies unbewußter Seligkeit. Die Panik der Bevölkerung Westeuropas kam in der europäischen Presse klar zum Ausdruck, die der Osteuropäer weniger – den Umständen entsprechend. Über Nacht besaßen plötzlich Zehntausende von Bayern, Österreichern und Norditalienern Geigerzähler, die sie dazu benutzten, den Grad der Strahlenverseuchung besonders von Lebensmitteln – Obst, Fleisch, Gemüse, Milch und Wasser – zu messen.

Das Wort »Becquerel« (nach dem französischen Physiker Henri Antoine Becquerel, der die Strahlung entdeckte, die von Uranverbindungen ausgeht), das als Einheit für den Grad der Bestrahlung eingeführt wurde, wurde zu einem alltäglichen Ausdruck in Europa. Die Mitgliedsstaaten der Europäischen Gemeinschaft verhandelten über Becquerel-Werte, die als einheitliche zulässige Grenzen für Lebensmittel in der Gemeinschaft festgelegt werden sollten. Noch Monate nach Tschernobyl – noch heute – berichten Rundfunk und Fernsehen über Messungen hoher Becquerel-Werte in Wild, Fisch, Obst, Gemüse und Milch. Eine Zugladung verstrahlten Milchpulvers wurde monatelang immer wieder auf andere Nebengleise des deutschen Eisenbahnnetzes verschoben, bevor sie schließlich abgestellt wurde. Die gesamte Schneckenernte Polens und Ungarns (der Hauptlieferanten), die 1986 nach Frankreich unterwegs war, wurde an der französischen Grenze von den Behörden zurückgewiesen, weil die Ursprungsländer zu lange unter einer Strontiumwolke gelegen hatten, die westwärts zog. Vorherrschende östliche Winde im Sommer 1986 brachten verstärkt Strahlung nach Westeuropa, was viele zur Unterbrechung oder sofortigen Stornierung ihrer Urlaubs- und Geschäftsreisen veranlaßte. Der Tourismus wurde besonders hart getroffen, weil die Leute Angst hatten, die Lebensmittel in anderen Gebieten zu essen. In den Medien gab es täglich Aufrufe an Familien mit Kindern, in denen man warnte: »Eltern! Laßt eure Kinder nicht im Sand spielen!« (Frankreich); »Eltern! Gebt euren Kindern bis auf weiteres keine Milch zu trinken!« (Deutschland). Sogar Leitungswasser wurde in manchen Teilen Westeuropas auf die öffentliche »schwarze Liste« gesetzt.

Die Wahrheit, die in einem sowjetischen Bericht über Tschernobyl ans Tageslicht kam, der der Internationalen Atomenergieorganisation (IAEO) Ende August in Wien von den sowjetischen Behörden vorgelegt wurde, war

noch seltsamer als die erfundenen Geschichten – wenn man die Spekulationen und die Reaktion der alarmierten europäischen Presse so bezeichnen kann. Die Hauptursache für die Tragödie war paradoxerweise ein Plan zur Verbesserung der Betriebssicherheit des Atomkraftwerks. Derselbe Test war in Tschernobyl bereits zweimal durchgeführt worden – 1982 und 1984. Diesmal sollte der Test am 25. April 1986 während der Stillegung des Reaktors Nummer vier wegen einer routinemäßigen Wartung ausgeführt werden. Zweck der Übung war es, eine Unterbrechung, die auftreten würde, falls ein Reaktor versehentlich vom Stromnetz abgeschnitten werden sollte, zu überbrücken. Einer der wichtigsten Aspekte der Kernenergieproduktion ist, daß sie ein ständig funktionierendes Kühlsystem erfordert. Sogar stillgelegte Reaktoren brauchen Kühlung: Die Hitze, die bei der Kernspaltung frei wird, speichert sich im Brennstoff. Es wird Energie benötigt, um das Wasser im System zirkulieren zu lassen, so daß die Hitze abtransportiert werden kann. In Tschernobyl gab es ein Notstromkraftwerk, aber es hätte nur ausgereicht, um die Instrumentenkontrolltafeln und -systeme zu betreiben. Es hätte nicht genügend Energie produziert, um die Kühlpumpen zu betreiben.
Der Zweck des Tests bestand darin, die Energie, die von einer auslaufenden Turbinengruppe kam, zu nutzen, um den Unterschied auszugleichen. Die Schwierigkeit lag darin, eine ausreichende Spannungskonstante (6 kV) aufrechtzuerhalten. Wie wünschenswert eine Lösung für einen solchen Notfall auch sein mag – »es wird«, gemäß dem sowjetischen Bericht, »in der Sowjetunion viel darüber diskutiert, ob diese Tests nötig sind«.

Schließlich ging alles schief, was nur schiefgehen konnte. Am 25. April wurde die Thermalenergie von 01:00 Uhr bis

14:00 Uhr um die Hälfte (tausend Megawatt) reduziert. An diesem Punkt bat der Aufsichtsbeamte in Kiew um einen Aufschub der Stillegung, um einen unerwarteten Strombedarf zu decken. Der Aufschub dauerte neun Stunden – lang genug, daß eine neue und offensichtlich weniger fähige Kontrollmannschaft ihre Schicht antrat. Der Test begann am 25. April um 23:10 Uhr, mit dem Ziel, die Energie auf eine Spanne von siebenhundert bis tausend Megawatt Thermalenergie zu reduzieren, wie es der Plan vorsah. Um das zu erreichen, schalteten die Techniker vom automatischen Steuerungssystem auf ein örtliches Steuerungssystem um – eine normale Vorgehensweise unter diesen Umständen. Aber dann wurde nach Aussage des sowjetischen Berichts der erste Fehler begangen: Der Techniker versäumte es, die Meßgeräte des automatischen Steuerungssystems korrekt nachzustellen. Das Resultat war, daß das Kontrollteam mit seinen Bemühungen so weit unter dem Energieziel lag (weniger als dreißig Megawatt), daß der Reaktor der Stillegung nahe war. An diesem Punkt hätten sie den Test abbrechen müssen. Dieses Versäumnis war laut dem sowjetischen Bericht nicht nur eine Verletzung des routinemäßigen Betriebsverfahrens, sondern auch des schriftlichen Testplans.
Bei ihrem Versuch, die Energie zu erhöhen, schalteten die Techniker erneut die automatische Steuerung ab und gingen wieder auf manuelle Steuerung über. Das bedeutete, daß sie die meisten der zweihundertelf neutronenabsorbierenden Brennstäbe vom Reaktor entfernen mußten – eine weitere Verletzung der Vorschriften. Die Vorschriften besagen, daß die Techniker die Anlage nicht betätigen sollen, ohne den technischen Leiter darüber zu informieren, wenn weniger als das Äquivalent von dreißig Kontrollbrennstäben potentieller Reaktivität im Reaktor ist. Sie versäumten es, das zu tun, obwohl die Reaktivitätsreserve

weit unter dieser Grenze lag. Die Bestimmungen warnen auch, daß die Anlage unter keinen Umständen mit weniger als fünfzehn Brennstäben Reaktivität betrieben werden soll. In Tschernobyl entsprach die Reaktivität höchstens sechs bis acht Brennstäben. »Niemand«, so sagten die Sowjets in Wien, »nicht einmal der Premierminister des Landes«, könnte die Erlaubnis für eine derartige Handlungsweise geben.

Und doch passierte es. Unter den Fehlern, die gemacht wurden, war auch die Außerstandsetzung der Sicherheitsanlage, die einen Druckverlust im Kühlsystem verhindert hätte, indem der Reaktor automatisch stillgelegt worden wäre. Wenige Minuten später schaltete das Personal eine Gruppe von Dampfsicherheitsventilen ab, um ein weiteres Absinken des Dampfdrucks zu vermeiden. Das erschien damals vielleicht als guter Gedanke, aber die Konsequenzen waren am Ende katastrophal. Durch die Weiterführung des Tests setzte die Mannschaft allmählich das gesamte Steuerungssystem des Reaktors lahm. Bis 01:23:20 Uhr hatten die Männer jede wirksame Kontrolle über die Maschine verloren. Nicht nur das: auch die Vorrichtung für die automatische Stillegung der Anlage im Falle einer Gefahr funktionierte nicht mehr. Als sie zwanzig Minuten später den Alarmknopf drückten, war das einzige Ergebnis, daß das Kühlwasser die Hitze, die sich im Brennstoff aufgestaut hatte, nicht mehr abtransportieren konnte. Als die Hitze aufstieg, begann das Wasser zu kochen, und das gesamte Wasser des Kühlsystems verwandelte sich in Dampf. Die gewaltige Dampfmenge, die sich ansammelte, löste entweder zwei aufeinanderfolgende chemische Explosionen aus, die das Dach des Reaktorgewölbes sprengten und Brocken roten, heißen Graphits sowie Uranoxid-Brennstabteile auf umliegende Gebäude und das umliegende Land ausspien, oder sie war selbst das

Ergebnis einer Explosion. Die Sowjets sagen, sie wissen es nicht, und die täglichen Aufzeichnungen des Kraftwerks seien vernichtet worden. Die genaue Ursache der Explosion, von der die Sowjets ursprünglich behaupteten, sie sei durch Wasserstoff ausgelöst worden, war ein großer Streitpunkt in Wien, wobei sich am Ende die Meinung durchsetzte, daß die plötzliche und massive Entstehung von Dampf die wirkliche Ursache sei. Diese Ansicht warf die prinzipielle Frage der Verläßlichkeit von Wasserkühlung für Reaktoren auf.
Doch die Reaktion der sowjetischen Behörden in bezug auf die rechtzeitige Evakuierung der betroffenen Bevölkerung war besser, als es im ersten Moment den Anschein hatte. Schon um 6 Uhr in der Früh des 26. April fingen die lokalen und benachbarten kommunistischen Jugendorganisationen an, Kali-Jod-Tabletten an die neunundvierzigtausend Einwohner der Stadt Pripjat zu verteilen, die an Tschernobyl angrenzt, und gaben Anweisung, nicht außer Haus zu gehen und keine Milch zu trinken. In Moskau wurde ein Gremium aus Managern der Kernindustrie gebildet und nach Tschernobyl geschickt; dieses Team kam am 26. April um 20:00 Uhr an. Eine Stunde später wurde die endgültige Entscheidung getroffen, Pripjat zu evakuieren. Zu diesem Zweck wurden in den folgenden zwei Tagen tausend Busse organisiert. Die Entscheidung, alle einhundertfünfunddreißigtausend Menschen im Umkreis von dreißig Kilometern zu evakuieren. wurde erst zehn Tage nach der Explosion getroffen. Diese Verzögerung erklärt sich aus der anhaltenden Freisetzung von Radioaktivität und der Erkenntnis, daß ihr die ländliche Bevölkerung stärker ausgesetzt war als die Stadtbewohner. Die Kinder dieses Gebietes wurden in Sommerlager und Sanatorien gebracht, wo für weitere medizinische Betreuung gesorgt war. Von den einunddreißig Menschen, die durch

starke Verseuchung umkamen, starben siebzehn innerhalb von sechs Wochen. Weitere zweihundert wurden mehr oder weniger schwer verletzt. Aber trotz solcher Lichtblicke wie die Heldenleistung einer Feuerwehrmannschaft, der es gelang – ungenügend vor der Strahlung geschützt und mangelhaft instruiert –, das Feuer im vierten Reaktor einzugrenzen und schließlich zu löschen, war der Gesamteindruck, den die Sowjets in dieser Krisensituation machten, eher dürftig.
Das war nicht zuletzt darauf zurückzuführen, daß die sowjetischen Behörden, wie so oft, ihre eigenen Bürger viel weniger über die Tragödie, ihren Verlauf und ihre Konsequenzen informierten als die Außenwelt. Stunden nach der Verhandlung der technischen Leiter, die für das Unglück verantwortlich gemacht wurden, berichtete die TASS in einer fünfzeiligen Meldung, die nur für das Ausland bestimmt war, über das Ereignis – nirgendwo in der sowjetischen Presse war auch nur ein Wort darüber zu lesen; noch wurde die Geschichte im sowjetischen Fernsehen behandelt. Die Verhandlung fand am 30. Juli in Tschernobyl statt. Die Opfer und ihre Familien waren als Zuschauer anwesend; die Kleidung und Schuhe jedes einzelnen von ihnen wurde auf Strahlen überprüft, bevor sie den Gerichtssaal betraten.

Nach Tschernobyl ging eine Welle der Entrüstung durch einen Teil des öffentlichen Lebens der Sowjetunion: das Theater. Die Aufführung des Stücks »Der Sarkophag« durch verschiedene Theatergruppen in der ganzen Sowjetunion ersetzte die großzügigen Lobeshymnen und den heroischen Ton, der so typisch für sowjetische Werke war, durch einen düsteren, kritischen Ton.
Schließlich wurden der Leiter des Kernkraftswerks, der technische Leiter und sein Stellvertreter der groben Fahr-

lässigkeit für schuldig befunden und zu zehn Jahren Gefängnislager verurteilt. Einige der sowjetischen Zeitungen zeigten bereits etwas mehr geistige Unabhängigkeit. Das traf besonders auf die *Moskowskije Nowosti* (Moskauer Nachrichten) zu, die erste Zeitung, die über die Ergebnisse der Verhandlung berichtete. In der sowjetischen Presselandschaft vollzog sich ein Prozeß der Liberalisierung; immer mehr Redakteure brachten den Mut auf, Themen anzuschneiden, die bis dahin tabu gewesen waren. Man war zwar noch weit von einer Demokratisierung der Medien entfernt, aber die Tschernobyl-Explosion hatte frischen Wind in die Redaktionsstuben gebracht.

Ein Thema jedoch wurde von den sowjetischen Medien geflissentlich gemieden – die allgemeinen Kosten, die sich aus der Tschernobyl-Tragödie ergaben. Die Sowjets schätzten die Kosten auf acht Milliarden Rubel, inklusive medizinischer Betreuung von sechshunderttausend Einwohnern der Gefahrenzone um Tschernobyl in den nächsten Jahrzehnten. Dr. Robert Gale, der kalifornische Spezialist für Knochenmarktransplantation, sagte voraus, daß im Höchstfall zirka fünfundsiebzigtausend Fälle von Krebserkrankungen (vor allem Leukämie) durch radioaktiven Niederschlag innerhalb der nächsten fünfzig Jahre auftreten werden. Natürlich konnte man die Kosten nicht exakt abschätzen, denn es ging hier nicht nur um Verluste in der Energieproduktion, sondern auch um einen Prestigeverlust im In- und Ausland. Sacharows schlimmste Befürchtung war die einer genetischen Mutation, die als Folge erhöhter radioaktiver Strahlung auftreten könnte, die Schätzung schwankte zwischen null und fünftausend Fällen.

Und der Schaden im Ausland? Italien zahlte den Gegenwert von vierhunderteinundvierzig Millionen Dollar als

Schadenersatz an seine Bauern, deren Ernte durch den radioaktiven Niederschlag ruiniert wurde. Die BRD zahlte vierhundertsechzig Millionen Deutsche Mark für denselben Zweck; Schweden den Gegenwert von vierundfünfzig Millionen Dollar und Großbritannien etwa zehn Millionen Pfund. In Norwegen und Schweden mußten Schätzungen zufolge vierzigtausend bis siebzigtausend verseuchte Rentiere geschlachtet werden. In der Türkei mußte die gesamte Tee-Ernte von 1986 wegen radioaktiver Verstrahlung vernichtet werden. Diese Liste könnte man endlos weiterführen.

Die BRD hielt nicht damit zurück, von der Sowjetunion Schadenersatz zu verlangen. Doch schon bald mußte das Ausland erkennen, daß keine Möglichkeit bestand, die Sowjetunion zum Schadenersatz zu zwingen. Gemäß dem Pariser Abkommen vom 29. Juni 1960 über die Haftung gegenüber Dritten bei Störfällen in Atomkraftwerken müssen die Vertragspartner für den Schaden aufkommen, der durch Atomunfälle im eigenen Land und auf dem Gebiet der Vertragspartner angerichtet wird. Doch die Sowjetunion hatte weder dieses Abkommen unterzeichnet noch die Wiener Verträge der Internationalen Atomenergieorganisation vom 21. Mai 1963. Somit stand man wieder vor dem Problem, daß es keine internationale Regelung gab; wieder mußte man feststellen, daß es sinnvoll wäre, eine effektive internationale Gemeinschaft zu gründen.

Die Tschernobyl-Katastrophe wirkte sich stimulierend auf den Begriff, die Politik und das Programm von »Glasnost« aus. Ebenso zog die Internationale Atomenergieorganisation in Wien Konsequenzen. Die Konferenz, auf der die Sowjets ihren Bericht über Tschernobyl vorlegten, brachte dreizehn wesentliche Vorschläge zur Erhöhung der Reaktorsicherheit hervor. Bis November 1986 hatte der Oberste Sowjet zwei neuen Abkommen der Internationalen Atomenergieorganisation zugestimmt. Und doch ratifizierten die Sowjets die Verträge nur teilweise. Es wurde eine Sonderklausel eingefügt, die besagte, die UdSSR sehe sich weder an die Bestimmungen des Artikels 11.2 über die sofortige Mitteilung eines Atomunfalls noch an Artikel 13 über den Beistand im Falle eines Atom- oder Strahlenunfalls gebunden. Der Sowjetunion war es ein Dorn im Auge, daß gemäß dieser beiden Bestimmungen Streitigkeiten auf Verlangen einer Seite vor einem Schiedsgericht oder einem internationalen Gericht beigelegt werden sollten. Hier bestand die Sowjetunion auf einem Vetorecht und auf der Zustimmung aller Seiten, bevor die Sache einem internationalen Gremium vorgelegt werden könne. Dadurch gelang es ihr, sich ein Hintertürchen offenzuhalten.

Der Tschernobyl-Vorfall wirkte außerdem anregend auf die ökologische Bewegung in Europa. Unmittelbar danach konnten die Grünen in der Bundesrepublik und in Österreich einen beträchtlichen Popularitätszuwachs verzeichnen. In Deutschland verlangten sie die sofortige Stillegung und Demontage aller Kernreaktoren und den vollständigen Ausstieg aus der Kernenergie. Auch die SPD nahm die Forderung nach dem Ausstieg aus der Kernenergie in ihr Parteiprogramm auf, allerdings über einen Zeitraum von zehn Jahren, denn sie betrachtete die sofortige Stillegung der Atomkraftwerke als undurchführbar und schädlich für die Wirtschaft (mehr als dreißig Prozent der bundesdeutschen Energie wird durch Kernreaktoren gewonnen). Die Bundesrepublik war von Panik ergriffen. Im gesamten deutschsprachigen Europa entwickelte sich eine extreme Sensibilität gegenüber jedem Unfall oder auch nur jeder Unregelmäßigkeit in Kernkraftwerken. Ganz anders die Franzosen: Die Gefahren, die von der

Kernenergie ausgehen, lassen sie völlig ungerührt, obwohl ihre Energieversorgung viel stärker von der Kernenergie abhängt als die der Deutschen; neunzig Prozent ihrer Energie für die Industrie kommt aus Kernkraftwerken. Die Franzosen bilden jedoch eine Ausnahme. Die Kernenergie wurde in ganz Westeuropa zum Inbegriff der Umweltverschmutzung. Somit wurde jede andere Überlegung ausgeschlossen – zum Beispiel die des Energiequotienten des Atoms gegenüber derselben Menge Anthrazit oder Bituminit (etwa zehn Millionen zu eins) oder die Tatsache, daß Umweltverschmutzung, wie man sie im industrialisierten Westen kennt, ausschließlich das Produkt nichtnuklearer Energiequellen ist.

Im Osten dagegen sah die Lage ganz anders aus. Die Sowjets sind rücksichtslos über derartige Überlegungen hinweggegangen. Sie stellten eine bemerkenswerte Sorglosigkeit in bezug auf die Konsequenzen nimmer enden wollender Schock-Programm-Produktionsmethoden zur Schau – wie zum Beispiel die Mißachtung jeglicher Sicherheitsvorkehrungen für die Arbeiterschaft.

Die ökologische Situation der Satellitenstaaten der Sowjetunion sieht nicht viel besser aus. Ein kleines, hochindustrialisiertes Land wie die Tschechoslowakei ist sicherlich noch schlimmer betroffen. Heute wird die Tschechoslowakei »das Leichenschauhaus der europäischen Wälder« genannt: Die Bergrücken und Gipfelbereiche des Erzgebirges und des Riesengebirges sind seit etwa zehn Jahren so kahl wie die Berge auf dem Mond. Versuche der Wiederaufforstung scheiterten an der zunehmenden Umweltverschmutzung. In der Tschechoslowakei gibt es genügend Kohlevorräte für die nächsten fünfzig Jahre. Leider weist tschechoslowakische Kohle einen hohen Schwefelgehalt (zehn Prozent) auf, und die Regierung behauptet, es sei kein Geld zum Bau von Entschwefelungsanlagen vorhanden. Inzwischen genoß die Kampagne zur Erhöhung der industriellen Produktion in der zentralen Planung weiterhin Spitzenpriorität. Die ökologische Lage Polens war und ist ebenso hoffnungslos. In Osteuropa im ganzen bahnt sich eine ökologische Katastrophe an.

Erst am dritten Tag, am 29. April, teilte die sowjetische Regierung dem Westen mit, was geschehen war – vierundzwanzig Stunden, nachdem bereits Enten in schwedischen Teichen ohne ersichtlichen Grund gestorben waren und schwedische Techniker zum ersten Mal Strahlenwerte gemessen hatten, die auf einen radioaktiven Niederschlag aus einer Kernexplosion hindeuteten. Am fünften Tag nach der Explosion, am 1. Mai, wurde in Kiew die übliche Maiparade abgehalten – Kiew lag in der strahlenverseuchten Zone. Erst nach einer vollen Woche wurde die Welt über den Tod zweier Menschen informiert; zwanzig Menschen schwebten in Lebensgefahr, und der Gesundheitszustand von weiteren zwanzig wurde als »ernst« angegeben. Zweihundert Menschen befanden sich Berichten zufolge in Krankenhäusern.
Die entscheidendste Auswirkung des Tschernobyl-Unglücks war der Eindruck, den es beim sowjetischen Volk und besonders bei den Bewohnern Tschernobyls und des umliegenden Gebietes hinterließ. Diese Menschen fühlten sich verraten. Sie mußten entdecken, daß man sie über Jahre hinweg über die Gefahren im dunkeln gelassen hatte – und auch während der Stunden, als sie weder evakuiert noch gewarnt wurden und Dosen radioaktiver Strahlung ausgesetzt waren, die in späteren Jahren zum Tod oder zur Behinderung führen würden. »Warum sagte man uns nichts?« lautete die häufigste Frage. Desweiteren lieferte die Katastrophe den Beweis für die Inkompetenz

und die Gefühllosigkeit der Behörden. Sie war ein überzeugendes Zeichen dafür, daß die Leute an der Spitze *nicht* wußten, was sie taten. Diese Erkenntnis brach die jahrhundertelange Macht über das russische Volk. Tschernobyl zerschlug die Zauberformel, nach der die Russen ein ganzes Jahrtausend gelebt hatten. »Warum behandeln sie uns wie kleine Kinder?« war die allgemeine Reaktion. Der ewige »Status infantis« des Russen gegenüber dem Staat wurde jedermann bewußt und von jedermann abgelehnt. Das Volk konnte seinen Führern nicht trauen – eine Tatsache, wie jeder Tag von neuem zeigte, als die Behörden krampfhaft versuchten, wieder Herr über die Lage zu werden. Sie brauchten fast eine Woche, um das Feuer im vierten Reaktor zu löschen, während die ganze Zeit über die Gefahr drohte, daß der Kern eines angrenzenden Reaktors zu schmelzen begann; in einem Umkreis von mehreren Kilometern mußte verstrahlte Erde abgetragen werden; einige Arbeiter wurden zu dieser Arbeit gezwungen, anderen wurde angeblich versichert, es bestehe keine Gefahr.

Vor allem aber stellte Tschernobyl ein überzeugendes Argument für Glasnost dar – für die Meinungsfreiheit, die Redefreiheit, die Kommunikationsfreiheit und Offenheit bei öffentlichen Angelegenheiten. Die berüchtigte Besessenheit von Geheimnistuerei verstärkte das Mißtrauen und die unvermeidliche Verwirrung über ein Ereignis dieser Art. Die westliche Presse konnte vielerlei Spekulationen über das Ausmaß und die wirkliche Ursache der Tragödie anstellen – eine Tatsache, die die Sowjets erzürnte und noch mehr zur Verwirrung beitrug. Die schwedische Presse war aufgebracht, weil die Sowjets einen Nachbarn nicht rechtzeitig über die Katastrophe informiert hatten. Sie gab ihrem Zorn Ausdruck, indem sie behauptete, die Russen seien einfach zu unzivilisiert und unkultiviert, um mit einem so anspruchsvollen Verfahren wie der Kernenergieproduktion umzugehen. Die deutsche Regierung verlangte offiziell Schadenersatz für ruinierte Ernten in Bayern und Niedersachsen und stellte die Einfuhr verstrahlter Importgüter ein, in erster Linie von Lebensmitteln aus der Sowjetunion und ihren Satellitenstaaten. Wieder äußerten sich die westlichen Demokratien bestürzt über den Mangel an Information – den Mangel an internationalem Glasnost, sozusagen.

Außerdem warf Tschernobyl erneut das Thema der internationalen Zusammenarbeit auf dem Gebiet der Ökologie auf. Die Tage der sowjetischen Geheimnistuerei auf internationaler Ebene waren vorüber – für immer. Die »Gemeinschaft der Nationen« war schon aufgrund ihres Selbsterhaltungstriebes gezwungen, der Sowjetunion ein Ultimatum zu stellen, bis zu dem sie die nötigen Informationen liefern sollte. Der Präsident der Internationalen Atomenergieorganisation mit Sitz in Wien kam eine Woche nach dem Unfall zu Beratungen mit den sowjetischen Behörden in der Sowjetunion an.

Die Sowjets hatten keine andere Wahl, als sich zu fügen. Mit dem ersten Schock kam auch die Erkenntnis, daß sie, jetzt mehr denn je, von der Zusammenarbeit mit den westlichen Demokratien abhängig waren. Diese Erkenntnis war eine weitere Niederlage, die die Sowjetunion bei ihrem Versuch, in den Beziehungen zu internationalen Organisationen die Oberhand zu behalten, einstecken mußte. Da war beispielsweise der langwierige Kampf des Lyssenkoismus mit der Weltgesundheitsorganisation, die bittere Kontroverse über die Einweisung politischer Gefangener in psychiatrische Kliniken, mit dem Ergebnis, daß die Sowjetunion unter Druck aus der International Psychiatric Association austreten mußte; der Kampf, das inländische Paßsystem aufrechtzuerhalten, was eine di-

rekte Verletzung eines der Hauptabkommen der Internationalen Arbeitsorganisation war und wofür die Sowjetunion von dieser Organisation getadelt wurde; die Kontroverse über den sozialistischen Realismus mit dem internationalen Netz von PEN-Clubs, die dazu führte, daß diese Organisation als Vergeltungsmaßnahme fast allen sowjetischen Schriftstellern im Exil die Ehrenmitgliedschaft gewährte – all das vor dem Hintergrund der Menschenrechtskonvention, die die Vollversammlung der UNO am 16. Dezember 1966 übernommen hatte. Das war der historische Ausgangspunkt für die Menschenrechtsbewegung in der Sowjetunion und den osteuropäischen Satellitenstaaten gewesen. Und nun wurde die Sowjetunion vor der Internationalen Atomenergieorganisation wegen der schlimmsten und fatalsten Panne, die je auf dem Sektor der Kernenergie verzeichnet wurde, zur Rechenschaft gezogen. Das war eine Sprache, die jedermann verstand – sogar diejenigen, für die die Diskussion um die Menschenrechte nur philosophisches Gefasel war. Nach Tschernobyl gewann der Ausspruch des polnischen Professors Koslowski neue Bedeutung: »Lieber rot *und* tot?«
Eine Zeitlang versuchten die Sowjets, an der Public-Relations-Front zurückzuschlagen, indem sie die westliche Presse beschuldigten, bei ihren Berichten über den Schaden, den die Tschernobyl-Explosion angerichtet hatte, absichtlich maßlos übertrieben zu haben. Außerdem betonten sie, daß einhundertvierzigtausend Menschen von Three Mile Island evakuiert worden waren (unnötigerweise, wie sich herausstellte, da nur eine kleine Menge radioaktiver Gase aus der Anlage entwichen war), während der Bericht über das amerikanische Unglück erst drei Monate später vorgelegt wurde. Aber die Ablenkungsmanöver nutzten nichts.
Andererseits weckte das Unglück eine beachtliche Woge

des Mitgefühls im Westen. Dr. Robert Gale wurde unter der Schirmherrschaft des unumgänglichen Armin Hammer in die Sowjetunion geschickt, um sowjetische Patienten, die an den Folgen der Strahlung litten, zu behandeln. Das war die Kehrseite der Angst vor radioaktiver Verseuchung, nämlich der Wunsch, der leidgeprüften Sowjetunion zu helfen, und die eng damit verbundene Erkenntnis, daß eine Zusammenarbeit mit der Sowjetunion bei allem, was die Produktion und die Verwendung von Kernenergie betraf, ein Muß war. Diese Besorgnis und Überlegung schloß eindeutig auch die Atomwaffen ein, aber es ging um mehr als das. Es wurde klar, daß es in einer Industrielandschaft, die mit Atomkraftwerken übersät war, wie ganz Europa, die Sowjetunion und Nordamerika, keinen rein konventionellen Krieg geben könne. Bei jedem größeren Artilleriebeschuß oder Luftbombardement würde zwangsläufig irgendeine Atomanlage getroffen, beschädigt oder gesprengt werden, woraufhin ungeheure Kräfte auf die Menschheit losgelassen würden – trotz Vorsichtsmaßnahmen und vertraglich festgelegter Verzichtserklärungen. Die Sowjets waren natürlich mit die ersten, die diesen Schluß zogen, da sie gerade bewiesen hatten, daß »atomarer Frieden« genauso verheerend sein kann wie ein Atomkrieg oder daß sich der Unterschied zwischen den beiden – bezüglich der humanitären Frage – leicht als unerheblich herausstellen könnte.
Die Konsequenz war, daß sich die traditionelle Dickköpfigkeit der Sowjets gegenüber der Außenwelt im Laufe der folgenden Monate in die Ermahnung verwandelte, daß »wir alle im selben Boot sitzen«.

Die Tschernobyl-Tragödie hatte eine ganze Reihe von Auswirkungen. Erstens veranlaßte sie die Sowjetunion und die Vereinigten Staaten zu Abrüstungsverhandlungen, bei denen man sich auf bedeutende Abkommen über die Reduzierung der Waffenproduktion und der Waffenarsenale einigte; und das innerhalb relativ kurzer Zeit – sowohl bei den Kernwaffen als auch bei den konventionellen Waffen. Zum zweiten deutete es – als Konsequenz des allgemeinen wirtschaftlichen und soziologischen Verfalls – eine sowjetische Einlenkung in Afghanistan, Angola und im Golfkrieg zwischen Irak und Iran an. Drittens stellte sie die Fortführung der liberalen Reformbewegung Michail Sergejewitsch Gorbatschows sicher. Viertens hatte die Freisetzung von Strontium in Tschernobyl zur Folge, daß man dem Mann, der größtenteils für das Strontium verantwortlich war, Andrej Sacharow, erlaubte, aus seinem Exil in Gorki zurückzukehren. Der Unfall in Tschernobyl war ein Symbol für all die Probleme, auf die Sacharow mindestens zwanzig Jahre lang immer wieder hingewiesen hatte. Tschernobyl war die Synekdoche für den Zusammenbruch und den Bankrott des sowjetischen Systems, wobei der sowjetische Mythos von einer Strontiumwolke aufgedeckt und zerstört wurde.

Glasnost und Perestroika – großgeschrieben

Als Michail Gorbatschow im März 1985 Generalsekretär der Kommunistischen Partei der Sowjetunion wurde, übernahm er damit ein in seiner Problematik kaum beschreibbares Erbe, das aus einer Unzahl stetig wachsender Probleme bestand, die sich in achtundsechzig Jahren angesammelt hatten. Eines dieser Probleme, mit denen er konfrontiert wurde, bestand darin, daß es in der Sowjetunion offiziell vierzig Millionen Alkoholiker gab, und ihre Zahl wuchs ständig. Im Jahre 1983 wurden 11,7 Millionen Sowjetbürger – das war ein Achtel der Erwerbstätigen – wegen Trunkenheit verhaftet. Während der ersten hundert Tage als Generalsekretär verschärfte Gorbatschow die Strafen für Alkoholmißbrauch, aber seine drakonischste Maßnahme bestand darin, den Preis für eine Flasche Wodka um zweihundert Prozent auf neun Rubel zu erhöhen und die Produktion von hochprozentigen Spirituosen um sechzig Prozent zu drosseln. Den Alkoholismus hatten die Sowjets jedoch übergangslos aus der Zarenzeit übernommen. Fünfundzwanzig Prozent der Staatseinnahmen im Jahre 1903 wurden von der Spirituosenproduktion bestritten, denn in diesem Bereich hatte der Staat seit 1894 ein Monopol. Somit hatte das Finanzministerium ein starkes Eigeninteresse an der Produktion von Spirituosen für den allgemeinen Konsum und bekämpfte die Trunksucht, die besonders auf dem Lande verbreitet war, nicht. Aber was als anerkanntes Verhängnis der Bauern gegolten hatte, wurde das Verhängnis aller Slawen der Sowjetunion. 1982 hatte sich der Pro-Kopf-Alkoholkonsum verdoppelt, und zwar von zirka sieben Litern pro Jahr im Jahre 1955 auf zirka fünfzehn Liter. 1983 berichtete das Census Bureau (die amerikanische Volkszählungsbehörde), daß die Zahl derer, die an Alkoholvergiftung starben, in der UdSSR achtundachtzigmal höher gewesen sei als in Amerika.

Kritisch war auch die Lage bei der Lebensmittelversorgung. 1982 berichtete nach der vierten Mißernte hintereinander eine speziell eingesetzte Kommission von einer zehnfachen Steigerung der sowjetischen Lebensmittelimporte in zehn Jahren. Die Kommission wies auch auf den unsachgemäßen Umgang mit landwirtschaftlichen Geräten, auf katastrophale Verluste bei den Ernteergebnissen aller Feldfrüchte – diese Verluste beliefen sich bei Getreide auf zwanzig und bei Kartoffeln auf dreiunddreißig Prozent – und auf eine nach Beurteilung von Medizinern mangelhafte Ernährung hin. Es bestand keine Aussicht auf eine Verbesserung der Lage.

Offiziellen Statistiken zufolge belief sich der jährliche Pro-Kopf-Verbrauch von Fleisch und Fleischprodukten in der Sowjetunion 1977 auf siebenundfünfzig Kilogramm, während die Akademie der Medizinwissenschaften die Menge, die für ein normales Funktionieren von Körper und Geist nötig ist, auf einundachtzig Kilogramm festsetzte. Siebenundfünfzig Kilogramm waren also zirka dreißig Prozent zuwenig. Lew Timofejew schreibt in seinem Buch *The Peasant Art of Starving,* die Frage sei kaum, ob man einmal am Tag Fleisch auf dem Teller habe; die ländliche Bevölkerung sei auch nicht gewohnt, einmal in der Woche Fleisch zu essen. Die Regel auf dem Land sei vielmehr, daß nur an Feiertagen Fleisch auf den Tisch komme. Im besten Falle bedeutet das die Hälfte des durchschnittlichen Pro-Kopf-Konsums von Fleisch in der Sowjetunion.

Dieser Mangel fordert seinen Tribut auf verschiedene Weise. Im Durchschnitt sind Kinder und Jugendliche in ländlichen Gegenden zehn bis zwanzig Zentimeter kleiner als Stadtkinder. In den Statistiken schlägt sich außerdem die absolut tragische Konsequenz nieder, daß die Zahl der Todesopfer durch psychische Störungen auf dem Lande unter den Jugendlichen im Alter von fünfzehn bis neunzehn Jahren dreimal höher ist als in den Städten. Auf dem Land, so fährt Timofejew fort, haben nur siebzehn Prozent des bevölkerten Gebietes einwandfreies Wasser aufzuweisen. Siebzig Prozent des Wassers werden von den zuständigen Behörden als »zufriedenstellend« eingestuft, während dreizehn für »verschmutzt« befunden werden. Die Durchschnittsfamilie in der Stadt verbraucht etwa einhundertfünfzig Liter Wasser am Tag. Aber jede zweite Familie auf dem Land ist gezwungen, ihr Wasser von einer Quelle nach Hause zu tragen, die mehr als hundert Meter entfernt ist, und jede zehnte Familie muß ihr Wasser mehr als zwei Kilometer entfernt holen. Das Ergebnis faßt Timofejew folgendermaßen zusammen: Der Durchschnittsbürger des ländlichen Rußland kennt den Geschmack von reinem Wasser gar nicht.

Das Problem jedoch, mit dem sich Timofejew in seinem bemerkenswerten Buch am intensivsten beschäftigt, ist das des Diebstahls. Hier sagt er, daß Diebstahl in der Sowjetunion nicht in Statistiken festgehalten werden kann – und daß er nicht eine Angelegenheit für das Strafgesetzbuch ist. Diebstahl ist, vor allem auf dem Land, vielmehr zu einer Gewohnheit, ja fast zu einem Zwang geworden, ohne den ein Überleben praktisch unmöglich ist. Diebstahl läßt den Schwarzmarkt blühen. Die privaten Parzellen der Kolchosenbauern stellen heute eindeutig einen unabkömmlichen Teil der sowjetischen Kollektivlandwirtschaft dar, da sie, außer bei Getreide und Rindfleisch, dreißig bis fünfzig Prozent der gesamten Agrarprodukte liefern. Es sind landwirtschaftliche Kleinbetriebe, die Intensivanbau betreiben. Um ein kleines Anwesen zu führen, so betont Timofejew, braucht man eine ganze Menge an Geräten. Aber woher soll man so einfache Gegenstände wie Nägel, Seile, Draht und dergleichen nehmen? In den Geschäften gibt es außer Eimern und Schaufeln nichts zu kaufen. So ist die einzige Möglichkeit, das, was man braucht, von der Kolchose zu stehlen.

Denn die Kolchose hat ein eigenes Versorgungsnetz, von dem es Gegenstände bekommt, die man nicht überall kaufen kann. Daher muß ein Bauer, der mit seiner Familie überleben will, diese Dinge stehlen. Die Kinder, so bemerkt Timofejew, wissen nicht, was »stehlen« bedeutet. Sie verstecken die Milch ganz einfach in der Kolchose, um sie dann später heimlich mit nach Hause zu nehmen (viele der Diebstähle werden mit Hilfe der Kinder begangen, das ist eine Art Fagin-Syndrom); für sie ist es wie ein spannendes Spiel. Die Erwachsenen dagegen wissen nicht, wie es ist, nicht zu stehlen. In der Sowjetunion braucht man keinen legalen Markt für Waren und Dienstleistungen, um einen landwirtschaftlichen Betrieb zu führen. Dafür blüht der Markt für Diebesgut.

Am Ende seines Kapitels über Diebstahl in der Sowjetunion kehrt Timofejew zu der düsteren Statistik über die Landjugend zwischen fünfzehn und neunzehn Jahren zurück, deren Sterblichkeit aufgrund »psychischer Störungen« dreimal höher ist als die der Stadtjugend. Er fragt, ob es nicht möglich wäre, daß die Sensibilität dieser Altersgruppe zusätzlich durch die klaffende Diskrepanz zwischen dem Ideal, das ihnen täglich und stündlich vom Staat mit allen ihm verfügbaren Mitteln eingebleut wird, und der Realität, die sie ständig vor Augen haben, erhöht wird. Könnte es nicht sein, daß die älteren Teenager mit ihrer enormen Sensibilität die Lüge, die ein Kind noch nicht erkennen kann und an die sich ein Erwachsener bereits gewöhnt hat, auf zu schmerzliche Weise wahrnehmen? »Wenn jemand«, so schreibt Timofejew, »... tagein, tagaus gezwungen ist, allgemein anerkannte moralische Normen zu verletzen, wenn die Predigt, die er tagtäglich hört, in keiner Weise mit dem einzig möglichen Verhalten übereinstimmt und auch nicht übereinstimmen kann, dann verlieren Worte entweder ihre zwingende Bedeutung oder aber sie spalten die Psyche des Betroffenen, sie zerstören die Persönlichkeit.«

Wie bereits angedeutet, fand Gorbatschow auch eine kritische Lage bezüglich des Gesundheitszustandes des Volkes vor. Das zeigte sich hauptsächlich in der zunehmenden Kindersterblichkeit. Zweifellos hatte der steil ansteigende Konsum von Alkohol und Tabak viel damit zu tun, aber ein bemerkenswerter Grund dafür sind die zehn Millionen Abtreibungen pro Jahr. Im Durchschnitt läßt eine russische Frau in ihrem Leben sechs Abtreibungen vornehmen. Das ist zwölfmal soviel wie der Durchschnitt in den Vereinigten Staaten. Einer der Hauptgründe für diese traurige Bilanz ist, daß die Abtreibung in der Sowjetunion praktisch das einzig erhältliche »Verhütungsmittel« ist.

Am schlimmsten aber war die Erkenntnis, daß die Sowjetunion bei ihrer Entwicklung zum Industriestaat den Wendepunkt überschritten hatte. Hinsichtlich hochtechnologischer Qualitätsproduktion arbeitete die Sowjetunion gegen sich selbst, denn sie war grundsätzlich strukturell, soziologisch und psychologisch nicht für diese Art Arbeit gewappnet. Im Frühjahr 1983 erschien eine dreißigseitige Abhandlung von A. T. Saslawskaja, einem Mitglied der Akademie der Wissenschaften, über das Stadium der Wirtschaft in Nowosibirsk. Sie begann mit der Feststellung, daß in den letzten zwölf bis fünfzehn Jahren die wirtschaftliche Entwicklung der UdSSR eine Tendenz zu einem merklichen Rückgang der Wachstumsraten des Volkseinkommens gezeigt habe (von 7,5 auf 2,5 Prozent). Als Grund für diesen Rückgang wurde angegeben, die staatliche Verwaltung der Wirtschaft (bei der die Entscheidungsbefugnis weitgehend zentralisiert ist) sei von ihrer Struktur und ihrem Wesen her unfähig, das »Arbeits- und geistige Potential der Gesellschaft« richtig zu nutzen.

Das ursprüngliche (und noch immer bestehende) System war für ein »vergleichsweise niedriges Niveau« der Arbeiter gedacht und »stellt sich als unfähig heraus, mit dem Verhalten von Arbeitern, die mehr Individualismus zeigen und wirtschaftlich unabhängig sind, umzugehen« (sowjetische Arbeiter wechselten häufig den Arbeitsplatz und hatten damals mehr als zweihundert Milliarden Rubel auf Sparkonten, was an sich schon ein beträchtliches Problem darstellte; es gab nichts, wofür sie ihr Geld hätten ausgeben können).

Nach Meinung von Saslawskaja lag das damalige Produktionssystem deutlich hinter dem Entwicklungsstand der Produktionskräfte zurück. Und das zu einer Zeit, in der der Notwendigkeit, die Wirtschaft von einer extensiven auf eine intensive Entwicklung umzustellen, nur nachzukommen war, indem man alle Reserven der Gesellschaft und das gesamte kreative Potential der Arbeiter nutzte.

Dann fiel das Stichwort: Ihrer Auffassung nach bedingten diese Probleme eine tiefgreifende Umstrukturierung (»Perestroika«) der staatlichen Verwaltung der Wirtschaft, besonders die Abschaffung eines Verwaltungssystems mit derart zentralisierten Entscheidungsbefugnissen, als auch einen konsequenten und umfassenden Schritt in Richtung Produktionssteuerung. Dies war eine deutliche Aufforderung, die Marktwirtschaft einzuführen. Das war eine eindeutige Anspielung auf die Marktwirtschaft, und somit

eine Infragestellung des kommunistischen Systems an sich. Damals lag es zwanzig Jahre zurück, daß Nikita Chruschtschow drohte, die Amerikaner auszustechen, zuversichtlich, daß das sowjetische Bruttosozialprodukt bis 1980 höher sein würde als das der Vereinigten Staaten. Statt dessen war die sowjetische Öffentlichkeit mit einer ganzen Reihe von Schwachpunkten konfrontiert, die das wirtschaftliche, soziologische und politische Leben in der Sowjetunion kennzeichneten und die die Sowjets sehr zu spüren bekamen, wie sich später herausstellte. Diese Schwächen waren schon seit zwanzig Jahren bekannt gewesen und veranlaßten Leonid Breschnew 1965 zu einer umfangreichen Wirtschaftsreform. Diese Reform war nichts anderes als ein Rahmen für eine Wirtschaftsreform, einschließlich Andropows »Reform«, die auf eine erhöhte Disziplin der Arbeiter und der Führungskräfte und allgemein auf mehr Einsatz abzielte – sonst nichts. Die Situation hatte sich in den zwanzig Jahren zuvor beständig verschlechtert. Korrigierende Maßnahmen, die sich damals als angemessen erweisen hätten können, waren jetzt keineswegs angemessen. Die enormen Investitionen in die Landwirtschaft seit Mitte der siebziger Jahre waren gemäß Expertenaussagen gerade halb so hoch, wie sie hätten sein sollen, und nicht einmal halbwegs ausreichend, um vernünftige Ergebnisse zu erzielen.
Was noch schlimmer war: Die Sowjetunion war einem demographischen Druck von kolossalem Ausmaß ausgesetzt. In den sechziger Jahren wuchs die Geburtenrate um 17,8 Promille, in den achtziger Jahren nur noch um acht Promille; ein Rückgang um mehr als fünfundfünfzig Prozent in zwanzig Jahren. In den siebziger Jahren traten vierundzwanzig Millionen Arbeiter in den Produktionsprozeß ein; in den achtziger Jahren würden es – laut Vorhersagen – nur noch etwas mehr als sechs Millionen sein, ein Rück-

gang von fünfundsiebzig Prozent in zehn Jahren. Gleichzeitig – und das setzte dem ganzen die Krone auf – unterstützte die Sowjetunion eine sehr große Zahl von »versteckten Arbeitslosen«. Die kommunistische Doktrin verlangt, daß – koste es, was es wolle – jederzeit Vollbeschäftigung sicherzustellen ist. Viele – viel zuviele – sowjetische Unternehmen arbeiteten mit Verlust. In einer kapitalistischen Gesellschaft hätten sie Konkurs anmelden oder als Verlust abgeschrieben werden müssen. In der Sowjetunion war dies nicht möglich, denn ein Unternehmen bedeutet Arbeitsplätze. (Ähnliches wird jetzt auch von Beratern verstaatlichter Unternehmen im Westen in Betracht gezogen: Ein Unternehmen wird mit Verlust weitergeführt, weil dies immer noch billiger ist, als Arbeitslosengeld zu zahlen.) In der Sowjetunion wuchs der Prozentsatz der Arbeiter, die in unrentablen Wirtschaftszweigen beschäftigt waren, weiter an. In den siebziger Jahren waren es elf Prozent, 1981 bereits 26,7 Prozent.

Es gab noch einen anderen Punkt, der stark vernachlässigt worden war und so schnell wie möglich in Angriff genommen werden mußte. Die Fabriken aller Industriezweige – ob das nun die Metallurgie, der Bergbau, die veredelnde Industrie, die Elektroindustrie oder der Transport war – waren in jeder Hinsicht veraltet. Wenn veraltete Anlagen auch keine direkte ökologische Auswirkung haben, so komplizieren und vergrößern sie doch das Problem der Wartung, die seit jeher ein typisch sowjetischer Schwachpunkt ist. Dies war wiederum hauptsächlich verantwortlich für die lauernde ökologische Katastrophe, deren Symbol Tschernobyl wurde.

Was am schlimmsten war: Das Leitmotiv der gesamten sowjetischen Wirtschaft war die Konzentration aller Mittel auf die Waffenproduktion und die Streitkräfte, angefangen bei der Forschung und Entwicklung bis hin zur bevorzugten Bereitstellung von Mitteln für die Massenproduktion von Waffen und militärischer Ausrüstung (vierzig Prozent des gesamten Maschinenbaus, zwanzig Prozent der Energieproduktion plus fünf Prozent – und zwar die besten fünf Prozent – der Arbeitskräfte. Auch fünfundsiebzig Prozent aller Spitzenwissenschaftler gehen zum Militär).

Die Nomenklatura (die neue Klasse aus Mitgliedern des mittleren und höheren Staatsdienstes und aus Funktionären) war ein integrierter Bestandteil der Streitkräfte; sowohl die Streitkräfte als auch die Nomenklatura waren durch deutlich sichtbare Privilegien die Verkörperung der Sicherheitsmaßnahmen. Die sowjetische Gesellschaft war die am stärksten militarisierte Gesellschaft der Weltgeschichte. Diese systematische Konzentration auf einige wenige Prioritäten war der Grund für das wirtschaftliche Dilemma dieses Landes. Das verzerrte das gesamte System von Anfang an. Daraus ergab sich auch die absichtliche Vernachlässigung der Landwirtschaft mit allen Konsequenzen. So wurde zum Beispiel die Entwicklung einer absolut notwendigen Infrastruktur, das heißt eines gut entwickelten und reibungslos funktionierenden Transportsystems, vernachlässigt.

Kein Land der Welt ist reich genug, um die Entwicklung der Rüstungsindustrie und der Landwirtschaft auf lange Sicht gleichermaßen voranzutreiben. Aber sogar trotz der einseitigen Verteilung zugunsten des Militärs konnte die Sowjetunion die Höhe der Militärausgaben nicht mehr aufrechterhalten. In erster Linie war es diese Tatsache, die die Sowjetunion zum zweiten ernsthaften Reformversuch in ihrer Geschichte zwang (der erste war die »Neue Ökonomische Politik«). Und das nur, weil das Militär selbst die Notwendigkeit dieser Reform erkannt hatte.

Die Förderung der Rüstungsindustrie hatte schon früh zur

Folge, daß eine hochspezialisierte Schwer- und Feinmechanikindustrie aufgebaut wurde; die technologische Grundlage war jedoch nicht ausreichend, um auf dem Weltmarkt bei vernünftigen Kosten konkurrieren zu können. Das Gesamtergebnis war ein Paradoxon: eine industrielle Grundlage, die groß genug war, um vielerlei Bedarf zu wecken, die jedoch so verzerrt war, daß sie diesen Bedarf nicht befriedigen konnte. Die jahrzehntelange Unfähigkeit, die ansteigenden Bedürfnisse zu befriedigen, hatte schon vor langer Zeit die Entstehung einer zweiten Wirtschaft, früher Schwarzmarkt genannt, zur Folge gehabt. Der Schwarzmarkt war sowohl eine Belastung als auch eine Ergänzung der regulären Wirtschaft. Wegen des Schwarzmarktes – unter dem beschönigenden Namen zweite Wirtschaft – konnte das Handelssystem des Staates nicht so funktionieren wie vorgesehen; ohne den Schwarzmarkt hätte es überhaupt nicht funktioniert. Mittlerweilen machte der Schwarzmarkt fünfundzwanzig Prozent des Umsatzes der Sowjetunion aus.

Das klassische Kennzeichen einer kommunistischen Zentralverwaltungswirtschaft war das Zentralplanungssystem. Im Vordergrund stand dabei der Fünfjahresplan, der die Interessen der Verbraucher zugunsten der Schwerindustrie rigoros beschnitt. Abgesehen von der ungeheuren Menge an militärischer Ausrüstung, mit der kein anderes Land der Welt mithalten konnte, wurde aufgrund dieses Plans ein großer Vorrat an unverkäuflichen Gütern produziert – durchweg von schlechter Qualität und mit einer außerordentlich hohen Ausschußquote. Bei der Verschärfung der Krise spielten mehrere Faktoren zusammen. Zur ungünstigen demographischen Entwicklung, die jedes Jahr weniger frisches Blut in die Arbeiterschaft brachte, kam die Verknappung der ehemals reichlichen und billigen Rohstoffe, die zögerliche und mühsame Entwicklung von Energiequellen, die mangelnde Infrastruktur, besonders im Transportwesen, und unzulängliche Modernisierungsinvestitionen vor dem Hintergrund schlecht erhaltener, seit langem veralteter Fabrikanlagen.

Zwischen 1965 und 1970 stieg das Bruttosozialprodukt der Sowjetunion von 45,5 Prozent im Vergleich mit den Vereinigten Staaten auf 53,7 Prozent an. 1975 betrug der Anstieg fast fünf Prozent (auf 58,2 Prozent), was sich später allerdings als Strohfeuer erwies. Der Prozentsatz fiel nämlich daraufhin auf rund 54 zurück und blieb so ziemlich bei diesem Stand. Dasselbe galt für die Zahlen der Pro-Kopf-Produktion der UdSSR im Vergleich zu der der Vereinigten Staaten. Zwischen 1965 und 1970 gab es einen sprunghaften Anstieg von etwas mehr als zehn Prozent (von 33,3 auf 45,5 Prozent), und danach veränderte sich der Prozentsatz (46 bis 47 Prozent) kaum mehr. Die Zuwachsrate betrug also zirka zehn Prozent, seit Chruschtschow gedroht hatte, die Vereinigten Staaten in zwanzig Jahren unter den Bedingungen einer offenen wirtschaftlichen Konkurrenz auszustechen. Aber verhängnisvollerweise für die Sowjetunion erlebte sie in den letzten zehn Jahren keinen Zuwachs, sondern sogar einen Verlust – von vier Prozent beim Bruttosozialprodukt und von mehr als zwei Prozent bei der Pro-Kopf-Produktion. Erst in den letzten zehn Jahren, zwischen 1975 und 1985, kam das unsanfte Erwachen für die sowjetischen Utopisten.

Sicherlich, die Fünfjahrespläne waren schon in den fünfundzwanzig Jahren zuvor nicht eingehalten worden, aber erst seit 1975 war die Wachstumsrate der sowjetischen Wirtschaftskapazität von sieben auf zwei bis drei Prozent gefallen. Und je länger die sowjetische Führung eine umfassende Wirtschaftsreform hinausschob, um so größer wurde die zweite Wirtschaft. Somit hatte die sowjetische Regierung die Wahl, entweder einen Teil der Kontrollbefugnisse an regionale Führungskräfte abzugeben oder aber diese Kontrolle durch die unerbittliche Unterwanderung der Wirtschaft durch den Schwarzmarkt zu verlieren. Die Tatsache, daß der Schwarzmarkt sich trotz der Einführung der Todesstrafe für Wirtschaftsverbrechen behaupten konnte, zeugt von der unbesiegbaren Genialität oder der »wirtschaftlichen Sittenlosigkeit« (wie die Sowjets es sehen) der Menschheit. Das Phänomen beginnt mit dem bekanntesten aller inoffiziellen sowjetischen Aussprüche: »Sie (die Regierung) tun so, als ob sie uns bezahlen, und wir tun so, als ob wir arbeiten.« Als die Sowjets begannen, an den traditionellen Wertesystemen der Menschheit herumzubasteln, wußten sie nicht, auf was sie sich dabei einließen. Sie hatten nur sehr vage Vorstellungen davon, wie sich der Begriff des Staatseigentums in allen Bereichen im großen und ganzen auf die Bevölkerung auswirken würde.

Wenn »Eigentum Diebstahl bedeutet«, wie Proudhon betonte, was ist dann Diebstahl von Eigentum? Wie Marx kommentierte, als er zum erstenmal Proudhons berühmten Schlachtruf las, beinhalte das Wort »Diebstahl« selbst Eigentum: Diebstahl heißt, daß man von irgend jemandem etwas stiehlt oder ein Gemeingut für sich alleine beansprucht. Eigentum kann nie ganz abgeschafft werden; es ist an irgend jemanden gebunden. Wenn das Privateigentum abgeschafft wird, wird es zwangsläufig zu Staatseigentum. – An wen sollte es sonst gehen? Wenn alles Eigentum – oder praktisch alles – dem Staat gehört, dann wird der Besitz anonym. Wenn einer anonymen Einrichtung (dem Staat) etwas gestohlen wird, so hat dies nicht einmal nahezu dieselbe Bedeutung, wie wenn eine Privatperson betroffen wäre. Diebstahl von Staatseigentum für den privaten Gebrauch oder den Weiterverkauf auf dem schwarzen Markt ist die weitverbreitetste Form der Korruption im sowjetischen System. Diese Art Diebstahl wird (von den Erwachsenen wohlgemerkt; vergessen wir nicht Timofejews Feststellung über die Teenager) ohne Schuldgefühle begangen, und ihm hängt kein gesellschaftliches Stigma an. Ganz im Gegenteil, Arbeitnehmer betrachten Diebstahl oft als ihr gutes Recht, als eine Art Nebeneinkunft, die zu ihrem Arbeitsplatz gehört. Das trifft besonders dann zu, wenn sie in einer Metzgerei, einem Supermarkt oder einem anderen teuren Einzelhandelsgeschäft beschäftigt sind.

Die Vorstellung, daß Eigentum mit Diebstahl gleichzusetzen sei, verletzt den Diebstahlsbegriff, weil Diebstahl Eigentum voraussetzt. Wenn Eigentum Diebstahl ist, was ist dann Diebstahl von Eigentum? Diebstahl von gestohlenen Gütern ist nach der menschlichen Moral nicht verwerflich (im Gegenteil, oft wird sogar eine Belohnung dafür geboten). Aber wenn alle Güter per Definition gestohlen sind, dann wird die Welt zum Tummelplatz für Diebe, und das genau aus dem Grund, weil man sie nicht länger zu Dieben abstempeln oder als solche bestrafen kann. Wenn in der Theorie niemand ein Dieb ist, dann ist in der Praxis jeder ein Dieb – zumindest ein potentieller.

Diese Tatsachen haben wiederum eine Reihe von Konsequenzen, die von vornherein feststehen. Eine davon ist die Einführung der Todesstrafe für Wirtschaftskriminalität. Es ist sehr wenig bekannt und noch weniger beachtet, daß die Todesstrafe für Wirtschaftskriminalität erst im Jahre 1957 eingeführt wurde, und zwar von Nikita Chruschtschow (»Wir müssen den Spekulanten das Handwerk legen!« – Also als Maßnahme gegen die andauernde Ausweitung des schwarzen Marktes in der Sowjetunion.) Es werden extreme Maßnahmen ergriffen, weil der Begriff des Staatseigentums um jeden Preis aufrechterhalten werden muß: Er muß durchsetzbar gemacht werden, da der Begriff andernfalls wieder in »Privateigentum« oder eine Kombination aus Staats- und Privateigentum (wie sie die konventionellen westlichen Demokratien haben) umgewandelt werden müßte. Aber die Notwendigkeit, den Begriff des Staatseigentums zu erhalten, schließt ein schrittweises oder sonstiges Verschwinden des Staates aus. Die Abschaffung von Privateigentum bedeutete Staatseigentum; Staatseigentum bedeutete Staat – und zwar für immer. Außerdem implizierte es einen außerordentlich strengen, diensteifrigen, argwöhnischen und wachsamen (»überwachenden!«) Staat. Kurz gesagt, sie zielte auf einen totalitären Staat par excellence ab, der allein schon von seinem Wesen her gezwungen war, ständig in die persönlichen Angelegenheiten seiner Bürger einzugreifen. Letztendlich hieß das also: ein Staat, der dazu verurteilt war, einem Phantom nachzujagen, nämlich der Ausführung von Aufträgen, die von vornherein zum Scheitern verurteilt waren – Aufträgen, die sich aus dem Dilemma ergaben, das in seiner Natur steckte. Solch ein unmöglicher Auftrag ist das diskriminierende »Pajok«- oder Paketsystem des Lebensmittelverkaufs.

Touristen, die sich wundern, wie klein das Angebot in sowjetischen Lebensmittelgeschäften, sogar in Moskau, ist (wenn sie überhaupt etwas zum Verkauf anbieten), sind sich nicht darüber im klaren, daß die meisten Moskauer wie auch die Mehrzahl der übrigen Sowjetbürger den Großteil ihres Lebensmittelbedarfs mit den wöchentlich oder monatlich ausgegebenen Essenspaketen bestreiten müssen, die sie im Laden ihrer Firma kaufen können. Jedes große Unternehmen und jede große Institution – vom Zentralkomitee der Partei bis hin zur örtlichen Gummireifenfabrik – hat ihre eigenen Lagerbestände an Lebensmitteln, die an die Arbeitnehmer verteilt werden.

Die Qualität, nicht jedoch die Quantität der Pakete unterscheidet sich etwas, wenn nicht gar beträchtlich, je nachdem, um welche Organisation es sich handelt. Die Lebensmittelpakete des Zentralkomitees zum Beispiel sind hervorragend, die der Akademie der Wissenschaften gut, die des Außenministeriums passabel. Im großen und ganzen entspricht die Qualität dem, was man in gewöhnlichen westeuropäischen oder nordamerikanischen Supermärkten erwarten würde. Das Standardpaket enthält ein Kilogramm Rind- oder Schweinefleisch, ein Huhn, etwas Dosenfisch und Obst von guter Qualität. Das Lebensmittelpaketsystem wurde im Jahre 1919, zu einer Zeit großer Knappheit, eingeführt. Abgesehen von den frühen siebziger Jahren hat die Sowjetunion die Lebensmittelknappheit nie wirklich überwunden. Der Hauptgrund für die Beibehaltung dieses Systems liegt jedoch in der Kontrollfunktion – um zu sehen, wer was bekommt und warum. Als man 1980 die Vorbereitungen für die Olympischen Spiele in Moskau traf, bestand eines der dringlichsten Probleme des Politbüros in der Entscheidung, wieviel Blumenkohl man für diesen Anlaß bestellen sollte – besonders, wenn die Amerikaner teilnahmen. Im »Pajok«-System sind diejenigen nicht eingeschlossen, die für Firmen arbeiten, welche zu klein sind, um ihre eigene Lebensmittelversorgung zu organisieren. Teilzeitarbeiter in Dienstleistungsbetrieben und natürlich die »Tunejadzy«, die Nichtstuer oder sogenannten Parasiten (wie der Dichter und Nobelpreisträger Josef Brodski), bleiben ebenfalls unberücksichtigt. Diese Leute sind gezwungen, davon zu leben, was in den Geschäften angeboten wird. Das System der Essenspakete ist also die zentrale Planung der Bereitstellung und Verteilung von Lebensmitteln; bei beiden Vorgängen werden manche Gruppen bevorzugt, andere benachteiligt. Es ist eine feingesteuerte, diskriminierende Art des Verkaufs, mit der einerseits ein Ansporn und andererseits eine Bestrafung beabsichtigt ist.

Der bei weitem größte Fehlschlag der Sowjets in einer langen Reihe von Mißerfolgen war die antireligiöse oder atheistische Arbeit der Partei: die konzentrierten und unaufhörlichen Bemühungen, Religionen – besonders das Christentum – durch die Zerstörung der Gotteshäuser, die Enteignung und Entrechtung aller religiösen Institutionen und Gemeinden, durch das Abwerben von Mitgliedern der Kirchengemeinden, durch Argumente, Propaganda, Benachteiligung, administrativen und physischen Zwang zu unterdrücken. Auf der Seite der positiven Maßnahmen unterstrichen die Sowjets die marxistische Lehre des »neuen Menschen«, der, aller Selbstsucht entledigt, sich voll und ganz dem Sozialismus widmet. Dies war schließlich der wichtigste Glaubensartikel des kommunistischen Bekenntnisses – das Leugnen von Gott und die Bejahung des Menschen, entsprechend dem Exposé von Feuerbach, daß Gott eine Erfindung der menschlichen Phantasie sei.
Ganz typisch glaubten die Sowjets, daß diese grundlegende Umorientierung des menschlichen Wesens eine Kleinigkeit sein würde, daß sie sich ganz natürlich ergeben würde, sobald das menschliche Elend und die Ausbeutung der Menschen durch den Menschen beseitigt worden seien. Statt dessen standen die Sowjets von Anfang an vor einem Rätsel. Bei ernster und längerer Prüfung stellte sich die Aufgabe, die sie sich gestellt hatten, als überaus schwierig und verwickelt heraus. Neuere, von Glasnost angeregte Berichte zeigen, daß die traditionelle Praxis atheistischer Massenpropaganda – in Form von atheistischen Clubs, Pflichtkursen in wissenschaftlichem Atheismus an den höheren Schulen und Instituten oder Propa-

ganda in den Medien – wie ein Bumerang gewirkt hat. Die Lehrer dieser Kurse konnten die komplizierten psychologischen Ursachen, die zum religiösen Glauben führten, nicht einmal begreifen, noch konnte der Chefideologe der Partei es begreifen. Hier forderte die antiintellektuelle Atmosphäre, die Sacharow so oft erwähnt hat, ihren Tribut. Die sowjetischen Ideologen konnten nicht verstehen, daß Religion Kultur ist und beide ihre Wurzeln in der Tradition haben. Um zu erreichen, was sie erreichen wollten, hätten die Sowjets das Neue Testament neu schreiben müssen. Dies hätten sie nicht tun können, ohne vorher das Alte Testament zu würdigen.
Am Ende mußten sich die Sowjets darauf beschränken, Pomp und Prozessionen der Kirche nachzuahmen, zum Beispiel das Vor-sich-Hertragen riesiger Bildnisse sowjetischer Parteiführer bei Paraden. Aber die Ikonisierung von Parteibonzen bewirkte nur eine wachsende Nostalgie für die Kirche und die Diffamierung der Partei. In der Zwischenzeit jedoch (sogar vor Tschernobyl) erzwang das allgemeine Interesse für Erhaltung und Instandhaltung – der Kultur sowie der Natur – eine Änderung der Politik von dem Abbruch der Kirchen zu ihrer Restaurierung als historische Denkmäler. Vor nicht allzu langer Zeit haben die sowjetischen Behörden sogar damit begonnen, neue Kirchen zu bauen, denn allgemein erkennen sie langsam, daß Religion ein wichtiges Element in dem Komplex der Einflüsse ist, die eine fruchtbare Beziehung zwischen Bürger und Staat entstehen lassen. Vor ganz kurzer Zeit – nach langem Hinauszögern und äußerstem Widerstreben – haben sich die Sowjets an Kirchengemeinden um Hilfe gewandt, um dem akuten Mangel an Pflegepersonal in der allgemeinen Misere der sowjetischen Spitäler abzuhelfen.

Befreiung und Moskauer Frühling

Am Abend des 15. Dezembers 1986 erschienen zwei Elektriker in Begleitung eines KGB-Offiziers in Sacharows Wohnung in Gorki und installierten ein Telefon. Ihre Erklärung: »Morgen werden Sie einen sehr wichtigen Anruf bekommen.« Am nächsten Tag, als das Telefon klingelte und Sacharow den Hörer abhob, sprach er zu seiner Überraschung mit Michail Sergejewitsch Gorbatschow. Dieser sagte: »Die Regierung hat beschlossen, Ihr Exil zu beenden und Jelena Bonner zu begnadigen, so daß Sie beide nach Moskau zurückkehren können.«
An dieser Stelle unterbrach ihn Sacharow. Er hätte ein anderes und weitaus wichtigeres Thema mit ihm zu besprechen. Er erinnerte Gorbatschow, daß erst vor einigen Tagen »sein enger Freund« Anatoli Martschenko »im Gefängnis getötet« worden sei und sich noch immer viele Gewissenshäftlinge in sowjetischen Gefängnissen befänden, die freigelassen werden müßten. Gorbatschows Erwiderung hierzu: »Nun, wissen Sie, darunter sind sehr verschiedene Leute.« – »Ja«, antwortete Sacharow, »sehr verschiedene. Und sie alle müssen freigelassen werden.« Gorbatschow versuchte, das Thema zu wechseln, und sagte, es sei jetzt vor allem wichtig, daß Sacharow nach Moskau zurückkehre, seine wissenschaftliche Arbeit wiederaufnehme und sich zum Wohle seines Heimatlandes seiner bevorzugten Beschäftigung widme (ein Ausspruch, der in Emigrantenkreisen Anlaß zu vielerlei Spekulationen gab). Sacharow antwortete, daß vor allem anderen die Freilassung aller Gewissenshäftlinge in der Sowjetunion

ein erster Schritt für das Wohl ihrer Heimat sei. Nach dieser Bemerkung endete das Gespräch.

Sacharow kehrte am 23. Dezember aus einem Exil, das fast sieben Jahre gedauert hatte, nach Moskau zurück. Am Moskauer Bahnhof wurde Sacharow von ausländischen Korrespondenten belagert. Er wiederholte sein Gesuch für die Freilassung aller politischen Gefangenen und fügte hinzu, es sei wichtig, den Krieg in Afghanistan zu beenden und die sowjetischen Truppen abzuziehen, da dies die größte und barbarischste Ungerechtigkeit darstelle, die die Sowjetunion je begangen habe. Er werde, wie er sagte, auch in Zukunft auf der Freilassung aller politischen Gefangenen bestehen, werde jedoch nicht mehr mit der gleichen Intensität wie früher einzelnen Fällen nachgehen und sie an die Öffentlichkeit bringen.
Er war jetzt sechsundsechzig Jahre alt; er kränkelte; er war zwanzig Jahre lang einem ungeheuren physischen und psychischen Druck ausgesetzt gewesen – aber er hatte gesiegt, hatte seinen Standpunkt verteidigen können und war in seinen Aussagen durch die Geschichte auf spektakuläre, wenn auch schreckliche Weise bestätigt worden. Zumindest hatte er eine sehr wichtige Schlacht gewonnen. Vielleicht hatte er den Krieg gewonnen, aber das mußte die Zukunft – die nicht allzu ferne Zukunft – zeigen. Vor Ablauf des Jahres 1987 waren zirka zweihundert politische Gefangene aus sowjetischen Gefängnissen freigelassen worden. Ebenso bedeutsam ist die Tatsache, daß während des ganzen Jahres und bis zum heutigen Zeitpunkt niemand mehr aufgrund des Paragraphen 70 der Strafprozeßordnung (antisowjetische Agitation und Propaganda) verhaftet wurde. Noch vor Ende des Jahres 1986 hatte Michail Gorbatschow aus der Not eine Tugend gemacht und Glasnost als offizielle sowjetische Politik verkündet. Eigentlich hatte

er das Wort Glasnost zum erstenmal öffentlich in einer Rede vor dem Zentralkomitee im Dezember 1984 gebraucht, als er als Chefideologe noch Mitglied des Zentralkomitees und zweiter Mann in der Partei nach dem gebrechlichen Konstantin Tschernenko war. Damals erklärte Gorbatschow Glasnost zur »Richtlinie für das gesamte gesellschaftliche Leben«. In seiner Amtsantrittsrede als Generalsekretär drei Monate später wiederholte er seine Erklärung. Glasnost und Perestroika wurden jedoch erst unmittelbar nach der Tschernobyl-Katastrophe die Schlagworte für seinen politischen Feldzug.

Wenn man bedenkt, daß die Wirklichkeit in der Sowjetunion eine künstliche ist, bringt man Gorbatschows Entscheidung, Glasnost und Perestroika in sein politisches Programm aufzunehmen, vielleicht am besten in die richtige sowjetische Perspektive, wenn man die Aussage zitiert, die ein sowjetischer Dissident, Leonid Borodin, kaum vier Jahre vorher gemacht hatte: »Sacharow ist ein wunderbarer Mensch. Er will nur Gutes. Aber was er heute und jetzt will, ist einfach unmöglich. Wenn jemand sprechen will, dann laß ihn sprechen; will er organisieren, dann laß ihn organisieren. Aber nehmen wir an, daß solche Wünsche plötzlich Realität werden und daß alle, die reden wollen, frei heraus sprechen und sich frei bewegen können: aufgrund des heutigen Stand des Bewußtseins wissen wir, daß dies einer nationalen Katastrophe, einem Desaster gleichkommen würde.

Unter den heutigen Bedingungen sind allen Klassen und Gruppen bestimmte Verhaltensregeln vorgegeben. Die Behörden versuchen, ständig ein gewisses Maß an Zufriedenheit beim Volk aufrechtzuerhalten. Und stellen Sie sich vor, es gäbe heute keine Autorität. Obendrein geben Sie dem Volk eine Million Exemplare des *Gulag*, Sie verstehen, was ich meine? (Solschenizyn sagt, er werde erst dann

in die Sowjetunion zurückkehren, wenn der *Archipel Gulag* dort frei veröffentlicht wird). Stellen wir uns vor, daß nur das Schlagwort ›Freiheit‹ als positiv festgelegt wird, ohne jede moralische Grundlage und ohne irgendeine genau definierte Weltanschauung. Was würde dann passieren? Die Menschen würden beginnen, alte Rechnungen zu begleichen. Das wäre gleichbedeutend mit Anarchie.
Freie Meinungsäußerung – das klingt gut. Versammlungsfreiheit – klingt ausgezeichnet. Aber wie kann diese Freiheit unter den heutigen Umständen, da das allgemeine Bewußtsein im großen und ganzen geringer ist als vor der Revolution von 1917, realisiert werden? Wer wird an die Macht kommen? Sacharow? – Nein, er wäre der erste, der unter der Guillotine enden würde.«
Doch so sollte es nicht kommen. Seit Sacharows Rückkehr aus dem Exil vor drei Jahren war die sowjetische Gesellschaft, die für mehr als 70 Jahre hermetisch abgeschottet gewesen war, schlagartig aufgebrochen. Abgesehen von internationalen Militärpakten wie dem Vertrag über Mittelstreckenraketen mit den USA (INF) (in dem die Sowjets zum ersten Mal empfindlich getroffen wurden, als sie einer Vereinbarung über die Abrüstung von Atomwaffen zustimmten, die sich vom Kräfteverhältnis eher gegen sie auswog) und der Übereinkunft, als Mitglied innerhalb des UNO-Systems die gesamten sowjetischen Truppen aus Afghanistan bis zum Frühjahr 1989 abzuziehen, und abgesehen von gegenseitigen Gipfeltreffen zwischen Sowjets und westlichen Alliierten (wobei westliche Staatsoberhäupter ein Treffen mit Sacharow zu einem unabänderlichen Tagespunkt machten), welche eine Vielzahl kultureller und wirtschaftlicher Vereinbarungen zur Folge hatten, unternahm Michail Gorbatschow einen Riesenschritt in Richtung freien Handel mit der Einführung von Pachtverträgen über 50 Jahre Laufzeit für privates Ackerland an Fa-

milien und der Einrichtung sogenannter Kooperativen, halbprivaten Verbänden, an denen der Staat mit 50% beteiligt ist.*

Gorbatschow kündigte darüber hinaus die Einbringung einer Gesetzgebung an, um eine Gewaltenteilung zu erreichen, insbesondere die der Partei vom Staat (währenddessen darauf bestanden wurde, daß dies innerhalb eines Ein-Parteien-Systems machbar sei). Gegen Ende des Jahres 1988 hatte sich der Oberste Sowjet in einer Abstimmung mit 1468 gegen 5 Stimmen – bei siebenundzwanzig Stimmenthaltungen – selbst aufgelöst. Es wurde eine aus zwei Kammern bestehende Legislative mit genau festgelegten Machtbefugnissen eingesetzt; uneingeschränkte Redefreiheit, Abstimmungen durch eine (relative) Stimmenmehrheit der Kandidaten sowie eine unabhängige Gerichtsbarkeit zugelassen.

Zugleich machte sich Gorbatschow innerhalb der Partei und der Regierung den Weg frei, indem er in seiner unmittelbaren Umgebung anfing, das Politbüro neu zu strukturieren, was zum Ausschluß von Andrei Gromyko (dessen Ernennung zum Präsidenten der Sowjetunion Gorbatschow selbst vorschlug – bei einem erweiterten Einfluß der Legislative auf die exekutiven Machtbefugnisse dieses Amtes und der Degradierung seines Erzrivalen Ligatschow vom führenden Ideologen zum Sündenbock in der Landwirtschaft führte. Dieser spektakuläre Schritt – der während einer plötzlich einberufenen außerordentlichen Sitzung des Zentralkomitees Ende September 1988 vollzogen wurde – wurde weithin als ein *»coup d'etat«* betrachtet. Auf diese Weise hielt Michail Gorbatschow – im Namen von Glasnost, Perestroika und der zunehmend um sich

* Um das Ganze schmackhaft zu machen, wurden im Juni 1989 die Gesetze über »Joint Ventures« dahingehend geändert, daß auch Ausländern der Erwerb des Hauptanteiles ermöglicht wurde).

greifenden Demokratisierung – die Zügel der politischen Macht in seiner Hand, knapp zwei Jahre nachdem er Sacharow befreit hatte.
Doch die größte und erstaunlichste Veränderung fand in den sowjetischen Medien statt, in einem Ausmaß, das sogar der zuversichtlichste Optimist nicht für möglich gehalten hätte. Die sowjetische Presse, das Radio und Fernsehen schüttelten das Joch des Konformismus ab und befreiten sich in jeder Hinsicht . . . gerade noch, daß Pornographie und Sexskandale ausgespart wurden. Plötzlich waren regierende Minister fast täglich in Podiumsdiskussionen verwickelt und verteidigten die Parteipolitik und ihre eigenen Taten – meistens sehr unbeholfen und sogar peinlich, da ihnen jegliche Praxis fehlte. Buchstäblich Hunderte von Artikeln erschienen in den Zeitungen, die Stalin und all seine Machenschaften – insbesondere die in seinem Namen verübten, fürchterlichen Greueltaten verurteilten: Abermillionen waren in der Zeit umgebracht worden. In Dutzenden von Artikeln wurde die sowjetische Art der Pervertierung der Psychiatrie zu politischen Zwecken unverblümt verurteilt; in Tausenden von Artikeln wurden die dreisten Übergriffe der Partei in ihrem Umgang mit der sowjetischen Bevölkerung angeprangert – besonders solche, die vom Wirtschaften der Funktionäre in die eigene Tasche handelten. Was letzteres anbetraf, so war Gorbatschow ihr schärfster Gegner. In seiner Rede vor dem Schriftstellerverband im Sommer 1987 drückte er es ganz unverblümt so aus: »In der Sowjetunion wird nichts so sehr ausgenutzt wie ein öffentliches Amt.«
Heutzutage wird in Privathaushalten der sowjetische Fernsehsender kaum abgestellt. Wenn Besuch da ist, wird der Ton weggedreht. Immer wenn ein Fernsehsprecher auf dem Bildschirm auftaucht, wird lauter gestellt, um die bevorstehenden Durchsagen oder Diskussionen mitzube-

kommen. Im Fernsehen wird die Kritik an der sowjetischen Bürokratie weitaus eingehender und unverhohlener ausgesprochen als auf der Straße. Langatmige Filme zeigen japanische und sowjetische Supermärkte im Vergleich, was zu einem Schock führt, angesichts des Überflusses dort im Gegensatz zur Knappheit sowjetischer Konsumgüter und deren Darbietung. Eine Frage, die sich immer wieder und überall, ob im öffentlichen, privaten, offiziellen oder künstlerischen Leben aufdrängt – lautet: warum, warum, warum? Angesichts eines wirtschaftlichen Zusammenbruchs, inmitten des tosendsten Scheiterns einer Doktrin, das der Geschichte der Menschheit bekannt ist, rennt die Kommunistische Partei um ihr Leben.

Vom 14. bis 16. Februar 1987 hielt der Kreml ein sogenanntes »Internationales Forum für eine atomwaffenfreie Welt und das Überleben der Menschheit« ab. Offiziellen sowjetischen Statistiken zufolge wurden 1559 Einladungen versandt, von denen 853 angenommen wurden (ein derartiges Ergebnis hätte niemals erreicht werden können, wenn die Rückkehr Sacharows aus dem Exil nicht rechtzeitig vor dieser Veranstaltung stattgefunden hätte – eine Tatsache, die oft genug von den Anwesenden betont wurde). Das Forum war in sechs Arbeitskomitees aufgeteilt, und es wurden einige recht ernsthafte Ansatzpunkte erarbeitet. Es gingen Gerüchte um, daß es einer der Hauptgründe, weshalb so viele Filmstars eingeladen wurden, war, der Berühmtheit Sacharows entgegenzuwirken, der bei dieser Veranstaltung für die internationalen Medien im Mittelpunkt stand und sogar Claudia Cardinale ausstechen konnte (von den sowjetischen Medien wurde er fast gänzlich ignoriert).

Sacharow nahm die Gelegenheit wahr, um drei Vorträge zu halten. Die ersten beiden handelten von den atomaren Abrüstungsverhandlungen; in diesen setzte er sich dafür

ein, auch andere Formen der atomaren Abrüstung nicht vom SDI-Projekt (Strategische Verteidigungsinitiative) der Amerikaner abhängig zu machen. Seine letzte Rede behandelte die friedliche Nutzung der Kernenergie, wobei Sacharow die Empfehlung aussprach, Atomreaktoren unterirdisch zu bauen – als besten Schutz gegen eine Wiederholung der Tschernobyl-Katastrophe.
Es wäre irreführend anzunehmen, daß Sacharow und seine Lusia von da an rehabilitiert gewesen wären. Man kann ja nicht in einer völlig neuen Situation »rehabilitiert werden«. Doch führten sie ein gegen Unbill gefeites Leben seit ihrer Rückkehr aus Gorki. Sacharow war an seinen früheren Arbeitsplatz zurückgekehrt mit einem Büro in der Akademie der Wissenschaften. Er und Lusia konnten sich frei bewegen – zunächst nur innerhalb der Grenzen der Sowjetunion, doch mit der Zeit änderte sich auch das. Bis Ende 1987 erschien Sacharow dreimal in der sowjetischen Presse; zweimal mit einem Artikel in der wöchentlich erscheinenden *Moskovskye Novosti (Moskauer Nachrichten)* und einmal in der *Sovietskaya Rossiya.* Von da an wurden seine Veröffentlichungen in der Presse regelmäßiger. Zu Beginn des Sommers 1988 wurden ihm und Lusia sowohl die Einrichtungen als auch die Vorteile des Außenministeriums für eine internationale Pressekonferenz zur Verfügung gestellt. Im Herbst des gleichen Jahres wurde Sacharow mit 178 zu 53 Stimmen in das Präsidium der Akademie der Wissenschaften gewählt. Einen Monat danach wurde angekündigt, daß Sacharow in die Vereinigten Staaten reisen wird, um an einer Konferenz des Internationalen Forums für eine atomwaffenfreie Welt und das Überleben der Menschheit teilzunehmen, die Anfang November in Washington D.C. stattfinden würde. Im großen und ganzen hatte sein Besuch in den Vereinigten Staaten, der ungefähr sechs Wochen dauerte, alle Anzeichen eines

Triumphzuges. Er wurde vom Präsidenten empfangen (den er bereits bei dessen letzten Gipfeltreffen in Moskau vor etwa acht Monaten getroffen hatte). Er wurde zum Ehrenmitglied der amerikanischen Akademie der Wissenschaft ernannt und wurde überall gefeiert, soweit es seine Zeit und Geduld ihm erlaubten. Während seines Aufenthalts wurde bekannt, daß er als »sine qua non« seiner Reise darauf bestanden hatte, daß sechs sowjetischen Dissidenten der Besuch Amerikas zur gleichen Zeit erlaubt wurde. Die sechs nutzten die Möglichkeit ausgiebigst und berichteten in Interviews über vergangene Zustände und die gegenwärtige Lage in der Sowjetunion.

Anfang Februar 1989 reiste Sacharow, in Begleitung von Jelena Bonner, nach Italien. Dort kam es zu einer mehr als einstündigen Privataudienz beim Papst; und zudem erhielt er einen Ehrendoktor in Astronomie von der ältsten Universität der Welt, der Universität von Bologna. Hier wurde er als der »reisende Botschafter für Perestroika in der Sowjetunion« begrüßt. Danach fuhren die beiden weiter nach Kanada und in die Vereinigten Staaten, von wo aus dann Sacharow, Mitte März, alleine nach Moskau zurückkehrte, um an den ersten freien Wahlen in der Geschichte der Sowjetunion teilzunehmen und für ein Amt zu kandidieren. Sacharows Kandidatur für das neue Parlament wurde in einer geheimen Wahl durch das Präsidium der Akademie der Wissenschaften abgelehnt; er wurde jedoch, durch allgemeinen Zuspruch der Physikabteilung der Akadamie, als Kandidat wieder ernannt. Er gewann Anfang April bei den Vorwahlen, wie man sie nennen könnte, was sich auch Ende April wiederholte, als er bei den eigentlichen Wahlen wieder gewann und Mitglied des Kongresses der Volksdeputierten wurde; von dem wiederum der neue Oberste Sowjet gewählt wird.

Doch es war sehr fragwürdig, ob diesen Wahlen überhaupt

wirkliche Bedeutung beizumessen war. Denn im neuen Parlament gingen 85 Prozent der Sitze per Erlaß an Mitglieder der Kommunistischen Partei, so daß es lediglich einen kümmerlichen Rest von 15 Prozent durch gewählte Mitglieder zu besetzen gab. Und dann war da der einmalige Fall des Boris Jelzin, dem ehemaligen »Bürgermeister« von Moskau und Politbüromitglied, der weithin als Gorbatschows fähigster Leutnant angesehen wurde, aber dann beider Ämter enthoben und auf den Posten des stellvertretenden Ministers für Häuserbau abgeschoben wurde. Jelzin beschloß daraufhin – wie zum Trotz –, bei den Wahlen für das Moskauer Parlament zu kandidieren, und trat gegen einen anderen Kandidaten vom Zentralkomitee, einen Günstling der Partei, an. Mit dem Ergebnis, daß Jelzin 85 Prozent der Stimmen auf sich vereinigen konnte; eine Sensation, die den Moskauer Dissidenten Vladimir Korsunski zu der Äußerung veranlaßte, daß »die überwiegende Mehrheit ihre Stimme den Kandidaten der überwiegenden Minderheit gibt«, d. h., die Kommunisten, die nur 10 Prozent der Bevölkerung ausmachen, nehmen jedoch 85 Prozent der Sitze im neuen Obersten Sowjet ein. Angesichts dieser Tatsache zeigten nur diejenigen, die den Wahlen fernblieben, ihre Gesinnung oder ihre mutige Überzeugung – und wirklich, in Moskau verweigerten 949 515 Bürger ihre Stimme. Darüber hinaus wurden bei 578 611 Stimmabgaben in Moskau die Namen aller nicht durch Wahlen ernannten Kandidaten der Partei durchgestrichen. Daher waren die, die für Jelzin stimmten, die eigentlich Gefoppten, die sich durch den Trick mit dem Streit zwischen Partei und Jelzin hatten irreführen lassen.

Korsunski schloß aus dem ganzen, daß niemand wirklich gewählt worden ist. Vielleicht beim nächsten Mal, meinte er. Doch dieses Mal war es ein reiner Schwindel.

So einfach ist es jedoch nicht. Die Kommunistische Partei

in der Sowjetunion ist gespalten. Sie kann so nicht weiterbestehen, und sie kann ebenfalls nicht – entgegen allen pessimistischen Spekulationen aus dem Ausland – zum vergangenen Zustand zurückkehren. Die Wählerschaft traf eine weise Entscheidung, indem sie die liberalen Mitglieder innerhalb der Partei unterstützte, wo sie nur konnte. Wenn diese Wahl auch weitgehend nur ein Schwindel war, so doch nicht in jeder Hinsicht. Es wurde öffentlich zum offenen Wettbewerb aufgerufen, es gab noch nie zuvor Demonstrationen und Wahlkampagnen für oder gegen Kandidaten, viele von ihnen gehörten nicht der Partei an. Mit überwiegender Mehrheit schnitten bei der Kandidatur für ein und denselben Sitz Nichtmitglieder der Partei mit einem Vorsprung von durchschnittlich 80 Prozent der Stimmen ab, im Vergleich zu Kandidaten der Partei. In den Fällen, in denen Kandidaten der Partei mit Abstand besser abschnitten, geschah dies nur, weil sie sich der Unterstützung durch nichtparteiliche Volksfrontorganisationen erfreuten. Überdies wurde eine große Zahl von prominenten Parteikandidaten – wie Generälen, Minister oder anderen von ähnlichem Rang – offen mißbilligt, da ohne Gegenkandidaten, waren sie von der überwiegenden Mehrheit der Wähler auf dem Stimmzettel einfach durchgestrichen worden – gezielte Aktionen, die die nahezu völlige Abwesenheit von öffentlicher Unterstützung signalisieren, was einem Parteisprecher zufolge im nachhinein natürlich Konsequenzen für die betreffenden Kandidaten haben wird. Im großen und ganzen fielen daraufhin, wann immer sich die Partei im Wahlkampf stellte, die Auftritte so schwach aus, was das Gerücht bestärkte, daß im Falle eines Referendums darüber, ob die Partei weiterhin »die führende Kraft« in der Sowjetunion bleiben sollte, sie wahrscheinlich weggepustet würde.

So gesehen war das erst der Anfang einer neuen Erfah-

rung: der des Wahlvorgangs. Es war ein verwirrender Anfang, und ein Kommentar lautete: »Wir haben eins im Überfluß in der Sowjetunion, nämlich Chaos, jedoch nicht genug, um daraus eine Welt zu erschaffen.« Trotz allem war es kein ungünstiger Anfang. Es bleibt vielleicht die wichtigste von Gorbatschows Initiativen, da es die Aussicht eröffnet, daß die Menschen ihre eigenen Änderungen in der Gesetzgebung durchsetzen, damit diese wirklich repräsentativ ist. Sacharow wurde – natürlich – nicht in den neuen Obersten Sowjet gewählt (542 Sitze): Die gesetzlich vorgeschriebene 85prozentige Mehrheit der Parteimitglieder im Kongreß der Volksdeputierten (2250 Sitze) sorgte schon dafür. Doch als gewähltes Mitglied des Kongresses gehörte er dem konstitutionellen Komitee des Obersten Sowjet an, von dem die Hälfte der Mitglieder vom Kongreß der Volksdeputierten gewählt wurde. In dieser Eigenschaft oblag es Sacharow, sein eigenes Konzept von einer neuen Verfassung für die Sowjetunion vorzulegen.
Am 2. Juni 1989 wurde Sacharow im Kongreß der Volksdeputierten niedergeschrien, als er versuchte, sich gegen Anschuldigungen wegen Verrats zu verteidigen, die ein Kriegsinvalide des afghanischen Krieges gegen ihn richtete. Diese Begebenheit wurde wie die meisten Kongreßsitzungen im Fernsehen übertragen (es kam an kritischen Stellen schon ein paarmal zu Ausblendungen oder Tonunterbrechungen). Doch schätzungsweise 60 Millionen Sowjetbürger wohnten dem ersten Auftritt des sowjetischen Parlaments in Aktion bei, ein Anlaß, der weithin als ein entscheidender Schritt in der politischen Bildung der sowjetischen Massen angesehen wurde.
Am 23. Oktober erklärte Außenminister Eduard Schewardnadse weltweit, daß die Invasion in Afghanistan nach sowjetischem Recht illegal war und daß die Errichtung einer riesigen Radarstation in Krasnojarsk eine Verletzung

des ABM-Vertrages darstellte – Punkte, worauf die Amerikaner schon die ganze Zeit über bestanden hatten. Aus diesen Feststellungen ging deutlich hervor, daß Gorbatschow versuchte, die konservative Opposition dadurch auszumanövrieren, daß er sie vor vollendete Tatsachen stellte, indem der verbrecherische Charakter der Handlungsweise der Opposition, während sie an der Macht war, offiziell und öffentlich eingestanden wurde. (Denn es handelte sich um Dinge, die vor der Spaltung der Partei geschehen waren.)

In traditionellen westlichen Demokratien wird die organisierte Opposition als fester Bestandteil der Regierung angesehen; in der Tat als unumgänglich für eine arbeitsfähige Regierung. Da das sowjetische System keine Opposition erlaubte, war es auch nicht arbeitsfähig. Es entledigte sich seiner natürlichen Opposition, indem sie sie in den verzweigten Kanälen der GULAG von der Bildfläche verschwinden ließen und dazu noch prominente Mitglieder der Opposition in den Westen ins Exil schickten. Im Westen angekommen, begann diese Opposition jedoch weiterzumachen, mit dem Unterschied, daß sie dort im Ausland zur internationalen Bewegung wurde. So kam es, daß eine im Grunde interne Angelegenheit der Sowjetunion, ihre mangelnde Arbeitsfähigkeit, exportiert wurde und damit das gute Einvernehmen der Nationen im großen Rahmen belastet und nicht unerheblich gestört wurde. Es war eine Art von internem Eingriff in internationale Angelegenheiten. Jetzt, unter Gorbatschow, benutzt die sowjetische Regierung die Verurteilung ihrer früheren Schritte in aller Öffentlichkeit als Mittel, um internationalen Druck auf die interne sowjetische Opposition ausüben zu können. Anders ausgedrückt, sie benutzt die internationale Einmischung zur Regelung ihrer internen Angelegenheiten, eine einfache Umkehrung ihrer vorherigen Handhabung.

Sacharow selbst wurde, ebenso wie die meisten, wenn nicht sogar alle freigelassenen politischen Gefangenen, ein leidenschaftlicher Fürsprecher (aber auch ein offener Kritiker) von Michail Gorbatschow und seiner Politik. Sacharow brachte offen seine Befürchtung darüber zum Ausdruck, wie Gorbatschow bei der Bekämpfung des Stalinismus die Macht auf seine Person und Position konzentrierte, genauso wie es Stalin tat. Gut, sagte Sacharow, Gorbatschow braucht die Macht, um die von ihm vorgeschlagenen Veränderungen durchführen zu können. Aber folgt er hierbei nicht einem denkbar schlechten Beispiel? Woher sollen wir wissen, ob der Nachfolger Gorbatschows auch Gorbatschows Qualitäten hat?
Es war keineswegs ungewöhnlich, daß die Sacharows auf der Seite Gorbatschows standen, denn im Krieg gibt es nur zwei Seiten, und es lag in der Natur der Sache, daß die Dissidenten im allgemeinen auf der Seite Gorbatschows und der Reformer standen. Die Sacharows hatten nie eine Revolution oder irgend etwas Ähnliches angestrebt. Das Schlagwort hieß »schrittweise Reform«. Der Prozeß hatte begonnen, er ging bereits schnell genug voran, man brauchte nicht zu drängen. Denn Tatsache war, daß die Kommunistische Partei der Sowjetunion nach der Einführung von Glasnost und Perestroika als offizielle sowjetische Politik zum erstenmal in ihrer Geschichte gespalten war – die Frage selbst blieb ungelöst. Diese neue Politik war angekündigt und als offiziell propagiert worden, sie mußte allerdings erst noch in die Tat umgesetzt werden. Innerhalb der Parteimaschinerie gab es massive Widerstände gegen Perestroika, und Gorbatschow selbst gab zu, daß die vollständige Realisierung des Programms Generationen dauern würde. Um eine der heikelsten Fragen aufzuzeigen, hier ein Beispiel für Sacharows Standhaftigkeit in der Sache, ein Beitrag, der unter dem Titel *Die Unvermeidlich-*

keit der Perestroika im Juni 1988 im Moskauer Progress-Verlag als Buch erschienen ist. Hier fragt er, ob es »Verbindungen des KGB mit der in den sechziger und siebziger Jahren entstandenen ›terroristischen Internationale‹ oder anderen destruktiven Aktionen« gegeben haben könnte. Unter den neuen Bedingungen der Glasnost müßten alle diese Fälle genau untersucht werden. Diese Forderung ist ein Teil seiner Ansicht, daß es höheren Staatsinteressen diene, die volle Wahrheit »über Vergangenheit und Gegenwart« ans Licht zu bringen. Man braucht sich die beispiellose Verwirrung nicht vorzustellen, die dieser fortschreitende Prozeß nach sich zog. Sie ist ausreichend dokumentiert. Ein Witz aus Moskau drückte das so aus: »Es wird immer schwieriger, die Vergangenheit vorauszusagen!« Und in der Tat, Anfang 1988 wurde bekanntgegeben, daß die maßgebende Geschichtsprüfung, die am Ende des zehnten Schuljahrs in der ganzen Sowjetunion abgehalten wird, um die ideologische Reife der Schüler abzufragen, abgeschafft wurde. Die Prüfer waren nämlich nicht mehr länger in der Lage, Antworten auf ihre eigenen Fragen zu finden.

Das Ergebnis war eine merkwürdige Situation, eine Art »Drôle de Guerre« zwischen den beiden Lagern der Partei in den offiziellen Medien, wobei die Reformisten ihre Gegenspieler unaufhörlich unter Beschuß nahmen, während diese sich darauf beschränken mußten, aus dem Hinterhalt zu schießen oder gelegentlich eine Breitseite zu feuern. So schossen, in der zweiten Hälfte des Jahres 1987, in und um Moskau und Leningrad einige Dutzend »unabhängiger Publikationen« aus dem Boden. Die bei weitem größte war das Magazin, das sich den Namen *Glasnost* gab. Es wurde – und wird bis heute – von Sergej Grigorjanz, einem Armenier, herausgegeben, der von Beruf Literaturkritiker ist. Er war insgesamt acht Jahre im Gulag. Nachdem er nach Sacharows Rückkehr aus dem Exil im Februar begnadigt wurde, gründete Grigorjanz im Juli seine Zeitschrift, »um die Lücken« in der neuen Informationspolitik der Regierung »zu schließen«. Verständlicherweise konzentrierte er sich dabei anfangs auf den KGB, seine Aktivitäten, seine Geschichte und sein Archiv, von dem es hieß, daß es einer systematischen Beseitigung unterzogen wurde. Grigorjanz berichtete auch ausführlich über die mißliche Lage der Krimtataren anläßlich ihrer beispiellosen Demonstration in Moskau im Spätsommer des Jahres 1988.

Als Grigorjanz seine Zeitschrift *Glasnost* bei der zuständigen Behörde eintragen lassen wollte, wurde ihm dies verweigert mit der Begründung, sie vertrete überhaupt nichts. Das hieß soviel wie: sie vertrete keinen offiziellen Standpunkt. In der Sowjetunion sind – oder waren – die Medien fest im Griff des Parteistaates. So war der Status der Zeitschrift *Glasnost* – wie auch der Politik Glasnost – unklar. Was das anbetrifft, war im Sinne von Glasnost das Staatseigentum an Produktionsmitteln nicht von so großer Bedeutung wie das Staatseigentum an Reproduktionsmitteln – etwa Vervielfältigungs- und Kopiergeräten. Wenn jemand ein staatseigenes Kopiergerät benützt, wie es erst kürzlich jemand tat, um sechzig Kopien von *Glasnost* zu machen, dann kann diese Person, wie es auch hier der Fall war, wegen »Diebstahl« von Staatseigentum gerichtlich belangt werden. Aus dem gleichen Grund wurde *Glasnost* in alle Ecken der Sowjetunion per Kurier verschickt. Man begriff schnell, daß die sowjetische Post hierfür nicht in Frage kam; per Post versandte Ausgaben wurden sofort konfisziert. Andererseits gab es noch vor Jahresende eine englische Ausgabe, die aus New York kam, eine französische, die in Paris unter der Schirmherrschaft des französischen Kulturministers erschien, und eine skandinavische Ausgabe aus Norwegen; außerdem eine deutsche Ausgabe, die in der Schweiz herausgegeben wurde. Im großen und ganzen wird klar, daß die sowjetische Regierung *Glasnost*, so umfassend und freizügig wie es sich entwickelt hat, gerne amtlich bestätigt sehen würde. Die Beamten zögern, gegen »unabhänigige Herausgeber« vorzugehen. Bis jetzt begnügen sie sich damit, sie auszuhungern, indem sie ihnen den Zugang zu den notwendigen Einrichtungen und entsprechendem Material verwehren. Jedoch, aushungern hin oder her, seit dem Sommer des Jahres 1989 ist die Zahl der »unabhängigen Herausgeber« in der Sowjetunion von einigen Dutzend auf sechshundert angewachsen.

Grigorjanz hat seine eigene Auffassung davon, wie Glasnost und Perestroika zustande kam. »Das sowjetische System hat aus Menschen Unmenschen gemacht, und die Menschen reagierten darauf, indem sie die Arbeit verweigerten. Und jetzt? Die Situation hat sich nicht verändert, doch die Atmosphäre ist jetzt anders. Es besteht etwas Hoffnung. Ich weiß, daß Michail Gorbatschow ein hochintelligenter Mann ist, und ich bin bereit zu glauben, daß er ein ernsthafter Mann ist und das Beste für alle wünscht. Was ich nicht glauben kann ist, daß die Partei die Demokratie als Endziel einführt und nicht nur als Mittel zum Zweck ... Der Ruf der Partei nach Demokratisierung kommt deswegen, weil sie wissen, daß Demokratie nötig ist, um die Produktion in einem spürbaren Ausmaß zu verbessern und auszuweiten. Im Zeitalter des Computer schadet Geheimhaltung nur jenen, die sie aufzwingen wollen. Nein, ich hätte niemals angenommen, daß etwas Derartiges geschehen könnte. Ich dachte, die Zukunft wird wie in George Orwells *1984* aussehen. Statt dessen haben wir eine Situation, in der Freiheit das sine qua non einer funktionierenden Wirtschaft ist. Das ist die große Überraschung.«

In dieser Art Niemandsland der Legalität der Medien (die Sowjetunion kennt kein Presserecht, es ist jedoch nun eins im Entstehen) werden die Informationsflüsse in der Sowjetunion immer noch überwacht. Dadurch ist jeder, der versucht, frei zu kommunizieren, dazu gezwungen, auf die ausländischen Korrespondenten in Moskau zurückzugreifen. Die Information muß erst ins Ausland gelangen, bevor sie im Inland bekannt wird – zumeist auf dem Weg über den ausländischen Rundfunk. Wie Grigorjanz mir erklärte: »Was wirklich zählt, ist, daß ausländische Radiosender unsere Informationen in russischsprachigen Programmen senden, die in der Sowjetunion zu empfangen sind. Radio Liberty zum Beispiel sendet unsere Informationen.« Das traf zu und stimmt immer noch: Radiostationen sind das einzige Mittel, um das Informationsmonopol auf breiter Ebene zu durchbrechen. Als Grigorjanz im November 1987 diese Erklärung abgab, hatte die Sowjetunion bereits aufgehört, die Sendungen des Voice of America und der BBC zu stören und gegen Ende November 1988 ebenfalls die Sendungen von Radio Liberty und die Deutsche Welle. Das war bisher beispiellos.

Nur einen Monat später, am 29. November 1988, wurde eine amtliche Verordnung »Über die Aktivitäten der Kooperativen« veröffentlicht, die unter anderem folgendes für ungesetzlich erklärt: die Aufbewahrung von Tonbändern, Platten oder anderer Mittel der Tonwiedergabe, Videokassetten, Filme, Fernsehmitschnitte und Aufzeichnungen und ähnliches sowie jede Form von bedrucktem Material seitens der Kooperativen. Diese Verordnung zerschmetterte die Hoffnung derer, die – wie der Sänger und Komponist Bulat Akhudzhava – in der Existenz der Kooperativen als Institution einen Weg gesehen hatten, um ein privates oder zumindest halbprivates Verlags- oder Rundfunkwesen aufzubauen. Doch diese Initiativen wurden gewissermaßen ausdrücklich verboten. Bis zur Rückkehr Sacharows aus dem Exil Ende des Jahres 1986 wurden die Wortgefechte nur im Westen vom Westen bestritten, wobei die Sowjetunion nur hier und da ein paar Bemerkungen hinzufügte – bzw. Informationen zurückhielt, um die Kontroverse so hinzudrehen, daß sie für sie selbst günstiger aussah – in derselben Weise übrigens, wie sie die Problematik um jene Nationalitäten behandelt, die wie »Geiseln« gehalten werden. An erster Stelle seien hier die sowjetischen Juden angeführt, an zweiter die Sowjetdeutschen, früher »Wolgadeutsche« genannt. Kuhhandel mit Menschen war lange Zeit eine Spezialität des »Prison des Peuples«, wie das zaristische Rußland im 19. Jahrhundert bezeichnet wurde.

In dieser Konstellation der Umstände liegt natürlich noch eine tiefere Bedeutung. Wie kommt es, daß ein Volk, das weniger als ein Prozent der Bevölkerung der Sowjetunion ausmacht, so eine unverhältnismäßig große Rolle in der Opposition spielt (zwischen dreißig und vierzig Prozent sämtlicher Sendungen von Radio Liberty sind von oder für Juden gemacht)? Die Antwort ist, daß die Juden der Schlüssel zum »Gefängnis der Völker« sind – ob dieses »Gefängnis der Völker« nun das Österreichisch-Ungarische Reich, das Deutsche Reich, das Russische Reich war oder das sowjetische Reich ist. Der Wendepunkt kam 1892, als Theodor Herzl eine These entwickelte, deren Grundgedanke war, daß die Assimilation der Juden in Europa nicht funktionieren konnte. Herzl, der Wiener Korrespondent der *Neuen Presse* in Paris, schrieb sein Buch *Der Judenstaat* unter dem unmittelbaren Einfluß der Dreyfus-Affäre. Aber das Schicksal Kapitän Dreyfus' war lediglich der Auslöser. Herzls Wissen um die Situation in seinem Heimatland wurde durch die Dreyfus-Nachricht eindeutig bestätigt.

Mit anderen Worten, in Herzls Lossagung kam die Ablehnung der Minderheitenvölker, aus denen sich das Reich neben Österreichern und Ungarn zusammensetzte, zum Ausdruck. Der junge Benito Mussolini schrieb zu Beginn des Ersten Weltkriegs: »Österreich, der jahrhundertealte Feind nationalen Daseins.« In der österreichisch-ungarischen Monarchie mit ihrem brodelnden Durcheinander an Nationalitäten nahm der Erste Weltkrieg seinen Ursprung. Welche Ironie der Geschichte, daß Ludendorffs Rahmenplan für die sichere Durchreise des Revolutionsführers Lenin und seines Geleits nach Petrograd Rußland sicherlich für gewisse Zeit lähmte, aber das Deutsche Reich nicht retten konnte. Statt dessen entfesselte er eine Macht, die das Russische Reich erhalten konnte, wenn auch in einer anderen Form. Denn in Wahrheit wurde das Russische Reich durch die Oktoberrevolution gerettet. Der Kommunismus war wahrscheinlich die einzige Ideologie, die das Nationalitätenproblem lösen konnte, weil es durch das Klassenprinzip in den Hintergrund gedrängt wurde. Der junge Mussolini hatte eine Vision, als sich die Revolution im Jahre 1917 an der Ostfront abzeichnete. »Die roten Flaggen an den galizischen Gräben haben in höchstem Maße symbolischen Wert. Es ist die Revolution, die den Krieg nicht fürchtet, und es ist der Krieg, der die Revolution rettet. Die Flaggen mit den kaiserlichen Adlern, sie werden den roten Flaggen der Revolution nicht standhalten können. DIE ROTE FAHNE WIRD GEHISST WERDEN – auch über dem Potsdamer Platz, wenn die Armeen der Revolution und der westlichen Demokratien das Deutschland der Hohenzollern zerschlagen haben . . .«

Es ist aufschlußreich, dieses Zitat mit Winston Churchills Rede vor dem Parlament am 8. April 1945 zu vergleichen, als der Zweite Weltkrieg in Europa fast zu Ende war: »Dieser Krieg hätte nie stattgefunden, wenn wir nicht unter amerikanischem Druck und dem Drang zur Modernisierung die Habsburger aus Österreich und Ungarn und die

Hohenzollern aus Deutschland vertrieben hätten. Dadurch schufen wir ein Vakuum, das dem Monster Hitler gerade recht kam, um aus seinem Loch hervorzukriechen und die verlassenen Throne zu besteigen.« Innerhalb eines Monats wehten die roten Fahnen sowohl über dem Potsdamer Platz als auch über dem Berliner Reichstag. Innerhalb eines Monats waren die westlichen Demokratien in der Mitte Deutschlands auf die Armeen der Revolution gestoßen. Und doch hatte die Revolution alle Nationalitäten – nicht nur die Minderheiten – betrogen. Die Revolution hatte nicht eine Diktatur des Proletariats hervorgebracht, sondern die Diktatur eines georgischen Banditen, dessen richtiger Name Dschugaschwili und welcher ein perfektes Ebenbild des Monsters Hitler war. Die Sowjetunion blieb die letzte große Kolonialmacht der Welt, das letzte »Gefängnis der Völker«. Und wieder einmal waren die Juden der Schlüssel zum Gefängnis. Bei diesem Rückblick wird klar, wieviel vom Schicksal der Juden in der Kommunistischen Partei der Sowjetunion abhing. Wenn sie so weit gekommen wären, wie sie gehofft hatten, nämlich während und nach der Oktoberrevolution, stellvertretend für alle Minoritätenvölker der Sowjetunion zu sein, wäre vielleicht alles anders gekommen. Aber so macht der Rückblick deutlich, daß die sowjetische Führung es nie geschafft hatte, der Nationalitätenfrage auch nur annähernd soviel Aufmerksamkeit zu schenken, wie es dieser umfangreiche Komplex nicht nur verdient, sondern erfordert hätte. Dies ist darauf zurückzuführen, daß Stalins »klassisches« Werk zu diesem Thema auf so hörige Weise als das letzte Wort betrachtet wurde, daß jede Diskussion abgeblockt und jede Initiative im Keim erstickt wurde. Es ist kaum verwunderlich, daß siebzig Jahre nach der Oktoberrevolution Michail S. Gorbatschow ankündigt, das gesamte Nationalitätenproblem der Sowjetunion müsse neu überdacht werden.

Der erste Anlaß zu einer derartigen Äußerung war der Unabhängigkeitstag des litauischen Volkes, als, wie berichtet wurde, sechsunddreißig angebliche Demonstranten von den sowjetischen Behörden festgenommen wurden. Darauf folgte innerhalb von zwei Monaten der Aufstand der Armenier, sowohl in der sowjetischen Republik Armenien als auch in der armenischen Enklave Nagorno Karabakh in der angrenzenden Republik Aserbaidschan. Der Grund dafür war die Forderung der Armenier, die Enklave mit der Armenischen Republik zu vereinigen. Bis Ende März 1988 wurden vierunddreißig armenische Demonstranten getötet. Angeblich bei Ausschreitungen, die von Bewohnern Aserbaidschans ausgelöst worden waren. Die sowjetische Regierung sandte Armee-Einheiten und Polizeikommandos in das Gebiet, um den Frieden zu wahren, ohne aber der Forderung nach Annektierung nachzukommen. Daraufhin schrieb Sacharow einen Brief an Gorbatschow, in dem er ihn drängte, die Forderung der Armenier noch einmal zu überdenken; Sacharows Brief war berechtigt, denn die sowjetische Entscheidung, die Dinge so zu belassen, wie sie waren, war für niemanden zufriedenstellend, die Aserbaidschaner eingeschlossen, die sich in derselben gespannten Lage befanden wie zuvor.
Mittlerweile breiteten sich die Unruhen in den Baltischen Staaten zunehmend aus. Im Frühjahr 1988 wurde in einer Pressemitteilung der estländischen Partei das geheime Zusatzprotokoll des Molotow-Ribbentrop-Pakts veröffentlicht, in dem festgelegt wurde, daß die Baltischen Staaten an Stalin und ein Teil Polens an Hitler fallen sollte. Kaum acht Monate später erklärte der Oberste Rat der SSR Estland die Unabhängigkeit Estlands, und obwohl sie sich nicht lossagten (laut Konstitution hat jede Sowjetrepublik das Recht dazu) und somit die sowjetische Souveränität in der Außenpolitik anerkannten, verfügten sie über das Ein-

spruchsrecht gegen die sowjetische Bundesgesetzgebung. Im Obersten Sowjet der UdSSR reagierte man prompt und erklärte die estländische Verfügung für illegal. Jedoch die Forderung der Baltischen Staaten nach weitreichender Autonomie blieb bestehen. In jeder der drei Republiken verschwand die rote Sowjetfahne, und die nationale Fahne wurde gehißt sowie die Nationalhymne gespielt. Darauf reagierten die Sowjets nicht. Irgendeine Anordnung zur Beilegung der Angelegenheiten war sicher schon im Gange.

Und obwohl die offizielle sowjetische Berichterstattung deutlich besser war, als es vor der Einführung von Glasnost möglich gewesen wäre, erfüllte die Vorgehensweise der Regierung die Erwartungen bei weitem nicht. Tatsächlich beschuldigten die Armenier (allen voran Grigorjanz) die sowjetischen Behörden, die Situation durch die Propagierung von Glasnost heraufbeschworen und dann ein Blutvergießen herausgefordert zu haben, als sie sich weigerten, gemäß der Politik, die sie für sich in Anspruch nahmen, zu handeln.

Diese Anschuldigung könnte man fast als eine präzise, allgemeine Beschreibung dessen bezeichnen, was wirklich geschah.

Offiziellen Berichten zufolge waren 18 Menschen bei Ausschreitungen gegen Armenier in Aserbaidschan im Herbst und Winteranfang des Jahres 1988 getötet worden; von 250 000 hieß es, daß sie aus der muslemischen Republik abwandern, um woanders Sicherheit zu finden. Trotz des massiven Truppenaufmarsches war die Situation auch weiterhin außer Kontrolle. Man sprach sogar davon, daß Gorbatschow jetzt sein »ethnisches Tschernobyl« hatte.

Ein Vorfall, das »ethnische Tschernobyl« betreffend, ereignete sich im Frühjahr 1989, als eine Anzahl junger georgischer Nationalisten, die gerade dabei waren, einen

Schützengraben auszuheben, von sowjetischen Soldaten mit ihren eigenen Spaten erschlagen wurden. Die Schätzungen über die Zahl der Opfer reichten von 19 (offiziell) über 150 (»Samizdat«). Genadi Gerasimov, ein Sprecher des Außenministeriums, wollte den Vorfall mildern, indem er hervorhob: »Wenigstens haben wir niemanden erschossen.« Für den Einsatz von Militär- und Spezialeinheiten, im Falle eines Aufstands, wurden am 28. 7. 88 neue Verordnungen mit den Nummern 504 und 505 vom Präsidium des Obersten Sowjet verabschiedet. Sie regeln die Rechte und Pflichten der Truppen des Innenministeriums zur Wahrung der öffentlichen Ordnung – während Zusammenkünften, Versammlungen, Demonstrationen und Straßenaufläufen. Als Michail Gorbatschow eine rechtmäßige Ordnung versprach, dachte er offenbar daran (zumindest für den Anfang), der dazu nötigen Gesetzgebung den Mantel der Legalität umzuhängen, wann immer Maßnahmen zur Beilegung von Unruhen, ganz gleich welcher Art, notwendig werden sollten. Dies war nicht im Sinne Sacharows oder anderer Dissidenten.

Was Radio Liberty betrifft, so brachte die Existenz des Radiosenders gewisse Probleme mit sich. Eines der größten Probleme ist die Tatsache, daß Radio Liberty eine Art moralischer »Irredenta« repräsentiert und praktiziert. Radio Liberty erinnert ständig daran, daß die Vereinigten Staaten die Sowjetunion nicht akzeptieren – weder als das, was sie ist, noch als das, was sie vorgibt zu sein. Jetzt jedoch stellt sich die Frage, ob die Vereinigten Staaten die Sowjetunion als das akzeptieren werden, was sie werden will. Aber in jedem Fall gab und gibt es die Kontroverse über und innerhalb von Radio Liberty – unabhängig von Programminhalten. Entweder wären die Konservativen verärgert oder die Liberalen; es ist unmöglich, beide Seiten gleichzeitig zufriedenzustellen. Die eine Seite bemüht sich, die Aus-

drucksweise bei den Sendungen möglichst neutral zu halten, um ein Aufheizen der Stimmung zu verhindern. Die andere Seite ist darauf bedacht, die Effektivität der Übertragungen zu erhöhen, um die Kommunikationsbarrieren der Sowjetunion zu durchbrechen. Und trotz Glasnost sind diese Barrieren noch immer nicht aufgehoben, auch wenn die Zügel schon etwas gelockert wurden. Eine deutsche Redensart besagt, es gebe keine allgemeine Verständlichkeit. Derselbe grundlegende Unterschied in der Einstellung hat über Jahrhunderte hinweg zu einer Polarisierung bei der Interpretation der ethischen Richtlinien von Aristoteles geführt. Mit anderen Worten, es ist der alte Zwiespalt: Nach Auffassung der einen Seite bleibt die Sowjetunion trotz allem, was vorgefallen ist, eine »progressive«, treibende Kraft, die versucht, sich selbst und ihren Platz in der Welt zu finden; für die andere Seite bleibt die Sowjetunion – bis zum Tag X, an dem sie die fundamentalen demokratischen Prinzipien und Praktiken einführt – das »Reich des Bösen«. Falls erstere recht behalten, so wird die Sowjetunion, zumindest für eine gewisse Zeit, mit langfristigen Krediten und Zuschüssen zur Ankurbelung für Perestroika überschüttet werden, und zwar von einer gefühlsbewegten, von Gorbatschow begeisterten Mehrheit der Industrienationen des Westens.
Sollte jedoch letzteres zutreffen, so wird das amerikanisch-sowjetische Verhältnis auch weiterhin – zumindest für eine gewisse Zeit – aus nichts anderem bestehen als aus Abrüstungsverträgen plus der so überaus wichtigen Pflicht, die Menschenrechtserklärung durchzusetzen (»Universal Declaration of Human Rights«. Diese wird den sowjetischen Bürgern das Recht auf Wissen geben, und anderen das Recht, sie mit den Informationen zu versorgen, die sie wissen sollen und müssen. Tatsächlich scheinen die sowjetische Regierung und Radio Liberty seit der offiziellen Ver-

kündung von Glasnost und Perestroika dieselben Interessen zu vertreten – oder besser gesagt, nur der vergleichsweise liberale Flügel der Regierung, der die erklärte Glasnost-Politik unterstützt. Damit haben die zwei eine gemeinsame Basis gefunden.

Mit der Einführung der Menschenrechte in der Sowjetunion und deren Zerreißprobe an seinem Beispiel setzte Andrej Sacharow (er war es nicht allein, aber er war der erste und von den Dissidenten derjenige, der am weitesten war) dem Grundprinzip des sowjetischen Totalitarismus, und damit dem sowjetischen Imperialismus, einen Endpunkt. Vielleicht war es Sacharows größter Verdienst seiner Sache und seinem Land gegenüber, daß er durch seine unermüdliche Einweisung in ethische Richtlinien die Sowjetregierung an den Gedanken einer legitimen Opposition gewöhnte.

Ist Sacharow ein religiöser Mensch? Diese Frage wird oft gestellt, weil Sacharow sich in Wort und Tat wie das Musterbeispiel eines Christen verhielt. Sollte die Frage überhaupt gestellt werden? Unter Wissenschaftlern haben die Physiker den Ruf, daß sie sich ihrem eigenen Fach leidenschaftlich verschreiben. Aber abgesehen von dieser Hingabe glauben Wissenschaftler deshalb nicht, weil es nicht ihre Aufgabe ist zu glauben, sondern zu erforschen – zu wissen. Für ihn, den Wissenschaftler – wie Thomas Mann sich über Gotthold Ephraim Lessing äußerte –, ist Skepsis seine Leidenschaft.

Anstelle der Frage nach seiner Religion wollte ich von Sacharow wissen, ob er jemals davon geträumt habe, etwas anderes als Physiker zu sein. »Die Physik«, antwortete Sacharow, »ist die Erforschung der unbelebten Dinge der Natur. Ich entschloß mich für das Studium dieses Faches, weil es die Grundlage allen Seins ist; es ist die Voraussetzung für unser Leben. Zum jetzigen Zeitpunkt halte ich die

Mikrobiologie für sehr interessant; mit meinem heutigen Wissen hätte ich mich auch für ein Studium der Mikrobiologie als das ergebnisreichste Forschungsgebiet entscheiden können.«

Früher ging Sacharow zur Kirche, zwar nicht regelmäßig, aber häufig. Mit den Worten eines engen Freundes, »nicht, weil er ein Gläubiger war, sondern weil er die Musik und den Chorgesang mochte und weil ihm das aufwendige russisch-orthodoxe Messezeremoniell ästhetisches Vergnügen bereitete. Vielleicht ist er auch davon überzeugt, daß die Messe, als Ganzes und als wesentlicher Bestandteil der wöchentlichen Routine betrachtet, eine heilsame Wirkung auf Geist und Körper hat.«

Mitte der siebziger Jahre jedoch, als der Druck seitens der Regierung auf Sacharow seinen Höhepunkt erreichte, nahm der Priester der örtlichen Kirchengemeinde Sacharow beiseite und bat ihn, zum Wohle der Kirche von weiteren Messebesuchen Abstand zu nehmen. Sacharow kam dieser Bitte nach – wie ihm dabei zumute war, kann man sich wohl vorstellen.

Als ich es im November 1987 in Moskau wagte, Sacharows Kampf als Konfrontation von Zentralismus und Pluralismus zu beschreiben, und dabei auf Andrej Dimitrijewitsch als »die Stimme des Pluralismus« verwies, bemerkte Sacharow knapp: »Ich kann Ihnen sagen, daß die ›Stimme des Pluralismus‹ da draußen ziemlich lange alleine dastand.« Er dachte sicherlich nicht nur an den orthodoxen Priester, der ihn gebeten hatte, künftig keine Messe mehr zu besuchen.

Als Sacharow im Jahre 1988 mit Lech Walesa in Paris zusammentraf, sagte er zu ihm: »Der Unterschied zwischen mir und Ihnen liegt darin, daß Sie die gesamte Bevölkerung Polens hinter sich stehen haben, wohingegen ich allein dastehe.« Mittlerweile jedoch hat Sacharow ausrei-

chend Beweise dafür erhalten, daß er nicht länger allein ist. Um nur eines von vielen Beispiel herauszugreifen: Im Sommer 1989 rückte eine Delegation von Bergarbeitern aus Vorkuta in seinem Moskauer Apartment an und baten ihn um Rat. Als Jelena Bonner sie fragte, warum sie ausgerechnet zu Sacharow wollten, der weder ein Wirtschaftler noch ein Experte in Sachen Kohlebergbau sei, antwortete ihr Sprecher: »Er ist der einzige in diesem Land, dem wir vertrauen.« Daraufhin erwähnte ich die offizielle Erklärung sowjetischer Wissenschaftler in der *Iswestija*-Ausgabe vom 26. Oktober 1983, in der sie Sacharow beschuldigten, »die Sache des Friedens zu unterminieren und sich wie ein Feind der Sowjetunion zu verhalten«. Dieser Erklärung folgten zweiundsiebzig Unterschriften, ungefähr zehn Prozent der Mitglieder der Akademie der Wissenschaften. War es diese offensichtliche Unfähigkeit, eine Mehrheit der Mitglieder der Akademie der Wissenschaften für die Kampagne gegen Sacharow zu gewinnen, die die Regierung veranlaßte, sich zurückzuhalten? »In keiner Weise«, erwiderte Sacharow. »Was mich gerettet hat, war nur die Tatsache, daß das Politbüro in diesem Punkt geteilter Meinung war – nicht mehr und nicht weniger.«
Auch als der wunde Punkt des ständigen Mißbrauchs der Psychiatrie bei der Behandlung von politischen Gefangenen – trotz Glasnost und Perestroika – angesprochen wurde, gab Sacharow in ähnlicher Weise sachlich zur Antwort, daß eine der Hauptstützen Gorbatschows innerhalb der Partei der KGB sei. Daher also war er (Gorbatschow) gezwungen, etwas zu tun, um diesen Rückhalt nicht zu verlieren. Sacharow ging nicht weiter auf dieses Thema ein, aber es war nicht schwierig, die Person Juri Andropows – Förderer und Mentor Gorbatschows – als jahrelangen Verfechter einer toleranteren Haltung im Politbüro bei der Auseinandersetzung mit dem Phänomen Sacharow

auszumachen. Denn es ist beim Kampf um die Menschenrechte in der Sowjetunion vielleicht eine bemerkenswerte Ironie, daß der KGB, als das am besten unterrichtete Organ der Partei, von Anfang an den Argumenten für Glasnost und Perestroika sehr aufgeschlossen gegenüberstand.
Es gibt keinen Zweifel darüber, daß Sacharow Gorbatschow bewundert. Als ich das Thema nach seiner Beziehung zu anderen Dissidenten anschnitt, erwiderte Sacharow, daß viele der Dissidenten Anstoß daran nähmen, daß er Gorbatschow gegenüber seine Dankbarkeit ausgedrückt hatte. Weiter sagte er: »Und ich werde meine Dankbarkeit gegenüber Gorbatschow noch hundertmal ausdrücken, falls dies nötig sein sollte.« Und dann fügte er hinzu: »Gorbatschow hat mich zurückgeholt, als Ligatschow in Vietnam war; und das erforderte eine gehörige Portion Mut!« (Bei der Einstellung der Dissidenten zu Gorbatschow gibt es einen besonderen Aspekt: Egal, ob sie für oder gegen ihn sind, sie alle können sich den Umfang seiner bevorstehenden Aufgabe lebhaft vorstellen; Ruth Grigorjewna in einem Ausbruch von Begeisterung: »Welch grandiose Kühnheit!«)
Als ich darlegte, ich hätte bei der Lektüre seiner politischen Schriften herausgelesen, daß er (Sacharow) grundsätzliche Überlegungen aufgrund einer scharfsichtigen Analyse der Situation in der Sowjetunion angestellt hatte, Überlegungen dahingehend, wie die Dinge sich zwangsläufig entwikkeln würden, so daß Sacharow sich von Anfang an seiner Sache sicher gewesen sein mußte, gab dieser mir recht und fügte einschränkend hinzu: »Jedoch nur, soweit es die philosophischen Überlegungen betrifft. In der Praxis, im wirklichen Leben, können sich die Dinge ganz anders entwikkeln.«
War er denn dann überrascht darüber, wie schnell die Veränderung eingetreten ist? Sacharow bejahte: »Ich dachte,

es würde viel länger dauern.« Früher oder später also würden seine Überlegungen durch Ereignisse voll bestätigt werden; Perestroika und Pluralismus würden sich letztendlich durchsetzen – war es das? »Ja«, erwiderte er, »aber vergessen Sie nicht, daß Perestroika auch ohne Pluralismus möglich ist. Das Problem dabei jedoch ist«, fuhr er fort, »daß im Falle eines Scheiterns von Perestroika die Kriegsgefahr beträchtlich anwachsen wird, da die Fanatiker in der Partei lieber alles Erdenkliche unternehmen werden, als ihre Machtposition aufzugeben.« Als wir auf dieses Buch mit seinen Vergleichen zu sprechen kamen, meinte Sacharow, er könne dem Vergleich mit Oppenheimer standhalten, nicht jedoch dem mit Galileo. (Es stellte sich heraus, daß er eine Abschrift des Buches *In der Sache J. R. Oppenheimer* gelesen hatte – alle eintausend Seiten. Aber ein Buch, das bei ihm einen nachhaltigeren Eindruck hinterlassen hatte, hatte er schon lange davor gelesen, nämlich *Lawrence and Oppenheimer* von Nuel Pharr Davis.)
Es ist beachtenswert, aber kaum überraschend, daß Sacharow es rückblickend in Erwägung ziehen sollte, seine Bemühungen von der Physik auf die Mikrobiologie zu verlagern. Nachdem er bei einer der zwei gigantischsten naturwissenschaftlichen Entdeckungen aller Zeiten eine bedeutende Rolle spielte – nämlich bei der Kernspaltung und ihrer Anwendung –, erstaunt es kaum, daß Sacharow seine Aufmerksamkeit der anderen, nämlich der Zellkernspaltung, zuwenden sollte.
Die Zellkernspaltung führte zur Entdeckung des chemischen Prozesses, der bei der Vererbung stattfindet, und zur Entschlüsselung des genetischen Codes, welche zum erstenmal dem britisch-amerikanischen Forscherteam Watson, Crick im Jahre 1953 gelang und heute als das Modell der Doppelhelix bekannt ist.
Wie sich der Leser erinnern wird, entdeckte man Mitte der

fünfziger Jahre, daß radioaktive Strahlung zu einer Veränderung des genetischen Codes führt und Mutationen verursacht; das war der Anlaß für Sacharow, den Weg des Nonkonformismus, des Dissidententums und der Konfrontation mit dem sowjetischen Staat zu beschreiten. Zu diesem Zeitpunkt bot ein weiteres wissenschaftliches Gebiet – die Biologie – Aussicht auf Genmanipulation. Hier eröffneten sich Perspektiven, gegen Erbkrankheiten – die Geißel der Menschheit seit urdenklichen Zeiten – wirksam vorgehen zu können. Aber es bot sich auch zum erstenmal in der Geschichte die Möglichkeit, auf wissenschaftlich fundierter Basis durch gezielte Genkombinationen eine Superrasse zu schaffen; wiederum haben wir es hier mit dem uralten Menschheitstraum des »neuen Menschen« zu tun. Diesmal aber basiert der Traum auf wissenschaftlicher Forschung. Es nützt wenig, daß Kapazitäten auf medizinischem Gebiet der Öffentlichkeit immer wieder versichern, eine experimentelle Durchführung sei schier unmöglich. Es trifft eher zu, daß Dr. Frankenstein und seinesgleichen (das heißt die Menschheit an sich) Nahrung für ihre Träume haben und versucht sind, Experimente in weit größerem Rahmen durchzuführen als bisher je geschehen oder vorstellbar – und dies vor dem Hintergrund der »Hipp-hipp-hurra«-Kommerzialisierung der Wissenschaft, die zu einer hundertfachen Zunahme in Umfang und Geschwindigkeit bei den Experimenten in den letzten fünfzig Jahren führte.
Sacharow tat recht daran, die Gefahren der Genmanipulation in seinen Katalog der Warnungen an die moderne Gesellschaft miteinzuschließen.
In der Ausgabe vom 11. Oktober 1988 der *»Jugend von Estland«*, einer russischsprachigen Zeitung, gab Sacharow das wohl aufschlußreichste Interview seines Lebens. Es war das erste Interview, das in der sowjetischen Presse ver-

öffentlicht wurde. »Haben Sie es nie bereut«, wurde er in Hinblick auf die Wasserstoffbombe gefragt, »am Entstehen einer solch schrecklichen Waffe mitgewirkt zu haben?« Sacharow antwortete, wie er schon oft zuvor geantwortet hatte, daß er und seine Mannschaft die Arbeit als ein absolut unumgängliches Mittel zur Wiederherstellung des Kräftegleichgewichts in der Welt ansahen. Das Wegfallen eines solchen Gleichgewichts wäre extrem gefährlich, da das Land, das einen Machtvorsprung hat, versucht wäre, ihn zu nutzen, so lange der Vorteil bestehen blieb, wohingegen die schwächere Seite versucht wäre zu handeln aus verzweifelter Sorge, noch weiter zurückzufallen. Damals wie heute war dies die einzige Entschuldigung dafür, an der Konstruktion der Wasserstoffbombe zu arbeiten. Letzten Endes war ihre Arbeit ebenso gerechtfertigt, wie die der Wissenschaftler auf der anderen, amerikanischen, Seite gerechtfertigt war. (Dieser Einschätzung nach lag Oppenheimer mit der Gutheißung der Atombombe richtig und tat falsch daran, sich dem Bau der Wasserstoffbombe zu widersetzen, während Teller die Atombombe zu Unrecht ablehnte und recht tat, die Entwicklung der Wasserstoffbombe zu unterstützen.) Schließlich, so Sacharow weiter, hielt sich die Welt, angesichts des Horrors von Hiroshima und Nagasaki, dauerhaft seit – siehe da! – vierzig Jahren zurück, ins Verderben zu fallen. Nichtsdestotrotz ist es immer falsch, an ein und derselben Haltung und Bewertung festzuhalten und jegliche Weiterentwicklung und Veränderung durch die Zeit zu ignorieren. Diesbezüglich zitierte er Thomas Mann, der ein derartiges Verharren als »historische Dummheit« bezeichnet, und fügte hinzu, daß er versucht habe, eine derartige Dummheit zu vermeiden. (Die deutsche Sprache ist die einzige Fremdsprache, die Sacharow kennt; und als ihn der Autor dieses Buches in Moskau besuchte, las er gerade *Faust* in der Originalsprache. Doch in gewissem Sinne war Sacharows Schicksal »einzigartig«: »Nicht aufgrund falscher Bescheidenheit, sondern aus dem Wunsch heraus, genau zu sein, möchte ich festhalten, daß sich mein Schicksal als mächtiger herausstellte als meine Persönlichkeit. Ich habe nur versucht, die Ebene zu erreichen, die mir mein Schicksal vorgegeben hat, und dabei der Versuchung einer solchen ›historischen Dummheit‹ zu widerstehen.«

YOE: »Glauben Sie denn an Schicksal?«

SACHAROW: »Ich glaube an fast nichts – abgesehen von dem Gefühl für ein tieferes Verständnis vom Lauf der Dinge. Und zwar nicht nur auf den Lauf der Dinge, die Menschheit betreffend, sondern auf das Universum im ganzen bezogen. Ich glaube nicht an Schicksal als einer Bestimmung. Ich betrachte die Zukunft als etwas Unvorhersehbares und Unbestimmtes. Sie wird von uns allen geformt – Schritt für Schritt in einer endlosen komplexen Interaktion.«

YOE: »Wenn ich Sie richtig verstehe, glauben Sie daran, daß alles nicht vom Wirken Gottes, sondern von den Handlungen der Menschen abhängt?«

SACHAROW: »Hier besteht zwischen den beiden eine Interaktion, jedoch liegt die Freiheit zu wählen in der Hand der Menschheit. Folglich liegt die Bedeutung auf den jeweiligen Persönlichkeiten, die das Schicksal an entscheidende Schlüsselstellen der Geschichte setzt. Das persönliche Schicksal ist zu einem Teil vorherbestimmt und zum anderen nicht. Mehrmals wurde mir die Gelegenheit an der Entwicklung nuklearer Waffen mitzumachen angeboten . . . doch jedesmal lehnte ich ab. Jedoch wurde ich von meinem Schicksal eingeholt . . . Und als ich schließlich zu dieser Arbeit aufgerufen wurde (und wir, ich wiederhole, hielten sie für wichtig und notwendig), ging ich nicht mit Angst an die Arbeit, sondern mit reinem Gewissen und

großem Enthusiasmus. Und so kann ich die andere Seite der Sache nicht verbergen: Ich fand sie sehr interessant. Dieses Interesse ist nicht mit dem zu vergleichen, was Fermi als ›interessante Physik‹ bezeichnet; es wurde vielmehr durch die Großartigkeit des Problems, durch die Möglichkeit zu zeigen, was man kann, hervorgerufen. So sind eben Wissenschaftler. Ich möchte dem hinzufügen, daß sich dies vor dem aufwühlenden Hintergrund der noch immer frischen Erinnerung an einen schrecklichen Krieg abspielte, der gerade eben zu Ende gegangen war. Ich hatte an diesem Krieg nicht selbst teilgenommen, und jetzt begann mein Krieg ... und es war wie im Krieg ... doch diesmal stand ich in der vordersten Reihe. Später witzelte ich sogar, daß, falls man uns ›Goldsterne‹ verleihen würde, so sollten wir als Helden der Sowjetunion geehrt werden [die höchste militärische Auszeichnung] und nicht als Helden der Sozialistischen Arbeiterbewegung, da von uns ein großes Ausmaß an Verantwortung über technische und politische Entscheidungen von allergrößter Bedeutung verlangt wurde. Und das erforderte Tapferkeit von uns.«
YOE: »Waren Sie sich sozusagen bereits der politischen Tragweite Ihrer Forschung, Experimente und Tests bewußt? Wußten Sie, daß Ihre Bombe das politische und psychologische Klima der ganzen Welt verändern würde?«
SACHAROW: »Nicht ganz. Das volle Verständnis dafür kam erst später, ungefähr Mitte der fünfziger Jahre, ungefähr zu der Zeit, als die zweiten thermonuklearen Tests stattfanden. Aber ich möchte noch über unsere psychologische Motivation sprechen ... einmal gestand ich Igor Yevgenyevich (Tamm), wie schwer und quälend es für mich war zu wissen, in was für einem schrecklichen Geschäft wir da tätig waren. Er hörte mir sehr aufmerksam zu,

obwohl ihn meine Worte sehr überraschten. Schließlich wurden wir von der reinen Größe und Bedeutung des Unternehmens überwältigt. Und dies erinnerte mich an die Worte von Eichmann, der in Ekstase geriet, als ihm bewußt wurde, daß ihm und ganz allein ihm, dem Sohn eines einfachen deutschen Dörflers, die Zügel in die Hand gegeben wurden, um solch ein gigantisches Werk durchzuführen ... Diese Erregung und dieser Stolz auf die Großartigkeit der Sache sind ein sehr menschlicher Zug, obwohl ich auch hoffe, daß der Vergleich mit Eichmann nur teilweise zutrifft ...«

Immer noch unzufrieden mit dem Eichmann-Vergleich ging Sacharow an dieser Stelle dazu über, die Sicherheitseinrichtungen des Geländes, auf dem er die Bombe baute, zu beschreiben: »Bis 1953 wurden sämtliche Bauarbeiten auf dem Gelände von Gefangenen ausgeführt. Jedem von uns war klar, daß viele von ihnen schrecklichen Greueltaten und Ungerechtigkeiten ausgesetzt waren. Sicher, wir hatten keine Verantwortung für diese Menschen, jedoch hatten wir es mit deren Vorgesetzten zu tun. Dieser Tatsache kam doppelte Bedeutung zu, so komisch das klingen mag. Einerseits ging es um das Gelingen unserer Arbeit, was es ermöglichte, die Opfer, die damit verbunden waren, zu rechtfertigen. Wir kamen nicht umhin und konnten diejenigen nicht vergessen, die in den Uranminen arbeiteten und in der Dämmerung in Reih und Glied, bewacht von Wärtern und Hunden, unter unseren Fenstern vorbeizogen ... Andererseits war es wichtig darüber zu reflektieren – und was mache ich selbst dabei? Nehme ich nicht an einem Riesenverbrechen teil? Das heißt, es war wichtig, sich diese Fragen zu stellen, um die eigene Handlung nicht als kriminell anzusehen.«

Der Geist von Arthur Rudolf steht im Raum, dem Verwaltungsdirektor der Werner-von-Braun-V-2-Fabrik in Peene-

münde im Zweiten Weltkrieg! Rudolf mußte, 40 Jahre nachdem er mit dem Rest des Braun-Teams von Raketenforscher auf Einladung der amerikanischen Regierung (Operation Büroklammer) gekommen war, die Vereinigten Staaten fluchtartig verlassen, als man ihn der Sklaventreiberei in Peenemünde zu überführen drohte.
An diesem Punkt kam Sacharow in dem Interview logischerweise auf das Problem von Gut und Böse zu sprechen:
SACHAROW: »Hierzu fällt mir ein Auszug aus Brechts *Leben des Galilei* ein. In dem Stück sagt ein Student: ›Unglücklich ist das Land, das keine Helden hat‹, doch Galileo erwidert, ›Nein! Unglücklich ist das Land, das Helden braucht‹.«
YOE: »Und unser Land?«
SACHAROW: . . . hat immer Helden gebraucht. Aber neben den Helden hat es auch immer Menschen gebraucht, die ihre Würde bewahren, die danach suchen und es schaffen, eine achtungswerte Haltung einzunehmen – in ihrer Arbeit und der konkreten Unterstützung für jemand anderen. So eine Haltung ist im Grunde fast immer möglich. Natürlich war in unserem Land oft genug eine Situation entstanden, in der man gezwungen wurde, sich für das eine oder andere zu entscheiden: Held oder Bösewicht. Doch trotz allem gab es immer Menschen voller Würde.
YOE: »Doch wo verlaufen die Grenzen, um die Würde nicht zu verlieren?«
SACHAROW: »Die Grenze setzt man selbst.«
In einem der beliebtesten Lieder des verstorbenen Vladimir Visotski lautet der Refrain: »Ich glaube nicht an das Schicksal, und ich glaube noch weniger an mich selbst.«
»Doch die Menschen«, sagte Sacharow, »verfügen über eine ganze Skala von Eigenschaften – von ungezügelter Schurkerei bis zur hemmungslosen Selbstaufopferung . . .«

Dies ist es, was der Blick, der sich nach innen richtet, vorfindet. C. S. Lewis schrieb, daß dieser nach innen gerichtete Blick mit einem moralisch erhobenen Zeigefinger jedoch nicht den Charakter aufdeckt. Kein Mensch ist sich seines »Charakters« bewußt, und am allerwenigsten, wenn es um die Einstufung in Gut oder Böse geht. Charakter, das muß er aus sich selbst heraus schaffen; denn in seinem Innern findet er lediglich das rohe Material der Leidenschaften und Gefühle, die um die Herrschaft ringen. Diese allen Menschen zugrunde liegende »Seele« oder »Persönlichkeit«, die den Schriftsteller interessiert, ist für ihn lediglich der Schauplatz, in dem sich die Kämpfenden gegenüberstehen: Es hängt von den Kämpfenden ab, jenen »zufälligen Ereignissen, die dem Wesen widerfahren«, denen er seine Aufmerksamkeit widmen muß. Jedoch wird er nicht weit damit kommen ... wenn er seinen Betrachtungen nicht »Hand und Fuß« im Hegelschen Sinne verleiht.

Im folgenden ist dargestellt, was Sacharow unter Hegels leitender Hand versteht: »Dies ist ... daß der Ursprung für den Konservatismus des tugendhaften Durchschnittsbürgers darin liegt, daß sich die Gesellschaft nur langsam ändert. Ich möchte es sogar noch mehr auf den Punkt bringen und sagen: daß sie sich nur langsam zum Guten hinwendet. Zum Schlechten hin kann sich die Veränderung sehr schnell vollziehen. Und es ist äußerst schwierig, die Bewegung einer Gesellschaft zu korrigieren, wenn sie sich bereits auf dem Weg nach unten befindet. Wenn sich unsere Mitbürger, selbst wenn sie noch sehr jung sind, im wahrsten Sinne des Wortes daran klammern, daß der Gedanke an eine Karriere um jeden Preis erstrebenswert ist, dann ist das schon ein Alarmzeichen; und zwar der höchsten Stufe. Denn die Bereitschaft, jeden Preis dafür in Kauf zu nehmen, zeugt bereits von seinem Wesen her von einer tiefgreifenden Diskriminierung und Gleichgültigkeit anderen gegenüber – bzw. jedem gegenüber außer einem selbst. Unglücklicherweise ist diese Tendenz in unserem Lande weit verbreitet. Sie kann nur sehr langsam abgeschafft werden. Die Hauptgefahr liegt sogar darin, daß es sich vielleicht als unmöglich herausstellen wird, dieser Tendenz ein für allemal Einhalt zu gebieten.«

YOE: »Was ist Ihrer Meinung nach, in diesem Fall, der mächtigste und zersetzendste Faktor? Schließlich war der moralische Zerfall der Gesellschaft (und innerhalb der Gesellschaft) bis jetzt langen und quälenden Diskussion in unserem Land ausgesetzt . . .«

SACHAROW: »Das gefährlichste für die Jugend in unserem Land ist die Lüge, die soziale Heuchelei. Wenn jeder lügt – die Gesellschaft, die Jugendleiter, die Eltern . . . und dies geht nun schon seit langem so, dann kann dies als Grund dafür angegeben werden, daß diese Gesellschaft in einem gewissen Maße krank ist: Sie ist von der Lüge vergiftet worden.«

Kurzum, das hier zitierte Interview ist eine Predigt. Eine Laienpredigt, die die Religion im staatsbürgerlichen Sinn auffaßt (denn die Sowjetbürger entdeckten, daß die Religion einen tiefen gesellschaftlichen Sinn enthält). Dies ist gute Staatsbürgerschaft im Sinne der »low Church«. In der Tat war Sacharow ein Verteidiger des Christentums. Er arbeitete von einer säkularisierten Basis aus (aus der Notwendigkeit heraus, im Gegensatz zu C. S. Lewis, der wählen konnte). Seine Gedanken zu ethischen Fragen basierten auf der Grundlage der westlichen Philosophie des Idealismus. Die Betonung der Entwicklung der Persönlichkeit und das Bestehen auf der Würde des Individuums erinnern stark an Hegel, wie bereits schon früher in diesem Buch erwähnt wurde: »Das Individuum kann daher nicht wissen, was es ist, eh es sich durch das Tun zur Wirklichkeit gebracht hat . . . Talent ist gleichfalls nichts anderes als die bestimmte ursprüngliche Individualität, betrachtet als inneres Mittel, oder Übergang des Zwecks zur Wirklichkeit.« Sacharows These der breitesten Spannung individueller Veranlagung von uneingeschränkter Schurkerei bis zu uneingeschränkter Selbstaufopferung und der Kampf, den die bewußte Gegenüberstellung dieser beiden bedeutet – kommt geradewegs von Hegel. Der überraschende Einfall, Sacharow und Eichmann nebeneinander zu stellen, ist kein Zufall. Es bedurfte seiner Mittäterschaft beim Bau der Wasserstoffbombe, dieser schrecklichsten aller Waffen, um die Entscheidung zwischen Held und Schurken zu erzwingen und Sacharow zu dem zu machen, der er ist. Um Sacharow zu werden, mußte er durch seine »Eichmann«-Phase gehen, in der er in einem Meisterstück der Rechtfertigung sich so mobilisierte, daß sein Tun nicht verbrecherisch erschien.

Das Wort »mobilisiert« im obigen Zusammenhang ist entscheidend, denn Sacharows Dienste gegenüber dem Staat fanden zu einer Zeit statt, als der kalte Krieg seinen Höhepunkt erreicht hatte. Es herrschte kein Krieg, doch für Sacharow war es sein Krieg. Um zu überleben, mußte er an das glauben, woran er gerade arbeitete. Er nahm die ungeheuere Verantwortung auf sich, und dies brachte ihm nicht nur Privilegien, sondern auch Rechte ein. Rechte, um deren Anerkennung selbst die sowjetische Partei nicht umhin kam, schließlich hatte er dem Staat gegenüber einen Dienst erwiesen, und das wußten sie. In seinem Kampf mit der Partei mußte er seine Rechte, wie sich herausstellte, alle seine Rechte aufgeben. So gesehen stellte Sacharow eine Ein-Mann-Opposition dar. Doch in Wirklichkeit war er nicht allein: Er war der eigentliche Mittelpunkt und sammelte die gesamte Opposition um sich. Auf dem Hintergrund von Sacharows hartnäckigen Insistieren auf einer umfassenden und ausgiebigen Offenlegung der sowjetischen »Vergangenheit und Gegenwart« – der KGB Archive et al. – zeichnet sich ein Mann ab: Alexander Solschenizyn. Neben vielen anderen Dingen hatte Sacharows Insistieren eine Historiographie der Sowjetunion zur Folge: Eine Aufgabe, die (aufgrund der Masse an ernüchternden Material und dem damit verbundenem Widerstand bei der Herausgabe) komplizierter und quälender war, als die kaum begonnene Geschichtsschreibung über das Dritte Reich und seine Nachwirkungen in Deutschland. Wie kam es zu dem Bruch, der den sowjetischen Kommunismus von der Wirklichkeit trennte? Es begann formell mit der These des »Sozialismus in *einem* Land«. Das war der Anfang einer gut vorbereiteten und konsequent durchgeführten Isolierung der Sowjetunion – die Quarantäne des sowjetischen Experiments. Das Grundprinzip dieser Quarantäne war, ideale Bedingungen für das Experiment zu schaffen und es von ausländischen Einflüssen freizuhalten. Kontrolle wurde nicht um ihrer selbst willen eingeführt, sondern um die Durchführung des Experiments zu sichern und ihm jede mögliche Erfolgschance zu geben. Aber es gab noch andere Gründe. Zum einen die marxistische Ablehnung des Kapitalismus. In seiner Ablehnung war Marx gezwungen, ganze Wissensgebiete als Teile des Systems der bürgerlichen Unterdrückung über Bord zu werfen. Viele dieser Gebiete waren wesentliche Bestandteile der traditionellen Grundlagen der Geistes- und Naturwissenschaften, das begann mit den »konventionellen« Wirtschaftswissenschaften und endete mit der Philosophie. Timofejew betont immer wieder, Stalin habe ganz eindeutig erklärt, daß er nicht nur irgendeine Art von Produktivität wolle (»Wir können nicht jede Art der Produktivität, die die menschliche Arbeitskraft hervorbringt, gebrauchen.«). Es mußte Produktivität sein, die auf den Regeln der sozialistischen Kollektivarbeit beruhte.

Schließlich war von Anbeginn des Experiments die Hauptabsicht nicht die Produktion, sondern die Schaffung des »neuen Sowjet-Menschen«. Und dies erforderte die Vernichtung des alten Nicht-Sowjet-Menschen, des Bürgerlichen und all dessen, wofür es stand. Daher auch der detaillierte, einengende Katalog an Verboten und Vorschriften, wie Dinge in der Sowjetunion und den Satellitenstaaten *nicht* getan werden sollen.
Mit dem Vorhaben, eine utopische Alternative zum bürgerlichen Kapitalismus herzustellen, schuf die Sowjetunion ein System, in dem der Mensch nicht länger gut sein mußte, er hatte ganz einfach keine Wahl mehr, sich für das Böse zu entscheiden. Da sie die Versuchung abschafften, indem sie die freie Wahl beseitigten, beseitigten die Sowjets auch den freien Markt und führten verwirrende Kontrollmaßnahmen ein, um dessen bleibende Abwesenheit zu sichern. Bereits im Jahre 1739 hatte David Hume erkannt, wie wichtig der freie Markt für die menschliche Aktivität ist: Der freie Markt ermöglichte es, »eine Dienstleistung anderen gegenüber zu erbringen, ohne sie als reine Gefälligkeit zu betrachten«, selbst dann, wenn der Empfänger der Transaktion dabei unbekannt bleibt. So ist der Handel »zum Vorteil der Allgemeinheit, obwohl es vielleicht gar nicht in der Absicht des anderen lag«, denn es liegt doch in der Natur des freien Marktes, daß sich selbst die »Interessen eigennütziger Leute für die Allgemeinheit gut auswirken.« Statt dessen fixierten sich die Kommunisten auf die zentrale Kontrolle und machten sie zum Fetisch. Diese Idee stammte direkt von Descartes fataler Vorstellung ab, daß »ein alles umfassender Wille zum Gemeinwohl der Ursprung von absoluter Ordnung sei«. Dadurch entstand eine Maschinerie in der Produktion und Bürokratie, die sich als viel zu schwerfällig und unpraktikabel erwies, um auf spontane Strömungen des gerade vorherrschenden Ge-

schmacks, der in Mode war, eingehen zu können. So machte in den sechziger Jahren eine spöttische Bemerkung, die Produktqualität betreffend, die Runde, nämlich daß der Kardinalfehler der Begründer des Kommunismus darin bestand, daß sie es versäumten, die Strafe für Konsumverweigerung zu kodifizieren.

Darüber hinaus gab es das philosophische Problem, das Marx von Hegel übernahm, nämlich wie die Dichotomie zwischen Subjekt und Objekt, zwischen Theorie und Praxis überwunden werden könne (dies führte so weit, die Neutralität des Beobachters zu leugnen, welche Absichten er auch immer hatte: »Man ist entweder ein Teil der Lösung oder des Problems!«) Das war wiederum der Spiritus rector des sozialistischen Realismus, der den Künstler zu einer »wahrheitsgetreuen, historisch-konkreten Darstellung der Wirklichkeit *in ihrer revolutionären Entwicklung*« (Hervorhebung durch den Autor) aufforderte. Dazu ein Zitat von Radek: »Wir sollten alle Phänomene herausstellen, die zeigen, wie das System des Kapitalismus zertrümmert wird und wie (gleichzeitig) der Sozialismus wächst . . .« Der Künstler als Anführer. Für die Allgemeinheit aber gab es die Doktrin der Parteizugehörigkeit als Grundvoraussetzung zum wirklichen Begreifen des Kommunismus. Mit all diesen Faktoren, die in der Isolation wirksam wurden – ungestört von der Realität (wodurch auch der positive Einfluß ausgeschaltet war) –, war der Mechanismus für die Schaffung von Mythen vorgegeben und konnte innerhalb kürzester Zeit auf Hochtouren laufen.

Der ausschlaggebende Faktor für die Isolierung der Sowjetunion war sicherlich die Tatsache, daß die Kommunistische Partei nur innerhalb ihres eigenen Gebildes mit ihren eigenen Gesetzmäßigkeiten unfehlbar ist. Gleichermaßen kann die Utopie nur auf der Grundlage ihrer eigenen Bedingungen verwirklicht werden, und die einzige Möglichkeit, solche Bedingungen in die Wirklichkeit umzusetzen, ist, eine bestimmte Realität vorzutäuschen und diese Realität von der Außenwelt zu isolieren. Es war wie der Schuß eines Pfeiles in eine weiße Wand, auf die man dann eine Zielscheibe um den Einschuß malte, damit man Anspruch auf einen Volltreffer erheben konnte.

Innerhalb dieser kategorischen Beschränkungen endeten die Bemühungen der Partei, ein Intensivprogramm zu erstellen, in einer wortgewaltigen Übung der Selbsttäuschung. Wie sonst kann man die Verantwortungslosigkeit der »herrschenden Klasse« – wie Timofejew sie bezeichnet – in bezug auf die Wirtschaftspolitik rechtfertigen?

Wie sonst ist die haarsträubende Dummheit zu erklären, mit völlig utopischen Behauptungen Rekorde in einem derart wichtigen Dokument wie dem offiziellen Parteiprogramm zu proklamieren?

Die betreffende Stelle im Parteiprogramm lautet folgendermaßen: »Im kommenden Jahrzehnt (1961–1970) wird die Sowjetunion durch die Schaffung der materiellen und technischen Grundlage im Kommunismus das mächtigste und reichste Land des Kapitalismus – die USA – bei der Pro-Kopf-Produktion übertreffen; das materielle Wohlergehen sowie das kulturell-technische Niveau der Arbeiter wird sich erheblich verbessern, jeder wird eine ausreichende Menge an materiellen Gütern zur Verfügung haben; alle Kolchosen (= landwirtschaftliche Kooperativen) und Sowchosen (= staatliche landwirtschaftliche Betriebe) werden in sehr produktive und rentable Unternehmen umgewandelt; im großen und ganzen werden die Bedürfnisse der Sowjetbürger nach gutgebauten und komfortablen Wohnungen befriedigt; es wird keine schwere körperliche Arbeit mehr geben; die UdSSR wird das Land mit dem kürzesten Arbeitstag werden.«

Natürlich trat nichts von dem ein. Ganz im Gegenteil, die überzogenen Aussagen der Partei dienten nur dazu, die tiefe (und immer noch wachsende) Kluft zwischen Ziel und Realität aufzuzeigen und hervorzuheben. Letztendlich beschränkte sich die Partei darauf, den Kommunismus und seine Durchführung zu proklamieren – allem Anschein des Gegenteils zum Trotz. Diese verwerfliche Versponnenheit war gleichbedeutend mit dem Eingeständnis, versagt zu haben.

Zweiundzwanzig Jahre später, im Jahre 1983, ging Juri Andropow die Partei hart an, was den Inhalt ihres Parteiprogrammes und die damit verbundenen Anforderungen anbetraf. Er erklärte, daß »einige der Beschlüsse« des Programms von 1961 »der heutigen Zeit nicht länger standhielten«, da sie »realitätsfremde Elemente enthielten oder der eigentlichen Notwendigkeit entbehrten und eine ungerechtfertigte Ausführung« verlangten. Das gegenwärtige Parteiprogramm (welches schließlich im Jahre 1986 herauskam) ist dagegen eher ein vergleichsweise nüchternes Dokument, das die Schwierigkeiten hervorhebt, denen sich die Partei immer noch gegenübersieht und die Notwendigkeit großer Disziplin unterstreicht.

Wenn Fortschritt eine direkte Bedeutung hat in dieser Welt, so doch durch die fortschreitende Entwicklung verfeinerter Mittel und Wege, mit denen die sich ansammelnden Zeugnisse des Lebens geprüft werden. Wir lernen mehr über die Vergangenheit, indem wir voranschreiten und sich die Zukunft vor uns ausbreitet.

Doch die Menschheit ist mit ihrer Vergangenheit unlösbar verbunden.

Die Vergangenheit kann nicht verändert, sondern nur neu interpretiert werden. Ein Erbe ist eine besondere, angewachsene Interpretation. Auch das Erbe kann nicht verändert werden; es kann nur neu interpretiert werden. Ein

Erbe ist nicht zu ersetzen, da nur der eigentliche geschichtliche Prozeß Werte hervorbringt. Das Neue Testament ist in seiner Quintessenz eine neue Auslegung des Alten Testaments. Als solches machte es das Judentum allgemein gültig. Hierin liegt die Bedeutung von Luthers Auslegung des Wortes »Veränderung« in seinem tiefsten seelisch-geistigen Sinn des griechischen Wortes μετάϑοια im Gegensatz zu der lateinischen Auslegung, die es mit der eher harmlosen und nur teilweise zutreffenden Entsprechung »Reue« abtut. Johannes der Täufer sagte nicht »Bereut!« zu seinen Anhängern. Er sagte vielmehr »Ändert euere Einstellung – für immer! Werdet andere Menschen!« Er sagte all dies durch ein Wort: μεταγοεῖτε. Und um dem ganzen Nachdruck zu verleihen, zitierte er den Propheten Jesaja (Isaias), der das Volk Israel wegen seiner ausgeprägten Korruption verdammte.

Der herausragende Aspekt von Luthers Entdeckung war der jesajaische Gedanke über die Käuflichkeit der Kirche durch den Ablaßhandel, der sanktionierten hochentwikkelten Form des Geldeintreibens für die Vergebung der Sünden: Sündenerlaß gegen Geld. Dies war der Gipfel der Korruption. Jesajas Beschuldigungen gegen das Volk Israels wurden von Luther wieder aufgenommen in seiner Anklage gegenüber der Kirche. So gesehen hatte das Luthertum eine belebende Wirkung auf das gesamte Christentum.

Auch die Art und Weise, in der sich Luther und Galilei gegenseitig ergänzten, ist bedeutsam. Als Luther der Kirche das Monopol der Bibelauslegung absprach, ermöglichte er die allgemeine Verbreitung, indem er die Möglichkeit zur Interpretation jedem zugänglich machte. Galilei verstärkte diese Bewegung durch die Erfindung und Anwendung immer verbesserter Mittel, um Erscheinung und Substanz des Lebens zu erforschen. Sicherlich gab er dem Verlauf der

Säkularisierung einen ausschlaggebenden Impuls. Jedoch kann die Säkularisierung als der umgekehrte Beweis einer religiösen Umklammerung angesehen werden. Es war die Besorgnis der Kirche, die sich dieses Aspektes, der Geburt des Christentums aus dem Judentum voll bewußt war und Bedenken gegen eine neue Auslegung hatte, die zu der Verfolgung von Galilei und der Unterdrückung seiner Forschungsarbeiten führte. In der Folge von Robert Oppenheimers Alamogordo und seinen Konsequenzen entdeckte Sacharow das Geheimnis des »Sonnenphoenix«, einer spontanen Energiereaktion, ähnlich derjenigen, die im Sonnenkern stattfindet. Und dadurch fand er den Zündmechanismus für die gewaltigste und zerstörerischste Kraft, die diese Welt kennt. Die enorme Tragweite der Entdeckung und des Ausbaus der Kernreaktion brachte zwangsläufig eine neue Interpretation des Schicksals der Menschheit mit sich. Es ist eine, die voll und ganz übereinstimmt mit der Auslegung, die in Galiläa vor zweitausend Jahren gemacht wurde (jedoch ist dies ebenfalls eine Sache der Interpretation).

Der Marxismus ist andererseits keine Neuinterpretation des Christentums, sondern die Negation davon. Es ist mehr (oder weniger) als das. Es ist auch eine Negierung des Verlaufs der Geschichte der Menschheit, von Sokrates wie von Jesus Christus. Tatsächlich war Marx also gezwungen, das gesamte ethisch-ästhetische Erbe von Juden und Christentum über Bord zu werfen und die Tradition der griechisch-römischen Klassik mit ihm.

Wie schon erwähnt, ist ein Erbe unersetzlich, außer man verfährt wie das amerikanische College im Mittleren Westen, wo einfach angekündigt wurde, daß »es von Montag früh an Tradition ist, daß Studenten im Innenhof des Colleges Roben zu tragen haben«. Wenn man die Art und Weise, wie die sowjetischen Kommunisten versucht haben, das ganze kulturelle Erbe der Menschheit zu ersetzen, als ein großes Unterfangen bezeichnet, erweckt man den Eindruck, sich lustig zu machen, aber es zeigt zumindest die unbewußte Frivolität, mit der die Sowjets versuchten, das ganze »System der Bourgeoisie« umzustoßen.

Der Marxismus war ein Bruch in der kontinuierlichen Entwicklung der Menschheit durch die Jahrhunderte. Es hat sich herausgestellt, daß der Bruch kein neuer Aufbruch, sondern ein Zusammenbruch war.

In der Mitte des Jahres 1988 feierte die sowjetische Regierung, höchst offiziell, das tausendjährige Jubiläum der Christianisierung Rußlands und erlaubte bei dieser Gelegenheit den einmaligen Import von eineinhalb Millionen Bibeln in russischer Sprache. Ein ganzes Jahr vor dieser Jubiläumsfeier, doch mit einer Verzögerung, die sich über mehrere Jahrzehnte hinzog, hat Jewgeni Jewtuschenko dagegen protestiert, daß im Verlag GOSIZDAT, dem staatlichen Verlag, nie eine Bibel verlegt wurde, »ohne deren Kenntnis die klassische russische Literatur nicht verstanden werden kann«.

Die Welt hat den Kampf zwischen dem letzten großen Kolonialreich, der Sowjetunion, und dem ersten großen Anti-Kolonialreich, den USA, verfolgt. Wenn »Anti-Kolonialreich« ein Widerspruch in sich ist, dann liegt es daran, daß Amerika ein Widerspruch in sich ist. Denn sowohl Anti-Kolonialismus als auch Anti-Klerikalismus oder Anti-Irgendwas nimmt unweigerlich viele der Merkmale dessen an, was es zu zerstören sucht. Jedoch wirkt die »liebenswerte Inkonsequenz«, mit der die USA als Weltmacht ihre Ziele verfolgen, versöhnlich. Nicht umsonst beschrieb H. L. Mencken die größte Nation der Welt als »die einzige Comic-Gesellschaft in der Geschichte«.

Folglich war der Kampf zwischen den beiden Supermächten auch eine globale Konfrontation zweier internationaler

Mächte. Mit Hilfe ihrer riesigen Bodenschatzvorkommen und ihrem großen Potential an Arbeitskräften, unterstützt von der berauschenden Doktrin des Marxismus (Kommunismus ist das Opiat der Atheisten und Agnostiker), versuchte die Sowjetunion, eine internationale Ordnung nach ihrer eigenen Vorstellung festzulegen. Amerika, in seiner völlig gegensätzlichen Art, in seiner lockeren, weniger organisierten, aber lebendigeren Manier versuchte, die Sowjetunion und ihre Satelliten in eine mehr oder weniger demokratische Ordnung innerhalb der säkularisierten Tradition der jüdisch-christlichen Ethik zu bringen. Dies ist die empiristische Philosophie, deren Vertreter sich von Roger Bacon über Hobbes, Locke, Hume, Burke und der österreichischen Schule der Ökonomie bis zu F. A. Hayek erstrecken. Es ist eine Philosophie, die auf Evolution besteht und die Revolution als einen kriminellen, kostspieligen und blinden Fehltritt mißbilligt. In den letzten vierhundert Jahren ähnelte diese Einstellung unterschwellig einem Leitmotiv der Überprivilegierten. Es ist eine Philosophie des Establishments, der genau und wohldurchdachten Rechtfertigung des Privatbesitzes. Jedoch ist die Meinung einer Elite per Definition die Meinung einer Minderheit und daher auf Dauer verwerflich: das kommunistisch-sozialistische Ideal obgleich unmenschlich ist human, und das kapitalistische Ideal obgleich menschlich ist inhuman. Oder wie Hayek es ausdrückt: »Die Evolution kann nicht gerecht sein.« Die Linke wird nicht einfach deshalb verschwinden, weil sich die Rechte als richtig und die Linke als falsch herausgestellt hat.

In der Tat, da das Ungleichgewicht so hoffnungslos groß ist, scheint die Linke mehr als nur human. »Der Erfindungsgeist der Menschen«, schrieb Hayek, »trägt so viel zur Formation über individuelle Strukturen bei, in denen der einzelne große Chancen findet, so daß die Menschen

zu der Vorstellung gelangen, daß sie sowohl das Ganze, als auch Teile davon, bewußt gestalten könnten ... Obwohl dies ein Irrtum ist, so ist es doch ein erhabener, ein, um es in (Ludwig von) Mises Worten auszudrücken: ›Grandioser ... ehrgeiziger ... großartiger ... gewagter‹.« Kurzum handelt es sich um den Trugschluß des Humanismus in seinem ganzen trügerischen Glanz.
Der sowjetische Versuch scheiterte ganz offensichtlich. Er scheiterte deshalb, weil sich Marx – trotz seines Genius – den Mythen verschrieben hatte. Und »keine Legende ... ist sicher vor der hermeneutischen Methode eines gründlichen mythologischen Theoretikers« (Tylor). Er war das Gegenteil eines Wissenschaftlers und hatte kein Verständnis für die Wirtschaftswissenschaften. Man könnte sagen, er war ein »Anti-Wirtschaftswissenschaftler«.
Der »grausame Aberglaube« des Kommunismus gründete sich auf der falschen Auslegung des historischen Ablaufs, dem willentlichen Mißverstehen der Prinzipien, die innherhalb der Gesellschaft wirksam sind. In der Praxis handeln die Marxisten-Leninisten genau falsch, wenn sie Politiker berufen, die Konzerne zu übernehmen, wohingegen die Kapitalisten hervorragende Unternehmer in die Regierung berufen. Mit dem Ergebnis, daß die Sowjets aus rein ideologischen Gründen seit fast siebzig Jahren versuchen, eine Anti-Wirtschaftspolitik zu betreiben. Sie hatten Erfolg, für den Preis des Bankrotts auf ganzer Ebene. Der von der Partei dazu ernannte Konservator dieses Bankrotts ist Michail Gorbatschow. Die Betonung in dieser Darstellung liegt auf dem Wort *Konservator*. Gorbatschow hat ausreichend klargemacht, daß er die Sowjetunion innerhalb ihrer gegenwärtigen territorialen Grenzen erhalten will. »Mit der Stärke der Sowjetunion ist nicht zu spaßen«, erklärte er Anfang April 1989 Hans Jochen Vogel gegenüber in Bezug zu den Unruhen in Georgien. Und in der Tat: Am

10. April 1989 wurde durch die Unterschrift Michail Gorbatschows ein Erlaß veröffentlicht, in dem die Artikel 7, 7–I und II–I aufgenommen wurden. Diese ersetzen die berüchtigten Artikel 190–I des sowjetischen Strafgesetzbuches, in denen die Bestrafung bei Verleumdung der sowjetischen Regierung und ihrer Unternehmen festgelegt war. Statt der erhofften Milderung stellt der neue Erlaß aber eine Verschlimmerung dar (statt »Verleumdung« wurde der allgemeinere Begriff »Diskredit« eingeführt.) Wie sich diese drastische Maßnahme mit der Politik von Glasnost vereinbaren läßt, ist fraglich; es besteht aber keine Frage über die Absicht dieses Erlasses. Es soll den Schaden wiedergutmachen, der durch Glasnost in der Sowjetunion entstanden ist, durch die Aufrechterhaltung des allgemein anerkannten Grundsatzes, welcher das Dilemma der Sowjetunion zusammenfaßt: »Zwischen den Menschenrechten und dem Nationalitätenproblem besteht eine wichtige Beziehung.« Tatsächlich war es wieder der gleiche alte Ablauf, durch Ausrufung eines nationalen Notstandes, sich diesen Notstand zunutze und zur bleibenden Einrichtung in der sowjetischen Gesellschaft zu machen. Es bestand nicht länger die Notwendigkeit, akute revolutionäre Dringlichkeit zu simulieren; die Dringlichkeit bestand wirklich, diesmal ausgelöst durch das Nationalitätenproblem – dank Glasnost. Für Sacharow blieb immer noch viel zu tun. In diesem Sinne erwies sich das Wiederaufleben des Nationalitätenproblems als ein Vorteil.

Der Versuch Amerikas andererseits ist gelungen; gelungen deshalb, weil eine kommerzielle Romantik dahintersteckt, deren einzige Vorbedingung die Freiheit ist. Sie nutzt einerseits unbewußt die Macht der Gewohnheit, andererseits wird sie jedem nur vorstellbaren wirtschaftlichen Impuls gerecht – und zwar deshalb, weil sie die Maschinen vergöttert.

Dem kommunistischen »neuen Zenturio« (Parteifunktionär niedrigen Ranges) haben die Amerikaner den »neuen Zentaur« gegenübergestellt – nicht eine Kreuzung zwischen Mensch und Pferd, sondern eine Kreuzung zwischen Mensch und Pferdestärken, zwischen Mensch und Maschine. Der neue »Supermensch« in der imaginären Vorstellung der Amerikaner ist halb Mensch, halb Maschine – eine Entwicklung, die mit dem Fortschritt auf dem Gebiet der Humanmedizin vergleichbar ist, wo es kein Problem mehr darstellt, menschliche Organe durch künstliche zu ersetzen oder ihre Funktion mit Hilfe von Apparaten aufrechtzuerhalten. Das war die Crux, der vorhersehbare Kompromiß bei dem Urdrang der Menschheit, Maschinen wie Menschen und Menschen wie Maschinen zu machen.

Plötzlich, im Sommer 1989, begann der Zerfall der osteuropäischen Verbündeten der Sowjetunion. Im Juni wählten die Polen zum ersten Mal seit fünfundvierzig Jahren ihre erste nichtkommunistische Regierung (während dessen Verlauf sich die kommunistische Partei Polens auflöste). Dann geschah im August ein Ereignis, das so unglaublich wie unvorhersehbar war: Die Berliner Mauer fiel in Ungarn. Eine »sozialistische« Regierung (die kommunistische Partei Ungarns war mitten im Wiederaufbau eines Mehrparteiensystems) brachte den »Eisernen Vorhang« zu Fall, indem sie erst ein Auge zudrückte, als DDR-Touristen scharenweise in den Westen flohen, und schließlich den gesamten Stacheldrahtzaun für Zehntausende von DDR-Touristen durchschnitten, die aus Ungarn über Österreich nach Westdeutschland strömten. Einige Wochen danach gingen sie auch schon über die tschechische Grenze nach Westdeutschland. In einem Akt der Verzweiflung öffnete das DDR-Regime seine Grenzen und verlor täglich Tausende, die nach Westdeutschland übersiedelten. Die Öffnung half nichts. Gegen Ende des Jahres waren

mehr als 350 000 DDR-Bürger, nahezu alle unter 40 Jahre alt und die Hälfte davon Kinder, fest nach Westdeutschland übergesiedelt. Der Strom der »Übersiedler« hielt weiter mit durchschnittlich mehr als 1500 am Tag an. Ende November trat die DDR-Regierung geschlossen zurück und wurde geschlossen krimineller Machenschaften beschuldigt. Die ersten offenen Wahlen wurden für den kommenden Mai angesetzt.
In einer nicht weniger spektakulären Manier entledigte sich die Tschechoslowakei ihrer Kommunisten in der Regierung, erst einzelner Personen, dann in deren Mehrzahl. In dem Bemühen, dem Unvermeidlichen zuvorzukommen, entfernte die Kommunistische Partei Bulgariens den alternden Todor Zhivkow von seinem sicheren Platz im Regime, schlossen ihn (und seinen Sohn) von der Partei aus und beschuldigten ihn letztlich krimineller Vergehen. Schließlich kam es Ende Dezember zu einem Blutbad, in dem eine noch immer nicht feststellbare Zahl (vermutlich etwas mehr als hundert) an Menschen umkamen, als das rumänische Volk das Ceausescu-Regime stürzte und im Verlauf der Auseinandersetzung den Diktator und seine Frau faßten und exekutierten. So kam es, daß sich, innerhalb von sechs Monaten, die europäischen Verbündeten der Sowjetunion – bis auf einen – mit einem Streich befreiten.
Diese Revolutionen, wie sie richtig bezeichnet wurden, fünf davon vollzogen sich gewaltfrei und nur eine blutig, wurden ausgelöst, weil sie durch die Politik von Glasnost und Perestroika, wie sie zum Beispiel in der Sowjetunion propagiert wurde, abgesichert und durch Staatsbesuche Michail Gorbatschows vorher ausgebaut worden waren. Und doch wurde das *Leitmotiv* der Bewegung, nämlich der Verzicht auf politische Vormachtstellungen der Kommunisten, von Gorbatschow rundherum in einer Auseinandersetzung mit dem Volksdeputierten Andrej Sacharow

während einer im Fernsehen übertragenen Sitzung des Kongresses am 13. Dezember 1989 abgelehnt. Obwohl alle Regierungen, die die ehemaligen sechs kommunistischen Regimes in der zweiten Hälfte des Jahres 1989 ablösten, diesen Verzicht akzeptierten. Am nächsten Tag hielt Sacharow seine letzte öffentliche Erklärung vor Mitgliedern der interregionalen Gruppe (einige 100 Vertreter eines oppositionellen Parteiausschusses innerhalb des Kongresses). Er forderte dazu auf, »eine offizielle Opposition zur sowjetischen kommunistischen Partei zu schaffen«, und diese Rede kann als Schlüssel zu Sacharows politischem Testament angesehen werden:

»Ich unterstütze die Bildung einer Opposition. Was bedeutet Opposition eigentlich? Erstens können wir nicht die Verantwortung übernehmen für das, was die Führung derzeit unternimmt. Sie führt das Land in die Katastrophe und dehnt den Prozeß der Perestroika über viele Jahre hinaus.

Sie hinterläßt das Land in einem Zustand, in dem jeder Fortschritt über Jahre hinweg zerstört werden wird. Alle die Pläne, zu einem freien Markt und einer von Perestroika geprägten Wirtschaft überzugehen, haben sich als unrealistisch herausgestellt. Die Unzufriedenheit im Land wächst, und diese Unzufriedenheit verhindert den Weg einer revolutionären Entwicklung.

Der einzige begehbare Weg zu einer revolutionären Entwicklung ist der über die radikale Verwirklichung von Perestroika. Gleichzeitig erklären wir uns zur Opposition und übernehmen die Verantwortung für unsere Vorschläge. Dies ist die Kehrseite des gleichen Begriffs (Opposition), die ebenfalls äußerst wichtig ist.

Zum jetzigen Zeitpunkt befinden wir uns in einem Zustand, der von einer tiefen Vertrauenskrise gegenüber der Partei und der Führung, geprägt ist. Sie kann nur durch entschiedene politische Maßnahmen überwunden werden.

Der Ausschluß des Artikel 6 aus der Verfassung und Artikel, die mit Artikel 6 übereinstimmen, ist ein politischer und kein rein juristischer oder organisatorischer Schritt.*
Dies ist ein politischer Akt von höchster Bedeutung zu dieser Zeit in diesem Land – und nicht ein Jahr später, wenn die Ausarbeitung des Wortlauts der neuen Verfassung abgeschlossen sein wird. Dann wird hierüber kein Zweifel mehr bestehen. Wir müssen den Verlauf der Perestroika jetzt vorantreiben.
Das letzte, um das wir uns jetzt kümmern müssen, ist, die Position unserer interregionalen Gruppe zu sichern. Aber wir haben bereits damit angefangen, das Vertrauen der Menschen zu verlieren.
Die letzte Angelegenheit, die ich ansprechen möchte, ist die, ob politische Streiks dem rechten Flügel gelegen kamen und ob die Formierung einer Opposition das ebenfalls wäre. Ich muß kategorisch beide Aussagen ablehnen. Was in der letzten Woche geschehen ist, ist die stärkste Politisierung dieses Landes. Überall entfesseln sich Diskussionen. Wichtig ist nicht, ob es wenige oder viele Streiks gab. Sie waren ziemlich zahlreich und schlossen Streiks im Donbecken, in Vorkuta, Lvov und vielen anderen Gebieten ein. Aber dies ist nicht von größter Bedeutung. Wichtig ist, daß die Leute endlich ein Mittel gefunden haben, um ihren Willen kundzutun und ihre Bereitschaft, uns politisch zu unterstützen. Und wir dürfen ihre Unterstützung nicht verlieren. Unsere einzige mögliche Antwort ist unsere politische Stellungnahme. Sie brauchen nichts anderes.«
Am 14. Dezember 1989, ungefähr um zehn Uhr abends, starb Andrej Sacharow an einem Herzschlag, zu Hause in seinem Arbeitszimmer. Er arbeitete gerade eine Ansprache aus, die er am folgenden Tag vor dem Kongreß halten

* In Artikel 6 ist die führende Rolle der Kommunistischen Partei verankert.

wollte. Sacharow hatte schon lange vor seinem Exil eine Herzkrankheit, die sich jedoch durch Hungerstreiks, Zwangsernährung und den ganzen nervlichen Zerreißproben in Gorki verschlimmert hatte. Er wußte um seinen Zustand und kalkulierte das Risiko ein, das seine aktive und leidenschaftliche Anteilnahme an der neuen Ära der russischen Politik mit sich brachte. Er war ständig in Sorge wegen der Stagnation von Perestroika und das alarmierende Absinken des Lebensstandards, besonders der mangelnden Versorgung mit Lebensmittel im ganzen Land. Von zweihundert Konsumartikeln, die von der Regierung als Grundausstattung ausgewiesen sind, hat die Bevölkerung lediglich ein Drittel zur »sofortigen« Verfügung. Kurz vor seinem Tod schrieb Sacharow: »Wirtschaftsreformen sollten auf einem grundlegenden Wandel der Eigentums- und Besitzverhältnisse in Landwirtschaft und Industrie basieren . . . Mit derartigen Reformen wurde bis jetzt noch nicht angefangen.« Eher das Gegenteil ist der Fall. An dem Tag, da Sacharow zum letzten Mal im Kongreß erschienen war, gelobte Prime-Minister Nikolai Ryschkow noch den Fortbestand der zentralen Planung und des kollektiven Eigentums des Parteistaats, wie wenn nichts geschehen und alles bestens wäre.

Am 18. Dezember wurde Sacharow bestattet. Zehntausende Moskauer und Vertreter der sowjetischen Führung gaben ihm das letzte Geleit. Michail Gorbatschow sprach der Witwe sogar Worte des Beileids aus und ehrte den Verstorbenen der Öffentlichkeit gegenüber. Jewgeni Jewtuschenko rezitierte ein für diesen Anlaß verfaßtes Gedicht. Aber über das Wochenende hatten Mitglieder der interregionalen Gruppe entschieden, daß sie bis jetzt nicht fähig gewesen waren, dem letzten Aufruf des »in der Geschichte wohl friedfertigsten Rebellen« (Jewtuschenko) nachzukommen und eine offizielle politische Opposition als Herausforderung des Privilegs der Alleinherrschaft der Kommunistischen Partei zu schaffen. Sie erklärten, daß die sowjetische Gesellschaft – im Gegensatz zu der in Osteuropa – noch nicht so weit sei. Sie können damit auch falsch liegen. An seinem Grabstein gelobte Jelena Bonner, die zweimal in zwei Jahren ihr nahestehende Menschen verloren hatte, den Kampf fortzusetzen.

Im Russischen Reich und in der Sowjetunion gab und gibt es so etwas wie einen Adel der Erniedrigten – »der Gedemütigten und Beleidigten«, wie Dostojewski sie nannte –, diejenigen, die von einem Regime der Unterdrückung ausgesondert werden mit dem Ziel, ihren Mut zu brechen, es gibt einen Adel der Leidenden (wie auch eine Arroganz) aufgrund ihrer geschichtlichen Verfolgung. Jelena Bonner, Sacharows Frau und Erbin von fünf Generationen politischer Verfolgung, nimmt in diesem Adel eine hohe Stellung ein.

Als ihre Mutter, Ruth Grigorjewna Bonner, kurz vor Silvester 1987 in Moskau starb, hatte sie fast fünfundzwanzig ihrer siebenundachtzig Lebensjahre in Gefangenenlagern und im Exil zugebracht. Genau gesagt, verbrachte sie acht Jahre davon in der Wärme und Geborgenheit ihres Exils in Amerika mit ihren Enkelkindern und Urenkeln. Und trotzdem war auch damals ihre Qual groß; denn zur gleichen Zeit war Sacharow im Exil in Gorki, während ihre Tochter, Jelena Bonner, zwischen Moskau und Gorki pendelte, bis sie 1985 dazu verurteilt wurde, ihrem Mann ins Exil zu folgen. Als ihre Tochter im Juni 1986 nach sechsmonatiger medizinischer Behandlung (einschließlich Bypass-Herzoperation) von Amerika nach Gorki zurückkehrte, beschloß Ruth Grigorjewna, ihre letzten Tage mir ihrer Tochter und Andrej Dimitrijewitsch in ihrer Heimat zu verbringen. Durch die Freilassung der Sacharows und ihre Rückkehr nach Moskau im Dezember 1986 war dies möglich. Ruth Grigorjewna kam im Juni 1987 wieder nach Moskau. Sie war ein sehr wertvolles Glied der Dissidentengemeinschaft in Moskau. Denn sie besaß all die Würde, die Großmut und Wärme, jedoch nichts von der Arroganz der Leidenden – sie hatte ein großes, reines Herz voller Liebe zum Leben. Sechs Monate dieses Lebens verbrachte sie zu Hause.

Sie wohnte noch keine drei Wochen wieder zu Hause, als ein Spezialbeauftragter bei ihr auftauchte und ihr die Originalbescheinigung ihrer Parteimitgliedschaft aus dem Jahre 1924 zusammen mit einer Wiedereintrittserklärung anbot. Sie lehnte ab.

Ruth Grigorjewna erzählte oft von Andrej Sacharows Zeichnungen und Skizzen, die er zur Unterhaltung der Familie und natürlich vor allem der Kinder angefertigt hatte. Er zeichnete immer Phantasiegestalten, entweder aus der frühen Geschichte – prähistorische Tiere – oder aus der fernen Zukunft – Tiere, die anstelle von Hörnern Hufe am Kopf hatten, weil die Lebensbedingungen auf verschiedenen Sternen und Planeten sie über Jahrmillionen hin so konditionieren würden; all dies zur Verwirrung der Erwachsenen, aber zum hellen Entzücken der Kinder. Offensichtlich hatte ein russischer Astronom einen neuen Stern entdeckt und ihn nach Sacharow benannt. Die Kinder waren sich sicher, daß sie irgendwann einmal auf diesem Stern leben und Sacharows Phantasietieren begegnen würden.

Anhang

Bibliographie

Awtorkhanow, A.: Tekhnologia Vlasti (Die Technologie der Macht), Frankfurt/Main, 1973

Bakunin, M.: Staatlichkeit und Anarchie, Frankfurt/Main-Berlin-Wien, 1972

Berdyaev, Nicolas: The Origin of Russian Communism, London, 1937

Berg, Hermann von: Marxismus-Leninismus – das Elend der halb deutschen, halb russischen Ideologie, Köln, 1986

Berg, Hermann von: Die Analyse der europäischen Gemeinschaft, das Zukunftsmodell für Ost und West, Köln, 1985

Berlin, Isaiah: Karl Marx. His Live and Environment, London-New York-Toronto, 1939

Blumberg, Stanley and Owens: The Life and Times of Edward Teller, New York, 1976

Chargaff, Erwin: Das Feuer des Heraklit. Skizzen aus einem Leben vor der Natur, Stuttgart, 1981

Clebsch, William A.: Christianity in European History, New York, 1979

Cohen, Stephen F.: Bucharin and the Bolshevik Revolution 1888–1938, New York, 1973

Conquest, Robert: Harvest Sorrow. Soviet Collectivization and the Terror Famine, New York-Oxford, 1986

Davis, Nuel Pharr: Lawrence and Oppenheimer, New York, 1968

Ehrenfeld, David: The Arrogance of Humanism, New York, 1978

Einstein, Albert: La Relativité, Paris, 1956

Faye, J. P.: Langages Totalitaires, Paris, 1972

Fireside, Harvey: Soviet Psychoprisons, New York-London, 1979

Fischer, Ernst: Was Marx wirklich sagte, Wien-München-Zürich, 1968

Fischer Ernst/Marek Franz: Was Lenin wirklich sagte, Wien-München-Zürich, 1969

Fölsing, Albrecht: Galileo Galilei, Prozeß ohne Ende, München, 1983

Friedell, Egon: Aufklärung und Revolution, München, 1928

Friedenthal, Richard: Luther, sein Leben und seine Zeit, München, 1967

Fromm, Erich: Haben oder Sein. Die seelischen Grundlagen einer neuen Gesellschaft, Stuttgart, 1976
Fritz, Kurt von: Grundprobleme der Geschichte der antiken Wissenschaft, Berlin, 1971
Grigorenko, Petro G.: Memoirs, New York-London, 1982
Guthrie, W. K. C.: The Greeks and the Gods, Boston, 1950
Hamilton, Alexander/Madison, James/Jay, John: The Federalist Papers, New York, 1961
Hendel, Samuel, editor: The Soviet Crucible. The Soviet System in Theory and Practice, Princeton N. J., 1959
Hemleben, Johannes: Galilei, Hamburg, 1969
Hegel, Georg Wilhelm Friedrich: Phänomenologie des Geistes, Berlin, 1970
Krasnov, Vladislav: Soviet Defectors, Stanford, 1986
Kermode, Frank: Romantic Image, London, 1957
Kochan, Lionel, (Hrsg.): The Jews in Soviet Russia since 1917, Oxford-London-New York, 1978
Koestler, Arthur: The Sleepwalkers, London, 1959
Kolakowski, Leszek: Main Currents of Marxism, 1. The Founder, 2. The Golden Age, 3. The Breakdown, Oxford-New York, 1978
Krasnov, Vladislav: Soviet Defectors, Stanford, 1986
Küng, Hans: Existiert Gott?, München, 1978
Lasky, Melvin J.: Utopia and Revolution, Chicago-London, 1976
Lenin, V. I.: Sotschinjenie, Bände 1–55, Moskau, 1950
Lewin, M.: Russian Peasants and Soviet Power – A study of collectivization –, London, 1968
Lukacs, G.: The Historical Novel, Boston, 1963
Macpherson, O. B.: The Political Theory of Possessive Individualism, Oxford, 1962
Mandelstam, Nadezhda: Hope against Hope, New York, 1976
Marx, Karl: Das Kapital, Berlin, 1969
Moraze, Charles: The Triumph of the Middle Classes, New York, 1966
Morus, Thomas: Utopia, Amsterdam, 1969
Needleman, Jacob: The New Religions – The Meaning of the Spiritual Revolution and the Teaching of the East –, New York, 1970
Nove, Alec: An Economic History of the USSR, Harmondsworth, Middlesex, 1969
Nyomarkay, Joseph: Charisma and Factionalism in the Nazi Party, Minneapolis, 1967
Payne, Robert: Lenin, New York, 1964
Plamenatz, John: German Marxism and Russian Communism, London-New York-Toronto, 1954

Pryce-Jones, Alan, (Hrsg.): The New Outline of Modern Knowledge, London, 1956
Riasanovsky, V. A.: Historical Survey of Russian Culture, New York, 1947
Ringer, Fritz K.: The Decline of the German Mandarins – The German Academic Community 1890–1933 –, Cambridge (USA), 1969
Santillana, Georgio de: The Crime of Galileo, Chicago, 1955
Schapiro, Leonard: The Communist Party of the Soviet Union, London, 1960
Schdanow, A./Gorky, M./Bukharin, N./Radek, K./Stetsky, A.: Problems of Soviet Literature, Moskau-Leningrad, 1935
Sherrard, Phillip: Greek East and Latin West, London, 1959
Spencer, Benjamin T.: The Quest for Nationality, Syracuse, 1957
Spengler, Oswald: Der Untergang des Abendlandes, München, 1923
Stalin, I. V.: Sotschinjenie, Bände 1–13, Moskau, 1953
Stern, Philip M.: The Oppenheimer Case, New York, 1969
Szczesny, Gerhard: The Future of Unbelief, New York, 1961
Teller, Edward: The Legacy of Hiroshima, London, 1962
Theobald, Robert: The Challenge of Abundance, New York, 1961
Trotsky, Leon: My Life, London, 1975
Trotzki, Leo: Über Lenin, Frankfurt/Main, 1964
Waddams, Herbert: The Struggle for Christian Unity, New York, 1968
Wells, H.G.: The Outline of History, New York, 1949
Webb, Wilfred D./Lewis, Edward G./Strauss, William L./ MacDonald, Malcolm H. (Hrsg.): Readings in American Government, New York, 1963
Weber, Max: Methodologische Schriften, Frankfurt/Main, 1968
Weber, Max: Soziologie, Universalgeschichtliche Analysen, Politik, Stuttgart, 1973
Weizsäcker, Karl Friedrich von: Die Tragweite der Wissenschaft, Stuttgart, 1964
Wyden, Peter: Day One – Before Hiroshima and After –, New York, 1984
Voslensky, Mikhail: Nomenklatura, London, 1984
York, Herbert: The Advisors Oppenheimer, Teller and the Superbomb, San Francisco, 1976

Meschdunarodnoje Sluschanje Sakharowa, The Sakharow Hearing Committee, Kopenhagen, 1977; Second Session, Rom, 1979; Third Session, Washington, 1979; Fourth Session, Lissabon, 1983; Fifth Session, London, 1985

Survey, Vol. 29, August 1987 – London, Social and Economic Rights in the Soviet Bloc
Independent Ukrainian Association for Research of National Problems in Soviet Theory and Practice: Russian Bolshevism, München, o.J.
Istoria Kommunistitscheskoi Partii Sowjetskowo Sojusa, Gospolitizdat, Moskau 1959
Samisdat: Chronik eines neuen Lebens in der Sowietunion, Herausgeber: pro fratribus, Koblenz-Mailand 1975
Kontinent: Paris, Jahrgang 1974–1988
U.S. Atomic Energy Commission, Personnel Security Board: In the Matter of J. Robert Oppenheimer (Hearings) Washington, 1954

Register

Acheson, Dean 242
Achmatowa, Anna 172
Agurski, Michail 439
Akhudzhava, Bulat 544
Alexander der Große 101
Alexandra Feodorowna 159
Alexejewa, Lisa 447, 472
Alichanijan 280
Alichanow, Gework 179 f., 320
Allende, Salvador 430
Alvarez, Louis 256
Amalrik, Andrej 399, 415 ff., 422, 459
Anastasia 149
Anderson, Anna 149
Andresen, Øjvind Felsted 448
Andropow, Juri 394 f., 433 f., 465, 516, 554, 570
Anfinsen, Christian 460
Antiphon 21
Apollonios von Perga 23
Arapetjanz 280
Archimedes 20, 25 f., 35, 82
Ariost 34
Aristarchos von Samos 23 f., 26
Aristoteles 21, 35, 45, 51, 65, 129, 551
Armstrong 202
Axelbank, Jay 312, 318 ff., 323, 384, 387, 392 f.
Axelrode 134, 161

Babeuf, Graccus 88
Bacher 219
Bacon, Francis 97
Bacon, Roger 574
Badasch, Semjon 462 ff.
Bagrizki, Wsewolod 324
Bainbridge 220
Balanchine, George 173
Barberini, Francesco 59
Barberini, Maffeo 44, 48 f., 52 ff., 492
Baruch, Löb (s. Ludwig Börne)
Bayle, Pierre 97
Becquerel, Henri Antoine 493
Beethoven, Ludwig van 66, 175
Belinkow 421 f.

Belinski, Wissarion 119 f.
Bellarmin 38, 43, 46 ff., 492
Benediktow, I. A. 282
Beneš, Eduard 332
Berdjajew, Nikolaj 113, 119, 123, 133, 161
Berija, Lawrenti 136, 279, 329, 331
Berlin, Isaiah 77 f.
Berman 280
Bethe, Hans 244
Bismarck, Otto von 77
Blanc, Louis 90, 95
Blanqui, Louis-Auguste 94 f.
Böll, Heinrich 409, 416
Börne, Ludwig 96
Bogdanow 141
Bogoras, Larissa 439
Bohr 207
Bonner, Igor Georgijewitsch 179
Bonner, Jelena Georgijewna 179 f., 320, 323 ff., 375, 387, 389, 394, 396, 407, 432 ff., 438, 440, 446, 448, 464 ff., 472 ff., 486, 488, 490, 527, 535, 554, 582
Bonner, Josef Aramowitsch 145
Bonner, Ruth Grigorjewna 179 ff., 182, 187, 320, 323, 555, 582 f.
Bonner, Tatjana Matwejewna 145, 179 f., 320
Bordeaux, Michael 450
Borden, William Liscum 249 ff.
Borisenko 281
Borissow, Wladimir 390
Born 207
Borodin, Leonid 529
Boscaglia, Cosimo 40
Bradbury 257
Brahe, Tycho 43
Braun, Wernher von 200, 202
Brecht, Bertolt 321, 562
Breschnew 317, 348 f., 356, 365, 386, 479, 516
Brissot 93
Brodski, Josef 446, 524
Brownell, Herbert 250 f.
Bruno, Giordano 38
Bucharin, Nikolaj 158, 176, 190, 198, 358
Bukowski, Wladimir 366, 390, 397, 399, 459
Bulgakow, Michail 65
Bunin, Iwan 173
Burke, Edmund 574
Burns, James 243
Bush, Vannevar 260 ff.
Byrnes, James F. 219, 221 f.

Campanella, Tommasso 54
Cardinale, Claudia 533
Castelli, Benedetto 40, 45 f., 217
Ceausescu, Nicolae 578
Cesi (Prinz) 42
Chadwick, Sir James 211
Chagall, Marc 173
Chaikin, Sol 460
Chambers, Whitaker 236
Chaustow, Wiktor 433, 440 f.
Chevalier, Haaken 237 f., 240, 265
Chochtow 281
Chodorowitsch, Tatjana 481
Chopin, Frédéric 175
Christina (Großherzogin) 46
Chruschtschow, Nikita S. 201, 287 f., 291 f., 297 f., 302, 314 ff., 326 f., 334, 369, 384 f., 452, 479, 516, 520, 522
Churchill, Winston 546
Chwat 199 f.
Clark, Ramsey 457
Clebsch, William A. 119
Clemenceau, Georges 154
Compton, Arthur 218 f., 221 f.
Cortez, Fernando 30
Couve de Mourville, Maurice 223
Cowan, Lester 396
Craig, Andrew 457
Crick, Francis Harry Compton 556

Daniel, Juri 317, 422
Dante Alighieri 34
Danton 159
Davis, Angela 376 f.
Davis, Nuel Pharr 556
Demokrit 75
Denikin 143, 155, 157
Descartes, René 25, 27 f., 79, 82, 161, 567
Dewey 269
Dimschiz, Mark 376 f., 381
Diodati 66
Dirac 207
Djilas, Milowan 392
Dolmatowski, E. 185
Domuchowskaja, Maria Petrowna 30 f., 175, 177
Dornan, Peter 397, 434, 436
Dostojewski, Fjodor Michailowitsch 120, 130, 133, 478, 582
Dreyfus 545
Dschugaschwili, Josef Wissarionowitsch (s. Stalin)
Dserschinski, Felix 144, 149, 160

Efroinson 290
Ehrenburg, Ilja 185
Ehrenfeld, David 491 f.
Eichmann, Adolf 329, 561, 565
Einstein, Albert 212, 244
Eisenhower, Dwight D. 235, 239, 251, 269
Eliot, George 96 f., 491
Eliot, T. S. 67 f.
Eltenton 238
Engelgardt 285 f., 293, 297, 440, 442
Engels, Friedrich 96, 135, 161, 187
Epikur 75 f.
Erasmus 25 f.
Esterhazy, Ernö 448
Euklid 34 f.
Euxodos von Knidos 15
Evans 262
Evans, Mary Ann (s. George Eliot)

Fejnberg, Marina 449
Fejnberg, Wiktor 366, 390, 450
Fermi, Enrico 242, 263, 560
Feshbach 436
Feuerbach, Ludwig 97 ff., 104, 162 f., 525
Fichte, Johann Gottlieb 118
Filofej 114
Finletter, Thomas K. 259, 267, 279
Firenzuola 59 f.
Fisk, James B. 259
Flerow 305
Foscarini 43, 46 f.
Fouché 160
France, Anatole 238
Franck, James 223
Franco, Francisco 209
Friedeburg, von 160
Frisch, Otto 211
Fritz, Kurt von 16
Frolow 397
Fuchs, Klaus 244, 308 ff.
Fuchs, Kristel 308

Gagarin, Juri 202
Galanskow, Juri 318, 385
Galbraith, John Kenneth 243
Gale, Robert 500, 508
Galilei, Galileo 12 f., 27 f., 30 ff., 74, 79, 82 f., 101, 117, 131, 161, 167, 173, 197 f., 201, 217, 220, 245, 255, 398, 474, 492, 556, 571 f.
Galilei, Vincenzo 32
Galitsch, Alexander 429 ff., 445 f.
Galkin 397
Galsworthy 473
Gamow 174

Garrison, Lloyd K. 253 f.
Gell-Mann, M. 311
Gerasimov, Genadi 550
Gerstenmaier, Cornelia 450
Ginsburg, Alexander 318, 385, 457, 459
Gladstone 78
Glusman, Semjon 384 f., 415
Godowin, Igor 307
Goethe, Johann Wolfgang von 26, 129, 131
Gold, Harry 309 f.
Goldberg, Arthur 460
Goldberger, Marvin L. 435
Golem-Stock 446
Golikow 281
Golodnizki, Heinrich (s. Gold, Harry)
Gorbanjewskaja, Natalia 366, 480
Gorbatschow, Michail 113, 488, 509 f., 514, 527 ff., 530 ff., 536, 538 ff., 543, 547–551, 554 f., 575 f., 578, 581
Gorki, Maxim 139, 159, 164 f., 170, 172
Grassi, Horatio 49 f.
Gray, Gordon 253, 261
Grieg, Edvard 175
Grienberger 58
Griggs, David Tressel 258 f.
Grigorenko, Pjotr 136, 331, 366, 369 ff., 384, 415, 459
Grigorjanz, Sergej 541 ff., 544, 549
Gromyko, Andrei 531
Groves 218 f., 221, 239, 249, 307
Greenglass, David 309
Gumiljow, Nikolaj 172
Gusenko, Igor 308
Gustav Adolf von Schweden 48

Hahn, Otto 210 f., 305
Hall, Burton 457
Hammer, A. 171, 508
Handler, Philip 429
Hargreaves, James 87
Harriman, Averill 152
Hayek, F. A. 574
Hegel, Georg Wilhelm Friedrich 75 f., 78, 83 ff., 95 f., 97, 100, 103, 162, 255, 563 ff., 568
Heidegger, Martin 83
Heine, Heinrich 96
Heketaios 15 f.
Herodot 15
Herzen, Alexander Iwanowitsch 124 f., 134
Herzl, Theodor 182, 545
Heydrich, Reinhardt 332
Hicetas von Syrakus 26
Hillenbrand, Martin 377

Himmler, Heinrich 160, 329
Hipparchos von Nicaea 23, 38
Hiss, Alger 236
Hitler, Adolf 111, 118 f., 127, 209, 232, 330 f., 339, 451, 547 f.
Hobbes, Thomas 574
Hölderlin, Friedrich 161
Hoover, Herbert 170, 232
Hoover, J. Edgar 249, 251
Horaz 34
Hull, Cordell 219
Hume, David 567, 574
Huxley, Aldous 266, 270

Ignoli, Francesco 51, 65
Ilf 132
Ionesco, Eugene 450
Iwan III. 114
Iwan IV. (der Schreckliche) 113, 142

Jacoby, Daniel 457
Jagoda 183
Jakir, Pjotr 377, 390, 398 f., 419
Jakowlew 309
Jakowlew, Nikolaj N. 476 ff.
Jakowski, Alexander 386
Jankelewitsch, Efrem 440, 446
Jelzin, Boris 536
Jesaja 571
Jeschow 329, 331
Jewtuschenko, Jewgeni 573, 581 f.
Jofe, Olga 377
Johannes Paul II. 127
Johnson, Louis 243
Johnson, Samuel 212
Joyce, James 311
Judinzew 280

Kaftanow, S. W. 279 ff.
Kamenew 182 f., 198
Kaminskaja, Dina 457 f.
Kandinsky, Wassili 173
Kant, Immanuel 79 ff., 161
Kapiza, Pjotr L. 305, 372 f.
Karinthy, Ferencz 121
Karpowitsch 173
Kasil, Lew 185
Kaul, Friedrich 452 f.
Kean, Edmund 74
Keats, John 30, 101
Keldisch, Mstislaw 295 f., 430
Kennan, George F. 242
Kepler, Johannes 24, 36, 50 f., 68, 173
Keynes, John Maynard 128 f.
Kierkegaard, Sören 117
Kirkland, Lane 460
Kissinger, Henry 436

Kistjakowski, Georgi 173
Koestler, Arthur 49, 56, 59, 62
Kolakowski, Leszek 76, 83, 92, 105
Kolesnikow 466
Koltschak 155, 157
Kolzow, Nikolaj W. 172, 279
Komar, V. 326
Konstantinow 281
Kopernikus, Nikolaus 25 f., 35 f., 43, 47 f., 51, 173
Kornilow 412
Koroljow, Sergej Pawlowitsch 200 ff.
Korsunski, Vladimir 536
Koslow, Frol 316
Koslowski 507
Kossygin 348
Kowalew, Sergej 458, 481
Kreisky, Bruno 429
Krestinski 156
Krussin, Wiktor 399
Kukujem 382
Kun, Béla 154
Kurtschatow, Igor 305 ff., 314
Kusnezow, Eduard 376 f., 381, 433

Lamarck, Jean Baptiste de 283
Lamennais, Hugues Félicité Robert de 117
Landau, Lew 304
Landini 55
Lassalle, Ferdinand 90, 95
Lasswitz, Kurt 19
Lauritsen, Charles 259
Lawrence 221
Leibniz, Gottfried Wilhelm 25, 97
Lenin, Wladimir Iljitsch 95, 113, 132, 134 ff., 145, 147, 149, 153, 156 f., 159, 161 ff., 182, 187, 190 ff., 196 f., 340, 342, 400, 546
Leontowitsch, Michail A. 318, 374
Lessing, Gotthold Ephraim 552
Levi, Herschel (s. Heinrich Marx)
Levin, Harry 68
Lewes, George Henry 491
Lewis, C. S. 563 f.
Lewitin-Krasnow, A. E. 378 f., 450
Lewitsch, Wenjamin 436
Lifschiz, Alexander 373
Ligatschow 531, 555
Litwinow, Maxim 170, 459
Lloyd George, David 154
Lobanow 285
Lobaschew 280, 289
Locke, John 161, 574

Louis, Victor 487
Lubarski 390
Ludendorff 546
Ludwig XVI. 159
Lupinus, Anatoli J. 385 f.
Luther, Martin 25 f., 59, 72 ff., 79, 83, 98, 101, 161, 571
Luxemburg, Rosa 413
Lyssenko, Trofim Denissowitsch 187, 189 ff., 273 ff., 443

MacArthur, Douglas 127
Macdonald, John 457 ff.
Majakowski, Wladimir 141
Malenkow 331
Maljarow, Michail 409 ff.
Malraux, André 238, 265
Mandelstam, Nadeschda 122, 166
Mann, Thomas 552, 558
Mao Tse-tung 336
Marat 159
Marie Antoinette 159
Marshall, George Catlet 215, 217, 222, 266
Martschenko, Anatoli 377, 437, 439, 527
Marx, Karl 75 ff., 100 ff., 116, 129, 133 ff., 140, 153, 161 ff., 187, 192, 196, 521, 566, 568, 572, 575
Masaryk, Tomás 138, 151
May, Allan Nunn 308
Maximow, Wladimir 409, 429 ff., 439, 446, 459
McCloy, John J. 218, 222, 262, 264
McGeorge, Bundy 243
Medwedew, Roy 184, 348, 372 f., 392
Medwedew, Schores A. 187, 192 f., 203 f., 280 f., 289, 293, 305, 319, 365 ff., 445
Meitner, Lise 210 f.
Melamid, A. 326
Mencken, H. L. 573
Mendel, Gregor Johann 198, 280, 289
Michelangelo 32
Milgrom, Ida 472
Mill, John Stuart 167
Milton, John 73
Mintz 185
Mirabeau, Gabriel Honoré de Riquetti 160
Mise, Ludwig von 575
Mitschurin, Iwan Wladimirowitsch 198, 280 ff., 288 f.
Molotow, W. M. 278, 306, 331
Morgan, Thomas Hunt 198, 281, 289

Morgenthau, Henry M. jr. 235
Morus, Thomas 107 f.
Moses 73
Mumford, Lewis 66, 70
Mussolini, Benito 209, 546

Nabokov, Vladimir 173
Nansen, Fridtjof 170 f.
Napoleon I. 96, 117 f., 125
Nedelin, M. J. 314
Nekrassow 446
Nekrich 331
Nelson, Steve 246
Neruda, Pablo 430
Netschajew 165, 167
Newman, John Henry 117
Newton, Isaac 25, 32, 89, 131, 161, 173
Niccolini 55, 57
Nichols, K. D. 251, 254, 260
Nikolaus I. 140
Nikolaus II. 159
Nixon, Richard 374, 386, 389, 421
Novalis 90
Nowikow 280
Nowodworskaja, Walerija 377
Nuschdin 293 ff.
Oparin, A. J. 283
Oppenheimer, Frank 207, 209
Oppenheimer, Julius 206
Oppenheimer, J. Robert 12 f., 206 ff., 279, 323, 436, 474, 482, 556, 558, 572
Orlow, Juri 457, 459
Orwell, George 422, 543
Ovid 34
Owen, Robert 91 f.

Pacioli, Luca 131
Palatnik 382
Papen, Franz von 335
Paranow 281
Paul V. 46, 48
Pauling, Linus 314
Pawlenko, S. 289
Pawlenko, Wladlen 468
Pawlow 173
Perwuchin, M. G. 306
Peter der Große 113, 173
Peters, Bernard 249
Petrarca 34
Petrow 132
Petrowski 415
Petrschak 305
Philolaos 22
Piersanti, Alessandro 37
Pilsudski 157
Pimenow, Rewolt 374

Pisarew, Sergej 368
Platon 22, 52, 54, 107
Plechanow 186
Pljuschtsch, Leonid 370, 417 f.
Podgorny, Nikolaj 348, 376 ff.
Podjapolski, Grigori 383, 433
Podrabinek, Alexander 371
Poincaré, Raymond 154
Poljanski 280
Pound, Ezra 367
Prjanischnikow, D. N. 204 f.
Prokofjew, Sergej 173
Proudhon, Pierre Joseph 92 ff., 521
Ptolemäus 23 f., 43
Pugatschow 115
Puschkin, Alexander Sergejewitsch 113, 140 f.
Pythagoras 17 f., 22, 26

Rabi, Isidor 220 f., 242, 257, 259, 263
Rachmaninow, Sergej 173
Radek 568
Rapoport, J. A. 278
Remeslo 293
Revel, Jean-François 464
Ricci, Ostilio 34
Richelieu, Armand Jean du Plessis 48
Robb, Roger 265, 268 f.
Robespierre 88, 159 f.
Rokitski 281
Roosevelt, Franklin Delano 214, 216, 232 ff., 273
Roschanski, A. J. 458
Rosenberg, Ethel 244, 309
Rosenberg, Julius 244, 309
Rousseau, Jean Jacques 88, 161, 386
Rowe, Hartley 241
Rudenko, Mikola 415, 457
Rudolf, Arthur 561 f.
Rurik 110 f., 113
Rutherford 305
Rykow 190
Ryschkow, Nikolai 581

Sabinin 280
Sacharow, Dima 465 f.
Sacharow, Dimitri Iwanowitsch 30 ff., 175 f.
Sacharow, Georgi D. 30
Sacharow, Iwan Iwanowitsch 176 f.
Sacharow, Iwan Nikolajewitsch 30, 175, 177
Sacharow, Juri I. 30
Sacharow, Nikolaj Iwanowitsch 30, 177
Sacharow, Sergej I. 30
Sacharowa, Katja 177

Sacharowa, Ljuba 465 f.
Sacharowa, Tanja 177
Sacharowa, Tanja I. 30, 465 f.
Sacharowa, Walja 177
Saint-Simon, Claude Henri 88 ff.
Salisbury, Harrison 386 f.
Santayana, George 68
Saporoschez 204
Saslawskaja, A. T. 514 f.
Sawadowski, M. M. 280
Sawenjagin, Awraami 306
Schafarewitsch, Igor 383, 429, 441
Schaljapin, Fjodor 173
Schapiro 280
Schdanow 331
Schebrak, A. R. 281 f.
Schemtschuschnikow, Alexej 10
Schemtschuschnikow, Wladimir M. 10
Scherbizki 370
Schewardnadse, Eduard 538
Schewtschenko 386
Schichanowitsch, Juri 394 f., 397
Schlesinger, Arthur jr. 243, 460
Schmalgausen 280
Schobeltsin, Dimitri 319 f.
Scholochow, Michail 122
Schragin, Boris 449
Schtscharanski, Anatoli 457, 472, 485
Schukow 306
Schweiski 417
Schweitzer, Albert 314
Seaborg, Gene 241
Seldowitsch, J. B. 311, 316, 318
Selikman 280
Semitschastny 385
Semjonow, Alexej 324, 440, 446 f., 475
Semjonow, Iwan W. 324
Semjonowa, Tatjana I. 323 f., 407, 440, 446
Seneca 34
Sergienko, Alexander 457
Shakespeare, William 32
Sikorski, Igor 172
Sinjawskaja, Maria 449
Sinjawski, Andrej 317, 446, 449, 459
Sinowjew 182 f., 198
Sisakjan 286
Skrjabin, Alexander 175
Slawski, Jefim 315
Smith, Hedrick 316
Sneschewski, Andrej W. 370, 372 f.
Soares, Mario 461
Sofiano, Jekaterina Alexejewna 31
Sokolow 433

Sokrates 572
Solotuchin, Boris 457
Solschenizyn, Alexander 371, 373, 429, 432, 438 f., 441 ff., 529, 566
Solschenizyn, Natalja 459
Sombart, Werner 131
Sparre, Victor 450
Spengler, Oswald 132, 136
Spinoza, Baruch de 97, 99
Stalin, Josef W. 136, 139, 152, 157 f., 169, 180, 182 f., 185, 188, 190 ff., 196, 198, 201, 274, 278, 283 ff., 292, 304 f., 306 f., 317, 326 f., 330 ff., 334 f., 355, 358, 362, 368 f., 452 f., 478, 485, 532, 540, 547 f., 566
Stauffenberg, Claus Graf Schenk von 137
Stenholm, Ole 399, 402 ff., 409, 411, 413, 425, 427
Stephenson, George 87
Stettinius, Edward 219
Stevenson, Adlai 269
Stimson, Henry L. 214 ff., 221, 223, 232
Stoppard, Tom 460
Strauß, David Friedrich 96 f.
Strauss, Lewis L. 237, 245, 251
Strawinsky, Igor 173
Superfin, Gabriel 433, 440 f.
Suslow, Michail 314
Sussmann, Leonard 469
Swerdlow 182
Swetlow 280
Swirski, Grigori 184
Syschtschikow 433 f.
Szilard, Leo 211 f., 215 f., 218 f., 223 f., 263

Tamm, Igor 178, 297, 305, 310, 318, 560
Telesin 419
Teller, Edward 212, 224 f., 244, 259, 263, 266 ff., 558
Telnikow 419
Thomas von Aquin 73
Timofejew, Lew 511 ff., 522, 566, 569
Tkatschew 95
Tocqueville, Alexis de 109, 112, 139
Tolstoi, Alexej 10
Trifonow, Juri 266
Trotzki, Leo 129, 134, 139, 145, 149, 151 f., 159, 182 f.
Truman, Harry 214 ff., 218 f., 236, 240, 244, 250, 269, 306
Tschaadajew, Pjotr J. 115

Tschakowski 449
Tschalidse, Waleri 374, 377, 383, 390, 419, 445, 459, 478 ff.
Tschechow, Anton 333
Tschernenko, Konstantin 529
Tuchatschewski 198, 201, 332
Tupolew, Andrej 201
Turtschin, Waleri 348, 374, 392
Twerdochlebow, Andrej 383, 479

Uljanow, Wladimir Iljitsch (s. Lenin)
Unna, Warren 251
Urban III. 277
Urban VIII. (s. Barberini, Maffeo)

Vergil 34
Visotski, Vladimir 562
Vogel, Hans Jochen 575
Volpe, Joseph 237
Voltaire, François Marie 113

Walesa, Lech 553
Wannikow, Boris L. 306 f.
Wasin 281
Watson, James Dewey 556
Watt, James 87
Wawilow, Nikolaj Iwanowitsch 199 f., 202 f.
Weber, Max 112
Weil, Boris 374 ff.
Weismann, August 198
Welikanowa, Tatjana 481
Wells, H. G. 138
White, Harry Dexter 250
Whitehead 25
Wichirewa, Klawdija 486
Wickmann, Krister 429
Wiesenthal, Simon 450, 452 f., 456, 460
Wigner 263
Wiljams, V. R. 203 ff., 282
Williams, Edward Bennett 457
Wilson, Woodrow 154
Wolf, Friedrich 131
Wolff, Melvin 457
Wolpin, Alexander 377, 419
Wrangel 155
Wul 449
Wyden, Peter 218, 221 ff., 310
Wynn, Allan 467 f.

Xenophanes von Kolophon 16 f.

Zacharias 259
Zhirkow, Todor 578

Bitte beachten Sie
die folgenden Seiten

Armand Hammer

Mein Leben

Ullstein Buch 34778

Die Autobiographie eines Mannes, dessen Name schon längst Legende ist! Armand Hammer erzählt die Geschichte seines Lebens, die Geschichte vom Medizinstudenten, der zum Multimillionär, profunden Kunstsammler und wichtigen Mittler zwischen Capitol und Kreml, von Lenin bis Gorbatschow, wurde. Das Buch ist gekennzeichnet durch die unbeugsame Vitalität dieses amerikanischen Unternehmers, der alles, was er anfaßte, zum Erfolg gebracht hat.

»... Hammer kannte alle seine berühmten Zeitgenossen. Anhand seiner Tagebuchnotizen beschreibt er sie so unbekümmert und plastisch, wie man gewöhnlich nur in Briefen an seine Tante berichtet.«

(Die Zeit)

Ullstein Sachbuch

Georg Markus

Sigmund Freud und das Geheimnis der Seele

Die Biographie

Ullstein Buch 34771

Ullstein Sachbuch

»Der Autor dieses wichtigen Freud-Buches fördert hochinteressante Details zutage, die in keiner früheren Freud-Publikation enthalten sind. Sorgfältiges Quellenstudium, Expertenbefragungen und eigene Untersuchungen vermitteln ein originelles Freud-Bild. Klar und deutlich werden auch die grundlegenden psychoanalytischen Einsichten dargestellt, die für unser aller Leben von schicksalhafter Bedeutung sind.«
(Prof. Dr. Friedrich Hacker)